四川省社会科学重点研究基地
四川省教育厅人文社会科学重点研究基地　主办
西华大学地方文化资源保护与开发研究中心

地方文化研究辑刊

DIFANG WENHUA YANJIU JIKAN

·第十八辑·

西华大学地方文化资源保护与开发研究中心　编

巴蜀书社

图书在版编目（CIP）数据

地方文化研究辑刊. 第十八辑 / 西华大学地方文化资源保护
与开发研究中心编. —成都：巴蜀书社，2021.11

ISBN 978-7-5531-1580-1

Ⅰ.①地⋯　Ⅱ.①西⋯　Ⅲ.①地方文化—文化研究—中国
Ⅳ.①G127

中国版本图书馆 CIP 数据核字（2021）第 223462 号

地方文化研究辑刊（第十八辑）

西华大学地方文化资源保护与开发研究中心　编

责任编辑	白亚辉
封面设计	张　科
出　　版	巴蜀书社
	成都市槐树街 2 号　邮编：610031
	总编室电话：（028）86259397
网　　址	www.bsbook.com.cn
发　　行	巴蜀书社
	发行科电话（028）86259422　　86259423
经　　销	新华书店
印　　刷	四川永先数码印刷有限公司　（028）86119188
版　　次	2021 年 11 月第 1 版
印　　次	2021 年 11 月第 1 次印刷
成品尺寸	185mm×260mm
印　　张	20.5
字　　数	520 千
书　　号	ISBN 978-7-5531-1580-1
定　　价	80.00 元

目　录

· 非物质文化遗产研究 ·

· 研究综述与述评 ·

· 口述历史 ·

岷江流域文化研究

岷江流域 2019 年度考古工作撷英

陈　剑

内容提要： 岷江中游地区先秦时期聚落及墓葬考古有新的发现，如宝墩、三观村遗址及五里村、双龙村墓地等；秦汉至元明清时期的遗址与墓地发掘也有不少收获，如大湾墓地、三苏祠式苏轩遗址等；成都中心城区如正府街遗址、东华门遗址等城市考古成果表明秦汉以来的成都核心生活区就在现在的成都市中心。本年度出版了《成都考古发现（2016）》《成都包家梁子墓地考古发掘报告》《川西北高原史前考古发现与研究》等考古发掘报告及简报。"茂县营盘山遗址与古蜀之源"学术研讨会、纪念三星堆遗址发现 90 周年研讨及展览等学术研讨活动，有利于提升岷江流域考古研究工作。

关键词： 岷江流域；考古工作；城市考古；学术研讨

一、岷江中游地区先秦时期聚落及墓葬的考古发现

新津县宝墩遗址经过 1995 年至 1996 年的两次调查与试掘，确认宝墩古城内城，对内城年代与文化性质有了基本的认识。2009 年，发现并确认了宝墩遗址外城城墙，并对宝墩遗址的生业形态有了初步了解。2010 年，对内城鼓墩子地点进行了较大规模的发掘，发现较为规整的大型建筑基址，并对外城的罗林盘地点进行了试掘。2011、2012 年，田野考古工作除又发现多组大型建筑基址外，完成了对宝墩古城近 200 万平方米的系统钻探，大体摸清了城内文化堆积的空间分布以及古河道、湖泊的走向和范围。2013 年至 2015 年，配合四川大学考古系学生田野实习，展开了以揭露田角林中心聚落为主的工作。2015 年至今，开展了以钻探成果图为基础，聚落考古思想为导向，以解决问题为目的的聚落考古工作。分别发掘了田角林、蚂蟥墩、朱林盘、宝墩子等区域。宝墩遗址坐落于冲积扇台地之上，相当于铁溪河的二级阶地（T2），拔河约 5 米，一级阶地（T1）拔河约 2 米，地形起伏不大。从平面

形状看，城址大致呈较规整的圆角长方形，长近 2000 米，宽近 1500 米，城周近 6.2 公里，面积近 276 万平方米。外城方向北偏东 45°，与宝墩古城内城方向一致。外城墙体宽度残存 15—25 米不等，高度残存 1.5—4 米不等，墙体外侧为 10—15 米宽的壕沟。近年来对内城的鼓墩子、田角林、蚂蟥堆等区域进行较大规模发掘，遗迹发现有灰坑、墓葬、房址等，出土器物集中在原宝墩文化一期（早晚段）和宝墩文化二期。也有部分早于原宝墩文化一期和宝墩文化三、四期的包含物。对外城的沈林盘、朱林盘、罗林盘等 5 个地点也进行了小规模试掘，均发现有宝墩文化时期的堆积与遗迹，出土包含物与原宝墩遗址二期（宝墩文化二期）的近似，证明外城主要集中于宝墩文化二期使用。偶有宝墩一期晚段遗存。2013 年四川大学考古系在内城田角林南部发掘的 H203 打破宝墩文化二期地层，H203 的出土器物与郫县古城、温江鱼凫晚段（宝墩文化三期晚段至四期）基本相同。基于近年田野考古的收获和进展，将宝墩遗址分为四期：第一期遗存的文化面貌虽与原宝墩文化一期早段接近，但陶质以夹砂陶为主，陶色（泥质陶以黑皮陶为大宗）及纹饰方面也有较明显的区别（细线纹）。第二期遗存即原宝墩文化一期（分为早晚两段）。第三期遗存即原宝墩文化二期。第四期遗存即原宝墩文化第三期晚段至四期，与第三期遗存有明显缺环。

通过对其中一条古河道刘林盘段进行解剖，在河底洪积层中发现有宝墩文化三、四期的陶器，在宽约 50 米的河床底部发现乌木数根。北京大学对其中 2 根乌木树皮测年数据均在距今 3800—3900 年，目前可初步确认宝墩遗址在宝墩文化二期后、四期前发生了大规模洪水，约 2 条较大的古河道从西北方向冲毁了城墙。对每个聚落圈的发掘发现大致呈现 2 类遗存：一类为大型遗迹，一类为生活类遗迹。目前经过揭露的大型遗迹主要有蚂蟥堆水沟、土路遗迹（2017 年）、罗林盘区域（2018 年）、沈林盘人工土台。目前经过揭露的典型聚落主要有四处：鼓墩子区域（2012 年）、田角林区域（持续多年）、余林盘区域（2019 年）、朱林盘区域（外城，2016 年）。近年重点对内城中部田角林东南聚落进行了解剖发掘，目前已揭露出比较明确的有 3 个居址区、1 座大房子、1 座长房、42 座墓葬和数量较多的灰坑，还有少量散乱的基槽难以确认。根据该区域面积推算，大约有 5 个居址区。宝墩时期内城地貌并不平坦，高低错落，宝墩时期人群利用不同的地貌修筑房屋、布置墓地。目前可以看到宝墩时期墓葬分布有两种形态：零星分布在房屋基址周围；在房屋基址不远处、呈小型墓地分布。在内城，小型墓地均在低洼区域；而在外城，地貌较内城平坦，小型墓地直接分布在房屋基址不远处。2019 年在石埂子区域布方 6 个，发掘面积 150 平方米。该区域为目前发掘内外城之间堆积比较好的区域，发掘进入尾声，目前发掘墓葬 2 座（无人骨），灰坑 33 个，出土陶器若干。从目前的情况看，该发掘区主体年代为宝墩文化二期，最早到宝墩文化一期晚段，符合之前对外城区域使用年代晚于内城的推测，6 个探方共清理灰坑 33 个、墓葬 2 个、基槽 2 个、柱洞 3 个；遗迹现象比较丰富，为目前发现内外城之间堆积最好区域，可以当作内外城间典型聚落揭露。观察 4 处内城典型聚落点，发现鼓墩子区域与其余三处性质不太一致，鼓墩子区域除 3 组南北排开大型房址外，几乎不见其他遗迹，所处位置为内城最高区域，推测为城内规格较高的公共活动场所。其余三处聚落点为生活区域，人群通常选择在台地营造房屋，墓葬分布无一定规律，大都在房子周围或者低洼区域以小型墓地的形态出现。整个聚落呈现出以家户为最小单位，普通家户以该区域大房子为中心的（氏族式）生活模式，整个城以鼓墩子大房子为中心的情况。从整个聚落群没有氏族公共墓地分析，聚落群内各家族之间并不一定都具有血缘关系。墓葬基本无随葬品，显示个体几乎没什么私人物品，看不出家族内有贫富分化现象。聚落区（家族间）面积有大小之分，但贵贱等级之分也不明显，可能是一种近乎平等的关系。从目前发掘情况看，各处聚落点之间的空白地带大致有两种情况：第一种为晚期河流泛滥冲积破坏，这种破坏大都在地势相对较低区域；第二种为晚期人类活动所破坏，特别是汉代，这种破坏大都在地势较高区域，这种区域钻探往往没有收获，若布探沟进行探索会发现有残余挖较深遗迹的保留。整个遗址破坏十分严重，有的区域甚至墓葬高度仅剩 10—20 厘米，通常情况下宝墩遗址墓葬深度在 60—70 厘米。城内微地貌与现在一马平川不同，应为台地与低洼区域犬牙交错的状态，城内低洼区域通常有两种形态，两台地较低洼区常被作为小型墓葬区使用，也反映出宝墩时期在土地可利用资源有限时，对墓葬习俗并不十分重视。更加低洼的地方，在宝墩时期可能依然是湖沼状态，这样的湖沼我们在宝墩内城发现了三处，不排除为早期水稻种植区域的可能。未来工作可能会更注重城内微地貌的工作，因为其对于帮助我们理解宝墩古城的布局，有着相当重要的作用。

宝墩遗址每次发掘采集了土样进行定量浮选，为植物考古和史前环境的研究提供宝贵的材料。在宝墩遗址 2009 年浮选的炭化植物种子中，稻谷种子的数量为 643 粒，占 45.0%，并且几乎在所有时期的地层和遗迹单位中都有发现；粟的数量为 23 粒，占 1.6%，且集中出现在宝墩一期的地层和遗迹单位中。植硅体的研究同样表明宝墩先民的经济结构以稻作农业为主，兼有粟作农业。动物骨骼：出土数量少，保存差，目前见猪、鱼、鸟等。宝墩遗址有宏大的城墙（内城、外城、角城）、多组大型公共建筑基址（内城）、一座夯土台基（外城），文明曙光开始闪现。但从聚落内部房址的布局、面积大小，墓葬的葬式、随葬品来看，内部结构分化并不严重，仅 4 座有随葬品，各 1 件陶/石器。值得注意的是外城朱林盘房址、墓葬的空间布局与成都化成村遗址基本一致。各个聚落发现的大植物、植硅体以及动物骨骼遗存均不存在重大差异，生业资源占有（控制）、生业方式近乎一致。总的来看，社会复杂化程度不高，尚未进入文明社会（国家阶段）。

郫都区三观村遗址地处滨河路北侧，东接三观路，西临港大路，蜀红路横贯其间。遗址范围内地势平坦，植被茂盛，为大量自然植物和少许农作物所覆盖，保存状况较好。整个遗址呈东北—西南向条带式分布，长约 550 米，宽约 250 米，总面积近 14 万平方米。为了配合"金科集美天宸"项目，2019 年 4 月 24 日至 9 月 19 日，成都文物考古研究院对该项目地块进行了勘探和发掘。此次发掘区域位于三观村遗址北部边缘，按正南北向布 10 米×10 米探方 15 个，发掘面积 1219 平方米。先秦时期文化层堆积包括：第⑦层为深褐色黏土，夹有少量褐斑，致密，包含大量陶片，夹砂陶占绝大多数，另有少量泥质陶，可辨器形有尖底杯、尖底盏、敛口罐、高柄豆、高领瓮等，推断为商周文化层；第⑧层为浅褐色黏土，夹杂大量褐斑，少量红烧土，致密，包含较多陶片，以夹砂陶为主，泥质陶较少，可辨器形有小平底罐、绳纹敛口罐、高柄豆、高领罐等，推断为商周文化层；第⑨层为浅灰色黏土，夹杂较多褐斑，包含少量陶片，以夹砂陶为主，泥质陶也占有一定比例，可辨器形有花边口沿罐、喇叭口高领罐、宽沿尊、盘口尊等，判断为新石器时代晚期文化层。发现的遗迹包括器物坑、积石坑、窑址、房址、墓葬等。灰坑 H9 开口于⑧层下，打破至生土层，平面近椭圆形，斜壁平底，坑内为灰褐色填土，较紧密，夹杂少量炭屑和红烧土颗粒，出土了较多陶片，以夹砂陶为主，少量泥质陶，可辨器形有小平底罐、矮领圆肩罐、深腹罐、盆、器盖、器底等。H135 开口于⑧层下，打破至生土层，平面近圆形，斜壁平底。直径约 1.6 米，深 0.9 米，其内堆积可分 2 层：第①层为卵石层，灰黑色黏土夹杂大量卵石，较致密，包含少量陶片；第②层为深褐色填土，致密，近底部夹杂大量炭屑和草木灰烬，该层出土了较多陶片。出土陶片以夹砂陶为主，另有少量泥质陶。可辨器形有矮领圆肩罐、敛口瓮、器盖等。H178 开口于⑦层下，平面近圆角长方形，直壁，平底。长约 2.2 米，宽约 1 米，深约 0.2 米，为灰褐色黏土，较致密，包含了大量卵石，夹杂较多炭粒和草木灰，卵石和部分坑壁有烘烤的痕迹，仅出土零星陶片，较为破碎。窑址 Y3 开口于⑧层下，打破至生土层，窑室呈椭圆形，工作坑近圆形，中间由火膛相连，火膛较短，该窑体量较小，长约 1.6 米，宽 0.4—0.8 米，残深 0.2—0.4 米。窑室内烧结面清晰可见，黑褐色填土，含有大量灰烬及红烧土块。出土陶片均为夹砂陶，可辨器形有高领罐、豆柄、筒形器等。墓葬 M1 开口于⑦层下，打破至生土层，为长方形土坑竖穴墓，头朝东南，方向 235°。随葬器物为头部右侧放置两个尖底盏，胸部放置一个纺轮，西北角放置一个尖底盏。M3 开口于⑦层下，打破至生土层，亦为长方形土坑竖穴墓，头朝东南，方向 213°。随葬器物为头部右侧放置两个尖底盏。房址 F3 开口于⑧层下，被 H83、H88、H164、H167、H168 等打破，打破⑨层至生土层，平面近方形，单室结构，呈西北—东南向。边长 5.7—6.4 米，基槽宽 0.45—0.6 米，深 0.15—0.2 米。基槽内填土为深褐色，夹杂较多灰烬，结构紧密，基槽下无柱洞，居住面破坏殆尽，屋内有一卵石堆。基槽内出土有少量陶片，可辨器形有高柄豆、矮领罐、器盖等。

　　遗址的主要堆积可以分为三期，第一期以第⑨层和开口于该层下的 H50、H100、H101、H161 等为代表，主要器形有花边口沿罐、喇叭口高领罐、宽沿平底尊、敞口圈足尊等，与郫县古城早段和鱼凫村早段接近，不见窄沿罐、曲沿罐，推断为宝墩文化三期早中段。第二期以开口于⑧层下的 H9、H10、H17、H80、H135 等为代表，主要器形有矮领圆肩罐、敛口瓮、器盖、圈足等，还有少量的绳纹花边口罐、喇叭口高领罐等。与鱼凫村晚段、郫县古城晚段接近，判断为宝墩文化四期。第三期以第⑦层、开口于⑦层下的 H32、M1—M4 和第⑧层以及开口于⑧层下的 H65、H133 等为代表，主要器形有小平底罐、尖底杯、尖底盏、绳纹敛口罐、素面敛口罐、高领罐、高柄豆等，与十二桥遗址第 12、13 层出土器物较接近，推断为十二桥文化早期遗存。三观村遗址自 2009 年以来，已经过多次抢救性考古发掘，显示出该遗址是成都平原一处较为完整且连续的先秦聚落。此次的抢救性考古发掘新发现了一批房址、墓葬、积石坑、窑址等重要遗迹，包含了宝墩文化三期、宝墩文化四期、十二桥文化早期三个阶段的文化遗存，丰富了三观村遗址的文化内涵和时间维度，对于了解该遗址聚落的空间分布和功能分区以及历时性演变提供了重要的信息，同时也为建构和完善成都平原先秦考古学文化的时空框架，以及深入开展成都平原先秦居民的生活和丧葬习俗研究提供了不可多得的材料。

　　近年来，在成都市区的北部，宝墩时期的墓地主要有三星堆仁胜村墓地和青白江三星村墓地。战国前后的墓葬发现也逐渐增多。除了较早发掘的什邡城关墓地、新都马家公社墓以外，又逐渐发现了新都清镇秦墓、青关山战国墓、包家梁子墓地、双元村墓地、民强村战国墓、五里村战国墓等。其中五里村墓地位于青白江区大同镇五里村，地处成都市区的东北部，青白江城区的东南部，城厢镇的西侧，具体位置在青白江大道与兴业大道交汇处东侧。2019 年 2 月底成都文物考古研究院开始考古发掘工作至今，经过前期的勘探和试掘，发现墓地所在地由于之前长期居住和耕作，地层破坏严重，大部分墓葬直接开口于耕土层和晚期建渣层下。部分区域还存在未完成的基建项目，将早期墓葬完全破坏。考虑到发掘面积较大，因此发掘采用整体揭露法，未保留探方和隔梁。本次发掘实际面积约 15000 平方米。除个别汉代灰坑、灰沟、窑址以外，主要遗存均为墓葬。共发现 230 座，包括三个时期，其中宝墩时期墓葬 110 座，战国时期墓葬 73 座，晚期墓葬 47 座。宝墩墓葬皆为土坑竖穴墓，平面呈长方形或梯形，直壁平底。一般长度在 2 米以内，宽度在 0.5 米左右。其中较深者约 0.7 米，较浅者仅 0.1 米。墓葬一般成组分布，三四座墓葬相对集中、成排分布构成一组，组内各墓方向基本一致。组与组之间无明显分布规律，墓向也不完全相同。墓葬均不见葬具痕迹。人骨保存较好，一般为仰身直肢葬，双手多置于身体两侧，双脚靠拢。这一时期的墓葬多数无随葬品，仅在填土中出土个别陶片，主要有花边口沿罐和喇叭口罐的残片。110 座墓中仅在 M56、M125、M182、M188 四座墓葬内出土了骨质或者象牙质的随葬品，其中 M56 的随葬品位于墓葬的颅骨顶部，目前已套箱提取，初步清理发现是由各种形状的象牙饰片连缀而成，应是一件象牙冠饰。M125 的象牙制品位于右侧肱骨外侧，从其形状看来，应是一件骨笄。其余两座墓葬的随葬品基本完全压在头骨之下，目前仅做了套箱提取，尚未清理，应该也是头饰一类。

　　战国时期墓葬均为长方形竖穴墓。以木椁墓为主，均直壁平底，还有个别船棺。墓葬多数为长度在 3—4 米、宽度在 1 米以内的狭长形。墓葬的方向以西北—东南向为主。一般头向东南。墓葬多成组分布，一般两三个一组并排分布，少数四到五个一组，组与组之间有一定距离。此外还有一类墓葬，两座墓密贴合，但两端多有错位，彼此间并无明显的打破关系，可能是一类合葬墓。葬具均保存不好，未见木质葬具残存。部分墓葬可以看出有葬具的痕迹，一般呈Ⅱ字型。多数应是单棺墓。葬具之外常有一层一两厘米的白膏泥。人骨保存很差，多数人骨较为凌乱，常有错位。有二次葬或者停丧的可能性。随葬品以陶器为主，少则数件，多则四十余件。器形以圜底罐、豆、尖底盏为主，此外还有器盖、陶釜、陶钵、陶鼎、纺轮等。部分墓葬中随葬铜器，一般三件以内，较多者有五六件。以小型的兵器和工具为主，还有少量装饰品等。常见铜剑、铜矛、铜削刀，此外还有铜斧、铜钺、铜镞、铜铃、带钩、印章等。容器数量很少，仅有少量铜鍪、铜釜、铜盆等。个别墓葬中还有漆器残痕。墓葬年代整体在战国中期前后。根据墓葬中尖底盏的有无，初步将墓葬分为早晚两个阶段。因墓葬中出土的尖底盏腹部很浅，底部已经较平，属于尖底盏的最后阶段，而且出尖底盏的墓里往往也出盏形浅盘豆，所以年代可能在战国中期偏早。其余出中柄豆和矮圈足豆的墓葬，其年代应在战国中期偏晚至战国晚期。总体来看，这批墓葬的等级不高，随葬品以巴蜀地区常见的日用陶器和小型兵器、工具为主，缺乏礼器，也很少见外来的文化因素，应是战国中期前后一处较为单纯的古蜀人墓地。历史时期主要为小型砖室墓，平面为梯形、长方形。多见单室墓，也有个别双室墓。一般仅有主墓室，结构十分简单。多数被破坏，随葬品出土很少，仅有少量四系罐、瓷碟、铜钱等。基本为宋墓。此外还有个别明代土坑墓葬。

2019年5月，受成都人居蜀兴置业有限公司委托，成都文物考古研究院对智荟城一期人才公寓项目红线范围内进行了考古调查与勘探工作，发现一处西周晚期至春秋时期的文物点。遗址主体时代为西周晚期至春秋时期，遗址东约100米即是郫都区县保单位德源镇商周遗址。另外有少量明清时期遗存。出土遗物有喇叭口罐、尖底盏、陶釜、炮弹状尖底杯、肩部饰重菱纹的敛口广肩罐、翻沿陶瓮、腹部斜收的簋形器等，另有一些新石器和商周时期的遗物，如绳纹花边口沿罐、小平底尖底杯、高柄豆、"8"字形钮器盖等。清江村遗址的发掘表明至新一村文化时期，该地区聚落点增多，人口密度增加，人类活动更加频繁。意义：新一村文化时期遗存目前发现较少，仅有金沙遗址片区（博雅庭韵4组，芙蓉苑南地点2组，国际花园地点3、4组，干道黄忠A线，人防地点等）、十二桥片区、郫都区三观村遗址等，清江村遗址的发掘提供了新材料。

双龙村墓地位于成都市高新区中和街道双龙村，墓地南临中和CNG加气站与壳牌加油站，东邻锦翰路，北侧为小沙河支流，西邻应龙北三路。墓地原为现代住宅区，地面上残存较多的现代渣土堆积。2019年1月，成都文物考古研究院为配合成都市第一个TOD即陆肖站项目建设，对该项目所涉及的400余亩土地进行了文物勘探，勘探发现该区域内有较为丰富的汉代及唐宋时期的遗存，故由勘探转入发掘。双龙村墓地从2019年4月开始发掘清理，至2019年9月结束。最早在探沟内发现了M3，以M3为中心，在其四周布方，远处其他区域钻探或开挖探沟。随后在其旁边布方区域内又清理了9座战国时期的土坑墓。双龙村墓地的这批墓葬呈东西向排列，由东至西分别编号为M19、M15、M14、M13、M3、M10、M11、M9、M8、M12。这批墓葬均未被盗掘，保存相对完好，墓葬形制特殊且多样，随葬器物较为丰富。根据下葬个体数量的差异，可以将这批墓葬分成双人葬墓和单人葬墓两类。双人葬墓共4座，根据墓圹平面形状，大致可以分成三个类型：A型的墓圹平面呈曲尺形，2座，M9和M15；B型的墓圹平面呈长方形，仅M10；C型的墓圹平面呈狭长方形，仅M13。单室墓共6座，根据墓葬葬具和规模差异，可以分成两型：A型的墓葬规格较高，葬具为木椁，随葬较多青铜器，仅M3一座；B型的墓葬规格较低，葬具为单棺，随葬器物主要为日用陶器，共5座，包括M8、M11、M12、M14、M19，以M12和M19为例。双龙村战国墓地墓葬的葬具与同一时期常见的船棺葬和狭长型土坑墓不同，主要是木椁或木棺墓。出土的器型和纹饰有新的发现，仿铜陶鼎、盖豆、装饰马车纹饰的铜矛、带文字的柳叶形剑、疑似青铜器纹饰铸造的模范等。该墓地所在区域此前未见战国早中期的墓葬，这次发现填补了这一区域的空白。双龙村墓地发掘的这批墓葬形制特殊，葬俗特别，为研究葬制葬俗提供了新的材料。发现了一批保存较好的工具和兵器柄，这一发现为研究这些器物的使用方式有重要价值。

二、岷江流域秦汉至元明清时期的遗址与墓地发掘收获

2018年8月为了配合成都金牛区天回镇街道大湾社区四组商业用房及配套设施项目文物勘探，经成都文物考古研究院勘探发现汉代墓葬。2018年9月－2019年4月由成都文物

考古研究院对成都金牛区天回镇街道大湾社区四组墓地群进行考古勘探、发掘工作。2019年 8 月配合成都金牛区大湾 B 区拆迁安置房项目进行勘探，发现汉代墓葬，2019 年 9 月起由成都文物考古研究院开始对项目范围金牛区天回镇街道大湾社区五、六、七组进行勘探、发掘工作。其中大湾四组商业及配套设施项目墓群位于金牛区天回镇街道大湾四组，东临蓉都大道天回路，南临天岭路约 150 米，北距成都军区总医院约 200 米。地理坐标为：北纬30°44′38.48″，东经 104°06′43.23″。从 2018 年 9 月起陆续发现墓葬 28 座，清理其中 25 座，汉代墓葬 23 座，唐宋墓葬 2 座。墓葬编号接老官山墓葬编号为 2018CTLM9－M36。汉代墓葬中土坑墓 18 座，砖室墓 5 座；唐宋砖室墓 2 座。墓葬受到盗扰及后期破坏较多，保存状况一般。其中 2019 年共清理完成 9 座，均为土坑墓。大湾 B 区拆迁安置房项目墓地位于金牛区天回镇街道大湾五、六、七组，东临蓉都大道天回路，北距成都军区总医院约 800 米，距东风渠约 100 米。地理坐标为：104°6′47″E、30°44′21″。现共发现墓葬 27 座，其中汉墓 26 座（土坑墓 18 座，砖室墓 8 座）；五代—北宋砖室墓 1 座。墓葬编号为 2019CTDM1－M27。

大湾墓地现在发现墓葬以汉墓为主，另有少量唐宋墓葬。由于早年平整土地，对墓葬特别是埋藏较浅的墓葬破坏比较严重。整个墓地有较长时间使用，墓葬有一定的成组分布规律。西汉时期墓葬的数量占墓地多数，根据葬具可以分为木棺墓、浅椁墓、棺椁墓三类。墓地从西汉早期开始使用到新莽时期，东汉初期应该有短暂废弃，西汉土坑墓以及新莽时期砖室墓基本无打破关系，东汉时期砖室墓有部分打破西汉土坑墓的现象。此次对于成都天回镇大湾墓葬群的发掘对于进一步了解成都地区汉代生活有一定意义，特别是对于加深老官山汉墓群研究有重要帮助。

2018 年 12 月以来，受陆航第 77 旅委托，成都文物考古研究院对彭州红岩镇军用机场项目涉及红线范围内进行了考古调查与勘探工作，共发现文物点 8 处，时代跨度较大，为唐宋至明清时期。发现的 2 座墓葬均为单室砖室墓，平面呈长方形，均由墓道、封门、甬道、墓室、壁龛、腰坑等几部分组成。墓道呈斜坡状。甬道位于封门和墓室之间。排水沟多位于墓室四周。墓室与墓圹间填有大量鹅卵石，推测用途为防盗。墓室四壁用素面砖错缝平铺，墓底用素面砖平铺。葬具均为木棺。根据墓葬形制和随葬品判断，墓葬时代为北宋中晚期。M1 腰坑发现方形砖两个，上下扣合，上方为买地券，文字朝下，中间留有象征性的生气孔；下方为素面砖，未见文字或纹饰。M1 买地券（上有明确纪年北宋元符三年，即公元1100 年），对于研究彭州地区北宋晚期政治区划的地理分布沿革、道教遗存的分布、理气派的风水堪舆理论以及道教文化中的八卦、天干、地支、四方、五行等有着重要意义。M2 腰坑上部也发现方形砖两个，上下扣合，二者中间均留有生气孔。上方为素面；下方砖刻有花纹，花纹朝下。彭州红岩镇陆航第 77 旅机场项目发现的两座墓葬也是道教文化因素的反映，如 M1 发现的买地券和 M2 发现的花纹砖（中间留有生气孔）。

2019 年 9 月，受彭州市尚元惠生有限公司委托，成都文物考古研究院对该公司新建厂房范围内进行了考古调查与勘探工作，发现文物点 1 处，时代为战国遗址和南宋墓葬。四座南宋墓葬均为砖室墓，平面呈长方形，由墓室、腰坑等组成。墓室有单室、多室两类。除2019PBSM4 保存较差外，其余墓葬保存情况较好。墓室四壁皆用长方形素面砖错缝平铺，墓顶用素面砖垒砌平铺。随葬器物主要器型有双系罐、四系罐、瓷盏、瓷壶、小酒杯、华盖宫文券、买地券等。在 2019PBSM2 南北两个墓室内均发现两个较大的陶罐，推测可能为骨灰罐，其余墓葬未发现葬具，M2 南北墓室东壁分别竖立一块买地券或华盖宫文券。M2 北墓室底部中间位置发现有腰坑，四壁分别用长方形素面砖竖砌。2019PBSM1 墓室底部华盖宫文券内容："华盖宫王气神赵公明字子都家墓之中百忌禁'旺'之神盖可统属……福当使……子真魂安适……南宫之前脱落……之府急急如律令。"2019PBSM2 南墓室东壁买地券 M2 南墓室东壁买地券内容为："东王父西王母自有契券分明……读契人石公曹地下一切神……全仙桥李定度赤松子……立成墓脉路将军千秋万岁……上至苍天下至黄泉……南至朱雀北至……东至青龙西……赤同黄钱五十贯文买……奉道……姓奉……今有大宋西川彭州九陇县顺路乡……居……咸……寅……"宋代墓葬腰坑上部出土的买地券和华盖宫文券对于了解当时的葬风葬俗、随葬品组合、宋代彭州行政区划（如提到的九陇县依仁乡和顺路乡等）等提供了重要信息。尤其是华盖宫文券的出土，对于研究彭州地区宋代道教遗存的分布、阴间的神祇体系、方位等有着重要意义。

从上述两处墓地出土的"天帝敕告文""华盖宫文"等，参考成都东郊圣灯乡发现的北宋元祐八年（1093）张确夫妇墓出土"中方八天荐拔真文"，龙泉驿区红河乡三桥村的南宋绍兴二十五年（1155）宋兴仁夫妇合葬墓出土"中央黄帝荐拔真文"等炼度真文、八威真文、消灾真文，可以推测，彭州是道教活动中心之一，九陇县是道教二十四治中阳平治、漓沅治和葛贵治三治所在地，道教文化十分盛行。从道派来看，彭州属于上清派的分布范围，成都东郊龙泉驿区属于灵宝派的分布范围。

三苏祠式苏轩遗址位于眉山市东坡区纱縠行南街，因三苏祠式苏轩文物库房改造项目建设施工，经前期勘探发现宋至明清时期文物遗存，需进行抢救性发掘。经国家文物局批准，考古发掘面积 700 平方米。2019 年 9 月 5 日，四川省文物考古研究院、三苏祠博物馆、眉山市文物保护研究所组成联合考古队，正式对三苏祠式苏轩遗址展开考古发掘。2019 年 11 月 29 日发掘工作结束，历时 86 天。本次考古发掘区域位于三苏祠西北部，20 世纪 80 年代的建筑对遗址造成了一定的破坏，混凝土及红砖地基纵贯整个遗址。此次发掘是迄今为止三苏祠文物保护范围内面积最大的一次考古发掘。总计发现各类遗迹现象 59 处，包括灰坑 50 个、灰沟 9 条。其中年代可判定为宋代的灰坑有 24 个，灰沟 7 条。出土各类可修复的遗物共 500 余件，包括陶器、瓷器、石雕、陶石建筑构件以及铜钱等。地层中出土的包括宋代咸平元宝在内的不同时期的铜钱，为遗址年代的判定提供了直接证据。考古发掘的第 9 号沟显得较为特殊，纵贯发掘区北部。沟两岸均有人工修筑痕迹，或用瓦片、石块垒砌或用黄色黏土堆填，推测该条沟应是宋代眉州城的一条人工水渠。此水渠与现在眉山的地下排水系统几乎平行，相隔不到 1 米，可见眉山部分排水系统的走向，从宋代至今变化不大，这对研究眉山城市的发展史具有重要意义。遗址考古发掘还出土了佛像，体量较小，数量也较少，可能不属于寺庙中的遗存。宋代眉州城中笃信佛教的人数众多，有可能是民宅中的私人供奉之物。三苏祠为"三苏"在眉州生活时的故居，在这一区域内发现的北宋遗存，是否就是当年"三苏"留下的呢？目前的考古发现，由于没有出土带文字的碑刻之类的文物，尚不能证明式苏轩遗址与三苏直接有关，但地层中出土的不同时期的铜钱为遗址年代的判定提供了直接证据。现场考古人员可以判定遗址的年代上限为北宋中晚期，而这个时期与三苏在眉州生活的年代大致相同。苏轼在《和子由蚕市》中写道："忆昔与子皆童卯，年年废书走市观。市人争夸斗巧智，野人喑哑遭欺谩。"说的是二月农闲时，纱縠行会举行蚕市，卖些桑蚕用的器具，也有供人吃喝玩乐的美食与玩意儿。每到此时，尽管十分忙碌，但家乡的人们在蚕市到来之际还是要欢乐一番。这时苏轼也无心念书了，拉着弟弟溜出去玩。那时纱縠行是眉山最繁华的商业街。街上买卖人多，叽叽喳喳讨价还价，露出各式各样的表情。苏轼的诗句，可见当时纱縠行的热闹。但因为年代久远，关于纱縠行以及三苏祠周围的样貌，大多来源于诗词文献，缺乏实物证实。本次考古发掘出土的大量陶器、瓷器、铜钱等生活常用物品，有力地说明了三苏祠及纱縠行在宋代时的情况。此次出土的文物中，数量最多的是各类陶瓷生活用具，包括碗、碟、盏、杯、罐、瓶等，它们都是宋代居民的常用器具，能发现这么多生活用品，说明当时三苏祠一带至少是个居民区。出土文物中包含了宋代茶具，这与宋代眉州百姓爱喝茶的记载也是相互印证。值得注意的是，在遗址中发现有少量的石雕佛像和陶俑。这些佛像和陶俑数量不多，体积也不大，据现场考古人员推测应该是私人供奉之用。由此也可以看出，当时眉州城内，佛教信仰是比较流行的。出土的陶珠曾在三苏祠的古画中见过，画里就是用杆来打这种陶珠，因为当时琉璃很贵，所以用陶珠，玩法类似于现在的桌球。考古现场还发现了小型陶俑，这些精巧可爱的陶俑，是当时孩子们的玩具。三苏祠外的纱縠行老街，一直是商贾云集之地。纱縠行的意思是缫丝之处和蚕桑行市。唐宋时期，这里因丝绸贸易的兴起，富甲西蜀。而苏轼的母亲程夫人，更让纱縠行声名远播。程夫人出身名门，嫁给苏洵后，一边在纱縠行经营丝绸生意，一边相夫教子，成就了"一门三父子，都是大文豪"的千古佳话。除了瓷器等文物，此次发现的第 9 号沟也非常特别。这条沟纵贯发掘区北部，沟的两岸均有人工修筑痕迹，或用瓦片、石块垒砌，或用黄色黏土堆填。推测这条沟是宋代眉州城的一条人工水渠。它与现在眉山的地下排水系统几乎平行，相隔不到 1 米，由此可见眉山部分排水系统的走向，从宋代至今变化不大。这也说明整个眉州城从宋至今，城市位置变化不大，这对研究眉山城市发展史具有重要意义。三苏祠式苏轩文物库房、展厅改造提升工程项目结束后，相关文物将和其他三苏祠文物一道亮相，届时大家可以近距离接触这些文物，在东坡老宅，感受大宋荣光。

三苏祠博物馆范围内历年来有过多次考古发现，如 2015 年 11 月，在来凤轩即当年苏轼、苏辙两兄弟读书的地方，发现了一口古井，在井内发现明清瓷片等物品。四川省文物考古研究院进行了发掘，发现井口直径 50 厘米，近似圆形，井缘宽约 20 厘米，部分井缘已残损。井深约 7 米，水深近 4 米。井台与井栏由红砂石构成，井壁由青砖与石块共同构成。井筒上部呈圆筒状，近底部略大，至底部呈椭圆形，袋状，底大于口。南北最大径约 136 厘米，东西最小径约为 110 厘米。暂时清理出的井壁由 22 层砖及 5 层石块叠砌而成。井底部由 5 层楔形石块错缝平砌成圈。根据井的开口层位，结合井内出土遗物及井砖的形制，推测其年代为清代晚期。和苏宅古井对比，两个井口大小几乎一致，所用的材质都是红砂石，造型基本一致，所以年代可能会更久远。目前井内浅层发掘出的碎片都属明清时期，但再往深处，不排除有年代更久远的物品。据史料记载，苏宅古井是三苏父子一家生活饮用的水井，是苏家留下的唯一遗迹，距今一千余年。井水清爽甘美，长年不枯。当地人传说饮此神奇的井水，会使人耳聪目明，濡染文豪灵气。井旁有一株黄荆树，传说是苏洵亲手所栽。经检测，该树约有三百年树龄，应该是清朝中期所植。三苏祠在修缮过程中还有一些重要考古发现，2014 年 1 月，维修三苏祠的工人在前厅屋顶发现有两片青瓦，刻有年款和工匠名字。其中一片瓦背上刻着"大清同治十三年"，另一片瓦背上刻着"十月二十五日，向山良"，从书写规范程度上判断，不是官府定烧专用瓦，而是烧窑工匠自己刻上去的。这样的瓦，时间和工匠名字都有，非常真实可信，有较高的史料价值。另外，瓦片长宽高尺寸较为合理，烧造质量也比较高。有了这个依据，在查阅大量历史文献后，三苏祠博物馆和施工方在川内找到了手工制作同类瓦片的一个厂家，定制了小青瓦、筒瓦等两类瓦片 40 余万片，三苏祠的大门、主殿之上，所用之瓦大多都来源于此。此外，三苏祠博物馆内一株 900 多岁的荔枝树，也有可能是苏东坡诗句中的原型。

罗家井坎遗址位于成都都江堰市石羊镇皂角社区十四组，小地名为罗家井坎。遗址地处白江河东岸，西距白江河约 250 米。遗址中心地理坐标为北纬 30°51′29.57″，东经 103°37′13.50″，海拔 642 米。遗址位于低矮台地之上，经过多次土地整理，现存台地南北长约 200 米，东西宽约 150 米。为配合成都经济区环线高速公路项目建设，成都文物考古研究院与都江堰市文物局联合对该遗址进行了调查，在地表发现的较多的宋代砖瓦及瓷片，推测该区域有宋代遗存分布。根据项目建设进度，2019 年 3—6 月，成都文物考古研究院与都江堰市文物局联合对罗家井坎遗址进行了发掘，据实际地形情况布 5 米×5 米探方 50 个，方向北偏东 7°。遗址编号为"2019CDSL"，探方编号 T1—T50，发掘面积 1250 平方米。根据土质、土色及包含物，可将该遗址地层自上而下分为 3 层，除第 2 层局部分布外，其余 2 层在各探方内均有分布，大体为水平堆积。第 1 层为灰褐色粉砂土，土质疏松，包含物为砖瓦片、陶瓷片、植物根系、石块等，厚 0.1—0.2 米，为近现代耕土层。第 2 层为黄色夹杂锈斑粉砂土，土质较致密，包含物为陶瓷砖瓦片，厚 0—0.12 米，为明清地层。第 3 层为灰色夹杂锈斑粉砂土，土质较致密，出有大量瓷片及砖瓦片，厚 0.1—0.2 米，为宋代地层。发现的遗迹中，有 2 座房址及 1 条砖石砌排水暗沟起建于该层面上，分别编号 F1、F2、G1，此外该层下还开口有 5 条灰沟，编号 G2—G6。房址 F1 起建于第 3 层面上，呈西北—东南向，距地表约 0.22 米，现存 21 处大小相近的圆形柱础，柱础直径约 75 厘米，由大小不一的石子夯筑而成，个别柱础之间残存有砖块，砖块约长 15 厘米、宽 8 厘米、厚 3 厘米，应为各柱础间的连接部分，房基残长 22.3 米、进深 9.25 米。F2 亦起建于第 3 层面上，呈西北—东南向，分布于 T7、T11、T13、T14，距地表约 0.23 米，现存 18 处大小相近的圆形柱础，柱础直径约 75 厘米，由大小不一的石子夯筑而成，房基残长 22.3 米、进深 7.5 米。灰沟 G1 起建于第 3 层面上，呈西北—东南向，分布于距地表约 0.25 米，是由青砖及少量黄砂石砌成的一条暗沟，平面呈"L"形，残长约 17 米、宽 0.34 米。先以条砖砌两壁，横向三层垒砌，两壁间隔中空以作排水之用，间距 12 厘米，再以方形砖或砂石盖顶，横向平铺二层。条砖长 30 厘米、宽 10 厘米、厚 3 厘米，方形砖残损严重，从个别较为完好的情况观察，约长 20 厘米、宽 17 厘米、厚 3 厘米。G2 开口于第 3 层下，呈西北—东南向，分布于 T46、T47、T48、T49、T50 等 5 个探方。开口距地表 0.31 米，长 20.85 米，最宽处 0.6 米，最深处 0.16 米。填土为灰黑色粉砂土，土质较疏松，出有零星瓦片。G3 开口于第 3 层下，呈东北—西南向，分布于 T22、T29、T28 三个探方内。开口距地表 0.32 米，长 11 米，最宽处 1.24 米，最深处

0.13 米。填土为灰色粉砂土，土质较疏松，出有零星瓷瓦片。

出土遗物主要为瓷器，另有少量陶器、石器、铜器、铜钱等，还出有大量砖瓦片。可辨器形有瓷碗、罐、注壶、壶、瓶、盏、碟、陶盏、铜钱、刀、石球等。其中瓷碗 48 件、罐 7 件、注壶 2 件、壶 2 件、瓶、盏、碟 1 件、陶盏 1 件、铜钱 1 枚、铜刀 1 件、石球 1 件。瓷器中的釉色有白釉、酱釉、青绿釉、黑釉、褐釉等。初步观察，该遗址所出的瓷器中至少包含有玉堂窑、磁峰窑、琉璃厂窑、金凤窑等 4 个窑口风格的器物。"罗家井坎"遗址第 3 层为其主体遗存，该层出有 1 枚"崇宁通宝"铜钱，此型钱铸于北宋徽宗崇宁年间（1102—1106），由此判断其时代上限当不早于北宋末年。至于其时代下限，该层出有 2 件瓷碗，内壁有模印的水波纹和花草纹样，并呈六分格对称格局，这与磁峰窑 A 区的 T33 第 2 层中所出瓷碗在造型及风格上都十分接近，磁峰窑 A 区的 T33 第 2 层的年代被定为南宋中晚期，由此判断该遗址宋代遗存的时代下限当在南宋中晚期。

柳家碾墓地位于金牛区九里堤东路东南侧，府河河畔。为配合成都轨道交通集团有限公司金牛区地铁 6 号线柳家碾主变电所项目建设，成都文物考古研究院于 2019 年 3 月底至 5 月初，清理了 4 座墓葬，分别编号 M1—M6，年代约为汉代、隋至唐早期、南宋时期、元代及明代，出土瓷器、陶器、青铜器及钱币等重要遗物。其中元代墓葬为长方形双室券顶砖室墓，墓向 132 度，东北—西南向，左室保存完好，右室券顶被现代水泥破坏，仅剩墓底。墓壁有拱形过洞连通。南侧墓道被明代排水沟打破，右室打破南宋火葬墓 M4。近方形墓圹，斜坡状墓道，左室墓道底部有竖向铺砖，双室并排修砌。右室由封门、墓室、棺台组成，未发现壁龛与后龛，可能已被破坏。整体风格与本地南宋砖室墓墓葬形制基本相同。左室由八字墙、封门砖、墓室、棺台、后龛组成，券顶墓砖间浇筑灰浆与瓷片填缝。墓葬形制已变化，甚至出现新墓葬因素。左室出土器物稍多，包括瓷罐、陶瓶、陶盏、陶炉及铜镜（"湖州真石……炼铜无比照子"铭文）。该墓保留本地南宋以来的券顶、棺床、过洞等文化因素，与蒙元时期长江以北甚至长城以北的北方地区壁画墓、仿木构建筑墓葬形制区别明显。同样的墓葬结构上，与南宋时期本地墓葬相比有一定自身特点。如墓壁与封门砖规格杂乱，过洞由叠涩顶变为券顶等。新出现了较为简陋的八字墙，为探索明代太监墓八字墙的渊源提供了重要线索。出土器物组合变化可能与当时社会祭祀观念变化有关，成为宋元之际民族融合、文化融合的一个缩影。

三、岷江中游成都中心城区城市考古的新发现

2018 年 10 月以来，成都文物考古研究院为配合成都市青羊区国投建设发展有限公司"通锦桥上市土地项目"建设，对该地块进行了考古发掘，发掘面积约 2000 平方米。发现了一段古城墙的夯土和包砖砌石部分，为东西走向，略呈弧形，其中西侧城墙保存较好。可分为唐五代、清代两个时期，为研究成都古城墙不同时期的变迁过程、位置和修建方式等进一步补充了资料，对研究成都城市与社会面貌提供了不可多得的实物资料。值得一提的是，这些城墙有望在未来得以保护，展示成都深厚历史底蕴。该城墙最早筑于晚唐时期，残存长度约 170 米，宽 8.9—12 米。整个墙体内为夯土，外砌包砖，夯土残高约 1.6 米。包砖的砌法

是先挖基槽，在槽内筑一层夯土，再在夯土上铺一层泥夹卵石，其上再砌包砖。晚唐时期城墙两侧均为砖墙，残高约1.5米，用砖规格不一，有汉六朝时期花纹砖和唐代素面砖。外墙一侧有散水，宽约1米，铺法规整，分斜铺、平铺两种构建方式，散水外侧以丁砖固定。明代城墙仅见夯土墙体，叠压于唐代城墙两侧，未见包砖。清代城墙在唐宋时期城墙垮塌堆积基础上修建，仅存北侧基础，墙体及砖墙均已不存。修建方式基本与唐代城墙相似。平整地面后开挖基槽，基槽分夯筑三合土，厚度约33厘米，三合土上再垒砌红砂石条，顺铺或错缝平铺，石缝间以石灰浆勾缝。此次城墙的发掘工作，为研究成都古城墙不同时期的变迁过程、位置和修建方式等进一步补充了资料，对研究成都城市与社会面貌提供了不可多得的实物资料。

2019年，通过对成都市青羊区正府街遗址近一年的发掘，成都文物考古研究院不仅发现了明代郡王庆符王府相关建筑遗迹，出土了大量琉璃龙纹瓦当、琉璃凤纹滴水等建筑构件，还发现一组从晚唐五代沿用至南宋时期的大型建筑基址。其中发掘出的明代建筑遗迹主要分布于发掘区北部及南部，该建筑群至少存在东、西两组院落，且布局规整，皆为正南北向。在整个发掘区明代地层及灰坑中，出土了大量仿木建筑构件，包括琉璃龙纹瓦当、琉璃凤纹滴水等脊梁构件以及龙、狮子、麒麟、天马等屋脊走兽。此次发掘的明代建筑遗迹规模较大，实用性建筑构件极多，青色琉璃瓦占比较高。根据明代天启成都府志图标识，正府街遗址紧邻明蜀王府萧墙北部，故推测应为明代郡王庆符王府。而作为正府街另一份发掘收获，唐宋时期大型建筑基址则主要分布于发掘区中部。根据建筑磉礅打破关系及出土的瓷器，推测其修建年代至少可分晚唐、五代与宋代三个时段。在解剖磉礅的过程中发现了少量瓷片，其中以晚唐五代时期的邛窑为主。将这些发现与上下地层出土的遗物结合，能判断出大部分磉礅始建于五代时期。正府街遗址地处唐宋罗城时期的成都城城市核心地带，所发现的唐宋时期大型建筑基址对复原城内历史格局具有重要价值。另外，从明代相关建筑遗迹中出土的构件为研究明代中高等级古建筑提供了不可多得的实物材料。

2013年至2019年，为配合"天府文化中心"项目建设，经报国家文物局批准，成都文物考古研究院在成都市青羊区东华门街至成都体育中心一带，开展了连续多年的考古工作。截至2019年7月，该遗址发掘揭露出大面积的古代城市遗存，主要包括秦汉六朝大城生活区、隋唐至两宋摩诃池池苑园林区、明代蜀王府宫城建筑群。专家指出，这些遗存表明，秦汉以来的成都核心生活区就在现在的成都市中心，这为研究成都2300余年的建城史，提供了新的佐证。东华门街至成都体育中心一带，是现在成都主城区中心区域。考古成果表明，2000多年以前，这里就已经是成都核心生活区，且一直延绵至今未易址。秦惠文王二十七年（前311），张仪、张若等筑成都城，其中大城为蜀侯、蜀相、蜀守治所，此后的两汉六朝时期，大城一直为成都的政治中心。东华门遗址约处在大城的中部偏东，发掘出土的排水沟、水井、灰坑等，以及大量的陶质器皿、瓦当、筒瓦、板瓦、钱币等生活遗物，与当时城内高等级的衙署府治或宫室殿宇等建筑物存在密切关联，应为秦汉六朝大城生活区。摩诃池是隋唐至两宋时期成都城内著名的池苑园林景观。唐代中叶以后，此池声名渐起，为城内一大胜景，是众多达官显贵、文人墨客的宴饮和游玩去处。除却园林景观的功能外，摩诃池亦为唐代成都全城提供了必不可少的生活用水保障。五代前蜀立国于成都，王建改摩诃池为龙跃池，王衍又名宣华池、宣华苑，大兴土木，环池修建宫殿，一度成为皇家园林。两宋时期，尽管摩诃池的范围已开始缩减，但仍不失为城中一大盛景，名仕往来者络绎不绝。明洪武十五年（1382）营建蜀王府，填池以做基础。东华门遗址发掘的摩诃池池苑园林，建筑年代从隋唐至两宋，延续 600 余年，主要有池岸、步道、庭院、殿基、沟渠、水井、小型水池等，还出土了大量的陶瓷器皿和建筑构件，基本展现了池苑东岸一带的建筑格局面貌。明代蜀王府，即明代蜀藩王的府邸，从洪武二十三年（1390）至崇祯十七年（1644），在蜀王府先后生活过的蜀藩王共计 10 世 13 王。蜀王府在明代历史上曾出现两次宫墙颓坏，三次火灾，经过两次维修，但未遭大的损坏。明末，张献忠攻陷成都，建大西政权，曾一度据王府为宫；清顺治三年（1646）遭毁灭性破坏，存续时间长达 256 年。东华门遗址发掘的蜀王府建筑群，主要由城墙、道路、河道、凸台、踏道、桥梁、木构建筑、水池、台榭、码头等各类设施组成，功能上主要是宫城内的苑囿区，占地范围南北长约 240 米、东西宽约 100 米，总面积超过 24000 平方米。出土遗物包括陶瓷器皿、建筑构件、铁器、木料、动物骨骼、植物果核等，其中几件"大明宣德年制"款青花瓷器，为明代宫廷瓷器中罕见的精品。

四、岷江流域田野考古资料的公布与发表

本年度出版的考古发掘报告包括《成都考古发现（2016）》《成都包家梁子墓地考古发掘报告》《川西北高原史前考古发现与研究》《四川泸州汉代画像石棺研究》《南方民族考古》（第十六辑、第十七辑）等。成都文物考古研究院于 2013 年发掘了新都新繁和平村新石器至商周时期遗址，2014 年发掘了温江区花土村唐宋墓，2016 年发掘了锦江区宾隆街战国至清代古遗址、新都区褚家村二组新石器至商周时期遗址、成都市十一街遗址元明时期墓葬，2017 年调查发掘了会理县马鞍子新石器至青铜时代遗址、会理县新发乡庙子老包西周至春秋时期 M1、小官梁子春秋战国秦汉遗址、茂县营盘山战国石棺葬、成华区海滨村年家院子战国至唐宋时期墓地、武侯区群众路唐宋墓地、大邑县张祠堂明代遗址，并对 2004 年金沙遗址阳光地带二期出土铜块、2013 年度高山古城遗址度植物遗存、2017 年蒲江县鹤山镇飞虎村战国船棺墓出土蓝铁矿、2017 年大邑高山古城遗址发现的蓝铁矿、2017 年成都市武侯区群众路 M1 唐墓主人遗骸进行了科技检测分析。《成都考古发现（2016）》全面收录了上述遗址的调查、发掘资料，以及各遗址的植物、冶金、人骨分析检测报告（成都文物考古研究院：《成都考古发现（2016）》，科学出版社，2018 年）。2011 年 8 月—2012 年 4 月，为配合成都青白江大道北段建设，成都文物考古研究院对项目范围内的包家梁子墓地进行了抢救性发掘，共清理墓葬 199 座，其中战国末至秦汉时期墓葬 180 座，宋明时期墓葬 19 座。本报告全面、系统地介绍了 180 座战国末至秦汉时期墓葬的发掘和整理情况。包家梁子墓地墓葬形制多样、随葬器物丰富，墓地延续时间较长，值得关注的是，该墓地以战国末至汉初时期墓葬为主体，是研究四川地区战国秦汉时期丧葬制度、社会结构、经济技术发展水平及文化因素传播等方面的珍贵实物材料（成都文物考古研究院：《成都包家梁子墓地考古发掘报告》，科学出版社，2018 年）。

2000 年以来，成都文物考古研究院等单位合作对川西北高原岷江、大渡河上游地区的

哈休遗址、恐龙遗址、波西遗址、沙乌都遗址、下关子遗址等史前遗址开展了调查勘探及试掘工作，并按地区及时代进行了系统整理，开展了多学科鉴定、测试及研究工作，收集了植物考古、动物考古、环境考古、玉石器测试研究等内容，并对川西北高原山地的史前文化、环境、生业、技术、社会生活等进行了综合研究。《川西北高原史前考古发现与研究》一书第一辑是岷江上游地区新石器时代遗址的调查试掘简报，包括仰韶时代遗址和龙山时代遗址的调查试掘简报，前者有《四川茂县波西遗址 2002 年的试掘》《四川茂县波西遗址 2008 年的调查》《四川茂县安乡遗址调查简报》《四川茂县安乡遗址 2006 年调查简报》《四川理县箭山寨遗址 2000 年的调查》五篇考古调查试掘简报；后者有《四川省汶川县龙溪寨遗址 2009 年调查简报》《四川茂县沙乌都遗址调查简报》《四川茂县白水寨及下关子遗址调查简报》《四川茂县白水寨和沙乌都遗址 2006 年调查简报》《四川茂县下关子遗址试掘简报》《四川汶川县布瓦遗址 2009 年调查简报》六篇考古调查试掘简报，以及茂县二不寨遗址、黑水县白尔窝遗址等和松潘地区史前遗存的调查资料。第二辑是大渡河上游地区新石器时代遗存的调查试掘简报，包括仰韶时代遗址和龙山时代遗址的调查试掘简报，前者有《四川马尔康县孔龙村遗址调查简报》《四川马尔康县哈休遗址 2003、2005 年调查简报》《四川马尔康县哈休遗址 2006 年的试掘》《四川马尔康县白赊村遗址调查简报》《四川马尔康县脚木足河流域 2013 年考古调查简报》五篇考古调查勘探简报；后者为《四川省丹巴县蒲角顶遗址 2006 年调查简报》。第三辑为文化序列、谱系与性质研究系列成果，收录了《大渡河上游史前文化寻踪》《波西、营盘山及沙乌都——浅析岷江上游新石器文化演变的阶段性》《试论姜维城遗址史前文化遗存的分期、年代及文化属性》《四川盆地西北缘龙山时代考古新发现述析》《试论宝墩文化的源头》《大渡河中游先秦考古学文化的分期及相关问题》六篇论文。第四辑为环境、生业与技术研究系列成果，收录了《大渡河中上游地区的史前文化、环境与生业》《大渡河上游的史前文化、环境与生业》《马尔康哈休遗址史前文化与生业——兼论岷江上游地区马家窑类型的生业方式》《马尔康哈休遗址出土动物骨骼鉴定报告》《四川茂县营盘山遗址浮选结果及分析》《金川县神仙包遗址出土动物遗存简况》《四川杂谷脑河流域采集玉石器材质分析报告》《川西史前玉器简论》八篇论文。本书还附录了《川西北高原与四川盆地间的史前交通考述——从四川盆地西北缘地区史前考古新发现谈起》《藏羌彝走廊史前先民对本地资源的认知、利用及其当代启示——以岷江大渡河上游考古发现为中心》两篇论文（成都文物考古研究院、阿坝藏族羌族自治州文物管理所、茂县羌族博物馆：《川西北高原史前考古发现与研究》，科学出版社，2018 年）。《四川泸州汉代画像石棺研究》全面而详尽地发表了截至 2007 年泸州地区出土的画像石棺资料，在客观的文字描述的基础上配以拓片、线图和照片，让读者立体地了解画像石棺的情况，并对部分图像进行了解读。文中的解释主要以同类图像的榜题为依据，再参考文献，以了解图像的内容、背景和来由（成都文物考古研究院、泸州市博物馆：《四川泸州汉代画像石棺研究》，文物出版社，2019 年）。

《南方民族考古》（第十六辑）刊发了考古发掘简报 3 篇，公布了云南个旧石榴坝墓地、重庆云阳李家坝遗址和四川安岳三仙洞的考古新资料；收录论文 8 篇，分别对广汉二龙岗秦汉墓、成都南北朝佛教造像、萧梁佛教造像的印度化元素、新疆锡克沁佛寺的建筑类型及组合与年代、播州杨氏土司的丧葬制度、播州杨氏土司墓葬的祭祀空间及祭葬仪式、遵义高坪杨氏土司墓地五室墓出土器物、成都东华门明蜀王府苑囿建筑群等问题进行了探讨（四川大学博物馆、四川大学考古学系、成都文物考古研究院：《南方民族考古》（第十六辑），科学出版社，2018 年 12 月）。《南方民族考古》（第十七辑）刊发了考古简报 4 篇，公布了重庆市云阳县丝栗包遗址、阿坝藏族羌族自治州理县古尔沟摩崖造像、重庆市江津区石佛寺遗址和昭通市盐津县豆沙关悬棺的考古新资料；收录论文 10 篇，分别对探方方法在中国田野考古的采纳与演变、东南亚大陆的"T"字形环、四川盆地出土的战国提链铜壶、川南唐宋摩崖造像的选址、白鹤梁等石刻所见的宋代四川移民、泸县宋墓石刻、重庆市江津文物管理所藏宋代石刻、人骨稳定同位素分析、斯里兰卡古代自然风冶铁以及七部营军、四部斯儿与五部飞军等问题进行了探讨。同时刊发"2017 年中国考古学会人类骨骼考古专业委员会年会"纪要 1 篇（四川大学博物馆、四川大学考古学系、成都文物考古研究院：《南方民族考古》（第十七辑），科学出版社，2018 年）。

对古文字的解读，特别是对死文字的解读，是学术界的重大课题。四川、重庆等地区发现的巴蜀符号是这类课题中的难题之一。《巴蜀符号集成》一书全面搜集整理了迄今所公开刊布的巴蜀符号器物，并对每件巴蜀符号器物以器类、时代、地点、尺寸、著录情况、收藏情况、符号内容七种项目加以编录，为战国秦汉时期巴蜀文化特别是巴蜀符号的深入研究提供了基本条件（严志斌、洪梅：《巴蜀符号集成》，科学出版社、龙门书局，2019 年）。李学勤先生为本书作序，有关巴蜀符号的出土材料已经有很多，需要从考古类型学的角度对它们进行全面的清查整理，本书正是顺应了这样的需求，从巴蜀符号的种类、特点、规律，以及载体、材质与符号的对应关系等方面做了基础性的研究。《巴蜀符号集成》详细搜集整理了目前所公布的巴蜀符号器物 835 件，另附录 48 件。该书对每件器物进行了年代判断，并仔细分析了巴蜀符号的组合与构成。王仁湘先生的序言称该书是巴蜀符号的集大成，是迄今为止最为全面的资料汇集。这个工作的完成并不容易，书中除了大量出土品，还有不少零星收藏品，有了这样一个大集成，也就树立了巴蜀符号研究的一个新的里程碑。孙华先生在序言中指出，早在 20 世纪 40 年代，卫聚贤就收集并公布了 48 种巴蜀符号和 150 幅带有巴蜀符号的器物。从那以后，陆续有学者因研究之需，曾经做过巴蜀符号的收集整理工作。最新和最完整的巴蜀符号的资料汇集，就是这本《巴蜀符号集成》。

本年度还陆续公布了一些既往的考古调查勘探发掘简报资料。2017 年 3—7 月，成都文物考古研究院在成都市青羊区光华村街附近发掘了一处秦汉至南宋时期的墓地，共发现各时期墓葬 75 座。其中 3 座唐代墓葬（M41、M44、M65）保存相对较好，墓葬结构较为完整，均为砖室墓。墓葬平面一般呈梯形，由甬道和墓室组成。墓壁两侧有多个对称的肋柱构成肋拱。墓中出土的瓷器有碗、盏、四系罐等，钱币有开元通宝、乾元重宝两种，还出土砚台、手握、墓志石制品和琥珀饰品等。M41 出土一方石质墓志，有明确的纪年信息显示这是一座唐代晚期墓葬。通过综合分析，推断另外 2 座墓葬的年代也为唐代晚期。M41 出土的墓志对墓主的身份、生平及家庭成员等有较为详细的记载，这在成都地区的唐墓中较为少见。此外，墓志还透露出墓主勾龙氏及其子的道教信仰，这对研究晚唐时期成都地区的宗教信仰十分重要（成都文物考古研究院：《成都市青羊区唐代砖室墓》，《考古学集刊》第 21 辑，社会科学文献出版社，2019 年）。2005 年 3 月、2013 年 11 月至 2014 年 4 月，都江堰市文物局等在都江堰渠首进行了考古发掘和调查，共发现 1 通汉碑、3 尊石人像以及百余件石构件等文物，为都江堰水利工程的修建、维护等相关研究提供了一批新的重要实物资料。都江堰渠首历年来共计发现 5 尊石人立像，均属东汉晚期。李冰石像为公元 168 年所造，持锸石人像可能和其年代相近，其余三尊无头石人像可能和建安四年（199）碑的年代相距不远。李冰石像与持锸石人像较为写实，似有刻画蓝本，或为"三神石人"的一部分，其他三尊无人头像不需非要有特定的写实对象，更趋向一种态度的表达，当非"三神石人"。从五尊石人及其相关出土文物的整体视角对都江堰渠首出土石人进行综合研究，可以初步认为此五尊石像均与测量水位无关，应为地面建筑中的立人像（成都文物考古研究院、都江堰市文物局：《四川都江堰渠首 2005、2014 年的发掘与调查》，《四川文物》2018 年第 6 期；刘文强、徐军：《都江堰渠首出土石人相关问题探讨》，《中华文化论坛》2019 年第 1 期）。雅安观音阁重建于明天顺年间，虽历经多次维修和改建，但除屋面为清代重修外，主体木结构仍为明代遗存，部分木构件甚至保留有彩绘与灰塑痕迹。前檐下金枋上有明确的"大明天顺"纪年，年代信息较为准确。柱网与屋架结构均规整对称，构件制作精良，形制具有显著的官式建筑特点，同时部分细节上保留了地方做法，这些在同时期四川寺观建筑中具有代表性（成都文物考古研究院：《四川雅安市雨城区观音阁调查简报》，《四川文物》2019 年第 2 期）。三佛洞摩崖造像位于四川省都江堰市大观镇滨江社区，是成都平原地区保存较好的晚唐五代摩崖造像。题材包括一佛二弟子二菩萨、一佛二菩萨以及三身佛等，对研究晚唐五代时期成都平原及四川盆地的摩崖造像提供了较重要的实物资料（都江堰市文物局：《四川都江堰市三佛洞摩崖造像调查简报》，《四川文物》2019 年第 3 期）。

  2014 年 1 月至 3 月，成都文物考古研究院与蒲江县文物管理所在蒲江县朝阳湖镇杨柳村清理发掘了 5 座北宋中晚期的砖石混筑券顶墓。共出土瓷器约 26 件套，其中装有小瓷碗的铁三足带柄炉推测为宋代煎茶器具，而内装小兽的瓷小罐可能与道教镇墓有关。据买地券可知，M3 墓主姜氏七十娘为蒲江县普慈乡仁惠里人，下葬年代为绍圣元年（1094）；M5 墓主下葬年代为治平四年（1067）。另据文献材料可知，仁惠里作为重要墓葬区，也是南宋时期蒲江县地方大姓魏氏和高氏的家族葬地。这批北宋纪年墓的发现为四川地区宋代墓葬研究提供了新的材料，为探讨宋代蒲江县乡里建制以及宋代饮茶习俗提供了新的证据（成都文物考古研究院、蒲江县文物管理所：《四川蒲江县杨柳村宋墓发掘简报》，《四川文物》2019 年第 5 期）。海滨村位于四川省成都市主城区东北，北邻三环路和成绵高速，南邻二仙桥，东邻蜀龙路，西与昭觉寺相望。2017 年 3—6 月，为配合基本建设，成都文物考古研究院对位于海滨村年家院子区域进行了勘探和考古发掘，共清理墓葬 31 座，发掘区的中心地理坐标为北纬 30°42′13.8″，东经 104°07′45.8″，海拔 504 米。其中 M23、M24 为五代后蜀时期的砖室墓（成都文物考古研究院：《四川成都海滨村五代后蜀墓发掘简报》，《文物》2019 年第 7 期）。兔儿墩墓地是一处汉代墓地，该墓地经过多次下葬、封土，在地表形成了高大的土墩。2007 年 9 月至 11 月，成都文物考古研究院等单位对大邑县兔儿墩墓地进行了抢救性发掘，共清理了 10 座墓葬。通过此次发掘，基本了解了兔儿墩墓地形成过程及封土结构。其下层为西汉土坑墓，上层为东汉砖室墓，宋明时期又在汉墓封土上下葬。其中 3 座西汉土坑墓（M8—M10），均未被盗，出土了丰富的器物。陶器有罐、瓮、盆、豆、钵、釜、壶、盘、井、熏炉、鼎、盒等，铁器有釜、锸、削，铜器有带钩、环、车軎等，及 200 余枚半两、五铢钱。M8、M9 大概为文景时期墓，属于西汉早期晚段；M10 为武帝时期墓，属于西汉中期。兔儿墩墓地的发掘提供了一批西汉早期墓葬新资料，对于探讨汉代土墩墓在四川地区的传播也具有重要意义（四川大学考古学系、成都文物考古研究院、大邑县文物保护管理所：《四川大邑县兔儿墩土坑墓发掘简报》，《中国国家博物馆馆刊》2019 年第 9 期）。

2010 年 6 月，四川德阳市旌阳区孝泉镇龙护舍利塔"5·12"震后维修时发现"祖杨宅砌孝街"等铭文砖，四川省文物考古研究院等对铭文砖所在区域进行清理发掘，发现一条宋代街道遗址。该街道由青砖纵横相间竖砌而成，宽约 2.15 米，已清理部分长约 15.8 米。根据铭文砖，可知该街道名"孝街"。"孝街"的发现为孝泉古镇历史和孝文化的研究提供了重要实物资料（四川省文物考古研究院、德阳市文物考古研究所、旌阳区文物管理所：《四川德阳市旌阳区孝泉镇发现宋代"孝街"遗址》，《四川文物》2019 年第 4 期）。

五、岷江流域文化遗产保护与相关学术研讨活动

成都市中心东华门遗址的发现，充分表明这里自战国末年以来，即为张仪所筑大城的核心生活区，证实了以往仅见于传说或文献记载之"摩诃池"的确切存在。隋唐至两宋摩诃池池苑园林和明代蜀王府宫城建筑群，规模庞大，气势恢宏，工艺精良考究，为研究长达 2300 余年的成都城市史提供珍贵参考依据，是考察成都古城形态及其演变进程的文物窗口和时空坐标，同时也是成都建设世界文化名城的重要根基与文脉所在。2018 年 9 月，"中意文物保护及博物馆规划与管理研讨会"在成都博物馆举行。意大利福贾大学教授朱力阿诺·沃佩、基耶蒂—佩斯卡拉大学教授苏珊娜·费里尼、布雷西亚城市博物馆考古专家弗朗西斯卡·布兰卡奇奥等 9 位意方考古、文博专家在成都博物馆发表主旨演讲，加强双方在文化遗产保护及考古领域技术、方法、经验的交流。2018 年 9 月 19 日，《意大利那不勒斯国家考古博物馆、坎皮佛莱格瑞考古公园与中国四川省文物局合作协议》在成都签约，将"2019 年东华门城市考古遗址保护开展本体保护与展示利用规划方案编制与实施"纳入中意两国文化遗产保护利用合作内容，双方将合作开展成都东华门城市考古遗址保护与利用项目。苏珊娜·费里尼表示，作为一处在成都市中心发现的历史遗存，东华门遗址与罗马市中心的斗兽场相似，如何把历史遗存融入城市和居民的生活之中，并成为一处受欢迎的文化古迹，是双方合作的重点。东华门遗址非常具备打造成考古公园的基础，这里的考古遗存丰富，而且具备水源、树木。对东华门遗址的保护与利用，如何整合它自身巨大的资源并让公众了解，是需要解决的大问题，不能简单地把它当成一个整体处理，应从不同区域的重点元素切入。现在的研究正从遗址的内容、如何传达给市民两个角度入手。弗朗西斯卡·莫兰迪介绍说，可以引入适合不同年龄阶段的科教、游戏项目，重现历史建筑、习俗、节日等方式来实现。项目背后的文化概念和内涵，以及文物保护与修复的工作方法，也是遗产保护团队应该展示给公众的。

2019 年 1 月，四川省人民政府公布了第九批省级文物保护单位，成都东华门遗址入选。2019 年 7 月 16 日，2019 年"城市考古发掘技术和遗址保护技术培训班"在成都开班，授课

专家来自中国和意大利。培训班邀请了中意两国城市考古与遗址保护方面的专家，结合中意城市考古与遗址保护案例，介绍优秀的城市考古工作方法与先进的遗产保护技术，将城市考古发掘技术与遗产保护技术结合起来。培训班课程包括《威尼斯宪章与中国文物古迹保护》《中国文明起源的考古学探索》《建筑遗址病理检测与保护技术》以及《大遗址保护与规划设计》《意大利城市考古发掘技术》等等。在开班仪式现场，多个专家学者都表达了对成都东华门遗址的关注：如何保存和展示，能够既有利于城市发展，又能让市民感受文化遗产的魅力，是很大的挑战。一批成都的城市考古遗址文物保护利用已列入四川省与意大利合作项目。中国文化遗产研究院研究员詹长法曾多次组织主持中意国家间合作的文物保护项目，他表示，保存好遗址、展示原汁原味的历史遗址，对当代、后代都非常重要。但那么丰富的城市遗址，如何展示给当代人，是个挑战。原故宫博物院常务副院长李季则认为，在城市考古方面，国际间的合作非常重要。高速建设中怎样保护好文物，是很大的挑战。一方面，国内面临的问题，欧洲国家此前曾遇到过；另一方面，中国也积累了一些经验，双方能够进行交流。类似成都的东华门遗址，保存下来的蜀王城，在全国范围内不多，遗址在成都市中心位置，寸土寸金，怎样做到既有利于城市发展，又能让市民感受文化遗产的魅力，是很大的挑战。7月19日，成都文物考古研究院组织召开成都东华门遗址保护与展示利用方案专家咨询会，来自意大利和中方的专家一同对东华门遗址本体保护与展示利用进行了讨论。会议由成都文物考古研究院顾问詹长法研究员主持，在听取清华同衡规划设计研究院《东华门遗址本体保护与展示利用规划方案》及同济大学建筑与城市规划学院《东华门遗址前期病害勘察与现场保护建议》的汇报后，经认真讨论，专家们一致认为：东华门遗址是具有极高价值的重要考古遗址。东华门遗址保护与展示利用方案设计应致力于将遗址打造为成都市最为重要和最具影响力的文化地标，并作为成都市创建世界文化名城的支撑项目来认真对待；遗址展示要有整体考虑、重点突出，设计应体现与当代城市发展有机结合的思想；保护与展示方案应表达面向社会公众的理念，可突出水景、植被等自然因素的利用，在以明代遗存为展示重点的基础上，实现不同历史时空的和谐分割，强化遗址在城市现在与过去之间的纽带作用；应加强前期基础性科学研究、临时性保护措施研究和预防性保护研究，注重团队间合作与成果的共享，避免出现遗址揭露展示后无法得到有效保护的情况；意大利在城市考古、遗址保护展示方面有诸多可借鉴的案例，相关机构应积极开展国际合作，共同为东华门遗址保护与展示设计工作做好专业咨询和技术服务。

为弘扬传承中华民族优秀传统历史文化，促进社会、经济、生态、文化协调发展，构建积极健康的精神文化家园，打造历史文化旅游品牌，搭建地区经济文化发展平台，推进国家"一带一路"倡议及丝绸之路的考古工作和文化遗产保护工作，并为省重点文化工程——古蜀文明传承创新工程奠定基础。同时，为促进长江文明与黄河文明之间的文化交流、传播及融合的研究。弘扬阿坝传统文化、挖掘阿坝旅游资源、提升阿坝形象，全力建设阿坝"一州两区三家园"。在四川省文物局大力支持和指导下，由四川省文物考古研究院、成都文物考古研究院、四川大学历史文化学院、三星堆遗址博物馆、金沙遗址博物馆、阿坝州文化体育和旅游局、茂县人民政府、阿坝州文物管理所主办，茂县文化体育和旅游局、茂县羌族博物馆承办，四川金色映象文化传播有限公司协办的"茂县营盘山遗址与古蜀之源"学术研讨会，原定于 2019 年 8 月 20 日—22 日在茂县举行，会议共设有：茂县营盘山遗址研究、古蜀文明探源研究、岷江上游地区史前文化研究、川西北高原山地史前文化研究、岷江上游地区石棺葬研究、岷江上游历史文化研究、羌族历史文化研究等 7 个议题。但是由于汶川"8·20"强降雨特大山洪泥石流灾害，致使道路中断，会议临时改到广汉三星堆博物馆举行。来自中国社会科学院、北京大学、四川大学、四川省文物考古研究院、重庆市文化遗产研究院、浙江省文物考古研究所、贵州省文物考古研究所、成都文物考古研究院、三星堆遗址博物馆、金沙遗址博物馆、德阳市文物考古研究所、凉山州博物馆、阿坝州文物管理所等省内外 80 余名著名专家、学者参加了研讨会。四川省文化和旅游厅党组成员、副厅长、四川省文物局局长王毅，四川省政协副秘书长、中国民主促进会四川省委驻会副主委赵川荣，新华社四川分社社长惠小勇等领导出席会议。大会开幕式由茂县人民政府副县长卞思雨主持，阿坝藏族羌族自治州文化旅游广播电视局党组书记陈顺清代表阿坝州委常委、宣传部部长杨星致欢迎词；赵川荣副秘书长、王毅副厅长先后发表了热情洋溢的讲话。

与会学者向会议提交了论文 30 多篇，其中 15 位学者在研讨会上做了大会学术发言。与会专家、学者们围绕古蜀文明源起何处、古蜀先民从何而来、中华文明起源、中国古代文化交流互融等议题展开热烈的交流讨论。成都文物考古研究院研究员陈剑介绍，自 2000 年以来，成都文物考古研究院、阿坝藏族羌族自治州文物管理所、茂县羌族博物馆等单位合作在岷江上游地区调查发现了上百处新石器时代遗址，并对茂县营盘山遗址等进行了考古发掘。基本明晰了该地区的新石器时代文化内涵，建立了初步的文化发展演变序列。这些考古新发现为研究古蜀文明的渊源提供了重要实物证据。营盘山遗址是江源文明及古蜀文明发源地的核心所在。中国社会科学院考古研究所研究员朱乃诚认为，"古蜀文明"就是"三星堆文明"，而以茂县、汶川为核心的岷江上游地区在古蜀文明形成这一重大历史事件中，发挥了无可替代的桥梁作用。四川省文物考古研究院副研究员万娇从茂县营盘山、茂县下关子、哈休、西昌沙坪站等遗址论述川西高原史前农业面貌，特别是水稻在川西高原的传播。成都文物考古研究院姜铭则从营盘山遗址植物大遗存浮选结果谈起将视角放在新石器时期粟作农业在四川地区的扩散。成都文物考古研究院副研究员杨颖东从合金技术角度探讨牟托一号石棺墓青铜器文化多因素问题，认为所研究的多数铜器是在本地仿制的，体现了巴蜀和楚文化的紧密性，同时中原和北方草原文化的技术痕迹也有所体现，充分反映岷江上游的茂县在民族迁徙之路、南北文化走廊上的重要性。专家们在交流中表示，茂县地区有着丰富的史前遗址，诸如营盘山遗址、波西遗址、沙乌都遗址、下关子遗址等，这些遗址和岷江上游的马尔康哈休、理县箭山寨、汶川姜维城等遗址一道组成了重要的遗址群，上承黄河上游的马家窑文化、齐家文化，下接成都平原的什邡桂圆桥遗存、成都宝墩文化、三星堆文化等，成为其中重要的关键环节，为考古学、历史学、民族学、人类学研究提供了有力的研究依据，突出了岷江上游对中国古代南北方文化时空关系和族群交往迁徙的重要性，进一步证实了古蜀文明源头是岷江上游地区，而以营盘山遗址为核心的岷江上游遗址群与成都平原宝墩文化、三星堆文化串联起来，梳理出古蜀文明的发展脉络。此外，中国社会科学院考古研究所研究员王仁湘对蜀式琮进行辨析并论述了其对整个中国古代玉琮产生的重要意义；四川大学考古学系教授吕红亮对青藏高原东缘的新石器时代化的重要意义进行了论述；四川省文物考古研究院研究员雷雨对三星堆文化以及宝墩文化提出了新的分期；四川省文物考古研究院副研究员陈苇对刘家寨遗址的考古发现的概况与初识进行介绍；贵州省文物考古研究所副研究员杨洪对贵州清水江下游新石器时代遗存进行了分析；四川大学考古学系博士杜占伟介绍了青海民和喇家遗址近年发掘的马家窑文化遗存；中国社会科学院考古研究所研究员叶茂林讨论胡焕庸线与童恩正线及其科学与历史意义；北京大学考古文博学院徐诗雨对三星堆遗址出土石器进行分析；德阳市文物考古研究所研究员刘章泽介绍了石亭江上游区域考古调查的主要收获及认识；浙江省文物考古研究所陈明辉通过对比环太湖地区和成都平原新石器化和社会复杂化进程对二者的文明起源进行分析等都引起了与会学者的普遍关注。北京大学考古文博学院教授孙华在闭幕式做大会学术总结时表示，探索营盘山遗址、姜维城遗址等岷江上游的史前遗址，将有助于认识以三星堆为代表的古蜀文明的渊源。"茂县营盘山遗址与古蜀之源"学术研讨会是一次高规格、高层次的学术讨论会，集中了来自全国各地专家学者，使思想与智慧的火花相碰撞，它的举行对于茂县营盘山遗址研究、古蜀文明探源乃至中华文明探源都有重要的意义，也对提升茂县乃至阿坝州形象，推进文化发展有十分重要的意义。

2019 年 11 月 5 日，"古蜀文明保护传承暨纪念桂圆桥遗址发现十周年"学术研讨会在什邡举行，来自四川大学、四川省文物考古研究院、成都文物考古研究院、三星堆遗址博物馆、成都金沙遗址博物馆等高校及研究机构的 50 余位学者参加了研讨会。与会学者专家再次探讨了古蜀文明的来源与先蜀族人从山地走向平原的路径。桂圆桥遗址发现的价值意义、什邡在古蜀文明中的重要地位等成为与会专家学者讨论的热点。"营盘山—桂圆桥—宝墩"这一川西地区史前考古学文化传承序列，也得到了学术界的基本公认。

2019 年是三星堆遗址发现 90 周年，12 月 20 日，由中国考古学会、四川省文化和旅游厅、四川省文物局、四川大学、德阳市人民政府主办，广汉市人民政府、四川省文物考古研究院承办的纪念三星堆发现 90 周年大会在四川广汉召开。国家文物局局长刘玉珠、四川省人民政府副省长杨兴平等领导出席大会并讲话。来自全国相关高等院校、科研院所、文物考古机构、博物馆的专家学者以及四川省内各级文化和旅游部门、文物部门、文博单位共计 400 余人参加大会。刘玉珠代表国家文物局表示祝贺，高度评价了三星堆发现以及古蜀文明考古、研究的重要意义，充分肯定了四川省在文物机构队伍建设、政策举措创新、重大项目推进、博物馆建设、科技应用等方面取得的突出成绩。希望四川坚持创新驱动，加强顶层设计，打通制度堵点，积极推动文化供给侧结构性改革；坚持抓主抓重，重点实施古蜀文明保护传承、革命文物保护利用等一大批重大项目，形成可复制可推广的优秀案例；坚持夯实基础，持续推动考古研究，采用互联网、大数据等现代信息技术提升文物管理水平，促进文物事业高质量发展。杨兴平代表四川省人民政府致辞，向国家文物局对四川文物博物馆事业发展的支持表示衷心感谢，回顾了三星堆发现 90 年以来，四川开展三星堆考古发掘、学术研究，推动三星堆和巴蜀文化走向世界的历程，并对全面实施古蜀文明保护传承工程进行了展望。会上，刘玉珠、杨兴平还共同为新成立的"三星堆研究院"揭牌。四川大学党委书记王建国、中国考古学会副理事长赵辉等出席大会并致辞。三星堆发现以来的 90 年历程，是一代代学人披荆斩棘、上下求索、砥砺前行的历程，是拨开四川远古重重迷雾、重建四川古代巴蜀历史、建构中华文明多元一体发展进程的历程，更是打造巴蜀文明金色名片、见证巴蜀文明从盆地走向世界的辉煌历程。进入 21 世纪以来，考古工作者们又在三星堆遗址展开了大规模考古勘探和试掘工作，遗址分期、遗迹面貌、文物内涵、文化概况、文化影响等方面的研究收获颇丰。以三星堆为代表的巴蜀文明，与其他中华文明组成部分的关系研究正在加强。随着祭祀坑的发现和学术研究的不断深入，三星堆在世界的影响日益扩大。截至目前，三星堆文物先后 70 余次出境展览，足迹遍布美国、加拿大、英国、法国、德国、意大利、澳大利亚、新西兰、日本、新加坡等众多国家以及中国香港、澳门和台湾地区，100 余座城市，观众逾 1000 万人次。

此次纪念三星堆遗址发现 90 周年学术研讨会上，达成《三星堆共识》，由中国考古学会郑重发布，共识认为：一、以三星堆遗址为代表的长江上游地区文明在与黄河流域、长江中下游地区古代文明的交流与融合中发展壮大，是中华文明多元一体发展模式的重要见证。二、三星堆遗址出土青铜大立人、面具、头像、神树等器物，是古蜀人对"人与神"充满想象力的独特理解，展示了巴蜀文化的多样性和丰富性，是古蜀文明对世界青铜文明的杰出贡献。应进一步加强对三星堆遗址的考古研究、保护和利用。三、近年来，川渝地区的考古工作取得了重要成果，特别是在传统上属于巴文化区域开展的一系列考古工作，对于推动"巴文化、巴文明、巴国"的探索、深入研究巴蜀文明融入中华文明具有重要意义。四、中国西南地区山川险阻、地形多变，但古代先民筚路蓝缕，开辟了诸多线路，从很早起就与黄河流域、长江中下游及周边地区发生了联系，并形成了藏羌彝走廊、蜀道、茶马古道等多民族迁徙、交流和融合之路，应大力开展文化线路遗产的调查、保护和研究，为丝绸之路南亚廊道的申遗做好准备。五、西南地区的古代文化丰富多样，随着近年来一系列考古新成果涌现，极大地推动了巴蜀文化的研究。为整体推进西南地区考古工作，解决重大学术问题，建议将"巴蜀考古""西南夷考古"等纳入国家文物局"考古中国"项目，为深入研究中国古代文明、提升中华文化国际影响力做出应有贡献。本次会议在纪念三星堆发现 90 周年之际对巴蜀考古既往工作进行梳理回顾，同时又立足于中华文明多元一体和世界文明交流互鉴的高度展望巴蜀考古的未来，不仅是一次巴蜀考古新成果的集中展示，更是一次深入认识巴蜀文明、中华文明的学术研讨，会议的召开将推动西南考古、巴蜀考古与研究走向更加深入、更加广阔的层次和境界。

2019 年 12 月 20 日，"发现三星堆：三星堆与巴蜀考古"三星堆遗址发现 90 周年特展在四川广汉三星堆博物馆开幕展出，并展出文物 286 件，共设"灵土秘藏、迷雾寻踪、上下求索、惊世发现、古城巍然、寻夔问巴"六大单元，展出三星堆和具有代表性的巴蜀文化遗址、墓葬出土文物，年代跨度自新石器时代晚期至战国时期，涵盖石器、陶器、青铜器、玉器、金器等类别。本次特展旨在回望历史、总结经验，秣马厉兵、再启征程！指导单位为四川省文化和旅游厅、四川省文物局，承办单位为四川广汉三星堆博物馆、四川省文物考古研究院、四川博物院、成都文物考古研究院、成都博物馆、成都金沙遗址博物馆、四川大学博物馆、什邡博物馆、广汉市文物管理所、渠县历史博物馆。

2019 年 12 月 26 日，成都文物考古研究院举行了 2019 年度考古工作汇报会。2019 年度该院考古工作成果丰硕，本次报告会对部分成果进行了展示。该院全年度发掘项目共计约 86 个，发掘面积达 98000 平方米。出版了《成都包家梁子墓地考古发掘报告》《成都考古发现（2016）》《四川泸州汉代画像石棺研究》《川西北高原史前考古发现与研究》《南方民族考古》（第十六、十七辑）等专著，发表了简报及论文 50 余篇，并有 6 本专著完成了定稿工作。在课题及项目申报工作中，"盐源叭家堡遗址的整理与研究"获得 2019 年度国家社科基金一般项目立项（另外还有 3 项一般项目及西部项目与该院有关联），《茶马古道（成都段）考古调查及研究》获得国家社科基金后期资助项目，还获得中国博士后科学基金第 65 批面上资助二等资助，该院工作人员还主持和参与各类其他项目课题 11 项。报告会共有 24 位专业人员进行了汇报，题目包括《聚落考古视野下的宝墩遗址》《三观村遗址"金科集美天宸"地点发掘汇报》《青白江区大同镇五里村墓地 2019 年发掘情况汇报》《宝墩文化来源的古环境背景——基于古气候证据》《高山古城遗址植物遗存综合研究进展》《波罗村遗址分期兼谈十二桥文化分期的细化》《"晚麦早出"现象小议》《金沙遗址黄忠小学地点整理收获》《成都双元村东周墓地 154 号墓葬》《成都市高新区双龙村战国墓地发掘汇报》《成都天府新区万安南一路、海五路崖墓群发掘收获》《2019 年成都天回镇大湾墓地发掘工作汇报》《新川蜀汉墓葬的发现及相关问题》《下同仁路出土天王造像年代及相关问题》《从考古材料谈近年发现佛教造像埋藏坑的性质》《唐宋时期成都城的里坊布局与形态》《彭州和青白江考古发掘收获》《成都龙泉高氏家族墓地发掘及初步研究》《都江堰"罗家井坎"遗址发掘收获》《高新南区红苕坡墓群及相关问题》《金牛区柳家碾元墓及相关问题》《创造发明——会理白铜的考古调查和初步研究》《出土文物现场保护、室内清理与研究实例》《2019 成都考古物探》等。

（作者单位：成都文物考古研究院）

论"成都"之名彰显秦统一
战略与蜀人支持祖国统一
——九论成都得名是在秦统一古蜀后

李殿元

内容提要：作为都市的"成都"，是在汉代以后的文献中才出现的；而地下出土文物证明，"成都"是在战国后期就存在的。这与史书所记"成都"出现在秦统一古蜀后是一致的。设立蜀郡、成都县，修建成都城，是秦统治者所确定与实施，"成都"之"成"由"丁"与"戈"组成，表示出明显的军事意味。"成都"两字的含义不仅显示了秦统一全国的战略意图，也体现了蜀人对祖国统一的坚决支持。

关键词：成都之名；秦统一古蜀；"丁"与"戈"；蜀人支持；祖国统一

笔者已经发表过八篇论文，从各方面论证"成都"得名是秦统一古蜀后，它是秦统一全国的军事战略的体现[①]。虽然已经写了八篇论文，但意犹未尽，故再写此论文，对"成都"之名的内涵不仅是秦统一全国战略的体现，更体现了蜀人对祖国统一的坚决支持。

---

① 《论秦征服古蜀与"成都"得名》，载《成都大学学报》2014年第5期；《再论"成都"得名是在秦灭蜀后》，载《文史杂志》2014年第5期；《论"成都"得名研究中古蜀情结与秦文化的纠结——三论"成都"得名是在秦灭蜀后》，载《文史杂志》2015年第2期；《从"郫""临邛"之名证"成都"得名——四论"成都"得名是在秦灭蜀后》，载《兰台世界》2015年第2期；《从三星堆发现大古城论何时有"成都"——五论"成都"得名是在秦灭蜀后》，载《成都理工大学学报》2016年第3期；《论蒲江"成都矛"解读中的几个问题——六论成都得名是在秦统一古蜀后》，载《文史杂志》2017年第3期；《古蜀国有"成都、新都、广都"这"三都"吗?》，载《成都大学学报》2015年第6期；《学术研究必须有严谨态度和史料证明——七论成都得名是在秦统一古蜀后兼评周宏伟文》，载《文史杂志》2019年第6期；《论古蜀地名都是后人的追记——八论"成都"得名是在秦统一古蜀后》，载《文史杂志》2020年第2期。

一、早期文献中记载的"成都"

何时有"成都"？查阅先秦文献，发现在许多文献中都是记载有"成都"两字的。例如：

《山海经·大荒北经》："大荒之中，有山，名曰成都，载天。"①

《管子·治国篇》："舜一徙成邑，二徙成都，参徙成国。"②

《庄子·杂篇·徐无鬼》："舜有膻行，百姓悦之，故三徙成都，至邓之虚而十有万家。"③

《尸子·卷下》："舜一徙成邑，再徙成都，三徙成国，其致四方之士。"④

《吕氏春秋·慎大览·贵因》："舜一徙成邑，再徙成都，三徙成国，而尧授之禅位，因人之心也。"⑤

在这些先秦文献中的"成都"两字，除了《山海经》在"夸父追日"中的"成都，载天"是指某座山的名称是"成都"，"载天"即"戴天"，意思是山顶连接着天，形容极高，其余皆是说尧舜禹三帝中的舜因为迁移了三次，逐渐形成城邑、都城，乃至国家。尧之所以把帝位让给了他，就是在他的迁移过程中看到了人心所向。

可以肯定，这些先秦文献中的"成都"两字，均与后来作为蜀郡首府的成都无关。

到了汉代，在司马迁所著的《史记·五帝本纪》中有："舜年二十以孝闻。……一年而所居成聚，二年成邑，三年成都"；《史记·河渠书》："于蜀，蜀守冰，凿离碓，辟沫水之害。穿二江成都之中。"⑥

汉代学术领袖扬雄在《蜀王本纪》中有："蜀王据有巴蜀之地，本治广都樊乡，徙居成都。"⑦

晋代常璩所著《华阳国志·蜀志》有："君开明立，号曰丛帝……九世传开明尚焉。开明尚自梦郭移，乃徙治成都"；"蜀以成都、广都、新都为三都，号名城。"⑧

晋代左思所著《蜀都赋》："既丽且崇，实号成都。"⑨

可知在汉代以后的文献中所指的"成都"，除个别仍是指舜的迁移外，绝大多数是明确指向成都这个城市的。

不过，在所有的秦汉时期乃至宋以前的文献中，均没有对作为城市的"成都"两字的来源作出解释。到了北宋，著名的历史地理学家和文学家乐史撰有《太平寰宇记》，其中卷七二说："《史记》曰：'成都县，汉旧县也。以周太王从梁山止岐下，一年成邑，二年成都。

---

① 袁珂：《山海经校注》之《大荒北经》，北京联合出版社，2014年版。
② 黎翔凤：《管子校注》之《治国篇》，中华书局，2004年版。
③ 陈鼓应：《庄子今注今译》之《杂篇·徐无鬼》，中华书局，1985年版。
④ 黄曙辉：《尸子注解》之《卷下》，华东师范大学出版社，2009年版。
⑤ 高诱注，毕沅校正：《吕氏春秋》之《慎大览·贵因》，上海古籍出版社，1996年版。
⑥ （汉）司马迁：《史记》之《五帝本纪》《河渠书》，中华书局，1999年版。
⑦ （汉）扬雄：《蜀王本纪》，四川大学图书馆编《中国野史集成》第1册，巴蜀书社，1993年版。
⑧ 任乃强：《华阳国志校补图注》之《蜀志》，上海古籍出版社，1987年版。
⑨ （晋）左思：《蜀都赋》，见《昭明文选》卷四，华夏出版社，2000年版。

因名之成都'."① 这种关于"成都"来源的说法在中国古籍中，是唯一对"成都"名称由来原因的说明，被很多人引用。

但是，乐史对"成都"二字来源的解释完全是错误的，并没有可靠的依据。

乐史因为学识渊博，所以很自信，他并没有去查对原文就在《太平寰宇记》说"成都"之名的来源是因为《史记》记载周太王"一年成邑，二年成都"之故。可是，《史记·周本纪》在记载周太王史迹时，只有"逾梁山，止于岐下"这几个字，并无"一年成邑，二年成都"之句。而且，成都也不是"汉旧县"。可见，乐史对"成都"二字由来原因的解释错误百出，完全不可信。

到了南宋，另一位著名的文学家祝穆发现了乐史在谈"成都"来源时引用"周太王"的史籍错误，虽然他在《方舆胜览》中回避了乐史引用史籍的错误，却依旧沿袭乐史"发明"的说法，在"成都府路郡名"条中说"成都"得名是"盖取《史记》所谓三年成都之义"②。可见，不论是乐史还是祝穆，因为中原大一统论的影响，认为"成都"之名就是来源于舜。历史研究必须以可靠的文学资料为依据，舜与成都，完全是风马牛不相及的两件事啊！

那么，作为都市的"成都"这个名称究竟包含着什么样的涵义呢？这首先需要确认它的出现时间。

二、何时有成都城和"成都"名

作为城市名称的"成都"是在汉代以后的典籍中才出现的。不过，地下出土文物却证明，在战国后期，有关"成都"的记载就较多了③。

四川雅安荥经县同心村船棺葬出土有"成都"矛，时代为战国晚期。弧形窄刃，刺身呈柳叶状，圆弧形脊，中空至尖，弓形双耳间骹面铸饰一浅浮雕虎像，一面铸虎的头顶和前躯，另一面铸虎头的下颚。虎首前端的骹面阴刻铭文"成都"二字，刺身脊上另阴刻一"公"字。此矛因铸"成都"二字，故称"成都矛"。

成都蒲江飞虎村船棺葬墓群出土"成都"矛，时代为战国晚期。弧形刃，柳叶形刺身，圆弧形脊，弓形双耳间骹面铸有纹饰，一面为虎纹，一面为手心纹。虎纹前端的刺身脊上阴刻"成都"二字，手心纹前端的刺身脊上阴刻"公"字。此件矛与荥经同心村船棺葬出土的"成都"矛形制相似，在成都属首次发现。

广元青川县白水区出土吕不韦戈，时代为战国晚期的公元前238年，现藏青川县文物管理所。援中部有凸棱，阑侧四穿，内一穿，援、胡、内有斜刃。内部两面均有铭文，共23字。正面刻铭为"九年相邦吕不韦造蜀守金东工守文居戈三成都"，背面铸文为"蜀东工"。铭文表明这件戈为秦国中央政府监造、成都本地"东工"制造。这是迄今发现最早有明确纪年、铭刻"成都"二字的实物资料。

湖北云梦睡虎地秦简所见"成都"。《睡虎地秦墓竹简·封诊式》："……令吏徒将传及恒

---

①　（宋）乐史：《太平寰宇记》卷七十二，上海古籍出版社，1989年版。
②　（宋）祝穆：《方舆胜览》卷五十三，中华书局，2003年版。
③　成都博物馆：《"成都"得名》，http://www. cdmuseum. com/shihaigouchen/201803/884. html

书一封诣令史，可受代吏徒，以县次传诣成都，成都上恒书太守处，以律食。"

战国时期考古出土与"成都"有关的相关实物资料，说明至迟在战国晚期，已有了"成都"这个称谓。这是秦墓出土竹简中首见的"成都"墨迹。

《史记》《华阳国志》对何时有成都记载得很清楚。

《史记·张仪列传》说：秦惠文王二十二年（即更元九年），"卒起兵伐蜀，十月，取之，遂定蜀，贬蜀王更号为侯，而使陈庄相蜀。"① 《华阳国志·蜀志》记载："周慎王五年，秦大夫张仪、司马错、都尉墨等从石牛道伐蜀。……冬十月，蜀平。"② 这两份文献资料提到的秦惠文王二十二年、秦惠文王更元九年与周慎王五年这三个古代纪年，都是公元前316年。按文献的记载，秦军在公元前316年统一了古蜀国。

秦在统一古蜀后，对原蜀国辖区不仅大量移秦民入蜀，并且逐步采取了秦国的统治方式，最终设立了郡县制。在原蜀国辖区设立了蜀郡，在蜀郡之下，成都、郫、临邛这三个县是蜀郡最先建立的县。

《华阳国志·蜀志》说："（周）赧王五年，仪与若城成都，周回十二里，高七丈。郫城，周回七里，高六丈。临邛城，周回六里，高五丈。"③ 周"赧王五年"是公元前310年，这是很明确的时间。即是说，公元前310年，秦统治者不仅设立了成都、郫、临邛三个县，还兴建了相应的三座城镇。

这样看来，作为都市的成都是在公元前310年正式成立的，至今已经有2330年了。

虽然《蜀王本纪》与《华阳国志》都载有"蜀王徙治成都"之事，不论是《蜀王本纪》所说的是"蜀王五世"，还是《华阳国志》所说的是"蜀王九世"，应该说，都与成都建城立县无关。因为，《蜀王本纪》《华阳国志》是在古蜀王国灭亡数百年，古蜀文化已经完全消失后由后人根据传说撰写的，传说不一定是史实；这两本书使用的是中原文字，其中涉及的数十个地名都是秦汉乃至魏晋时期的地名，不可能只有其中的"成都"是古蜀地名；成都的金沙遗址影响很大，但它并没有发现诸如三星堆遗址那样的城墙、街道，还不足以证明这里曾经是大都城；即使"蜀王徙治成都"之事确实存在，那也不过表示蜀王曾经到过此区域而已，正因为是传说而非史实，所以才会有"蜀王五世"与"蜀王九世"这样不同的说法。

之所以在战国晚期的公元前310年才有了成都，是因为"成都"的出现与得名是与秦的统一战略有关的。

三、秦的统一战略与"成都"之得名

秦始皇能够最后统一中国，不是他一个人的"功劳"，而是"奋六世之余烈"④，是在他之前六代君主长达百余年共同努力的结果。在秦统一中国的历史进程中，从秦孝公开始，连续不断的六代君主，都能够大量选拔秦本土和关东各国的第一流人才，逐步制定一条正确的

①　（汉）司马迁：《史记》之《张仪列传》，中华书局，1999年版。
②　任乃强：《华阳国志校补图注》之《蜀志》，上海古籍出版社，1987年版。
③　同上。
④　（汉）贾谊：《过秦论》，见《新书校注》，中华书局，2000年版。

统一中国的战略方针，使秦国从小变大，由弱变强。在其中，突出的有两人：商鞅变法为秦国奠定了经济基础，司马错伐蜀则奠定了军事基础①。生活在秦惠文王、秦武王和秦昭王时期的司马错，提出了"得蜀即得楚，楚亡则天下并"的军事战略思想，并具体指挥了伐蜀战役、平定蜀乱和黔中战役等一系列重大军事行动，为秦横扫列国实现统一大业做出了重要贡献。

《华阳国志·蜀志》记载：

> 秦惠王方欲谋楚，群臣议曰："夫蜀，西僻之国，戎狄为邻，不如伐楚。"司马错、中尉田真黄曰："蜀有桀、纣之乱，其国富饶，得其布帛金银，足给军用。水通于楚，有巴之劲卒，浮大舶船以东向楚，楚地可得。得蜀则得楚，楚亡则天下并矣。"惠王曰："善。"②

《战国策·秦策一》也有类似记载：

> 司马错与张仪争论于秦惠王前。司马错欲伐蜀，张仪曰："不如伐韩。"王曰："请闻其说。"……司马错曰："……夫蜀，西僻之国也，而戎狄之长，而有桀、纣之乱。以秦攻之，譬如使豺狼逐群羊也。取其地，足以广国也；得其财，足以富民缮兵。不伤众而彼以服矣。故拔一国，而天下不以为暴；利尽西海，诸侯不以为贪。是我一举而名实两附，而又有禁暴正乱之名。……"③

相较于"攻韩劫天子，恶名也"的东进之策，司马错认为，先南下伐蜀对于秦实现统一霸业更具有战略意义，理由是巴蜀不仅在物资上"其国富饶，得其布帛金银，足给军用"；尤其是战略地位，"水通于楚，有巴之劲卒，浮大舶船以东向楚，其地可得。得蜀则得楚，楚亡，则天下并矣"；何况当时蜀国与苴、巴二国失和，战端蜂起，此时南下入侵巴蜀不仅有"禁暴止乱"的道义之名，而且还可以获得"利尽西海"之实，尤其可以避免诸侯警觉。司马错的战略构想很快就得到了验证。张仪、司马错率军侵蜀得逞之后，秦国不久便将巴蜀的锦绣山川打造成了后方的战略根据地，以此不断向南向东出击，逐渐侵蚀并吞楚国及诸夏之地。

秦统一巴蜀后，在原巴蜀之地推行郡县制，设立了巴郡和蜀郡。蜀郡之下首批设立的是成都、郫、临邛这三个县。从字面上看，成都、郫、临邛这三个名称都富含中原文化含义，且文字也是中原文字，所以，必须认定，这是占领蜀地后的秦统治者极力消除古蜀文化，强力推行中原文化的证明。

"成都"的"成"字，按现在的理解，例如《新华字典》的释义：做好了，办好了；事物生长发展到一定的形态或状况；成果，成绩；可以，能行；够，达到一定的数量；已定的，定形的；几分之一。全部是平和之词，所以有学者释"成都"其名为"成功了，成就了"④也是可以理解的。

① 肖建军：《司马错军事战略思想探析》，《军事历史》2010年第2期。
② 任乃强：《华阳国志校补图注》之《蜀志》，上海古籍出版社，1987年版。
③ 《战国策》之《秦策一》，内蒙古人民出版社，2011年版。
④ 任乃强：《成都》，《社会科学研究》1982年第2期。

但是，"成都"的"成"字在古代不是这样的写法，翻看《说文解字》《康熙字典》就知道，它比现在多一画，是由"丁"与"戈"所组成，所以，《辞源》释"成"字就有"……四、和解，讲和。《诗·大雅·緜》'虞芮质厥成。'《左传·桓六年》：'楚武王侵随，使薳章求成焉。'五、平服、平定。《春秋·桓二年》：'公会齐侯、陈侯、郑伯于稷，以成宋乱。'注：'成，平也。'六、必、定。《国语·吴》：'夫一人善射，百夫决拾，胜未可成也。'又：'吴楚争长未成。'七、并。《礼仪·既夕礼》：'俎二以成，南上。'引申为整。……"① 这些释义，显示出由"丁"与"戈"所组成的"成"字的强势方面，兵丁、刀枪等军事方面的意味非常明显，而平服、平定、并合等字眼也就是秦征服古蜀的现实。

秦攻占巴蜀，是秦统一全国战略的最早实施。设立蜀郡、成都县，修建成都城，也是秦统治者所确定与实施。那么，他们为这个新设立的县新修建的城取名为"成都"，也就应该是理所当然的了。而且，"成都"这个名称所显示出来的军事意味，与秦统一全国的战略意图非常吻合，这应该就是"成都"之名的来源。

四、"成都"之名体现蜀人支持祖国统一

从另一方面理解，"成都"两字的含义不仅显示了秦统一全国的战略意图，也体现了蜀人对祖国统一的坚决支持。

四川有自己独立发展的辉煌文化，由于它的地理位置、富饶物产、包容文化，在数千年的演进历程中所形成的巴蜀文化有几个非常显著的特点，即：除了奉行交流与开放、重视文教与科技、倡行道义与责任外，还坚持统一与安宁。不容置疑，这几个特点都是非常值得肯定的。

蜀人非常坚定地支持祖国统一，所以始终坚持统一与安定。

早在先秦时代的古蜀国，在古蜀地域内就倡行统一与安定。不仅有鱼凫让位于杜宇、杜宇让位于鳖灵等记载和传说，更有蜀地百姓接受外来者，甚至对其中有贡献者拥护为王的记载和传说。

因为蜀地有相忍为国，以求民安的传统，所以较之全国其他地方，蜀地的安全系数是比较高的。蜀地安全系数的由来，除了地理环境因素的客观存在外，更重要的是人的因素、社会的因素。正是因为这里人与人之间关系相对和睦，争斗较少，社会比较安定，所以特别适合潜心钻研学问。每当中原出现社会动乱时，统治者、官宦、文人，总是选择入蜀以避乱。为什么？就是因为这里比较安定，安全系数比其他地区高。

在历史上，为维护祖国统一的统一战争、反侵略战争或其他正义战争时，蜀人不仅冲锋在前，甘洒热血，还多次以蜀地作为全国的战略后方。例如，历史上著名的"牧野之战"，在《尚书》《华阳国志》等古籍里，都记载说"武王伐纣"中有"巴蜀之师"。《华阳国志》就说："周武王伐纣，实得巴蜀之师……巴师勇锐、歌舞以凌殷人，前徒倒戈，故世称'武

① 《辞源》释"成"，商务印书馆，1986年版。

王伐纣，前歌后舞'也。"① 蜀人英勇顽强、一往无前、宁死不屈的精神，世所公认，尤其是在抗日战争中表现得非常充分。秦和汉都是以蜀地为后方战略基地，从蜀地开始全国统一的。

尤为可贵的是，巴蜀之地不仅全力维护本地域内的统一与安定，而且将本地域内的统一与安定与全国形势的需要相结合，以局部服全局。每当全国呈现统一趋势时，蜀人蜀地又总是很"顺从"，服从统一的需要，首先举手"投降"。秦攻占蜀地，仅仅一个月就取得胜利，足见抵抗不强烈。虽然后来有蜀王族、蜀大臣的反叛，但很快被平息，足证作为蜀人的普通民众是支持统一的。以后三国时期的刘禅、五代十国时期的孟昶等地方政权，都是顺应统一趋势，采取不抵抗方式，直接将蜀地纳入祖国统一的潮流。

由此观之，"成都"之名与蜀人始终坚持统一与安定的状况相合，确实体现了蜀人始终支持祖国统一的文化情结。

（作者单位：四川省人民政府文史研究馆）

---

① 任乃强：《华阳国志校补图注》之《巴志》，上海古籍出版社，1987年版。

唐诗对成都魅像塑造的类型探析①

谢天开

内容提要：城市的魅像特指它显示了一种幽灵般和梦幻般的城市社会生活特质。翻检成都的城市文学史，成都城市魅像的诗歌塑造主要始自于唐五代诗歌。通过对唐诗相关于成都城市书写的文本类型探析，可以得出追忆型、体验型、想象型、纪实型几种模式，是生成与表现成都城市魅像的主要唐诗类型。

关键词：唐诗；成都；城市魅像；塑造；类型

城市魅像特指它显示了一种幽灵般和梦幻般的生活特质。唐诗对成都城市魅像塑造类型，或称为成都城市魅像的唐诗类型，是生成与表现成都城市魅像的文本类型。

本文涉及唐五代诗人分为三类，一类为蜀中诗人；一类为入蜀诗人；一类为涉蜀诗人。蜀中诗人，指蜀籍的诗人及长期寓蜀的诗人；入蜀诗人，指因各原因来蜀的外籍诗人；涉蜀诗人，特指从未入蜀却有专门描述成都诗歌的诗人。

入蜀诗人有两个分界点，一是安史之乱，二是黄巢之乱。

对于安史之乱时的形势，学者严耕望在名文《唐五代时期之成都》中指出："为国家边防屏障者，惟朔方（灵武）、河东（太原）与剑南（成都），三节度耳。"② 而且，在灵武、太原与成都三处，唯有成都府最为富庶与稳定。"唐代诗人皆入蜀"，究其原因，最大之诱因应为成都一直都为唐王朝战时的政治文化中心。在安史之乱时，有玄宗幸蜀，皆有大批文人国士跟随，加之天下汹汹再无宁日，而巴蜀地区的政治经济和社会状况却相对安定，吸引着唐代诗人入蜀。

在黄巢之乱时，"即广明元年（880）僖宗奔蜀。此次僖宗幸蜀和天宝十五载玄宗幸蜀又有较大不同。玄宗在蜀时间仅一年，而且皇权已经易手。僖宗在蜀历时四年，成都为当时全

① 基金项目：四川省教育厅人文社会科学重点研究基地李冰研究中心资助科研项目，项目编号：1byj2018-011。
② 严耕望：《唐五代时期之成都》，见《严耕望史学论文选集》（上），中华书局，2006年版，第181页。

国政治中心，朝廷文武及士庶百姓大批南下入蜀，而且，唐代在成都一共举行过四次全国科举考试，其中有三次在僖宗幸蜀时期。"①

除了玄宗幸蜀与僖宗奔蜀，两次都有大批文人入蜀之外，其实在唐代因成都有"扬一益二"的经济与文化优势，而一直在吸引唐代诗人入蜀。其入蜀动因，"可开列出镇、入幕、仕宦、流贬、避乱、奉使、游历、侍亲、应举、侍两蜀共计十类微观的入蜀动因。"②

据统计，在唐五代来成都的诗人共有 150 人，留诗 1194 篇③。

当然，在本文中所涉及的唐代成都诗与诗人的范围却超出了这个统计，其原因在于对于唐代成都的城市魅像塑造至少包括追忆型、体验型、想象型与纪实型四种模式。因此所涉及的诗人还有从来没有来过成都，但却有诗歌专门关涉成都的诗人。

一座城市的"魅像这个字眼意指许多对象。在某种意义上说，它描述了一种对运动的体验，一种对于出现在眼前的一系列事物的体验"。并且，"借助对于城市梦幻特性和幽灵特性的激活，魅像清晰地显示了城市生活中特定类型的情感运作的重要性"④。

也就是说一座城市的魅像塑造，主要在两个方面：一是诗人对于那座城市的观察与体验，二是诗人对于那座城市的情感运作。那么，唐五代诗人是怎样观察与体验成都的，又是怀着怎样的情感运作来描述成都的，这便关涉到唐诗对于成都的城市魅像塑造类型。

一、李白追忆型诗对成都魅像塑造

李白是第一位全面塑造成都城市魅像的唐代诗人。由于李白是蜀中诗人，而他对于成都魅像塑造是建立在观察与体验基础上的一种追忆。所谓"追忆"类似于"梦忆"，可视为诗人"白日梦"。如美国汉学家宇文所安言："这种诗、物和景划出了一块空间，往昔通过这块空间又回到我们身边。"⑤

（一）《上皇西巡南京歌十首》产生的背景

李白塑造成都城市魅像的代表作为《上皇西巡南京歌十首》：

胡尘轻拂建章台，圣主西巡蜀道来。
剑壁门高五千尺，石为楼阁九天开。

九天开出一成都，万户千门入画图。
草树云山如锦绣，秦川得及此间无。

华阳春树号新丰，行入新都若旧宫。

---

① 张仲裁：《唐五代文人入蜀考论》，中国社会科学出版社，2013 年版，第 29 页。
② 同上，第 31 页。
③ 同上，第 336 页。
④ ［英］斯蒂夫·派尔：《真实城市：现代性、空间和城市生活的魅像》，孙民乐译，江苏凤凰教育出版社，2014 年版，第 5 页。
⑤ ［美］宇文所安：《追忆——中国古典文学中的往事再现》，郑学勤译，上海古籍出版社，2004 年版，第 9 页。

柳色未饶秦地绿，花光不减上阳红。

谁道君王行路难，六龙西幸万人欢。
地转锦江成渭水，天回玉垒作长安。

万国同风共一时，锦江何谢曲江池。
石镜更明天上月，后宫亲得照蛾眉。

濯锦清江万里流，云帆龙舸下扬州。
北地虽夸上林苑，南京还有散花楼。

锦水东流绕锦城，星桥北挂象天星。
四海此中朝圣主，峨眉山下列仙庭。

秦开蜀道置金牛，汉水元通星汉流。
天子一行遗圣迹，锦城长作帝王州。

水绿天青不起尘，风光和暖胜三秦。
万国烟花随玉辇，西来添作锦江春。

剑阁重关蜀北门，上皇归马若云屯。
少帝长安开紫极，双悬日月照乾坤。

为什么李白采用"追忆"的形式对于成都城市魅像进行塑造？

首先应对《上皇西巡南京歌十首》产生背景有所了解。对此清代学者王琦有一个说明：

> 天宝十五载六月，安禄山兵破潼关，帝出幸蜀。七月庚辰，帝次蜀郡。八月癸巳，皇太子即位于灵武，尊帝曰上皇天帝。至德二载十月丁巳，皇帝复京。癸亥，遣太子太师韦见素迎上皇天帝于蜀郡。十二月丙午，上皇天帝至自蜀郡。戊午大赦，以蜀郡为南京。蜀地于天下近西，而谓之南京者，以其在长安之南故也。①

其次，应了解李白与成都的关系。李白至少有三次到过成都，第一次是开元三年（715），时年15岁；第二次是开元九年（721），时年21岁；第三次是开元十二年（724），时年24岁②。并且直接写有成都诗《春感》《登锦城散花楼》。尤其是《登锦城散花楼》：

> 日照锦城头，朝光散花楼。
> 金窗夹绣户，珠箔悬银钩。

① （清）王琦注：《李太白全集》（上），中华书局，2011年版，第378页。
② 刘友竹：《李白与成都》，《地方文化研究辑刊》（第七辑），四川大学出版社，2014年版，第105页。

> 飞梯绿云中，极目散我忧。
> 暮雨向三峡，春江绕双流。
> 今来一登望，如上九天游。

散花楼，在成都城中心的摩诃池上，蜀王秀所建，在唐时为成都府地标性建筑。《登锦城散花楼》是李白第一次盛赞成都富饶美丽的诗歌。

再其次，还应了解李白创作《上皇西巡南京歌十首》的处境。至德二年（757）冬末，李白因所谓附逆永王李璘事件，在浔阳被判处流放夜郎而心事茫茫，成为了一个内心异常孤独的诗人。忽闻成都升格为大唐南京，便触发了李白的回忆，他分外缅怀故土，怀想往昔的无羁岁月。此时的李白五十七岁了，离开成都已三十三年。早已完成对于金陵、扬州、长安等唐代名城的游历与体验，并在自己的潜意识里也完成了对于那些城市与成都的比较。然而，成都的风光风物风情风俗风尚，却没有在岁月中模糊，反而在李白心目中愈加清晰，恋恋不舍。历代对于《上皇西巡南京歌十首》评议不一，大体归为"颂"与"怨"两类，但这仅是从政治上的考量。然而，我们倘若从"恋地情结"及文学地理学角度阐释这十首诗，将会得出不同结论。李白为什么盛称蜀中之美？这便是一种恋地情结无意识的体现。作为追忆，《上皇西巡南京歌十首》在《全唐诗》中是唯一一次规模性咏叹成都的组诗。李白的追忆不是"无意的记忆"，而是有意回忆，并将回忆中的成都季节固定在春天，这是成都一年中最美的季节。李白在回忆中想念成都的春天，正是反衬自己身处异地浔阳的冬天。成都冬天的和暖、明亮，也是他自己恋地情结无意识选择的结果。

值得注意是，李白在《上皇西巡南京歌十首》，是双重性的追忆：一是对成都的回忆，一是对长安的回忆。在这双重性的追忆中，又将长安城与成都城进行多重比较，将产生出自己的"此在"性的判断尺度。产生这样的"此在"情感运作，亦因为李白身处浔阳的"此在"处境。

（二）《上皇西巡南京歌十首》追忆的"风景"

在李白关于成都的追忆中，风景是涵义最丰富的隐喻与象征媒介。值得注意的是，李白追忆中的成都风景是在处处参照类比长安风景而生成的。

如第四章：

> 谁道君王行路难，六龙西幸万人欢。
> 地转锦江成渭水，天回玉垒作长安。

再如第六章对比成都与长安的河流交通及苑囿名楼：

> 濯锦清江万里流，云帆龙舸下扬州。
> 北地虽夸上林苑，南京还有散花楼。

长安城作为汉与唐两朝国都，渭水、上林苑已不是纯粹的名胜古迹，而是皇家政治权力至高无上的象征符号，然而李白却故意将长安城的行政地位矮化，同置于成都的锦江、散花楼一个水平，甚至将锦江换渭水，将蜀郡玉垒山置作长安。这就等于彻底消解了长安城的神圣性。

（三）《上皇西巡南京歌十首》可视为诗人"白日梦"

所谓白日梦："为了要创造出这些世界，梦是由日常的地理形貌构造而成的，诸如景点、旅程、所处之类。这些梦的空间也可以通过将不同的地理空间进行组合的方法来复合构造。"①

《上皇西巡南京歌十首》谋篇布局章法井然，有极强的写实性，并且可以视"诗奏"。李白不仅赞成将成都升格为"南京"，还进一步主张唐王朝将成都定为国都。这在整个唐诗中对于成都的推崇达到了无以复加的地步，也是对于成都魅像最成功的一次集中塑造，真可谓"太白乃盛称蜀中之美"的成都魅像。

城市即来一个梦，就是一个被具体化了的欲望。已离开成都三十余年的李白，对于成都的追忆恰似一种"白日梦"：其中对于成都种种景象进行作者本人都不容易察觉的无意识的过滤、筛选、重组、强调。

> 城市的心态——它的情感、它的态度、它的自我感觉、它的心境——有时似乎赋予它一种完全属于其自己的独特性格。因而，城市的真实也就是它们的那些不容易捉摸的特质：它们的氛围，它们的个性。②

《上皇西巡南京歌十首》组诗中，出现最多的风景是成都与长安的"水体"。计有"锦江""渭水""曲江池""清江""汉水"等，其中"锦江"以及别称"锦水"一共出现四次。其次，是"成都"以及别称"锦城"一共出现三次。如此的反复、持续，让"成都"与"锦江"紧密地发生联系，而成为诗的引导，并反反复复地与长安相应对象物加以比较，而将唐时成都真实而梦幻地演绎成了"水绿天青不起尘"的一座水湄之城，最终完成了烙印了作为诗仙李白诗歌的鲜明个人特质的对于"梦幻之城"的"成都魅像"的塑造。

在李白如此的成都"风景"表达中，我们可以分析出是其通过记忆中真实成都城与眼前当下真实的长安城相比较，通过类似梦的运作方式——主要是转移与凝缩——将唐代成都城加载了个人浓烈的、强烈的情感后表达出来。

如此，可以得出《上皇西巡南京歌十首》组诗追忆方式：是其通过成都城与长安城的比较，以"白日梦"的运作方式——主要是凝缩与夸饰——最终完成了烙印了诗仙李白鲜明个人特质的"成都魅像"的塑造，描述出唐代成都城的特质：一座"水绿天青不起尘"的优雅之城。

二、杜甫体验型诗对成都魅像塑造

杜甫对于成都城市魅像的塑造属于体验型的。与李白追忆型诗歌相比较，杜甫的成都诗是现地观察与体验型的。并且，与李白那种概括性的关于成都的诗歌，杜甫的成都诗呈现出具体而细微的"诗史"性。

---

① ［英］斯蒂夫·派尔：《真实城市：现代性、空间和城市生活的魅像》，孙民乐译，江苏凤凰教育出版社，2014年版，第74页。

② 同上，第3页。

寓居成都草堂前后近四年，让杜甫得以深入体验成都生活并创作。他的成都诗有 246 首①，将近占杜诗总量 1400 百余首诗的 20%。

杜甫成都诗歌对于成都魅像的塑造主要表现在以下方面：

（一）成都的水体意象

相比李白《上皇西巡南京歌十首》中关于成都的水体描述，杜甫成都诗里所主要指涉的"成都水文化"，显示了其文学描述"成都水文化"的系统性、多样性。

首先在数量上，杜甫成都诗共 246 首，其中与岷江都江堰水系相关的"水"空间相关如含"江""溪""潭""池""渚""矶""岸""沙""鱼""鸥""船""桥""石笋""石犀"等词的诗篇有 147 首，比例约为 60%。

其次在特色上表现为五个方面：其一，新鲜而强大的命名意识；其二，生活情感的体验抒写；其三，丰富的地理与植物知识；其四，特有的儒家政治情结；其五，诗性生活的审美描述。

比如在李白诗中的"锦江"，或被比较概括为"地转锦江成渭水""锦江何谢曲江池"，或写流向"锦水东流绕锦城"。而在杜甫这里直接成为一种生活情感与历史文化的体验抒写，如《登楼》。

再其次，在杜甫诗中的成都水体除了锦江外，还有浣花溪、百花潭、摩诃池等水体。

特别应当强调的是，在杜甫的成都诗中，对于"春水"意象的描述特别丰富：

有春水的自然写实意象：

> 二月六夜春水生，门前小滩浑欲平。（《春水生二绝》其一）

有春水的自然哲理意象：

> 颠狂柳絮随风舞，轻薄桃花逐水流。（《绝句漫兴九首》其五）

亦有春水的诗论意象：

> 为人性僻耽佳句，语不惊人死不休。
> 老去诗篇浑漫与，春来花鸟莫愁深。
> 新添水槛供垂钓，故着浮槎替入舟。
> 焉得思如陶谢手，令渠述作与同游。

（《江上值水如海势聊短述》）

还有春水的社会历史意象，代表作为《登楼》：

> 花近高楼伤客心，万方多难此登临。
> 锦江春水来天地，玉垒浮云变古今。
> 北极朝廷终不改，西山寇盗莫相侵。
> 可怜后主还祠庙，日暮聊为《梁甫吟》。

---

① 谢天开：《杜甫成都诗对"成都水文化"的文学重构》，《成都大学学报》（社会科学版）2017 年第 3 期。

在这首诗中，对于成都河流的岷江都江堰水系与水性，已了然于心，达到可以信手拈来的境界，将个人情绪与家国情怀投映其中，完成了从意象向着意境升华。

（二）成都的传说与古迹

在李白诗歌中仅有"石镜"一例，而在杜甫成都诗里就衍生为一个成都古迹系列。计有《杜鹃行》《石笋行》《石犀行》《石镜》《咏怀古迹》《蜀相》《琴台》等等。

（三）成都的四季意象

李白诗是总写"水绿天青不起尘"成都环境整体印象，而杜甫是抓住了成都气候的具体特征：

春天为"好雨知时节，当春乃发生"（《春夜喜雨》）、"细雨鱼儿出，微风燕子斜"（《水槛遣心二首》其一）、"蜀天常夜雨，江槛已朝晴"（《水槛遣心二首》其二）、"泥融飞燕子，沙暖睡鸳鸯"（《绝句二首》其一）、"农务村村急，春流岸岸深"（《春日江村五首》其一）。

秋天是"幕府秋风日夜清，澹云疏雨过高城"（《院中晚情怀西郭茅舍》）、"清秋幕府井梧寒，独宿江城蜡炬残"（《宿府》）、"雨声传两夜，寒事飒高秋"（《村雨》）、"高城秋自落，杂树晚相迷"（《晚秋陪严郑公摩诃池泛舟》）。

冬天为"西蜀冬不雪，春农尚嗷嗷"（《大雨》）、"甲子西南异，冬来只薄寒"（《重简王明府》）。

总之，在杜甫成都诗的四季意象之中，不仅诗篇最多，而且春天意象最丰富而充满变化。

（四）成都的城市生活

杜甫对于成都城市生活的诗性描述，主要集中在风景、风物、风情、风俗等方面。其中名句有："窗含西岭千秋雪，门泊东吴万里船"（《绝句》）、"丞相祠堂何处寻，锦官城外柏森森"（《蜀相》）、"锦城丝管日纷纷，半入江风半入云"（《赠花卿》）、"盘飧市远无兼味，樽酒家贫只旧醅"（《客至》）等。

如此，杜甫成都诗对于成都魅像的塑造具有"诗史"的写实特色，其中对于成都的水体意象、历史传说与古迹、春天风景三个方面情有独钟，这恰恰印证了成都城市魅像即使在最写实的层面上，也具有幽灵般和梦幻般的城市社会生活特质。

三、张籍、王建、刘禹锡想象型诗对成都魅像塑造

"文学地理常随政治地理为转移。"[①] 随着唐五代时期成都成为全国文化中心之后，成都也成为异地诗人们的文学想象。

中唐诗人张籍与王建，都是从来没有入蜀到过成都的，他们对于成都魅像塑造的是一种想象情感的运作，亦有许多失真。

张籍《成都曲》：

---

① 梁启超：《中国地理大势论》，见刘梦溪主编《中国现代学术经典·梁启超卷》，河北教育出版社，1996 年版，第708 页。

> 锦江近西烟水绿，新雨山头荔枝熟。
> 万里桥边多酒家，游人爱向谁家宿？

这首《成都曲》中的"荔枝熟"，亦是对于成都的物候方物的想象。杜甫虽说过泸州、戎州的荔枝，却没提过成都的荔枝。长期定居成都的女诗人薛涛写过嘉州的荔枝，亦没有提过成都的荔枝。这是因为成都"虽然栽种荔枝，一般却并不能食用"①。

张籍《送客游蜀》：

> 行尽青山到益州，锦城楼下二江流。
> 杜家曾向此中住，为到浣花溪水头。

当然，张籍的"想象"亦包含历史的真实，如杜甫居住在浣花溪畔。

张籍《送蜀客》：

> 蜀客南行祭碧鸡，木绵花发锦江西。
> 山桥日晚行人少，时见猩猩树上啼。

在初唐之前与初唐时，成都整体社会发展水平低下。《旧唐书·高士廉传》：贞观年间，高士廉出任益州大都督府长史，当时"蜀土俗薄，畏鬼而恶疾，父母病有危殆者，多不亲扶持，杖头挂食，遥以哺之"。直到李德裕镇蜀中唐时期，成都先主祠边尚有猱村，其民剃发若僧，而畜妻子自如。以至于让那些未曾入蜀的诗人对于成都的吟咏多半从口头传说与书面文本来想象成都的落后，上面张籍《送蜀客》便是一例。

对于成都魅像塑造想象型的名篇，还有王建写的《寄蜀中薛涛校书》：

> 万里桥边女校书，枇杷花里闭门居。
> 扫眉才子知多少，管领春风总不如。

王建对于成都魅像塑造的主要贡献，是在于对以薛涛为代表的成都才女的塑造。这样的对于成都优秀女性的想象，对于成都魅像的塑造极富吸引力。

刘禹锡虽是入蜀诗人，却从没有来过成都，但写出了关于蜀锦的《浪淘沙》（其五）：

> 濯锦江边两岸花，春风吹浪正淘沙。
> 女郎剪出鸳鸯锦，将向中流匹晚霞。

"片言可以明百意，坐驰可以役万景，工于诗者能之。"② 刘禹锡对于成都锦江濯锦的场景，进行的非凡准确的想象性描述，正是他诗论的践行。

四、卢照邻、岑参、薛涛、李商隐、郑谷等纪实型诗对成都魅像塑造

在纪实型诗中，可分为游记诗、唱和诗、咏物诗等类，现分述如下：

---

① 严正道：《唐五代入蜀诗与巴蜀文化研究》，中国社会科学出版社，2016 年版，第 197 页。
② 刘禹锡：《董氏武陵集纪》，《刘禹锡集》，上海人民出版社，1975 年版，第 172 页。

（一）游记诗的纪实

卢照邻、岑参、郑谷等诗人的成都游历诗，属于纪实型对于成都魅像塑造。

在西方城市魅像中，与"梦幻之城"的魅像相并列的魅像是"魔法之城"。这样的"魔法之城"主要表现在超自然关系的宗教与商业对于城市情感与意义的影响。与西方的"魔法之城"相区别的是，中国城市的"魔法"主要表现在历史的传说与遗迹。在唐五代诗人对于成都作为"魔法之城"魅像的塑造，主要是通过缅怀成都丰富的名胜古迹来实现的。

卢照邻是唐时最早进入成都的诗人。对于"自古诗人皆入蜀"这个命题，学者张仲裁有详细考证："在文学史上，第二位确凿可考的入蜀诗人，应是在唐高宗龙朔二年（662）入蜀的卢照邻，此后，入蜀诗人就纷至沓来。"而"第一位确凿可考而声名较著的入蜀'诗人'，应是西晋的张载"。"但此后直到隋朝，几百年间一片空白，未见有诗人入蜀中。"这表明卢照邻是第一位确凿可考的唐五代入蜀诗人，并且也是入蜀的"初唐四杰"中唯一在成都新都担任过中下级官职的诗人①。

卢照邻成都诗 25 首。卢照邻对于成都魅像的塑造主要在于历史人文胜迹与城市生活两个方面，并且他对于成都城市生活亦属于体验漫步型的。主要有《文翁讲台》《相如琴台》《石镜寺》《十五夜观灯》《益州城西张超亭观妓》等诗。

岑参成都诗 37 首。突出的表现在于历史人文胜迹方面。主要有《先主武侯庙》《文公讲堂》《扬雄草玄台》《司马相如琴台》《严君平卜肆》《张仪楼》《升仙桥》《万里桥》《石犀》等，是唐五代诗人写成都历史人文胜迹诗最多的诗人。

郑谷（约 851-910）是晚唐写成都诗最多的诗人，计有 23 首。郑谷入蜀经历与杜甫相似，一因安史之乱，一为黄巢之乱，都为了离乱。

> 马头春向鹿头关，远树平芜一望闲。
> 雪下文君沽酒市，云藏李白读书山。
> 江楼客恨黄梅后，村落人歌紫芋间。
> 堤月桥灯好时景，汉庭无事不征蛮。
>
> 夜无多雨晓生尘，草色岚光日日新。
> 蒙顶茶畦千点露，浣花笺纸一溪春。
> 扬雄宅在唯乔木，杜甫台荒绝旧邻。
> 却共海棠花有约，数年留滞不归人。
>
> 渚远江清碧簟纹，小桃花绕薛涛坟。
> 朱桥直指金门路，粉蝶高连玉垒云。
> 窗下斫琴翘凤足，波中濯锦散鸥群。
> 子规夜夜啼巴树，不并吴乡楚国闻。

---

① 张仲裁：《唐五代入蜀考论》，中国社会科学出版社，2013 年版，第 1 页。

在《蜀中三首》中，郑谷分别列举汉唐诗人卓文君、扬雄、李白、杜甫、薛涛作为自己对于成都魅像的塑造。其中，李白、杜甫、薛涛本是唐代塑造成都魅像的"看风景的人"，而在郑谷的诗中也成为成都魅像所包含的人文风景了。

（二）唱和诗的纪实

薛涛、武元衡、段文昌的唱和诗，也属于纪实型对成都魅像塑造。

游宴唱和，为入蜀诗人的一种主要交往的方式，也是入蜀诗人的成都诗的一种创作模式，还是一种高效、快速传播扩散方式。在各种游宴唱和中，其中方镇游宴唱和的规模最大、级别最高、影响最远。在方镇游宴唱和中，一般为府主倡导于前，幕士跟风于后。这样的形式在中唐时期的成都最为兴盛。

武元衡镇西川整六年，在成都写诗文计37首（篇）。他文采斐然，经常举行诗文酒会，与幕僚之间进行吟唱。这对于塑造成都魅像影响很大。

段文昌曾两次任剑南西川节度使，对于成都历史文化胜迹也有两次举行诗会的记载，一次为游武担山寺，段文昌写《题武担山寺西台》，和诗者四人；另一次是登张仪楼，段文昌写《晚夏登张仪楼呈院中诸会》，和诗者五人。

中唐女诗人薛涛在方镇游宴活动中，因她"宾妓"的特殊身份，相当于男性中的"幕宾"，非同于普通乐妓，不"以色事人"，而是"对诗受知"①。因"容仪颇丽，才调尤佳，言谑之间，立有酬对"②，才貌俱佳的薛涛往往在方镇游宴唱和中，担任司仪主持，并大受欢迎，激发参与者的诗兴。"涛出入幕府，自（韦）皋及李德裕，凡历十一镇。以诗与涛唱和者，元稹、白居易、牛僧孺、令狐楚、裴度、严绶、张籍、杜牧、刘禹锡、吴武陵、张祜，余皆名士，凡二十一人。"③ 在现存薛涛诗中，其唱和应酬诗总计为四十首，占其全部创作近一半；就其交往对象而论，既有封疆大吏及其幕宾，也有普通文人甚或释子、道士，范围是非常广泛的④。这说明薛涛的唱和诗已经超出了方镇游宴范围，并且其影响波及长安等地。

其中，《酬人雨后玩竹》《上王尚书》《续嘉陵驿诗献武相国》《摩诃池赠萧中丞》《斛石山晓望寄吕侍御》《段相国游武担寺病不能从题寄》等纪实性唱和诗，便是中唐女人薛涛对于成都魅像塑造的特别贡献。

（三）咏物诗的纪实

李商隐、韦庄的咏物诗，亦属于纪实型对成都魅像塑造。

李商隐是晚唐写成都名气最大的诗人。写有或追忆的成都诗有《武侯庙古柏》《五言述德抒情》《今月二日不自量度》《杜工部蜀中离席》《井络》《献相国京兆公启一》《献相国京兆公启二》《寄蜀客》《送崔珏往西川》等诗。

其中有以恋物方式对于成都魅像塑造的咏物名句：

　　　浣花笺纸桃花色，好好题诗吟玉钩。（《送崔珏往西川》）

① 迟乃鹏：《"宾妓"——薛涛身份的准确定位》，《天府新论》2004年第6期。
② （五代）何光远撰，邓星亮、邬宗玲、杨梅校注：《鉴诫录校注》，巴蜀书社，2010年版，第251页。
③ （宋）袁说友等编，赵晓兰整理：《成都文类》，中华书局，2011年版，第338页。
④ 张仲裁：《唐五代文人入蜀考论》，中国社会科学出版社，2013年版，第189页。

美酒成都堪送老，当垆仍是卓文君。（《杜工部蜀中离席》）

五代诗人韦庄晚年定居成都浣花溪，写诗有 14 首，其中《乞彩笺歌》是最长的成都咏物诗：

> 浣花溪上如花客，绿暗藏红人不识。
> 留得溪头瑟瑟波，泼成纸上猩猩色。
> 手把金刀摩彩云，有时剪破秋天碧。
> 不使红霓段段飞，一时驱上丹霞壁。
> 蜀客才多染不供，卓文醉后开无力。
> 孔雀衔来向日飞，翩翩压折黄金翼。
> 我有歌诗一千首，磨砻山岳罗星斗。
> 开卷长疑雷电惊，挥毫只怕龙蛇走。
> 班班布在时人口，满袖松花都未有。
> 人间无处买烟霞，须知得自神仙手。
> 也知价重连城璧，一纸万金犹不惜。
> 薛涛昨夜梦里来，殷勤劝向君边觅。

此首诗虽是薛涛笺工艺、色彩及销售纪实，但以传说夸张的形式，"幽灵般和梦幻般"地将唐时蜀中名笺推上了无以复加的地位，这样的恋物诗，间接地塑造了成都城市魅像的神奇性。

结　论

通过对唐诗关于成都城市书写的文本类型探析，可以得出追忆型、体验型、想象型、纪实型的模式，是生成与表现成都城市魅像的唐诗主要模式。究其原因，一方面，由于成都因有岷江水系都水堰水体滋润而物产丰富、环境优雅；并有深厚的神话传说、人文历史；再有成都富裕而优雅的社会生活特质吸引了唐五代诗人。另一方面，是因为唐五代诗人发现了成都城市魅像所具有梦幻与奇特的特质。

（作者单位：四川大学锦城学院文学与传媒学院）

四川地方文化研究

乡情、义举与秩序：清代重庆移民会馆与地方公益事业研究

赖　锐

内容提要：会馆是同乡人在异地建立的一种社会组织，清代重庆的移民会馆在"湖广填四川"的历史背景下出现，并发展成为对当地政治、经济、社会等方面具有重要影响的民间组织。移民会馆在重庆开展了大量的公益事业，从连接乡情的义举发展到兴办服务社会的善堂，并通过与官方合作的方式直接参与部分城市管理事务。在此过程中移民会馆逐渐成为地方政府与基层民众之间沟通的桥梁，"官民合作"的模式也维护了地方秩序的稳定。

关键词：清代；移民会馆；公益事业；地方社会

一、引言

明末清初四川地区天灾频繁，加之长期遭受战乱，人口丧失十分严重。史载当时"督臣驻节之地，哀鸿稍集，然不过数百家。此外州县，非数十家，或十数家，更有止一二家者，寥寥孑遗，俨同空谷"①。据曹树基研究，当时川东地区的土著残存已不足 5%，整个四川地区土著残存比例也不足 10%②。为安定民生和巩固政权，康熙时清廷宣布各省贫民携妻子入蜀开垦者，准其入籍③。后来又多次下诏鼓励移民入川垦荒，于是便有湖广、广东、江西、福建等省人口的大量迁入。由于移民中以湖广籍最多，故称之为"湖广填四川"。

清代重庆城是川东道、重庆府和巴县治所所在地，也是当时长江上游最重要的港口城

---

① 康熙《四川总志》卷十《贡赋》。
② 葛剑雄主编，曹树基著：《中国移民史》（第六卷），福建人民出版社，1997 年版，第 77 页。
③ 康熙《大清会典》卷二十《户部》。

市，其优越的地理位置吸引了大量的移民，"吴、楚、闽、粤、滇、黔、秦、豫之贸迁来者，九门舟集如蚁"①。各省移民进入重庆后，纷纷建立起会馆这种同籍的社会组织以维护自身利益。清代重庆城内先后建立了九个省级会馆，即"八省会馆"和云贵公所。

明清会馆研究历来备受学界重视，涌现了大批成果。王日根的《乡土之链：明清会馆与社会变迁》一书从社会变迁与社会整合的角度对明清会馆兴盛的历史过程，以及其内部运作、社会功能、文化内涵等方面进行了全面考察②。蓝勇则在《清代西南移民会馆名实与职能研究》一文中分析了清代西南地区移民会馆的名称，以及其政治、文化、宗教等方面的职能③。近年来有学者将注意力转向会馆的"民间团体"性质，罗威廉根据哈贝马斯的"公共领域"理论，通过对清代汉口的个案研究认为汉口存在一个以行会为中心的、实质层面的市政管理机构④。谯珊也从城市管理的角度考察清代重庆的八省会馆，认为其所体现的城市自治特征只是表象，实质上是一种"专制下的自治"⑤。上述两位学者虽然观点不一，但都是从城市史的角度研究会馆。笔者认为各地会馆的内涵不尽相同，不宜一概而论。单就清代重庆的移民会馆而言，若将其放入地域社会的历史演进中进行考察便会发现仍然有许多问题没有解决。前贤的研究基本廓清了清代重庆八省会馆在城市管理中的各项职能。那么会馆作为一个移民团体，为何能在社会运转中占据如此重要的地位。管见所及，尚未有学者对此进行系统研究。为此，笔者拟以移民会馆所从事的地方公益事业为切入点对这一问题进行探讨。

二、从乡情到义举：开展慈善救济事业

清代重庆城内会馆的具体始建年份现在大多已经不能得知，据窦季良先生考证，重庆的会馆多半创于康熙年间，兴于乾隆时期，盛于咸同之际⑥。会馆的"会首"一职是由公众公推，一般是年高公正且对会馆有相当贡献者，或者是有显赫的职衔和社会地位者。重庆各会馆各自推举"会首"，并公推两人作为八省会馆的"总理首事"。各会馆在建立之初大多集资购买田地以维持正常运转，如乾隆年间重庆《万寿宫碑记》便记载了江南会馆出资购买田产，收取田租以供祭祀和会馆活动之用的情况。其碑文如下：

> 自古创业维艰，然而守承匪易。吾省为康熙年间在四川省重庆府巴县义里五甲蒲草坝置买田地、山场、屋宇，每岁收熟、租、米一百八十四斗整，丰歉两无加减。上以供神明之祭祖，下以聚豫章之脉派。⑦

祭祀庆典自然是会馆建立之初最为重要的活动，也是"联乡情"之举，如江南会馆每年二月十二日和八月十二日都会举行春秋之祭，并制定有详细的祭祀章程，所有会众都必须遵

① 乾隆《巴县志》卷二《建置》。
② 王日根：《乡土之链：明清会馆与社会变迁》，天津人民出版社，1996年版。
③ 蓝勇：《清代西南移民会馆名实与职能研究》，《中国史研究》1996年第4期。
④ 〔美〕罗威廉著，江溶等译：《汉口：一个中国城市的商业与社会（1796—1889）》，中国人民大学出版社，2005年版。
⑤ 谯珊：《专制下的自治：清代城市管理中的民间自治——以重庆八省会馆为研究中心》，《史林》2012年第1期。
⑥ 窦季良：《同乡组织之研究》，正中书局，1946年版，第21页。
⑦ 同上，第34页。

守。此外，其他如春节、端午节、中秋节、重阳节等也会举办各种庙会庆祝活动。各地的会馆均有自己本土的乡土神信仰，这也是联系同乡人士的精神纽带。

表1：重庆移民会馆一览表

会馆名称	地址	建置者	始建年代
湖广会馆（禹王庙）	东水门内洪学街	两湖士商	乾隆十五年前
广东会馆（南华宫）	下洪学巷	广东众商	乾隆五十一年
江西会馆（万寿宫）	陕西街东侧坎下	江西众商	乾隆二十五年前
陕西会馆（三元庙）	朝天门半边街	陕西众商	乾隆二十五年前
福建会馆（天后宫）	朝天门内	福建众商	乾隆二十五年前
江南会馆（准提庵）	东水门内	江苏、安徽两省商	乾隆二十五年前
浙江会馆（列圣宫）	储奇门内	浙江众商	乾隆二十五年前
山西会馆（武圣宫）	都邮街上街	山西众商	准确年代不详
云贵公所（黑神庙）	金紫门内	云南、贵州两省商	光绪十九年

资料来源：民国《巴县志》卷二《建置·庙宇表》

　　移民会馆大多是为维护客居异地的同籍乡人的利益而设立的，这样的设立初衷便使得它们带有强烈的慈善色彩。因此，除了祭祀之外，它们还开展一些慈善义举，解决移民所遇到的一些实际问题。比如清代重庆的"同乡人士羁旅异乡，人齿繁衍日多，子弟读书既无公学可入，只有自求诸己"[1]。为此，重庆各大会馆纷纷举办义学，作为同乡子弟入学读书之地。龙山义学就是当时为同乡子弟创办的义学，"在宝轮寺，田租二十四石，其义学束修，每年银二十四两，按四季会文，每季额课十二名，每名资商火钱一千文，首人孙灼光、陈化南、童义和、童义泰等递相管理。"[2] 此外，部分会馆还制定了资助同乡子弟参加科举考试的措施，如江西会馆规定，"在渝子弟童试，每考助以青蚨二千文，乡试生监一体每科助朱提二十两，会试每科助以朱提四十两。俟人数众多，再议膏火，举办文会。"[3] 这样的举措不仅有利于移民子弟文化素质的提高，也能够使这些移民的后代更好地融入地方社会。

　　在中国的传统文化中，人们大多视外出谋生而客死他乡为人生中之大不幸。因此，作为同乡组织的重庆各会馆大多在附近购置有墓地，并承办同乡的丧葬事宜。如浙江会馆在江北设有公墓，称为"浙江亭"。该会馆在乾隆三十年（1765），以四百四十两白银买得江北镇义理民府义里五甲民王邓沛土田作为义冢[4]。有的会馆代同乡寄放灵柩，或帮助同乡运回原籍安葬。甚至还负责同乡死丧后的吊唁与赙助，如江西会馆的碑刻中记载道："阁邑人家如有死丧，不必论孝家尊卑，但除二十岁以下童稚不计外，凡男女成丧者俱着住持往吊，赙以二

---

① 窦季良：《同乡组织之研究》，正中书局，1946年版，第72页。
② 民国《巴县志》卷七《学校》。
③ 窦季良：《同乡组织之研究》，正中书局，1946年版，第73页。
④ 重庆市档案馆藏巴县档案，编号0801－02。

金，少尽乡情。如住持失闻而丧家自来称报者，亦宜补助。"① 道光年间，江南会馆设在喻家坡的义冢已经没有空隙地了，经会众商议后，又在羊圈湾买了一块新地作为新的义冢。会馆设立的义冢也得到了地方政府的肯定，道光十七年（1837）巴县衙门专门发布了保护会馆义冢的布告：

> 江西、湖广义冢，系众客商置买安葬旅亲处所，既已乏随时祭扫人，理宜作长久以保护之计。近有无知乡愚，或纵放牛羊，践踏坟土，或砍伐树木，捐坏坟茔，种种情形，殊堪痛恨。除饬差严办外，会行出示严禁，为此示喻诸色人等知悉。自示之后，倘后蹈前辙，许看守之人，协同会首扭禀本县，以凭惩治，决不姑宽。各宜凛遵无违，特示。②

移民会馆的这些义举，不仅有利于增加各省移民群体内部的向心力，而且也有助于重庆地方秩序的稳定。如果重庆城内有大量的未安葬的尸体或贫困人群，对于重庆的社会秩序所产生的严重影响可想而知。这些举措一定程度上减轻了地方政府在社会救济和治安管理上的压力，因而得到官府的大力支持。但上述善举大多是为同乡人士提供便利，还不是真正意义上的慈善事业。

清初重庆城内民间组织薄弱，慈善事业多由官方组织。乾隆二年（1737），清政府规定各州县均要设立养济院③，这是由官方出资设立的福利机构。乾隆三年（1738），巴县知县王裕疆建养济院于佛图关后石马槽，这是巴县第一个善堂，院址系民妇张沈氏捐献，经费则主要有地丁银和商人捐助两个来源④。可以看到，养济院虽然是官方性质的慈善组织，但却并非完全由官方出资，而是官民合办。在政府的带动下，民间善堂也开始出现。乾隆四年（1739），绅民韩帝简、龙象昭等十人各捐百金组织成立体仁堂，"给养节妇二百名，孤老二百名，育婴百名，设立红船检葬浮尸，购义地掩埋枯骨，立义学，施寒衣棺板，岁终发济钱，并办理临时救济事宜。"⑤ 此后慈善机构逐步增多，在重庆城内既有养济院、育婴堂等官方性质的慈善机构，也有体仁堂、存心堂、乐善堂等民间士绅兴办的善堂，正所谓："巴县为通商大埠，陶朱、猗顿时有其人，富而好行其德者，尤多有之，治城之内，善举迭兴。"⑥

道咸以后，民间兴办的善堂因为"值年舞弊侵蚀"，经费不继，大多难以维系，官方的慈善机构也因为地方财政困难而日渐缩小。这时候八省会馆随着财力的壮大开始创办专门的慈善机构——善堂。咸丰九年（1859），八省首事雷廷同、陈登贵、杨祥农等创立至善堂于磁器街，"设义学，送儒书，收字纸，施棺板，检白骨，置义冢，立医馆，送方药，救溺女，施茶水，散棉衣，济米粮。"⑦ 此后又不断增置田土、房屋。同治二年（1863），"买得杨柳

---

① 窦季良：《同乡组织之研究》，正中书局，1946年版，第72页。
② 四川大学历史系、四川省档案馆主编：《清代乾嘉道巴县档案选编》（上），四川大学出版社，1989年版，第252页。
③ 光绪《钦定大清会典事例》卷二六九《户部》。
④ 乾隆《巴县志》卷二《建置》。
⑤ 同治《巴县志》卷二《政事志》。
⑥ 民国《巴县志》卷十七《自治》。
⑦ 同治《巴县志》卷二《政事志》。

街曹姓住房全院以为善局。四年，禀道府县立案刊碑，五年，复禀县于铜锣峡外广源坝置救生船，朝天门外建丐留所，通远门外丹桂坪建修字库。"由于八省会馆具有强大的经济实力，因此，至善堂的规模逐渐扩大，最终成为重庆城内最大的善堂。"给养孤老、节妇五百四十七名，设立小学三所，又设瞽目院，于清水溪兼办施棺，济钱等项。"① 不仅如此，八省首事们还在通远门外创办了乐善堂。同治二年（1863），首事用价银八百五十两置买高廷楷田土一分，就地创修放生池，深二丈四尺，宽三十六丈，外围五十二丈四尺，并建乐善堂一所，设义学，收字纸，送医药，检白骨，施棺板，助棉衣，济米粮，养济孤贫。乐善堂的规模自然不及至善堂，但因为有八省会馆的支撑而得以维持下去。

八省会馆参与善堂创办的时间虽晚于地方绅商，但却在财力和管理上更胜一筹，因而得到了官方的认可。同治五年（1866），巴县知县黄朴委托至善堂首士代办保节堂。保节堂原为官方兴办的善堂，由于管理不善，经费不继而面临窘境。政府无力经营便将其交由八省首事托管，"年终报销附入至善堂报销内"，此后保节堂的经营逐渐好转，"额养节妇七十二名，按月给薪米，银一两"②。光绪十年（1884），巴县知县还将养济院的事务也委托给八省首事管理。

善堂的施善对象不再只是会馆的会众，而是扩大到整个社会。八省会馆兴办善堂的成功不仅使其得到了官方的支持，在民众中也产生了巨大的影响。吕塑枢曾作竹枝词赞扬其善举："存心堂与体心堂，好善无如八省商。掩路育婴兼送药，不教禁妇叹无疆。"③ 梁其姿认为慈善组织的功能在于整合社会，而不在于分化社会阶层。在城镇的小社区中，善会更有效地达到这个目的④。纵观清代重庆的慈善事业，官方一直没能在其中占据主导地位，从最开始兴办的养济院起便有着官商合办性质。民间慈善占有很大的比例，但由商人捐建的善堂有其自身局限性，力量单薄，难以长久。八省会馆凭借着强大的财力优势适时创建善堂，取得了巨大的成功，甚至还代管了官方的善堂。在经历了从连接乡情的义举到兴办善堂服务社会的转变之后，八省会馆便不再是一个单纯的移民地缘组织，而是成了清代重庆地方社会中最具影响力的基层组织。

三、官与民的合作：参与城市日常管理

清初重庆城经历几次战火毁坏，城市残破不堪，市政百废待兴。地方政府在城市建设中往往要依靠绅商在经费上的支持，移民会馆也常常加入其中，积极配合官府的号召，多次捐款修缮城墙、码头以及桥梁。在《乾隆二十八年重庆府修城垣引文及捐册》中各省会首共捐银三千九百六十两，占当时捐款总数的九分之一⑤。城墙的修缮虽然是市政的重要组成部分，但毕竟不是日常项目。而消防管理则不同，尤其在易发火灾的重庆，更是城市管理的日

---

① 民国《巴县志》卷十七《自治》。
② 同上。
③ 林孔翼、沙铭璞辑：《四川竹枝词》，四川人民出版社，1989 年版，第 2 页。
④ 梁其姿：《施善与教化——明清的慈善组织》，河北教育出版社，2001 年版，第 308 页。
⑤ 四川省档案馆编：《清代巴县档案汇编》（乾隆卷），档案出版社，1991 年版，第 318 页。

常事务。

由于地理因素的影响，历史上重庆城火灾频发，《华阳国志》即称"江州地势侧险，皆重屋累居，数有火害。"①清代重庆城的大火灾可考者，自康熙四十五年至宣统三年共大火灾六次，有时延烧近万家，经两日始熄②。清代前期重庆地方政府并没有设立专门的救火人丁，仅在火灾发生之后出面组织救援，日常火政交由城内各坊厢长自行管理，全部由民间操办。乾隆三十一年（1766），千厮门内店房失火，川东道台亲自前往督促救火，事后他总结道："渝城地窄民稠，房皆竹壁，向来易遭失火。此等灾异，势最猛烈，全在扑救之人齐心出力，斯不致延烧贻害。"火灾发生后并没有制定相应的预防机制和救治方案，只是奖励参与救火的人员，唯求宁事熄事，被动地应对火灾。城内的救火事宜仍然分属各坊厢长管理，由他们督促各铺户在门前设立水桶，以备不虞。

官方对于城市消防事业的管理主要依托于地方官个人，除具有远见卓识的官员外，大多数官员采取的政策均是治标不治本，只希望在其任内不出差错即可。但对于普通民众而言，火灾无疑具有极大的摧毁力，也关系到自己的切身利益。各坊分设水桶难免日久怠废，救火形势岌岌可危。作为基层组织的八省会馆不仅积极参与火灾救援，同时也为城市消防管理出谋划策。乾隆五十九年（1794），八省会首吴西载、冯周南、江汝上、谢旭、关允忠、王士栋、赖田庆等请示巴县知县，恳请规范城内的消防管理，由政府出面"示谕四十八坊厢长，监督修添水桶，或湾角空地添设大桶，蓄水盈满，上置小提桶十个，照十家牌轮流经管，临事庶无推诿"③。此项建议立即得到了知县的首肯，这也是八省会馆开始积极介入重庆城市消防管理的标志性事件。

同治七年（1868），"千厮门内字水于药铺不戒水火，巴县王县令亲临扑救，既无救火之具，又无积水，不得已予以重赏，饬令贸民担水，方始源源而来，幸而封火墙得力，尚无大风，未成延烧之祸，事过回思……如能设立水社，各制水龙，长养水夫更佳。"④乃号召重庆城内的绅民捐资，购置水龙，募养夫役，分坊成立水社。又下令于寺观堂庙凿池蓄水，居民家制水桶，书名字号，一闻火起，群往扑救⑤。由于各坊水社的经费均为自行筹集，致使出现了各自为阵的状况，救火效果仍然欠佳。之后，水社也因经费不继难以维持，事即中辍⑥。

随着重庆城火灾的此起彼伏，设立新的消防管理机构迫在眉睫。光绪九年（1883），重庆府知府唐翼祖、巴县知县许国漳"更令治城四十八坊厢规设水会，辟水仓、水柜，由绅商集资购置水龙六具，仍从前例，募役时习，地方官令委八省绅商，输管其事。会所设县城隍庙，曰水会公所"⑦。水会的设立使得重庆城内的消防管理开始迈向统一管理，官方因疲于应付救火，于是将消防管理事务下放给当时城内最大的民间组织——八省会馆。救火器具的

①　（晋）常璩著，任乃强校注：《华阳国志校补图注》，上海古籍出版社，1987年版，第20页。
②　窦季良：《同乡组织之研究》，正中书局，1946年版，第79页。
③　四川省档案馆编：《清代巴县档案汇编》（乾隆卷），档案出版社，1991年版，第330—331页。
④　四川省档案馆藏巴县档案，编号6-17-1822。
⑤　窦季良：《同乡组织之研究》，正中书局，1946年版，第79页。
⑥　四川省档案馆藏巴县档案，编号6-17-1822。
⑦　民国《巴县志》卷十五《军警》。

购置，救火泥木匠的招募等消防管理事务都主要依靠八省首事。但此项政令仍然是官方推卸责任般地笼统下放城市消防管理事务，既没有明确八省首事的权限，更缺乏制度化的规定。同时，八省会馆也并非专门的消防机构，管理效率十分低下，问题仍然没有得到解决。光绪二十年（1894），府庙街何信丰钟表铺由于洋油灯破裂，酿成大火，延烧通夜，导致城内近万家店铺受灾①。经此事件后，光绪二十一年（1895），八省首事和重庆地方政府商量后，决定仿效当时国内其他几个城市成立水会局，并制定了专门的《水会局简要章程》：

一、救火局既经设立水会各目，自应有简明章程，庶无杂乱。

二、水会局员绅四人，专管石缸、瓦缸、石灰、油漆数项之事，石板必须验明，若非峡石，即行退换，瓦缸烧不如法，亦即不收，石灰油漆，一一俱要辨别真伪，至于安置瓦缸、石缸，各宜分段，亲往督率，此外若非本道所讹之件，而别人经乎者，即不必牵涉。

三、水会局现有员绅四人，使扑七人，共十一人，每日火食杂用，以一千二百文为限，不能格外泛支。

四、水会局添置之水龙，既由巴县经手购买，其合用与否，责成即在巴县一身，与旁人无涉。

五、水会所用之麻搭火钩，以及折火巷应用之器具，皆系巴县县令与八省首事及各坊监正等，共同协办应用数目若干，宜从速议定，造册呈核。

六、行使水龙，及泥木匠三工，照初识用二百人，已不为少，所谓兵贵精不贵多。此二百者，应如何分派，除长安寺居中有防勇驻扎，此外极繁盛之区，如新街两口交界处，都邮街及小梁子交界处，大梁子、老鼓楼、关庙旁等分隘驻扎，参以文武衙门，互相照应，似已周密，惟此项人工口食，每月若干，无论多寡，宜早定局，应使众知。

七、各项人工，酌予口食，每月人给若干，须早定义，更须由八省首事与保甲局会同备状书押，在道署具领，领出之后，分发监正散给，仍将细数开单张贴使众周知。

八、各坊监保所写之救火捐款限一月写完，此项公捐应由巴县督同八省首事商量，作何生息，作何支放，须拟一长远之策，庶能持久，设有不足，当如何设法弥补宜先筹之。

九、拆火巷其偿修费银两即每上等房一间者百金，中等房一间者七十金，下等房一间者三五十金、一二十金，支给抑或另有更易，应饬巴县会同八省首事再行详核，免致将来失信于人。

十、水缸添设，巴县县令、八省首事保甲局监坊等分其任，细心搜索落实。②

从章程中不难看出，水会局在当时已经成为重庆城内正式的消防管理机构，设有专门的办事人员。章程中明确规定了地方官府和八省首事各自的职责，如巴县县令有添置消防设施、分派救火兵丁的职责，而八省首事则有组织日常消防管理的责任。同时，专门的消防人员也开始出现，消防预警机制逐步建立。官府在城市消防管理中主要起监督的作用，具体的

① 四川省档案馆藏巴县档案，编号6—17—1814。
② 四川省档案馆藏巴县档案，编号6—17—1822。

事务则交由八省会馆。通过官方和民间的合作，重庆的消防管理事务开始步入正轨。

在清代重庆消防管理的变迁中，官方一直在其中占据领导地位，但却从未将消防管理纳入正式的行政体系之中，而是不断地调动民间力量进行管理。最初将权力下放到各坊厢长，在对城内消防事业统一管理的进程中逐渐依赖八省首事。作为最大的民间基层组织，八省会馆完成了从最初的积极加入救火队伍，为消防事业出谋划策到最后正式参与城市消防管理的转变。

不仅参与城市消防管理，八省会馆还参与城市的治安管理，办理团练、积谷等。咸丰八年（1858），川东道台王廷植以"重庆商务大埠，户众人稠，警耗一来，全城数十万人坐困需食，而常监各仓储备有限，不足以备食"，于是召集八省首事，决定抽收房租、附加货厘，以供采买粮食。积谷局在府署、学院署附近建立粮仓，"其谷交八省客绅管理"，所以称"八省积谷"。积谷仓的事务完全由八省首事负责，包括买谷的资金、储备和饥荒来临时赈灾粮食的散发等，仓内存储的总量在三万石左右[1]。咸丰九年（1859），滇匪李永和、蓝永顺等攻入四川，占领了川南部分地区，直逼重庆城外[2]。在这种情况下，重庆地方官府联合八省会馆商议后，决定设立保甲团练总局，编练团勇，保卫辖境，而保甲团练总局的经费则大多由八省会馆供给[3]。

四、结语

清代重庆移民会馆的设立，起初在保护各省间往来贩运商人和远离家乡寄居外省人员的一般权益，逐渐发展到在政治、宗教、社会各方面都有至关重要的影响力。八省首事与地方官在公务上经常联系，如当地税捐征收、消防、团练、重大债务清理、贩济款项的筹措和发放、孤儿院、养老院的管理，以及相类的慈善事业[4]。上文中笔者主要围绕清代重庆八省会馆开展慈善救济和参与城市消防管理两项公益事业进行了历时性的考察，在梳理八省会馆所从事的地方公益事业的同时，也大致勾勒出八省会馆由移民性的团体发展成为社会基层组织，并积极与官方合作，参与管理部分城市事务的过程。在此过程中，八省会馆自身的发展壮大固然是重要的原因，但同时也应该看到官府的力不从心。虽然地方政府对于重庆的管理自始至终都具有绝对的领导地位，但却经常将部分权力下放民间。笔者以为个中原因，应结合清代四川地域社会史进行考察。

山田贤在研究清代四川地域社会时受到岩井茂树关于清代财政体制"原额主义"的启发，指出清代中期四川地方行政最大的问题是僵化的王朝行政、财政体制与随着开发的进展而实际不断增长的行政服务需要之间的落差[5]。笔者对此观点极为赞同，在翻阅地方史志时发现重庆地方政府也存在这样的问题。随着城市人口的增加，作为商业都会的重庆行政事务

---

① 民国《巴县志》卷四《赋役》。
② 民国《巴县志》卷二十一《事纪》。
③ 四川省档案馆藏巴县档案，编号 6－4－147。
④ 四川省文史资料研究委员会编：《四川文史资料选辑》（第五辑），四川人民出版社，1979 年版，第 136 页。
⑤ ［日］山田贤著，曲建文译：《移民的秩序——清代四川地域社会史研究》，中央编译出版社，2011 年版，第 207 页。

日趋繁杂。在近代政府管理机构出现之前，单凭巴县衙署必然很难管理如此庞大的城市，道光时期巴县就出现"讼狱繁多，倚食县署者，白役至七千余人"[①] 的现象。地方财政的吃紧使得官府在城市治理上越来越倚重于实力雄厚的民间组织，嘉道以后，在处理地方商业纠纷时，巴县地方官员总是"仰八省客长协同行户等议复夺"[②]。

　　无论是从事慈善救济，还是参与城市管理，都体现了移民会馆积极融入地方社会的努力。八省会馆为了提高自身的威望，乐意从事地方的公共建设，在此过程中逐渐获得了地方官府的青睐。官方在意识到八省会馆在城市管理上的巨大价值之后，也逐步将城市部分市政的管理权下放给八省会馆。移民会馆在一定程度上填补了地方政府与基层社会之间的权力真空地带，成为官府与民众之间沟通的桥梁，"官民合作"的模式也维护了地方秩序的稳定。

（作者单位：上海交通大学马克思主义学院）

---

① 民国《巴县志》卷九《官师列传》。
② 四川大学历史系、四川省档案馆主编：《清代乾嘉道巴县档案选编》（上），四川大学出版社，1989 年版，第 238 页。

吴虞的报刊阅读实践与
日常生活方式的展演①

许高勇　邱　宜

内容提要：清末民初，报刊媒介全面地影响到读书人的日常生活方式。《吴虞日记》详细记载了吴虞的报刊阅读实践，展示了过渡时代一位地方知识分子的报刊媒介使用的社会图景。吴虞对报刊媒介的使用包括阅报、投稿、办报三个方面，构建了其日常生活方式。通过报刊媒介的使用，吴虞寻找到"生命的意义"，编织其作为读报人的"意义之网"。

关键词：吴虞；报刊阅读实践；日常生活方式

"媒介的历史包含了一个广阔的研究领域"②，研究者已指明"媒介"与大多数的人活动相关，探讨人的媒介使用与思想、社会、文化之间的关系构成媒介史研究的热门话题。本文从社会文化性的角度研究四川地区的知识分子吴虞与报刊媒介之间的交互关系，以此了解吴虞如何解读报刊和使用报刊及报刊对吴虞日常生活实践产生了怎样的价值。此种研究取径受益于西方史学界关于阅读史的研究与探索，以此借鉴到媒介研究领域中。之所以选择吴虞作为本文的研究对象，基于以下两点：一、吴虞与媒介之间的交往关系代表了这一时期地方知识分子使用媒介的典范。吴虞（1872－1949），号又陵，四川成都人，被胡适称为中国的"清道夫"和"只手打孔家店的老英雄"。早年在成都尊经书院求学。1905 年赴日留学，1907 年回国。1910 年，与其父发生冲突，从此被成都学界所抛弃，成为四川学界的"另类"，受到旧派人士的攻击和诋毁，以致不能容身于成都而逃到乡间。1911 年，辛亥革命成功后，旧派人士失去了政权的保护，吴虞回到成都，加入共和党，兼任《四川政治公报》主

---

① 本文系湖南省哲学社会科学基金青年项目"《新青年》的阅读与社会影响研究"（项目编号：18YBQ113）的研究成果。

② ［法］让－诺埃尔·让纳内著，段慧敏译：《西方媒介史》，广西师范大学出版社，2005 年版，第 1 页。

笔。在新旧势力冲荡的四川，吴虞的命运也相应沉浮。阅报、投稿、办报成为吴虞日常生活的重要组成部分。二、吴虞留下的日记为揭示其日常生活提供了例证。日记记录的媒介使用生活，也是吴虞用来沟通思想和学问的媒介，不仅可以纳入"日常生活的一个重要组成部分"，而且可以探讨知识分子如何借助媒介将其"文化产品和文化经验"赋予实践，展示了过渡时代地方读书人的阅读世界，具有很高的社会文化史的史料价值。

一、读报活动与吴虞日常生活的呈现

辛亥革命爆发前的四川报业比较发达。根据孙少荆的记载，第一份具有报纸雏形的是宋育仁主编的《蜀学报》，其主要读者为学界讲新学之人和商界之人。至辛亥革命时，"报纸异常发达"，但因"时兴时灭，记不完全"[1]。这点与吴虞的记录相吻合。这些报刊宣传革命舆论，促进了四川地区辛亥革命的发展，对读者产生了重要的影响，吴虞即是其中之一。

从吴虞的阅读史来看，主要读物是经、史、子、集等中国传统经典书目，这决定了他将旧典籍与新式报刊相结合。但此时报刊已全方位地进入地方读书人的生活，阅读新报是其日常生活中不可或缺的一面，展示了地方读书人广泛接触"新学新知"的例证。吴虞阅读的报刊大多数与其休戚相关，其范围分为两类：一类为四川省内的报刊，一类是省外的报刊。这些报刊成为吴虞知晓四川时事的主要方式，构成吴虞使用媒介的主要范围。

表1 《吴虞日记》所载其阅读报刊一览表

年份	省内	省外
1911—1920	《商会公报》《独醒报》《蜀江报》《蜀醒报》《大汉国民报》《西成报》《四川公报》《外交报》《光复报》《独立报》《国民报》《政进报》《民视报》《国民公报》《天民报》《公论日报》《女界报》《天民报》《西方报》《进化白话报》《民意报》《四川日报》《寰一报》《通俗画报》《国粹学报》《日日新报》《四川政报》《醒群报》《西蜀新闻》《共和杂志》《妇女鉴》《崇正日报》《天声报》《会报》《四川群报》	《神州日报》《东方杂志》《大共和报》《小说月报》《教育杂志》《进步杂志》《民立报》《新中华》《不忍》《妇女杂志》《新青年》

吴虞在川十年（1911—1920）是四川报界发展最为迅速的十年，各类报刊"你方唱罢我登台"，构成地方性报刊发展的重要一环，亦成为地方读书人编织"意义之网"的重要纽带。作为读报人的吴虞，从报刊中的选择性阅读表明其从所持的立场对新闻进行解读，对时局的研判也会带有身份色彩。吴虞的第一则读报记录为辛亥年（1911）九月三十日（本文中时间以阿拉伯数字书写者为公历时间，以汉字书写者为农历时间——作者注）："近阅《商会公报》就身所阅历者证之，始知所谓表面之清议舆论去社会之真际甚远，个人之事更无论也。"从这则日记可以看出，吴虞经常阅读报刊，对报刊舆论有着清醒的认知，"报刊舆论"与"社会事实"相差深远，他希望"识者所宜察"[2]。基于这种认知，他将报刊视为获取外部讯

① 孙少荆：《一九一九以前的成都报刊》，中国人民政治协商会议四川省委员会四川省省志编辑委员会编：《四川文史资料选辑》第8辑，内部发行，1979年版，第138—143页。
② 中国革命博物馆整理：《吴虞日记》（上），四川人民出版社，1984年版，第4页。

息的媒介，而不是事实。对于民初四川报界的各类报刊，吴虞认为"《蜀江报》甚佳，《蜀醒报》《大汉国民报》均无价值，可勿购也"①。这反映出吴虞对四川报刊的阅读心态和价值判断。不仅如此，吴虞会订阅各种报刊，作为其了解四川新闻之需，如"订《天民报》《西方报》各一月，共洋九角"②，吴虞订阅报纸常以一月为限。当然，也会偶尔买上一份报纸，关注报刊上的时政新闻。

对于流行之报刊，吴虞亦会有评价。吴虞向唐汝声借《不忍》读后，给予《不忍》高度的评价："诗文雄奇苍悍，政见得失明昧参半，又不及梁。惟废省议最有见地。"③ 因此，他向孙少荆说明《不忍》价值之所在，并希望孙少荆能为其订购《不忍》。三个月后，孙少荆寄给吴虞第二册《不忍》，至于吴虞对《不忍》第二册的观感如何，不得而知，但此后未见吴虞阅读《不忍》之记录。这些评价虽没能从学理的层面做出更具体深入的探讨，然亦多少反映了他的思想文化观念和对"新学新知"的认同程度。

在四川辛亥革命形势中，吴虞最为关注之事莫过于旧派的倒台。因旧派的打压，吴虞在辛亥前颇为窘迫。直至四川独立，旧派失去保护的屏障，吴虞得以立身，故其与旧派势同水火。回成都后的第一天，吴虞记录了辛亥革命后四川政权发生的变动："赵季鹤、王寅伯已就戮。周孝怀正在逮捕中，此人上半年欲杀余，不意今日竟不能免，此亦积恶之报也。后悉周、王二人十八日之变即远行，未常获也。"④ 旧派势力的倒台，连同旧派文人也失去依靠，吴虞颇为欣慰："周择、刘彝铭、赁溶、康千里、曾颐、周邦勤、叶茂林、徐炯、朱华国，以上诸人皆小人之尤，不能再与修好。且此等小丑本不足道，与之往还徒污人耳。周善培、唐汝声外间自有公论，亦不足较也。此后外交，注意欧阳党、客籍党、蒲党，或联络之或解释之，则周择、徐炯之党势自孤耳。"⑤ 徐炯为四川教育文化界的主要人物，对吴虞的"非儒"多有不满，在驱逐吴虞的过程中起主要作用。四川革命后，以徐炯为代表的旧派文化人士失势，故吴虞颇为在意徐炯失势，在日记中亦会流露这种情感。民国元年三月十日，《天民报》登载了通省师范学生开大会"研究徐炯"的新闻，其给徐炯的罪名是"引用私人，朋比宵小，敷衍学务，假充道德""如敢再来，必全体辍学，并通告教育司、教育总会即中央教育部云"⑥。四天后，吴虞游公园，"见各处贴通省师范学生宣布伪道学徐炯罪状书"，吴虞"甚为痛快"。隔天，吴虞"早起往半边桥看徐炯罪状书，则已撕去。饭后游公园，沿途罪状书尚多。"两天后，"《公论日报》登通省师范学生昨日于教育总会召集全体学生开会，到者千余人，议决徐炯罪状"，吴虞"快慰之至"。五月十八日，"徐炯已倒，由沈与白代理。"⑦ 吴虞对徐炯的倒台非常高兴，多年受排挤的境地总算得到改善，这对吴虞来说无疑是"人生大事"。

此外，吴虞关注法律的变革。吴虞留学日本时学习法律，在日记中对"新中国"的法律

① 中国革命博物馆整理：《吴虞日记》（上），四川人民出版社，1984年版，第4页。
② 同上，第47页。
③ 同上，第84页。
④ 同上，第7页。
⑤ 同上，第34页。
⑥ 同上。
⑦ 同上，第34—36页。

变革多有留意。元月十五日，"《四川公报》载：孙逸仙以改订法律为第一要事，可谓知本。以伍廷芳任司法卿，因其曾改订新律也。"三月十日，"《公论日报》登：《中央临时约法》，及此间《法律局呈请实行新刑律文》，皆有绝大关系。"四月二十六日，"昨日《共和报》载：'中央法部暂行新律颁到，现刑律废止。'真第一快事。去年新律后附暂行章程五条概行删去，尤快也"①。吴虞在意刑律改革是因为如果按照《大清律例》，吴虞控告父亲大逆不道属于"不孝"，而按《新刑律》有关之判例，吴虞"无罪"。吴虞在日记中专门记载了一个根据新旧刑律判例而受刑不同的案例："新繁孀妇陈姓某氏，少年失偶，暗中与冯定国往来，日前被族人陈浩查觉，捉赴地方检查厅呈控。惟按照新律无夫奸律无正条，判事讯明认为无罪。此实用新律，殊可喜也。"②足见其对新律的赞同。此外，从吴虞的创作上来看，吴虞强调"司法独立权"。三月十一日，吴虞将辛亥年所作《论行政不宜侵司法之权》投稿《公论日报》，希望能在报刊上发表③。

除四川地区的报刊媒介外，吴虞接触最重要的要属上海的媒介，其构成了吴虞媒介使用的重要一环。辛亥革命后的几年，吴虞对政治的兴趣趋淡，希望传播其"反孔非儒"的思想，故其颇为关注省外的媒介。像《民立报》《甲寅》《东方杂志》《新青年》等媒介不仅扩大了吴虞与外界的交往，而且使吴虞结识了陈独秀、章士钊、柳亚子等新文化派人士，他们促成吴虞北上，加入北大的阵营。

吴虞将《民立报》上刊载的新闻作为其创办报刊的"新闻资源"。武昌首义后，吴虞与友人严雨楼创办《西蜀报》，关于新闻的来源，吴虞罗列了一系列的报刊。其中，《民立报》赫然在列，表明吴虞注意到《民立报》的价值之所在。在与友人的谈话中，友人告知《民立报》"曾一日销至三万张"，令吴虞非常惊讶。在1912年的一则日记中，吴虞列举了"阅之平常"的报刊，《民立报》名列其中，表明吴虞有阅读《民立报》的生活习惯④。

此外，《甲寅》亦是吴虞经常阅读的刊物之一。吴虞在1914年6月21日收到堂弟吴君毅电，告知其从东京寄来的《甲寅》"五月号一册"，由章士钊主编，"学术文章皆有时誉"。7月17日，吴虞表示收到。7月18日，吴虞发"甲寅杂志明信片一张"。10月上旬，吴虞阅读《甲寅》第二号，杂志中《中华民国新体制》与《广尚同篇》"颇佳"。通过吴君毅的介绍，吴虞与章士钊建立交往并投稿。1915年3月，《甲寅》杂志社迁回上海，吴虞不知，以为停刊，"故余寄去之稿未登出也"。7月7日，吴虞学生陈岳安送来《甲寅》第五号。8日，陈岳安又送来《甲寅》第五号一份。20日，吴虞"捐送《甲寅》杂志三册入成都科甲巷青年会"。8月4日，陈岳安送来《甲寅》第六号。9月2日，陈岳安送来《甲寅》第七号。10月8日，吴虞至粹记书庄买《甲寅》第八号。随后，吴虞将《儒家重礼之作用》《儒家主张阶级制度之害》《儒家大同之说本于老子》三文投稿《甲寅》，并"五言律诗五首"。《甲寅》登吴虞诗二十首⑤。可以看出，吴虞与《甲寅》有着密切的社交，希望通过《甲寅》传播其

①　中国革命博物馆整理：《吴虞日记》（上），四川人民出版社，1984年版，第39页。
②　同上，第93页。
③　同上，第34页。
④　同上，第18、32、49页。
⑤　同上，第134、136、181、197、199、202、209、220、221、230页。

"非儒"的思想，改变其在川郁郁不得志的局面。但意想不到的是，吴虞与章士钊的因缘际会给了他日后与陈独秀的交往带来了莫大的好处。

吴虞阅读《东方杂志》也值得关注。吴虞 1911 年日记的记载就表明吴虞订购了《东方杂志》。1912 年 10 月的日记中有对《东方杂志》一文"黄祸论"的记录。此后又多次阅读《东方杂志》。"晚看《东方杂志》。""午后看《东方杂志》。"但从 1917 年 7 月份后，吴虞表示不再订购《东方杂志》。但事实并非如此，此后的日记依然有阅读《东方杂志》的记录，《东方杂志》成为吴虞阅报活动的必读刊物之一。

此后，吴虞将读报的重点转向《新青年》。如 1918 年 4 月读到新青年第四卷第二号时，发出"言新文学者太多"的感慨。吴虞认为"《新青年》思想主张均是吾国第一流言论"。由于阅读《新青年》的缘故，吴虞随后阅读了《新潮》《每周评论》等新文化派刊物，认为新潮"主张极新""内容充实"。对于成都中学和守经堂买《新青年》，吴虞认为是"潮流所趋可以见"[①]。吴虞与《新青年》的接触乃至使用契合了其内心的需求，使吴虞能够按照其意愿投稿《新青年》。

二、投稿与吴虞生活方式的展演

吴虞在阅报的同时，大量的文章也见诸各大报刊。1915 年，吴虞为自己发表的文字列了一份清单，涉及的报刊达 25 种。

表 2　《吴虞日记》1915 年 12 月 11 日、12 日所载其发表文字清单

省内	省外
《通俗报》《蜀报》《法政杂志》《共和杂志》《通俗日报》《国民公报》《政进报》《公论日报》《天声报》《群醒报》《西蜀新闻》《寰一报》《游艺粹报》《西成报》《四川群报》《娱闲录》《平论报》《崇正日报》	《广益丛报》《小说月报》《进步杂志》《新民丛报》《宪政新志》《甲寅》及东京学生界不知名日报

1911—1920 年的十年，是吴虞写作的高产期，他的一些重要文章都是在这个时期完成的。他的这些文章本来可以发表于成都报界，但由于吴虞的"非儒"思想得不到川人的认同，川内媒体不愿登载其文，导致他将目光投向了外界。吴虞依靠华阳书报流通处、商务印书馆等零售点，将目光转向北京、上海，积极向外投稿。

与杂志和省外报界的交往是吴虞完成"读书人晋升"的重要原因。吴虞接触省外报刊是在任《四川公报》总主笔时，因编辑报刊的需要，共进报社订有上海《外交报》《东方杂志》《法政杂志》等[②]。但吴虞订阅这些杂志并非与之交往，而是办报之需，从中获取"报刊资源"。后吴虞渐渐接触到《教育杂志》《小说月报》《太平洋》《民立报》《新中华》《民意报》等外省报刊，并在上海、日本的《妇女杂志》《青年进步》《小说日报》《甲寅》等杂志发表

---

① 中国革命博物馆整理：《吴虞日记》（上），四川人民出版社，1984 年版，第 384、437、453、511 页。
② 同上，第 18 页。

文章。

　　吴虞投稿的第一个川外媒体是《进步》。《进步》是一份基督教刊物，由范皕诲主编。1915 年 7 月和 10 月，吴虞分别将《家族制度与专制主义之关系》和《李卓吾别传》两文投稿《进步》。11 月 18 日，范皕诲致函吴虞："屡承以大作见示，快读之下未常不为之击缺唾壶也。《李温陵别传》尤为淋漓痛畅，诛奸谀于既死，发潜德之幽光，此文有之。"①《李卓吾别传》发表于《进步》九卷三、四号上。这是《吴虞日记》所载第一次在川外媒体发表文章。

　　吴虞在阅读报刊时，觉得思想相近者，便致函相关编辑人员，并投稿，其与《甲寅》《新青年》的交往，即发端于此。1916 年 12 月，吴虞阅读了《新青年》上易白沙撰写的《孔子平议》，觉得易的"非孔"与其"非儒"思想相近，自认为找到了知音，故致信陈独秀，对《孔子平议》一文"为之欣然"，对《新青年》通信栏"陈恨我君之见解，几塞宇内"，深表赞同②。很快，吴虞将其所撰《消极革命之老庄》《家族制度为专制主义之根据论》《儒家大同之义本于老子说》《读〈荀子〉书后》投稿《新青年》。没过多久，陈独秀回信，对吴虞大加赞赏，称其为"蜀中名宿"，希望吴虞多赐稿《新青年》。吴虞的名篇《家族制度为专制主义之根据论》登于新青年第 2 卷第 6 号。对此，吴虞的感受是"私愿甚慰"，后来更是表示：

　　　　《新青年》三卷一号将一、二卷目录特列一页，上署大名家数十名执笔，不意成都一布衣亦预海内大名家之列，惭愧之至。然不经辛亥之事，余学说不成，经辛亥之事而余或不免，四川人亦无预大名家之列者矣，一叹。③

　　这里面充满了他能挤入主流之后的欣喜之情，也充满着身世之慨。章士钊和陈独秀提供的《甲寅》《新青年》舞台，成为吴虞晋升之路的重要一环。吴虞靠着在《新青年》中发表的这几篇文章，在新文化运动之后，从一个不见容于成都的读书人，一跃而成为全国思想舞台中的重要人物，成功跻身中国思想文化界的主流。

　　通过在报刊上发表文字，吴虞的影响力逐渐扩大。1917 年，柳亚子致函吴虞："前从《民国日报》传读大著，知为今世之能倡唐风者，无任佩服""今读先生所言，知于曩时持论，合符若节。窃幸吾道不孤，私以入社为请，甚以先生不弃鄙陋，惠然肯来，则拔帜树帜，可以助我张目，万幸万幸！"吴接受了柳的邀请加入南社。1919 年，吴虞在《时事新报》中读到朱谦之《新旧之相反相辅》中提及："蜀中有吴虞先生者，好为排孔之论，实于新旧递嬗中为尤有功。先生之学则如何，实竺于老、列、庄文之学者也。吾又常闻先生所著书，称道李卓吾，为官中所禁。"为此，吴虞将发表在《进步》中关于李卓吾的文字发给朱。两个月后，朱致函吴虞，"请作《李卓吾学记》"④。1921 年，吴虞受聘北京大学，其自豪地表示："予之著作，在四川前数年，真是'蜀犬吠日'的景象。近来同调虽多，而'诧异惊

　　①　中国革命博物馆整理：《吴虞日记》（上），四川人民出版社，1984 年版，第 230 页。
　　②　水如编：《陈独秀书信集》，新华出版社，1987 年版，第 70 页。
　　③　中国革命博物馆整理：《吴虞日记》（上），四川人民出版社，1984 年版，第 310 页。
　　④　同上，第 462、473 页。

奇'的人，委实还是不少。可是一到了人文荟萃的北京，简直欢迎到这种地步，足见社会文化程度上的差异了。"①

投稿改变了吴虞基本的生活形态，"以文字谋生"成为吴虞的选择。从这个方面来说，新型媒介影响了过渡时代的知识分子，尤其是地方读书人，与新型媒介的命运联系在一起。

三、办报活动与吴虞日常生活的深化

吴虞在辛亥革命的那段经历显示出政治革命后读报人命运的改变。因旧派的攻击，吴虞连最基本的生命保障受到了威胁，故其内心对旧政权失去了认同。当新生的政权对旧派进行打压时，立即获得了吴虞的认同，故其积极参与到新生的政权建设中去，其最主要的方式是办报。从吴虞早期的社会交往来看，主要发生联系的除亲友之外，主要的是成都报界人士，如孙少荆、陈岳安等，而办报成为吴虞社会交往的最主要形式。对于吴虞参与报刊的创办过程，日记也有相当细致地记述。

吴虞参与创办的第一份报刊是《西成报》。辛亥年（1911）冬月十六日，吴虞至邢雨苍处，"诸人有办报之事，拟请余任主笔"。冬月二十一日，吴虞又至邢雨苍处，归时遇黄体珊，"言同人组织《西成报》，拟请余为总编辑人"。冬月二十八日，严雨楼亲自至吴虞家，请吴"任《西成报》总编辑"，并于第二日"送关书""聘金四元"②。吴虞对参与《西成报》的创办比较积极，多次加入报社同仁的活动中去。冬月三十日，《西成报》主要成员基本构成，董事严绳武、会计兼事务主任严雨楼、发行黄体珊，主笔王仲郊、杨鸣珊、王宅心，访事各股东任之，写生朱骥龄，吴虞任编辑。全月五日，《四川公报》登载《西成报》即将出版的消息："西成报定期于本月初九日出版。"③《西成报》发刊词由吴虞撰述，有千余字。十一日，吴虞以"近见报律森严，编辑事繁重，殊不敢当"，希望黄体珊为"编辑及发行人负其责任"，吴虞"分劳赞襄，不出名字"，则"不敢固辞"，继续替《西成报》写稿，并希望"早晨由黄编辑，饭后由余编辑"。至于酬劳，"关书可另写，束修可减少也"。次日，《西成报》同仁议定"体珊晨到，余饭后到"。在人事安排上，"议定编辑所移邢雨苍处"，"总理、董事、编辑人、发行人每日一会，庶务住发行所经理售报、印刷等事用杂役一人，编辑所用杂役一人"④。不知何故，吴虞与《西成报》其他成员发生龃龉，吴虞萌生脱离之意。此后，吴虞很少记载与《西成报》的关系，至于原因如何，就不得而知，吴虞用了"西成社事足以为戒"表明其与《西成报》脱离了关系。

对于与《西成报》的龃龉，吴虞相当在意，表示"此后上半日看新学书，下半日看旧学书，晚看报章或小说，以娱散情志。""娱散情志"表明吴虞对《西成报》之事非常在意，希望以读书表明其不愿再参与办报事宜，但这样的计划无法落实。民国元年元月十三日，政进党倪公伟、濮子谦邀请吴虞担任即将创办的《政进报》主笔，"每月五十元"，吴虞希望三日

① 中国革命博物馆整理：《吴虞日记》（上），四川人民出版社，1984年版，第621页。
② 同上，第12—15页。
③ 王绿萍主编：《四川报刊五十年集成（1897—1949）》，四川大学出版社版，2011年版，第36页。
④ 中国革命博物馆整理：《吴虞日记》（上），四川人民出版社，1984年版，第17—18页。

"送稿一篇"。二十三日,吴虞"作《政进报》发刊词二千一百零三字"。三十日,"过《政进报》交发刊词"。该报由深源公司印刷,第一号"错脱特甚""印刷草率,殊不佳",改由昌福公司印刷。该报"以宣传政进党之宗旨为己任,主张实现地方自治,提倡世界道德,改良家族制度",出版不到一个月即停刊,原因在于"政府痛恶有少正卯之目,续出数日将为《天民报》之续"和"折阅过多,党中财力不继,此后将改为旬报云"①。吴虞对《政进报》的停刊颇为痛心。

此后,吴虞加入《公论日报》的创办中。《公论日报》由孙少荆创办于 1912 年 2 月 25 日。吴虞是《公论日报》的忠实读者。对于《公论日报》登载孙中山《孔教批》及《如是我闻》二文,吴虞认为"实获我心""四川反对孔子,殆自余倡之也"。同时,该报还登载了章太炎《诸子学略说》,此书"攻孔子处尤佳"。孙少荆与吴虞私交甚笃,故其聘吴虞为主笔,"每月作文六篇,修金四十元",吴虞的《纸币论》《共和政治利弊论》《论国民捐所以救亡》等文刊于上。由于身兼《公论日报》主笔,又为《女界报》撰稿,加上吴虞的反孔受到社会倾轧,吴虞分身乏术,辞去《公论日报》主笔,"止任时评,以便读书,不可见小利而失真乐也"②。

1914 年 1 月 11 日,经常发表吴虞文章的《醒群报》被封,皆因《醒群报》发表吴虞的文章,"荒谬之至"③。从此,吴虞淡出四川报界。9 月,《共和》杂志邀请吴虞担任主笔,除替其写了《发刊词》外,吴虞不愿担任主笔。12 月,吴虞表示"不入党派,不作主笔,不妄写信,不发议论,不主是非"④。

此后近五年,吴虞未在四川报界谋职。但当新文化运动影响到四川时,吴虞又萌生办报的念头。1919 年 7 月 13 日,吴虞和孙少荆创办《星期日》,该刊"类似当时北京的《每周评论》、上海的《星期评论》,内容也同样是尖锐地批判旧制度,热烈地传播新思潮",故"一出世,便极受社会重视,记得发行不到几期,就由一千份增印至五千份,订户由成都和附近一些县份远达四川以外几省"⑤。此外,吴虞指导成都外国语学校的学生办《威克烈》周刊,为其审稿。

吴虞的办报生涯是媒介发展的一个缩影,亦是由读者向报人的转变过程,反映出清末民初读书人"谋生"方式的改变。报章媒介成为读书人主要的发言平台,不仅改变了读书人基本的生活形态,而且为读书人提供了新的"晋升的阶梯"。

结　语

像吴虞等"读书人投身杂志界的活动,展示了民初报业一个显著的特征,也表明走出科

①　中国革命博物馆整理:《吴虞日记》(上),四川人民出版社,1984 年版,第 23—31 页。
②　同上,第 36—43 页。
③　同上,第 118 页。
④　同上,第 159 页。
⑤　李劼人:《回忆少年中国学会成都分会之所由成立》,《李劼人选集》(5),四川文艺出版社,1986 年版,第 9 页。

举时代的读书人如何依托报章寻找到新的角色与身份"①。报章构成了吴虞媒介使用的重要一环，成为其日常生活中的一个重要组成部分。"阅读不但只是种技能而已，更还是一道寻求意义的途径。"② 通过报章阅读，吴虞寻找到生命的意义，编织他作为地方读书人的"意义之网"。从报刊中，吴虞准确地判断了辛亥革命后四川的政治形势并回到成都，拥抱新时代的到来。虽无性命之忧，但吴虞依然不得志，故其通过报刊，将视角伸向省外，在《甲寅》《新青年》等刊物上找到了着力点，报刊成为其表达身份最突出的环节，展现出民初读书人别于晚清读书人的生活方式，即报刊成为读书人构建日常生活规则的重要表征方式。

吴虞是近代中国众多地方读书人的缩影。其虽旧亦新且颇具地方性色彩的媒介使用史，为描摹近代中国读书人媒介使用的复杂图景提供了可资借鉴的样本。尽管在近代读书人媒介使用的变迁中，他的实践并不占特殊地位，但是，这种不具备特殊性的媒介使用实践，恰恰可以作为一种"理想类型"，反映过渡时代地方读书人在媒介使用上的普遍性，即读书人希望以报刊为突破口转换身份，试图重新进入社会的中心。

（作者单位：湘潭大学文学与新闻学院）

---

① 章清：《清季民国时期的"思想界"——新型传播媒介的浮现与读书人新的生活形态》，社会科学文献出版社，2014年版，第762页。

② 潘光哲：《追索晚清阅读史的一些想法——"知识仓库""思想资源"与"概念变迁"》，《新史学》2005年第3期。

论"嘉州画派"的存在问题^①

吴胜景

内容提要：从 20 世纪 70 年代至 80 年代，嘉州地域画家云集，以国画大家李琼久等人为首，逐渐形成了老中青相结合的绘画创作群体，他们长年深入嘉州山水之间，作品创作根植于传统，却不因循守旧，以"外师造化，中得心源"为创作理念，充分体悟嘉州地域丰富的天然情境，从技巧到意蕴上进行开拓创新，最终形成了雄奇秀灵、生辣朴茂的群体创作风格，从而创立了近代巴蜀唯一一个画派"嘉州画派"，对巴蜀大地的书画艺术传承与后期发展产生了深远的影响。

关键词：李琼久；嘉州画院；画派；风格；理念

嘉州险峻富饶的地理资源孕育出了多彩的地域文化，源远流长的巴蜀文化又成就了苏东坡、郭沫若等一代又一代的当地历史文化名人。20 世纪 70 年代，国画大家李琼久以卓绝的才情、传神的笔墨、磅礴的气势、生动的气韵震惊了巴蜀画坛。在 1977 年赴京参加"中国画创作组"之时，他在绘画中所表现出的饱满的激情与横空出世的创新之势，曾令李苦禅、刘海粟、石鲁、何海霞、许麟庐、黄永玉等近代国画大家为之惊叹，从而赢得了中国绘画界的崇高声誉，随后在天时、地利、人和的情况下创立了经官方批准而成立的"嘉州画院"，并逐渐形成了近代巴蜀唯一一个画派"嘉州画派"，对 20 世纪 80 年代巴蜀地域的书画艺术传承与后期发展产生了深远的影响。

一、"画派"与"中国画派"解读

所谓"画派"，即是"绘画流派"的简称。一般是指在一定的历史发展时期中，在某一个地域范围内，由于受地方文化环境或时代文艺思潮的影响，出现了一些有着共同的艺术见

---

① 乐山市哲学社会科学 2021 年管理规划项目"嘉州画派传承与保护研究"（项目编号：SKL2021D03）。

解、思想认识与审美情趣的绘画群体，他们的艺术成果在绘画题材、绘画风格和创作方法等方面上也会表现出一些相同或相近的鲜明特征，一般一个画派都会有一个或多个领军人物（比如湖州竹派就是以文同与苏东坡为领军人物），同时画派的形成也会对一定时期一定绘画领域内产生重要的影响。

但是"中国画派"与西方的画派又有截然不同的概念，中国画派是画家在艺术实践中"自发"形成的，而西方画派是画家在艺术创作中"自觉"形成的，前者是与画家们的笔墨功夫、文化修养、审美追求紧密相关，也与画派的人群构成、地域环境与文化影响相关。因而，对中国画派的界定相对比较困难，甚至出现说法不一的情况。历史上大多是以地域为界来划定画派，基本有公论的如黄筌画派、湖州竹派、吴派、浙派、松江派、虞山派、常州派，尚有争议的如黄山画派、巴蜀画派、漓江画派；也有以某个影响比较大的绘画大家进行取名的，比如米派（米芾）、黄筌画派。近现代能够普遍得到画界公认的如海上画派、长安画派、岭南画派等。

二、"嘉州画派"的产生

1980 年 7 月 25 日，嘉州画院正式成立，形成了以院长李琼久为领军人物，以黄高彬、杨风为副院长，以老画家李道熙、刘朝东、李罕农等人为驻院顾问，由盛志中、郭志全、黄仲新、卜敬恒等 28 名中青年画家组成的绘画群体，也从此标志着"嘉州画派"这个绘画团体的真正形成。

"嘉州画派"的命名，一如长安画派、漓江画派，也是以地域来界定其所集中的画家群体，其范围主要限于今天乐山市及下面的区县，也包括现在独立成市的眉山等地。正如李琼久的弟子盛志中所说："同长安画派、金陵画派、岭南画派等一样，顾名思义，'嘉州画派'是具有嘉州地方特色的画派。……举凡乐山市以及周边，具有当地风格的书画家以及作品，都可归为'嘉州画派'。"①

可以说，"嘉州画派"是近代以来继海上画派、金陵画派、岭南画派、长安画派之后又一重要的画派，其书画家群体构成，无论是团体规模上，还是整体水平上，都颇具实力，这在全国范围内都不多见，甚至与石鲁所创立的"长安画派"相比也有过之而无不及。

关于"嘉州画派"之名的来由，近年来也有很多对此有兴趣的学者提出疑问，包括追问谁是第一个提出这个名称的。据笔者查阅资料，发现在《花鸟集萃——李琼久花鸟作品赏析》《书画拍卖舞夏风　笔花开处墨花浓》《建党九十周年——乐山十大人物评选》《中国当代书画流派》等诸多文章中，都曾提到李琼久在北京参加中国画创作组时"被李苦禅、黄永玉等誉为'嘉州画派'。"② 而且，据李琼久的弟子盛志中说："'嘉州画派'并非自封，而是20 世纪文化部所命名的，可见国家对我们的肯定和重视程度。"据此可见，"嘉州画派"的名字第一次应该是出现在 1977 年李琼久进京之时。不过，李苦禅、黄永玉等人之所以有此

---

① 见 2011 年 1 月 28 日博宝资讯网所载文章《国画家李琼久"嘉州画派"要走出大山》。
② 魏奕雄：《笔落惊风雨——纪念"嘉州画派"创始人李琼久百年诞辰》，《文化艺术出版》2007 年。

称呼，肯定是因为当时李琼久画法独特、气势惊人，大家受此感染，又由于李琼久来自古嘉州地境，或许众人一时兴起，就随口说出了这个名字，无论怎样，这个名字是出于这些大家口中的说法应该是所言不虚。第二次被称之为"嘉州画派"是在 1978 年，应四川省美协主席李少言的邀请，李琼久在成都举办个人新中国成立后第一次个人画展，根据本次画展参选绘画作品所体现出的艺术风格，四川省美协也是在展览的前言中，首次将他誉为"嘉州画派"主将①。此外，据担任过嘉州画院筹备秘书工作的温吉言先生所述的情况："1979 年 5 月 1 日，由乐山大佛乌尤文物管理所、乐山中国画习作组联合举办的《乐山中青年国画习作展》……这次共展出琼久先生的学生盛志中、黄仲新等十九人的山水、花鸟、人物国画作品八十九幅，充分展示了以琼久先生为代表的'嘉州画派'的艺术风格……第二年春节去成都开展。龙月高还在《成都晚报》……首次披露了以琼久先生为代表的'嘉州画派'。"② 从这些表述中，可以说第三次被称为"嘉州画派"是出自 1979 年温吉言所说，第四次则是龙月高所言。此外，根据李琼久 1987 年所写的手稿内容："1987 年嘉州画院成立七周年，又是四川省美术家协会正式宣布嘉州画派八周年，原拟举行一次活动……"可以证明四川省美术家协会应该是在 1979 年向外界公开宣布了"嘉州画派"这个称号。随着嘉州画院在 1980 年 3 月 15 日正式成立，此后画院工作又开展得有声有色，其鲜明的绘画风格影响逐渐扩及乐山及周边地市，"嘉州画派"的说法便流传开来，一直至今，基本已成了公认的名字。1980 年 5 月 28 日，四川美术出版社社长、画家王伟在贺信中说："'嘉州画派'在四川画坛久享盛名，你们继承了传统，又有创新，形成了'嘉州画派'崭新的独特风格，为人们所称道。更为可喜的是在这一画派中，又有着各自互相不能代替的自己的面貌。这里力量雄厚，又有众多的新兵，你们画院的成立，是人民喜闻乐见的中国画事业兴旺发达的标志，预示着社会主义美术百花齐放的前景。"③ 因此，生活上纵然一生孤苦的李琼久也常为此而感到自豪："我人孤道不孤，我有'嘉州画派'。"

综上，可以得出结论，"嘉州画派"诞生于 20 世纪 70 年代，其规模形成于 80 年代，领军人物是最富开拓精神的李琼久先生，核心人物是黄高彬、杨凤、李道熙、刘朝东、李罕农等人，中坚力量是盛志中、郭志全、黄仲新、卜敬恒等 28 名中青年画家，共同构成了"嘉州画派"的画家集群，他们继承宋元以来尤其是近代的文人画传统，充分吸收文学、书法等传统文化素养，师法自然，大胆创新，张扬个性，抒发灵性，敢于自辟蹊径，最终形成了高洁、雄秀、淳厚的画派画风。从 1980 年画院成立至李琼久逝世的十年时间，在李琼久的大力带动下，随着画院活动的有效开展，画院的画家群体的影响力逐渐显现，"嘉州画派"已逐渐为世人所认可，从而奠定了他们在四川山水画发展史上的地位。作为一个地方画派，"嘉州画派"不仅丰富了四川当代绘画史的内容，也对四川绘画的发展做出了非常大的贡献。

① 《追忆布衣书画大师李琼久》，四川新闻网—乐山日报讯，2006 年 12 月 17 日。
② 郭志全：《画坛大隐李琼久》，四川文艺出版社，2011 年版，第 135 页。
③ 同上，第 139 页。

三、"嘉州画派"的存在定性

对于"嘉州画派"是否符合作为一个真正的画派应该具备的条件，曾经出现过许多争论，在一些文章中也屡有论断。尤其是 2010 年 9 月 30 日在嘉州画院举行《嘉州画院成立三十周年优秀作品展》的活动中举办了"嘉州画派"第一次学术研讨会，在会上就"嘉州画派"是否成立展开了讨论，其中林木先生提出了画派成立的四个最基本的条件，表示"嘉州画派"好像还没有完全达到，刘星也通过他之前曾发表在《艺术镜报》的文章《画派匮乏的时代》讨论了画派成立必须具备的五个最基本的条件：第一，是一个经常在一起活动的群体；第二，这个群体信奉着共同的艺术思想，有着基本接近的审美价值观；第三，有共同的师承，或者说有一位共同的宗师；第四，有大致一致的风格取向；第五，在某个地域产生了重要的影响，有众多的追随者。在会上，对"嘉州画派"这个命题产生怀疑的人"主要集中在两点上，一是'嘉州画派'没有自己明确的理论主张；二是它的影响力还没有走出乐山，甚至在四川都没有得到广泛的认同，更谈不上全国范围的认可"①。

为此，笔者又查了一些文章，比较了一下对画派的界定条件，各不尽相同，综合所有，大致可以总结为这五种情况：一、具有相同或相近的地域性；二、有着前后相承的艺术思想；三、有相同或相近的绘画风格；四、一定的时空连贯性；五、"画派"是后人对前代画家的评定，而非活着的人自我标榜。

对比一下，刘星先生所说的条件有三条可以算是对上的。

如果按照刘星先生的说法，我认为"嘉州画派"的说法是完全成立的：第一，以李琼久、刘朝东、杨风为首，在李琼久的弟子为中坚力量的嘉州画院群体无论是写生、创作，还是通过画展进行研讨与交流都是完全在一起活动的，一大批嘉州青年画家正是在李琼久的指授下成长起来，逐渐形成被人们称为"嘉州画派"的画家集群；第二，这个群体明显有着共同的艺术思想，在李琼久的创新影响下，这些画家敢于外师造化，从生活中索取，同时注意人与自然的结合，充分抒发个人的性灵和情愫，并融入一定的文学、书法素养，有了明确的审美思想；第三，大家以李琼久为领军人物，不光是这些作为中坚力量的弟子们宗师李琼久，就包括老画家比如李道熙等人也与李琼久是亦师亦友的关系；第四，李琼久绘画风格鲜明，受其绘画思想的影响，尤其是那些中青年画家，其画法虽不完全相同，但都能看出有明显的李琼久绘画风格的影子，并形成了高洁、雄秀、淳厚的画风；第五，"嘉州画派"的影响在李琼久在世的时候，可以说乐山地区包括周边地市几乎无人不学，即使在琼久先生去世四十年后的今天，我们依然在乐山地界随处可见以"嘉州画派"的画风影响，甚至在四川境内也不算少。

至于在 2010 年"嘉州画派"第一次学术研讨会上，有些学者所怀疑的两点不成立的条件，我认为是完全站不住脚的，感觉这些学者似乎是没有真正了解过"嘉州画派"早期的画家群体，更没有深入地研究过李琼久。现针对性地稍微探讨一下：首先说是理论主张，我在

---

① 刘星：《有感于"嘉州画派"的继承和发扬》。

上一关于李琼久绘画思想论述的章节里已经列举出了我所看到的琼久绘画论见，虽然只搜集了一少部分，但已不亚于一些成名画派的理论主张的数量与高度，"嘉州画派"也正是在这些理论的支持下一直延续至今；其次再说"嘉州画派"的影响力，在李琼久在世的时候，首先作为画派的领军人物，李琼久在 20 世纪 70 年代已是震惊全国，也吸引了很多大家的密切关注，后来在嘉州画院成立后，李琼久又带领这些画家全国到处展览，甚至远至国外的日本、法国等地，当然由于时代的特殊原因，再加上李琼久过世后，"嘉州画派"的凝聚力不够，画派的发展受到阻滞，但不能因此就说"嘉州画派"的影响力不够。

可以说，和其他近现代所产生的画派相比，"嘉州画派"各种条件甚至有过之而无不及，其所存在的客观基础是扎实的，其所产生的社会影响也是深远的。毫无疑问，"嘉州画派"的兴盛崛起，完全得益于中国大西南绵延广阔、姿态万千的天然造化，嘉州自然和文化的双重遗产沉淀出了这里隽秀和雄伟合为一体的山水文化，而三江汇聚的地理环境也使嘉州吸取了周围地区的各种文化，这种丰厚的文化积淀酝酿了"嘉州画派"的诞生，也决定了"嘉州画派"雄奇俊秀、含蓄深沉、飘逸空灵、生辣朴茂的艺术风格。"从历史上看，一个地方的书画要达到独树一帜、自成一派的境界是需要相当的机遇和条件的，而其中最主要的就是它必须具有某种地域文化特色，没有地方文化特色就无所谓地方画派。作为一个地域性画派，'嘉州画派'的形成就在于它体现了嘉州独特的山水文化特色。"杨俊说[①]。

对于"嘉州画派"来说，一直能够维持其强盛生命力的根源有二：第一，就是宗师李琼久，他堪称那个时代最富开拓精神的山水画大师，他受传统文化滋养很深，又长期生活在嘉州，而他表现出的超越时空的画境，正是他博大而丰富的内心世界的写照。盛志中说："他擅长山水、花鸟、人物、走兽、书法，历经几十年的嘉州山山水水的跋涉，历经几十年呕心沥血的创作，以他为首的嘉州书画家们才形成了自己独有的风格——雄奇俊秀、含蓄深沉、飘逸空灵，也就有了文化部关于'嘉州画派'的命名。"第二，便是嘉州的自然与文化双重遗产。没有乐山富饶秀丽的山水文化，没有嘉州纵贯千古的历史底蕴，就没有今天的"嘉州画派"。乐山的山水本身是自然的，有雄秀的峨眉，有玲珑的九峰，岷、沫、青衣三江迤逦而过，那些奇丽的山水一旦与人类的活动发生关系，文化就出来了——山清水秀，宜于人居；土肥水美，宜于农耕；水路畅通，宜于交流。山水优美的乐山，就容易产生文，产生史，可以诗，可以画，"历史文化层"也就愈积愈厚。

自 1980 年李琼久创建嘉州画院并形成"嘉州画派"以来，这个画家群体就一直坚守传统文化阵地、体现时代创新精神、弘扬中华文明、展现嘉州人文历史，不断地开创画派新貌。通过长期的绘画积累与创新，这些画家群体之间互为影响，使"嘉州画派"呈现出了笔墨泼辣、色彩饱满、苍润浑厚、雄奇俊秀、生动概括、大开大合的总体艺术特征，这种放逸的画风为巴蜀画坛吹进一股新风，也成了巴蜀近现代美术发展的一个重要组成部分。"嘉州画派"不仅创造了一个良好的学术氛围，而且形成了特有的人文环境，在四川画界是极少有的，从而奠定了他们在四川山水画发展史上的地位。

（作者单位：乐山师范学院文学与新闻学院）

---

① 见 2011 年 1 月 28 日博宝资讯网所载文章《国画家李琼久"嘉州画派"要走出大山》。

遂宁古代著述考录（上）

胡传淮

　　内容提要：四川遂宁，人文蔚起，潜心著述之士，代不乏人。从秦汉至清末两千余年间，著述如林，但地方志记载多有阙漏。编者依据《二十五史》《四川通志》《潼川府志》《遂宁县志》《蓬溪县志》《射洪县志》《宋代蜀人著述存佚录》《清代蜀人著述总目》、各乡镇志及遂宁各姓族谱等各种传世、出土文献和数据库，全面考订遂宁市（射洪市、船山区、安居区、蓬溪县、大英县）古代各类著述，撰成此文，以期能对巴蜀文化及地方文献研究者，有所助益。著述按照经、史、子、集四大部类编排，收录民国以前今遂宁市籍作者之著述和外籍作者关于今遂宁市地域之著述。方志、族谱，下限延至民国。家谱是中华民族历史的三大支柱（正史、方志、家谱）之一，故据目力所及，择要选录，用以弘扬传统文化、保存乡邦文献。

　　关键词：巴蜀文献；陈子昂；王灼；黄峨；张鹏翮；张问陶

　　蜀中遂宁，人文蔚起，潜心著述之士，代不乏人，被誉为"风教重地，文献名邦"。从秦汉至清末两千余年间，名人辈出，著述如林，但地方志记载多有阙漏，且零散不备，致使检索困难。编者不揣固陋，谨依据《二十五史》《四川通志》《潼川府志》《遂宁县志》《蓬溪县志》《射洪县志》《宋代蜀人著述存佚录》《清代蜀人著述总目》、各乡镇志及遂宁各姓族谱等各种传世、出土文献和数据库，全面考订遂宁市（射洪市、船山区、安居区、蓬溪县、大英县）古代各类著述，撰成此文，以期能对巴蜀文化及地方文献研究者，有所助益。著述按照经、史、子、集四大部类编排，收录民国以前今遂宁市籍作者之著述和外籍作者关于今遂宁市地域之著述。方志、族谱，下限延至民国。家谱是中华民族历史的三大支柱（正史、方志、家谱）之一，故据目力所及，择要选录，用以弘扬传统文化、保存乡邦文献。然典籍浩繁，翻检难周，挂漏错讹，在所难免，敬祈方家郢正。

经　部

易类

《易解》，宋遂宁冯正符撰。正符，字信道，神宗熙宁九年（1076）进士，授蜀州晋原（今崇州市）主簿。此书清嘉庆《四川通志》卷一百八十二、光绪《新修潼川府志》卷十六著录，今佚。

《易义》，宋遂州刘纬撰。纬，高宗绍兴十二年（1142）进士。此书见《经义考》卷十八、清嘉庆《四川通志》卷一百八十三，今佚。

《大易象数钩沉图》三卷，宋遂宁杨甲撰。甲，字嗣清，遂宁人，著名学者，宋孝宗乾道二年（1166）进士，授文林郎。未得大用，退居遂州灵泉山中。有声名于时，颇为清议推重。此书今存，收入《道藏》洞真部灵图类。

《周易疏解》，明遂宁李实撰。实（1597—1674），字如石，别号镜庵，遂宁人，晚年占籍长洲。明末清初著名文学家、理学家、语言学家。李实早年在家课馆从教，崇祯十六年（1643）中进士，授长洲（今属苏州）知县，有政声。顺治二年（1645）辞官，居长洲上清江，杜门著书，精研小学、经学及佛老杂学等。其事迹载于《吴郡甫里志》《苏州府志》《遂宁县志》等。子李仙根，清代顺治榜眼；后裔李秉德，清代宫廷画家。光绪《新修潼川府志》卷十六《经籍志》著录。

《易字学》，明遂宁李实撰。光绪《新修潼川府志》卷十六《经籍志》著录。

《易经发微》，明遂宁旷腾霄撰。腾霄，字子龙，号百泉，受《易》于新安刘溪洛先生。举嘉靖辛卯乡试，不干仕进，日以进德立言为务。撰有《百峰文集》《鹿园漫稿》《两峰唱和集》。两峰者，谓席上珍也，号九峰，为腾霄外祖父。光绪《新修潼川府志》卷十六《经籍志》著录。

《太极图说》，明遂宁旷腾霄撰。光绪《新修潼川府志》卷十六《经籍志》著录。

《易学验来录》一卷，清射洪杨甲仁撰。甲仁（1640—约1719），字乃所，一字乘刚，号愧庵，四川射洪人，康熙三十三年（1694）岁贡。其先祖以杨澄、杨最父子最为著名，《明实录》和《明史·列传》有记载。此书见嘉庆《射洪县志》卷十七、光绪《新修潼川府志》卷十六。

《读易管见》一卷，清射洪赵燮元撰。燮元，字衡轩，射洪人，嘉庆十二年（1807）丁卯科举人。任云南永平县令，除盗息狱，颇有政声。学识过人，主讲金华书院，多所培植，有功后学。光绪《新修潼川府志》卷十六《经籍志》载《读易管见》一卷；光绪《射洪县志》卷十六《艺文志》载《读易管见》二卷。

《周易郛说》三卷，清射洪赵远熙撰。远熙（1813—1889），字琴山，射洪人。道光丁酉（1837）举人。其父赵燮元宰云南永平县，随任佐治三年，父丧，遵嘱葬父于永平，服阕归里。咸丰乙卯（1855），胞弟被案株连，邑令伺隙罗织，遣戍山西翼城安置。十九年后，左宗棠节制陕甘，始获昭雪。光绪甲申（1884），滞晋二十九年，得友人资助返川。此书一作《述周易郛说》六卷，光绪《新修潼川府志》卷十六《经籍志》著录。

《周易说解》一卷，清射洪赵远熙撰。光绪《新修潼川府志》卷十六著录。

《易学探源》二卷，清蓬溪钟瑞廷撰。瑞廷（1805—1884），字微垣，号梅花瘦人，清代蓬溪县石板滩（今大英县象山镇）人，咸丰九年（1859）举人，授中书科中书。辞官隐居，拜蜀中学者刘沅为师，尽其所学。光绪十年（1884）卒，年 80 岁。学行已载《蜀中正学篇》。事迹载光绪《蓬溪续志》卷三、卷四、光绪《新修潼川府志》卷十五。《易学探源》著录于光绪《蓬溪续志》卷四、光绪《新修潼川府志》卷十六。今存同治十年（1871）刻本，南开大学图书馆藏。

《易象显微》十卷，清蓬溪钟瑞廷撰。光绪《蓬溪续志》卷四、光绪《新修潼川府志》卷十六著录。今存光绪九年（1883）红雪山房刻本，南开大学图书馆藏。

按：光绪《新修潼川府志》、道光《蓬溪县志》载：元代大德八年（1304）甲辰探花、吏部尚书、丞相蒲谦益撰有《易彻》，实误。据《顺庆府志》《南充县志》载，蒲谦益，今四川南充市嘉陵区人，宋乾道进士。此可参见拙文《元人蒲谦益科第官职辨》。

诗类

《诗解》，宋遂宁冯正符撰。此书见清嘉庆《四川通志》卷一百八十三、光绪《新修潼川府志》卷十六，今佚。

《诗考》一卷，清射洪杨芳春撰。芳春，字仲芬，号晓溪，射洪庠生，性孝友，人名其地为"孝子村"。所著《日录》等书，多理学精语，甘肃通渭牛树梅（1791—1875）尝称许之。入祀乡贤。光绪《射洪县志》卷十一有传。射洪举人胡文魁《杨孝子传》云："后以羸疾卒，年三十七。著有《四书日新编》《内省日录》《读礼餍心录》《诗考》《家范》，文集数十卷，先生之侄光普募刻行世。"此书光绪《新修潼川府志》卷十六著录。

春秋类

《春秋得法志例论》三十卷，宋遂宁冯正符撰。《舆地纪胜》卷第一百五十五《遂宁府》载："冯正符，著《春秋得法例》，弟正雅、正卿，入元符上书党籍。"此书今佚，见《郡斋读书志》卷一下，《直斋书录解题》卷三，《玉海》卷四十，《文献通考》卷一百八十三，《蜀中广记》卷九十一，《国史经籍志》经类，《经义考》卷一百八十。李焘有跋，收入《宋代蜀文辑存》卷五十三。

《元山春秋论》一卷，明遂宁席书撰。书（1461—1527），字文同，号元山，四川遂宁人。《明史》卷一百九十七有传。弘治三年（1490）进士，官至礼部尚书加武英殿大学士。该书亦称《春秋论》，《授经图义例》载："《元山春秋论》一卷，席书。"明代著名学者胡缵宗为该书作序曰："缵宗守潼川之明年，行县至遂宁，之又明日，往拜元山席子。坐定，与求圣贤经传而论古今是非得失，乃及《春秋》。"《万卷堂书目》《千顷堂书目》《经义考》等书著录。

《麟经解义》，明遂宁黄华撰。华（1502—?），字秀卿，号梓谷，明遂宁人，工部尚书黄珂次子、女诗人黄峨之兄。嘉靖十一年（1532）进士，任户部主事，转郎中，督饷有功，授松江知府。历江西副使，升江西布政使，进光禄寺卿。为人端严正直，以道学为己任。寻告归，倡明道学，激引后进甚众。后卒于家，葬遂宁楼子沟。《遂宁县志》有传。光绪《新修潼川府志》卷十六《经籍志》著录。

《春秋疏解》《春秋字学》《春秋杜注疏》，明遂宁李实撰。光绪《新修潼川府志》卷十六《经籍志》著录。

礼类

《礼记疏解》《礼字学》，明遂宁李实撰。光绪《新修潼川府志》卷十六《经籍志》著录。

《读礼餍心录》二卷，清代射洪杨芳春撰。芳春，事迹已详前。此书光绪《新修潼川府志》卷十六、光绪《射洪县志》卷十六《艺文志》著录。

孝经类

《孝经注解》，清射洪谢绍伯撰。绍伯，道光十九年（1839）己亥恩科举人，丰都县训导。光绪《新修潼川府志》卷十六、光绪《射洪县志》卷十六《艺文志》著录。

《孝经音注》一卷，清蓬溪钟永定。永定（1842—1929），字子安、止庵，钟瑞廷第三子，清蓬溪县石板滩（今大英县象山镇）人。同治十二年（1873）拔贡，曾任江苏按察使李鸿裔幕僚。后主讲中江、三台、蓬溪诸书院，培育人才甚众。卒年88岁。民国本《蓬溪近志·行谊·钟永定传》云："论者谓为近数十年名德巨儒，非仅乡邑善士云。"诗五首收入光绪《蓬溪续志》卷四。文三篇收入光绪《蓬溪续志》卷四、民国《蓬溪近志》卷一三。事迹载光绪《蓬溪续志》卷三、民国《蓬溪近志》卷四。此书又名《孝经便俗音注》，今存，署"蜀北钟永定集刊"。

四书类

《论语解》，宋遂宁冯正符撰，今佚，见清光绪《新修潼川府志》卷十六。

《中庸集说启蒙》一卷，明射洪谢东山撰。东山（1506—1586），字阳升，号高泉，射洪县太和镇城南谢家坝（今城南王爷庙村）人。明嘉靖二十年（1541）进士，授兵部主事，后迁郎中，累官至右佥都御史，巡抚山东。博雅好古，为人洒落。经历仕宦20年，颇负名望。

《四书实解》，明遂宁余玮撰。玮，字璞夫，一字朴夫，号方山，进士余本实子，随宦京师，未弱冠即从内江刘五清瑞讲求理学。寄其友人曰："大丈夫当生有益于时，死有传于后，不止一第为荣也。"弘治十七年（1504），年十九，举于乡。与杨名游，得闻阳明良知之传。明代礼部尚书加武英殿大学士席书撰有《祭余举人朴夫文》，载《元山文选》。光绪《新修潼川府志》卷十六《经籍志》著录。

《四书略解》《四书字学》《四书晚解》，明遂宁李实撰。光绪《新修潼川府志》卷十六《经籍志》著录。

《四书纂要》，清遂宁彭王垣撰。王垣，遂宁仁里镇人，字君藩，号觉山。生而颖异，通诸子百家，为文数千言立就。康熙二年（1663）举人，任顺庆府教授。文华殿大学士张鹏翮之师。事迹载乾隆五十二年《遂宁县志》卷六、卷八，《锦里新编》卷七。此书嘉庆《四川通志》卷一八三、光绪《新修潼川府志》卷十六《经籍志》著录。

《四书大成》一函七册，清遂宁张鹏翮鉴定，归安沈磊、钱塘陆阶纂订。鹏翮（1649—1725），字运青，号宽宇、信阳子，遂宁人，康熙九年（1670）进士，官至文华殿大学士兼吏部尚书，卒谥"文端"。清代第一清官，其家族在清代兴盛两百年左右，世称"清代蜀中第一家"。清代康熙年间徽州府婺源县生员詹元相《畏斋日记》（载中国社会科学院历史研究所清史研究室编《清史资料》第四辑，中华书局1983年出版）云："本朝历来好官亦闻有，近来万民所瞻仰则郭公秀（琇）、彭公鹏、张公鹏翮三人耳。张公鹏翮，不听人情，不爱一钱。识者谓，自有明以来一人而已。"《清史稿》卷二七九有传。张鹏翮时任浙江巡抚，对该书鉴定并序。今存康熙三十二年（1693）刻本，武林书坊梓行。开本宏阔，刊刻精美，哈佛大学哈佛燕京图书馆藏。

《四书日新编》八卷，清射洪杨芳春撰。芳春，事迹已详前。此书光绪《新修潼川府志》卷十六、光绪《射洪县志》卷十六《艺文志》著录。

《古本大学集诂》一卷，清射洪刘国翼撰。国翼，字辅堂，射洪人，好学耽道，筹荒、练团、守寨等议，俱有可采。子刘光谟，督学张之洞调尊经书院肄业。生平载光绪《射洪县志》卷十一。该书光绪《新修潼川府志》卷十六著录。

《学庸贯义》，清蓬溪张昌泽撰。昌泽，清蓬溪县西乡（今大英县）人，字沛六。嘉庆五年（1800）恩贡生。贯通经史，开别墅于会川，教授生徒，从者如云，人称"会川先生"。卒年七十一，祀乡贤祠。见道光《蓬溪县志》卷十一、卷十二、卷十六。道光《蓬溪县志》卷十六、光绪《新修潼川府志》卷十六著录。

诸经类

《六经图》六卷，宋遂宁杨甲撰，毛邦翰补。甲，事迹已详前。此书今存，见《中兴馆阁书目》经部，《舆地纪胜》卷六十一，《玉海》卷四十二，《宋史·艺文志》经类，《经义考》卷二百四十三。《文献通考》卷一百八十五作七卷。今存六卷本，收入《四库全书》五经总义类。《江苏省立国学图书馆国书总目》卷八载有六卷清礼耕堂刊本。

《五经实解》，明遂宁余玮撰。光绪《新修潼川府志》卷十六《经籍志》著录。

《五经标题详解》，清遂宁张问安编辑。问安（1757—1815），字悦祖、季门，号亥白，四川遂宁人。为张鹏翮玄孙、张顾鉴长子、张船山兄。乾隆五十三年（1788）举人，例授教职不就，云游山川。曾主讲华阳书院、温江书院，多有成就。事迹载嘉庆《四川通志》卷一八七、光绪《遂宁县志》卷四之下、《国朝全蜀诗钞》卷二十二。此书有嘉庆丁卯年（1897）刻本，系萃经堂系列丛书，现藏中国国家图书馆、天津图书馆。

《五经纂》二十卷，清遂宁蒲如川撰。如川，字活源，同治间岁贡。少朴诚，授书必究本源，凡事必求实践，无有怠志。射洪举人胡文魁，一见倾倒，作序赠之。撰《五经纂》二十卷、《感怀集》一卷。光绪《新修潼川府志》卷十六、民国《遂宁县志》卷五著录。

小学类

《蜀语》一卷，明遂宁李实撰。实，事迹已详前。光绪《新修潼川府志》卷十六《经籍志》著录。

《吴语》一卷，明遂宁李实撰。光绪《新修潼川府志》卷十六《经籍志》著录。

《六书偏旁爻》，明遂宁李实撰。光绪《新修潼川府志》卷十六《经籍志》著录。

《龙溪千字文》一卷，清蓬溪钟永绍撰。永绍（1839—1903），字子价，一字子介，钟瑞廷长子，光绪二十六年（1900）恩贡。勤于著述，善诗文。事迹载民国《蓬溪近志》卷四。《龙溪千字文》又名《骈语千字文》，著录于民国《蓬溪近志》卷一三。

《续千字文》一卷，清蓬溪钟永定撰。永定，事迹已详前。《续千字文》，一名《续骈语千字文》。民国《蓬溪近志》卷一三著录。

《砭俗韵言》一卷，清蓬溪钟永定撰。永定，事迹已详前。民国《蓬溪近志》卷一三著录。

《骈语千字文注释》，清蓬溪钟永显撰。永显（1848—?），字子良，詹事府供事。

《续千字文注释》，清蓬溪钟永显撰。光绪《新修潼川府志》卷十六《经籍志》著录。

《六书经义浅说》，清末射洪刘光谟撰。光谟（1846—1916），字文卿，国翼子，射洪县洋溪镇高石桥（今洋溪镇岱钦桥村岱）人。方志学家。光绪元年（1875）岁贡，入尊经书院学习十年，潜心治学，研究经史，自谓"目览三万卷，家藏八百部"。后任尊经书院斋长。曾在自贡、合川等地的书院任教多年，晚年回乡，继续教书并整理校刊著作，参加了光绪《新修潼川府志》的编纂。见光绪《射洪县志》卷十六、《清人别集总目》。

史 部

别史类

《后史记》，唐射洪陈子昂撰。子昂（661—702），唐代著名诗人，字伯玉，梓州射洪（今四川射洪）人。因曾任右拾遗，后世称陈拾遗。青少年时轻财好施，慷慨任侠。24岁举进士，以上书论政得到武后重视，授麟台正字。后迁右拾遗。曾因"逆党"反对武后而株连下狱。在26岁、36岁时两次从军边塞，对边防颇有远见。38岁辞官还乡，后被县令段简迫害，冤死狱中，时年42岁。有《陈伯玉集》传世。卢藏用曰："（子昂）尝恨国史芜杂，乃自汉孝武之后，以迄于唐，为《后史记》。"

《续资治通鉴长编》五百二十卷，宋遂宁府知府李焘撰。焘（1115—1184），字仁甫，四川丹棱人，著名历史学家。绍兴八年（1138）进士。淳熙八年（1181）出任遂宁府知府。《舆地纪胜》卷第一百五十五《遂宁府》载："李焘，淳熙八年知。"李焘仿司马光著《资治通鉴》体例，断自宋太祖赵匡胤建隆年间，迄于宋钦宗赵桓靖康年间，记北宋九朝一百六十八年事，定名《续资治通鉴长编》。淳熙十年（1183）任遂宁知府的李焘上书皇帝："臣累次进所为《续资治通鉴长编》，今重别写进，共九百八十卷计六百四册。其修换事总为目一十卷。又缘一百六十八年之事，分散于九百八十卷之间，文字繁多，本末颇难立见，略存梗概，庶易检寻，今创为建隆至靖康《举要》六十八卷，并卷《总目》五卷。已上四种，通计一千六十三卷，六百八十七册。"知《续资治通鉴长编》是李焘在遂宁知府任上完稿的。《续资治通鉴长编》为中国古代私家著述中卷帙最大的断代编年史。原本九百八十卷，今存五百二十卷。李焘一生著述宏富，《续资治通鉴长编》是其代表作。

《英宗实录》《明宗实录》《文宗实录》《宁宗实录》，元遂宁谢端参与纂修。端（1279—1340），字敬德，号楂斋，四川遂宁青石人，元代著名文学家、史学家、蜀学家，《元史》评曰："元世蜀士以文名者，曰虞集，而谢端其次云。"谢端家族因宋蒙四川战争于淳祐前后出蜀，流寓江陵，至端始居武昌。端幼承蜀学，天资颖异。在荆南时，与宋本以文学齐名，时号"谢宋"。元仁宗皇庆二年（1313），元朝始开科取士。延祐五年（1318），端中进士，后累官至翰林直学士，阶太中大夫，谥"文安"。光绪《新修潼川府志》卷十六《经籍志》著录。

《武宗实录》，明遂宁席春参与纂修。春（1472—1536），字仁同，号虚山，席书弟，历任翰林院检讨、翰林院修撰、翰林院学士、吏部右侍郎等。席春与兄席书被誉为"兄弟学士"。又与兄席书、弟席象并称"三仲""三凤"。明代蜀谚曰："前有三苏，后有三席。"可觇其影响。光绪《新修潼川府志》卷十六《经籍志》著录。

《康熙起居注》，清遂宁李仙根参与纂修。仙根（1621—1690），字子静，号南津，遂宁人，清顺治辛丑科（1661）榜眼，为康熙帝师，1668年至1669年奉使安南，为遂宁市古代唯一一位榜眼，遂宁古代科名最高者。官至户部右侍郎。

《太宗文皇帝实录》，清遂宁李仙根参与纂修。仙根担任该实录副总裁。太宗文皇帝，即清太宗爱新觉罗·皇太极（1592－1643）。

《宋稗类钞》八卷，清李宗孔辑，清周瑞岐、清李仙根校。清康熙刻本，八册，开封市图书馆藏。

杂史类

《陇起杂事》，明射洪杨仪撰。仪，字仲立，号镜山，正德十二年丁丑进士。官贵州参议，兵备毕节。嘉庆《射洪县志》卷十一有传。其书多纪明玉珍事迹。

《国乘纪要》，明射洪杨嗣龙撰。嗣龙，字云从，号客三，明崇祯元年恩贡，任金坛县丞，迁刑部主事。光绪《射洪县志》卷十六《艺文志》载：杨嗣龙撰有《国乘纪要》《功罪四书》《证性秘密》《金华浪语》《诗文三集》等书籍。

《松龄老人笔记》，清遂宁张烺撰。烺（1627—1715），字冲寰，号松龄，配景氏，侧室季氏，子六：鹏翮、翼、举、飞、鸯、搏。清康熙五十二年（1713），逢康熙六旬万寿，张烺进京祝寿，天颜大喜。后在康熙过问下，写出反映张献忠屠川见闻的《烬余录》。康熙曾书"鲐背神清""养志松龄"二匾额赐张烺。烺寿八十又九，墓在今重庆市潼南区小渡镇月山村庆元山。此书又名《烬余录》，光绪《新修潼川府志》卷十六《经籍志》著录。

《红蕉花馆杂录》，清遂宁张问安撰。问安，事迹已详前。该书系一部史志类著述。清人邵葆祺《题张亥白〈红蕉花馆杂录〉后》（见上海古籍出版社2010年出版《清代诗文集汇编》第498册《桥东诗草》卷七第709页）一诗后自注："卷中载高丽国事颇详。"

《保台实绩录》，纪台州兵巡道清射洪杨应魁政绩，不著作者。应魁，字斗垣，清代射洪人，精通满汉文字，官台州兵备道，晋江西按察使。耿精忠犯浙，围逼台州，应魁条画守御，颇著惠爱。郡人作此以记其功，自"固根本"至"修庶政"，共二十目，目各为一篇。见嘉庆《四川通志》卷一八四、嘉庆《射洪县志》卷五、光绪《射洪县志》卷十一。

《保障纪略》，清蓬溪奚大壮撰。大壮（1774—1827），字安止，号雨谷，继徽子。嘉庆三年举人，十年成进士，官至湖北兴国州知州，后主墨池书院。事迹载道光《蓬溪县志》卷十六，光绪《新修潼川府志》卷十五、卷二二，民国《温江县志》卷五、卷九。光绪《新修潼川府志》卷十六著录。

传记类

《累朝功臣列传》，元遂宁谢端撰。端，事迹已详前。光绪《新修潼川府志》卷十六《经籍志》著录。

《忠武志》八卷，清遂宁张鹏翮撰。鹏翮，事迹已详前。《清史稿》卷二七九有传。此书今存康熙四十四年（1705）北京冰雪堂刻本、康熙四十五年（1706）遂宁张氏刻本、康熙五十一年（1712）刻本、康熙间麻城周氏刻本、嘉庆十九年（1814）重刻本、山东齐鲁书社据冰雪堂刻本影印四库全书存目丛书本。日本早稻田大学、中国国家图书馆有藏。

《诸葛忠武志》十卷，清遂宁张鹏翮撰。今存嘉庆十九年（1814）麻城周晼兰刻本。

《三国蜀诸葛忠武侯亮年表》，清遂宁张鹏翮辑。今存 1978 年台湾商务印书馆印新编中国名人年谱集成本。

《关夫子志》，清遂宁张鹏翮辑。今存康熙四十四年（1705）董礼用刻本，藏东京大学东洋文化研究所。

《南宋忠义录》，清蓬溪张秉谦撰。秉谦，号虚船，清蓬溪县河边场（今大英河边镇）人，同治六年（1867）岁贡。性孝友，主讲蓬溪书院，多所成就。及卒，四川按察使牛树梅为立传，刻入《闻善录》中。光绪《蓬溪续志・著述》著录。

《日记》三十六卷，清射洪胡文魁撰。文魁（1814—1895），又名文奎，字炳奎、秉夔，射洪县香山镇卡防湾人。道光十四年（1834）考取秀才，十九年（1839）考中己亥恩科举人。同治元年（1862）截取当选为知县，不就。三年（1864）冬月，入赀为刑部主事签分安徽司行走。五年（1866）卸任回射洪，先后任教于金华、广寒两书院。德高望重，著作宏富。光绪十一年（1885）乙酉季冬月腊日射洪进士罗锦城《续修县志后序》云："明年甲申（1884），又得吾师胡秉夔先生《续县志稿》四卷，《日记》卅六卷，与四乡续采者，再为悉心校选补入，共成书十八卷。"

《高石斋日记》，清末射洪刘光谟撰。光谟，事迹已详前。

奏议类

《奏议》一卷，唐射洪陈子昂撰。子昂，事迹已详前。光绪《射洪县志》卷十六《艺文志》著录。

《张员外奏疏》，宋长江县张述撰。述，字绍明，遂州长江县长滩镇（今大英县隆盛镇）大峰山人。张述籍贯，《宋史》载为遂宁府小溪县人，实误。宋代学者洪迈《夷坚三志》壬卷第七《张益德庙》一文载张述家在"长江县长滩镇大峰山之下"，洪迈此说来源于宋代遂宁王灼之《颐堂集》，王灼与张述之孙张义方为知交。《舆地纪胜》卷第一百五十五《遂宁府》载："张述，长江人。仁宗时为小官，七上书论储嗣。"张述系景祐元年（1034）进士，任咸阳县主簿，改大理寺丞，迁太常博士。后以尚书职方员外郎为江浙、荆湖、福建、广南路提举。《宋史》有传。此书佚，见清光绪《新修潼川府志》卷十六。

《奏议》，宋小溪杨辅撰。辅，字嗣勋，杨甲弟，遂宁府小溪县（今遂宁市船山区）人，孝宗乾道二年（1166）进士。累官至宝谟阁学士、四川制置使。卒于官，谥庄惠。《宋史》卷三百九十七有传。此书佚，见《鹤山大全集》卷五十四《杨辅奏议序》。

《席文襄公奏疏》，明遂宁席书撰。席书是一位敢于直言上疏、忠君爱民的一代名臣，他说："当官之法，唯有三事：曰清、曰慎、曰勤。"他为官三十余年，都在践行这三事。多次向皇帝上疏，辑为《席文襄公奏疏》。载于《明经世文编》卷一百八十二的《席文襄公奏疏》，有四篇奏疏，即《南畿赈济疏》《议定大礼疏》《议覆立世室》《论光禄寺厨役》。另外，《元山文选》卷三还收录了席书许多奏疏。

《杨太史奏疏》，明遂宁杨名撰。名（1505—1559），字实卿，号方洲，明四川潼川州遂宁县凤台坝（今遂宁市船山区新桥镇凤台村）人。嘉靖七年（1528）戊子科四川乡试第一名，为解元。嘉靖八年（1529）己丑科殿试第三名进士及第，成探花。杨名在《御试策》中指出，近年来国家"天变"之繁、"民怨"之多，可谓"百六十余年之所罕有"，须解决"用人之失"与"财食匮乏"两大问题，而其关键在于皇帝要"谨勉""正其心"，方能达到"中兴之盛""嘉靖之休"。嘉靖皇帝御批曰："能守圣学以为本，此乃知要之说。"授翰林院编修，后任经筵展书官。嘉靖十一年（1532）十月，彗星现，皇帝下诏求言。杨名应诏，两次上书。言帝喜怒失中，心有所偏，劾当朝权贵吏部尚书汪鋐心行反复、私图报复，武定侯郭勋奸回阴诈、肆意猖狂，太常卿陈道瀛、金赟仁粗鄙酗淫、贪财好色，而皇上用之，是圣心之偏于喜者；建言诸臣，累朝作养，才能文行，各有可观，迹虽难恕，心若可原，而终于废弃，是圣心之偏于怒者；道士邵元节于内府修建醮事，祷祀之说，自古无验，不惜靡费，使之频举，率徒倡侣，演法大内，所至骚然，民无宁日，是圣心少有所偏者。诚欲皇上远稽尧舜，全此心之中和。疏入，君王震怒，下诏狱，严刑拷问主使而无果，遂编戍瞿塘卫。翌年获释，廷臣屡荐，终不复召。家居遂宁二十余年，以侍奉亲人、撰写志乘、阐扬心学、发宏文脉为乐。筑色养堂娱其亲。受四川巡抚刘大谟礼聘，与杨慎、王元正纂修嘉靖《四川通志》（存）。又修有嘉靖《大昌县志》（佚），参与纂修嘉靖《遂宁县志》（佚）。晚年，杨名在遂宁县蟠龙山方洲书屋（位今船山区新桥镇凤台山）讲学授徒，提携后进。更赒贫济乏，嫁娶孤儿寡女，士民咸颂。后病卒，葬祖山遂宁县三溪之麓（今遂宁市船山区新桥镇凤台坝石马坪）。明穆宗隆庆皇帝即位，赠杨名光禄寺少卿。入祀遂宁乡贤祠。杨名曾编夔州府三贤祠所祀周敦颐、王十朋、宋濂诗文，为《三贤集》三卷（存）。所著多不留稿，撰有《杨太史文集》（明嘉靖刻本）、《方洲集》（五卷），小说《犹及编》《观槿野言》，《庚辛集》及诗文四十卷，均佚。《皇明经世文编》录有《杨太史奏疏》，为嘉靖十一年十月杨名第二次上嘉靖皇帝书，千古名篇，至今彪炳。《明史》《明史稿》《国朝献征录》《名山藏》《皇明应谥名臣备考录》《明名臣言行录》《四川通志》《潼川州志》《遂宁县志》《巫山县志》等史乘有其传记。此书见《明经世文编》。

《抚甘督楚奏稿》，明遂宁吕大器撰。大器（1598—1650），字俨若，号东川，谥"文肃"，四川遂宁人。明崇祯元年（1628）进士，官至南明永历朝武英殿大学士兼兵部尚书。

清光绪《吕氏家谱》载：遂宁吕氏入川始祖为吕环，原籍湖北麻城孝感乡，明时携弟吕璿由楚之黄州府迁蜀。吕璿居蓬溪县白鹤山；吕环居遂宁县北路兴贤里旷家岭花园，入邑庠，配张氏，生一子：吕克谦。克谦子一：吕有闻。有闻，妻文氏，子二：吕大器、吕大熙。大器生于明万历戊戌年九月初十日卯时，没于庚寅年二月二十九日寅时，享年五十三岁。钦加少傅兼太子太傅、兵吏两部尚书、武英殿大学士，卒于都匀，初殡于遵义之海龙坝，改葬于遂宁磨溪桥，迁葬于北坝嘉禾桥。妻徐氏，子六人、女二人。光绪《新修潼川府志》卷十六《经籍志》著录。

《治河奏牍》，清遂宁张鹏翮撰。今存清抄本，藏中国国家图书馆。

《张公奏议》二十四卷，清遂宁张鹏翮撰。见光绪《遂宁县志》卷三、光绪《新修潼川府志》卷十六。今存康熙间刻本、嘉庆五年（1800）江南河库道刻本。

职官类

《蜀汉职官考》，清末射洪刘光谟撰。光谟，事迹已详前。光绪《新修潼川府志》卷十六《经籍志》著录。

政书类

《永乐大典》，明遂宁王璲参与纂修。璲（1349—1415），明初文学家，字汝玉，号青城山人。官翰林检讨直内阁。光绪《新修潼川府志》卷十六《经籍志》著录。

《茶马志》，明蓬溪谭宣撰。宣，字克明，四川蓬溪人，宣德七年（1432）举人，中亚魁，仕河源知县。此书是关于茶马贸易的明代茶书，1442年前后成书，《千顷堂书目》著录，似已佚。

《大礼集议》四卷、附一卷，明遂宁席书等编。明嘉靖四年（1525），“大礼议”基本结束之后，嘉靖帝下令礼部编《大礼集议》。席书将《大礼奏议》二卷和礼部侍郎胡世宁的奏疏，编为《奏议》《会议》《续议》各一卷，后又增加《庙议》一卷，附《诸臣私议》一卷，合为《大礼集议》。有嘉靖四年（1525）内府刻本。

《大礼纂要》二卷，明遂宁席书等编。该书分上下两卷，附录为《古今证据》《遗议补略》。该书采用《春秋》编年法，将从正德十六年（1521）至嘉靖四年（1525）间大礼议的有关奏疏按时间顺序汇编为两卷，还加入了各位上疏者的见解，能清楚看到“大礼议”的始末。有嘉靖四年（1525）内府刻本。

《漕船志》，明遂宁席书撰。此书又称《皇明漕船志》《清江漕船志》，编于明弘治年间，是记载明代漕船的一部专志，所记载的船只以清江船厂为主；对于明代漕船的修造和管理，保存了丰富翔实的资料；对于明代漕政的研究，具有很高价值。后来，《漕船志》在明代又经历了三次重修增补。《淮安文献丛刻》丛书收录有《漕船志》（方志出版社2006年版）。《明史》《百川书志》《千顷堂书目》等书载席书编有《漕运录》，实误。《漕运录》为丛兰所编，非席书作。丛兰是席书同年，官至工部尚书，《明史》有《丛兰列传》。

《救荒策》，明遂宁席书撰。光绪《新修潼川府志》卷十六《经籍志》著录。

《筹边策》，明遂宁王勤撰。勤，字克勤，成化二十年进士。光绪《新修潼川府志》卷十

地方文化研究辑刊（第十八辑）

六《经籍志》著录。

《马政志》四卷，明遂宁陈讲撰。讲（1487—1568），字子学，号中川，明四川潼川州遂宁县小东街（今遂宁市船山区小东街）人。正德十一年（1516）丙子科四川乡试第一名（解元），正德十六年（1521）辛巳科进士，选授翰林院庶吉士。历任陕西监察御史（巡茶御史）、北直隶监察御史（提学御史）、贵州监察御史（巡按御史）、广东监察御史、山西按察司副使（山西提学）、山西布政司右参政、山东按察使、河南右布政使、山西左布政使，官至都察院右副都御史巡抚山西。赠兵部右侍郎。陈讲卒葬遂宁县南陈家乡（今遂宁市安居区横山镇黄桷乡），入祀遂宁乡贤祠。嘉靖年间，讲历仕陕西、北直隶、贵州、广东、山西、山东、河南等地。追求实干，经邦济国，撰有《马政志》（一名《茶马志》），为明代政书、茶书代表作；修有山西明长城一百八十里，虽不敌俺答、吉囊，终究苦心孤诣。右文兴学，广修学校，作育人才，卓有成就，现山西大学前身河汾书院即为他创建。家居蜀遂后，留心史乘，裒辑家乡掌故，编撰有《（嘉靖）潼川志》（存）、《（嘉靖）遂宁县志》（佚）。明穆宗《谕祭陈讲文》论陈讲曰："性资端介，学问宏深。""信威惠之交孚，允声猷之并茂。"（乾隆五十二年《遂宁县志》卷九）雍正《山西通志》论陈讲曰："嘉靖间提学副使，宽而有制，品第士类，人咸服其明，建河汾书院，萃士之良者，课业有程，多所造就，历官副都御史巡抚山西，增筑城堡，边境赖之。"（《山西通志》卷八十五名宦三）隆庆二年（1568）十一月十五日，陈讲被朝廷杖死，享年八十二岁。《马政志》完成于嘉靖三年（1524），凡《茶马》一卷，为目九，纪以茶易番马之制；《盐马》一卷，为目七，纪纳马中盐之制；《牧马》一卷，为目八，纪各寺苑监畜牧之制；《点马》一卷，为目三，纪行太仆寺各军卫稽核马匹之制。此书明嘉靖三年（1524）初刻；嘉靖十一年（1532）重修；嘉靖二十九年（1550）再修。今存天一阁本（存卷一茶马、卷二盐马）、四库丛书本（嘉靖二十九年刻本，存卷一茶马、卷四点马，藏四川省图书馆）、安徽省图本（仅存卷一茶马）和续修四库本（缀合明嘉靖三年刻本和二十九年重修本而成的新版本）。

《中北城谶语》，明射洪杨嗣龙撰。光绪《新修潼川府志》卷十六《经籍志》著录。

《盐井图说》，明岳谕方绘图，马骥撰文。骥，明万历年间（1573—1620）射洪人。为总结推广盐井新技术，与郭子章、岳谕方等详细考察射洪盐井，对井盐生产技术，尤其是井盐钻凿技术，产生浓厚的兴趣。由岳谕方绘制成《盐井图》（已佚），马骥亲作《盐井图说》，刊印行世，推动了当时的井盐工艺革新。其《盐井图说》，顾炎武《天下郡国利病书》、曹学佺《蜀中广记》、光绪《射洪县志》均加编录，得以流传。为后世提供了极为珍贵的明代井盐生产技术资料，有重大的科学技术价值。《盐井图说》详细叙述了盐井开凿技术。马骥的记载比宋人的记载详细很多。在《天工开物》中，也有井采技术的记载，但不如马骥记载的详细。《中国井盐科技史》全文收录，并有极高的评价。

《治河方略》二十四卷，清遂宁张鹏翮撰。光绪《新修潼川府志》卷十六《经籍志》著录。

《治河全书》二十四卷，清遂宁张鹏翮撰。今存清康熙四十二年（1703）抄本，藏天津图书馆；1995年上海古籍出版社据清抄本影续修四库全书本；2007年天津古籍出版社影印本。

《圣谟治河全书》二十四卷，清遂宁张鹏翮撰。光绪《遂宁县志》卷三著录作《治河书》十卷。今存清康熙四十二年（1703）抄本，藏北京大学图书馆。

《河防志》十二卷，清遂宁张鹏翮撰。今存清雍正三年（1725）刻本、1969年台北文海出版社影印中国水利要籍丛编本。美国国会图书馆、哥伦比亚大学东亚图书馆有藏。

《治下河论》一卷，清遂宁张鹏翮撰。今存光绪十七年（1891）上海著易堂铅印《小方壶斋舆地丛钞》第四帙本（丛书综录）。

《治下河水论》一卷，清遂宁张鹏翮撰。今存民国间扬州陈恒和书林刻《扬州丛刻》本（丛书综录）、1980年扬州江苏广陵古籍刻印社影印扬州丛刻本。

《河决考》，清遂宁张鹏翮撰。今存雍正间抄本，藏北京大学图书馆。

《江防述略》一卷，清遂宁张鹏翮撰。今存学海类编（道光本、景道光本）、民国九年（1920）上海涵芬楼影印学海类编本。

《河防文编》，清遂宁张鹏翮撰。藏日本国会图书馆。

《黄河图说》，清遂宁张鹏翮撰。手写彩绘本，藏台湾"中央图书馆"。

《黄河全图》，清遂宁张鹏翮撰。今存康熙间手写彩绘本，藏中国国家图书馆。

《黄河运河全图》，清遂宁张鹏翮撰。今存嘉庆间手写彩绘本，藏中国国家图书馆。

《读史一则》六卷，清遂宁郑新命撰。新命，籍遂宁，幼孤，抚于母氏，遭吴三桂之乱，避兵金堂，遂家焉。稍长，励志读书，十余岁即贯通经史。时因兵乱未平，蜀省科停二十年。康熙二十年（1681）始以徐姓籍补博士弟子员，二十一年（1682）举人。四十一年（1702）大挑一等，授浙江青田县知县。有惠政。乙酉（1705）科充浙江乡试同考官，得士十七人，皆一时名士。后改调江苏嘉定县，未及莅任，旋以疾卒。生平雅好文学，入仕途亦吟哦不辍。撰有《九水吟集》四卷、《集古诗》一卷、《读史一则》六卷行世。《四川通志》有传。

《治河奇策》一卷，清张问陶、刘星轸合撰。问陶（1764—1814），字仲冶，号船山，又号蜀山老猿、药庵退守。四川遂宁人。乾隆五十五年（1790）进士，历任翰林院检讨、江南道御史、山东莱州知府。嘉庆十六年（1811）辞官，侨寓苏州虎丘。张船山是元明清三代巴蜀乃至西部地区成就最大的传统诗人，东坡之后，一人而已。撰有《船山诗草》二十卷、《船山诗草补遗》六卷。《清史稿》卷四八五、《清史列传》卷七二、《国朝耆献类征初编》卷二四四、《国朝先正事略》卷四四、《国朝诗人征略初编》卷五一有传。胡传淮撰《张问陶年谱》，巴蜀书社2000年出版。此书为清抄本。

《屯田遏盗海运三策》，清射洪赵燮元撰。光绪《射洪县志》卷十六《艺文志》著录，书名为《陼海遏盗数策》。

《筹荒策》一卷，清射洪刘国翼撰。光绪《新修潼川府志》卷十六著录。

《请复社仓议》一卷，清射洪刘国翼撰。光绪《新修潼川府志》卷十六著录。

《经世要言》，清遂宁曾璪撰。璪，字范周，咸丰间岁贡，品端方而性孝友，其居忧也，不以讲席易服。设教五十余年，他师无如璪裁成之盛者。晚年犹课士弗衰。所著有《经世要言》《尊闻录》诸书类，皆有关世道之言。事迹载光绪《遂宁县志》卷三、民国《遂宁县志》卷三。光绪《新修潼川府志》卷十六著录。

《筹海蠡言》一卷，清射洪钟体志撰。体志（1841—1900），字泽生，射洪县东岳乡人。同治六年（1867）举人。曾任江西浒湾县丞六载，继任德化、新喻、金溪、南城、瑞金、奉新等七邑知县，均兴利除弊，施行德政，称为"钟青天"。见光绪《射洪县志》卷十、《清人别集总目》。此书是钟体志于光绪十年（1884）中法战争时，上会办南洋大臣陈宝琛的时务条陈四通，钟氏力主御侮，所拟攻防战守事宜颇具体，以海防急务为杜奸细、储材技、筹军饷、备沙垒、防诡道、维人心六项，设想周详，是研究中法战争史的珍贵资料。由此足可以证实，钟体志早年在故乡读书时县令涂翔麟以及江西布政使彭祖贤对他的评语："屡阅生文，手笔一律，洵属远到之才。""才非百里，仰伟抱之匡时；业富千秋，卜大文之寿世。"光绪十一年（1885）十月孝感沈用增序，有光绪十一年刻本、光绪二十一年灌城（古代南昌的别称）刻本，北京大学图书馆、上海图书馆、南京图书馆有藏。

《遂宁县扩大会议决议录》一册，遂宁县县政府编。民国二十年（1931）遂宁谦泰石印局石印本，中国人民大学藏。

目录类

《射洪金石志》，清聂厚盟撰。厚盟，清代四川长寿人，乾隆五十九年（1794）举人，嘉庆二十三年（1818）任射洪县教谕。收入《石刻史料新编》第三辑，新文丰出版公司印行。

《射洪金石志》，清张尚湉纂。尚湉，清代四川永川县举人，同治九年（1870）射洪县教谕。收入《石刻史料新编》第三辑，新文丰出版公司印行。

《蓬溪金石志》，清顾士英撰。士英，清代江苏长洲（今苏州）人，官直隶吴桥县典史。收入《石刻史料新编》第三辑，新文丰出版公司印行。

史评类

《江上人文论》，唐射洪陈子昂撰。子昂，事迹已详前。光绪《新修潼川府志》卷十六《经籍志》、光绪《射洪县志》卷十六《艺文志》著录。

《正统论》，元遂宁谢端撰。端，事迹已详前。光绪《新修潼川府志》卷十六《经籍志》著录。

方志类

《遂宁图经》，遂宁历史上最早的方志，书载宋代王象之撰《舆地纪胜》卷一五五《潼川府路·遂宁府》。佚。

《遂宁志》，宋马崇文撰序。马崇文，一作冯崇文。《舆地纪胜》卷第一百五十五《遂宁府》载："《遂宁志》，马崇文序。"光绪《新修潼川府志》卷十六《经籍志》著录。

《（遂宁）州郡事迹》，宋代遂宁方志，此书今佚，遗文载《舆地纪胜》卷第一百五十五《遂宁府》云："矧兹武信，望重潜藩，甲兵兼总于五州，节镇素雄于方面——《州郡事迹》"

嘉靖《四川总志》八十卷，明遂宁杨名参与纂修。名，事迹已详前。杨名与弟杨台，号称"兄弟元魁"。该志为明刘大谟等修，杨慎、杨名、王元正等纂，周复俊、崔廷槐重编。刘大谟，河南兰考人，正德三年（1508）进士，嘉靖十九年（1540）以右佥都御史巡抚四川。嘉靖二十年（1541），刘大谟叹正德《四川总志》草草成书，于是请杨慎、杨名、王元正三人编撰省志。杨慎，号升庵，四川新都人。明代四川唯一状元。王元正，号玉垒，陕西人。正德六年（1511）进士，授翰林检讨。杨慎、杨名、王元正都是进士出身。其中，杨慎是状元，杨名是探花。三人都有文采，都在翰林院任职，而更巧的是，三人都是遭贬之人。难怪主修人刘大谟会说："王氏玉垒、杨氏升庵、杨氏方洲俱以雍益之豪俊，科第之伦魁，良史之名笔。谪戍退荒，周流万里。"嘉靖《四川总志》于嘉靖二十年（1541）八月开始编撰，十月结束，历时3个月。其中，杨慎负责编《艺文志》，杨名、王元正负责编《帝后纪》《监守志》《郡县志》《名宦志》《经略志》《杂志》。明陈继儒曾云："读天下志，（嘉靖）《四川总志》为第一，其金石鼎彝、秦汉以下之文，网罗几尽，而立例亦古。"可见，嘉靖《四川总志》在明清所修四川省志中有着较高的地位。《四川总志》今存嘉靖二十四年（1545）刊本。

嘉靖《潼川志》十卷，明遂宁陈讲、杨台等纂修。讲，事迹已详前。杨台，字平卿，号方石，遂宁人，嘉靖癸卯科举人，探花杨名弟，与名号称"兄弟元魁"。遂宁在明代隶潼川州，陈讲居遂宁时，替家乡编纂此志，书成于嘉庆二十九年（1550）。是志分十二门，以山川、古迹、学校、田赋、官师人物和艺文等门类所载较有价值，以古迹收载较多，诗文多为唐宋名人著述。据考，遂宁历史上最早的方志是宋代的《遂宁图经》和《遂宁志》，均失传。嘉靖《潼川志》，继承了前志的某些内容。此志中记载了大量宋元明时期特别是宋代遂宁的历史文化信息，这些信息到清代方志中多失传，比如介绍遂宁玉堂山时，提及有宋顺帝陵。又，所载明代遂宁白水镇等地名，与宋代文献所载小溪县地名完全一致。直到明清之际，遂宁的地名才发生系统性的巨大变化。嘉靖《潼川志》是研究潼川与遂宁历史文化绕不开的一本珍贵方志。嘉靖二十九年（1550）的原刻本已散失，今仅存一部民国传抄本，藏于国家图书馆。

《遂宁县志稿》，明遂宁高尚志撰。尚志，遂宁庠生，甘贫苦学，不废寒暑。博究群籍，六书字义，无不精晓。光绪《新修潼川府志》卷十六《经籍志》著录。

嘉靖《遂宁县志》二卷，明萧禹臣修，陈讲、苗汝高纂。萧禹臣，号度山，明代长沙进士，嘉靖时任遂宁知县；苗汝高，号碧山，嘉靖时任遂宁县教谕。明万历时张世雍等纂《重修潼川州志》卷三十七《艺文志》中，载有陈讲《遂宁县志序》一文。从陈讲序文可知：明嘉靖《遂宁县志》的发起者是时任遂宁知县的萧禹臣，时在嘉靖二十七年戊申（1548），具体的编纂者为陈讲与遂宁县学教谕苗汝高，由苗汝高起草初稿，最后经陈讲编次并删定而成。体例遵循《大明一统志》，分上下二卷，有地理、建置、官守、赋役、学校、禋记、方外、杂志等八部分，去诗存文，详于民事。在陈讲修志之前，明天顺初年，遂宁县学教谕郑宗成修纂有《遂宁志》，明正德嘉靖间，席书令遂宁县学生员高尚志，修纂有《遂宁县志稿》，两书均为草稿，未刊行。张鹏翮在康熙《遂宁县志》序中称，陈讲、杨名所修之《遂宁县志》，当为陈讲所修之志，至于杨名，康熙《遂宁县志》存有"旧志论"，载杨名有关遂宁风俗之议，则杨名亦参与了嘉靖《遂宁县志》的编修，只是非主要的编修人员。李实当年从断壁残瓦中寻得的《遂宁县志》残本，当为嘉靖《遂宁县志》。该志嘉靖二十七年（1548）修，今佚，光绪《新修潼川府志》卷十六《经籍志》著录。

《大昌县志》，明遂宁杨名撰。大昌县，治今重庆市巫山县大昌镇。康熙《巫山县志·流寓》载："杨名，字公实，号方洲，遂宁人。有文章气节，以直言忤旨，谪戍瞿塘，多所著咏。尝修《大昌县志》，又与杨太史慎修省志，号称博洽云。"光绪《新修潼川府志》卷十六《经籍志》著录。

成化《射洪县志》，明李森、郭镗撰。森，明成化间射洪知县。镗，字子声，明代山东恩县（今平原县）人，明成化进士，官至黄门通政都御史。成化二十一年（1485）谪任射洪知县。不计利害，诚心爱民。《稀见地方志提要》曰："考县志于明成化时知县李森、郭镗始修，万历时又续修，志版皆毁于甲申变后。"光绪《新修潼川府志》卷十六《经籍志》、光绪《射洪县志》卷十六《艺文志》著录。

嘉靖《随志》二卷，明蓬溪任德修，颜木纂。德，四川蓬溪人，正德十四年（1519）举人，任湖北随州知州。此志一名《随州志》，木罢官归里时，德任随州知州延木纂成此志。其书上卷纪事，以编年体例，始自羲皇迄明嘉靖。下卷艺文，皆载诗文。木籍应山，与随州接壤，志中所载，皆合二邑者收之。《四库提要》地理类存目著录此书，谓："其编年之例，全仿《春秋》。地之沿革，官之迁除，士之中乡会试贡大学者，案年纪载，皆地志未有之例也。"按编年方志肇于明时，嘉靖初长兴知县黄光昇修《长兴县志》二卷，崇祯时龚策纂《武进县志》二卷，体用编年，今皆不传。清雍正时佚名纂《临朐编年录》，犹存有抄本。后来修志者仿效编年之体，而不独行一书，附于志前，如大事记，前事略是也。若独行一书，则物产、人物、艺文颇难按年记载，舍之乃偏而不全也。有明嘉靖十八年（1539）刊本，见台湾善本目著录，上海图书馆有嘉靖本胶卷。

嘉靖《贵州通志》十二卷，明射洪谢东山修，张道等纂。东山（1506—1586），字少安，号高泉先生，射洪人，嘉靖二十年（1541）进士，官兵部郎中，嘉靖三十一年（1552）迁贵州按察司副使，累迁右副都御史、山东巡抚。张道，江西湖口县人，嘉靖中官贵州宣慰司儒学训导。该书共十二卷，卷首有状元杨慎序、卷一地图、建置沿革；卷二郡名、星野、疆域、山川、形胜；卷三风俗、土产、土贡、土田、户口；卷四财赋、徭役、城池、关隘、桥渡、兵防；卷五职官、公署、宦迹；卷六学校、科目；卷七岁贡、祠祀；卷八寺观、官室、坊市、惠政、古迹、丘墓；卷九名宦、人物、贞节；卷十一、十二艺文。每卷分志前，均有谢东山序论，简述修纂旨要，为读者阅览该卷之提示。《贵阳府志》记载："贵州旧有方志，简略殊甚。嘉靖三十二年（1553）贵州人议增修，以撰辑之事属东山，三十四年（1555）书成。"该志的原刻本，国内只有浙江宁波的天一阁收藏，中国科学院图书馆和南京图书馆有胶卷，上海图书馆藏有影抄本，贵州省图书馆存有根据上海图书馆影抄本而复印的版本。《天一阁藏明代方志选刊续编》之第68、69集为影印明嘉靖刻本《贵州通志》，首页题为"原书版框高二四八毫米，宽一五〇毫米"；末页题为"嘉靖三十二年癸丑岁冬月吉刻，督工前卫镇抚龚梁"。光绪《新修潼川府志》卷十六《经籍志》、光绪《射洪县志》卷十六《艺文志》著录。

《贵阳图考》二十六卷，明射洪谢东山撰。东山，事迹已详前。光绪《新修潼川府志》卷十六《经籍志》、光绪《射洪县志》卷十六《艺文志》著录。

嘉靖《射洪县志》，明射洪谢东山撰。东山，事迹已详前。明万历《重修潼川州志》卷三十七《艺文志》中，载有明代大臣、江西九江劳堪（1529—?）撰《射洪县志序》。序云："余过射洪，射令李猷以谢中丞氏《邑志》请序。中丞氏文名震世，与陈拾遗相后先。按其《志》，详略有史法，余乌能赞一辞？虽然愿以前言质之，且俾邑中子弟闻而砥砺焉，则后之大射洪者，当彬彬盛也。"此志清代所修《潼川府志》《射洪县志》等均失载。

万历《蓬溪县志》，明王良谟纂。良谟，明湖广人，嘉靖四十三年（1564）举人，万历十三年（1585）任蓬溪知县。在任六年，事治民怀，革除积弊，创立社仓，六乡四十八保，各有储积。蓬人久而愈思焉，入蓬溪名宦。万历《蓬溪县志》著录于民国十年《湖北通志》卷八十一，今佚。

崇祯《遂宁县志稿》，明遂宁李实撰。光绪《新修潼川府志》卷十六《经籍志》著录。

康熙《蓬溪县志》二卷，清蓬溪知县潘之彪纂修。之彪（1624—1705），字文山，号退庵，江苏丹阳人。清顺治十八年（1661）进士。康熙七年至十八年（1668—1679）任蓬溪知县。在蓬为官十二载，政绩卓著。著有《琴憨堂集》十卷。之彪以蓬溪无旧乘可稽，深感不便，乃着手采访资料，征文考献，录以备用。至康熙十一年，其同乡探花蒋超（江苏金坛人）赴峨眉，取道来访，并把《蜀中广记》送给他。之彪再摘取有关本邑的资料，与原来所录史料考订汇编为是志而梓行。其书编辑简略，体例以事定篇，不具史法，纪载亦不过概述大略而已。康熙十一年（1672）付刻，该志为清代四川第一部县志，也是蓬溪县现存的最早的一部县志。原刻印本，全世界今仅存一部，珍藏于中国国家图书馆，其胶卷上海图书馆和四川省图书馆有藏。

康熙《重修崇明县志》十四卷，清遂宁朱衣点修，黄国彝纂。衣点，字遇修，号崇龛，闲署"涪东世家"，清遂宁人。明末因四川战乱，流寓苏州府长洲县。顺治十一年（1654）回川应乡试，与李仙根同中举。后任崇明县（今上海市崇明区）知县十三年（1679—1692），为清代治崇时间最长者，政声卓著。主修有《崇明县志》，撰有《瀛海人文集》《萍水集》。该志体例完备，史料价值较高，为上海史研究重要文献。今存康熙二十三年（1684）刻本。

康熙《兖州府志》四十卷首一卷，清遂宁张鹏翮修，叶鸣鸾纂。今存康熙二十四年（1685）刻本、康熙五十八年（1719）兖州府署重印康熙二十四年刻本。

康熙《遂宁县志》四卷，清张鹏翮纂修。鹏翮（1649—1725），事迹已详前。康熙二十八年（1689），张鹏翮赴浙江巡抚任途经江苏吴县，过李仙根（字子静，遂宁人，顺治十八年榜眼）宅，得到半帙遂宁旧志残本。张氏于浙江巡抚任上，搜集有关记载遂宁的古籍，详细研读，并派人访查故邑耆老口实，以充实资料，历时一年，纂成《遂宁县志》，于次年刊刻印行。该志四卷，分十九门，以山川、赋役、学校、人物、古迹、艺文等门类记载较为详细。于遂宁历史名人如宋代杨甲、杨辅，元代文礼恺，明代席书、陈讲、杨名、吕大器等人的事迹记述尤详。今存清康熙二十九年（1690）刻本，中国国家图书馆藏。

康熙《蓬溪县志》二卷，清蓬溪县知县潘之彪纂修，徐绩功增修刊刻。康熙十一年（1672），潘之彪修《蓬溪县志》，书成即遭兵燹版毁，印本流行不多。康熙二十四年（1685），知县周甲徵（浙江山阴贡生）增续补订后再印行。又至康熙四十八年（1709），知县徐绩功（直隶大兴举人）遍索旧志未得，原刻版片亦多散佚。翌年修建县署后楼时于败墙下得到旧版数十片，有心续修而因政事繁忙未果。三年后于县庠生何梦熊家，得到一册周甲微增刻的本子（今已无传），乃着手增补以成全书而刊行。此志分十二门，以山川风土、职官人物、学校赋役和诗文辞赋记载略详。乾隆本《蓬溪县志》在徐缵功旧序之后加编者按云："原志为潘公退庵所编，至康熙二十四年，邑令周甲徵重校，止继刻潘诗数首而已，有邑明经杨其谠家藏潘原本可考。周特将潘与蒋太史两序改窜成文，且云潘志遭兵燹后，百不得一，非我采猎不传，未免掠美。今削周序，而仍将两原序录入，非敢彰周之过，实不忍没潘之功耳！"今存康熙五十二年（1713）增刻本，存中国国家图书馆，其胶卷四川省图书馆、四川大学图书馆有藏。

康熙《射洪县志》十卷，清射洪知县唐麟翔纂修。麟翔，号石郊，江苏泰州人，康熙四十二年（1703）进士，康熙四十九年（1710）任射洪县知县。以育人才、端士习为首务，射洪文教振兴，石郊之力也。著有《萍簪偶记》《蜀游草》行世。康熙五十一年（1712），唐麟翔曾在县人某家中得到明代成化《射洪县志》一帙，可惜已被虫蠹大半，首尾残缺。他便以此作为根据，参考《广舆记》《四川总志》《潼川志》等书，互为补订，纂辑成此县志十卷（附图二卷），且续增"秩官"一卷，于是年刊刻印行。到了清乾隆二十三年（1758），知县何辰（顺天宛平县举人）在县中寻得旧板数十片，便清理出来重新印刷，今已无传本。此志分三十五门附十三门。其中艺文门收录了不少历史上著名文人学士如陈子昂、杜甫、杨慎等人的诗文，亦收有麟翔的诗文辞赋，是为是志中较有价值者。今存康熙五十一年（1712）刻本，台北图书馆和贵州省图书馆各保存一部。

《安南使事纪要》四卷，清遂宁李仙根撰。嘉庆《四川通志》卷一八四、光绪《新修潼川府志》卷十六《经籍志》著录作《安南使事纪》一卷；光绪《遂宁县志》卷三著录作《安南使事纪略》一卷，均系同一书。今存清抄本、1997年山东齐鲁书社影印四库全书存目丛书本。

《安南杂记》一卷，清遂宁李仙根撰。今存三十六年（1697）刻昭代丛书（康熙本）甲集第四帙（丛书综录）；说铃（康熙本、道光本）前集（丛书综录）；学海类编（道光本、景道光本）集余八（丛书综录）；昭代丛书（道光本）甲集第四帙（丛书综录）；小方壶斋舆地丛钞第十帙（丛书综录）；丛书集成初编本；民国九年（1920）上海涵芬楼影印学海类编本等。

《奉使俄罗斯行日记》一卷，清遂宁张鹏翮撰。今存清刻本；说铃（丛书综录）；小方壶斋舆地丛钞第三帙（丛书综录）；中国内乱外祸历史丛书第十一辑（丛书综录）。

《奉使俄罗斯行程录》，清遂宁张鹏翮撰。今存同治四年（1865）京都龙威阁刻北徼汇编本（丛书综录）；日本江户写本；丛书集成初编本。

《使俄罗斯纪略》二卷，清遂宁张鹏翮撰。又名《出使倭罗斯纪略》，见嘉庆《四川通志》卷一八四、光绪《新修潼川府志》卷十六。

乾隆《成县新志》四卷，清射洪黄泳修，汪于雍等纂。泳，字弘济，清代射洪人，康熙五十年（1711）辛卯科举人，历任甘肃成县、陕西渭南知县。见光绪《射洪县志》卷十。该志今存乾隆六年修十七年刻本，见《方志联合目录》。

乾隆《遂宁县志》八卷首一卷，清遂宁知县田朝鼎修，周彭年纂。朝鼎，字象三，浙江石门（今浙江省桐乡市石门镇）人，康熙五十三年（1714）举人，乾隆八年（1743）任遂宁县知县。周彭年，浙江石门人，田朝鼎外弟。乾隆十年（1745），因纂修《大清一统志》而敕令各地呈送县志，田朝鼎方着手采辑资料，恰逢其外弟周彭年由浙江来蜀看望他，他便委托周氏搜集康熙旧志未载诸史事，进而纂辑成此县志，于次年刊刻印行。此志分三十五门，主要是增纂康熙旧志以后五十余年间事，其中又多为职官人物、建置赋役等类。另外，康熙旧志中之选漏者，或是新发现之碑记、职官、人物、诗文等皆一一补载。但亦有错收者，即不属本县之人和事。今存乾隆十二年（1747）刻本。

乾隆《遂宁县志》十二卷首一卷，清潼川府知府张松孙等修，寇赉言、李培峘等纂。松孙，字雅赤，号鹤坪，江苏长洲（今江苏吴县）人，清乾隆四十八年（1783）出任潼川府知府。乾隆五十四年（1789）迁河南府（今河南洛阳市）知府，历官三十年。赉言，字海庵，四川渠县人，清乾隆四十六年进士，改庶吉士，授检讨，转河南道御史，曾掌教潼川府草堂书院。培峘，字午桥，云南阿迷州（今开远县）举人，清乾隆四十九年（1784）至五十六年（1791）任遂宁知县。乾隆五十二年（1787）年，苏州张松孙知潼川府，重修凡所属八邑志之阙略者。时滇南李培峘任遂宁知县，与渠县寇赉言太史主其事，则斯篇是也。此志于创革、职官、选举、人物、列女等项增入者甚多，体裁也有所改变。综观全书，纲目井然，叙述流畅，赡而不秽，详而有体。分类以土地、人民、政事为纲，而其建置、官师诸表则尤为清晰，于蜀邑志乘之中实为出类拔萃之作。今存乾隆五十二年（1787）刻本和光绪五年（1879）补刻本。

乾隆《蓬溪县志稿》，清蓬溪县知县盛英撰。英，清代顺天宛平进士，乾隆十年（1744）至十五年（1750）任蓬溪知县。增修《蓬溪县志》，载蓬溪事颇详。清代学者宜兴储掌文（1687—1770）著《云溪文集》卷三《蓬溪县志叙（代）》云："宛平盛君英，以名进士令蜀之蓬溪，蓬于潼川为属邑。余观其莅事勤慎，而济之以明决，固不愧能吏材矣。君务以经术饰吏治，闵邑志残缺漫漶，有志纂修。既而西鄙用师，上官知君能，调司挽运。撤兵后，又以报销之役委君。盖君莅蓬五年，留省且三载。晨入治官书，夜则自理邑事。焚膏达旦，率以为常。顾犹时手原志一编，得片刻之暇，即为订其舛讹，补其挂漏。凡阅如干月日，而蓬志告成。"惜此志仅成稿本，未刻版印行。后蓬溪知县谢泰宸主持修《蓬溪县志》，多本于此稿。

乾隆《蓬溪县志》八卷首一卷，清潼川府知府张松孙修，蓬溪知县谢泰宸纂。张松孙，事迹已详前。泰宸，广东平远人，监生，乾隆三十七年（1772）任蓬溪县知县。谢泰宸任蓬溪知县期间，屡调署他县，无暇顾及邑志事。十余年后松孙来任潼川知府，开修府志的同时嘱泰宸纂修邑乘，乃悉心探访，分门别类加以编次，初稿纂成，送松孙为之删订后，于乾隆五十一年（1786）梓行。此志门类设置仿潼川府志例，分土地、人民、政事三部，下列二十三门。其于山川古迹、祠庙寺观、学校书院、职官人物、田赋物产等门类记载较详，间附有图绘和有关的诗文碑记。又以山川、古迹、寺观、人物、田赋等记载较有史料价值。未列艺文门，诗文辞赋均分载于各相关之门类中。今存乾隆五十一年（1786）刻本，藏北京故宫博物院图书馆，蓬溪县志办有抄本。

乾隆《射洪县志》八卷首一卷，清潼川知府张松孙主修，射洪知县沈诗杜纂。松孙，事迹已详前。诗杜，字佳亭，浙江山阴（今绍兴）人，清代书法家。乾隆三十四年（1769）进士，四十四年（1779）任射洪县知县。诗杜到任七年之后（1785），张松孙主修的《潼川府志》已经告竣，便嘱咐沈氏纂修县志。诗杜于县中得到一部乾隆二十三年（1758）时知县何辰补印的康熙旧志，便以此为蓝本，再参之省志、府志及其他史籍记载，加上新采辑的资料，增续补缺，于是年便成书刊行。此志门类设置一依《潼川府志》例，分三部四十二门附二门。旧有史料与康熙旧志和乾隆府志中所载出入不大，所不同者是大量增加七十余年间的新史料。另于山川古迹、寺观祠庙、学校书院等门类中增绘了图说。另外还收入张松孙、沈诗杜等官员及县中文人士子的诗文，有一定史料价值。今存乾隆五十一年（1786）刻本，北京故宫博物院图书馆、南京天文台各藏有一部。

嘉庆《射洪县志》十八卷首一卷，清射洪知县陈廷钰、张复等修，赵燮元、聂厚盟等纂修。廷钰，山东掖县举人，嘉庆二十三年（1818）任射洪县知县。燮元，字衡轩，四川射洪人。清嘉庆十二年（1807）举人，官云南永平县知县，曾主讲金华书院。厚盟，四川长寿人，乾隆五十九年（1794）举人，嘉庆二十三年（1818）任射洪县教谕。此志乃奉敕纂修，陈廷钰莅任之时，各县早奉省府檄征邑乘，而本县未及编纂，便约集聂厚盟和训导冯学谟（四川邻水县贡生）、县举人赵燮元等人参照乾隆旧志，派员采辑新资料，于嘉庆二十五年（1820）编纂成书付梓，此时知县已易为甘肃秦州举人张复。此志分十五门八十六目附五目，较前两种旧志，内容大为增加，旧志中所不收或漏收者，尽量搜集、采录而增补之，如舆地、人物等门类便补载了较多旧史料，其有价值者在山川津梁、寺观古迹、金石典籍等门类。而星野、典礼、仪注等则收载过于烦琐。此志重点在艺文门，达 6 万余字，较多收载了本县唐代著名文人陈子昂的著述及后人纪念之诗文，史料价值颇高。再就是有关本县明代著名进士杨最之事迹颇多记载，于人物、艺文、外记等门类中均可见到。历代县人之著述，另辟有经籍门以载其书名卷帙及作者简介。其所征引，博而寡要。其冠宸翰于艺文，别市镇为里店，则尤为不伦、失体。今存嘉庆二十五年（1820）刻本。

道光《天河县志》二卷，清蓬溪林光棣纂修。光棣，字桐轩，蓬溪县人，嘉庆三年戊午（1798）举人。由教习知县，签发广西，权知永福。补天河县知县，旋调西林，历宜山、修仁、荔浦、恭城等县，居官二十余年，廉惠勤敏，爱民育才，所至皆留去思，寻以军功保举，加知州衔。道光《蓬溪县志》有传。道光五年（1825）任广西天河（治今罗城仫佬族自治县四把镇里胜村旧县屯）知县。此志为光棣官天河时所纂，其书编次分沿革、秩官、选举、舆地、山川、建置、经政、艺文、胜迹、宦绩、列传、前事十二门，因事定例，殊欠排比，记载亦简略。据其凡例云："其言简，其事该，而其所志则无不尽，天河文献自此可征矣。"此志实记载寥寥，殊不免自夸。天河沿革，置县始于唐，先属粤州，后属宜州。宋置庆远军，后改为府，天河隶也，元属庆元路，明清属庆远府。清道光六年（1826）刊本，中国国家图书馆藏。

道光《阜阳县志》二十四卷首一卷，清刘虎文、周天爵修，蓬溪李复庆等纂。刘虎文，武清（今天津市武清县）人，举人，前石埭知县，后知阜阳县事。周天爵，山东东阿人，进士，官至漕运总督。李复庆，四川蓬溪县板桥人，字心泉，号竹凝，清嘉庆十八年（1813）拔贡。兄李恩庆，嘉庆六年（1801）拔贡，道光二十三年（1843）任江苏丰县知县；弟李善庆，郡庠生；弟李元庆，道光十六年（1836）恩贡。李复庆后出任安徽旌德知县，道光五年

（1825）任阜阳知县。阜阳初无专志，唯附见于《颍州志》，迄乾隆二十年（1755），知县潘世仁始创修县志。道光五年（1825），李复庆由旌德县调任该县，时方修省志，奉檄搜访事实，与邑人共议重修县志，设局经始。道光六年（1826）六月，李复庆因秋审处决重囚行刑斩绞错误被革职，事遂中辍。道光六年（1826），安邱刘耀椿来任知县，以李复庆详于县事，复延之以主其事。至道光九年（1829），凡四年而志成。时周天爵来任知县，为之刊行。此志大抵因循潘世仁志，唯易军卫为武备，宦绩为宦业，志余为杂志。稽其体例得失，于旧志之弊，间亦多所厘正。如旧志多录圣谕，往往不专于一县，此则悉从刊除。有清道光九年（1829）刻本、民国七年（1918）铅印本、民国三十六年（1947）石印本、2009年黄山书社出版阜阳市地方志办公室整理本。

道光《蓬溪县志》十六卷首一卷，清蓬溪知县吴章祁、徐杨文保修，顾士英等纂。章祁，字小宋，浙江钱塘（今杭州）举人，道光二十二年（1842）至道光二十四年（1844）任蓬溪县知县，卓有政声。徐杨文保，字芝仙，江苏丹徒进士，道光二十五年（1845）三月至咸丰三年（1853）七月任蓬溪知县，为政便民，兴利除弊。士英，江苏长洲（今苏州）人，官直隶吴桥县典史。此志开修于道光二十四年（1844），书将成而吴氏卒于任所。徐杨文保接任知县，踵事纂订，以成吴氏未竟之业。道光二十五年（1845）成书后遂付刊行。此志分三十三门附六门，记事较旧志更有条理。书首绘图增加较多，城池、水道、场镇等多达四十余幅，绘制精细。以山川津梁、寺观古迹等记述最为详尽。对于旧县志中错讹者均加考证而说明。金石门所收资料极丰富，自唐宋迄清代，各种碑记、刻石无不备录，史料价值较高。虽列有艺文门，而所载诗文不多，有不少诗文仍附载于各相应的门目之中。武功、人物等门类中收载了大量嘉庆初期白莲教起义军在川东、川北，主要是在县境各地之征战，以及德楞泰率清兵大举镇压之史实，记述详而史料可贵。唯祀典、列女等记述又过繁琐。今存道光二十五年（1845）刻本和咸丰十一年（1861）补刻本。该志收入了《续修四库全书提要》和《四库大辞典》。

咸丰《应城县志》十二卷首一卷，清蓬溪奚大壮修，姚观纂，吕庭栩、熊汝弼补纂。道光《蓬溪县志》卷十六、光绪《新修潼川府志》卷十六著录；《中国地方志联合目录》有载，今存咸丰三年（1853）稿本（藏武汉大学图书馆）。

咸丰《蓬溪县志》，清蓬溪知县李燧撰。燧，浙江钱塘人，监生，咸丰十一年（1861）正月至同治元年（1862）三月任蓬溪知县。民国《蓬溪近志·艺文》载："考燧所为志，未刊行，稿藏邑人杨天镇家。今多采用，然亦残缺不完，殆未成书而去官也。"杨天镇（1858—1933），蓬溪县文井镇普光乡人，清增生，民国蓬溪县视学。李燧《续修蓬溪县志序》云："邑乘不修，膺土者责也。稽蓬志所由昉，潘君之彪溢觞于前，徐君缵功、谢君泰宸，补衮于继。吾乡吴小宋先生集腋于终。其规模灿然大备，迄今又十八祀矣。余是岁来守此邦，值军务旁午，未遑修明，闲尝登临览胜，观风问俗，其间如蓬莱诸院，学校攸关，奎星杰阁，文风所系。黉宫新建忠义、节孝两祠，尤足振人心而维世教。惟考近科选举，名宦政绩，名宿艺文，与夫义夫节妇，率多遗佚，不有人焉，起而续之，虽有传书，犹弗传矣。虽有载纪，犹弗载矣。乃与都人士，悉心采访，政余手为编辑成帙，捐廉付梓。传所未传，载所未载，斯一邑之风化寓焉，即万世之考镜资焉。余非良史才，不敢谬为笔削，爰据十余年目见耳闻，编次板末，后之宰斯邑者踵而增之，俾上继芳躅，下昭来许，为邑乘光，是即余之志也夫。咸丰辛酉仲夏月署蓬溪县事李燧序于官厅之退思处。"（载民国本《蓬溪近志·艺文》）。今存咸丰十一年刻本，藏南京大学图书馆。

同治《德化县志》五十四卷首一卷，清陈萧修，吴彬纂。萧（1822—1907），清末蓬溪县玉溪镇（今属重庆市潼南区）人。咸丰六年（1856）至咸丰十一年（1861），从征新疆喀什倭里罕之乱，为维护祖国统一、打击分裂势力、抵御外敌入侵，作出了贡献。历任江西峡江、德化等县知县，义宁州知州。性好吟咏，撰有《出塞吟》《南村诗集》等。此书今存同治十一年（1872）刻本，中国国家图书馆有藏。

光绪《遂宁县志》六卷首一卷，清遂宁知县孙海修，李星根纂。海（1840—1901），字吟帆，号配山，甘肃秦安人，拔贡，清光绪二年（1876）任遂宁县知县。李星根，字斗垣，四川中江人，岁贡，官四川茂州学正。此志卷一，建置、沿革、城池、山川、里镇、藩封、官政、赋课。卷二，学校。卷三，选举、经济、学行、忠孝、封荫、勋例、烈女、大年。卷四至卷五，艺文。卷六，杂记。此志山川、人物、礼乐、政教所记，翔实清晰。其艺文所收亦多精彩之作，虽已占全书大半，亦不觉其泛滥。然此志不记天文、星野，且汰削小序及无关紧要诸图，似亦嫌过于简略矣。今存光绪五年（1879）刻本。

光绪《潼川府遂宁县地舆图》，遂宁县署绘，清光绪刻本。中国国家图书馆藏。

光绪《交城县志》十卷首一卷，清射洪夏肇庸修，许惺南纂。肇庸（1826—?），字京珊，号蓉村，同治七年（1868）进士，射洪县太和镇西郊人。工诗善书，曾任山西交城、和顺两县知县。同治、光绪年间，曾组织修筑太和镇城墙。撰有《清江擢秀集》《蓉村诗稿》四卷、《京珊文钞》等。《交城县志》今存清光绪八年（1882年）刊本。共计八册，记录了交城县的人文历史，对考古等提供了重要根据。卷九至卷十为艺文，卷九分上、下二子卷。

光绪《射洪县志》十八卷首一卷，清射洪县知县谢廷钧等修，胡文魁、罗锦城等纂。廷钧，广东从化人，同治十年（1871）进士，光绪十二年（1886）任射洪县知县。文魁，事迹已详前。锦城，射洪人，咸丰十年（1860）进士，官兵部主事、贵州黄平州知州等。此志开修于清光绪十年（1884），时任知县为浙江宁海县人洪锡彝。因罗锦城自贵州归里，主讲于金华书院，首倡修志事，县训导吴绍泗（四川资州举人）、杨甲秀（四川天全州岁贡）等人极力赞助。如是，便推举罗锦城出为总纂，开局举事。事有凑巧，罗锦城于县中得到其师胡文魁（道光举人，官刑部主事）纂辑的"续县志稿"四卷和"日记"三十六卷。便以此为主，再行分类采辑，悉心校选，汇而成书。时已至光绪十二年（1886），官师更迭，经江西萍乡人何炳曦而易为谢廷钧。谢氏阅览之后，撰了一篇序文附诸书首而刊刻印行。此志分十三门附一门，下列九十八目附四目。艺文门最多，占三分之一，其中陈子昂的著述及与之有关的诗文辞赋、记传碑铭仍占很大比重，包括奏疏、序赞等类。各个朝代修建陈子昂读书台的碑记文章就有数篇。书首绘刻了舆地、城池、山川、祠庙、津渡等各种图多达二十一幅，绘刻均佳。另于山川、古迹、寨堡、寺观、人物、食货等门类记事较详，史料价值亦高。有如射洪井盐之生产；嘉庆初白莲教起义军在川北之活动征战；咸丰、同治年间李永和、蓝大顺率农民起义军由滇入川，攻占川中无数城池之战事，攻打县境之详情等等。唯典礼和节孝记载太过烦琐。卷十八主要是补录各门类之漏收漏载者。今存光绪十一年（1885）刻本，民国二十八年（1939）重印本和1980年射洪县政协、档案馆油印本。

光绪《续县志稿》四卷，清射洪胡文魁撰。文魁，事迹已详前。光绪十年甲申（1884）仲春月上浣射洪县训导杨甲秀撰《射洪县志序》云："继得主事胡君秉夔，出其平日采存续稿，为《补遗》一卷付刊，都为一书。"光绪十一年（1885）乙酉季冬月腊日射洪进士罗锦城《续修县志后序》云："明年甲申（1884），又得吾师胡秉夔先生《续县志稿》四卷，《日记》卅六卷，与四乡续采者，再为悉心校选补入，共成书十八卷。"

光绪《蓬溪续志》十四卷首一卷，清周学铭修，熊祥谦、张蓬山、张礼杰等纂。学铭（1859—1911），安徽建德（今东至）人，光绪十八年（1892）二甲第四名进士，两江总督周馥次子，光绪二十二年（1896）任蓬溪县知县。祥谦，蓬溪人，字虚堂，同治六年（1867）举人，官剑州学正。蓬山，蓬溪县河边场（今大英县河边镇）人。府学生，恩贡张秉谦长子。秉承庭训，好学务博，议论风生。蓬溪知县周学铭重其学识，留居幕中，助修《蓬溪续志》。周氏调任江津县，续志尚未成。嗣稿成，助田耀焜知县付梓，均蓬山之力也。张礼杰，清江苏阳湖（今常州市）人，光绪年间曾设教于四川广元，与方旭等纂修有光绪本《蓬州志》。民国本《蓬溪近志·艺文》载："现存之《续志》，系知县周学铭所修，全书系阳湖张礼杰手笔，今附注明，使后世知《续志》本来面目也。"光绪《蓬溪续志》乃承袭道光蓬溪旧志而续修，主要记述道光二十五年（1845）以后事。光绪二十四年（1898）编纂成帙。未及刊印而周学铭调任江津县，接任知县罗桢（湖北汉阳人）、田耀焜（湖北江夏人）继续订正，翌年梓行。此志分十四门四十五目，主要是继旧志之各门而续之，对于旧志之脱漏者，小作增补。对于县境水利之兴修、盐井之开凿，清代后期有关蓬溪之诗文碑记、赋税收支等资料收载颇详，亦有较高价值。再就是著述、耆旧、兵事等门类中收载咸丰、同治年间李永和、蓝大顺领导的农民起义军在蓬溪一带，以及川西北、川南各地与清军之争战史实较为详尽，颇有价值。是志对于道光旧志所载各图尽行删去，另外绘制了县境全图，中、西、东三乡舆图共四幅。今存光绪二十五年（1899）刻本和传抄本，收入了《续修四库全书提要》《四库大辞典》。

《地理歌括》一卷，清射洪高舒翰撰。

光绪《射洪县乡土志》，清射洪知县孙世奎纂。世奎，清末射洪县知县。此志编纂于光绪三十二年（1906），全志未分卷，分历史、人类、地理、物产、商务等部分，记载甚简略，每目多则百余字，少则十余字。全志八千余字，毛笔楷书抄写。此志系地方官敷衍交差之作，撰写较为草率，内容别无新意。对光绪末期射洪县之户口、宗教、道里、物产及加工贸易等情之记录，有史料价值。今存光绪三十二年（1906）抄本和1960年传抄本，分别藏于四川省图书馆和四川大学图书馆。

民国《遂宁县志》八卷首一卷，民国遂宁知事甘焘、李家钰等监修，王懋昭总纂。焘，重庆铜梁人，民国十三年（1924）任遂宁县知事。家钰（1892—1944），字其相，绰号李矮子，四川蒲江县人。1925年，在军阀争夺防区战中，李家钰占得遂宁、蓬溪、潼南、安岳、乐至、资阳、简阳等七县。1927年，继任四川边防军总司令，总部设于遂宁县城三元宫。李家钰统治遂宁十一年，人称"遂宁王"。抗日战争时期，出任第四集团军副总司令、第三十六集团军总司令等职。1944年于河南陕县壮烈殉国，被国民党政府追赠为二级陆军上将。

懋昭，遂宁人，清光绪十六年（1890）进士，曾官云南文山县知县等。该志不分门类，仅列四十二细目。各细目所编之内容，与光绪旧志出入不大，主要是续增了清末民国初年事，亦附入相应的诗文辞赋。多载民国改元后之新生事物，史料价值较高。杂记门中则自宋嘉定五年（1212）迄民国十四年（1925）的七百多年间本境之水、旱、风、火、震诸灾害史料详细收载，亦不失为珍贵史料。今存民国十八年（1929）刻本和二十三年（1934）重印本。

民国《遂宁县食货志》，民国四川省银行经济研究处传抄民国十八年刻《遂宁县志》本，重庆图书馆藏。

民国《遂宁文献》，民国十三年抄本。四川省图书馆藏。

民国《重修四川通志遂宁采访录》十六卷首一卷末一卷，民国遂宁冯东曙纂。东曙，1929年《遂宁县志》编辑，清增广生，宣统元年遂宁县教育局视学科长。此抄本为遂宁县增广生冯东曙、附生王绍曾采辑，一册，民国十七年（1928）抄本尚存，四川省图书馆藏。

民国《遂宁县图》，遂宁县政府制，民国石印本。中国国家图书馆藏。

民国《蓬溪近志》十四卷首一卷，民国蓬溪知事伍彝章等修，蓬溪曾世礼、纪大经、庄喜泉等纂。彝章（1873—1951），字玉雯，号梅印，四川蓬安县龙蚕乡龙洞沟人，光绪廪生，任西昌县教谕。民国十五年（1926）任蓬溪县知事，设修志局并兼任局长，负责《蓬溪近志》的纂修。民国二十年（1931）后，曾任开江县县长、四川省政府秘书等职。1951年，土地改革运动时被枪决。世礼（1867—1928），字修五、修吾。蓬溪县西乡石板滩（今大英县象山镇）人，光绪三十二年（1906）优贡，委湖北高等审判厅刑庭推事，调补湖南知县。学识渊博，著述甚丰，与工诗文的射洪李雨生、邠建侯合称"涪江三名士"。大经（1874—1940），字诚九，蓬溪县赤城镇人，光绪二十九年（1903）举人，曾官礼部主事等，民国初期任四川广安、宣汉、岳池等县征收局长、四川省长公署秘书等职。喜泉（1878—1938），字廉夫，号如渊，蓬溪县赤城镇附西人。清附生。民国初，任叙永县知事、乐至县知事。民国十五年（1926），蓬溪县设修志局，续修县志，县知事伍彝章兼志局局长，清优贡曾世礼任编辑主任，次年曾世礼病逝，修志事宜停顿。民国十七年（1928），第二次设修志局，县长陈书丹兼任局长。聘清举人、礼部员外郎纪大经任总编纂员，不久纪去职，由曾任叙永县、乐至县知事的县人庄喜泉任总编纂员。民国二十四年（1935）成书，铅印出版。名为《蓬溪近志》。该志之修成历时十年之久，前后有知事、县长八人兼任修志局长。全书共十四卷，记载较为注意反映时代特征，对县中民国以来政治、经济、文化教育等各大端皆有记述，史料丰富，颇有价值。再就是县中各项捐税如粮、肉、盐茶、烟、酒等的征收及其支出收载亦详。其最具史料价值者，还有兵事和"匪患"两个门类中共三万余字，自光绪末到民国三十多年间之兵事、"匪患"、讨伐袁世凯之战、川中军阀混战、旷继勋蓬溪起义、中国工农红军长征途经川北之情形，以及各种自然灾害，无不详加记载。还有中国共产党领导的工农红军徐向前、朱德等部在川西北与国民党军、地方杂牌军之战争史料为珍贵。因为在旧方志中这类资料大都未收或收载甚少。今存民国二十四年（1935）刻本。收入了《中国地方志集成·四川府县志辑》。

《初等小学中国地理教科书》，清末蓬溪曾世礼撰。世礼，事迹已详前。今存光绪三十年刻本。

《射洪全县地舆图》，射洪县政府制，民国刻本。中国国家图书馆藏。

《射洪县全图》，射洪县政府教育科制，民国石印本。中国国家图书馆藏。

《四川三台射洪遂宁经济地理考察报告》，聂树人、侯春岭编，杨成威校。树人（1922—1987），陕西三原人。1947年获东北大学地理研究所硕士学位。曾任西北大学副教授。新中国成立后，历任西安师范学院、陕西师范大学教授、地理系主任，陕西省地理学会第三、四届理事长，陕西省环境科学学会第一届副理事长。著有《西北的矿产》《陕西自然地理》等。该书为国立东北大学文科研究所史地学部特刊第一号，包括行程、地形、气候、土壤、农业、煤业、工商业与贸易七部分，记载了东北大学师生在抗战期间被迫走上流亡之路，颠沛流离至四川北部的七年半时间，积极融入当地进行经济地理考察，并在撤回东北之前将考察报告成果留给当地的史实，是研究东北抗战史、东北大学历史的珍贵文献。三台县印刷生产合作社1946年3月出版，收入《辽宁省图书馆藏抗战文献汇编》。

谱牒类

正德《张氏族谱》，明遂宁张氏族人纂修。遂宁张氏入川始祖为张万，明洪武二年（1369）由湖北省麻城县孝感乡绿柳村迁蜀，卜居四川省遂宁县黑柏沟大樟树湾（即今蓬溪县任隆镇黑柏沟村大樟树湾）。至明正德（1506—1521）时，已历140余年，子孙繁盛，科第蝉联，成为遂宁望族。入川第三世祖张赞，于明代景泰五年（1454）考中进士，官至云南姚安知府；其次子张猷，为明代成化十六年（1480）举人。张氏族人中张伦为天顺二年（1458）进士；张睿为正统十二年（1447）举人；张纪为景泰元年（1450）举人。张睿为工部尚书黄珂（遂宁人）之岳父、女诗人黄峨之外祖父。因明代遂宁张氏科甲兴盛，朝廷旌表其门曰"科第世家"。正德年间修纂了张氏入川以来第一部族谱，即正德本《张氏族谱》，谱后有明代遂宁名人、工部尚书黄珂，礼部尚书加武英殿大学士席书二人所作跋语。该谱传至明末清初，在战乱中被毁。

雍正《张氏族谱》，清遂宁张鹏翮纂修。清雍正初年，文华殿大学士兼吏部尚书张鹏翮（1649—1725），有感于张氏旧牒无稽，遂率长子张懋诚（1667—1737）重修族谱。其资料来源于张鹏翮任浙江巡抚时，其伯父张耀（1623—1698）口授。雍正三年（1725）上元日，张鹏翮在其"怀冰雪堂"带病撰《序》云："张于姓最著，自黄帝第五子挥为弓正，赐姓张，此吾张始之矣。迨其后显于周，盛于汉唐，望于清河，蔓于晋楚间，其详见于世系。而家于遂宁之慧云山（即黑柏沟）者，则自明初万公迁蜀始之矣。数传后，子孙繁盛，科第蝉联，德泽绵远，称世家焉。旧有族谱，毁于兵燹。今余老且病，率长子诚（张懋诚），共襄而集之，存此大略，使子孙知吾家之所自始，是尊祖、敬宗、敦本、合族之意也。……存孝悌之心，行仁义之事，出为忠臣，处为端人，为士者诗书，为农者勤俭，使称为清白吏，子孙不亦美乎？伏床口授，嘱而笔之，用以书诸谱端，而为之序。"一个多月后，即雍正三年（1725）二月十九日，张鹏翮就与世长辞了。该谱今佚。

《家规辑略》，清遂宁张鹏翮撰。藏日本公文书馆。

乾隆《张氏族谱》，清遂宁张懋恭纂修。懋恭，张鹏翮之侄，生于1688年，字谦一。清乾隆初叶辑订，仅肇定规模。该谱断自张氏入川第六世祖张惠（私谥三多先生），故又称

《三多谱》，今佚。

《座右家训》，清蓬溪奚继徽撰。继徽（1744—1821），字慎典，自号琴轩，为清乾隆三十五年（1770）举人，曾任河北曲周知县，为官十余年，除积弊，轻徭役，明决善断，惠民为先，事迹载道光《蓬溪县志》卷十二、卷十六，光绪《新修潼川府志》卷十五、卷二二，民国《蓬溪近志》卷一三。《座右家训》著录于光绪《新修潼川府志》卷十六、民国《蓬溪近志》卷一三。

乾隆《陈氏增修族谱》，清陈其选、陈惟豪等纂修。清乾隆四十九年（1784）刻本。该支迁新化始祖陈伯万，后唐同光二年（924）徙居邵州横杨山鹅塘村（今湖南省新化县西河镇鹅塘村）；迁安化始祖陈万源（又名天民，字法兴，号晚郎），元延祐年间由新化县圳上镇徙居安化县一都一甲竹林乾溪（今湖南省安化县江南镇旸二村）。该支派语为："必文受添庆，永九绍其方。惟今能显远，历代善名扬。端自开基厚，继因衍绪长。量材修正业，素位守彝常。礼乐家声振，诗书世泽光。香台恢祖德，义柱焕宗堂。余耀原星聚，支延奕禩昌。"该谱为陈万源家族第六修族谱，刊刻地点在遂宁陈氏祖籍地湖南省安化县。谱长47厘米，宽37厘米，竹纸，木刻，五百页左右。中缝书名《陈氏增修族谱》。书前有家谱挂图，尾镌"乾隆四十九年甲辰岁南昌吉旦可举殿照氏书，同宗梓人开发镌"。清康熙至乾隆年间，族人陈永禄、陈九偕、陈九御、陈九日、陈绍栋、陈绍晋等携子孙自祖居地湖南长沙府安化县十一都资江乡思贤保竹林溪旸二湾徙遂。今后裔广泛分布于遂宁市船山区永兴镇、老池乡、新桥镇、桂花镇，以及蓬溪县、大英县、射洪县、潼南区等处，人数达万人。该谱系乾隆间由陈氏族人自安化携至遂宁。谱中载有大量行实、传赞、诗歌，以及迁川族人信息，具有较高的史学和文学价值。今存清乾隆四十九年（1784）刻本，原藏遂宁市船山区老池乡陈家众堂屋神龛内盒，由陈历远于2018年5月19日发现。该谱不仅是陈万源家族的珍贵宝物，也是遂宁市重要古籍，是清代移民史、文化史的重要见证。

嘉庆《张氏族谱》，清遂宁张问安、张问莱、张问诗纂修。该谱于嘉庆十一年（1806）至十二年（1807）间，由著名诗人张问安（张鹏翮玄孙、张船山之兄）重事倡修，而成于张问莱（1775—1838，张问安弟）、张问诗（1783—1848，张问安堂弟）两人之手。嘉庆十二年（1807）十二月十一日张问安撰《序》云："张姓本自轩辕第五子挥，始造弓弦，实张网罗，世掌其职，后因氏焉。……吾宗实为留侯（汉代张良）裔，望出清河。自迁蜀以来，凡十有五世，子孙繁衍，散处乡邑。先文端公（张鹏翮）抚浙时，曾手订《族谱》。其时子姓寥寥无几。族祖谦一公（张懋恭），继加辑定，于生卒、婚嫁又多略而不详，使不及今修之，更历数十年，所谓亲尽则情尽，情尽则喜不庆、忧不吊，几何不至于途人也？……此吾谱之所以作也，观吾谱者，孝悌之心，亦可油然而生矣。"此谱今佚。

嘉庆《仁趾张氏族谱》，清遂宁横山柏林湾张居大纂修。居大，横山柏林湾人，安徽宁国知县张瑗子。此支张氏系遂宁黑柏沟（今属蓬溪）张万后裔，康熙二十三年（1684）甲子张显达曾纂修族谱，今仅存序一篇。今存嘉庆二十四年（1819）己卯增订本，百忍堂编辑，芸香书塾镌版，遂宁市安居区横山镇双龙桥村捲洞桥（柏林湾）张昌德藏。

道光《继长王氏族谱》三卷，清遂宁王茂芳等纂。王氏祖籍湖广麻城县孝感乡，始祖王继长于洪武二年（1389）入川，几经辗转，定居于遂宁南路下安里柏梓镇马鞍山。明末清初，族众流散，其十世王可楼复业于遂宁。该族出生有道光壬午科（1822）武举人王锡桂。道光四年（1824）甲申刻本，宜宾陈伟平藏。

道光《席氏族谱》，清遂宁席奎等纂修。遂宁席氏为西蜀名家。席氏祖先原籍山西省平阳府临汾县（今山西省临汾市），南宋末年，始来蜀，入籍四川遂宁县席家沟（今属遂宁市蓬溪县吉祥镇）。入川始祖为席友轸，至明代武英殿大学士席书，已历七世。《席氏族谱叙》云：“吾族肇迹山西平阳府临汾县，南宋时，友轸公始来蜀，入籍于遂宁。”以明代礼部尚书加武英殿大学士席书、吏部侍郎席春、户科给事中席象三兄弟为代表的遂宁席氏家族，人文蔚起，科甲连绵，仕途显赫，冠于有明。据《明清进士题名碑录索引》（上海古籍出版社1979年出版）统计：有明一代，全国席姓进士共有13人，其中遂宁席氏就独占4人；并且，明清两朝500余年，整个四川席姓进士只有4人，均出自遂宁席家。自明朝嘉靖至崇祯百余年间，遂宁席氏家族连续三代人中有4位进士、7位举人；3人在《明史》中有传。尤其是席书，官至光禄大夫、柱国少保兼太子太保、礼部尚书，加武英殿大学士，赠太傅，谥文襄。由此可见：遂宁席氏，是有明一代盛极一时的名门望族；不仅是望于蜀中，亦是数千年来华夏大地上涌现来的数一数二的著名席姓家族。目前席氏家族主要聚居于遂宁市蓬溪县吉祥镇席家沟、回水乡席家坝，船山区观音湖管委会介福桥社区席家洲、横山镇席家堰等处。今存道光五年（1825）刻本。

道光《土桥张氏族谱》，清遂宁土桥铺张遇舒纂修。土桥铺（今安居区聚贤镇）张氏，系张万后裔。张万当时居遂宁福昌里，其曾孙二人，分别取名为张福暎、张昌暎。昌暎后更名为张猷（1438—?），字大升，明成化庚子（1480）举人，官武清训导。配徐氏（成化进士、监察御史徐纲女）。生子二人：尚伦、尚绪。张昌暎世居土桥铺，卒葬箕头寺，为遂宁土桥张氏之祖。土桥《张氏族谱》断自大升（张猷），故又名遂宁张氏《大升谱》。今存道光二十五年（1845）刻本，遂宁市安居区聚贤镇张正佳藏。

同治《胡氏宗谱》八卷，清蓬溪西乡胡天平等纂修。此支胡氏始祖胡元道，明正德二年由江西高安迁湖南新宁，后裔清康熙年间迁蜀居射洪、蓬溪西乡（今大英县）、遂宁（今安居区）三地，后裔可考约两万。此谱为入蜀一修本，撰修人有胡天平、胡天定、胡天品、胡承业、胡文宣、胡承烈、胡文禧、胡承嗣、胡文彬等，约20万字。卷一：圣谕广训序（并十六条）、赠序（六篇）、纂修宗谱新序（八篇）、凡例（十条）、朱柏庐先生治家格言、胡翼之先生墓表、服制图（八）、家礼仪则（八，附炳奎跋）、法戒规条（十八）、纂修宗谱名录、楚蜀原委籍贯总记、班次引、坟山图引、坟山图（三十一）。卷二：世系图引、世系图（总图一、大合图十三、小合图四、分图一百五十六）。卷三：元道公至天字派实录（附传志十一）。卷四：承字派实录（附传志十）。卷五：文字派实录（附传志七）。卷六：虎聪公房子字派实录（附传赞遗训三）。卷七：聪秀缘公三房子派实录（附传一）。卷八：祚儒世三派实录、家乘告竣诗（五首）。此谱有射洪举人截取知县刑部主事胡文魁、蓬溪西乡举人学者钟瑞廷、蓬溪西乡举人剑州学政（教谕）景大魁、乐至举人唐永鉴、蓬溪知县徐杨文保、蓬溪县丞白吉升、浙江恩贡蓬溪县丞章藩（后代理蓬溪知县）、遂宁恩贡蔡少海、教谕但立传、教谕唐永宪、岁贡陈德修等三十余位赠序、跋和赠墓志铭。今存同治三年（1864）刻本，木质谱盒上书鎏金“胡氏宗谱”四字，长约30厘米，宽约20厘米，高约15厘米。遂宁市大英、射洪、安居等地胡氏族人有藏。

同治《马氏族谱》七卷，清蓬溪马存勋纂修并序。该谱载有原序，重修、续修、补修族谱序，丧服总图，本宗五服正图，蓬莱镇马氏世次图、马氏字派（四十字），家规，例言，世次总图，各支字派世系等。此支马氏由楚迁蜀，系马禄富后裔，至同治年间修谱时已历九世，聚居于今大英县蓬莱镇马家坝。清同治四年（1865）刊本。

同治《蓬溪河西钟氏族谱》，清蓬溪钟瑞廷纂修。蜀北蓬溪，历史悠久，风土秀丽。清乾隆年间在"湖广填四川"大移民中从广东长乐县（今五华县）迁至蓬溪西乡的客家钟氏，百余年间，人才辈出，中式举人 1 人、贡生 4 人，入清及民国《蓬溪县志·人物志》者 4 人，入清光绪《新修潼川府志·人物志》者 2 人，著述 30 余部。影响深远，名噪蜀中。从乾隆七年（1742）钟氏落业于蓬溪西乡至同治七年（1868）已历 126 年，发展至第六代，始第一次修谱。修谱缘由，清代举人钟瑞廷《纂修蓬溪河西钟氏支谱叙》云："吾宗族谱，自汉唐以来，始修于洛，继修于江右，后复修于闽与粤，相传不下百余代。至曾祖扶任公（钟扶任）由粤来川，以道远，谱牒繁重，不便携持，手录一册，以志不忘，重宗派也。迨置业蓬西，以耕读起家，屡欲回籍携取原谱，因年衰道远，有意未逮。迄今已六世矣。倘不修辑，后恐无传，如先人之德何？因聚族而谋，佥曰：'善'。"同治七年（1868）十一月冬至日，入川以来第一部客家《蓬溪河西钟氏族谱》修成。参与修谱人员多达 18 人。

同治《唐氏族谱》，清同治八年（1869）刻本。该谱为遂宁唐氏二修族谱，内有谱序、碑志若干，史料丰富。遂宁唐坤山藏。

同治《叶氏宗谱》二卷，清蓬溪西乡（今大英县）叶荃先等纂修。荃先，字仙根，清末蓬溪县西乡（今大英县蓬莱镇）人，性孝友，工书能文。两试不售，归榜书庐为"问心斋"居之。事迹见民国《蓬溪近志》卷四。该谱民国《蓬溪近志》卷一三著录。今存同治九年（1870）刻本。

同治《张氏族谱》，清遂宁赤崖沟张问德纂修。此支张氏系遂宁黑柏沟（今属蓬溪）张万后裔。今存同治年间刻本，藏遂宁市船山区河沙镇赤岩沟村张仁敏、绵阳市张清保处。

光绪《吕氏家谱》，清遂宁吕天驷纂修。天驷，吕正春（阳春）三子，字次莘，亦字赐馨，诵读有年，前清榜名宗尚，屡列前茅。杨子赓太守深器重之，欲予案首，因寝疾场屋未果，从此弃试，士林咸深惋惜，后援例入监，改名骏友，教四方，门下入祠林登乡庠游食者踵相接，其后开办慈善，主教文坛，化导群迷，又几二十余年。该谱内容有吕天驷《修谱序》、张知雄《太傅支谱序》、陆廷抡《肃公傅》、费密《吕文肃公诗跋》、吕潜《文肃公诗跋》、吕柳文《半隐公诗跋》、陆廷抡《吕半隐怀归草堂诗序》、雷珽《读遂宁吕半隐先生课耕楼序》等。张知雄《太傅支谱序》云："余戚吕公阳春，名正春，江右人，中迁楚黄之麻城。其始祖环公，由楚而蜀，侨寄梓州之遂宁县北路兴贤里旷家岭花园居焉。明太傅大器公，阳春七世祖也。以兵吏两部尚书，授东阁大学士，著《东川诗集》，名冠一时，与席、黄、旷，并列为四大家。子潜，即半隐翁，崇祯进士，授太常博士。博艺精诗，善书画，为邑中之巨擘，乔梓皆入乡贤祠。孙其楣、其樽、其棟，甲第蝉联，俱我朝名儒。"《吕氏分支世系谱》载：吕环，原籍湖北麻城县孝感乡人氏，明时携弟璮由楚之黄州府迁蜀。璮居蓬溪县白鹤山；环于遂宁县北路兴贤理旷家岭花园居焉，入邑庠，配张孺人，生子一：克谦。第二世：吕克谦，环子，后以孙贵，赠光禄大夫，修百岁坊，配氏史，诰封太夫人，子一：有闻。第三世：吕有闻，克谦之子，后以子贵，封太保光禄大夫。配氏文，诰封一品太夫人。生子二：长大器；次大熙。第四世：吕大器：有闻长子。吕大熙，有闻次子，万历中与乡先达游，皆以必贵目之，后中崇祯举人，国乱不仕，乡谥惠廉。妣氏雍，以抚侄潜成立，得封恭人，子一名洪。该家谱撰于光绪六年秋，今存抄本一册，藏遂宁吕平福处。

　　光绪《景氏宗谱》，清蓬溪景大魁纂修。大魁（1800—?），蓬溪县西乡塘塘坝（今大英县塘塘坝）人。道光庚子年（1840）举人，同治三年（1864）选授剑州（今广元剑阁）训导，同治丁卯（1867）掌蓬山书院，其画像保存至今。景氏原籍陕西省三原县秦家堡竹林湾，入川始祖景讲，明代末年入蜀，下宅于成都北门外，卒葬成都草堂寺。二世祖景皋禹（1586—1641），字运亨，天资卓越，能文章，明末成都孝廉，有闻墨传世。崇祯十四年（1641）卒，终年五十六岁，葬成都草堂寺，其孙景凤彩昆季将其迁葬遂宁凤台寺钻天凤窝。景运亨子一：景联芳，清初俸母陶氏及妻王氏由成都迁居遂宁忠诚里凤台坝下坝；女一，适遂宁处士张烺，生子张鹏翮，官至文华殿大学士兼吏部尚书。景运亨妻陶氏，有孟母遗风，教子有方，人多效焉，殁葬遂宁北路兴贤里二甲凤台坝石马坪（小地名龙眼井漆树坪），距离遂宁杨名探花墓一箭许（位于杨名墓之右）。遂宁遂宁市景氏字派为："讲禹联凤天，新春大吉祥，世泽裕清芳，厚德多余庆，承家永克昌。"后十六字为清代蓬溪县县丞浙江归安章藩所拟定。联芳子（第四代）凤彩子孙迁中江；凤翔子孙留居遂宁；凤仪子孙迁蓬溪县蓬莱镇塘塘坝（今属大英县）。谱前有景大魁（第八世孙）同治九年（1870）八月在剑州学署撰写的序言。今存光绪七年（1881）刻本。

　　《遂宁张文端公年谱》，清遂宁张知铨编。知铨（1827—1899），字衡季，号西园，四川遂宁人。张鹏翼第六世孙，候选县丞、议叙同知衔，诰授奉政大夫。撰有《遂宁张文端公年谱》（1882），与堂兄张知雄修《遂宁张氏家乘》四卷。卒葬遂宁县北坝。此谱载光绪八年刻《遂宁张文端公全集》卷首。

　　光绪《遂宁张氏家乘》，清遂宁张知雄、张知铨纂修。清光绪九年（1883），距嘉庆修谱已70余年，生丁渐众，旧帙无凭，张知雄（1821—1887）与堂弟张知铨（1827—1899）两人复事纂修，光绪九年仲冬重刊，板存家塾。张知雄于光绪九年仲秋撰《序》云："吾族前谱作于明正德时，有黄简肃（黄珂）、席文襄（席书）二公跋语。逆献（张献忠）后，荡焉无存。先伯太高祖文端公（张鹏翮）抚浙江时，欲修家谱，奈雨残烟烬，旧牒无稽。其先世之字讳、茔墓，仅得之于八世伯远祖栋寰公（张耀）口授，厥后告成，惟存大略。洎乾隆初叶，叔高祖谦一公（张懋恭），继加辑订，亦仅肇定规模。嘉庆丙、丁间，先堂伯亥白（张问安）先生重事倡修，而卒成于旗山（张问莱）、兴甫（张问诗）两世父之手。生丁渐众，往帙无凭，其记载间多舛略，今又七十余稔矣。……今与堂弟西垣（张知铨）复事纂修，拔本以溯源，分支而别派，书婚配以正其始，录卒葬以考其终。……兹吾张居遂阅历两朝，要皆本忠孝传家，诗书继绪，所愿后来之辈，丰种而厚获，积和以致祥。上追步明季之崛兴，次绳武于国初之鼎盛。承承继继，绵世泽于无替焉。是则余之所愿也夫。"该谱今存。

　　光绪《遂宁补氏族谱》五册，清遂宁补宗颜纂修。遂宁补氏始祖为补景胜，明初人，始迁祖补应孝，清康熙二十三年（1684）由贵州天柱县携家入川，居遂宁县城西街。遂宁补氏字派为："勤孝继宗，光明永世；忠厚开基，作述秉义；家修廷献，邦定国治。"清末民国著名中医学家、"火神菩萨"补晓岚（1856—1950，遂宁市安居区白马镇宝泉沟村人）即出自于该家族。该谱现存清光绪十二年丙戌（1886）木刻本。

光绪《刘氏族谱》，清光绪十四年（1888）刻本。该支始祖刘进（1606-1675），康熙初年随祖父自湖北黄州府麻城县孝感乡徙居遂宁县杨渡坝（今遂宁市船山区永兴镇杨渡村）。谱前有刘奎元、刘泽民序。

光绪《张氏族谱》，上下两册，清射洪太和镇张腾鸾等纂。张氏原籍福建龙岩州，始祖为张秀士，于康熙五十三年入川开基遂宁射洪太和镇。该谱为迁入射洪、巴县之张氏的合族谱。上册为传序、闽省世系，下册为川省世系。光绪十五年（1889）刻本，宜宾陈伟平藏。

《耕读家训》一卷，清蓬溪刘克全撰。克全，性敏好学，乐善好施。嘉庆五年，倡筑天成砦。载国《蓬溪近志》卷四。民国《蓬溪近志》卷一三著录。

光绪《薛氏族谱》四卷，清蓬溪薛永珍纂修。永珍（1815—1903），蓬溪县赤城镇人，笃学力行，躬行实践，任蓬溪薛氏族长期间培修宗祠纂修族谱。殁后蓬溪县教谕樊宗源为其撰墓志，载光绪本《蓬溪续志》。该谱内容主要有序言、族规十二条、宗祠示禁（蓬溪知县何远庆批示）、宗祠凡例、族谱凡例、宗祠记、字派等，史料价值较高。今存光绪十六年（1890）刻本。

光绪《射洪古绳乡杨氏族谱》，清射洪杨昌邠纂修。昌邠，即杨焕之（1850—1932），号昌邠，射洪金山乡人，后迁居于官升乡塔子沟。以教书为业，光绪岁贡。光绪帝二十三年（1879）任《新修潼川府志》射洪采访。曾任袁世凯总统府顾问。后归里，成立达山坡儒坛。所著诗词甚富。该谱为光绪二十六年（1900）刻本。

光绪《射洪李氏族谱》十卷，前四卷为原谱，李欣邵编撰，宣统元年（1909）刻本；后六卷为续谱，李士先编撰，光绪三十四年（1908）刻本。李欣邵（约1730—1825），字阜年，射洪人，乾隆四十一年（1781）恩贡，官四川荥经县教谕。李士先（1856—1940），射洪人，光绪十二年（1886）秀才，以教读为生。该谱卷一为族图、世系、附载，卷二为诰命、行述，卷三为赞颂、祭章、节孝，卷四为艺文、家范，卷五为原刻补刻世系，卷六为续修传图，卷七为各支世系、附载，卷八为大年、节孝、服制、家范，卷九为行述、赞颂，卷十为艺文、附跋。卷五补刻有乾隆间江西吉水知县李潜、四川西昌教谕李潜昆仲序言两篇。存世约五部，射洪县李氏宗亲联谊会存一部。

光绪《蓬溪奚氏宗谱》，清蓬溪奚湘焘纂修。收录有清代蓬溪举人奚继徽、进士奚大壮诗文画像，弥足珍贵。此支奚氏今居重庆市潼南区，今存光绪三十四年（1908）戊申刻本。

《宗谱》三卷，清蓬溪张秉谦撰。光绪《蓬溪续志·著述》著录。

《姓氏韵编》一卷，清蓬溪张秉谦撰。光绪《蓬溪续志·著述》著录。

《训子遗嘱》一卷，清蓬溪叶光玖撰。民国《蓬溪近志·艺文》著录。

《钟氏家礼》一卷，清蓬溪钟永定撰。永定，事迹已详前。民国《蓬溪近志》卷一三著录。

民国《杨氏族谱》三卷，民国蓬溪杨远猷纂。杨氏原籍湖广靖州天柱县，始祖杨通贵于康熙年间自湖广迁居蓬溪县西乡（今大英县）九甲大楼沟。该谱卷一记自序、赠序、家规、源流，卷二为世系图，卷三为行传。民国四年（1915）刻本，宜宾陈伟平藏。

民国《蓬溪河西钟氏族谱》十卷，民国蓬溪钟永定纂修。民国三年（1914），蓬溪客家钟氏第二次修谱，距同治谱，已历 46 年。此谱三易其稿，民国五年（1916）十一月冬至日完成。修谱人员 15 人，名单如下：续修：癸酉科拔贡前署广安州学正裔孙永定；协修：供事府供事官议叙候补县丞裔孙永显；监修：文炳、文楠；校录：文楷、文靖；校刊：文芹、华燊；总理：文直、文诚；副理：文霭、文林；经事：文策、文焘、华注。该谱内容充实，体例完善。民国《蓬溪近志》卷一三著录。

民国《邓氏族谱》，蓬溪楠木沟邓铭之修撰。该谱收录了多篇老谱序文，介绍了邓天君后裔在蓬溪、南充、遂宁的分布情况，记述了蓬溪县鸣凤镇楠木沟宗支始迁祖邓之约派下的世系。今存民国六年（1917）刻本。

《曾氏家礼挈要》一卷，清末蓬溪曾世礼撰。世礼，事迹已详前。此书民国《蓬溪近志》卷一三著录。

《训女篇》一卷，清蓬溪萧宗藩撰。宗藩，字耿光，炳林孙。事迹载民国《蓬溪近志》卷四。著录于民国《蓬溪近志》卷一三。

民国《唐氏族谱》，民国遂宁唐万森督修，唐召南主笔。民国八年（1919）秋成都探源印刷公司印。该支始祖唐长乐（天雍，1273—1358），元末明初自江西吉安府徙湖南宝庆府武冈州紫阳乡。清康熙三十五年丙子（1696）至三十六年丁丑（1697），"升、宝、六、丑"四房子孙因"湖广填四川"自武冈州紫阳乡黄塘、沙坪（今湖南省邵阳市邵阳县塘渡口镇）入遂定居。该支派语为："乾纲克振，坤纪自扬。施仁敷教，治化安康。培补运会，太平发祥。"该谱为遂宁唐氏三修族谱。谱宽 14.7 厘米，长 23.5 厘米，总厚度 14.7 厘米。计九册，1028 页。中缝书名"晋阳唐氏族谱"。首册有《祠堂图说》《重刊河南中州祖籍族谱祠堂碑志》《重刊湖广菜花墟祠堂碑文》，冯东曙、段会昌、余文简、王光翰、含晖、余金锡、李文澜等所撰谱序，列传则分为《名儒列传》《宿儒列传》《耆德列传》《孝友列传》《干略列传》《节孝列传》《淑德列传》等。该谱史料价值极高，对于研究清代与民国时期遂宁历史文化具有重要参考价值。今藏遂宁左家坝唐氏宗祠（遂宁市安居区会龙镇静严村）。

民国《遂宁张氏族谱》四卷，民国遂宁张崇阶纂修。光绪九年（1883）遂宁张氏纂修族谱后，历 41 年，即民国十三年（1924），由张鹏翮第八世孙张崇阶（字晋升，号级仙，生于1868 年）纂修了《遂宁张氏族谱》。此前，清代末叶，张氏族人曾提议重修族谱，公推张知廓（1852—1919，号容垓）主任其事，后因国体改革，遂尔搁置。至民国十三年（1924），张崇阶董理其事，纂修成《遂宁张氏族谱》，共四卷八册。张崇阶在 1924 年农历五月六日撰序云："吾族之谱自清光绪癸未（1883）芥史公（张知雄）修纂后，迄今四十一年矣。其中丁口之增添，历年之卒葬，子女之婚娶，暨宦商之流寓四方者，不知凡几……吾家之谱，自雍正以至光绪，凡经四修，分门别类，规模业已大备。今兹之役，亦惟循途守辙，广为搜罗。前谱之未备者，增之；后所添之丁口，益之；先正之典型其在，后人之依据有自，不敢妄参己见，别树旗帜也。惟吾张自迁遂以来，已五百余年矣，其云礽之繁衍，人才之崛起，科第之蝉联，皆祖宗积德累仁所致也。凡我子孙披籍而溯前型，务当孝友传家，诗书继世，庶可上步祖武，不愧为廉吏儿孙云。"该谱详细记载了遂宁张氏从明初入川至民国十三年

（1924）来近 600 年的遂宁张氏家族世系、事迹和发展史，内容丰富，价值巨大，为研究清代名人张鹏翮、张问陶及其家族提供了极其丰富的第一手资料，弥足珍贵。今存民国十三年（1924）刻线装本，已著录于中华书局出版的《中国家谱综合目录》一书中。南京大学图书馆、遂宁市博物馆、遂宁市档案馆以及遂宁、蓬溪等地张氏后裔处有藏。

民国潼南双江《杨氏族谱》六卷，民国蓬溪曾世礼编纂。民国十三年（1924）刊本。世礼，字修吾，事迹已详前，系清三十二年（1906）丙午科优贡，朝考一等，签分湖北候补知县、武昌高等审判厅刑庭推事。该谱共六册，约 20 万字，根据双江杨氏祖籍地湖南怀化辰溪《杨氏族谱》乾隆版重订增修。该支远祖杨文秀原籍江西泰和县，宋末迁居湖南辰溪县。其十四世孙杨光基（字玉皎）于清康熙三十五年（1696）秋，携四子由辰溪五都之黄溪迁居四川遂宁、蓬溪所属之姬家坝、双江镇等处。民国初划遂南、蓬东地设潼南县，该族遂为潼南人。该谱详尽记载有中共重庆地方委员会（即四川省委）第一任书记杨闇公，前国家主席杨尚昆，中共中央政治局委员、前中央军委秘书长杨白冰等的家庭、家族及其本人的世系简历。该谱收有"双江杨氏源流考""家礼辑要""族规家教""杨氏名人列传""历代贤哲家训""字辈排行""艺文"及"潼南县志序要"等史料。曾世礼撰有《杨氏族谱序》《玉皎公家传》《杨母邱恭人传》等文。该谱不仅为人们了解和研究杨闇公、杨尚昆青少年时期革命思想的形成提供了客观的根据，同时更对人们了解和研究遂宁、潼南地方史及我国的清代与民国时期近代史、社会发展史、经济发展史及人口学、民俗学等提供了丰富的史料，具有重要的历史价值、文化价值。通过这些记述，不仅可让我们了解双江杨氏入蜀的来龙去脉、潼南县的建县历史，还可了解清康熙年间兴起的那场波澜壮阔的"湖广填四川"的移民运动史。

民国《马氏族谱》，民国射洪马天衢撰。天衢（1872—1950），清末射洪举人。民国九年（1920）任射洪县劝学所所长，后任中学教员，并在川军刘湘、邓锡侯两军部供职文案，后辞职返乡。学识渊博，能文善诗，工书画。金华山古读书台石刻对联"亭台不落匡山后，杖策曾经工部来"及木刻《陈伯玉〈感遇诗〉三十八首》均系其手迹。医术造诣亦深，为群众义务治病，常妙手回春。《马氏族谱》分序言、凡例、族规、马氏蜀宗派表、各系各代名册四部分。今存民国十三年（1924）手抄本。

民国《林氏族谱》，民国遂宁林氏族人撰。民国十三年（1924）暮春月遂宁县尔益石印馆代印。

民国《陈氏族谱》一卷，民国湖南陈士杰、陈文三、陈文芳总纂。系陈天才（陈万源长兄）曾孙陈均美、陈均贤后裔族谱。该谱记有历代源委总序、族规、字辈、宦绩、参修户名、咏重修族谱诗、本宗九族五服正服之图、妻为夫族服图、妾为家长族服之图、出嫁女为本宗降服之图、三父八母服图、夫族服图、祠堂图（湘新化、黄杨山、圳上、锡溪）、各户修谱人名、世系。谱中所载均美房迁川族人有：陈天衡（遂宁龙虎沟）、陈圣宣（遂宁刘家坝、安居合石沟）、陈应习（乐至县仁义乡蓝家湾）、陈之禄（遂宁石铁沟、石梯沟）、陈有万（安岳县杨家沟、遂宁雷家沟）、陈有词（安居响滩子、乾田坝）、陈应见（安居西关口、油榨沟、桂花沟、高坎河雷石坝）、陈有璧、陈之礼（安居空洞山、射洪太和镇）、陈应瑗（乐至仁义乡蓝家湾、凤尾沟）、陈有凤、陈有凰（安居杨家坝、安居石坎沟、空洞山）、陈有华（遂宁下安里楦河堰李子湾）、陈知利（川铜罗坝、遂宁龙虎沟张家湾）、陈知秩（安岳白果湾、安居高椅湾）。民国十四年（1925）湖南新化三都油溪桥老塘冲彭尚魁、彭元魁、彭兆元、周绍侣印刷。安居陈扬兵藏。

民国《陈氏重修族谱》二卷，民国湖南陈士杰、陈文三、陈文芳总纂。该谱卷一内容与陈扬兵藏民国十四年《陈氏族谱》世系前所载一致。卷二为均美房、均贤房、均琦房世系，均美房同前。均贤房迁川族人有：陈虞鹏（德阳中江、贵州贵阳）、陈时斗（安岳县天星桥、遂宁梁家湾）、陈时茂（遂宁詹家坝、石桥沟、东禅寺）；均琦房迁川族人有：陈于珙（德阳中江）、陈于珮（安岳附郭乡黄家沟）、陈所童（遂宁高庙子石桥沟、玉皇沟东禅寺）、陈嘉锡（安居豹子沟）、陈于德（安居万家沟）、陈所考（东禅寺塔水桥、豹子沟）。民国十四年（1925）刻本。安居陈俊藏。

民国续修《叶氏宗谱》四卷，民国蓬溪西乡（今大英县）叶绍文等纂修。绍文（1857—?），名恒圣，字修元，号德生，自号鹤山愚人，学名绍文，蓬溪县蓬莱镇（今属大英县）人，岁贡生。工制艺，岁科试，恒超一等，行高学邃。终身严正，无苟且行，至性过人。年十六，居母丧哀恸几毁。中岁襄县政，于书院、三费，悉力匡救得复振。晚居白鹤山，谢弃世务，日事吟咏，有《鹤山碎墨》五卷。曾世礼为表其墓。事迹见民国《蓬溪近志》卷四。该支始迁祖叶增璧，先世湖北蒲圻县人，清乾隆间由蒲圻入蜀，卜居蓬溪县河西李家沟。卷一谱序、源流序、家训、系图，卷二、三行传，卷四传记。今存民国十四年（1925）刻本，著录于民国《蓬溪近志》卷一三。

民国《蓬溪庄氏族谱》，民国蓬溪庄喜泉撰。喜泉（1878—1938），字廉夫，号如渊，蓬溪县赤城镇附西人。清末附生，曾任川北宣慰使嘉陵道尹科员。该谱民国六年（1917）十月开修，七年（1918）十二月稿成，十四年（1925）六月付梓。主要内容有《蓬溪庄氏纂修族谱公启》《修谱经事人名》《庄氏族谱序》《蓬邑庄氏族谱后序》《蓬溪庄氏续拟字派二十字弁言》《录潮惠修谱谱引》，以及世系、艺文等。今存民国十四年（1925）六月刻本，四川省蓬溪县档案馆藏。

民国《蓬溪薛氏族谱》六卷，民国蓬溪薛毓藻等纂修。毓藻（1876—?），清庠生，家风纯正，睦友亲邻。其子薛正熙（薛琴舫）是著名物理学家，撰有二十四节气歌，曾为中央首长讲课，卒葬北京八宝山公墓。该谱保留了光绪本全部序言。增加主编薛毓藻、薛毓泮、薛毓秀、薛毓忠、薛毓焕的新序。族规新增八条。宗祠凡例新增三条。载有蓬溪优贡曾世礼、射洪岁贡杨昌邠、蓬溪县教谕樊宗源、候选教谕庞际超、清庠生四川省三师范教授冯东曙、清庠生姚邦俸、清文庠郭泉生、拔贡曾庆奎、礼部员外郎纪大经、南充庠生陈其琛等人为薛氏族人撰写的寿文墓志铭等。今存民国十五年（1926）遂宁谦泰石印局印制线装本。

民国《蓬溪县廖氏族谱》，民国十六年（1925）重修，主修不详，一共八卷六本，由成都成蹊石印社印，内容包括通启、往哲考，其世系脉络清晰。人俊→哲士→昭德→长寿→发祥→德行→仕隆→介，和湖南宝庆府廖发祥世系相同。后裔分布在蓬溪石洞廖家坝、蓬溪高坪等地。人口上千人。谱收藏在蓬溪县高升廖登高家。

民国《遂宁李氏族谱》，民国遂宁李徵信（久斋）采访编辑，李道清（在山）、李道廉（洁庵）纂集。此支李氏，今聚居遂宁市船山区新桥镇凤台坝皂角坪，建有李家祠堂，系明末语言学家李实、清初遂宁榜眼李仙根的族人。遂宁凤台坝李氏入川始祖李志高，明初由麻城县孝感乡携家徙居遂宁县安仁里下县坝，继迁下安里之四方山。第二世李茂华，由四方山迁遂宁县城南学宫之后居住。第三世李桂元，字左泉，明嘉靖时庠生，善楷书，复卜筑于学宫前，买房地居住，遂家于此。第四世李友松，字鹤来，邑庠生，通经义，善书法，精医术，明万历庚戌瘟疫流行，治方市药，活者无算，有盛德。李友松长子即明末语言学家、苏州府长洲县知县李实（字如石，号镜庵），李仙根（名之钦，号南津）为李实长子，清顺治辛丑科殿试第二名，官至户部右侍郎。李实支多徙居江南苏州、南京等地。李友松次子李宾（字鸿次），自遂宁城南学宫徙居凤台坝三江镇洋泮溪，殁葬遂宁南坝大石桥李家大坟堡，李仙根撰有《宾公李鸿次先生墓志铭》。李仙椿（名之茂，字子悦）为李宾之子，明季庠生，殁葬遂宁新桥场黄檀沟斩龙垭。李友松三子李宜，因避张献忠乱，徙居甘肃，后裔不详。今凤台坝李氏，大多是李友松次子李宾后裔，然李实九子李之槃（字子郁）于康熙二十二年自苏州返遂宁凤台坝定居，故凤台坝李氏也包含了一部分李实后裔。遂宁凤台坝李氏（榜眼李仙根家族）字辈为："奕业秉正常，崇信道遐昌，绍祖德远大，永克纪前光。"奕派为李实、李宾孙辈也。前十字为李实拟定。遂宁李氏，以李实、李仙根父子成就最大，名声最响，他们将遂宁李氏家族推向了顶峰。故清代大诗人张问陶在《延录斋叙》中云："自故户部侍郎李公仙根以文学显康熙中，而遂宁之李闻天下。"今存民国十六年（1927）遂宁南街六一石印局本，有国民革命军四川边防军总司令李家钰撰序。四川宋瓷博物馆藏。

民国《陈氏族谱》，民国遂宁陈历炳撰。历炳（1868－1949），字明斋，号炳麟，克绍书香，勤修正学，为塾师，教育子弟甚夥，其父陈远春（1848－1888），字松亭，太学生。该支迁新化始祖陈伯万，二十一世祖陈天才（法隆）。迁川始祖陈有凤，于清康熙元年（1662）自湖南长沙府安化县前乡谭家湾徙居四川潼川州遂宁县忠诚里安居镇河沙坝（今遂宁市安居区境内），陈惟智又迁八甲杨家坝（今安居区三联乡黄家坝），陈今聪再迁四甲石坎沟（今安居区凤凰社区）。该谱记源流、迁徙、世系、传记、碑文、字辈颇详。今存民国二十年辛未（1931）稿本，安居陈扬兵藏。

民国《覃氏族谱》一册，民国蓬溪覃光冕纂修。光冕，字晓楼、筱楼，蓬溪县安通乡上徐家沟（今大英县蓬莱镇南泉村上徐家沟）人，民国时任川北清乡军表司令顾问。其祖父覃怀瑾，族名元斌，字璞山，清道光十一年（1831）辛卯恩科第十六名举人，主讲蓬山书院；道光二十四年（1844）大挑二等，以教职用，选授铜梁县教谕，门生有铜梁安居进士、山东监察御史吴鸿恩；历署达县、宜宾、青神、通江、江安学篆；光绪二年（1876），复选汉州学正，莅任三年而卒，葬蓬莱镇红林五房沟覃家湾。覃氏原籍湖北黄州府麻城县孝感乡柳林沟儿子湾，明洪武二年（1369），覃玉灵迁蜀，卜居川北道潼川府蓬溪县河西上三里安通乡六甲五房沟。覃氏分大小房，大房字辈为："玉应登金榜，仁宏太宗庆；章国良子秉，月元大光明；希天中正学，立德利同生；世代邦君远，家丰厚道成；华显培仲达，永久有显能。"覃氏族裔主要分布于今四川省大英县蓬莱、玉峰、河边，中江县玉丰，重庆市铜梁区安居等地。清代覃氏大小房分别修有宗谱，有蓬莱道光举人景大魁、象山咸丰举人钟瑞廷、同治拔贡钟永定等人题赞。此谱民国二十三年（1934）修，覃光冕撰有《后叙》，今藏族人覃希银处。

民国《胡氏族谱》，民国蓬溪胡家勤纂修。家勤（1894—1945），清末民初四川省蓬溪县文井场三台观胡老灶（今蓬溪县文井镇百恒村六社胡家沟）人。清康熙后期文井胡氏入川始祖胡大国第七世孙，即胡大国→胡应秋→胡廷旭→胡联坤→胡永涵→胡正敏→胡家勤→胡兴恒→胡传淮→胡云柯→胡峻晨（兄）、胡峻睿（弟）。生于清光绪二十年（1894）甲午冬月十三日，卒于民国三十四年（1945）乙酉八月初十日。亲仁善邻，勤劳善良，助人为乐，深受邻里感戴，乃蓬溪乡邑善士。胡姓历史悠久，源远流长，是中国最古老的大姓之一。文井胡氏，系出舜帝，得姓始祖为胡公满。公满为舜帝第三十四世孙，周武王把他封到陈（今河南淮阳）。为人正直、有气节，又年高寿长，故谥曰"胡公"。子孙遂以谥为姓，称为胡氏。胡公满就是胡氏得姓的开山始祖。胡其祥，明末清初湖北麻城县孝感乡教子村人，胡公满后代，妻汤氏。子四：胡大国、胡大鹏、胡大宗、胡大海。清朝康熙后期，胡大国、胡大海兄弟二人，遂由湖北迁居四川。胡大国，妻邹氏，落业于四川蓬溪文井场三台观（今文井镇百恒村五社、六社）。子三：胡应秩、胡应穗、胡应秋。胡应秩后裔聚居于今蓬溪县罗戈乡石牛村三社；胡应穗、胡应秋后裔分别聚居于今蓬溪县文井镇百恒村五社、六社。胡大海落业于四川南充莲花池。胡大国为文井胡氏入川始祖，卒葬文井场云台观八宝山，其墓今存。胡大国一支今已下传十五代，子孙繁盛，遂称文井望族。文井胡氏字派是："其大应廷联，永正家兴传，世代开文运，学成第耀先，厚德才万载，光荣定胜前。"胡大国为本支胡氏入川始祖，族人聚居于蓬溪县文井镇百恒村、梅垭村、罗戈乡石牛村等地。该族谱主要记载文井胡氏宗祠、世系图、世传录等。今存民国二十四年（1935）抄本，藏胡大国第九世孙胡传淮处。

民国《张氏宗谱》四卷，民国射洪张氏族人纂修。民国二十六年（1937）修谱之初，得到射洪县政府的批示和支持，县长吴嘉祥题词："其本也固，其源也浚。振振绳绳，德门之庆。"《张氏宗谱》共分四部，一部为《世系》，是总纲，另三部分别为《孟部》《仲部》《季部》。全套书近400页，大约12万字。民国二十八年（1939）修成，线装宣纸手写本。

民国《李氏族谱》，民国蓬溪西乡李代仁、李代钦纂修。代仁，字寿亭，武生李世富长子；代钦，字敬亭，世富三子。此支李氏，原籍湖北麻城孝感乡，明代洪武入川，居蓬溪县河西蓬莱桥头井，即今大英县玉峰镇智水。其族名人有明嘉靖三十四（1555）年举人李映枝、嘉靖三十七年（1558）举人李养裕（映枝子，官宝鸡知县、延安知府）。此谱民国二十八年（1939）春修成，三十六年（1947）印，分为孝弟忠信礼义廉耻八部，简州举人杨小沧序；内容有明代举人李映枝《宝和桥碑记》，清初始祖李观生《遗嘱》，清代蓬溪知县周学铭；清代中江举人李兆蓉；遂宁举人王安辑、王世畅；蓬溪西乡举人景大魁、覃怀瑾、钟瑞廷、杨大成、周理阳，贡生朱晖吉、蔡荣、钟永定、李晋，川东道尹刘鸿业，增生周仁贵、周毓松等人撰写之碑记、墓志、行述、寿序等。

民国《遂宁喻氏族谱》，民国遂宁喻明常纂修。明常，民国时期遂宁县宝石（今安居区保石镇）人，遂宁喻氏第十四世孙，河边场（今大英县河边镇）经义书院教员。此谱历经十余年搜讨、考订，于民国二十九年（1940）编辑完成。喻明常撰有《遂宁宝石增修谱叙》。该谱叙最为难得之处是其在中日战争的大背景下，号召族人"合人群、结团体，由民族之生存，作保种之思想"，以保种、合群促进抗战动员。且因看见"东南各省莫不蹂躏惨遭"，故在川省尚安定日及时将族谱纂成，以防将来"劫灰复炽、兵燹火重"。此谱遂宁市安居区保石镇喻氏族人有藏。

民国《三麻沟何氏支谱》，民国蓬溪何显文纂修，华明印刷社印刷。支族始祖何贵念，楚南永州府零陵县人，清康熙三十六年（1697）举家迁蜀，在蓬溪三麻沟立业，族人分布在蓬溪旌忠、蓬南、胜利、潼南米心、贵州、绵阳等地。全书116页，有谱序、亲睦堂序、凡例、宗法、字派、楚南考、九族图、丧服图、世序表、世序名册、人物传记。谱中对清进士何志倬（字兆熊）做了详细介绍。收录了大量名人墓志铭和挽联。还收录了何兆熊在京为官时家书十一封，其中有八国联军攻占北京、京都官员逃离之记录，弥足珍贵。今存民国三十二年（1943）刻本，藏蓬溪县蓬南小学何连荣处。

民国《庞氏族谱》二卷，民国蓬溪庞肇伯纂修。肇伯名泽泰（1901—1978），蓬溪县附西转水坝人。该谱分为绅公房卷和维公房卷。由谱序、前代世系考、本族宗籍考、本支世系说、本支字派六十字、祝文、家规等组成。有庞际飞、庞冠、庞际时、蒲郁达、王三重、胥仁禧、庞仲瑶、庞际超、青于蓝、熊祥谦、何景忠人所撰序言诗赞等。今存民国三十二年（1943）手抄本。

民国《钟氏族谱》，民国蓬溪钟奉璋、钟名树、钟成良、钟成玉、钟治安、钟泰安等纂修。钟奉璋作序，钟奉璋、钟治安等人手抄。钟奉璋，本名钟成壁，诗书传家，曾为钟氏族长。该谱内容有序言、源流、祖坟图、家训、字辈、世系图、传记等。始祖钟禄锦，山东籍。有长子钟君甲，迁湖广永州府陵零县进贤乡三丘田。清康熙年间，入川始祖钟世滚从三丘田迁蓬溪县鸣凤镇欧村沟，后来发展到鸣凤镇桅子坝雄家沟，船山区城区，河沙镇赤岩沟、桅子湾、祠堂湾，常林罗家桥等地。今存民国三十四年（1945）抄本。

民国《蓬溪长江坝窑垭子张氏生庚簿》，民国蓬溪长江坝纂修。此支张氏系遂宁黑柏沟（今属蓬溪）张万后裔。今存手抄本，藏大英县回马镇张清煜处。

民国《遂宁谢氏家乘》，民国遂宁谢大错等编纂。据民国三十五年（1946）石印本摄制，中研院傅斯年图书馆藏。

民国《王氏家谱》，民国遂宁王文琮编纂。据王文琮藏民国年间影印本缩制。台北故宫博物院藏。

民国《罗氏族谱》，民国遂宁罗懋沅、罗懋海纂修。民国三十五年（1946）刻本。该谱为遂宁罗氏二修族谱。始祖罗景泰，清康熙五十三年（1714）随父罗文仁徙居遂宁县城东。嘉庆十六年（1811）阖族立派语如右："天文景志荣，秀大罗洪恩。懋勤恢先绪，清慎守家箴。仁义道德盛，富贵金玉铭。祖宗遗泽远，万载庆长庚。"后裔主要居住于遂宁市船山区仁里镇罗家桥村。

民国《遂宁永兴乡陈氏同宗支会编辑修文》，民国三十八年（1949）稿本。该书为遂宁永兴乡陈氏同宗会（四川省陈氏同宗会遂宁县永兴乡分会）资料汇编，内有《陈氏同宗会发起组织自治会启事》《遂宁县永兴乡陈氏同宗支会通则》《遂宁县陈氏总祠改组同宗自治会启事》《遂宁县陈氏同宗自治会筹备会通知》等文献，是研究民国晚期遂宁宗族文化活动的重要史料。

（作者单位：四川省蓬溪县政协）

地方文化与文化中国

陈鹏飞生平著述考

——兼论永川陈少南墓真伪①

朱学博

内容提要：重庆永川近年被宣传为两宋之际的经学家陈鹏飞的归隐之地，并有陈鹏飞故居和陈鹏飞墓地。然通过宋代史料的考证，可以明确陈鹏飞是浙东永嘉人，卒于广东惠州，并未到过永川地区。上述误会是由于清代地方志的错误记载造成。同时本文依据宋代文献材料，梳理陈鹏飞的生平、历官、著述情况。

关键词：陈鹏飞；永川；墓地；宋代

陈鹏飞，字少南，温州永嘉人，是南宋初期重要的经学家，为官正直，因得罪秦桧而贬官，最后卒于惠阳（今广东惠州市）。由于著作的散佚和史料记载的碎片化，不但陈氏的学术思想未有人研究，其生平事迹也未梳理清晰，今重庆永川的松溉镇更有陈氏墓地和纪念馆，并宣传为陈鹏飞晚年著书授徒的终老之处。这其中有相当大的误会，其实陈鹏飞并未来过永川地区。故笔者据相关史料，梳理陈鹏飞生平和著述情况，并对其归葬之处加以辨明。

一、陈鹏飞家世与生平

（一）家世与生卒年

陈鹏飞原本是温州永嘉人，与南宋著名学者叶适是同乡，叶适《水心集》卷十三有《陈少南墓志铭》一文，正是叶适为其所撰的墓志铭，为研究陈鹏飞家世生平留下了宝贵的文献材料。据《陈少南墓志铭》载："少南，温州永嘉人也。祖戬，父公谟。""娶王氏。子一人，

---

① 本文为 2018 年重庆社会科学规划项目"涪陵学派与南宋巴渝地区儒学研究"（编号：2018BS21）系列成果。

名六龄。二女，适周季显、徐贯之。孙男二人，曰载、曰古。"①

陈鹏飞之祖父陈戬、父陈公谟史料不详，其妻王氏史料亦无记载，唯楼钥《攻媿集》卷十四尚有《王夫人挽词》一诗："淑质依名士，身期百不忧。槁砧家万里，蓬首日三秋。陶母传遗业，稽孤托旧游。幽原诵诗传，无愧柏为舟。"下小注云："陈少南之室。"② 即是其人也。

关于陈鹏飞的生卒年，叶适《陈少南墓志铭》有明确记载："绍兴十八年，少南居四年矣，得瘅疾卒，年五十。"又云："后三十年，当淳熙五年三月己酉，改葬于旧墓南百步先人之侧。"③ 淳熙五年（1178）上推三十年，亦是绍兴十八年（1148）。而陈氏卒于绍兴十八年时为五十岁，则其生于宋哲宗元符二年（1099）。

（二）历官

关于陈鹏飞历任官职，宋代部分史料有简要记载。如《陈少南墓志铭》言：

> （陈鹏飞）中绍兴十二年甲科，授左迪功郎、明州鄞县主簿，移浙西安抚司属官。召对，为博士太学。以视学恩，改承奉郎，说书崇政殿。④

故知陈鹏飞中绍兴十二年陈诚之榜的甲科，授左迪功郎、明州鄞县主簿等。后《墓志》所云"召对，为博士太学"，又见李心传《建炎以来系年要录》卷一百四十八，其云："（绍兴十有三年二月）真州州学教授杨邦弼、左迪功郎陈鹏飞，并为太学博士。"又李心传云："故事，廷试三人两任回始召，至是熺已为秘书少监，故并擢之。"⑤ 今张扩《东窗集》卷六还保存其所作《陈鹏飞、杨邦弼并除太学博士制》一文。

陈鹏飞仕宦经历，《建炎以来系年要录》载较详，今条列如下：

绍兴十三年二月	真州州学教授杨邦弼、左迪功郎陈鹏飞，并为太学博士
绍兴十四年二月	太学博士陈鹏飞兼崇政殿说书
绍兴十四年六月癸巳	太学博士兼崇政殿说书陈鹏飞守尚书礼部员外
绍兴十四年六月己亥	尚书礼部外郎兼崇政殿说书陈鹏飞兼资善堂赞读
绍兴十四年十二月辛丑	尚书礼部员外郎兼崇政殿说书、资善堂赞读陈鹏飞罢
绍兴十五年秋七月辛亥	左承奉郎主营台州崇道观陈鹏飞除名，惠州编管

起初，陈鹏飞与杨邦弼并擢为太学博士，一年后又以太学博士兼崇政殿说书，皆非故事。李心传《建炎以来朝野杂记》乙集卷十三"博士正字兼说书"条云：

> 崇政殿说书，渡江后自尹彦明始。彦明初以秘书郎兼之，后多以命卿监察官……绍兴中，陈少南以博士兼说书。乾道末，崔大雅以正字兼说书。此则国朝所未有也。⑥

---

① 叶适：《水心集》卷十三，《文渊阁四库全书》，第1164册，上海古籍出版社，2003年版，第253页。
② 楼钥：《楼钥集》，浙江古籍出版社，2010年版，第1590页。
③ 叶适：《水心集》卷十三，《文渊阁四库全书》，第1164册，上海古籍出版社，2003年版，第253页。
④ 同上。
⑤ 李心传：《建炎以来系年要录》，中华书局，2013年版，第2382页。
⑥ 李心传：《建炎以来朝野杂记》，中华书局，2000年版，第718页。

之所以能得美除，乃是由于陈鹏飞与秦桧之子秦熺有交谊。秦熺亦中绍兴十二年榜，与陈鹏飞为同榜进士。《陈鹏飞墓志》云："初，秦丞相子熺学于少南，丞相既重少南，且以熺故，遂骤引用，以博士为讲官。"① 《朱子语类》亦载："秦桧居温州时，陈尝为馆客。"② 然而陈鹏飞为人端正，很快就得罪秦氏父子，不久即遭到打击，被贬谪惠州。

（三）著述

叶适曾言："（陈鹏飞）以经术文辞名当世，教学诸生数百人。其于经不为章句新说，至君父人伦、世变风俗之际，必反复详至而趋于深厚。今世所刊曰《诗》《书传》者是也。"又云其有《管见集》十卷、《罗浮集》二卷③。

可惜的是，陈鹏飞的以上著作都已经亡佚，《管见集》《罗浮集》可能是其诗文集，然而宋元书目皆无记载，史料不足，亦不知身前是否刊行。《管见集》一书只见叶适《墓志》记载，《罗浮集》又见宋王象之《舆地纪胜》载，然曰十卷。其他文献皆云陈氏有《罗浮集》十卷，而独叶适《墓志》记为二卷。明清诸家所载，应皆出于转引，并未见其书。陈傅良在《潘朝卿墓志》中曾言潘父"安中墓志在少南集中"云云，可惜未写明文集之名，也不知陈傅良所见的是刻本还是稿抄本。

而叶适所言"今世所刊曰《诗》《书传》者"，即是陈鹏飞之《诗解》《书解》。分别是其解释《诗经》和《尚书》的著作。《直斋书录解题》卷二云：《陈博士书解》三十卷，《诗解》二十卷。又见《宋史·艺文志》《文献通考》等书载。陈振孙在"陈博士书解"条目下云："今观其书绍兴十三年所序，于《文侯之命》其言：'骊山之祸，申侯启之，平王感申侯之立已，而不知其德之不足以偿怨。郑桓公友死于难，而武公复娶于申，君臣如此，而望其振国耻，难矣！'呜呼！其得罪于桧者，岂一端而已哉？"④ 由此约略可知，陈鹏飞的《书解》成书于绍兴十三年左右。其在诠释《尚书》内容之时，还借古讽今，对时政有所抨击。

而陈氏的《诗解》，陈振孙曾云："不解《商》《鲁》二颂，以为《商颂》当阙，而《鲁颂》可废。"⑤ 宋代疑经变古之风兴起，不少学者在解释和研究经学之时，往往可以突破汉唐旧说，质疑批判。其至南宋王柏还有删《诗》之说。但如陈鹏飞这样直言"《鲁颂》可废"的，却绝无仅有，堪称大破大立。

此两书其身前即刊行与世，且在两宋之际颇有影响，南宋解《诗经》《尚书》之作，多有援引。据目前所见资料来看，陈氏长于经学，尤其在《诗经》和《尚书》两经上颇有造诣。

二、陈鹏飞贬谪与归葬

（一）陈鹏飞贬谪原因

如上文所述，陈鹏飞开始曾在秦桧家作馆客，教其子秦熺读书，并因此"以博士为讲

---

① 叶适：《水心集》卷十三，《文渊阁四库全书》，第1164册，上海古籍出版社，2003年版，第253页。
② 黎靖德：《朱子语类》，中华书局，1986年版，第3173页。
③ 叶适：《水心集》卷十三，《文渊阁四库全书》，第1164册，上海古籍出版社，2003年版，第254页。
④ 陈振孙：《直斋书录解题》卷二，吉林出版集团，2005年版，第22页。
⑤ 同上，第22页。

官"。但陈鹏飞秉性正直，秦桧专权枉法，陈氏自然不会与之同流合污，所以在朝廷中屡屡进言，要正"君臣之义"，还当面指责对金议和派的秦桧是"忘仇耻以自佚"，并且陈氏对秦熺批评也很多。据《陈鹏飞墓志》载：

> 少南谓熺子弟未习事，所下文案多不应法，批其后还之。每见丞相，言荆襄可为都，以控接北方，今置郊祀坛祭驿亭，劳费甚矣，是不动吴越而忘仇耻以自佚也。及上前讲解，多引尊君卑臣之义，崇抑予夺，有所开讽。自是丞相见少南礼甚恭，意浸不悦，而熺尤不平，遂以御史□涸□罢归。①

又据《建炎以来系年要录》载，绍兴十四年十二月辛丑，陈鹏飞初贬左承奉郎、主营台州崇道观，乃是"妄议慈宁尚典礼，御史中丞杨愿劾鹏飞山野小夫，妄自标置，乃黜之"。此事《墓志》亦有详细记载：

> 上知其名儒，敬待之。经筵论周平王归鲁仲子之赗，上忽问："母以子贵，何也？"讲读官变色踧踖，不敢对。少南从容开析其所以然，既而曰："舜禹皆圣人，兴于贱微，其父母待之而后显，所以贵也。若失道与民，以忧其父母，则非所以为贵。此孔氏所以戒也。"②

陈振孙《直斋书录解题》卷二亦云："鹏飞说书崇政殿，因论《春秋》'母以子贵'，言《公羊》说非是。桧怒，谪惠州以没。"③

上文所提及的"周平王归鲁仲子之赗"，事见《左传·隐公元年》"秋七月，天王使宰咺来归惠公、仲子之赗"。而"母以子贵"则见《公羊传·隐公元年》："桓何以贵？母贵也。母贵则子何以贵？子以母贵，母以子贵。"概括来说，鲁惠公与继室声子生下鲁隐公，后来惠公又娶宋女仲子。仲子生下公子允，即是后来的鲁桓公。隐公和桓公二人母亲都是陪嫁的媵，仲子是右媵，地位仅次于嫡夫人，故仲子地位比声子高。子以母贵，桓公虽然年幼然而地位尊贵，隐公虽然年长然而地位低。

高宗之母乃是韦太后，之前秦桧主持绍兴和议，后金朝于绍兴十二年归还徽宗郑后、邢后梓宫及韦太后。事详见《宋史》《三朝北盟会编》《建炎要录》等。时秦桧"欲尊崇太母，以效容悦"，一直宣说《公羊传》之言。今虽史料有缺，无法得知陈鹏飞具体言论，但可确定陈氏"言《公羊》说非是"正为针对秦桧而发。这自然触怒秦桧。《建炎要录》中所言上书弹劾者为御史中丞杨愿，正是秦桧之党羽。（见《宋史·杨愿传》）后来朱熹曾感慨此事，言陈鹏飞："在讲筵议论，实有正直气象。"④

而绍兴十有五年七月，陈鹏飞再遭贬谪，惠州编管。《墓志》中亦详载此事：

> 明年主管崇道观，上将复召有自南还者，执政问："少南何为？"时适替见，则对曰："睹妖星聚饮为乐耳。"由是除名，居于惠州。⑤

① 叶适：《水心集》卷十三，《文渊阁四库全书》，第1164册，上海古籍出版社，2003年版，第254页。
② 同上。
③ 陈振孙：《直斋书录解题》，吉林出版集团，2005年版，第22页。
④ 黎靖德：《朱子语类》，中华书局，1986年版，第3173页。
⑤ 叶适：《水心集》卷十三，《文渊阁四库全书》，第1164册，上海古籍出版社，2003年版，第254页。

宋王象之《舆地纪胜》卷九九"惠州"中云："绍兴，永嘉陈鹏飞侍讲以言事贬，寓居郡之舍人巷。"陈鹏飞十五年被贬惠州居于舍人巷，十八年因瘴疾卒于谪所。林光朝曾评价其"于宇宙中为第一流辈，以特立孤处，不容于谗慝者之列"①。

（二）陈鹏飞归葬地与永川陈少南墓

根据上面的论述，陈鹏飞在绍兴十五年贬惠州，绍兴十八年卒于惠州，并没有到过重庆永川地区。但近年永川松溉镇宣传有陈少南墓，并修建了陈少南纪念馆。据宣传，此陈少南墓就是南宋陈鹏飞的墓地，陈鹏飞晚年归隐永川，教书授徒（相关报导如永川网 2014 年 3 月 27 日刊登《宋代经学家陈鹏飞夫妇墓碑》、《重庆日报》2017 年 8 月 2 日刊登《南宋"帝师"陈鹏飞》等）。这个宣传还影响了不少学者，他们在论文中也据此为说，如王文昌《宋代经学家陈鹏飞夫妇墓碑析》（《永川文史资料选辑》第 30 辑）、谭宏《松溉古镇的保护与开发》（《重庆文理学院学报（社会科学版）》2011 年 1 月）、唐春生《斯文渐性：宋代重庆地区的教育》（《三峡大学学报》2017 年第 5 期）。特别是唐春生先生文中提到：据《（光绪）永川县志》载，陈氏"日与永之人士讲道不辍，忘怀得失，以此自终。而永之理学，实自先生始。"② 然而这个记载是错误的。

其实，不但关于陈鹏飞的墓地所在，史料中记载明确，而且从他病故到归葬一系列环节恰好都有记载。

据南宋李俊甫《莆阳比事》卷五载，陈鹏飞有好友陈士宏：

> 陈士宏，字毅夫。登绍兴第，初官泊头。永嘉陈少南谪惠阳，一见士宏如旧识，书抵艾轩曰："毅夫吾党之友，吾得毅夫，不至有索居之叹。"③

此人在惠州为官，与陈鹏飞交情极好，过从甚密。陈鹏飞卒，士宏为治丧，迁葬故土时获送数百里。林光朝《艾轩集》卷八《惠安县丞陈君行状》（即陈士宏行状）详载其事：

> 公（陈鹏飞）才五十一，感瘴暍，温屯上逆，疾有殆，毅夫馈之药。公矍然曰："吾死，命也。所恨不一见毅夫以死也。吾放下药盌。"又数日以毅夫所馈，可不一尝之。亟令进药曰："此吾故人之意也。"言未出口而卒。毅夫自泊头来，为之敦匠沐椁，疏记后事，假窆于其所指之处，每一往哭之如新丧。及许返故丘，毅夫送其枢数百里，岁率走书问其子六龄。④

此段文字记载较为详细，从最后陈鹏飞病重，陈士宏赠药，后来陈鹏飞病故，陈士宏为他置办棺椁、料理后事，这些都是发生在惠州的。这也与上文提及的陈振孙《直斋书录解题》所载"谪惠州以没"、叶适《陈鹏飞志铭》"绍兴十八年，少南居四年矣，得瘴疾卒。年五十。会有乡人经略广东，得以丧归葬"云云相印证。

上面材料提及的陈士宏先将陈鹏飞"假窆于其所指之处"，后"许返故丘"，又"送其枢数百里"。所谓"假窆"即临时浅葬，等待以后迁葬。《惠安县丞陈君行状》亦曾记载过陈士

---

① 林光朝：《艾轩集》，《文渊阁四库全书》，第 1142 册，上海古籍出版社，2003 年版，第 27 页。
② 唐春生：《斯文渐性：宋代重庆地区的教育》，《三峡大学学报》2017 年第 5 期。
③ 李俊甫：《莆阳比事》卷五，《续修四库全书》，第 734 册，上海古籍出版社，2002 年版，第 201 页。
④ 林光朝：《艾轩集》，《文渊阁四库全书》，第 1142 册，上海古籍出版社，2003 年版，第 99 页。

宏与陈鹏飞商量"假窆"之事："毅夫每一来，必穷日纵谈而后去。公忽为毅夫言，若徜徉有所欲往者，却立寻丈许，曰：'幸且已，葬吾当于是处。'"总之陈鹏飞起初先假窆在惠州，后来才送回故土（即永嘉）安葬。

既然如上文所述，陈鹏飞的归葬之地史料记载明晰，为何还会有其归隐永川之说？这主要是由于方志中的误记造成。在《（光绪）永川县志》中曾有多处记载，譬如卷八"人物"门下云：

> 陈鹏飞，字少南。高宗时官经筵，后大程子在涪州，往见之，得闻精义，归隐于松溉镇，字号潜溪散人，著有《五经通解》《晁氏诗解》行世。①

又云：

> 陈鹏飞，字少南。由贡举官经筵，品列儒林。知县王畯撰传载《通志》。传云：鹏飞蜀之昌州人，字少南……携妻归隐于永川之松溉，自号潜溪散人。日与永之人士讲道不辍，忘怀得失，以此自终。而永之理学，实自先生始。②

明显，上面两条记载存在着重大的史事错误。第一条说陈鹏飞在涪州见过大程子（程颢）。但大程逝世于宋神宗元丰八年（1085），而陈鹏飞如上文所述，是生于宋哲宗元符二年（1099），自然不可能见过大程。何况，大程并未到过涪州，实际来涪州的是小程。今涪陵有北岩有"点易洞"，即当年小程撰写《易传》之处。不过小程是绍圣二年（1095）被贬涪州的，共在涪六年。陈鹏飞亦不可能在涪州见过小程。

第二则提及知县王畯曾为陈鹏飞作过传文，载于《四川通志》，并在后面完整引述了王畯的《陈鹏飞传》。王畯是康熙年间永川的知县，其所撰《陈鹏飞传》影响很大，清代康熙以后的《四川通志》《永川县志》等方志关于陈鹏飞的误记，都是沿袭其说而造成的。王畯的《陈鹏飞传》部分记载来源于《宋史》等宋代史料，譬如陈鹏飞因议论《公羊传》"母以子贵"之说得罪秦桧等，这些是准确无误的。但其开篇即言"鹏飞蜀之昌州人"，"携妻归隐于永川之松溉，自号潜溪散人"等等，皆非事实。上文援引的南宋人的记载，以及叶适所撰《陈鹏飞墓志》已经说得非常明白，陈鹏飞是永嘉人，而且卒于惠州。这些远比清代方志中的记载更为可靠。

那么，为何清代方志会有这样的误记？《（光绪）永川县志》卷二有一条线索：

> 先儒陈少南夫妇墓。《通志》在县南松子里旗山，碑碣尚存。按，松子里即今松溉镇。镇东三里，大江之西岸，少南墓在左，晋国夫人墓在右。万历拔贡罗茹诗："荒冢累累江上阿，谁怜风韵等东坡。考亭已重文人选，晁氏犹存诗解多。合葬有铭苔掩映，荒丘无主柳婆娑。我来一拜增惆怅，遥想瓣香意若何。"③

基于此则文献，可见早在明代即有关于永川有陈少南墓的传言。而从万历时罗茹诗中"合葬有铭苔掩映""我来一拜增惆怅"之句看，其应该是亲自拜谒了陈少南之墓，而且是陈

---

① 《（光绪）永川县志》卷八，《中国地方志集成》，第42册，巴蜀书社，2008年版，第245页。
② 同上，第237页。
③ 同上，第45页。

氏夫妇合葬之墓。也正是由于万历时有此记载，在清代后期当地文人又重新制造了陈氏夫妇的墓碑，并在碑上镌刻了此诗。而此碑恰好尚存人间，上文所提及王文昌《宋代经学家陈鹏飞夫妇墓碑析》之文，正是介绍此碑的。也正因此，又使得永川有陈鹏飞墓的传言多了几分可信。但实际此碑是清人依据清代方志的记载追立的，而清代方志的记载并非事实。

综上所述，陈鹏飞并未到过永川，其墓地也不在永川。清代方志中的记载有误，这些错误的记载是在明代便出现了。由于史料的缺略，今尚无法推考明人出现误记的原因。也许南宋永川地区另有学者名为陈少南，字号潜溪散人。但可以明确的是，两宋之交那位字少南、因得罪秦桧被贬官的经学家陈鹏飞，和永川并无关系。

（作者单位：重庆大学人文社科高等研究院）

王阳明谪黔之史迹文踪

张克伟

　　内容提要：从学术思想的角度上而言，谪官龙场三载是王阳明学说思想体系之奠基时期。王阳明在漫长之居夷处困过程中不断探索生命意义及学术追求，对其所悟出之格物要旨及知行合一学理之提掇，由切近到腾离，由致用到求是；或由事功到学理，由行动到静观，沉潜反思，理论内涵得以渐次完备。本文对王阳明谪黔之史迹文踪进行了梳理阐述。

　　关键词：王阳明；贬谪；黔；史迹；文踪

　　王阳明（讳守仁，字伯安，1472—1529），明浙江余姚人，状元王华（字德辉，别号实庵，晚号海日翁，1446—1522）之子，因早年在阳明洞论学修道，学者称阳明先生。登弘治十二年己未（1499）进士，历任刑部、兵部主事，迁庐陵县知县，擢右佥都御史，巡抚南赣，平大帽山诸贼，定宸濠之乱，世宗钦赐冕服嘉赏。殁后封新建伯①，从祀学宫②。无论勋封与从祀，都是说明阳明在事功上之显赫成就与实际表现，若从学术思想的角度上而言，谪官龙场三载是其学说思想体系之奠基时期。在漫长之居夷处困过程中不断探索生命意义及学术追求，对其所悟出之格物要旨及知行合一学理之提掇，由切近到腾离，由致用到求是；或由事功到学理，由行动到静观，沉潜反思，理论内涵得以渐次完备。这可说是阳明在结束了早年泛滥辞章、是非朱学及出入佛老之苦思冥索的为学过程中所达至之理学精神境界。难怪有学者坦言阳明虽生于浙江余姚而实成道于贵州③，此语最能彰显阳明"龙场悟道"之实功而非无源之水。

---

　　① 阳明以提督南赣汀漳等处军务及擒宁王宸濠有功，诏赠新建侯，备极荣宠。（明）何乔远《名山藏》卷四十二《勋封记二》有扼要记述谓："正德十六年封伯，奉天翊卫推诚宣力守正文臣，特进光禄大夫柱国兼南京兵部尚书，身免二死，子免一死，禄千石流。"（明万历年间刻本）。

　　② （明）陈建《皇明纪要》卷八载称："神宗甲申万历十二年，阁臣申时行等奏请王守仁、陈献章从祀学宫。"（台湾商务印书馆，1973年版，第 14—16 页）。

　　③ 语见史继忠《龙场悟道》，《文史天地》1994年第1期，第 28 页。

一、被陷缘由与赴任经过

明正德元年丙寅（1506），孝宗驾崩，武宗即位，昏庸腐朽，亲近佞臣，沉湎声色，官场中"苟且公行，称为常例，簠簋不饰，恬然成风"①，加上武宗宠任阉官刘瑾②、谷大用、马永成、张永（1465—1528）、魏彬、罗祥、丘聚、高凤等八人用事，称八党，又号八虎，"日与上卧起，业导上为狗马鹰兔与舞娟角抵戏矣，既而渐废万机，不亲庶政"③，由是民怨蜩螗，四野有悲声。八虎中以刘瑾最为奸黠，在性格上"贪酷而假仁义"④，瑾本身粗通文墨，亦"熟世务"⑤，且"素恶文臣任政"⑥。瑾原姓谈⑦，自幼侍武宗于东宫游戏，备受宠信，专横益甚，后入掌司礼监⑧得以左右朝政。瑾一向钦慕王振手段，将朝中大小官员恣意陷害以作威福。又使马永成掌东厂，谷大用掌西厂，散遣官校远近侦察，如科道等官"一言触犯，就令拿来决打，枷号，充军，以塞言路"⑨。除刻求官吏小过，大加刑狱外，瑾又擅改旨意，使章奏"不与各官计较，又不与内阁相干"⑩，往往携回私宅秉笔窜改以合己意。又矫旨罢逐辅相刘健（字希贤，别号晦，1433—1526），诏逮谢迁（字于乔，别号木斋，1449—1531）于狱。同时，亦杀害司礼监王岳、范亨等。同年，南京科给事中戴铣（字宝

① 参阅（明）陈子龙等选辑《皇明经世文编》卷一七七《应制陈言疏》，（明）张璁撰，明平露堂刻本。
② 刘瑾，陕西兴平人，生于明景泰二年辛未（1451），其先姓谈，世代为农民。瑾自幼净身入宫，倚刘姓太监得用，遂改姓刘。孝宗时坐法当死，得免，由是切齿廷臣。武宗登位，与前东宫太监刘永成等获宠，掌钟鼓司，后升司礼掌印太监，左右朝政。因欲密谋不轨，为太监张永所奏，被执下狱，抄其家，磔于市。刘瑾乱政之相关历史文献，可详参（明）焦竑《国朝献征录》卷一一七《寺人刘瑾》、《明武宗实录》卷六十六"正德五年八月丁酉谢讷等上《列奏刘瑾罪状疏》"条、（明）王世贞《弇山堂别集》卷九十三《中官考》、（明）谷应泰《明史纪事本末》卷四十三《刘瑾用事》、（明）朗瑛《七修类稿》卷十二《本朝内官专权·刘瑾》、（明）徐复祚《花当阁丛谈》卷一《刘瑾》、（明）田艺蘅《留青日札摘抄·四·刘瑾》、（明）王鏊《震泽先生别集》卷下《刘瑾籍没》、《震泽纪闻》卷下《刘瑾奴》、（明）余继登《典故纪闻》卷十六《记弘治正德朝事》、（明）徐学聚编《国朝典汇》卷三十三《中官考》、（明）尹守衡《皇明史窃》卷二十五《宦官传·刘瑾》；（清）王鸿绪《横云山人集》卷一七八《明史稿·刘瑾》、（清）毛奇龄《后鉴录》卷上《刘瑾》、（明）周玺撰《乾隆钦定明臣奏议》卷十三《论内侍刘瑾等奸邪疏》、（清）傅维鳞《明书》卷一五八《宦官传·刘瑾》、（清）张廷玉《明史》卷三百四《刘瑾本传》、《明鉴》卷五《武宗毅皇帝》、《批注鉴史提纲》卷三《刘瑾》。
③ 参阅（明）吕毖《明朝小史·八虎》，清初刻本。
④ 参阅（明）邓球《皇明泳化类编》卷一二七《内寇》，明隆庆年间钞补本。
⑤ 见前引书。
⑥ 见前引书。
⑦ 据《明史》载录："瑾，兴平人，本谈氏子，依中官刘姓者以进，冒其姓。"而清儒周亮工其姓氏有所考证谓："刘瑾本姓笪，生于马嵬坡，即杨妃葬处也。谈，笪音同，恐为字误。"（见《因树屋书影》卷十，清初赖古堂刻本）。
⑧ 按明代官制，司礼监为十二监之一。《明史·职官三》载称："司礼监，提督太监一员，掌印太监一员，秉笔太监、随堂太监、书籍名画等库掌司、内书堂掌司、六科廊掌司，典簿无定员，提督掌督理皇城内一应仪礼刑名，及钤束长随、当差、听事各役，关防门禁，催督光禄供应等事；掌印掌理内外章奏及御前勘合，秉笔、随堂掌章奏文书，照阁票批朱，掌司各掌所司，典簿典记奏章及诸出纳影号簿。"明儒刘若愚在《明宫史》对司礼监之职掌有极细致之描述："司礼监，掌印太监一员，秉笔、随堂太监八九员或四五员，设有象牙小牌一面，长寸余，每日申时交接，轮流该正。凡每日奏文书，自御笔亲批数本外，皆众太监分批。遵照阁中票来字样，用朱笔楷书批之，间有偏旁偶误者，亦不妨略为改正。最有宠者一人，以秉笔掌东厂，掌印秩尊，视元辅；掌东厂权重，视总宪兼次辅，其次秉笔，其次随堂，如众辅焉。皆穿贴里，先斗牛，次升坐蟒，先内府骑马，次升凳杌，禄米每升一级，则岁加十二石，各家私臣，曰掌家，职掌一家之事；曰管家，办理食物，出纳银两；曰上房，职掌箱柜锁钥；曰堂班，曰领班，钤束两班答应官人；曰司房，打发批文书，誊写应奏文书，其人则管胡帽、管衣靴、茶房、厨房、打听官、看庄宅各项屑事务也。"（见《明宫史》木集《内府职掌·司礼监》，清抄本）。
⑨ 参阅（明）谢蒉《后鉴录》卷上《刘瑾》，《明史资料丛刊》第1辑，江苏人民出版社，1981年版，第36页。
⑩ 见前引书。

之,？—1506)①、十三道御史薄彦徽（字舜美，生卒年不详)②、葛浩等上疏奏留刘、谢二人，并疏陈刘瑾不法数十事，力谏武宗主国宜亲君子而远小人，不应轻斥大臣。疏入，刘瑾大怒，首列刘健、谢迁、韩文（字贯道，号质庵，1441—1526）等五十三人为奸党，跪金水桥南，并揭榜朝堂，颁示天下③，又遣缇骑拿解戴铣赴京勘问。时阳明在兵部任主事，闻讯上疏乞宥，大致谓："以铣等职居谏司，以言为责，其言而善，自宜嘉纳施行；如其未善，自宜包容隐覆，以开忠说之路。"④ 冀望武宗能追收前旨，恢复戴铣等原职。该疏表面上是救言官，而实际上是劾刘瑾（案：阳明上疏之目的主要是为了营救和声援当道官员而非为劾瑾，故疏文没有提及有关刘瑾之片言只字。考之《年谱》《阳明先生行状》《阳明先生墓志铭》《国朝列卿纪》《皇明分省人物考》《皇明泳化类编》《皇明通纪述遗》等有关阳明传记文献亦只言及抗疏论救事，故"劾瑾之说"乃捕风捉影之论，不攻自破）。阳明此举激怒了刘瑾，瑾使锦衣卫拘拿阳明下狱，廷杖四十，阳明几绝复苏，囚狱中三四月之久始赴龙场当驿丞⑤。考阳明本人虽与戴铣等科道官员并非至交，然却不避危难抗疏相救，这种舍身成仁、忘身忘家的精神表现，足见其浩然磅礴之人格气象。

正德二年丁卯（1507），阳明开始赴谪龙场。在离京远行之际，阳明深感前途未卜，生死难料，心情极度忐忑，挚友湛若水（字符明，别号甘泉，1466—1560）及杭淮（讳济，字

---

① 戴铣（？—1506），字宝之，明婺源（今属江西）人（案：明代有两位同名为"戴铣"之官员，一为江西婺源人，另一位则为广东东莞县人，官至四川道御史）。弘治九年丙辰（1496）进士及第，改翰林院庶吉士，授兵科给事中，以便养调南京户科。武宗登位，宦官刘瑾等横暴专权，政事是非。正德元年丙寅（1506），瑾等逐刘健、谢迁等，矫诏廷杖除名。此举激起朝中直臣义愤，戴铣与给事中艾洪、御史薄彦徽等二十一人遂具名或联名上疏奏留，瑾大怒，矫旨逮赴诏狱，廷杖三十，后释为民，逾二年卒于家，嘉靖年间追赠光禄少卿，所著有《朱子实纪》十二卷〔案：此书流传颇广，汇录朱子相关事迹，分"道统源流、世系源流""年谱""行状""本传""庙宅""门人""褒典""赞述""纪题"九门纂述，于考证朱子之道学源流与系谱，大有裨益。明正德八年癸酉（1513）鲍雄所刻之十二卷本为原刻本，今厦门大学图书馆、广东省中山图书馆、北京大学图书馆、天一阁博物馆、日本内阁文库皆有庋藏〕、《翀峰文集》及《易州志》二十卷〔案：此志由戴铣、戴敏于弘治十五年壬戌（1502）共同纂修，为现存最早之易州方志，今有弘治年间刻本传世，是为孤本，宁波天一阁博物馆庋藏〕。有关戴铣之宦履行历可详参（明）萧彦《掖垣人鉴》卷十一《戴铣本传》、（明）徐懋学《南垣论世考》卷九《戴铣》、（明）何出光、陈登云《兰台法鉴录》卷十五《戴铣》、（清）庄仲方《碧血录·戴铣》、（清）张廷玉《明史》卷一八八《戴铣本传》、（清）曹溶《明人小传·戴铣》、（清）王鸿绪《横云山人集·明史稿》列传六十八《戴铣本传》及（清）钱谦益《历朝诗集小传·戴给事铣》。

② 薄彦徽（字舜美，生卒年不详），明山西阳曲人，弘治九年丙辰（1496）进士及第，授四川道监察御史，因上疏论以道士崔志端任尚书为不可，又请奏留大学士刘健、户部尚书韩文等以忤宦官刘瑾，被杖责除名，未及起官卒于家。有关薄彦徽宦履行历可详参（明）马卿《中丞马先生文集》卷三《薄公传》、（清）张廷玉《明史》卷一八八《薄彦徽本传》及（清）徐乾学《明史列传》卷五十八《薄彦徽本传》。

③ 刘瑾榜示刘健、谢迁等五十三人为"奸党"之历史事实，明儒郑晓《今言》记述甚详："正德二年，逆瑾矫敕戒论百官，勒罢公卿台谏数十人。又指内外忠贤奸党，矫旨榜朝堂，略曰：奸臣王岳、范亨、徐智，交通内阁刘健、谢迁，尚书韩文、杨守随、林瀚，都御史戴珊，郎中李梦阳，主事王守仁、王纶、孙盘、黄昭、检讨刘瑞、给事中杨礼敬、陈霆、徐昂、陶谐、刘菈、艾洪、吕翀、任惠、李光翰、戴铣、徐蕃、牧相、徐暹、张良弼、葛嵩、赵士贤、御史陈琳、贡安甫、史良佐、曹兰、王弘、任诺、李熙、王蕃、隆昆、张鸣凤、萧乾元、姚学礼、王昭道、蒋钦、薄彦徽、潘镗、王良臣、赵佑、何天衢、徐钰、杨璋、熊倬、朱廷声、刘玉玄云。"（见《今言》卷二，一六四"正德二年"条，中华书局，1984年版，第93—94页）

④ 参阅王晓昕、赵平略教授点校《王文成公全书》卷九《别录一·乞宥言官去权奸以章圣德疏》（中华书局，2015年版，第353—354页）。该疏文亦载录于（明）黄训所编《皇明名臣经济录》卷五及（明）张瀚所辑《皇明疏议辑略》卷九，题名《宥言官以章圣德疏》，删减了"去权奸"三字。关于阳明上疏及贬官时间，历史文献所载多有不同，学者俞樟华从《年谱》《狱中诗》《明史纪事本末》《明实录》《明通鉴》及《国榷》等作一比观考证，认为阳明上疏的正确时间当在正德元年十月底或十一月初，而被谪官当在十二月。（见俞樟华编《王学编年》"武宗正德二年丁卯"条，吉林大学出版社，2010年版，第40页）

⑤ 阳明被囚期间，辗转难眠，有《不寐》诗之作（见《王文成公全书》卷十九《狱中诗十四首·不寐》），诗中有"幽室魍魉生，不寐知夜永"之句，可知阳明对狱中生活难以适应，又惧怕刘瑾随时派人加害，心中充满矛盾惊惧之情，在上述短短二句诗意中表露无遗。

世卿，1462—1538）先后以《九章》诗及《荐别》诗相赠加以抚慰。阳明离京后经临清、徐州、淮安、扬州、镇江，苏州，辗转到达钱塘，时值夏月酷暑，阳明积劳成疾，暂栖于净慈寺，后迁往杭州胜果寺①养病，并题下《南屏》诸诗以排遣郁闷与迷茫之心情，是谪旅生活中心境的自白。妹婿徐爱（字曰仁，别号横山，1488—1518）② 到访，奋然有志于学，并首

---

① 胜果寺为杭州著名寺院之一，在修武县城南门内，原称崇圣寺，始建于唐乾宁年间。（明）张岱《西湖梦寻》卷五载称："胜果寺，唐朝乾宁间无着禅师建，其地松径盘纡，涧淙潺潺，罗刹石在其前，凤凰山列其后，江景之胜无过此，出南塔而上，即其地也。"（见《西湖梦寻》卷五"胜果寺"条，上海杂志公司排印本）。又（明）田汝成《西湖游览志》卷七亦有类似记载："胜果寺，唐乾宁间无着禅师建。吴越王镌弥陀、观音、势至三佛，及十八罗汉像于石壁。宋庆历初，赐额崇圣寺，元至正间毁。皇明洪武初，兴初禅师建，又毁，永乐十五年重建。"（见《西湖游览志》卷七《南山胜迹》，北京中华书局，1965 年版，第 82—83 页）。《游览志》收录有《移居胜果寺二首》其一，诗云："江上但知山色好，峰回始见寺门开。半空虚阁有云住，六月深松无暑来。病肺正思移枕簟，洗心兼得远尘埃。富春咫尺烟涛外，时倚层霞望钓台。"此诗乃阳明养病杭州胜果寺时所作之赴谪诗，今载录于《王文成公全书》卷十九《外集一》内。胜果寺在宋绍圣年间一度修葺，有殿宇寮舍七十二间，建寺塔九层，即今之胜果寺塔。自明永乐十五年丁酉（1417）重建后，屡有兴废，至清末渐趋衰败，至今尚存当年殿堂建筑遗址和吴越雕造的罗汉建造像、西方三圣残迹等以供凭吊。

② 徐爱字曰仁，别号横山（1487—1517），明浙江余姚马堰（今属宁波慈溪）人，阳明妹婿。横山温文敏达，正德二年丁卯（1507）受业于阳明，为最先入门者，有"王门颜回"之美誉。正德三年戊辰（1508）进士，出任祈州知州、值刘六、刘七之乱，有保障功。疏陈十事，多见接纳，擢南京兵部员外郎，寻转南京兵部郎中，廉勤克举。后数年，阳明迁南京太仆，横山亦调南工部郎中，同舟归越城，在舟中畅论《大学宗旨》。未几，阳明出抚南赣，正德十一年丙子（1516），横山告病归越，与同门陆澄课耕雪上以待师归，而竟以疾终，年方三十一岁，墓葬山阴迪埠山麓，所著有《传习录》及《横山遗集》。阳明宣讲良知学说，学者初多未信，横山为其疏通大旨，断断致辨，由是门人日进。横山开导之功至伟，无奈早逝，被誉为阳明之颜子。有关徐爱宦履历历可详参（明）徐爱《横山遗集》卷下附录《徐君墓志铭》（（明）萧鸣凤撰）、（明）周汝登《圣学宗传》卷十三《明儒考・徐爱》、（明）焦竑《国朝献征录》卷五十三《郡志本传・南京工部郎中徐爱》，（明）何乔远《名山藏》卷八十一《儒林下・徐爱》、（明）张岱《三不朽图赞・立德理学・徐曰仁》、（明）徐象梅《两浙名贤录》卷《理学・徐曰仁先生》，（明）刘麟长《浙学宗传・明曰仁先生徐爱》、（明）刘振《识大录・徐爱》、（明）黄绾《石龙集》卷二十三《徐府君墓志铭》，（清）沈佳《明儒言行录》卷八《徐爱》、（清）查继佐《罪惟录》传十《徐爱》、（清）孙奇逢《理学宗传》卷二十一《明儒考・徐曰仁先生》、（清）程嗣章《明儒讲学考・徐爱》、（清）邵廷采：《思复堂文集》卷一《王门弟子所知传・徐爱》《姚江书院志・祀典・徐曰仁传》、（清）黄宗羲《明儒学案》卷十一《浙中王门・郎中徐横山先生爱》、（清）陈锦《越中观感录・王门弟子姓氏录・徐曰仁先生爱》、（清）王曾永《类辑姚江学脉附诸贤小传・徐爱》、（清）徐乾学《明史列传》卷十七《徐爱》、（清）张廷玉《明史》卷二八三《儒林二・徐爱传》，乾隆《浙江通志》卷一七六《儒林中・徐爱》、乾隆《绍兴府志》卷五十二《人物志・徐爱》、光绪《余姚县志》卷二十三《列传九・徐爱》、余重耀《阳明弟子传纂》卷一《浙中王门弟子・徐横山先生爱》。

拜门生听讲，而同乡蔡宗兖①、朱节②、冀元亨③、蒋观时（字易仲，沅陵人，学者称沙溪先生，生卒年不详）等皆来执贽问道，自此阳明留在杭州养病，过着"把卷有诗眠白石，解缨随意濯清漪"④ 的园林生活。无奈好景不长，刘瑾已派遣刺客至钱塘加害。阳明逃至钱塘江边，自觉情势危急，于是急中生智，置衣履于岸上，托言投江自尽并题绝命诗两首作最后遗言，其一云："学道无成岁月虚，天乎至此欲何如。生曾许国惭无补，死不忘亲恨有余。自信孤忠悬日月，岂论遗骨葬江鱼。百年臣子悲何极，日夜潮声泣子胥。"⑤ 浙江藩皋及郡守

---

① 蔡宗兖（生卒年不详），字希渊，别号我斋，明山阴白洋人。我斋少承庭训，有志节，不为俗学，明正德二年丁卯（1507）举于乡，试礼部不第，意教官可就，然为阳明所劝止。我斋无奈归里，读书不出者十年。正德八年癸酉（1513），我斋与同门徐爱、朱节二人从阳明游四明山。蔡希渊之深潜，备受阳明赞许。正德十二年丁丑（1517）登进士第，留为庶吉士，未许，遂以教授奉母。我斋性格孤介不阿，不以媚世谐俗为是，故为当道所不容。迁莆田教授，未几移教南康，入为太学助教、南考功，官至四川督学金事。我斋著述不多，主要有《蔡氏律同》二卷、《我斋寓莆集》十卷、《我斋寓莆手简》一卷、《我斋寓莆诗》、《龟陵全集》三十五卷、《通惠河志》三卷。上述六种著作只见载于存目和书目，疑已佚。另我斋撰有《越王祠记》一文，分别载录于康熙《山阴县志》卷十四《祠祀志一》、雍正《山阴县志》卷十四《祠祀志一》及嘉庆《山阴县志》卷二十一内。有关蔡宗兖宦履行历可详参（清）黄宗羲《明儒学案》卷十一《浙中王门·督学蔡我斋先生宗兖》、乾隆《浙江通志》卷一七六《儒林中·蔡宗兖传》、（清）张廷玉《明史》二八三《蔡我斋传》、清高宗官修《续文献通考》卷一五八《经籍》附蔡宗兖小传、（清）陈锦《越中观锦录·王文成公弟子姓氏录·蔡希渊先生宗兖》、余重耀《阳明弟子传纂》卷一《浙中王门弟子传·蔡我斋先生宗兖》。

② 朱节（生卒年不详），字守中，别号白浦，山阴白洋人。明正德八年癸酉（1513）登进士第，官御史，以天为己任。未几，巡按山东，时流贼扰攘颜神镇，蒙州县数十处，白浦驰骋戎马间，勤事而卒，赠光禄少卿，祀乡贤。白浦早岁与横山、我斋从阳明游，为早期入门弟子之佼佼者。正德二年丁卯（1507）十二月，阳明在钱塘，将赴龙场谪所。时朱节、徐爱与蔡宗兖三子同举乡贡，阳明撰《别三子序》赠之以阐明师友之道。阳明虽称许白浦任事明敏，然亦指出其重事功而轻德业之希高务外弱点，后没有留下任何著作。有关朱节宦履行历可详参（清）陈锦：《越中观锦录·王文成公弟子姓氏录·朱守中先生节》、《明史》卷二八三《儒林·朱节传》、《明儒学案》黄十一《浙中王门·御史朱白浦先生节》、《泰州志》它卷二十一《名宦·朱节》；乾隆《浙江通志》卷一七六《朱节》、余重耀《阳明弟子传纂》卷一《朱白浦先生节》。

③ 冀元亨（？—1522），字惟乾，别号暗斋，明湖南武陵（今湖南常德市武陵区）人。正德十一年丙子（1516）乡试举人，阳明谪官龙场，暗斋与蒋信（字卿实，号道林，1483—1559）、刘观时往龙场问学，并执贽为弟子。又从阳明往赣州，主讲濂溪书院，倡导良知之学。时宁王宸濠怀不轨而外务高名，贻书阳明问学。阳明以暗斋忠信可托，故遣往侔与宸濠论学，日讲《西铭》，反复君臣大义，宸濠目之为痴。宸濠败，新贵张忠、许泰等欲诬陷阳明与宸濠私通，遂捕暗斋，加以炮烙，械系京师诏狱。嘉靖元年壬午（1522），世宗嗣位，科道交章颂冤，出狱五日而卒，时为正德十六年辛巳（1521），后武陵县乡人建阳明书院以暗斋配享。所著有《善卷钓台》（今已佚）。暗斋于阳明良知之学，能卓立有发明。为学以务实不欺为主，以事于实践为尚。孝友之德，化于乡间。有关冀元亨宦履行历可详参（明）焦竑《国朝献征录》卷一一三《冀暗斋先生墓表》、（明）过廷训：《皇明分省人物考》卷八十二《冀元亨》、（明）蒋信：《蒋道林先生文粹》卷五《明乡进士暗斋先生墓表》、（清）王鸿绪《横云山人集·明史稿·冀元亨》、（清）范鄗鼎《理学备考》卷九《冀惟乾》、（清）程嗣章《明儒讲学考·冀元亨》、（清）黄宗羲《明儒学案》卷二十八《楚中王门·孝廉冀暗斋先生元亨》、（清）孙奇逢：《理学宗传》卷二十一《明儒考·冀惟乾元亨》、（清）徐乾学《明史列传》卷七十《冀元亨》、（清）张廷玉《明史》一九五《冀元亨》、（清）王山翁《山志》卷五《冀惟乾》、（清）同德斋主人，《广湖南考古略》卷二十五《人物·冀元亨》、余重耀《阳明弟子传纂》卷四《楚中王门弟子传·冀暗斋先生元亨》、李肖聃《湘学略·阳明学略》第六《冀元亨》。

④ 参阅《王文成公全书》卷十九《外集一·卧病静慈写怀》。

⑤ 查该诗未见载录于《王文成公全书》所收赴谪诗五十五首之内，唯见载于（明）冯梦龙（即墨憨斋主人）所撰《王阳明先生出身靖乱录》卷上（广文书局，1968年版，第18页上。）［案：另一首绝命诗《王文成公全书》亦缺载，今迳录于后以备参考，诗云："敢将世道一身担，显被生刑万死甘。满腹文章宁可用，百年臣子独无惭。泪流神海今真见，片雪填沟旧齿谈。昔代衣冠谁上品，状元门好奇男。"而《靖乱录》中亦曾提到阳明在投江前遗下绝命辞（原名《告终辞》），因篇章过长而未录，学者杨正显先生从（明）杨仪《高坡异纂》中抽出，迳录于其所著《觉世之道：王阳明良知说的形成》附录一《王阳明逸诗文辑释》内，北京师范大学出版社，2015年版，第198－199页。］（明）徐栻《杭州府志》卷九十四、（明）叶挺秀《诗谭》卷六、（清）陶元藻《全浙诗话》卷三十一以及（清）方起英《古今诗尘》皆有载录。而诗中"夜夜江涛哭子胥"一句，《古今诗尘》作"频听涛声哭子胥"，《杭州府志》则作"夜夜涛声泣子胥"。上述载录之迥异，疑为刊印或传抄之误所致。

杨瑛皆以为阳明已死，遂遣人于江上设祭。时阳明父王华①在京师惊闻噩耗，亦命仆人往江边捞尸，数日无所获，尽皆哀泣伤悼不已。

　　阳明自脱险以后，隐名易服，附商船至舟山，不幸中途遇上大风浪，漂泊至福建沿岸②，于是潜入武夷山（即今福建崇安县南）中，决意远遁学道，避不赴谪。阳明登岸后，夜叩一古刹投宿，未为寺僧所纳，复自行数里，见一荒寺，因疲惫已极，遂倚香案而睡。荒寺因废弃已久，渐成虎穴，阳明睡至中夜，虎群绕廊大吼，惊险万状，然而阳明却丝毫无损。至天明，一僧至庙欲取过路客行囊以自利，见阳明无恙，大惊，以为神人，复邀至寺

---

　　① 王华（1446—1522），字德辉，别号实庵，晚号海日翁。因早岁读书龙泉山中，称龙山先生，明浙江余姚县人，阳明生父。明成化十七年辛丑（1481）进士第一（状元），授翰林院修撰。弘治年间，累官学士、少詹事。实庵有器度，在讲帷最久，孝宗甚为器重，曾命中官赐食慰劳。弘治十一年戊午（1498）与十四年辛酉（1501），先后主考顺天乡试和南京乡试，拔取人才甚众。翌年，迁翰林学士，领四品俸禄，教习庶吉士。未几以参修《大明会典》略有差错，迁少詹事。弘治十七年甲子（1504）迁礼部右侍郎。正德初，擢礼部左侍郎。因其子阳明不肯趋附掌权宦官刘谨，出为南京吏部尚书。翌年，实庵借故致仕，归里侍奉百岁老母，余暇以读书自娱。刘谨事败，始复原官。嘉靖元年壬午（1522）卒于家，终年七十七岁。实庵为官二十余年，在政绩方面虽无突出建树，然而颇有节操，持身俭素，爱憎分明。为文不事雕饰，所著有《龙山稿》十五卷、《读书杂录》二十卷、《垣南草堂稿》十五卷、《礼经大义》（案：此书《千顷堂书目》著录作《礼经大意》）及《进讲余抄》等，今已佚。有关王华宦履行历可详参《王阳明全集·年谱·世德纪》附录《海日先生行状》（（明）陆深撰）、《海日先生墓志铭》（（明）杨一清撰）、（明）雷礼《国朝列卿纪》卷二十七《王华》、（明）顾祖训《状元图考》卷二《状元王华》、（明）朱大韶《皇明名臣墓铭》卷三十二《兑集·王公墓志铭》、（明）俞宪《皇明进士登科考》卷八《王华》、（明）张弘道、凝道合编《皇明三元考》卷七《成化辛丑科·状元王华》、（明）过庭训《皇明分省人物考》卷四《王华》、（明）焦竑《国朝献征录》卷二十七《王公墓志铭》、（明）郭棐《粤大纪·成化十七年辛丑条·王华》、（明）李绍文《皇明世说新语》卷七《王华》、（明）王圻《三才图会》卷八《人物·王华》、（明）朱国桢《涌幢小品》卷十九《假妖·王海日华》、（清）张廷玉《明史》卷二七七《王华》、（清）西吴悔堂老人《越中杂识》卷上《乡贤·王华》、（清）梁维枢《玉剑尊闻》卷一《王华》、（清）阎湘蕙《明鼎甲征信录》卷二《王华》、（清）李慈铭《乾隆绍兴府志校记·王华》、（清）傅维鳞《皇明书》卷一百《王华》、（清）卢标《道光婺志粹》卷九《寓贤·王华》、乾隆《绍兴府志》卷四十八《人物志·王华》、嘉庆《余杭县志》卷二十八《寓贤·王华》、光绪《浙江通志》卷一百六《名臣·王华》。

　　② 关于阳明托言投江及泛海避祸之事实，《年谱》（（明）钱德洪编）、《阳明先生墓志铭》（（明）湛若水撰）[案：关于阳明于杭州投江而后泛海至闽省一事，传到湛氏耳里，湛氏笑此乃阳明佯狂避世之智慧使然，"及后数年，会于滁，乃吐实"（见《王文成公全书》卷三十七《阳明先生墓志铭》最后为阳明亲口证实，王、湛二子为学侣，亦为挚交，并曾共倡圣学，其言可信性极高]、《阳明先生行状》（（明）黄绾撰）、（明）冯梦龙《皇明大儒王阳明先生出身靖乱录》、（明）季本《季彭山先生文集·跋阳明先生游海诗后》[案：季氏对阳明沉江漂海之经历，在《跋》中有细致之描述："入建阳，游武夷，历广信而复归于杭。往来数千里之间，距其初行，才七日耳！所至之地，必有题咏，所遇之人，必有唱酬，篇章累积，不可胜纪。"（见《季彭山先生文集》卷四，书目文献出版社，1988年版，第907页）]（明）李春熙《道听录》卷一"阳明先生王守仁"条、（明）杨仪《高坡异纂》（明）沈周《客座新闻·王伯安遇仙》、（明）孙继芳《矶园神史》卷二《王伯安》、（明）陈全之《蓬窗日录》卷二《王守仁》、（明）刘孟雷《圣朝名世考》卷七《王守仁新建伯文成公》、（明）叶廷秀《诗谭·王文成避难遗诗》、（明）吴孝章《昭代名臣志钞·新建侯王文成公守仁》、（明）陆相《阳明先生浮海传》（案：《阳明先生浮海传》为明儒陆相所编，《钦定续通志》卷一五九《艺文略》及余重耀《阳明先生传纂》卷五附录三皆有著录，今已不传。内容仅见于《四库全书总目提要》："是书专纪王守仁正德初谪龙场驿丞，道经杭州，为奸人谋害，投水中，因飘至龙宫，得生还之事。"四库馆臣谓此书诡诞不经，故只置于存目。）（清）毛奇龄《西河合集·王文成传本》及（民国）余重耀《阳明先生传纂》[案：余氏对《行状》所记阳明泛海避祸之说，深表赞同："先生（阳明）赴谪诗中，既有武夷壁间韵之作，而长沙岳麓及罗旧沉水诸静。——见之于诗，则《行状》较为可信也。"（参《阳明先生传纂》卷一，民国十二年（1923）石印本）]等传记文献皆有载录。若从上述传记文献作一比较参详，可归纳为以下两点：一、阳明托言投江及泛海避祸之事实可从各项文献的记录中得到印证；二、《靖乱录》《跋阳明先生游海诗后》《客座新闻·王伯安遇仙》《阳明先生浮海传》等皆有明显的小说创作之夸张失实风格及笔以讹传讹之抄传痕迹，神奇荒诞，不可尽信。如清儒毛奇龄在《王文成传本》指斥《年谱》及《行状》所载添加了不少神怪色彩，"时径之龙场，而《谱》《状》乃尽情荒诞"，又称："阳明亦人耳，能出游魂，附鬼伥，朝游丹山，暮飞铁柱，何荒唐也。"（《西河合集·王文成传本》卷上，清康熙年间刻本）明儒叶廷秀《诗谭》亦有类似之质疑："文成被谪恐无以自免，托言投江以缓其怒，是亦曲行哲之道也。若传文成到海岸有二使逼溺，后被二童子扶行，及与二叟奕棋联句之说，或出其门人附会之言，必不可信。"（见《诗谭》卷六《王文成避难遗诗》，广文书局，1973年版，第422—424页）。日本学者高濑武次郎早年所著《王阳明详传》详述阳明投江遇险事，极尽委婉曲折之能事，实乃根据《靖乱录》及《年谱》推衍而来，徒增轶事神怪色彩。

中，偶遇二十年前铁柱宫道士，道士出诗一首，其中有"二十年前曾见君，今来消息我先闻"之句①。阳明与铁柱宫道士重逢，喜出望外，将避世之意和盘托出，道士苦劝阳明取消远遁念头谓："公有亲在，且名满朝野，倘不逞之徒，假姓名倡乱家族，危矣！"② 又"万一瑾怒，逮尔父，诬以北走胡，南走粤，何以应之？"③ 阳明再三考虑，并用蓍草卜得明夷卦，依据卦象所示，毅然搁置了逃亡计划，在临别远离之际，于寺中壁间题诗一首云："险夷原不滞胸中，何异浮云过太空。夜静海涛三万里，月明飞锡下天风。"④ 此诗之意境高远，浩气凌空，既能表达出阳明内心一腔匡扶社稷之热血，同时亦具有超然物外之气势。尽管身处逆境，但不以险夷为念，逆境当如"浮云过太空"，一瞬即逝，虽于艰险多变的情势中把握一己之命运与未来，不肯屈从于人生的各种磨难及足以使人降心辱志之逆境，这一点，从阳明在身处危难的谪旅生活中还不断寻幽访胜、赋诗言志和交友论道之心态中得到印证。

夏四月，阳明辞别道士以后，并没有立刻登程往谪所，乃南下毗陵（即今常州市），潜藏于友人范思齐家乡之祖祠中⑤以待时而行。此后，阳明继续往南行到达嘉兴县，暂居于郁秀道观，有《赠芳上人归三塔》诗可作佐证，诗云："秀水西头久闭关，偶然飞锡出尘寰。调心亦复聊同俗，习定由来不在山。秋晚菱歌湖水阔，月明清磬塔窗闲。毗卢好是嵩山笠，天际仍随日影还。"⑥ 阳明善用诗作抒怀言志，目睹月明秋晚之景色，见景生情，触目兴叹，"调心亦复聊同俗，习定由来不在山"两句既是阳明对心学之体悟，亦是其真儒情怀之透视，表现出诗人无尘俗拘牵的精神意态。

时阳明父亲王华任南京史部尚书，阳明为了看望父亲，遂决定先从间道游武夷山，取道

---

① 参阅《王文成公全书》卷三十二《附录一·年谱》"武宗正德二年丁卯"条。其后阳明有《武夷次壁间》诗之作，其中有"海上真为沧水使，山中又遇武夷君"之句，就是记载阳明与铁柱宫道士久别重逢事。全诗为："肩舆飞度万峰宏，回首沧波月下闻。海上真为沧水使，山中又遇武夷君。溪流九曲粗谙路，精舍千年始及门。稍待还家慰垂白，细探更拟在春分。"（载录于（明）徐表然《武夷志略》，明万历四十七年己未（1619）孙世昌刻本）。另《王文成公全书》卷十九外集一亦有收入，其中"肩舆飞度万峰云""溪流九曲初谙路"与"归去高堂慰垂白"句与《武夷志略》所载略有出入。
② 见前引书。
③ 见前引书。
④ 此即著名的《泛海》诗，分别载录于《王文成公全书》卷九外集一、（清）沈佳《明儒言行录》卷八、（清）陈田《明诗记事》卷十三及（明）叶廷秀《诗谭》卷六内。台湾学者蔡仁厚教授曾对《泛海》诗作过一番讴歌式的解读："前二句的意思是说人生之险阻平顺，皆不在意，功名富贵只如掠过太空的一片浮云而已。海涛三万里是说泛海途中风浪之汹涌，但加上'夜静'二字，却有风平浪静之感。"又说："阳明心怀豁达，故此诗气宇不凡，意境超绝，而末句借典故为喻，写夜空明月，天外飞临，尤见潇洒之致。"（参阅《王阳明哲学》第十章《阳明的人格与风格》，三民书局，1979年版，第210页）。另韩国学者李能和教授则激赏此诗"俊爽可喜"（见《朝鲜儒界之阳明学派》，载《青丘论丛》第25号，1937年版）。从上述中外学者对《泛海》诗的重视看来，可知阳明除却在哲学思想领域的成就外，其诗歌造诣不仅自出机杼，且别饶雅趣。
⑤ 据《范氏宗谱记》载称："正德二年丁卯夏四月，守仁赴谪，逆瑾遣人随行，侦探予意叵测，晦形道迹，潜投同志范君思哲之兄思贤于毗陵。"（参阅《范氏宗谱记》，同治九年庚午（1870）忠恕祠木活字本，钱明《谱牒中的王阳明逸文见知录》转引，载《阳明学刊》第1辑，贵州人民出版社，2004年版，第74-76页）。
⑥ 此诗《王文成公全书》缺载，今收录于崇祯《嘉兴县志》卷十九《艺文·诗》。

沿山，途经广信，顺道拜访大儒娄谅①，获娄氏赠金数十，得往南京省觐父亲王华②。留居数日，于十二月先折返钱塘，路过金华府兰溪县，暂居于大云山寺约半月，并有诗作题于壁间，诗云："兰溪山水地，卜筑趁云岑。况复经行日，方多避地心。潭沉秋色声，山晚市烟深。更有枫山老，时堪杖履寻。"③此五言诗《王文成公全书》缺载，诗中叙述阳明到达兰溪后，对兰溪之山色景致用心体味，展示出志在山水、回归本性、怡然自乐之高雅情怀。"况复经行日，方多避地心"两句，诗意幽远，对旅途劳累、饱历艰苦的阳明来说，最能反映其在谪旅途中之心境及战胜万难险阻之勇气。

返钱塘后，恰遇妹婿徐爱、朱节和蔡宗兖三人同举乡贡，阳明手撰序文一篇作别④，用意在于阐明结纳师友之道，正如他与湛若水定交一样⑤，先是"一人为之"，再者"二人从而翼之"，最后始可达至"翼之者众"⑥之实际效用，如此，圣学方可发扬光大，同归至善，义趋一揆。[案：正德八年癸酉（1513），三子从阳明游四明山，时蔡宗兖自永乐寺返，朱节自姐溪返，徐爱则同入雪窦，春风沂水之乐，融合求学论道，相交相资精神于山水游乐之间，实极一时之盛事⑦。而三子执贽受学之经过及阳明于临别远行之际对三子于学业冀盼之情，溢于言表。清儒郑珍更坦言序文实能显示出结纳师友弟子，使深厚情谊寄于其中，同参共学，相济而不相妨之好处谓："古人且将引弟子为友者，如是乃为能师其人而尽其学"⑧寥寥数语，颇能点出《别三子序》文中要妙。]未几，阳明决定向谪所龙场出发，途经浙江

---

① 娄谅（1422—1491），字克贞，别号一斋。明江西上饶人（案：一斋故居尚存，即今上饶市水南街劳动路娄家巷30号"理学旧第"，为市级文物保护单位），景泰年间举于乡，选为成都府学训导，未几即告归，闭门著述，志节儒业，并以芸阁作为读书讲学之所。一斋自少已立志投身儒门，尝求师于四方，在崇仁即投大儒吴与弼（字子溥，别号康斋，1391—1469）门下。康斋告以为学虽亲治细务，躬行践履，一斋终身信守不渝。明孝宗弘治二年己酉（1489）冬，阳明迎新婚夫人诸氏从江昌归余姚，舟至广信，拜谒一斋，并从之问学，一斋授之以宋儒格物之旨，此乃阳明倾慕圣学之始。弘治四年辛亥（1491）一斋病逝于上饶家中，终年七十岁，门人私谥为"文肃先生"。其学以收放心为居敬之门，以何思何虑、勿忘勿助为居敬要旨。所著有《日录》四十卷、《三礼订讹》四十卷、《春秋本意》十二篇（案：同治《广信府志》卷十一《艺文》著录，已佚）、《诸儒附会》十三篇。有子性及忱，传其学。有关娄谅生平事迹可详参（明）张岱《越中三不朽图赞・娄谅》、（明）唐枢《国琛集》下卷《教谕娄谅》、（清）黄宗羲《明儒学案》卷二《崇仁学案・教谕娄一斋先生谅》、（清）张夏《雒闽源流录》卷四《娄谅》、（清）王鸿绪《横云山人集・明史稿》列传十一《娄谅》、（清）沈佳《明儒言行录》卷三《史部・娄谅》、（清）张廷玉《明史》卷二八三《娄谅》、（清）程嗣章《明儒讲学考・娄谅》、（清）张怡《玉光剑气集》卷十三《理学・娄教谕谅》、（清）李西月编《张三丰集》卷六《隐鉴・娄克贞》、同治《广信府志》卷九《人物・理学・娄谅》。此外《南昌府志》《上饶县志》及《杏坂娄氏宗谱》各有传。

② 一斋之长子性与王华同为成化十七年辛丑（1481）进士，寓居京师。阳明赴谪过广信时，承父命向一斋问学，心契一斋学说要旨，毅然有遐慕圣贤之念。当王华在京师获悉阳明上疏弹劾刘瑾而招囹圄之灾，华不仅无忧虑之色，且对友人称"吾子得为忠君垂名青史，吾愿足矣。"（见（明）黄绾《石龙集》卷十一《实翁先生寿序》，明嘉靖年间原刻本）华处事晏然，闻变不惊，对权奸"怀之以恩而弗居，撼之以威而不动"（见前引书）之态度，对阳明日后之立大功，成大业之熏陶与影响，可谓至深且巨。

③ 参阅《兰溪县志》卷六《寺观》，成文出版社影印明刻本，1983年版，第571页。

④《年谱》载称："爱与蔡宗兖、朱节同举乡贡，先生（阳明）作《别三子序》以赠之。"（见《王文成公全书》卷三十二《附录一・年谱》"夏，赴谪至钱塘"条）序文全文今载录于《王文成公全书》卷七《文录四》。

⑤ 有关王阳明与湛若水之论交始末可详参拙文《王湛二子之论交与学说趋归》（载《汉学研究》1989年第2期，第259—278页）。

⑥ 参阅《王文成公全书》卷七《文录四・别三子序》。

⑦ 事见（清）黄宗羲：《明儒学案》卷十一《浙中王门学案一・御史朱白浦先生节》（台北中华书局影印《四部备要》本）。

⑧ 语见（清）郑珍《巢经巢文集》卷三《阳明祠观释奠记》，清刻本。

龙游①、西安②及江山③三县，稍作停留，即从广信府④出发，渡鄱阳湖，入赣江，经新建⑤、

---

　　① 阳明在龙游县境登岸后，先在县东三十二里外之舍利寺聊作短游，并题《舍利寺》五言诗一首以抒发飘泊情怀，诗云："经行舍利寺，登眺几徘徊。峡转滩声急，雨晴江雾开。颠危知往事，飘泊长诗才。一段沧洲兴，沙鸥莫浪猜。"（参阅《龙游县志》卷九《艺文·舍利寺》，成文出版社影印明刻本）。此诗《王文成公全书》缺载，可为阳明所至之处皆有题咏之实证。

　　② 离开龙游县后，飘泊至西安县。并在县治府西之大中祥符寺暂作停留，题《大中祥符寺》七律一首以志其在海上飘泊历险事，诗云："飘泊新从海上来，偶经江寺聊一游。老僧见客频问姓，行子避人还掉头。山水于吾成痼疾，险夷过眼真蜉蝣。为报同年张郡伯，烟江此去理渔舟。"（参阅《西安县志》卷四十四《寺观·大中祥符寺》，台北：成文出版社影印清刻本，1970年版，第1631页）。此诗未见载录于《王文成公全书》，应为集外佚诗。

　　③ 至江山县，阳明借宋代徐镳之妻方氏欲劝夫解甲归里，然徐氏不听，乃愤然投后园瑞莲池以身殉之史实，题《恭吊忠毅夫人》七律一首，借古磎今以明其欲隐遁避世之志，诗云："夫人兴废奄知儿，堪欢山河已莫支。夜月星精归北斗，秋风环佩落西池。仲连蹈海心偏壮，德曜投山隐未迟。千古有谁长不死，可怜羞杀宋南儿。"（参阅《江山县志》卷十一《艺文·诗赋·恭吊忠毅夫人》）方氏殁后，徐氏葬之西湖八盘岭。明正德年间，追赠忠毅夫人。此诗《王文成公全书》缺载，亦为集外佚诗之一。

　　④ 阳明到达广信府，适逢元宵佳节，获太守蒋溁盛情款待，并联舟夜游，兴之所至，阳明题《广信元夕蒋太守舟中夜话》七律诗一首以志其事。诗云："楼台灯火水西东，箫鼓星桥渡碧空。何处忽谈尘世外，百年惟此月明中。客途孤寂浑常事，远地相求见古风。别后新诗如不惜，衡南今亦有飞鸿。"全诗载录于《王文成公全书》卷十九《外集一》及同治《广信府志》卷十一《艺文·文征》，清刻本。在客途孤寂之时，获异地官员热情款待，顿觉有他乡作故乡之温馨，"客途孤寂浑常事，远地相求见古风"两句更流露出阳明对盛意拳拳的客情款待，怀有无限感激之情。"别后新诗如不惜，衡南今亦有飞鸿"两句诗意道出阳明冀望有鸿雁能千里传信，抚慰其对远亲及挚友思念之情。考蒋溁（字子川，生卒年不详）〔案：有关蒋氏之宦履行历，传记文献所载甚少，惟《广信府志》卷十七《人物·宦业》载录一小传称："蒋溁，字子川，上饶人。成化进士，历官兵曹，明敏勤恪，堂官甚器之，寻擢福州府知府。"（成文出版社影印清刻本）〕与阳明父亲王华同为明成化十七年辛丑（1481）同科进士，可说是阳明之父挚辈，故不避刘瑾权势，热情款待阳明，亦属情理中事。

　　⑤ 阳明至江西新建县时，暂宿章江门外之石亭寺，有《夜泊石亭寺用韵呈陈娄诸公因寄储柴墟都宪及乔白岩太常诸友》七律诗之作，面对沙村远树，江雨孤蓬，缅怀亦师亦友的故人娄谅，廿年后重临旧地（广信），青山依旧，然人已物化，不禁有"惟有青山只旧青"之叹。此诗不仅描画出阳明所思所感诉诸笔墨以寄托挚友思念之情，同时亦是他在此危难时际对现实生活的豁达态度之具体表现，全诗载录于《王文成公全书》卷十九《外集一》。另《江西通志》卷一五五《艺文九》亦有收录，署题"夜泊石亭寺"。

分宜①、袁州（即今宜春）②、萍乡③、进入湖南的醴陵④、长沙⑤。在滞留长沙时，与挚友涉湘江登岳麓，游目骋怀，在《陟湘于迈岳麓是尊仰止先哲因怀友生丽泽兴感伐木寄言二首》诗中记述了当时的畅游情景：

> 客行长沙道，山川郁稠缪。西探指岳麓，凌晨渡湘流。

---

① 途经分宜，有《过分宜望钤冈庙》五言诗之作，诗云："共传峰顶树，古庙有灵神。楚俗多尊鬼，巫言解惑人。望裡存旧典，捍御及斯民。世事浑如此，题诗感慨新。"诗中写景写情，遇目叙事，对楚地风俗信仰之描述，真挚细腻，全无丝毫雕琢加工痕迹之意，应是阳明谪旅途中有感而发之作。全诗载录于《王文成公全书》卷十九《外集一》第826页及民国《分宜县志》卷六《艺文》页10，民国年间手稿本。

② 到达袁州府，登上宜春台远眺，心中烦闷忧郁思绪尽消，即兴题就《袁州府宜春台四绝》一诗，"却笑韩公亦多事，更从南浦羡滕王"及"不用烟花费妆点，尽教刊落尽嶙峋"等句，不仅道尽了宜春台之周遭之怡人景致，而阳明诗作中秀逸有致之风格及内心感情世界之自适自乐，淡淡然从诗里行间中透显出来。全诗载录于《王文成公全书》卷十九《外集一》第827—828页。考宜春台位于袁州古城内，又名龟山（案：据宜春民间传说，五龟乘夜偷入宜春成，被仰山之神喝止，四龟慌忙逃走，一龟来不及走脱，化为宜春台，故宜春台亦称"龟山"），为汉武帝元光六年壬子（前129年）为宜春侯刘成所建五台之一（案：五台以宜春台为胜景，次为仙女台、凤凰台、化成台及湖冈台。正德《袁州府志·祠庙》载称："始于城中立五台，其最胜者为宜春台"可为佐证）。遍植桃李万株，供人登览。由于宜春台圆澄之旁崛起数百尺，楼殿以巍峨雄伟取胜，四周亭台楼阁，寺庙宫观甚多，历来故有"一州之壮观，万家之游息"之美誉。清光绪三十年甲辰（1904），欧阳祁撰长联于台旁，摹景写情，别饶意趣。厢房内立一巨大碑石，为慈禧太后御书"宜春"二字碑，民国年间辟为公园。新中国成立后修葺扩建，以台为中心构宜春公园，修建了北大门及西大门。台上楼阁三层，为庑殿式建筑，四道阿顶，飞檐画栋，古雅精巧。

③ 过江西萍乡县，于武云观夜宿，有《宿萍乡武云观》七言律诗之作。诗云："晓行山径树高低，雨后春泥没马蹄。翠色拖云开叠嶂，寒声隔竹隐晴溪。已闻南去艰舟楫，漫忆东归沮杖藜。夜宿仙家见明月，清光还似鉴湖西。"此为一首写景咏物诗，阳明不惧风雨，路途险阻，直趋谪所龙场，诗中叙述了他在谪途中之艰苦经历，然这种磨难并未减退其从容踏上危途的斗志。"夜宿仙家见明月，清光还似鉴湖西"正是柳暗花明又一村，云消雾散之后，明月清光近在咫尺，反映出阳明对前途之憧憬并不悲观，且在徜徉于山巅水涯之际，以乐观豁达之心境与用世气度以静观万物，淬厉人生。全诗载录于《王文成公全书》卷十九《外集一》。另《江西通志》卷一五五《艺文九》亦有收录。在沿途探胜访学之际，不觉已到天寒岁暮、冰雪载途之时，在萍乡谪旅中拜谒了濂溪祠（即今芦溪县境内），周氏善谈名理，尤精于易学，且为宋代理学开山鼻祖，阳明对其学问高赞首奉坛坫，自不待言。故在神到意到的状态下写下了《萍乡道中谒濂溪祠》七律一首，诗中末句"千年私淑心丧后，下拜春祠荐渚苹"直抒胸臆，阳明对周氏之道德学问及如光风霁月之洒落胸怀甚为敬重，并以千年圣人之私淑弟子自诩，表达出对先贤之遐慕之情。全诗以议论叙事为主，载录于《王文成公全书》卷十九《外集一》、（明）李桢《濂溪志》卷八《艺文》，署题《过萍乡谒濂溪祠》（二首）及《江西通志》卷一五五《艺文九》。此外，阳明在萍乡宣风镇驿馆暂宿时亦有《夜宿宣风馆》七律诗之作，此诗可说是阳明谪旅情愁诗之佳作，诗云："山石崎岖古辙痕，沙溪马渡水犹浑。夕阳归鸟投深麓，烟火行人望远村。天际浮云生白发，林间孤月坐黄昏。越南冀北俱千里，正恐春愁入夜魂。"阳明不以贬谪艰辛劳累为苦，沿途作诗感抒心曲，无论天际之浮云、林间之孤月，皆可入诗；马头残月，牛背斜阳亦能取舍自如，下笔发为文章，尽显阳明诗才与文学造诣。

④ 途经醴陵留宿泗州寺，有七律《醴陵道中风雨夜宿泗州寺次韵》之作，诗云："风雨偏从险道尝，深泥没马陷车箱。虚传鸟路通巴蜀，岂必羊肠在太行。远渡渐看连暖色，晚霞会喜见朝阳。水南昏黑投僧寺，还理羲编坐夜长。"阳明于雨淋风卷中，仓促就道，踯躅于途，但心中还抱有"晚霞会喜见朝阳"之冀望，展示出阳明迎风破浪与坚毅不屈之精神气脉。此诗透过恶劣环境的衬托，把阳明对逆境处变不惊的心态，描画得淋漓尽致，将叙事、描写和议论三者融合为一，遂使全诗情节抑扬吞吐，跌宕有致，堪称佳作。三年后，刘瑾伏诛，阳明获平反，在返京途中，仍住泗州寺，并于靖兴寺旁之渌江书院讲学。考阳明两次客寓醴陵，都有留诗寄意，叙事抒怀，故往往佳作连篇，如《重过泗州寺》及《过靖兴寺》（二首）等诗篇，便是其中之佼佼者。阳明后学张元忭（字子荩，号阳和，1538—1588）于万历年间主讲岳麓，良知之学自张居正禁毁天下书院后一度成为岳麓自由讲学之核心课题。他在烟雨迷蒙之际漫步泗州寺题仿阳明诗韵题诗述怀，诗云："岚气唯凭薄酒当，那堪入谷似车箱。烟迷湘浦鸥双没，云断衡阳雁数行。杏蕊欲开淹宿雨，葵于何日对朝阳。萧然四壁残灯在，坐理韦编夜更长。"（见《张元忭集》卷十六《醴陵阻雨步泗州寺次阳明先生韵》，上海古籍出版社，2015年版，第481—482页）。张氏题诗既为缅怀阳明，亦显示出对其良知学说有所持循道念，交相勖勉。

⑤ 阳明道经沅、湘，滞留长沙时，触景兴怀，使他忆起自沉汨罗的悲剧性爱国诗人屈原，在悲人悲己、吊古伤今之情况下，撰述《吊屈平赋》以悼念之。其中"艰贞兮晦明，怀若人将予退藏。宗国沦兮摧肺腑，忠愤激兮中道难"等句直是阳明抗疏罹祸遭遇的真实写照，内心不自觉地产生了伤时忧国的共鸣，并有远遁避世之想，后得铁柱宫道士指点解惑，始决定趋赴龙场。阳明高弟邹守益编《王阳明先生图谱》载称："三年戊辰四月，萍乡谒濂溪祠，游岳麓得霁，作《屈平赋》。"（参阅《王阳明先生图谱》，载《四库未收书辑刊》第4辑，北京出版社，1997年版，第474页。）《图谱》明确指出《屈平赋》撰于明正德三年戊辰（1508）四月，而《年谱》则在引言中称为"正德丙寅"（见《王文成公全书》卷十九《外集一·吊屈平赋》引言），所记显然有误。湖南学者梁颂成《王守仁与湖湘文化》（《武陵学刊》2011年第2期），可供参考。

　　逾冈复陟巘，吊古还寻幽。林壑有余采，昔贤此藏修。

　　我来实仰止，匪伊事盘游。衡云闲晓望，洞野浮春洲。

　　怀我二三友，《伐木》增离忧。何当此来聚，道谊日相求。①

　　阳明善用诗篇抒怀述志，在诗中详述了登山探幽，观云听泉，在山中盘桓期间，身心舒泰，悠然自得，更不忘怀念故友及仰止先哲。可谓诗简而意深，言近而旨远，阳明诗歌法度，历显山水之质感及人文底蕴，于此诗中可领略其个中三昧。此外，阳明尚有《朱张祠书怀示同游》二首〔案：此诗《清泉志》署题作《忆朱张两夫子》，《石鼓志》卷五收录。考朱张祠本与宋郡守朱洞、山长周式及安抚使刘珙合祀，至明成化年间，长沙知府钱澍始将朱张通判陈钢合祀，改称"崇道祠"，旧在圣庙后，屡有修葺，乾隆时改建于书院讲堂，仍以"崇道祠"称之。（参阅（清）欧阳厚均《岳麓诗文钞》，岳麓书社，2009 年版，第 69－71 页。）〕、《登岳麓》（案：此诗《湖南通志》署题作《陟湘于迈》）、《望赫曦台》《游岳麓书事》诸诗作，皆是在游岳麓时即兴感怀所留下的佳制名篇，今分别载录于《长沙府岳麓志》卷五、卷六，（清）欧阳厚均《岳麓诗文钞》及《王文成公全书》卷十九《外集一》内。阳明后学张元忭②《岳麓同游记》中有言："上为翠微亭，视高明所见益远，遂相与席地坐，诸生有歌阳明诗者，众属而和之，林谷响应，陶陶然乐也。"③ 可见王学在湖湘地区已盛极一时，乃至明万历十年壬午（1582），张氏因使事入长沙，应兵备道李天植的邀请，主教岳麓书院。在重振书院学风之余，积极推动阳明良知学说，其所留下的《同李冲涵年丈游岳麓书院述怀十四韵》《惜阴篇》《岳麓吟四章自勉》《朱张祠》等诗文，可知其对岳麓书院之深厚感情及砥砺湖湘后学之苦心。

　　① 诗见《王文成公全集》卷十九《外集一·陟湘于迈岳麓是尊仰止先哲因怀友生丽泽兴感伐木寄言二首》其一。

　　② 张元忭（1538—1588），字子荩，别号阳和，祖籍四川绵竹，后徙居浙江山阴（今浙江绍兴），宋相张浚之后。父亲张天复（字复亨，号内山，1513—1594）官至太仆寺卿。阳和自幼古貌魁然，读书勤奋，颇以气节自负。稍长，好论国事得失，评量人物。闻王阳明良知之说，乃检覆其著作，潜习理学。明嘉靖三十七年戊午（1558）举于乡。数上公车不第，下帷龙山之阳以圣贤之学自期。隆庆五年辛未（1571），阳和以廷试第一，授翰林修撰，左谕德兼翰林侍读。万历六年戊寅（1578），奉旨教习内书堂，为宦官讲《忠鉴录》，并亲为条解，编成《内馆训言》，惩时之弊。万历十年壬午（1582），奉使楚府，至长沙，应兵宪李天植（广德人）敦迎主讲岳麓书院，远近喁喁向风。后顺道过家省母，母卒，阳和居丧毁瘠，并以古礼殓葬，乡人皆称之为孝子。万历十五年丁亥（1587），阳和复官，升左春坊左谕德兼翰林侍读，迁经筵讲官。请复父官，神宗不从，阳和以己不能为父洗冤，有负君亲，次年三月竟郁郁而终于任上，终年五十一岁。天启初年，追谥文恭。所著有《朱子摘编》、《张阳和不二斋集》十六卷（亦名《阳和录》）、《不二斋文选》七卷、《云门志略》五卷、《读尚书考》《皇明大政记》《翰林诸书选粹》四卷、《山游漫稿》《张子志学录》《读诗考》《槎间漫笔》《馆阁漫录》《读史肤评》《绍兴府志》五十卷（与兵部侍郎孙矿共同纂修）、《会稽县志》十六卷（与徐渭等共同纂修）、《三江考》《张阳和文选》三卷。阳和师承王畿，为阳明之再传弟子，其学不尚口耳空谈，务以实践为基。强调万事万物皆起于心，心无事而贯天下之事。有关张元忭宦履行历可详参（明）朱赓《朱文懿公文集》卷十一《张公行状》、（明）焦竑《国朝献征录》卷十九《张公墓志铭》、（明）林之盛《皇明应谥名臣备考录》卷五《张元忭》、（明）刘振《识大录·张元忭》、（明）刘鳞长《浙学宗传·学士张阳和先生元忭》、（明）李贽《续藏书》卷二十二《左谕德张公》、（明）顾祖训《状元图考》卷二《状元张元忭》、（明）朱金庭《朱文懿公文集》卷十一《奉直大夫左春坊左谕德兼翰林院侍读阳和张公行状》、（明）陈与郊《隅园集》卷十五《张公墓志铭》、（明）张岱《三不朽图赞·立德·理学·张文恭元忭》、（明）张元忭《张阳和先生不二斋文选》卷首《张公墓志铭》、（明）张矿撰《郡志小传》、（清）彭定光《明贤蒙正录》卷下《谕德张公元忭》、（清）阎湘蕙《明鼎甲征信录》卷三《张元忭》、（清）赵管亭《岳麓志》卷三《张元忭续传》、（清）沈佳《明儒言行录》卷八《张元忭》、（清）陈锦《越中观感录·王文成公弟子姓氏录·张子荩先生元忭》、（清）张廷玉《明史》卷二八二《儒林传·张元忭》、（清）邵廷寀《思复堂文集》卷一《王门弟子所知传·张元忭》、（清）程嗣章《明儒讲学考·张元忭》、（清）黄宗羲《明儒学案》卷十五《浙中王门·侍读张阳和先生元忭》、《明文海》卷四四五《墓文·儒林·张阳和先生墓表》、乾隆《绍兴府志》卷五十二《人物志·张元忭》、乾隆《浙江通志》卷一二六《儒林中·张元忭》。

　　③ 参阅《张元忭集》卷十六《醴陵阻雨步泗州寺次阳明先生韵》。

　　阳明最初抵达长沙时，暂居寿星观①，长沙学子周金慕名前来请益。阳明不顾舟车劳顿，"病齿畏风湿"之苦，相与游山论学，并撰长诗《游岳麓书事》②以纪事抒怀。诗中详述了与周金结伴游山之雅趣，"周生好事屡来速，森森雨脚何由住。晓来阴翳稍披拂，便携周生涉江去。"③沿途远眺橘州僧寺，近拜朱张古祠，浮屠观阁尽收眼底，在山林旷野气脉之激荡下，宁静致远，阳明远谪龙场所产生的伤感忧郁之情，随着心境之豁然开朗而烟消云散。

　　在长沙稍作停留后，阳明继续登程，顺湘江入洞庭，经天心湖④遇暴风骇浪，险象环生。《天心湖阻泊既济书事》诗中有惊心动魄之描述：

　　　挂席下长沙，瞬息百余里。舟人共扬眉，予独忧其駃。
　　　日暮入沅江，抵石舟果阰。补敝诘朝发，冲风遂龃龉。
　　　暝泊后江湖，萧条旁罾垒。月黑波涛惊，蛟鼍互睢盱。
　　　翼午风益厉，狼狈收断汜。天心数里间，三日但遥指。
　　　甚雨迅雷电，作势殊未已。溟溟云雾中，四望渺涯涘。
　　　篙桨不得施，丁夫尽嗟噫。淋漓念同胞，吾宁忍暴使？
　　　饘粥且倾囊，苦甘吾与尔。众意在必济，粮绝亦均死。
　　　凭陵向高浪，吾亦讵容止。虎怒安可撄，志同稍足倚。⑤

　　风高浪急，加上雷电交加，"翼午风益厉，狼狈收断汜"道出与惊涛骇浪搏斗、命悬一线的惊险情景。幸好舟入武阳江后，"收舵幸无事，风雨亦浸弛。"⑥此时此际，阳明在收拾忐忑心情之余，还以"济险在需时，徼幸岂常理？尔辈勿轻生，偶然非可恃。"⑦谆谆告诫众人世事盛衰有常，虽前路塞滞，在遇挫折时必须秉持坚韧的毅力和信心与逆境周旋对抗，才是战胜万难的关键所在。在经历天心湖九洞十八滩之凶险恶浪之后，抵岸寓居潮音阁（案：潮音阁后改称寓贤阁，在西门外石柜二圣寺左右⑧）并有《阁中坐雨》《霁夜》及《僧

---

　　①　寿星观始建于宋政和年间，因轸宿星官旁之长沙一星寿而得名。明初移建于通货门内。经明天顺二年戊寅（1458）及正德七年壬申（1512）两度募修，殿宇金碧辉煌，胜概壮观。寿星观分为三大殿，即右雷祖殿、左三宫殿、中玉皇殿。适逢阳明赴谪过长沙，暂观内题诗，自此声名大噪。明末因兵燹被毁，仅存石碑。清康熙初年重修三殿，至乾隆五十八年癸丑（1793），巡抚姜晟目睹其预败之象，遂募资大肆修葺，恢复了寿星观之旧貌。清末民初渐次衰败，今只存遗址于长沙寿星街旁。
　　②　《游岳麓书事》为七言古体叙事诗，全诗首重描述游山之乐及地方官员、友辈之间的真挚友谊。诗作篇幅颇长，载录于《王文成公全书》卷十九《外集一》。
　　③　同前注。
　　④　天心湖在明代属常德府（即今湖南益阳），由汉寿及沅江两县分治。据《湖南通志》卷二十三《地理·山川·沅江县》载称："天心湖在西北四十里，龙阳、沅江二县受潆水会于此，入洞庭湖。"洞庭湖为众多湖泊围绕，在湖水泛滥时，浩浩森森，望无涯际，遇风暴则巨浪滔天，船行其中，实危如累卵。阳明渡湖时就是遇上这种风暴。故有《天心湖阻泊既济书事》五言诗之作以志其事。道光《洞庭湖志》卷六录入《天心湖即事》（案：《王文成公全书》卷十九《外集一》署题为"天心湖阻泊既济书事"；《常德文征》卷八署题为"天心湖即事"，而《湖南通志》则署题为"天心湖阻风"）及《沅江晚泊》两首（见（清）陶澍、万年淳等纂修道光《洞庭湖志》卷六《游览·王守仁》，巴蜀书社，2003年版，第126页），而嘉靖《常德府志》卷十五、十六及十九分别收录《桃源洞》《东禅寺》及《沅江晚泊》三首（见嘉靖《常德府志》卷十五至十九，明嘉靖年间刻本）。
　　⑤　诗见《王文成公全书》卷十九《外集一·天心湖阻泊既济书事》。
　　⑥　同前引书。
　　⑦　同前引书。
　　⑧　参阅梁颂成《王守仁在常德的诗歌创作》转引《武陵县志》卷二十二，《常德师范学院学报》2001年第1期，第70页。

斋》三首诗作①，诗中流露出阳明在飘梗生活中对故乡思念之情及处身异地环境中的"花开花落原有定，人生聚散总无常"的深切感悟。而三诗中亦述及"寺门""僧堂"及"僧斋"等佛家相关词汇，增添不少禅学情调及阳明在赴谪龙场途中所留下之释氏印迹。

正德三年戊辰（1508）春，阳明经桃源县，因慕距西南三十里外之桃源山中桃源洞之名②，特往游洞观赏山中景致以净化人心，驻足流连之际，题下《晚泊沅江》七言诗作以遣兴抒怀，诗云："古洞何年隐七仙，仙踪欲扣竟茫然。惟余洞口桃花树，笑倚东风自岁年。"③ 阳明晚泊沅江，桃源洞周遭的景致及桃花源如幻如真的仙境来历，一种达观超脱的情怀即刻受到了激荡，使他顿起了要寻访曾在洞中修炼得道成仙之七位道者（案：七仙是指黄道真、黄洞源、瞿童、沈羲、王质等得道成仙之道家人物）的冲动。洞口虽在，惟仙踪已渺，只留下沿溪两岸的桃花树，"笑倚东风自岁年"了。此诗寄意深远，然意不在景，实在于抒发仙道情怀及对生命境界的体会。阳明游山之兴致甚浓，在明月当空，烟云叆叇畅游桃花源之际，遥望远处之观音山，思绪起伏不定，偶题《观音山》诗，以诗歌形式尽情倾吐对烟霞生活之憧憬与企盼。诗云："烟鬟雾鬓动清波，野老传闻似普陀。那识其中真色相，一轮明月照青螺。"④ 此诗写景清新自然，加上阳明受到山川景物之启迪，驰骋想象，营造浓淡变幻多端之山境，"野老传闻似普陀"极具传奇意味。"一轮明月照青螺"反映出阳明心境之坦然自处，游弋其中，如朗月照遍如青螺一般的山廓，恬静而壮观，独具韵致，每有出尘意味。明代政治黑暗，宦途淹蹇多难，适与桃源之山光水色与出尘绝俗之幽美环境，形成了鲜明对比，这正是阳明特别钟情于山水诗创作之主因。

在沅江县作停留后，即促装上道，再沿当年屈原流放之路线，溯沅江上行到达辰州府之辰溪县（即今沅陵县）。辰溪县位于湖南省西部，沅江中游，东连溆浦，南邻怀化，自古有"黔滇门户，全楚咽喉"之称誉。而辰溪古迹甚多，其中大酉山之大酉洞相传为周穆王藏书之处，亦为暴秦焚书时，儒生护简之所。阳明对此洞心仪已久，诗兴大发，题下《辰溪大酉洞》诗以借景述怀，诗云："路入春山久费寻，野人扶病强登临。同游仙侣须乘兴，共赏花园莫厌深。鸣鸟游丝俱自得，闲云流水亦何心。独怜疾首灯窗下，辗转支离叹陆沉。"⑤ 阳明在诗中没有刻意描摹钟灵毓秀之湖光山色，而是自命"野人"冀得怡然游山之乐，化为诗句以排解心中郁结愁思。枯灯长夜，独怜疾首，辗转难眠，"独怜疾首灯窗下，辗转支离叹

---

①　《阁中坐雨》《霁夜》及《僧斋》三首诗作均载录于《王文成公全书》卷十九《外集一》。

②　桃源洞因晋朝陶渊明《桃花源记》而闻名遐迩。据《桃花源志略》卷二引《桃源洞天志》云："桃源山在桃源县西南三十里沅水之阴，广三十二里，高五里。负土抱石，嵯峨蓊郁，群峰环拱，气势雄秀，洞在山之半。"（参阅束景南《阳明佚文辑考编年》上册，上海古籍出版社，2012年版，第265页。）

③　诗见前引书第265页。此诗《王文成公全书》缺载，而《全书》卷十九《外集一》收录有《沅江晚泊》二首，即阳明于正德五年庚午（1510）赦归经桃源县时因有感而作，诗中"水漫远沙村市改，泊依旧店主人非"更有物是人非、光阴流逝之叹。《湖南通志》卷二十三收录有《桃花源》五言诗，诗云："桃源在何许，西峰最深处。不用问渔人，沿溪踏花去"。后两句表现出阳明对前途之自信，寄托高远怀抱，其诗艺养深力厚，于此可见。

④　此诗收录于（清）陈楷礼辑《常德文征》卷八，为《王文成公全书》未收之佚诗。考观音山位于桃花源境内，山上有大士阁，亦称观音堂。

⑤　此诗载录于道光《辰溪县志》卷三十四《艺文志》内（清道光年间刻本）。

陆沉"无疑是对自身境遇的自况与调侃。此外，在途经溆浦县①、芷江之罗旧驿②、黔阳之沅水驿③都有纪行诗之作。

离开沅州，阳明沿古驿道向贵州进发至东北之平溪卫（即今之玉屏县），这是入黔第一站。考玉屏古名平溪，位于大西南黔东与湘西交界处，南跨广西，北接重庆，东连湖南。宋置平溪峒，明洪武十四年辛酉（1381）改置平溪堡，二十三年庚午（1390）置平溪卫，卫城北隔阳河畔有玉屏山，纥立如屏，故名。至清雍正五年丁未（1727）始废卫设县，改为玉屏县治，新中国成立后，于1983年改设玉屏侗族自治县，为汉、苗、彝杂居之地。阳明初到平溪卫，地远情疏，难免有岁月催人老、沧桑看浮云的特殊心理感受。幸赖时任贵州巡按御史王文济（字汝辑，号古润，生卒年不详）之热情款待与照顾，其间他与贵州布政使参政郭绅等合刊《文章轨范》一书以惠贵州士子，阳明为之作序④。可以看出，此时的阳明，在异地的主要活动，或与好友书信往来切磋学问、交流心得；或互撰序文，检束身心；或寄情山水，联诗唱和，淡然自乐，独穷良知之奥。在这孤独而不寂寞的环境下，赋诗一首以表白其忠君爱国之心迹："山城寥落闭黄昏，灯火人家隔水村。清世独便吾职易，穷途还赖此心存。蛮烟瘴雾承相往，翠壁丹厓好共论。畎亩投闲终有日，小臣何以报君恩。"⑤ 句中以"穷途还赖此心存""小臣何以报君恩"为主题意象，阳明虽有一腔热血，无奈阉宦弄权，豺狼当道，遂产生报国无门、英雄失路之慨叹。

---

　　① 溆浦县位于湖南省西部，地处雪峰与武陵山脉之间，沅江中游。因溆浦县江口镇乃沅水与溆水之汇合处，形如犁耙的头，故称"犁头嘴"，明时特设古水路驿站于此，以方便商旅。据民国《溆浦县志》载："江口驿，上迎滇（云南），下达辰（辰州）、常（常德），西趋镇竿（凤凰）、铜仁亦所必经之五杂处，水路要冲之地。"充分体现了古水路驿站之重要性。后明廷将路改为府，溆浦县随属辰州府，改镇宁、龙潭两堡为巡检司。就地理环境而言，溆浦两岸环绕着高山，近岸处多为石滩，阳明将舟子泊定后，眼看暮色苍茫，不觉情绪涌现，随口吟诵五绝一首："溆浦江边泊，云中见驿楼。滩声回树远，崖影落江流。柳发新年录，人归隔岁舟。穷途时极目，天北暮云愁。"（此诗载录于民国《溆浦县志·艺文》，为佚诗，《王文成公全书》缺载。）天际之愁云惨凄，周边之滩声崖影，不禁激起"人归隔岁舟"之乡愁情结。

　　② 芷江罗旧驿（即今罗旧镇），在湖南省西部怀化至芷江县的一条驿道，离县城三十余里，是我国古代从两湖到西南地区的重要驿站。除罗旧驿外，芷江境内尚有公坪驿、沅水驿、冷水铺驿及便水驿等驿站。据同治《芷江县志》载称："正德三年三月，王守仁谪贬龙场驿，途经罗旧、沅州，并作《过罗旧驿》《沅水驿》诗纪行。"（清同治九年庚午（1870）刻本）离开溆浦县后，阳明一路西行，抵达芷江的罗旧驿，留下了为后世学者所传诵的《过罗旧驿》诗（案：该诗《王文成公全书》署题为"罗旧驿"），芷江人民于正德二年丁卯（1507）在罗旧镇树立诗碑以示对阳明之追慕。诗云："客行日日万峰头，山水南来亦胜游。市谷鸟啼村雨暗，刺桐花暝石溪幽。蛮烟喜过青杨瘴，乡思愁经芳杜洲。身在夜郎家万里，五云天北是神州。"［案：诗载录于《王文成公全书》卷十九《外集一》，而学者吴格《王阳明诗文选译》及张清河《王阳明诗歌选译》亦有选录，并加以译注，可见阳明诗作颇受时人之重视与赞赏。诗碑首立于明正德二年丁卯（1507），后经多次毁弃与修复。］阳明身处古夜郎国的属地沅州罗旧驿，在艰苦疲惫的险途中，"乡思愁经芳杜洲"，思乡之情与日俱增，然笔锋一转，苦涩之心境，转瞬间遂化为"身在夜郎家万里，五云天北是神州"之豁达乐观境界，坚守儒者入世精神的价值取向，不以曲求时好以博取高官厚禄为追求目标。

　　③ 阳明离开了罗旧驿，直达黔阳县［案：黔阳县位于湖南省西部，雪峰山脉中段，沅水上游，即今之洪江市。明洪武九年丙辰（1376）改沅州路为沅州，隶属辰州府，直辖黔阳、麻阳两县，设立安江巡检司管治］之沅水驿，这是从湖南进入贵州的最后一个驿站。阳明到此后，放眼四望，只见远山迷蒙，近山苍黛，一条古老驿道蜿蜒而出，在林间远处一座古驿楼矗立在苍茫暮色之中，此际阳明感觉身如野鹤，关山路迢递至此荒陬蛮夷之地，飘泊无定位，诗绪霎时涌现，遂写下了《沅水驿》七言诗以凭诗寄意，畅发幽情。诗云："辰阳南望接沅州，碧树林中古驿稠。远客日怜风土异，空山惟见瘴云浮。耶溪有信从谁问，楚水无情只自流。却幸此身如野鹤，人间随地可淹留。"（诗见《王文成公全书》卷十九《外集一》）此诗写于《过罗旧驿》之后，同为纪行诗，然而意境迥异。前诗虽具思乡愁结，然而思想视野广阔，穷究生死根因，以豁达乐观心态迎接未来。后诗则显示出悲凉与无奈，"远客日怜风土异""楚水无情只自流"见景生情，触目兴叹，异乡之风物与朝夕无情之流水勾起他对宦海浮沉、仕途淹滞及坎坷人生之感概。

　　④ 事载王路平《阳明文化与贵州旅游：贵州阳明文化旅游圈的透视与开发》第四章《贵州阳明文化旅游圈的旅游资源》（中央文献出版社，2009年版，第167页）。

　　⑤ 诗见《王文成公全书》卷十九《外集一·平溪馆次王文济韵》。另有《即席次王文济少参二首》之作，可见阳明与王氏平时以学术互相砥砺，托心毫素，交谊匪浅。

　　因赴龙场报到的日子紧逼，阳明在平溪卫稍作停留后便经远县（即今镇远县）、偏桥卫（即今施秉县）、兴隆卫（即今黄平县）①、清平卫（即今凯里市炉山镇）②、平越卫（即今福泉县）③、新添卫（即今贵定县）④、龙里卫（即今龙里县），于明正德三年戊辰（1508）抵达

　　① 阳明抵达兴隆卫地界时，举目四顾，但见山间楼台错落，野花夹道，啼莺处处，在山水之乐中体悟圣学和谐之美及探究人生意义，故有《兴隆卫书壁》七绝诗之作，诗云："山城高下见楼台，野戍参差暮角摧。贵竹路从峰顶入，夜郎人自日边来。莺花夹道惊春老，雉堞连云向晚开。尺素屡题还屡掷，衡南那有雁飞回"（诗载《王文成公全书》卷十九《外集一·兴隆卫书壁》）。所谓"月是故乡圆，土是故乡亲"，离开家乡愈远，思乡之情愈浓，阳明惟有寄望鱼雁传书，以解乡愁，诗末"尺素屡题还屡掷，衡南那有雁飞回?"两句，道尽了阳明发自肺腑的思乡情怀。兴隆卫有历代骚人墨客题咏不绝的飞云崖（案：亦名飞云洞，位于黔东南自治州黄平县城东北十二公里处，为贵州省重点文物保护单位）名胜，因其地有巨崖，顶上崖檐覆出，石乳倒垂，诡异玲珑，千姿百态，如临风漫卷飞云，故名。崖顶有圣果、滴翠二亭，因阳明留下《圣果亭记》石碑而名闻天下。明洪武二十六年癸酉（1393），始设兴隆卫，崖界兴隆、偏桥之间，以便文人商旅游观。正统八年癸亥（1443），游僧德彬（名广能）斥资构建月潭寺，至正德年间于澄潭旁建月潭寺公馆，因寺院日久荒废，宪副朱文瑞捐资庀材，重新修葺，架楼三楹，以为商旅休憩之馆。寺僧正观邀阳明题写《重修月潭寺公馆记》交待缘由，并勒石立碑以志其事［碑背刻有和尚髯龙子的《圣果亭偈》（见王路平《阳明文化与贵州旅游：贵州阳明文化旅游圈的透视与开发》，中央文献出版社，2009年版，第174页）］，该文更成为广为流传的名篇（今收录于《王文成公全书》卷二十三《外集五》。另嘉庆《黄平州志·艺文志》及《贵州通志·艺文志》皆载录有《东坡月潭寺记》（（明）王训撰））。月潭寺与公馆于万历年间皆毁于兵燹，今飞云崖现存之建筑乃清代重建，包括皇经楼、滴翠亭、月潭寺、长廊、鱼池、接引阁、碑亭、小官厅、大官厅、童子亭、月潭寺牌坊、云在堂、养云阁等胜迹（参阅余怀编《王阳明与贵州文化》第六章《王阳明与贵州名胜古迹》，贵州教育出版社，1996年版，第165-166页）。飞云崖古木成林，参天蔽日，崖前山溪飞泻，桥东石坊岿然，上镌清雍正年间云贵总督鄂尔泰所书"黔南第一胜境"六大字。至清光绪年间，主持李志亮募集资金，将飞云崖之胜迹规模扩大，飞檐翘角，巧嵌崖壁，更在牌坊式大门上方竖嵌"飞云崖"三个草书大字，正中刻"黔南第一洞天"楷书横额。今月潭寺和飞云崖更是黔东南著名的旅游胜地。
　　② 清平卫原为炉山县，汉时为故且兰地，元朝时为麻峡（即今麻江县）县地。明初置清平堡，洪武二十年己未（1379）置清平长官司，并戊寅（1398）始改为清平卫，为苗、侗族聚居地。弘治七年甲寅（1494）置清平县，隶都匀府。清代仍其旧，至民国二年（1914）改为炉山县。新中国成立后，将炉山县、麻江县、雷山县、丹寨县合并为凯里县，后相继分置，炉山县仍为凯里县，今改称凯里市。正德三年戊辰（1508）三月，阳明赴谪经此，随事精察，赋《清平卫即事》诗以抒发能忍者自安情怀："积雨山途喜乍晴，暖云浮动水花明。故园日与青春远，敝缊凉思白苧轻。烟际卉衣窥绝栈，峰头戍角隐孤城。华夷节制严冠履，漫说殊方列省卿。"（诗载《王文成公全书》卷十九《外集一》）由于清平卫为苗、侗少数民族聚居之地，蛮荒气氛浓厚，加上苗、侗民性凶悍，常有械斗互殴之事。全诗勾勒出阳明在逆旅途中的生活点滴及面对"峰头戍角隐孤城""华夷节制严冠履"等异域风土人情的实际体会和适应。
　　③ 平越卫（即今福泉县）为黔中腹地，在元朝至元二十一年甲申（1284）首置平月长官司，隶属菅番民总管府。明洪武八年乙卯（1375）改平月长官司为平越安抚司，隶属播州宣慰司，"平越"之名即始于此。洪武十五年壬戌（1382）设置平越卫，为卫城，下置卫指挥使司、卫军民指挥使司。永乐二十一年（1423），贵州设置贵宁、新镇等四道。新镇道注平越，辖镇远、黎平、新化三府及平越、兴隆、清平、新添、龙里、都匀六卫与黄平千户所。万历二十九年辛丑（1601）以播州南部置平越军民府，实行流官管治。府治设于平越县城，领黄平州与余庆、湄潭、瓮安、贵定四县及平越、兴隆、新添三卫并黄平千户与杨义、新添、丹平、丹行、凯里五长官司及高坪、中坪二司四牌地。至清康熙十一年壬子（1672）栽卫置平越县，改平越军民府为平越府，与府同治，领一州四县及杨义长官司。位于福泉县城东五里为七盘岭，古藤苍木，山清水秀，有洒金谷、哈蚌河、古城墙、葛镜桥（俗称豆腐桥）等旅游胜景，此为古代京滇驿道必经之路。七盘岭山势突兀，高峻崎岖，以盘回七里故名。阳明路过此地，因见其山色奇绝，遂有《七盘》诗之作，诗云："鸟道萦纡下七盘，古藤苍木峡声寒。境多奇绝非吾土，时可淹留是谪官。犹记边峰传羽檄，近闻苗俗化衣冠。投簪实有居夷志，垂白难承菽水欢。"（诗见《王文成公全书》卷十九《外集》一）诗意点明了阳明虽仓促就道，踯躅于途，然而对七盘岭之景观特色，静观默察，萦回曲折的古道，盘踞山岭之古藤苍木，用诗歌描绘得细致入微，使人读之霎时有仙隐禅化之冲动。"投簪实有居夷志"一句更透露出阳明此时此际，内心滋长着一种欲以化民成俗的志向，并对生命意义做出了深度的反思。
　　④ 元至元二十八年辛卯（1291），元朝政府立新添葛蛮安抚司，翌年设置新添千卫所，未几置新添卫管辖新添城（即今贵阳市乌当区新添寨镇）。清康熙二十六年丁卯（1687）将新添卫纳入贵定县，移治今城关镇，称卫城。新中国成立后，始改立为黔南布依族苗族自治州，位于云贵高原东部之黔中山原中部。翟玉前、孙俊《明史贵州土司列传考证》（贵州人民出版社，2008年版）"新添卫"部分值得参考。

贵州府修文县①之龙场谪所。

二、谪居龙场之活动轨迹

龙场②位于贵州西北八十里的修文县城区，即贵州土司安贵荣宣慰使之管辖地区。因龙场位处偏僻的西北方，山高路险，万山丛棘，穷山恶水，蛇虺瘴疠到处皆是，非生人所堪。由于龙场是水西驿道第一站，四周皆为苗、彝、布依等少数民族所居，语言不通，而可通语言者都是中土亡命之士，加上阳明本身政治失意，宦途坎坷，使他所面对的处境更加困难，阳明后学罗洪先《龙场阳明祠记》对其所处之困境及心理状况有极细致的描述："及其摈斥流离于万里绝域，荒烟深菁，狸貁豺虎之区，形影孑立，朝夕惴惴，既无一可骋者，而且疾病之与居，瘴疠之与亲，情迫于中，忘之有不能，势限于外，去之有不可，辗转烦瞀，以需动忍之益，盖吾之一身已非吾有，而又何有于吾身之外？"③ 阳明困阨龙场，以淡然名利得失之洒然心态面对逆境，动心忍性，脱屣于故常，对良知学理措意颇深，学问与气节无不兼赅具备，故罗氏在文中对阳明甚为激赏："先生以豪杰之才，迈往之志，振迅雄伟，脱屣于故常，于是一变而为文章，再变而为气节，当其倡言于逆瑾蛊政之时，挞之朝而不悔，其忧思恳款，意气激烈，议论铿訇，真足以凌驾一时而托名后世。"④ 阳明所提之良知学理，于龙场困阨三年，沉潜反复，确然自信而得，并非纯来自顿悟之虚空见解，乃实学实功之兼统与落实，可知罗氏对阳明所下之评语，具有以一朝之患而不忘终身忧的处世意蕴〔案：明儒施邦曜在《年谱》眉批一评语谓："此所谓动心忍性，增益其所不能"，可作为阳明困阨龙场三年恍然悟道之顶门针。（见《阳明先生集要·年谱》"三年戊申，三十七岁。春三月，至龙场驿"条，中华书局，2008年版，第8—9页）〕，实非过誉之辞。

阳明初至龙场，鉴于驿所日久失修，凋敝不堪，只好搭建一所"开棘自成篱，土阶漫无

---

① 明代的修文县治即今贵州省贵阳市西北七十里的修文县城区，县城古名龙场，地处贵州中部，东面与乌当区接壤；南面与白云区毗邻，以猫跳河与清镇市为界；西面与黔西、金沙两县隔六广河相望；北面与息烽县交界，县城驻地龙场镇，位于县境南部。关于修文县的历史沿革，清儒爱必达《黔南识略》所载颇为详备："修文县在府治北五十里，汉为牂柯郡地，宋为干坝。龙场原为落邦札佐等处长官司，明洪武五年，置苔佐长官司，属贵州宣慰司。崇祯三年，改置敷勇卫，属贵州都司。是年以青山长官司，地置中襄守千户所，以贵州前卫故绝六屯并割底寨司，地置熄烽守御千户所，以宣慰司水外六日之地，置濯灵守御千户所，修文守御千户所，均属卫。"（见《黔南识略》卷二《修文县》，《黔南丛书》本）至清康熙二十六年丁卯（1687）始改县为卫所，设知县、教谕、训导、典史等官职以管治之。民国三年（1914）析出县境北部置息烽县。新中国成立后，修文县先后隶属于贵阳、贵定、安顺地区和贵阳市。因王阳明曾谪官于此，宣扬其良知学说以化民成俗为职，并培育了大批黔中王门学者如孙应鳌、李渭等，故有"王学圣地"之美誉。

② 龙场位于贵州西北（即今贵阳市西北八十里之修文县城区），为明代贵州土司安贵荣宣慰使的管辖区，属贵州修文县治。鉴于政治及经济上之需要，明代对陆路交通运输甚为重视，于洪武十五年壬戌（1382），首开关索嶺古道以接贵定，十七年甲子（1384）开赤水卫乌撒道以通乌蒙。而安氏先祖奢香（1358—1396，彝名舍兹）〔案：关于奢香事迹，可详参《明史》卷三一六《贵州土司传》〕更在贵州西北至四川、云南的通道，开设九驿：龙鸿、六广、谷里、水西、奢香、西溪、金鸡、阁鸭及归化等驿站，以便利朝廷传递文书及运输粮草。九驿之中以龙场驿规模最小，仅设有"驿丞一员，吏一名，马二十三匹，铺陈二十三副"（见乾隆《贵州通志·建置志·驿传》，文渊阁《四库全书》本）。今龙场驿至六广驿之间的蜈蚣坡尚存一段古驿道以供凭吊。

③ 参阅（明）罗洪先撰、徐儒宗编校《罗洪先集》卷四《龙场阳明祠记》，凤凰出版社，2007年版，第136—138页。该文亦载录于（清）薛熙所编的《明文在》卷五十内，署题"龙场龙冈书院祠碑记"〔清光绪十五年己丑（1889）江苏书局印本〕，龙冈书院为奉祀阳明之祠，宪使胡尧特邀阳明后学罗洪先撰文，并勒石立碑以作纪念。

④ 语见《罗洪先集》卷四《龙场阳明祠记》，第137页。

级。近风亦萧疏，漏雨易补缉"①的草庵（案：草庵位于驿站南二里之吴家湾与毛栗园之间的小孤山下，即今修文县龙场镇新春村）暂住。由于草庵过于简陋，未能躲雨避风，于是又搬到驿所东北三里的龙冈山②上一个古洞③安身，该洞洞口，高敞深广，各二三丈，顶石如凿，可容百人。对于洞内之自然环境格局，御史冯晋卿于崇祯十二年己卯（1639）撰写之《游阳明洞记》有细致而生动之描述："他洞湿，此燥；他洞暗，此彰；他洞深邃，此披露。上开下阔，天地定位。一门二户。山泽通气。传声空谷，雷风相薄，吐茹烟云，水火不相射。形成气象，八卦相错。洞得易之体，先生得洞之用。烈烈轰轰，揭日月以得，是为阳明洞。"〔案：此文载录于民国《贵州通志·金石志》，明御史冯晋卿曾于崇祯十二年己卯（1639）立碑以阳明诗文刻诸石，因久经风雨剥蚀，碑文字迹漶灭。至清道光二十六年丙午（1846），乔方伯、罗廉访等官员以冯文重刻新碑六座以供游客流连摩挲凭吊。〕自此以后阳明便过着"营炊就岩窦，放榻依石迮"④的穴居生活。居数月，因山洞湫湿，阳明的随从三仆因水土不服，皆染疫抱病，面对这样的窘境，在走趋语默之间，随机应变，并亲自析薪捆材，临池取水，熬汤煎药，躬身护理，毫无倦怠之色。恐防病者心中抑郁烦累，"又与歌诗，或调越曲，杂诙笑以安其情，始忘其为疾病夷狄患难也。"⑤阳明能以作诗调曲之活动以抚慰患病的随从，在不知不觉中发挥了诗歌戏曲之移风易俗之教化功能，同时亦间接丰富了当地苗夷的精神生活。为此，阳明日渐获得了苗民之信任，因山洞湫湿，在苗民的协助下，伐

---

①　参阅《王文成公全书》卷十九《外集一·初到龙场无所止结草庵居之》。

②　龙冈山又名栖霞山，在贵州修文县城东北三里处。修文县龙场保存着与王阳明相关最丰富的史迹遗址，亦是阳明悟道之处，故有"王学圣地"之美称。这些史迹遗址除了"玩易窝""三人坟"外，其他都集中于城郊的龙冈山上，今为省级文物保护单位，成为黔省著名旅游胜地。

③　此乃位于贵州修文县龙冈山上的阳明洞，旧名"东洞"，为龙冈山半山腰的一个天然溶洞，因阳明谪官龙场时曾游息于此而更名为"阳明洞"。后又改称"阳明小明天"，并题书于洞壁上。明儒曹学佺《贵州名胜志》（油印本，1965年版，贵州图书馆皮藏）载云："龙冈在司北五十五里龙场驿，有东洞，王守仁僻之，改名'阳明洞天'。"而（清）鄂尔泰《贵州通志》则称："阳明洞在龙冈山半岩下，高敞深广，各二三丈，顶石如凿，旧名东洞。明王守仁谪居龙场，游息其中，更名'阳明小洞天'书于石，嵌洞中。"〔案：参阅余怀彦教授编《王阳明与贵州文化》第六章《王阳明与贵州文化古迹》，转引自《贵州通志》（贵州教育出版社，1996年版，第169页）。〕洞左有阳明手植两株柏树，高峻茂盛。左巅有文昌阁，已荒颓。洞口上部有明代贵州宣慰司安国亨所镌"阳明先生遗爱处"七个大字，字径盈尺，苍劲雄浑。左侧不远处有一洞口，题镌"阳明别洞"四字，笔势遒劲挺拔，为明万历年间云南参政罗汝芳（字惟德，别号近溪，1515—1586）所书，俱大径尺。另有清道光年间知县庞霖手书"奇境"二字，而洞口的左上端，则有明御史冯晋卿所立的王阳明祠碑石。阳明洞洞口宽敞明亮，高4米，深20米，面积约20平方米，可容百人。石床、石桌及石几，全为钟乳石，未加雕饰，玲珑古朴，为当年阳明讲学读书之处。由于阳明在余姚暇时改孜于著述，著名的《五经臆说》、居夷诗等作品均在此时写就。别洞与大洞玲珑相通，连为一体。洞顶刻有"小洞天"三字，是清代云贵总督李星沅手迹。洞口则有一对联："三载栖迟，洞石山深含至乐；一朝觉悟，文经武纬是全才。"阳明在洞中度过了三个春秋，著书立说，聚徒讲学，更受聘至贵阳书院。由于阳明洞乃贵州王学的发源地，后人为了纪念阳明对文化教育的贡献，在他殁后二十三年，即嘉靖三十年辛亥（1551），由巡抚贵州监察御史赵锦（字符朴，别号麟阳，1516—1591）将龙冈书院改建为"王文成公祠"，祠门楣嵌"王文成公祠"五个大字石匾。该祠经清代及民国多次修建，形成了一个宽敞的四合院。院内有正殿、东西配殿以及元气亭等建筑。正殿供奉着根据余姚王氏家谱王阳明画像的重塑像。堂中和前檐悬挂"派起姚江""化启西南""象山并峙""兼三不朽""大启文明"等匾八块，在配殿的墙壁上嵌有清代官宦学者吴振棫、许大伦手书阳明诗文《龙冈漫兴》《龙场草庵诗》。檐柱上有对联三副，一为："此地虽小洞天，栖迟谪岗，甄陶民物，是为黔学先河，想见树人如树柏；我公有大勋业，勘定宁藩，耆栗思田，犹属师儒全事，不因专阃作专祠。"殿前有明嘉靖年间赵锦手书《建阳明祠于龙场碑记》、民国年间陈矩手书《重修王文成公祠碑记》及邹国彬手书《修文龙冈山重修阳明先生祠堂碑铭》。抗日战事时期，蒋介石曾软禁张学良将军于祠堂厢楼下，而蒋氏本人亦曾三次游览阳明洞，并题写"知行合一"四字刻于阳明亭下石壁上。此外，洞口正门为一漆黑小洞，名为"玩易窝"，洞下为"何陋轩"，洞上最高处建有"君子亭"和"宾阳堂"分置于茂林嶂翠间，极目而望，阳明洞风景区全貌，尽在眼底。

④　参阅《王文成公全书》卷十九《外集一·始得东洞遂改为阳明小洞天三首》。

⑤　参阅（明）刘孟雷《圣朝名世考》卷七《王守仁新建伯文成公》（明万历年间刻本）。

木结庐，"教之范土架木以居"①，定名为"龙冈书院"②，并以此作为讲学休憩之所。

龙冈书院建成后，先置何陋轩③，后更宽大其制，增设有宾阳堂④、君子亭⑤。又在距离

---

① 参阅《王文成公全书》卷三十二《年谱一》"三年戊辰，先生三十七岁，在贵阳"条。

② 关于龙冈书院之构建缘由及命名，阳明本人已有明确交代："诸夷以予穴居颇阴湿，请构小庐。欣然趋事，不月而成。诸生闻之，亦皆来集，请名龙冈书院，其轩曰'何陋'。"（见《王文成公全书》卷十九外集一·龙冈新构）龙冈书院因阳明之学术名气而大放异彩，清儒王锡祺《小方壶斋舆地丛钞》载称："龙冈书院，前明王守仁建，中有何陋轩，君子斋（即君子亭）、玩易窝，各有撰记"（见《小方壶斋舆地丛钞》第1帙《贵州考略》），另《贵州通志》卷九亦有类似记载："龙冈书院在修文县城内，明正德间王守仁谪居龙场时建，今废。"（见（清）鄂尔泰《贵州通志》卷九《学校》）阳明亦自题《龙冈新构》诗以志其事兼述怀。

③ 何陋轩即阳明右侧一幢庑殿顶梁式的四角小屋。考阳明在阳明洞内居有数月，苗彝悯其处所阴湿幽暗，遂相与伐木构室作为阳明的居室和书斋。阳明根据孔子"君子居之，何陋之有"之语意，将居室命为"何陋轩"。轩依山而建，三楹三间，原建于明代，已圮，现存建筑乃清乾隆年间贵州布政使陈家言等所修建。据《修文县志·古迹志》载云："何陋轩，王文成谪龙场时建于龙冈，已圮。今建于龙冈阳明祠内。"阳明《何陋轩记》述之颇详："始予至，无室以止，居于丛棘之间，则郁也。迁于东峰，就石穴而居之，又阴以湿。龙场之民，老稚日来视，予喜不予陋，益予比。予尝圃于丛棘之右，民谓予乐之也，相与伐木阁之材，予欲已而不可。则与之居。予因而黔之以桧竹，莳之以卉药，列堂阶，辩室奥，琴编图史，讲诵游适之道略俱。学士之来游者，亦稍稍而集于是。人之及吾轩者，若观于通都矣，而予亦忘予之居夷也。因名之曰'何陋'，以信孔子之言。"[案：见《王文成公全书》卷二十三《外集五·何陋轩记》，原文（清）《贵州通志》卷四十及（清）薛熙所编的《明文在》卷六十三均有收录。阳明草书《何陋轩记》早年流落东瀛，于今藏于高岛槐安居。另日本学者伏见冲敬辑录《明王守仁何陋轩记》，由东京二玄社于2001年排印出版，未知是否著作还是文章，待查，今庋藏于香港科技大学图书馆。]显然，"何陋"二字乃阳明引孔子居夷不改其道自况。清儒姚华对阳明之学问人品极为钦佩，将家中读书室亦命名为"何陋轩"，其《弗堂类稿》记云："轩家有阳明先生画像装而祀于其中，遂更名何陋……先生谪居龙场驿，在吾乡修文县，不免居夷之感而兴何陋之怀，则轩名焉。自先生讲学以来，黔人士濡教化，被流风，渐凡陋而响文明四百余年，多自振拔，以学术文章争长中原。何陋云者，非惟是先生自寓意，凡黔人士与受其赐者，将由之而见奖，藉奋兴起之志，宜无乎不可傍之居室以系晷行，发幽思，诚哉！先生之泽于黔人士，久而弗替，远而不忘，有如此者乎？"（见（清）姚华《弗堂类稿·何陋轩条》，世界书局影印清刻本）在阳明离黔后，黔人纷纷建置书院、讲堂继续弘扬师说，讲明心学，陶熔士类，其中以孙应鳌和李渭所建的学孔书院和为仁堂最为著名。此外，阳明的另一黔中弟子陈文学（字宗鲁）曾至龙冈山将《何陋轩记》染翰成碑，并撰《何陋轩旁石碑歌》咏赞："何陋轩旁石碑卧，何陋轩文壁头破。悲伤壁破石未磨，四十余年昕夕那。芝山先生门下士，校文西卫龙冈过。拜瞻神宇重吁嗟，招呼故老二三个。问碑何事卧草莽，壁上之文成上涴。答云缙绅频来往，谈者虽多终寡和。明公肯为考厥成，吾侪小人力任嗟。阳明翁此居三年，复载吾土天地大。受恩不报同禽兽，春秋俯伏必灵座。安得重来化诸夷，尽使糟粃为扬簸。芝山闻语意悲喜，停车三日钟中座。磨罘倚石亲染翰，字墨淋漓珠玉唾。镌完拓纸走驿吏，倏忽斯文远近播。事之兴废数有定，我偶见之心独荷。此石此文幸有托，渴也忘饮饥忘饿。疾遭僾童寄同志，寄重岂此万金货。湘宁昔贤有皆祠，我吊吾师可无告。"（该诗收录于民国《贵州通志》卷三《学校志》内）轩内嵌有清道光年间贵州布政使罗绕典、黔抚乔用迁、知县许大纶等重新书录的《玩易窝记》《何陋轩记》《君子亭记》《宾阳堂记》等碑刻十四通和李星沅所书的《阳明小洞天》诗。可惜"文化大革命"期间遭破坏，1980年重建，碑刻皆依拓片得以修复。碑刻拓片今存，为贵州布政使罗尧典于清道光二十六年丙午（1846）所录，见贵阳市文化局、贵阳市文物保护委员会合编《贵阳阳明祠·阳明洞碑刻拓片集》（贵州人民出版社，2002年版，第133页）。

④ 宾阳堂在君子亭左侧，是一幽静恬雅之小院落。院内有黄荆条树一株，相传为阳明手植。今堂为吊脚楼硬山式穿斗梁的清代建筑三间，庭院为石板铺就，堂檐下有金字大匾，镌有"宾阳堂"三大字。进入堂内，正中悬有一匾书"宾阳堂"三大字，堂侧竖有贵州储粮道孙起端手书《宾阳堂记》石碑一通。关于宾阳堂之取名，阳明《宾阳堂记》载云："传之堂东向曰'宾阳'，取尧典'寅宾出日'之义，志向也。宾日，羲之职而传冒焉，传职宾宾，羲以宾宾之寅而宾日，传以宾日之寅而宾宾也。"（见《王文成公书》卷二十三《外集五·宾阳堂记》）此堂即阳明在黔时迎宾会友之所。碑刻拓片今存，为贵州粮储道孙起端于清道光二十六年丙午（1846）所录。见贵阳市文化局、贵阳市文物保护委员会合编《贵阳阳明祠·阳明洞碑刻拓片集》。

⑤ 明代的君子亭本建于何陋轩前，为阳明弹琴讴歌，闲逸赏景之所，今已圮。考君子亭"明王守仁谪龙场时建于修文县之后，后人复建于省城，今废"（见《贵州通志》卷七《古迹·贵阳府》）。现存之三层楼亭建在王文成公祠左侧石冈之巅，即原文昌阁旧址。亭高9.6米，为六角重檐，攒尖式清代建筑，门窗为汉纹木雕，镌有"双狮抢宝""二龙争珠""春游芳草地""夏赏绿河池""秋饮黄花酒""冬吟白雪诗""东篱傲霜""香益幽谷""荷塘清趣"等图案。亭的三方走廊有靠椅栏杆，内有扶手板梯可登亭楼。扶梯柱上雕有麒麟、狮、象等形象逼真的动物图案。亭前有王阳明手植古梅一株，亭右环植箐竹，竹称君子，故阳明"驾楹为亭，环植以竹"（见《王全》卷二十三《外集五·君子亭记》）以"君子亭"命名之，并撰《君子亭记》[案：该文亦载录于（清）薛熙所编的《明文在》卷六十二内]一文以志其事。今亭前有池塘，亭脚岩壁上刻有蒋介石于1946年第三次重游阳明洞时留下的"知行合一"四个大字崖刻。而由清代云贵总督贺长龄手书的《君子亭记》碑刻则在亭东北岩坎上。碑刻拓片今存，由欧阳鹞刻石，详见贵阳市文化局、贵阳市文物保护委员会合编《贵阳阳明祠·阳明洞碑刻拓片集》。

阳明洞二里的一个石洞辟为石室，名为玩易窝①，作为平日研易及玩易之所，日夕吟讽其中。阳明在龙场大力宣讲其心学理论时，声誉日隆，吸引了不少苗族弟子来学。除了日常讲学论道外，阳明不时与学子诸生或游山探穴、或饮酒弦歌、或听泉赏月、或啸邀山林，徜徉于山水田园之间，乐也融融，教学方式显得生动活泼，有诗为证："门生颇群集，樽斝亦时展。讲习性所乐，记问复怀腼。林竹或沿涧，洞游还陟巘。月榭坐鸣琴，云窗卧披卷。澹泊生道真，旷达匪荒宴。"② 阳明秉承旷达而入世之儒家精神，澹泊而非虚寂之道家真枢来面对"千里不同风，万里不同俗"的蛮荒异域环境，并以此作为心性修养之骨干。故其诗其言皆是其人格精神和道德践履之最好脚注，影响所及，俱使强悍之苗夷民风得以淳化，而黔省王学文化得以传承流播，阳明在龙场之困阨与不幸及其艰苦之工夫磨炼，为龙场悟道埋下了重要契机，难怪明儒冯梦龙（即墨憨斋）对阳明之居夷处困有以下警语："龙场之谪，先生（阳明）之不幸，贵州之大幸也。"③

在龙冈书院聚徒讲学期间，为了激励诸生求学向学之志趣，阳明亲订学规《教条示龙场诸生》作为教学必须遵循之四项准则："诸生相从于此，甚盛。恐无能为助也，以四事相规，聊以答诸生之意：一曰"立志"；二曰"劝学"；三曰"改过"；四曰"责善"。其慎听，毋忽！"④ 文中所提"立志""劝学""改过"和"责善"乃阳明发自肺腑的一系列崭新的教学见解（案：香港教育当局早年曾将《教条示龙场诸生》一文编入中学教学课程，这是笔者接触阳明鸿文之始，受益良多。），并以此作为教育指针及道德修养的基石。依阳明之意，为学首重立志，即先确立远大而高尚的学习方向和抱负，故在文中开首劈便称："志不立，天下无可成之事，虽百工技艺，未有不本于志者。"⑤ 阐明立志的重要。若处世做人，欠缺鲜明的发展目标，就"如无舵之舟，无衔之马，漂荡奔逸"⑥ 结果是前路茫茫，不知所归，失败收场。立定志向后，必须笃志向学，戒除"讳己之不能，忌人之有善，自矜自是，大言欺人"⑦ 以及"以聪慧警捷为高"⑧ 之恶习。反之，自身必须具有"谦默自持，无能自处，笃志力行，勤学好问，称人之善，而咎己之失；从人之长，而明己之短"之修养美德和自觉性，方为处世治学之最佳途径。人谁无过，自古圣哲大贤亦在所难免，故过失不在于多寡轻

---

① 玩易窝原址位于贵州修文县距离龙场驿南二里的吴家湾与毛栗园之间的小孤山下。原为一岩洞，高丈许，宽约六丈，可容百人。阳明初至龙场，独爱此天然岩洞，暇时于洞中读《易》，故取名"玩易窝"。据《修文县志·古迹志》载云："城南里许有玩易窝，昔阳明子谪居龙场时读《易》处。"阳明《玩易窝记》则谓："名其窝曰玩易，而为之说曰：'夫易，三才之道备焉。古之君子，居则观其象而玩其辞，动则观其变而玩其占。观象玩辞，三才之体立矣；观变玩占，三才之用行矣。体立，故存而神，用行，故动而化。神，故知周万物而无方；化，故范围天地而无迹。无方，则象辞基焉，无迹，则变占生焉。是故君子洗心退而藏于密，斋戒以神明其德也。'"（见《王文成公全书》卷二十三《外集五·玩易窝记》）洞顶有阳明手书"阳明小洞"四字石刻，洞口有明隆庆年间贵州宣慰使安国亨"玩易窝"题刻及民国三十七年（1948）兴义人贵阳市市长何辑五所书的"阳明玩易窝"五字石碑。洞口上建一六角亭，民国后期，由于风雨侵蚀，今已荡然无存。碑刻拓片今存，详见贵阳市文化局、贵阳市文物保护委员会合编《贵阳阳明祠·阳明洞碑刻拓片集》。
② 诗见《王文成公全书》卷十九《外集一·诸生来》，第 839 页。
③ 语见《王阳明出身靖乱录》（原名《皇明大儒王阳明先生出身靖乱录》）卷上（广文书局影印日本弘毅馆刊本，1968 年版，第 23 页下）。
④ 参阅《王文成公全集》卷二十六《续编一·教条示龙场诸生》，第 1120 页。
⑤ 见前引书《立志》，第 1120—1121 页。
⑥ 同前引书，第 1120 页。
⑦ 同前引书，第 1121 页。
⑧ 同前引书。

重，关键在于"不贵于无过，而贵于能改过"①，因有些士子平日缺乏师长朋友之论讲习规饬，乃至"缺于廉耻忠信之行"或"薄于孝友之道，陷于狡诈偷刻之习"②，故师友之间于学习过程中，宜互相训勉淬砺，以期达至教学相长之学习效果。若有过失，应坦然自承，痛自悔咎，激发改过从善之心，俗称"过而能改，善莫大焉"亦即此意。此外，阳明以"责善"为劝勉规饬朋友之不二法门。若朋友犯过，不宜当面指斥其非，而须"忠告而善道之"③，善道之法是"悉其忠爱，致其婉曲，使彼闻之而可从，绎之而可改，有所感而无所怒。"④循循善导，使对方乐于接受，方为谏友善法。反之，若"先暴白其过恶，痛毁极诋，使无所容"⑤此必引起对方反感而萌生愧耻愤恨之心，促使其趋于转恶，于责善之道适得其反。在申明谏友之道后，阳明亦提出谏师之道，即"直不至于犯，而婉不至于隐"⑥，老师犯过，宜以婉转之言词坦率规劝，切忌直接冒犯以资教学相长之益，这才是最好的责善效果。考阳明给弟子讲学，不但允许弟子主动提出问题，给予正面的解答；同时亦鼓励弟子提出不同的看法，与老师交相辩论，由此可知阳明这种不温不火的教学方法是从身、心两方面入手，可以说是教育理论与道德修养并举的合一教育范式⑦。

三、格物致知要旨之启悟

阳明谪官龙场之重大考验是生死问题之日夕交迫，及其"流离于万里绝域，荒烟深箐，猩鼯豺虎之区"⑧加上"瘴疠之与亲情迫于中"所产生之心理压力。与此同时，刘瑾随时派人到龙场加害之阴影在阳明心内亦未尝稍减。这种内外交煎的复杂心情，顿使阳明心绪烦闷到极点。当他目睹北来赴任倒毙于蜈蚣坡下的小官吏父子仆三人情状时，触景伤情，恻隐之心油然而生，除了将主仆三人堆土立坟做出妥善安葬外（案：俗称三人坟）⑨，还亲撰祭文以哀悼之，此文之行文风格以简洁为胜场，文章首段主要是以叙事形式点出吏目主仆三人于阴雨昏黑的天气抵步龙场，未几则相继离世，阳明不忍其"暴骨无主，将二童子持畚锸，往

①　参阅《王文成公全集》卷二十六《续续一·立志》，第 1122 页。
②　同前引书《改过》，第 1122 页。
③　同前引书《责善》，第 1122—1123 页。
④　同前引书。
⑤　同前引书。
⑥　见前引书，第 1123 页。
⑦　有关王阳明教育思想的论述，可参阅拙文《王阳明教育思想析论》，《哲学与文化》1990 年第 7 期，第 614—633 页。
⑧　参阅（清）薛熙编《明文在》卷五十《龙场王阳明先生祠记》[（明）罗洪先撰，清光绪十五年己丑（1889）刻本]，该文亦载录于《罗洪先集》卷四，署题"龙场阳明祠记"（凤凰出版社，2007 年版，第 135—136 页）。
⑨　三人坟位于修文县城北二十里之场坝境内的蜈蚣坡山脚，为一座用石块砌围的土坟，封土高 1.6 米，冢径约 4 米（见王晓昕、赵平略教授编《王阳明与阳明文化》第八讲《阳明文化与贵州旅游》，中华书局，2011 年版，第 164 页）。在距离坟冢 50 米处之古驿道旁立一石碑，碑刻阳明之《瘗旅文》以是纪念 [案：据学者余怀彦教授考证，立碑处当地人称为"大碑丫口"，三人坟中，主人坟居中，子仆坟分列左右，各间隔约十丈。主人坟原有一石碑，是东鲁孙谞题诗，王肯谷跋，陈登瀛刻石，清代前期，明代石碑已佚，乾隆八年（1743）修文县令王肯谷和东鲁孙谞重新筑墓立碑。民国《贵州通志·金石志》载："《瘗旅文》碑在修文县城西二十里蜈蚣坡上，旧碑已佚。清乾隆重建，墓宽二尺七寸，高六尺五寸，共十六行，每行五十字正书。"时王肯谷和孙谞均有碑记刻于碑背（见余怀彦《王阳明与贵州文化》第六章《王阳明与贵州名胜古迹》，贵州教育出版社，1996 年版，第 177 页）。]

瘗之。"① 虽未有伤痛流涕情景之直接描写，然而一种凄怆悲情已蕴含心中。"吾与尔犹彼也"② 一句，不仅使二童悯然涕下，泣不成声，阳明本人亦倍觉伤感。抒发了自己被谪荒野异域之悲伤情怀，反映出其同是天涯沦落人。接着阳明先以责备之口吻谴责吏目为何为区区五斗米之微薄薪俸而甘愿"冲冒雾露，扳援崖壁，行万峰之顶，饥渴劳顿，筋骨疲惫，而又瘴厉侵其外，忧郁攻其中"③，终致客死异乡。死者主仆三人与阳明非亲非故，亦素昧平生，阳明出于义举为其安葬及撰文吊唁。表面上是对死者的同情和哀悼，实际上是对自身以莫须有的罪名而流放此地所发出的一种无声抗议与调侃。最后，阳明抱着"宁化飞灰，不作浮尘"的沉痛心情，唱出挽歌一首以告慰死者在天之灵："连峰际天兮，飞鸟不通；游子怀乡兮，莫知西东。莫知西东兮，维天则同。异域殊方兮，环海之中。达观随寓兮，奚必予宫？魂兮魂兮，无悲以恫。"④ 歌中劝慰死者之辞，真实地反映出阳明思想中涵具道家"归根复命"元素，倘能乐天知命，则游子离乡实归乡；打破地域界限，则处处无家处处家，随遇而安的积极乐观心态表露无遗。阳明在谪官龙场以前素以"万物一体"为论学修身之最高境界，即以儒家觉润万物之"仁念"，发挥至极，推己及人，提揭出亲亲仁民爱物之心，此种统摄万物于人心之"仁体"（仁爱观念），称之为"万物一体之仁"，如阳明所言：

> "大人者，以天地万物为一体也，其视天下犹一家，中国犹一人焉。若夫间形骸而分尔我者，小人矣。大人之能以天地万物为一体世，非意也，其心之仁本若是，其与天地万物而为一。"岂惟大人，虽小人之心亦莫不然，彼顾自小之耳。是故见孺子之入井，而必有怵惕恻隐之心焉，是其仁之与孺子而为一本也；孺子犹同类者也，见鸟兽之哀鸣觳觫，而必有不忍之心焉，是其仁之与鸟兽而为一体；鸟兽犹有知觉者也，见草木之摧折而必有悯恤之心焉，是其仁之与鸟兽而为一体也；草木犹有生意者也，见瓦石之毁坏而必有顾惜之心焉，是其仁之与瓦石而为一体也；是其一体之仁也，虽小人之心亦必有之。是乃根于天命之性，而自然灵昭不昧者也，是故谓之"明德"。⑤

阳明以"仁念"为"天命之性"，在"仁念"的感通下，吾人与鸟兽、草木、瓦石浑然一体，即以"仁念"来统摄万事万物，使吾心与天地万物融通无间，互相交感，从而引发强烈的忧患意识和社会责任感。一己之"仁念"得到具体之落实与扩充，一种兼济天下的思想油然而生，具有经世济时作用，于造道成德，大有裨益。阳明因见主仆三人先后病逝于荒野之绝境途中，一时心中一点"仁念"悱恻之情顿起，对主仆三人产生怜悯之心犹如对将堕井之孺子、哀鸣之鸟兽、摧折崩毁之草木瓦石视为一体而起怵惕恻隐之心一样，故天下一切只是"仁心""仁念"之呈现及流行洋溢，而在显露兴发时，内在于人心之"仁念"，并无一点儿封畛与对立，而是内外交养，直接随事感通，与天地万物为一体。为此，阳明在另一首挽歌中将死者之不幸与自己落魄龙场之不幸际遇作一比观：

---

① 参阅《王文成公全书》卷二十五《外集七·瘗旅文》，第 1093—1095 页。
② 同前引书。
③ 见前引书。
④ 见前引书。
⑤ 参阅《王文成公全书》卷二十六《续编一·大学问》有关阳明"万物一体"思想之析述，可详参拙文《从〈山东乡试录〉看王阳明的兼济思想与万物一体精神》，《社会科学战线》1992 年第 3 期，第 61—66 页。

与尔皆乡土之离兮，蛮之人言语不相知兮。性命不可期，吾苟死于斯兮，率尔子仆，来从予兮。吾与尔遨以嬉兮，骖紫彪而乘文螭兮，登望乡而嘘唏兮。吾苟获生归兮，尔子尔仆，尚尔随兮，无以无侣悲兮。道旁之冢累累兮，多中土之流离兮，相与呼啸而徘徊兮。餐风饮露，无尔饥兮；朝友麋鹿，暮猿与栖兮。尔安尔居兮，无为厉于兹墟兮。①

阳明以歌代哭，用明写暗喻的笔触，在婉转的骚体文字中明写吏目父子主仆三人的悲惨命运，同时暗喻自己英雄路，报国无门的愤懑与哀思，祭辞中之"与尔皆乡土之离兮""吾与尔遨以嬉兮""登望乡而嘘唏兮""相与呼啸而徘徊兮"等句皆能真实反映出阳明与死者同病相怜之内心感受。吏目父子主仆三人虽葬身异域，然而并不孤单寂寞，道旁之累累荒冢可为邻里，身边的麋鹿猿猴可作伴侣，饥饿口渴时可餐风饮露。"尔安尔居兮，无为厉于兹墟"乃此文之画龙点睛处，阳明既以此哀辞抚慰死者，同时亦可自抒胸臆，感情跌宕起伏，真挚动人，可谓字字血泪，句句伤怀，故《瘗旅文》可说是阳明散文中之代表作，历来皆获学术界之重视与推许，并被清儒吴楚材、吴调侯叔侄合编的《古文观止》[案：《古文观止》曾对此文作出中肯评语："作之者固为多情，读之者能无泪下"，可谓一针见血（参阅《古文观止》，中华书局，1959 年版，第 559 页）]收录其中，而《古文观止》乃清代以来最流行之散文本子，亦为私塾指定之训蒙读本，其影响之深远，可以想见。今该文之碑刻拓片尚存，详见贵阳市文化局、贵阳市文物保护委员会合编《贵阳阳明祠·阳明洞碑刻拓片集》。碑文为修文县令王肯谷所书，东鲁孙谔对《瘗旅文》极为赞赏："余幼读《文成集》至《瘗旅》一篇，其一种至诚恻怛之意洋溢于卷轴间，真千古不可磨灭之文也。"（案：孙氏评语见录于贵阳市文化局、贵阳市文物保护委员合编《贵阳阳明祠·阳明洞碑刻拓片集·三人坟碑》）可见阳明其人多受后世文人景仰，而其文则可称传世不朽之至文。

阳明在龙场生活了一段时间，艰苦备尝，又因粮食匮乏，无奈向苗民学习刀耕火种之法以解决绝粮之困。又亲自下野躬耕，操作农活，虽粮米积存不多，但暂时足以糊口，心境顿时开朗，赋五言小诗一首以述怀：

> 谪居屡在陈，从者有愠见。山荒聊可田，钱镈还易办。
> 夷俗多火耕，仿习亦颇便。及兹春未深，数亩犹足佃。
> 岂徒实口腹？且以理荒宴。遗穗及鸟雀，贫寡发余羡。
> 出来在明晨，山寒易霜霰。②

阳明以《论语》所载孔子绝粮于陈蔡遇难受饥之故实以反映自己缺粮之苦况，通过学农的过程表达出对贫寡弱势族群之关注。俗谚常以"四体不勤，五谷不分"嘲笑文人，可说此诗是对历代文人鄙视农事粗活的一种反击。"及兹春未深，数亩犹足佃。岂徒实口腹？且以理荒宴。"说明了阳明不仅不鄙视农事粗活，且鼓励人们应勤于耕作，积谷防饥，造福乡梓。

远离了烦嚣的官场生活，来到穷山恶水的龙场驿站，与其相伴的只有孤独、惶恐、窘迫

---

① 参阅《王文成公全书》卷二十五《外集七·瘗旅文》，第 1095 页。
② 参阅《王文成公全书》卷十九《外集一·谪居绝粮请学于农将田南山永言寄怀》。

和无可奈何。这使得阳明对现实的环境及早年所关注"第一等事"做出了缜密的思考。此时，他对得失荣辱尽皆看破，独惟生死一念尚沾滞萦绕，未能超脱觉化，于是继续静思默想，"日夜端居澄默，以求静一"①，更自制石椁以俟命待尽。未几，顿时神启大解，昔日伎俩见趣无一可倚，内心产生一种虚明的感觉，这种感觉可演绎为是一切荣辱得失、生死交错之大剥落、大解脱。阳明濒临此生死大挫折中，一心中的障碍和杂念一一涤尽无存。由此可见，"端居澄默，以求静一"是阳明居夷处困时所悟出的一段深邃沈潜工夫。在彻悟内在生命意义后，生死界限渐次泯灭，思想上的突破性发展，心中洒然澄明，大悟圣人格物致知要旨，如《年谱》所称："忽中夜大悟格物致知之旨，寤寐中若有人语之者。不觉呼跃，从者皆惊。始知圣人之道，吾性自足，向之求理于事物者，误也。"② 上述所称"中夜大悟格物致知之旨"即"龙场悟道"之真实意涵所在。这种彻悟，并非出于偶然，乃是阳明长期透过端默澄心的心性锻炼工夫所证成的良知本体，按良知本体原是"一点灵机，天地万物之所生，生而不息，千圣授受之际，心心相契，而不可形之于言者。"③ 良知本体的参悟，不仅对阳明心学系统的完善与确立奠定了坚固的基础，同时亦是其龙场大悟之主要内容。对阳明本人来说，具有双重意义：其一是能超越生死之念；其二是从千死百难中体证出"圣人之道，吾性自足"，往昔只求理于心外诸事物的错误观念④。《大学》中"格物"之意涵，阳明在年轻时已懂，只是欠缺了实际的磨炼环境，其后谪官龙场，饱尝困阨颠沛流离之苦，才正式获得磨炼的机会，诚如明儒李贽所言："（阳明）作宰龙场，颠倒困踣之极，乃得彻见真性，知困而知之，圣人也。"⑤ 而明儒阮文中更直接指出阳明道德事功之"三不朽"成就，实受居夷处困之省悟及蛰伏待时之机遇所激发而来："（阳明）忽悟心本来之体，与古圣贤无殊，中夜跃然不自知其手足舞蹈，身之在夷落也，而道德之奥，经纶之业，咸于是乎基焉。"⑥ 龙场一悟无疑是阳明在思想发展阶段上一大转折点。其在自备石椁排除得失荣辱之念后，积极面对死亡，才能真正把握有限生命的意义，有助于解决"生死一念"犹未化的生死问题，对此，阳明曾重做过一番解说："人于生死念头，本从生命根上带来，故不易去。

---

① 参阅《王文成公全书》卷三十二《附录一·年谱一》"三年戊辰，先生三十七岁，在贵阳"条。
② 同前引书。另见乾隆《贵州通志》卷三《宦迹志·王守仁传》。
③ 参阅（清）鄂尔泰《贵州通志》卷四十《阳明祠记》。
④ 在朱子的思想体系中，"理"这一概念具有普遍的终极性质。故不仅是自然界的最高原则，同时亦是社会的最高原则，由此可知朱子所强调的"格物"之学是包含着典从书籍上读书穷理和直接地格天下之物以穷理。阳明于十八岁时开始接触朱子学说，大儒娄谅曾为他开示格物致知学理，坚定了阳明希贤希圣之决心，并逐步按照娄氏的指引进行探索。二十一岁中式后，与父亲王华寓居京师，除积极搜求朱子遗著反复沉酣探讨，更循着朱子所提供的格物方法来做穷理工夫，时官署中环植竹子，亲自穷格竹子七日而遘疾。自始对朱子学说奉若神明蓍龟的阳明，认定"圣贤有分"不可求，从而随俗转为学习辞章制艺以博取功名。龙场之悟毋可质疑，是阳明日后论学之大机括所在，而朱子即物穷理之论则为激发阳明思想的一大助缘，使阳明确信龙场之悟所体认之"吾性自足"乃是求理于心之工夫证成，而并非单纯若知于外事外物，即"理"之存在必须通过心体之参晷矣式来体现。为此，阳明往往在其学说之言论中一再强调"心理合一"的重要性，即所谓"心即理"之识察与并重，使"心"与"理"两者内外合一并进，交互相资为用而不偏废。正因如此，阳明最后得出"向之求理于事物"乃朱学弊病症结所在的结论。对于"吾心"与"物理"之分歧问题，阳明在回答黄以方提问时已有明确表白："及在夷中三年，颇见得此意思，乃知天下之物本无可格者。其格物之功，只在身心上做，决然以圣人为人人可到，便自有担当了。"（见《王文成公全书》卷三《语录三·传习录下》黄以方录条）"吾性自足"即求理于心之落实与说明，而"心即理"说之提揭，乃针对朱子析"心"与"理"为二而发，即"此心无私欲所敝即是天理"之精神意蕴。若不从心上做工夫，发挥摄理归心之实践效果，必终沦为无根之学。
⑤ 参阅（明）李贽《续焚书》卷一《答马历山》，中华书局，1969年版，第2页。
⑥ 参阅（清）鄂尔泰《贵州通志》卷四十一《艺文·阳明书院碑记》。

若于此处看得破，透得过，此心全体方是流行无碍，方是尽性知命之学。"① 在阳明看来，透脱生死，置生死于度外，才是"尽性知命之学"，方可达至安身立命之目标。阳明选择静坐作为悟道成学之不二法门，终日静坐洞中，反复体会易理中"精粗一，内外翕，视险若夷，而不知其夷之为阨"② 的高明深邃之旨。其后中夜大悟"格物"之旨，解决了朱子"物理"与"吾心"之分歧问题，实有赖于易理所启发。

四、知行合一论之提掇与推展

自阳明在龙冈书院聚徒讲学，并贯彻循序渐进之教学方式，诸生蜂拥而至，"吾道有真趣，胡不携书来"③ 道出了阳明与弟子之间讲学论道之雅趣。由于阳明居夷既久，与苗人渐次稔熟，暇时务农放歌，闭户讲读，过着耕种自济、养生自保的田园生活。与此同时，右金都御史王质（字上古，生卒年不详）④ 巡抚贵州，并挟其威戚肆意侮辱阳明，在旁苗人打抱不平，群起殴辱官差。王氏大怒，诉诸贵州提学副使毛科（字应魁，1453—？）⑤，毛氏令阳明前往跪谢，并申明其中祸福利害以胁逼阳明，然而阳明不为权势所屈，且复信严词拒绝，书云：

> 昨承遣人喻以祸福利害，且令勉赴太府请谢，此非道谊深情，决不至此，感激之至，言无所容。但差人至龙场陵侮，此自差人挟势擅威，非太府使之也。龙场诸夷与之争斗，此自诸夷愤悒不平，亦非某之使之也。然则太府固未尝辱某，某亦未尝傲太府，何所得罪而遽请谢乎？跪拜之礼，亦小官常分，不足以为辱，然亦不当无故而行之。不当行而行，与当行而不行，其为取辱一也。废逐小臣，所守待死者，忠信礼义而已，又弃此而不守，祸莫大焉。凡祸福利害之说，某亦尝讲之。君子以忠信为利，礼义为福。苟忠信礼义之不存，虽禄之万钟，爵以侯王之贵，君子犹谓之祸与害；如其忠信礼义之所在，虽剖心碎首，君子利而行之，自以为福也，况于流离窜逐之微乎？"⑥

① 参阅《王文成公全书》卷三《语录三・传习录下》黄以方录条，第 134 页。
② 见前引书卷二十三《外集五・玩易窝记》戊辰，第 1028 页。
③ 见前引书卷十九《外集一・诸生》，第 843 页。
④ 王质（生卒年不详），字上古，明山东济宁人，成化二十年甲辰（1484）进士，除吏科给事中，历太仆寺卿，官至右金都御史，巡抚贵州。有关王质宦履行历可详参（明）萧彦《掖垣人鉴》卷十《王质传》。
⑤ 毛科（1453—？），字应魁，别号拙庵，明浙江余县梅川乡（今属慈溪市）人，按察使毛吉长子。毛氏承父荫入国子监，举成化十三年丁酉（1477）乡试，翌年成进士，授南京兵部主事，寻迁山东按察司副使、徐淮兵备副使。弘治十五年壬戌（1502）调任贵州提学副使，深虑黔省人才未遂，乃于正德元年丙寅（1506）筑文明书院，选儒学生员二百余人入院受教，奖掖后进甚多。时阳明谪官龙场，与当地官员不协，毛氏多方调护，并共同修葺书院，广纳人才。又另建桐江书院于铜仁子陵钓台之侧，率诸生讲授儒学，择师儒以陶熔之。未几升云南左参政，督学滇省，亦颇有政声，殁后祀乡贤祠，妻封为恭人。有关毛科之仕履行状可详参《余姚丰山毛氏族谱》《贵州通志・宦迹七・毛科本传》。因毛氏与阳明为同乡，故交谊甚笃。阳明曾为其题像赞，名为"参政拙庵公像赞"，文云："瞻望丰山，惟邻是卜，缅想桐江，有书可读；克嗣父风，更诒孙谷；昭质无亏，遗像甚肃。"赞文载录于《余姚丰山毛氏族谱》卷首下 ［民国二十年（1931）永思堂续修本。钱明教授《谱牒中的王阳明逸文见知录》一文亦有迻录，载《阳明学刊》第 1 辑，贵州人民出版社，2004 年版，第 86 页］。此外，阳明还撰有《答毛宪副书》戊辰（载《王文成公全书》卷二十一《外集三・书》）、《送毛宪副致仕归桐江书院序》（载《王文成公全书》卷二十二《外集四・序》）、《远俗亭记》（载《王文成公全书》卷二十三《外集五・记》），《答毛拙庵见招书院》七言律诗载《王文成公全书》卷十九《外集一・诗》）。从上述书札之交往，可知毛、王二子关系之密切。
⑥ 参阅《王文成公全书》卷二十一《外集三・答毛宪副》戊辰第，951 页。

　　阳明随事尽道，不以得失为念。在复函中尽显儒家传统不屈不挠气概和坚持为忠信礼义等信念而作出的舍身存义精神，这种特殊的表现的引发，实导源于廷杖之屈辱及贬谪之磨难激化了阳明的是非观念与道德意识所致。为此，他敢于冒着"剖心碎首"的危险与权势抗衡到底。阳明虽身受流离窜逐之苦而未尝稍夺其志的表现最终使毛氏惭服而无言以对。清儒朱克敬对此书札甚为激赏，谓："《阳明先生集》有《答毛宪副书》，乃官龙场时所作，语和而守定。士处患难，读此可增长气识。"① 并迻录其所著《瞑庵二识》内。

　　水西宣慰使司安贵荣②因仰慕阳明才名，有意结交，遣人送来米肉、金帛等物，阳明皆坚辞不受。阳明致书世袭贵州彝族土司，又为贵州宣慰司，因征香炉山有功，加封布政司参政。然而安氏个性骄淫奢，常不受明廷节制，凡听调皇命非厚赏不赴。曾上书朝廷欲废除水西龙场诸驿，以偿其功。阳明致书晓以祸福利害，且一再申明："凡朝廷制度，定自祖宗，后世守之，不可以擅改，在朝廷且谓之变乱。"③ 安氏欲私自废除水西等驿站，即破坏朝廷法令，这种拂心违义之举，当以叛逆论罪。而身为朝廷命官，守土除盗安民乃其常职，理应"世守天子礼法，竭忠尽力，不敢分寸有所违"④，而不宜事事干进邀赏，以取祸咎。此时，水东宣慰司宋然之部下酋长阿贾阿札聚众二万余，署名立号，攻陷寨堡，为患地方。朝廷下旨促安氏率兵平乱，而安氏素与宋然不和，拥兵逗遛，久卧不出。阳明本着平日与安氏之交情，致函安氏陈说利害，并宣示朝廷德威，敦促安氏"宜速出军，平定反侧，破众谗之口，息多端之议，弭方兴之变，绝难测之祸，补既往之愆，要将来之福。"⑤ 在阳明的极力规劝下，安氏决定出兵，终把乱事裁平⑥。

---

　　① 参阅（清）朱克敬《瞑庵二识》，岳麓书社，1983年版，第139页。
　　② 有关安贵荣生平事迹可详参（明）张萱《西园闻见录》卷六十七《属夷》、（清）张廷玉《明史·贵州土司·安贵荣》、《氏安家传》[案：乾隆《贵州通志》载录有《氏安家传序》（明）周洪谟撰，可资参考]、道光《大定府志·水西安氏本末》。
　　③ 见《王文成公全书》卷二十一《外集三·与安宣慰》第二书，第953页。
　　④ 同前引书，第953页。
　　⑤ 同前引书第三书，第954—955页。《贵州通志》卷三十七载录《贻安贵荣书》及《又与贵荣书》，可与《全书》收录之三封书札作一对照比观。考明代之土官，分文职衔号和武职衔号两种，安氏所任之宣慰使司即为武职衔号。因地处蛮夷之域，历来多不受朝廷节制。明儒王士性《广志绎》缀数语于下以见其梗概："时作不靖，弗安礼法。其先宣慰不逞，阳明居龙场时贻书责之。"（见《广志绎》卷五《西南诸省》，中华书局，1981年版，第134页）
　　⑥ 阳明贻书安贵荣力劝其出兵助水东土司平乱事，明儒王世贞极言此举首功，非阳明莫属："贵州宣慰司壤与龙场接，时时使致币帛粟束。守仁稍受一二，会土酋阿贾阿札叛安氏，阴与通事，且闻抚镇矣。守仁作书抵安氏，道利害甚悉。安氏始幡然悔得以无构兵者，守仁力也。"（见《名卿绩纪》卷二《王守仁传》，《纪录汇编》本）阳明致函安氏书札之内容，清代阳明学者邵廷采《思复堂文集》卷一《明儒王子阳明先生传》载录颇为详尽，该三通书札多为后世学者所关注及迻录，可见其在阳明文献研究领域上之重要性及特殊意义。

正德四年己巳（1509），提学副使席书（字文同，别号元山，1461—1527）①〔案：席书祖上席友轸原籍山西平阳府临汾县人，南宋末年徙蜀中遂宁，先后居于遂宁席家沟、蓬溪珉水霸，席书属于遂宁蓬溪席家第七世，关于席氏先世及家世之实况，可详参胡传淮编《明代蜀中望族蓬溪席家》第一章《源流概览·席书世系》（中国文史出版社，2013年版，第6—17页。）〕在贵阳提督学政，闻阳明讲学于龙冈书院，历来以究心理学为根本的席书，仰慕其才名，并延聘其主讲文明书院。《年谱》详载其事；

> 先生（阳明）是年始论知行合一，始，席元山提督学政，问朱陆异同之辨。先生不语朱陆之学，而告之以其所悟。书怀疑而去，明日复来，举知行本体证之《五经》诸子，渐有省。往复数四，豁然大悟，谓："圣人之学复睹于今日；朱陆异同，各有得失，无事辩诘，求之吾性本自明也。"遂与毛宪副修葺书院，身率贵阳诸生，以所事师礼事之。②

席氏首先以朱陆异同之辨提问，阳明不提朱陆之学而以知行本体自证，往复数次以开导席氏。席氏初抱怀疑态度，经阳明"证之《五经》诸子"，并作出恳切的剖析，席氏始"豁然大悟"，意会神解，洞悉"朱陆异同，各有得失，无事辩诘，求之吾性本自明"的道理，

---

① 席书（1461—1527），字文同，别号元山，明四川遂宁县吉祥乡（即今蓬溪县））人。弘治三年庚戌（1490）进士及第，授山东郯城知县，大兴教化，政绩斐然。未几，入为工部都水司主事。十四年辛酉（1501）晋升为山东司户部员外郎，迁河南金事。武宗即位，席氏升任贵州提学副使，时值阳明谪官贵州龙场驿丞，择州县弟子，延阳明教之，并于文明书院设席开讲，贵州士子始知有心性之学。稍后迁福建左布政使，遇平王宸濠谋反，席氏急募兵二万勤王，至则乱已平，乃返，寻以右副都御史巡抚湖广。嘉靖元年壬午（1522）改南京兵部侍郎。大礼议起，席氏进《大礼集议》，条陈新政十二事以上，并受知，倚为重臣，眷顾隆异，授礼部尚书，加太子太保，修《献帝实录》成，进少保。嘉靖六年丁亥（1527）加武英殿大学士，赐第京师，入阁为辅臣，推荐重用王朝明、杨一清诸臣。席氏因眼疾未能上朝视事，屡上疏乞休，帝眷留不允，及病笃，诏准离职休养，闻命而卒，终年六十六岁，赐太傅，谥文襄，祀文襄公祠，归葬故里遂宁走马窑（即今大英县回马镇文武村金井坝）。〔案：席书墓建于嘉靖十六年丁酉（1537），墓基占地700平方米，为蓬溪席书最贵中大型墓茔。墓内合葬席氏及妻妾，墓经皇帝敕名"牛眠佳城"，地面配建旌表坊、碑、亭，设翁仲、祭牲、鼎炉、拜台、幢柱、御马，并建有文襄公祠。近年在四川安县发现席氏之摩崖石刻，题"忠孝廉节"四字，字高1.6米，宽1.2米，字体飘逸有致，潇洒遒劲，右侧有"明太傅席君题"五字。明清时期，遂宁城内建有"柱国坊""文襄祠""黄阁辅臣坊""忠孝廉节坊"及"存问坊"等，用以纪念席书。〕其弟席春（字仁同，别号虚山，1472—1536）、席象（字材同，别号梅山，1476—1521）皆为名臣，世称"蓬溪三凤"。席书品学端醇，才识优长，勤于著述，所著有《大礼集议》五卷、《大礼纂要》二卷、《附录》一卷、《鸣冤录》四卷、《附录》一卷（又名《为陆象山鸣冤录》）、《元山春秋论》一卷、《漕船志》八卷（席书编次，朱家相增修）、《漕运录》二卷、《元山文选》五卷、《救荒策文集》、《元山文集》（又名《元山集》）、《明伦大典》、《席文襄公奏疏》〔收入（明）陈子龙所编《皇明经世文编》卷一八三〕、《钵池山志》（此书由方志出版社于2006年出版发行）、《席元山诗钞》（此书《潼川州志》卷五十四转引《古今书目》著录，为明四川遂宁刻本，今已不传）、《文襄论奏》一卷〔此书席书原撰，李实订正，（清）王闻远《孝慈堂书目》著录，内容未知是否与《席文襄公奏疏》相若，待考〕。有关席书之仕履行历可详参（明）刘咸《皇明名臣言行录后集》卷十《席书本传》、（明）焦竑《熙朝名臣实录》卷十二《太傅席文襄公》、《国朝征献录》卷十五《内阁四·光禄大夫柱国少保兼太子太保礼部尚书武英殿大学士赠太傅谥文襄席公书墓志铭》、（明）朱国桢《涌幢小品》卷二十一《席书》、（明）唐枢《国琛集》下卷《席书》、（明）李贽《续藏书》卷十二《内阁辅臣·席文襄公》、（明）何乔远《名山藏》卷十八《臣林记·席书》、（明）项笃寿《今献备遗》卷四十《史部·席书》、（明）刘孟雷《圣朝名世考》卷二《席书》、（明）郑晓《吾学编》卷五十一《席书》、（明）王世贞《嘉靖以来内阁首辅传》卷二《弇州别记·席书传》、（明）郭良翰《明谥纪汇编》卷十七《席书》、（明）陈子壮《昭代经济言》卷六《席书小传》、（明）俞汝楫《礼部志稿》卷三十五《尚书席书》、（清）徐乾学《明史列传》卷六《席书本传》、（清）张廷玉《明史》卷一九七《席书本传》、雍正《浙江通志》卷一四八《名书宦·席书》、乾隆《郯城县志》卷七《秩官·宦绩·席书》、乾隆《浙江通志》卷一一六《名宦·席书》、乾隆《杭州府志》卷七十八《名宦》、嘉庆《四川通志》卷九上《席书》、《湖北通志》卷一一九《职官·席书》、道光《贵阳府志》卷五十六《明政绩录·席书》、《贵州通志》卷十九《名宦·席书》、《浙江通志》卷十四《名宦·席书》、民国《遂宁县志》卷二《席文襄墓铭》和卷三《乡宦·席书传》、道光本《席氏族谱》卷一《世传·第七世·席书》。

② 参阅《王文成公全书》卷三十二《附录一·年谱一》"四年己巳，先生三十八岁，在贵阳"条，第1396—1397页。

猛然醒觉"少时治举业，要不过为禄利计"① 之错误见解，今之学者若能"本圣贤之学以从事于举业之学"以及"于举业之内进以古人之德"② 互相印证，并以此立宗造道，于学问事功当有所创获与裨益。为此，席氏特撰《为陆象山明冤录》③ 以自省，这都是直接受到阳明思想影响所产生的必然结果。

十一月，席氏与贵州按察使毛科悉心文教事业，为振兴贵州的落后文化，遂商议修葺贵阳文明书院④。值得注意的是，阳明在贵阳讲学之所，非《年谱》所误记之"贵阳书院"，而是"文明书院"，这一点，乾隆《贵州通志》卷十九《名宦·席书传》已有明确记载席氏敦请阳明主讲文明书院之史实："时王守仁谪龙场驿丞，书乃敦请入文明书院，公余则就见论学或至夜分，诸生环而观听者以数百，自是贵人士始知有心性之学。"⑤ 学者张立文教授早年已指出阳明在"贵阳书院讲学"之误："贵州府城，时谓程蕃府。隆庆三年（1569）才改名贵阳府，当时只有文明书院而无贵阳书院。"⑥ 阳明重视书院的建设与教育，其学数变而定于书院，其教数传亦始于书院。在书院讲学与宣教之过程中，其思想不断完善、扩充而趋于成熟，良知学脉得以承传推展，居夷处困之巨大磨难及对生命之不懈追求，实埋下了日后立大功成大业的契机⑦。

从这一年开始，阳明与席书结下了深厚的友谊。他们之间的交往，可谓惺惺相惜。席氏

---

① 参阅《贵州通志》卷三十七《为诸生请王阳明先生讲学书》（台湾商务印书馆影印《文渊阁四库全书》本）。

② 同前引书。

③ 席书与阳明往复再三辩论朱陆异同，大为折服，力邀阳明主讲文明书院。席氏早年究心陆学，深以陆学长期不彰为恨，手撰《为陆象山鸣冤录》为陆学辩诬，并表示终身以弘扬陆学为己任，阳明曾为此与其作信宿之谈。（明）耿定向《耿天台先生文集》卷十三《新建侯文成王先生世家》载称："（阳明）与贵阳学使席书公往覆质辨朱陆同异。席大省，著《鸣冤录》，而葺书院居先生，率诸生师事之。"（文海出版社影印明刻本，1991 年版）考《为陆象山鸣冤录》简称《鸣冤录》，合共四卷，附录一卷，明刻本。今上海图书馆（案：上海图书馆藏本署题"明席书辑"）及安徽省无锡氏图书馆（案：安徽省无锡市图书馆所藏明刻本原为荣氏旧藏，分四册）分别皮藏明刻本。

④ 文明书院为明代黔省贵阳的著名书院，由顺元路儒学教授何成禄于皇庆年间（1312—1313）所创建，即今忠烈桥西顺元路儒学故址，元末毁于兵燹。弘治十七年甲子（1504）提学副使毛科在元代顺元路儒学旧址上斥资重建，院内设有"文会堂"及"颜乐""曾唯""思优""孟辨"四斋，为诸生进修之所。书斋之上有戟门，内分左右庑，上有先圣庙。另置"师文""学孔"二斋和"乐育轩"，择五经宿读六人，选聪俊幼及儒学生员二百余人分斋受教，毛氏则亲临奖劝督率。正德四年己巳（1509），提学副使席书礼聘阳明至书院主讲席，听讲者络绎不绝，常达数百人。阳明乃刻印宋儒谢枋得（1226—1289）所编撰之《文章轨范》作为学习教材。由是阳明学说得以在黔省迅速传播，且深入人心。至嘉靖十三年甲午（1534），浙中私淑弟子王杏莅黔任监察御史，乃应贵阳龙冈、文明两书院汤伯元、陈宗鲁等门人之请，构建王公祠作为阳明书院以为纪念，王氏亲撰《新建阳明书院碑记》以隆重其事，翌年，即刻印《阳明先生文录续编》三卷，成为黔省阳明著作的最早刻本。此外亦于白云庵旧址修建阳明祠，内挂阳明遗像奉祀，以示先贤楷模。嘉靖二十年辛丑（1541），阳明楚中及门弟子蒋信（字卿实，别号道林，1483—1559）任贵州提学副使，重新修缮文明书院及创建正学书院，延师授课，并建祠祀阳明，撰《重修文明书院记》以志其事。同时亦积极聚徒讲学于两书院，掀起了继阳明之后黔省之讲学高潮。

⑤ 参阅（清）鄂尔泰《贵州通志》卷十九《名宦·席书传》（台湾商务印书馆影印《文渊阁四库全书》本）。

⑥ 见张立文《宋明理学研究》（中国人民大学出版社，1985 年版，第 514 页）。关于阳明主讲席于文明书院而非贵阳书院，学者已多有辩论，可详参杨德俊《王阳明文明书院讲学及时间考》（《王学研究》2015 年第 3 期）、何静悟《王阳明在贵阳文明书院》（《贵州文史丛刊》1994 年第 6 期）、谭佛佑《王阳明主贵阳书院辩证》（《贵州文史丛刊》1987 年第 1 期）、王路平《王阳明主贵阳书院证误》（《贵州社会科学》1997 年第 6 期）。

⑦ 阳明的两大高弟王畿（字汝中，别号龙溪，1498—1583）与钱德洪（字洪甫，别号绪山，1496—1574）对其师居夷处困之经历和思想的直接因果关系，各有一番评论与解说。如王氏所称："我阳明师先师崛起于绝学之后，生而颖异神灵，自幼即有志于圣人之学。盖尝泛滥于辞章，驰骋于才能，渐渍于老释，已乃折衷于群儒之言，参互演绎，求之有年而未得其要。及居夷三载，动忍益增，始超然有悟于良知之旨。"（见吴震编校《王畿集》卷十三《阳明先生年谱序》，凤凰出版社 2007 年版，第 340 页）而钱氏则谓："吾师阳明先生出，少有志于圣人之学，求之宋儒不得，穷思物理，卒遇危疾，乃筑室阳明洞天，为养生之术。静摄既久，恍若有悟，蝉脱尘垒，有飘飘遐举之意焉。然即之于心若未安也，复出而世。谪居龙场，衡困拂郁，万死一生，乃大悟良知之旨。"（见钱明编校《钱德洪集·阳明先生年谱序》，凤凰出版社，2007 年版，第 190 页。）

不惧刘瑾的权势，独具慧眼，以提学副使之尊，前往拜访阳明，并向戴罪之身的龙场小吏不耻问学，其后更延聘阳明主讲文明书院，就此而言，阳明之道德学问必有令席氏可倾服者。况阳明身处此险恶境地，席氏非但加以援手，倍加礼遇，且多方关照维护，使阳明不至客死异乡，沦为异域亡魂。席书本人亦以直言敢谏见称，遇事果断，敢作敢为，常把个人荣辱置之度外。故在政治之举措上，皆能展露出义薄云天的情怀，诸如延聘阳明主讲文明书院、协助阳明平定辰濠、荐举阳明任内阁大学士等等，便是明显的例子。上述种种，使阳明对席氏赞誉有加，并表示衷心的佩服，特称其为"豪杰之士，社稷之臣"，实非过誉之辞。

据《年谱》所载，阳明于谪官龙场之时始积极提掇知行合一之说，其故安在？据笔者分析主要是为了补偏救弊，针对改变当时士风而发，如阳明在《送别省吾林都宪序》中指出："今夫天下之不治，由于士风之衰薄，而士风之衰薄，由于学术之不明，由于无豪杰之士者，为之倡焉耳。"① 士风衰薄、学术不明之主因乃由于近世学者终日空谈性命，将"知"与"行"分为两事，张皇其虚空见解，遂导致终身不行，亦终身不知，于实学无补。此外，时儒"率多娼嫉险隘，不能去其有我之私，以共明天下之学，成天下之务，皆起于胜心客气之为患也。"② 阳明于贵阳处万难之际，困心衡虑乃见"有我之私"，一切问题之根源乃"胜心客气之为患"所致，去除"胜心客气"，即消除人欲之私，唯有如此，方可正学术，救士风，故阳明毅然提出"知行合一论"作为补偏救弊之良方。即所谓知行本体只是一个，知行工夫不可分离之意。此论之具体内容，阳明有以下一番解说：

> 今人欲将知行分作两件去做，以为必先知了，然后能行。我如今且去讲习讨论做知的工夫，待知得真了，方去做行的工夫，故遂终身不行，亦遂终身不知。此不是小病痛，其来已非一日矣。某今说个知行合一，正是对病的药。③

自宋明以来，学者都信奉程朱理学。在治学方面则偏重于格物致知，忽略了心性修养的实事实工，这种缺失，往往造成知行脱节、言行相违的通病。加上程朱积极提倡知先行后，更助长了知行分为两截用功的不良后果，而学者在偏重格物致知的风气影响下，于实践工夫与学问的讲求上只注重读书记诵，章句训诂之研磨。久而久之，思想受到庸伪学风的桎梏，势必转化为空疏谬妄的学术气候，阳明狠批时儒做学问工夫时只"从册子上钻研，名物上考索，形迹上比拟"，在这种情况下，所谓学术也只能是"记诵之广，适以长其傲也；知识之多，适以行其恶也；闻见之博，适以肆其辩也；词章之富，适以饰其伪也。"④ 阳明为求文化精神重整，德性之知的自我完备，不得不对时下之重知轻行之士习与颓风痛下针砭。

在处理知行关系的问题上，阳明在回答妹婿徐爱之提问时，反复辩难，将平日深造研究所得，诉诸笔墨：

> 某尝说知是行的主意，行是知的功夫；知是行之始，行是知之成。若会得时，只说一个知，已自有行在，只说一个行，已自有知在。古人所以既说一个知，又说一个行

① 参阅《王文成公全书》卷二十二《外集四·送别省吾林都宪序》戊子，第1012—1014页。
② 见前引书卷二十五《外集四·程守夫墓碑》甲申，第1084页。
③ 见前引书卷一《语录一·传习录上》，第5—6页。
④ 参阅《阳明全书·传习录》，台北：中华书局，1985年版，第13—14页。

者，只为世间有一种人，懵懵懂懂的任意去做，全不解思惟省察，也只是个冥行妄作，所以必说个知，方才行得是；又有一种人，茫茫荡荡悬空去思索，全不肯着实躬行，也只是个揣摸影响，所以必说一个行，方才知得真。此是古人不得已补偏救弊的说话，若见得这个意时，即一言而足。①

对知行关系之认知，时儒产生了两种错误倾向，其中一种人"懵懵懂懂的任意去做，全不解思惟省察"，阳明斥之为"冥行"；而后一种人"茫茫荡荡悬空去思索，全不肯着实躬行"，阳明以"妄作"称之。上述两种人先后犯了"行而不知"及"知而不行"或"重知而惮行"的通病。基于这个理由，阳明在讲文明书院时将知行合一学理发挥得淋漓尽致，并进一步阐明知与行两者之间的密不可分性，如他在回答挚友顾璘（字华玉，别号东桥，1476—1545）关于知行合一说的质疑时，直接点明"知之真切笃实处即是行，行之明觉精察处即是知，知行工夫本不可离。"② 在内容上互相包容互摄，合一并进。在时间上并无先后之分。为了剖白"知中有行""行中有知"的内在联系与关涉，阳明不惮其烦，再三解说：

> 凡谓之行者，只是着实去做这件事，若着实做学问思辨的工夫，则学问思辨，亦便是行矣。学是学做这件事，问是问做这件事，思辨是思辨这件事，则行便是学问思辨矣。③

又说：

> 凡古人说知行，皆是就一个工夫上补偏救弊说，不似今人截然分作两件事做。某今说知行合一，虽亦是就今时补偏救弊说，然知行体段亦本来如是。吾契但着实就身心上体履，当下便自知得。今却只从言语文义上窥测，所以牵制支离，转说转糊涂，正是不能知行合一之弊耳。④

依阳明之意，若"行"不能精察明觉，便是"冥行"，便是"学而不思则罔"⑤；若"知"不能真切笃实，便是"妄想"，便是"思而不学则殆"⑥，为此，阳明认为知行原是一个工夫，只需就"身心上体履"便可。若只从"言语文义上窥测"，便顿觉牵制支离，愈描画愈糊涂。

时儒将知行分作两件去做，主要是程朱知先行后说长期流行所造成的恶果。阳明所提掇之"知行合一"理论涵具即本体即工夫的实学实用特性，故与程朱所提倡之"格物致知"及"知先后行"观念迥然有别。时儒为学之弊病主要紧扣在"务外遗内，博而寡要"，即专注于知识技能之外在追求而忽略了身心道德之内在修养。因此阳明以知行合一之论矫治其弊。在这方面，清初大儒王船山依据"同者不相为用，资于异者乃和同而起功"⑦ 之批驳语气回应

---

① 参阅《王文成公全书》卷一《语录一·传习录上》"徐爱问知行合一之训"条，第5页。
② 见前引书卷二《语录一·传习录中·答顾东桥书》，第52页。
③ 见前引书卷六《文录三·答友人问》丙戌，第252页。
④ 同前引书。明正德九年甲戌（1514），阳明升南京鸿胪寺卿，适逢妹婿徐爱任南京工部员外郎，日夕相与论学不辍，大发知行合一之旨。其后徐爱将论辩内容稍作整理，收录于《传习录》上卷。
⑤ 语出自《礼记章句》卷三十一。
⑥ 见前注。
⑦ 参阅《礼记章句》卷三十一，载《船山全书》第4册，岳麓书社，1991年版。

阳明：

　　　知行相资以为用，惟其各有致功，而亦各有其效。故相资以互用，则于其相互益，知其必分矣。同者不相为用，资于异者乃和同而起功，此定理也。不知其各有功效而相资，于是而姚江王氏知行合一之说，得籍口以惑世。①

　　从上述言论可知船山对阳明所提之"知行合一"说持不同意见。船山认为知行不同，方可相资为用；由于相异才可相资为用，故知行二者必分无疑。船山论知行相资，其立足点在于知与行为两物，各有致功，各有其效，不能合一。据此，他驳斥了朱、王"以知为行""销行以归知""离行以为知"之错误观念。"离行以为知"之结果使学者或埋首于文字训诂，玩弄辞章；或闭目空想，消心绝物，于国计民生毫无裨益。反观阳明，其提倡"知行合一"说之深意在于纠正时儒将知行分作两截用功，至有把成圣、学问及举业划下了一道鸿沟，为了救偏起弊，阳明尝试将知行合一说之内涵贯彻始终，务使时儒"求古圣贤之心"，以修德进学为本，"以蓄其德而达诸用，则不远于举业辞章，而可以得古人之学"②。而"知行合一"之功，俱在海迪后进，泝儒圣道，乃其真精神之所寄。船山守"知行合一"说之诘难，在学理上可说是精辟，然而他却忽略了"知行合一"说的充实积中，感通而发的内在意蕴，即"知中有行""行中有知"；"知在行在""行在知在"；"即知即行"及"即行即知"的实践精神。这种实践精神具体表现在日本阳明学派诸儒的行事活动中，并成就了划时代的维新事业，可为佐证。

　　阳明在龙场逆境中渐次体会"圣人之学，吾性自足"而不假外求的思想真谛。从而强调诸生为学应以发掘内心良知为终极取向，此乃儒学"内圣之学"的大头脑。在大悟格物之旨后，从其思想的发展历程来看，可说是前修未密，后出转精。当席书提问"朱陆异同"时，阳明未有直接回答，乃举知行本体证诸《五经》作为指点门径，以解决诸生"纷纷异同，罔知所入"之困局。因龙场为不毛之地，参考资源尤为匮乏，乃日坐石穴默记《五经》内容，以印证一己之学说。并以先儒于经中训释有未善之处者，随所记为之疏解，取名为《五经臆说》〔案：此书《明史艺文志》卷九十六《艺文一》著录为四十卷，应为原稿之总数；宋慈抱《两浙著述考》著录，称："《说》凡四十六卷，经各十，而《礼》三，说尚多阙云。书未见。"（参阅《两浙著述考》，人民出版社，1985年版，第569页）〕，合共四十六卷，计《经》各十卷、《礼》仅六卷（案：尚未注完）及《五经臆说序》一篇。此书阳明在世时并未正式付梓。阳明殁后，高弟钱德洪检覆先师遗稿偶得十三条（案：遗文十三条：即《春秋》三条、《易》五条、《诗》五条。王晓昕教授摘取了《春秋》之"元年春王正月"与《易》之

　　① 参阅《礼记章句》卷三十一，载《船山全书》第4册，岳麓书社，1991年版。
　　② 参阅《王文成公全书》卷二十三《外集五·远俗亭记》戊辰，第1023页。自阳明提出"知行合一"说后，在明代学术界颇有好评。如杨慎在评论朱、王学说时指出："宋儒格物致知之说，久厌听闻，良知及知行合一说一出，新人耳目。"〔参（明）杨慎《升庵全集》卷七十五，《万有文库》本，1937年版〕而东林书院首席顾宪成更明言："当士人桎梏于训诂辞章之间，骤而闻良知之说，一时心目俱醒，犹若拨云雾而见白日，岂不大快！"〔语见（明）顾宪成《小心斋札记》卷三，明万历三十六年戊申（1608）刻本〕从上述明儒所论可知阳明学说在当时学术思想界所产生的震撼与影响。

"贞"两条作出精辟疏解①，颇具参考价值。）今载录于《王文成公全书》卷二十六《续编一》内。关于《臆说》之撰述缘由及经过，《五经臆说序》中有精简的介绍：

> 龙场居南夷万山中，书卷不可携，日坐石穴，默记旧所读书而录之。意有所得，辄为之训释。期有七月而《五经》之旨略遍，名之曰《臆说》。盖不必尽合于先贤，聊写其胸臆之见，而因以娱情养性焉耳。②

另钱德洪为《五经臆说》所撰之前言，可与上文作一参照比观：

> 师居龙场，学得所悟，证诸《五经》，觉先儒训释未尽，乃随所记忆，为之疏解。阅十有九月，《五经》略遍，命曰《臆说》。既后自觉学益精，工夫益简易，故不复出以示人。③

此段引文明确地道出《臆说》不予以刻刊之因由，实由于阳明从提掇知行合一之旨乃至将其所悟证诸《五经》及"圣人之道，吾性自足"之求道决心，其间虽有不同程度之进展，然而尽是体用无间，修养工夫的落实与呈现，正因如此，阳明"自觉学益精，工夫益简易"④，故秘不示人，谓"付秦火久矣"，实戏言而已。

五、王学在黔省之传承与流衍

阳明在文明书院讲学期间，对贵阳山水情有独钟，常率地方官员及诸生挚友徜徉于山巅水涯、幽谷绝岭之间，表达了阳明追求自然韵味的情趣与山水情怀。境内涉足之名胜则有栖

---

① 可详参王晓昕教授《王阳明龙场"臆说"两条——〈春秋〉"元年春王正月"与〈易〉"贞"之略解》。亦可参阅（南韩）李愚辰《关于王阳明〈五经臆说〉的研究》，载赵平略、陆永胜编《王学研究》第3辑，社会科学文献出版社，2015年版，第123—126页。
② 参阅《王文成公全书》卷二十二《外集四·五经臆说序》戊辰，第1003—1004页。
③ 见前引书卷二十六《续编一·五经臆说十三条》，第1123页。
④ 同前注。《朱子晚年定论序》载称："（阳明）其后谪官龙场，居夷处困，动心忍性之余，恍若有悟，体验探求，再更寒暑，证诸六经四子，沛然若决江河而放之海也。"（见《王文成公全集》卷七《文录四·朱子晚年定论序》，第290—291页）阳明论学高度重视"简易真切"之工夫要领，居夷三载之际遇与大悟，"知行合一"说成为其龙场悟道后之核心概念，因此阳明屡屡揭此义为学者提掇，并由此学说推衍为致良知教。因此，龙场悟道不仅为阳明思想之转折点，亦可说是其学说体系之确立及奠基时期。

霞山来仙洞①、南霁云祠②、太子桥、二桥、三桥③、南庵④等处。除游山水外，阳明大部分时间都投放在讲学活动上，周遭的苗彝士子对他的讲授无不心悦诚服，相处融洽亲敬。阳明讲学从政皆以敦风励俗为首要任务，对当地之少数民族起了极大的教化作用。《明史》对此有中肯之评价："书（席书）择州县子弟，延守仁教之，士始知学。"⑤ 而龙场之大悟格物要旨及对"知行合一"说之研磨体认，可说是其经历早年思想变化而归于圣学的转折点⑥。而清儒田雯更直言："先生（阳明）之学，以谪官而成；先生上道，其亦由龙场而跻于圣贤之域也耶！"⑦ 诚非虚语。

考阳明从正德五年庚午（1510）三月到龙场，至正德十年乙亥（1515）贬谪期满离开龙场，虽然在时间上极为短暂，而主要活动范围亦局限在贵阳与修文两地，然而对黔省的文教事业及王学的传播却产生了既深且远的影响。阳明在黔省的讲学活动，不仅带动了讲学风气的盛行，最重要的是培养了大批王门弟子，这对王学在黔省的流播起了积极作用。自阳明卸任离开贵州以后，大批黔籍弟子及非黔籍弟子在黔省各地办书院、立祠堂、宣讲王学，传授师说，使王门学脉得以传承拓展，薪火不绝。至晚明时遂成为规模庞大、系统严密之黔中王

---

① 来仙洞亦称仙人洞，位于贵阳市东门外两公里之栖霞山山腰狮嘴中，相传唐咸通三年壬午（862）八仙曾栖息洞中，故名。另一洞常隐闻铜鼓之声，故名铜鼓洞。弘治《贵州图经新志》载称："来仙洞在治城东二里许栖霞山之半，中平敞可居，洞外松竹花草，扶疏交阴，为郡人游乐之地。"（明嘉靖年间刻本）现为贵阳游览胜地，有地府十殿、三清殿、三官殿、舍身岩、会仙桥等景点。正德四年己巳（1509）阳明曾春秋两度游览此处，赋题有《游来仙洞早发道中》《来仙洞》及《栖霞仙》诗三首。前两首载录于《王文成公全书》卷十九《外集一》，《栖霞仙》诗为佚诗，见录于《新修支那省别全志·贵州名胜古迹部分》（日本东亚同文书院油印本）。

② 南霁云祠又名忠烈庙、忠烈祠或黑神庙，位于贵阳市中华南路202号，祠始建于元代（据《明统一志》记载），奉祀唐代忠臣南霁云（712—756）。明洪武十七年甲子（1384）重修，景泰二年辛未（1451）更名"忠烈祠"。弘治《贵州图经新志·祠庙》载称："忠烈庙，在治城中。洪武间都指挥使程遇建，祀唐忠臣南霁云。"（明嘉靖年间刻本）正德元年丙寅（1506）再度重修。入清以后，于康熙二十九年庚午（1690）、乾隆十四年己巳（1749）、道光十八年戊戌（1838）皆有重修。翌年，由学政王庆云手书柳宗元《睢阳南府君庙碑》，巡抚贺长龄勒石庙中。光绪三十年甲辰（1904）于祠内建私立达德学校，现为南明区文化馆。明正德四年，阳明主讲文明书院，常往南霁云祠游览，并留下《南霁云祠》诗缅怀唐代忠臣之英勇事迹及彪炳之战功。《南霁云祠》七言诗载录于《王文成公全书》卷十九《外集一》，第847页。

③ 太子桥乃太慈桥之俗名，旧名杨公桥。位于今贵阳市西南青山路与贵溪路之间的南明河支流之小车河上。始建于弘治十八年乙丑（1505），据嘉靖《贵州通志》载称："太慈桥，在治城西南五里四方河之上，俗讹为太子桥，又名杨公桥，弘治十八年太监杨贤建，副使毛科记。"（明嘉靖年间刻本）崇祯十一年戊寅（1638），徐弘祖曾经此处，并对"太子"桥名提出质疑，事载《黔游日记》。（案：贵阳市级文物单位近年将《太子桥》诗原文及徐弘祖《黔游日记》之相关文字刻镌于桥旁作为旅游亮点。）民国十八年（1929），桥加固为公路桥，桥长17.4米，宽4米，为单孔石桥。阳明寓居贵阳时曾此一游，留有《太子桥》七言诗以描述太子桥一带灯花岸柳之奇秀景致。二桥、三桥皆贯贵阳之通济桥，在今贵阳市筑城西北头桥至三桥出口滇黔公路主要干线上。阳明曾至通济桥送客，留有《送客过二桥》《先日与诸友有郊园之约是日因送客后期小诗写怀》（三首）四首诗，上述诸诗《王文成公全书》缺载，均见录于政协余姚市委员会编《王阳明诗集·补遗诗》自印本（内部发行，1989年版，第254—256页）。

④ 南庵在今贵阳市南明河霁微巷翠微园内。始建于元末或明初，先后易名为圣寿寺、水月寺、万佛寺、武侯寺、观音寺等。弘治《贵州图经新志·寺观》载称："圣寿寺，在治城南门外霁虹桥之东，旧名南庵。"阳明对南庵之山水景色甚为向往，在贵州巡抚徐文华（字用光，生卒年不详）等地方官员陪同下，曾多次游览流连此地，并留下《南庵次韵二首》及《徐都宪同游南庵次韵》等诗句。今载录于《王文成公全书》卷十九《外集一》。1993年，贵阳市人民政府重新修建，取名"翠微园"，成为贵阳市旅游景点。

⑤ 语见（清）张廷玉《明史》卷一九七《席书本传》。

⑥ 明末清初大儒黄宗羲对阳明早年思想之变化有一概括性描述："先生（阳明）之学，始泛滥于词章，继而遍读考亭（朱子）之书，循序格物，顾物理、吾心终判为二，无所得入，于是出入于佛老者久之。及至居夷处困，动心忍性，因念圣人处此，更有何道？忽悟格物致知之旨，圣人之道，吾性自足，不假外求。其学凡三变而始得其门。"（见《明儒学案》卷十《姚江一·文成王阳明先生守仁》，台湾中华书局影印《四部备要》本。）

⑦ 参阅（清）田雯《黔书·阳明书院》（商务印书馆，1936年版，第68—70页）。而（清）黄国瑾《训真书屋诗文存·跋王文成公画像》亦有类似说法："嘉靖中先生（阳明）谪龙场，始开学派。"（《黔南丛书》本）可以印证阳明于龙场悟道及频密的讲学活动不独为黔中王学的发端提上了开创日程，且指引出一种新的精神发展路向。这种新路向主要是透过如孙应鳌、李渭、马廷锡等黔中王门中坚与省外之王门弟子往返论学交流而得以落实。

门。学者王路平教授以学脉传承谱系形式将黔中王门后学划分为四代①，并深入探讨其思想特点及相互交流切磋论学之经过，值得参考。

率先将黔省王学播下心学种子的功臣非阳明莫属已是一个不争的事实。而使黔中王学不断推向高潮，最终成为具地域性的学术群体，则有赖于黔中王学谱系中之中坚人物诸如孙应鳌、李渭、马廷锡等人之传承、推动和宣扬才不至成为发展的镣铐。查黔中王学的形成从阳明初到龙场时已揭开了序幕。由于与彝、苗等少数民族相处日久，阳明深觉夷民善良质朴的本性，故起化导育才之心，遂构筑简陋之龙冈书院作为临时聚讲之所。门生的聚集给阳明带来无限的慰藉，"门生颇群集，樽斝亦时展，讲习性所乐，记问复怀缅。"② 师友讲习之乐，显得和谐而饶有兴味，并造就了黔中一批早期之王门学者，计有席书（非黔籍）、王杏（非

① 王路平教授以学脉传承谱系形式将黔中王门后学划分为四代：即第一代包括席书（字文同，别号元山，1461—1527）、刘秉鉴（字遵教，别号印山，1483—1559）、王杏（字少坛，生卒年不详）、蒋信（字卿实，别号道林）、冀元亨（字惟乾，别号暗斋）、胡尧时（字子中，别号仰斋，1499—1588）、陈文学（字宗鲁）、汤冔（字伯元）、叶梧（字子苍）、钱凤翔、朱光霁（字克明，别号方茅，1495—1570）；第二代弟子包括：马廷锡（字朝宠，别号心庵）、李渭（字湜之，别号同野，1514—1588）、徐樾（字子直，别号波石，？—1552）、蒋世魁（字道陵，号见岳）；第三代弟子包括孙应鳌（字山甫，别号淮海，1527—1584）、邹元标（字尔瞻，别号南皋，1551—1624）、萧重望（字剑斗）、赖嘉谟、徐云从（字时际）、李廷谦（字仲吉）、冉宗孔、胡学礼、田惟安、郭子章（字相奎，别号青螺，1542—1618）；第四代弟子包括陈尚象（字心易，别号见羲）、金显凤（字德翥）、吴铤（字金廷）、艾友芝（字野史）、艾友兰（字幽谷）、艾友芸（字桂阁）、陆从龙、陆德龙（字钟阳）诸人。可详参王路平教授《王门后学传承谱系及其特点》（下）（《王学研究》2015年第4期，第7—15页）。
② 参阅《王文成公全集》卷十九《外集一·诸生来》，第839页。

黔籍）、蒋信①（非黔籍）、冀元亨②（非黔籍）、胡尧时（非黔籍）、刘秉鉴（非黔籍）、陈文学、汤冔、叶梧、钱凤翔、朱光霁等人。他们多能学有所成，卓然自立，成一家之言。嘉靖十三年甲午（1534），贵州监察御吏王杏按黔，应陈文学、叶梧等阳明弟子之请，在省城内巡抚公署左建阳明书院③，并勒石立碑，奉祀阳明。嘉靖二十年辛丑，及门弟子蒋信任贵州提学副使，巡抚黔省。蒋氏为学践履笃实，不事虚谈，对师学之传播，尤为热衷。阳明赴谪龙场时，过常德，"（蒋信）以诗谒之，云：'安排毕境非由我，燮理从来自属人。堪笑世人浑不识，九还丹里苦偷生。'文成一见，惊曰：'此人有志！'"④蒋氏遂执贽为弟子。蒋氏到任后，关心黔省人文风教，特于故址重修阳明书院，又取"心学"为"正学"之意，构建正学书院⑤〔案：书院于隆庆年间毁废，五年（1571）冯成能按黔，修复阳明书院，移于抚署左，仅以"正学"名其堂，留中三楹崇祀阳明，后五楹为山斗堂，外为真儒坊，原址即废为官廨，至明末始废。康熙十二年癸丑（1673）巡抚曹申吉捐资重建。二十一年壬戌（1682）

---

① 蒋信（字卿实，别号道林，1483—1559），明湖南武陵人（即今常德），学者称正学先生。年十四，父殁，居丧毁瘠。蒋氏少而端严，事母至孝。阳明谪官龙场，蒋氏与同里冀元亨往事之，遂成为在龙场最早之及门弟子。嘉靖十一年壬辰（1532）登进士第〔案：（明）俞宪《皇明进士登科考》载录〕，授户部主事，转兵部员外郎，出为四川佥事，兴利除害，擢贵州提学副使，在黔期间，建树良多，构建正学书院，修葺阳明书院，聚徒讲学于文明书院，门人日众，孙应鳌、李渭、马廷锡为其中之佼佼者。蒋氏师事阳明及湛若水，得于湛氏者为多，湖南学者宗其教。后因擅离职守之罪被劾，削籍归里。筑精舍于桃花冈（即今常德市武陵区芦山乡），为讲学栖息之所。间或出游，所至迎请开讲，或终日危坐以避曲儒。晚年皈依佛门，明心见性。终年七十七岁，所著有《蒋道林先生文粹》九卷〔案：及门弟子姚学闵所编，今美国国会图书馆、北京大学图书馆、杭州市图书馆等分别庋藏明万历四年丙子（1576）姚世英刻本。收入《四库全书存目丛书》集部第96册〕、《古大学义》一卷、《道林先生摘言》四卷（案：湖南省图书馆、上海图书馆庋藏明隆庆年间刻本）、《道林先生诸集》、《新泉问辨录》（案：与宜兴周静庵合编）、《桃冈日录》一卷〔案：美国哈佛大学燕京图书馆庋藏明万历三十六年戊申（1608）刻本〕、《桃冈规训》《桃冈讲义》《侍疾录》。蒋氏为楚中王学巨匠，兼有王、湛两家之学，且多有发展。为学以"慎独为主、笃论修行为实践，明理通世务为致用之具。"有关蒋信之宦履行历可详参（明）谈迁《枣林杂俎・圣集・蒋信》、（明）刘振《识大录・蒋信》、（明）徐学谟《徐氏海隅集外编》卷四十《蒋信》、（明）何乔远《名山藏》卷八十二《蒋信本传》、（明）郭良翰《明谥纪汇编・蒋信》、（明）焦竑《国朝献征录》卷一百三《蒋信传》、嘉靖《石鼓书院志》卷下《人物志・寓贤・蒋信》；（清）程嗣章《明儒讲学考・蒋信》、（清）沈佳《明儒言行录》卷八《蒋信》、（清）孙奇逢《理学宗传》卷二十一《蒋信》、（清）张廷玉《明史》卷二八三《湛若水传》附传、（清）黄宗羲《明儒学案》卷二十八《楚中王门学案・金宪蒋道林先生信》、《明文海》卷四四二《正学先生道林蒋公墓志铭》〔（明）孙应鳌撰〕、（清）同德斋主人《广湖南考古略》卷二十五《人物・蒋信》、（清）徐乾学《明史列传》卷七十《蒋信本传》、民国《贵州通志・蒋信》、李肖聃《湘学略・阳明学略》第六《蒋信》。

② 冀元亨（？—1522），字惟乾，别号暗斋，明湖南武陵（即今湖南常德市武陵区）人。正德十一年丙子（1516）乡试举人。阳明谪官龙场，冀氏与蒋信、刘观时等往龙场问学，并执贽为弟子。又从阳明往赣州，主讲濂溪书院，倡导良知之学。时宁王宸濠怀不轨而外务高名，贻书阳明问学。阳明以冀氏忠信可托，故遣往侍与宸濠论学，日讲《西铭》，反复君臣大义，宸濠目之为痴。宸濠败，新贵张忠、许泰等欲诬阳明与宸濠私通，遂捕冀氏，加以炮烙，械系京师诏狱。嘉靖元年壬午（1522），世宗嗣位，科道交章颂冤（案：阳明以冀氏被陷身死，痛心刻骨，上《咨六部伸理冀元亨》及《辞封爵普恩赏以彰国典疏》为其洗冤辩诬，师生情谊，溢于言表），出狱五日而卒，时为正德十六年辛巳（1521），后武陵县乡人建阳明书院以冀氏配享。所著有《善卷钓台》（已佚）。冀氏于阳明良知之学，能卓立有发明。为学以务实不欺为主，以事于实践为尚。孝友之德，化于乡间。有关冀元亨宦履行历可详参（明）焦竑《国朝献征录》卷一一三《冀暗斋先生墓表》、（明）过廷训《皇明分省人物考》卷八十二《冀元亨本传》、（明）蒋信《蒋道林先生文粹》卷五《明乡进士暗斋先生墓表》；（清）王鸿绪《横云山人集・明史稿・冀元亨》、（清）范鄗鼎《理学备考》卷九《冀惟乾》、（清）程嗣章《明儒讲学考・冀元亨》、（清）黄宗羲《明儒学案》卷二十八《楚中王门・孝廉冀暗斋先生元亨》、（清）孙奇逢《理学宗传》卷二十一《明儒考・冀惟乾元亨》、（清）徐乾学《明史列传》卷七十《冀元亨》、（清）张廷玉《明史》一九五《冀元亨》、（清）王山翁《山志》卷五《冀惟乾》、（清）同德斋主人《广湖南考古略》卷二十五《人物・冀元亨》；嘉靖《常德府志》卷十三《冀元亨》、余重耀《楚中王门弟子传案・冀暗斋先生元亨》、李肖聃《湘学略・阳明学略》第六《冀元亨》、傅家圭《湖南先贤事略》二十二《冀元亨》。

③ 参阅（清）鄂尔泰《贵州通志》卷九《学校・阳明书院》（《钦定四库全书》本）。

④ 参阅（清）张怡《玉光剑气集》卷十三《理学》，中华书局，2006年版，第527页。

⑤ 关于蒋氏修建阳明、正学两书院事，（清）同德斋主人《广湖南考古略》卷二十五《人物・蒋信》载称："（蒋信）迁贵州提学副使，建书院二，廪群髦士其中，龙场故有守仁祠，为置祠田。"（江苏广陵古籍刻印社影印鸿宝斋石印本）。

巡抚杨雍增修易山堂为后觉堂，并建前后两庑十二楹以课士。二十八年己巳（1689）巡抚田
雯（别号蒙斋）重修，别建合一亭、传习轩五楹，集孝廉诸生读书其中①。三十一年壬申
（1692）巡抚卫既齐增修学舍，躬为训课。四十五年丙戌（1706）陈诜亲课士于中。雍正六
年戊申（1728）巡抚祖秉圭重修书院。十一年癸丑（1733）巡抚元展成奉旨发帑银一千两添
建学舍五十间，延师课士，置田以资膏火，并购置经史子集千卷贮院中，令诸生诵习，并改
名为"贵山书院"②，乾隆四十五年庚子（1780），巡抚舒常扩建，聘宿儒陈法主讲近二十
年，后聘张甄陶、艾茂均主教书院，称"贵山三先生"。嘉庆二十五年庚辰（1820），粮储道
倭臣大大扩展书院规模，置斋房多间，斋内有尹公祠三间，祀汉儒尹珍；阳明祠三间，祀王
阳明。咸丰、同治年间均有修葺。光绪初年巡抚岑毓英增建奎阁，至光绪末年改为学堂，二
十八年壬寅（1902）改设贵州大学堂。宣统元年己酉（1909）改为矿业学堂。民国初年改为
电报局，后废.] 以广收生徒，置堂舍器物为诸生讲肆，名"止善堂"，凡六月而成，又亲撰
《正学书院落成记》以述其详。于暇时亦来书院讲学，以传扬师教。又湖广青浪、五卫诸生
应乡试，往往因路途险远，不能按时抵达，他请求增加黔省乡榜名额，让湘西诸生附试，对
地方文教事业之发展，功不可泯。黔中学者李渭、马廷锡、孙应鳌、蒋见岳等，皆出其
门下。

　　继蒋信之后阳明另一及门弟子胡晓时（字子中，别号仰斋，1499—1588）③任贵州按察
史，为学以躬行为本，尝言："职在刑名，宜先教化以躬行为人。"④又"振新阳明书院，刊
守仁所著书于贵州，令学徒知所景仰，士风为之大变。"每逢朔、望，必率诸生至阳明祠，
行祭祀之礼。又与王杏及陈文学、叶悟等弟子于嘉靖十四年乙未（1535）合刻《新刊阳明先
生文录续编》三卷⑤，以为书院教材。嘉靖二十二年甲辰（1544），徐樾（字子直，别号波

　　① 可参阅（清）田雯《黔书·阳明书院》（商务印书馆，1936年版，第68—70页）及（清）檀萃《楚庭稗珠录》
卷一《黔囊·阳明书院》（广东人民出版社，1982年版，第16页）。
　　② 考贵山书院前身为文明书院或称阳明书院。（清）爱必达《黔南识略·贵阳府》卷一载称："贵山书院在巡抚署
东，明正德间席书以按察司副使提学贵州。时王守仁谪龙场驿丞，书乃敦请人文明书院主讲，黔士始知有反身之学，后
人即祀守仁于其中，号阳明书院，历经增修，今为贵山书院。"（见《黔南识略·贵阳府》卷一《贵山书院》，贵州人民出
版社，1992年版，第25页）
　　③ 胡尧时（1499—1588），字子中，别号仰斋，明江西泰和人。嘉靖五年丙戌（1526）进士，授淮安推官。为学师
事王阳明，处事以教化躬行为本。历官兵科给事中，云南参政、督学，贵州按察使。在黔期间，尤重视黔省文教及地方
文献，倡修阳明书院，并刊刻阳明著作为书院教材。所著《春秋通旨》《资治通鉴举要补遗》，后人编为《胡氏家传
录》。有关胡尧时生平行历可详参（明）萧彦《掖垣人鉴》卷十三《胡尧时本传》、光绪《吉安府志》卷二十九《胡尧
时》、光绪《江西通志》卷一四九《胡尧时》。
　　④ 参阅光绪《江西通志》卷一四九列传《吉安府·胡尧时》[清光绪七年辛巳（1881）刻本]。
　　⑤《新刊阳明先生文录续编》三卷，是黔省最早的王阳明文集刻本，今见藏于上海图书馆，疑为孤本。另（清）徐
乾学《传是楼书目·别集》著录有《阳明文录》三卷、《续录》三卷及《附录》三卷，合共三部，未知是否与黔《续
编》相同，待考。又中国社科院图书馆藏明万历二十一年癸巳（1593）陈与郊刻本，题名《阳明先生文录》，凡五卷，
《外集》九卷，《别集》三卷，《传习录》三卷及《续录》二卷（案：此书为缺本，缺《别集》三卷），计十二册二函。可
与黔版《续编》三卷本作一比观研究。

石,? —1551)①继任贵州提学副使,督学黔省。到任后修葺阳明书院,宣讲阳明心学,陶铸士子,率化苗民,又刻印《燕射礼文》申明礼文教化之重要性。徐氏为泰州王门大儒,"振王心斋之绪,黔儒得孙文恭。"②使泰州王学得以流传黔省,起和风细雨式的化民移俗之教育效用。

---

① 徐樾(? —1552),字子直,别号波石,明江西贵溪人。闻阳明过贵溪,乃趋百里走访之,得闻良知之学,豁然解悟,遂师事之,后卒业于阳明高弟王艮,精神益聚,造诣益深。嘉靖十一年壬辰(1532)登进士第,历官部郎,出任藩臬三十一年。嘉靖二十三年甲辰(1544)以副使督学贵州,对苗民弟子训诲谆切,讲明心学。未几,迁云南左布政使,值沅江府土酋那鉴攻劫州县,波石以督饷至军,至沅江府南府遇伏,遂遇害。弟子颜钧(字子和,别号山农,1504—1596)寻其骸骨以归,墓葬江西广信府北乡珍田铺(见同治《广信府志》卷二《建置·二徐公祠》),并配享泰州东淘精舍祠,诏赠光禄寺卿,学者称波石先生,荫子丹阳。今广信府东门外有二徐公祠,分别奉祀徐越及徐贞明[案:该祠于清嘉庆二十年乙亥(1815)移迁府署内(见同治《广信府志》卷二《建置·古迹·徐樾墓》]。波石仕礼曹七年,日与湛若水(字符明,别号甘泉,1466—1560)、吕柟(字仲木,别号泾野,1479—1542)、黄绾(字宗贤,别号石龙,1477—1551)等砌磋学问,讨论四方,从游者甚众。波石用功精密,深彻王门一贯之旨。著有《日省仕学录》、《使东日录》、《双明洞记》一卷(案:双明洞,俗称药王洞,位于镇自治县城关镇明星村。《古今图书集成·山川典》载录,为纪实游记文章,而非专著)、《波石集》八卷[案:此集由徐氏门人孙应鳌辑录,(明)焦竑《国史经籍志·集部》及(清)黄彭年《万卷楼书目·集部》均有著录,今已佚。(清)黄宗羲《明儒学案》摘其语录二十三条]。(清)孙奇逢对徐氏其人其学有以下中肯评价:"节义之骨,故语多灵快。但谈良知处,说得太自然,却失师门宗旨。"(参阅《理学宗传》卷二十一《徐波石樾》,清康熙年间刻本)有关徐樾宦履行历可详参(明)周汝登《圣学宗传》卷十六《徐樾》、(清)王曾永《类辑姚江学脉附诸贤小传·徐波石》、(清)张廷玉《明史》卷二八三《儒林传二·徐樾》、(清)黄宗羲《明儒学案》卷三十一《泰州学案·方伯徐波石先生樾》、(清)范鄗鼎《理学备考》卷九《徐波石》、(清)程嗣章《明儒讲学考·徐樾》、(清)孙奇逢《理学宗传》卷二十一《明儒考·徐波石樾》、《贵州通志》卷十九《秩官·樾》、同治《广信府志》卷九《人物·理学·徐樾》、同治《贵溪县志·徐樾》、光绪《江西通志》卷一五八《徐樾》、袁承业编《王心斋弟子师承表·徐樾》、余重耀《阳明弟子传篆》卷七《泰州王门弟子传·徐波石先生樾》。

② 见(清)黄国瑾《训真书屋诗文存·跋王文成公画像》(《黔南丛书》本)。

　　邹元标（字尔瞻，别号南皋，1551—1624）①，明江西吉水（即今吉水县城小东门）人。万历五年丁丑（1577）进士及第，观政刑部。

　　邹氏秉性率真现实，刚毅有气节②。遇事即抗颜直谏，刀锯鼎镬，独往无悔，为当时之清流人物。适逢辅臣张居正（字叔大，别号太岳，1525—1582）"夺情"事件，邹氏上疏诤谏③，被廷杖八十几死，远戍边远之贵州都匀卫六年。在都匀谪居期间，主讲于鹤楼书院④，与李渭、孙应鳌等交往甚笃。"忠介（邹元标）至都匀，益究心学，岁数访淮海证可否，学以大进"⑤，更培养出一批黔南王门弟子。其中出类拔萃者有陈尚象（字心易，别号见羲）、余显凤（字德矞）、吴铤（字金廷）、艾友芝、艾友兰、艾友芸（兄弟）及陆从龙、陆德龙（兄弟）等黔儒，均能捃撦师学，以终身发扬师说为目标。都匀是布依族聚居之处，邹氏及

---

　　①　邹元标（1555—1624），字尔瞻，别号南皋，明江西吉安府吉水县城小东门邹家人。父潮（1513—1573）因科举屡试不第，以童生终老。南皋九岁通《五经》，有神童之称。二十岁时，从泰和胡直（字正甫，别号庐山，1517—1585）出游，遍历名山大川。万历元年癸酉（1573），邹氏中举，旋遭父丧，退隐青原山读书习静。万历五年丁丑（1577）进士及第，观政刑部，遇张居正"夺情"事起，以疏忤居正谪戍贵州都匀卫。万历十年壬午（1582），居正卒，起为吏科给事中，以忠直名于朝。历任南京兵部主事，转吏部，调任吏、刑二部员外，刑部郎中。罢官归里后，建仁文书院，著书讲学垂三十年，期间曾讲学岳麓书院。万历四十八年庚申（1620），起任大理卿，升刑部右侍郎，转左都御史。天启二年壬戌（1622）与冯从吾（字仲好，别号少墟，1556—1627）于京师宣武门内建首善书院，聚徒讲学，遂成为时下学者敬业乐群之所。惟遭阉党忌恨，被迫辞官归里，长居太平山房读书讲学。天启四年甲子（1624）卒于家，终年七十四岁，赠太子太保、吏部尚书。翌年，御史张讷请毁天下书院，丑诋邹氏，随即被削为民，追夺诰命。崇祯元年（1628），门人李邦华（字孟暗，1574—1644）代孤子邹燧上疏请恤，遂得谥忠介，并荫一子，乡人为其建祠崇祀。所著有《易蟸通》一卷、《邹子学庸商求》二卷、《仁文讲义》、《筮仕要诀》一卷、《朱赓行状》一卷（稿本，上海图书馆皮藏）、《邹忠介公奏疏》（亦名《邹元标奏疏》）五卷、《仁文书院集验方》七卷（河南省唐河县文化馆入藏）、《新镌全像岳武穆精忠传》六卷（邹元标编订，熊大木删节，浙江省图书馆、成都市图书馆皮藏）、《南皋仁文会语》四卷、《日新编》二卷、《南皋邹先生会语合编》二卷、《南皋邹先生讲义合稿》二卷、《邹子愿学集》八卷、《邹子存真集》十二卷［案：是书由清儒邹燧于清乾隆十二年丁卯（1747）刊行］、《方外集》一卷、《礼记正义》六卷、《孝经说》、《水田讲义》一卷、《大学就新编》一卷、《四书讲义》二卷、《宋儒语略》六卷、《识仁编》二卷、《工书选要》十一卷、《太平山房疏稿》四卷、《都匀龙山志》二卷（邹元标辑）、《太平山房续集》、《太平山房诗集选》五卷、《邹元标集》一卷（收入《明诗综》卷五十三）、《邹忠介公全集》十六卷。邹氏为人刚果有气节，以直言见称，与东林学者赵南星、顾宪成号称"三君"。明末、天启之际，活跃于岳麓书院讲坛，对王学的传播起了一定的积极作用。南皋师从胡直及罗洪先，其学以识心体为入手，以有恕于人伦事物之间；与愚夫愚妇同体为工夫，以不起意，空空为极致。有关邹元标传记文献可详参（明）萧彦《掖垣人鉴》卷十六《邹元标》；（清）邹漪《启祯野乘》卷三《邹元标》、（清）陈济生《天启崇祯两朝遗诗传》卷四《邹元标》、（清）俞樾《宾萌集》卷一《邹元标论》、（清）郭景昌、赖良鸣《吉州人文纪略》卷一《邹忠介公元标》、（清）范鄗鼎《理学备考》卷十二《邹南皋先生》、（清）彭定求《明贤蒙正录》卷下《左都御史邹公元标》、（清）黄宗羲《明儒学案》卷二十三《江右王门学案·忠介邹南皋先生标》、（清）朱彝尊《静志居诗话》卷十五《邹元标》、（清）田乙亭《历代儒学存真录》卷九《明·邹元标》、（清）陈鼎《东林列传》卷十三《邹元标列传》、（清）张廷玉《明史》二四三《邹元标》、（清）赵吉士《续表忠记》卷一《邹忠介公传》、（清）孙奇逢《理学宗传》卷二十五《邹忠介公标》、（清）梁维枢《玉剑专闻》卷十《邹元标》、（清）高隆《东林书院志》卷十九《邹元标》、（清）沈佳《明儒言行录》卷二《邹元标》、（清）王鸿绪《横云山人集·明史稿》卷九十二《邹元标》、（清）徐乾学《明史列传》卷九十二《邹元标》、同治《赣县志》卷四十三《寓贤·邹元标》、同治《赣州府志》卷五十九《寓贤·邹元标》、光绪《吉安府志》卷二十六《人物志·邹元标》、光绪《江西通志》卷一四九《邹元标》、《宁都文献·寓贤·邹元标》、《九华山志》卷六《流寓门·邹元标》、李桢《东林党籍考》列传第四《邹元标》。

　　②　参阅（清）梁维枢《玉剑尊闻》卷十《邹元标》，上海古籍出版社，1986年版，第706页。

　　③　有关邹氏奏劾张居正"夺情"之始末内容，可详参（清）沈佳《明儒言行录》卷二《邹元标》（《钦定四库全书》本）。

　　④　鹤楼书院在贵州都匀。明嘉靖三十七年戊午（1558）刑部主事张翀（字子仪，别号鹤楼，1525—1579）因忤辅臣严嵩遣戍都匀，筑草亭读书。四十二年癸亥（1563）军政使娄拱辰为其建堂三间，士子纷纷投其门下，名"读书堂"。穆宗嗣位，严嵩下台，召补为吏部稽勋司，万历五年（1577），刺史段蒙罔重修书堂，适逢邹元标谪官都匀，便礼聘为主讲，阐扬良知之学，与李渭、孙应鳌等过从甚密，相与切磋学问，以通有无，培养出一批中王门子弟。书院至明末始废。清道光初年知县高其塘就其地改建为幼堂。咸丰八年（1858）毁于兵燹，同治十一年（1872）知府罗应旒先后改建为考棚、善后局、昭忠祠。光绪二十一年（1896）知府江维瀚以观音寺另建书院，以其地改为高等小学（参季啸风编《中国书院辞典·贵州省·鹤楼书院》，浙江教育出版社，1996年版，第317页）。

　　⑤　参阅（清）莫友芝《黔诗纪略》卷十一《邹忠介公流寓传》，贵州人民出版社，1993年版。

其黔籍弟子在该区域弘扬良知学说，对整个黔南文化无疑亦起了极大之推动作用。万历二十二年甲午（1594），贵州提学副使徐秉正在邹氏讲学处建立南皋书院，内置讲堂、夹室藁楼、学舍一应俱全，并由巡抚江东之撰《南皋书院记》以志其事。三十年壬寅（1602）郭子章抚黔，改名"归仁"，亲题"理学名儒"匾，后毁废。

清乾隆初年，知府鲁朝聘建邹公祠崇祀元标。三十七年壬辰（1772）知府恢复"南皋书院"之名，延师授徒，讲习其中。四十五年庚子（1780）知府宋文型捐银建讲堂书屋二十间，改名"匀阳"。道光二十年庚子（1840）邑人陕西巡抚陶廷杰，捐银置书籍，增膏火，仍复旧名。咸丰八年戊午（1858）毁于兵燹。同治十一年壬申（1872），知府罗应旒重建置木主于讲堂右以崇祀张翀及邹元标。光绪三十年甲辰（1904）改为高等小学堂，三十四年戊申（1908）知府王玉麟改为教育讲习所。

郭子章（1542—1618）① 字相奎，别号青螺、蠙衣生，明江西太和（即今泰和县冠朝乡冠朝村）人。师承胡直（字正甫，号庐山，1517—1585），属江右王门。隆庆五年辛未（1571）登进士第，二十七年己亥（1599）任贵州巡抚。在任期间，遍访黔省先贤著作，先后撰就《黔记》六十卷、《黔类》十八卷及《黔草》二十一卷等有关黔省人文历史文献专著，其中以《黔记》② 尤为力作。卷中将黔中王门之核心人物如李渭、孙应鳌、马廷锡等之人物传记列入"理学"范围内，对研究黔中王门弟子，提供了大量的文献资料，可谓功不可没。此外，郭氏更登山涉水，遍寻其遗迹遗墨，或为其建祠、或为其撰传立碑、或为其题匾。郭

① 郭子章（1542—1618），字相奎，别号青螺，自号蠙衣生，明江西泰和县冠朝乡冠朝村人。八岁就学，日诵千余言。稍长，博览诸子百家。隆庆五年辛未（1517）登进士第，任福建宁府推官、摄延平府事，转南京工部虞衡清吏司主事，督榷南直隶太平府，领凤阳山陵（明祖陵）事。万历十年壬午（1582），迁广东潮州府知府，后督学四川。旋调任浙江参政、山西按察使、湖广右布政、福建左布政。万历二十七年己亥（1599）调任右副都御史巡抚贵州，兼制蜀楚军事，与湖广川贵总督李化龙合力剿平播州杨应龙叛乱。并先后讨平播州土酋杨应龙及贵州苗、瑶之乱。以功封兵部尚书、右都御史，加太子少保。告老归乡从事著述，未几卒于家，寿七十七岁，葬故里井坑，谥文定。所著有《郡县释名》二十六卷、《明州阿育王山志》十卷、《续志》六卷、《纲鉴要选》十卷、《官释》十卷、《豫章诗话》六卷［收入（清）陶福履所编《豫章丛书》内］、《注豫章古今记》一卷、《豫章杂记》八卷、《广豫章灾祥记》六卷、《潮中杂记》十二卷、《古今郡国名类》三卷、《蠙衣生易解》十五卷、《枝干释》五卷、《黔类》十八卷、《校定天玉经七注》十卷、《黔记》六十卷、《黔小志》一卷、《圣门人物志》十二卷、《老解》二卷（明刻本，北京师范大学图书馆庋藏）、《名世文宗》二十卷、《外集》四卷、《新刊举业利用六子拔奇》六卷［案：明万历十四年丙戌（1586）金陵书林周曰校刻本，南开大学图书馆、山西省图书馆、重庆市图书馆庋藏］、《名马记》二卷（明万历间刻本，天一阁博物馆庋藏）、《诗书例》四卷、《黔中止榷记》一卷、《西南三征记》一卷、《黔中平播始末》三卷、《六语》三十卷（案：包括《谚语》七卷、《谣语》七卷、《谐语》七卷、《隐语》二卷、《讥语》七卷、《托语》六卷，其中《谣语》，湖南省图书馆所藏明万历间刻本，仅存三卷）、《自学编》六十六卷（案：包括《粤草》十卷、《蜀草》七卷、《晋草》九卷、《楚草》十二卷、《黔草》二十一卷、《家草》七卷）、《闽草》六卷、《闽藩草》十九卷、《家草》八卷、《养草》七卷（广东省中山图书馆入藏）、《蠙衣生传草》二十二卷首一卷（案：河南省许昌市书馆庋藏）、《剑记》、《疾慧编》、《格物斋记》、《管蔡记》及《郭青螺遗书》三十五卷。郭氏为官清廉，深得民心。师受学于欧阳德及胡直，属江右王门一系，其学强调格物之要在于"吾人亦自能格物，特不求所以格之故"。尝与王门后学王时槐、邹元标等讲学于吉安青原山及白鹭洲，提倡正学。有关郭子章传记文献可详参（明）郭孔延编《郭公青螺年谱》（案：附录于清光绪间刊行之《郭青螺先生遗书》内）、（清）梁维枢《玉剑尊闻》卷二《郭子章》、雍正《浙江通志》卷一四八《名宦·郭子章》、乾隆《杭州府志》卷七十七《名宦》、同治《泰和县志》卷十七《郭子章》。

② 《黔记》为郭子章任贵州右副都御使时所纂，合共六十卷，三十四目书中所记黔省大事：周、汉、蜀汉、隋、梁、晋、元、明以来文之事，所述黔省隶属中域之大事沿革甚详。首列贵州总图、省城图，以下所领府、州、卫、县、各有城图、地理图，皆述建置沿革、道里路程、山川形势，概括俱全。而典章制度、职官、人物、艺文、土官传、诸族传、古今西彝总论等，均记载详赅，可说是黔省省志最完备之书。《四库全书》收录郭子《黔类》等作凡十三种，唯独未见此本，不知何故。此书佚失已久，未见重刻及传抄。近始发现上海图书馆庋藏万历年间刻本，可惜为缺本（缺卷25—26）。幸而近日获睹由赵平略教授、尹宁合著的《〈黔记·大事记〉考释》一书，由贵州人民出版社于2013年出版，可暂补史料之不足。

氏这种大力表彰黔中王门诸儒之举措，不仅对黔省王学的传播有着重大的影响，且对学术传承的延续和黔省教育之发展，提上了新的日程，居功至伟。非黔籍学者或因做官、谪戍、游历、流寓等原因莅临黔省，他们从事讲学活动，积极培养当地人才，大力推动王学的传播与发展，使偏远的黔省地区带来了前所未有的繁荣气象与文化高潮，他们虽非黔籍王门弟子，亦可视作兼属于黔中王门之一员。阳明所纳众多的非黔籍与黔籍弟子中，由于纪实文献失载，姓名大多不可考，然而在零星的资料中仍可稽查出一鳞半爪，今列"非黔籍与黔籍王门弟子及后学活动事迹考查表"于后以供考索：

表一　非黔籍王门弟子及后学莅黔活动事迹考查表

姓名	籍贯	师承	科名宦历	著述	活动事迹与相关文献
席书（字文同，别号元山，1461—1527）	四川遂宁	王阳明	进士，山东郯城知县、工部都水司主事、山东司户部员外郎、河南佥事、贵州提学副使、福建左布政使、右副都御史、南京兵部侍郎、礼部尚书、太子太保、太子少保、武英殿大学士	《大礼议》五卷、《大礼纂要》二卷《附录》一卷、《鸣冤录》四卷《附录》一卷《元山春秋论》一卷、《漕船志》八卷、《漕运录》二卷、《元山文选》五卷、《救荒策文集》、《元山文集》、《明伦大典》、《席文襄公奏疏》、《钵池山志》、《席元山诗钞》、《文襄论奏》一卷	向阳明问朱陆同异之辨、修缮文明书院，礼聘阳明讲学其中。《席书敦请守仁训迪诸生书》①《席书送别王守仁序》②《答人问神仙》③《又答友人》④《祭元山席尚书文》⑤丁亥《与席元山》辛巳⑥《寄席元山》癸未⑦
蒋信（字卿实，别号道林，1483—1559）	湖南武陵	王阳明	进士，户部主事、兵部员外郎、四川水利佥事、贵州提学副使	《蒋道林先生文粹》九卷、《古大学义》一卷、《道林先生摘言》四卷、《道林先生诸集》、《新泉问辨录》、《桃冈日录》一卷、《桃冈规训》、《桃冈讲义》、《侍疾录》	闻阳明讲学龙场，与同里人冀元亨同往受学，开楚中王门一脉、修缮阳明祠，置祠田以继膏火、重修文明书院及构建正学书院，率贵州士子讲学其中，黔儒李渭及马廷锡投其门下，心契阳明良知之旨。《文明书院记》⑧《明乡进士冀暗斋先生墓表》⑨《奠暗斋文》、《文明书院新成祭后土文》、《建正学书院祭后土文》⑩《别马子心庵序》⑪
冀元亨（字惟乾，别号暗斋，生卒年不详）	湖南武陵	王阳明	举人	《善卷钓台》	闻阳明讲学龙场，与同里人蒋信同往受学，阳明赦归，随之赴庐陵，论学不辍，逾年始归。《伸理冀元亨咨文》⑫〔（明）王守仁撰〕

续表

姓名	籍贯	师承	科名宦历	著述	活动事迹与相关文献
李元阳（字逢阳，别号中溪，1497—1580）	云南大理	私淑王阳明	进士，选庶吉士、江阴县知县、监察卿史、荆州知府	《中溪集》、《中溪漫稿》、《艳雪台诗》、《心性图说》、嘉靖《大理府志》、万历《云南通志》（纂修）	李元阳私淑阳明，尝与王畿、罗洪先、罗汝芳、唐顺上时交流论学，与阳明弟子朱光霁对云南地区王学的推动和传播，居功至伟 （明）李贽《李温陵集》卷十一《李中溪告文》 （明）焦竑《国朝献征录》卷八十九《李公行状》（（明）李选撰） （明）袁秩《袁永之集》卷十四《赠李仁甫序》
王杏（字少坛，生卒年不详）⑬	浙江奉化	私淑王阳明	贵州巡按使		在省城白云庵旧址构建阳明书院，训迪黔士，亲撰《新建阳明书院记》以志其事。又于城西营建贡院，专试诸生。 ○《新建阳明书院记》⑭
胡尧时（字子中，别号仰斋，1499—1588）⑮	江西泰和	王阳明	进士，淮安推官、兵科给事中、云南参政、督学、贵州按察使	《春秋通旨》《资治通鉴举要补遗》《遗言集》	重修阳明书院、积极刻刊阳明著作，令士子知所景仰。
刘秉鉴（字遵教，别号印山，生卒年不详）⑯	江西安福	湛若水、王阳明	进士，河南宁津令、刑部主事、署员外郎、大名兵备副使、韶州通判、潮州通判、临安府知府		闻阳明讲学龙，往从其学，后成为江右王门大儒。
徐樾（字子直，别号波石，生卒年不详）	江西贵溪	王阳明、王艮	进士，部郎、云南左布政使	《日省仕学录》、《使东日录》、《双明洞记》、《波石集》八卷	在贵州阐扬阳明良知之教，陶熔士类，使黔省学风为之一变。
万虞恺（字懋卿，别号枫潭，1505—1588）	江西南昌	王阳明	进士，无锡县知县、南京兵科给事中、山东参议、福建副使、贵州布政师右参议、福建右布政使、山西左布政使、南京都察院右副都御史、刑部侍郎	《枫潭集钞》二卷（又名《枫潭集稿》）、《唐李杜诗集》十六卷［案：与（明）邵勋合辑］	任贵州布政师右参议期间，会同巡抚都御史张鹗翼、廉使张尧年、提学副使谢东山等共同祭祀阳明牌位于阳明祠，兼讲论知行合一。

续表

姓名	籍贯	师承	科名宦历	著述	活动事迹与相关文献
万士和（字思节，别号履庵，1516—1586）	江苏宜兴	唐顺之	进士，庶吉士、礼部主事、南京兵部、江西佥事、贵州提学副使、湖广参政、江西按察使、山东按察使、广东布政使、应天府知府、右副都御史、户部右侍郎、礼部左侍郎、南京礼部尚书，赠太子少保	《万文恭公摘稿》十二卷、《外集》一卷、《万文恭公集》十二卷（案：亦称《履庵》）、《续万履庵集》	在贵州提学副使任内，敦请马廷锡讲学阳明书院。
谢东山（字阳升，别号高泉，生卒年不详）	四川射洪	不详	举人、进士，兵部主事、郎中、贵州提学副史、右副都御史、山东巡抚	《皇明近体诗钞》二十九卷、《近譬轩稿》、《近譬轩集》四十卷、嘉靖《贵州通志》十二卷[案：与（明）张道等纂修及删正]、《谢中丞集》一卷、嘉靖《贵阳图考》二十六卷、《近譬轩诗话》四卷、《中庸集说启蒙》一卷、《黔中小稿》、《东游小稿》一卷、《谢东山文集》四十卷	嘉靖三十二年（1553）出任贵州提学副使，因旧志简略殊甚，与张道等据弘治间沈庠之《图经新志》增修删正而成《贵州通志》，合共十二卷。奉龙场阳明祠祀，俎豆未废。嘉靖《贵州通志》②嘉靖《贵阳图考》二十六卷[案：此书《明史·艺文志》卷九十七、（清）徐乾学《传是楼书目·别志》、黄虞稷《千顷堂书目》及嘉庆《四川通志》卷一八四《经籍·史部》均有著录，至今未见存本，疑已散佚。]
赵锦（字符朴，别号麟阳，1516—1591）	浙江余姚	王阳明	进士，江阴令、南台御史、河南道御史、工部侍郎、太常少卿、贵州巡抚、南京右都御史、南京礼、吏二部尚书、左都御史、兵部尚书加太子少保、赠太子太保	《读春秋发微》、《曲礼全经附传》、《赵端肃奏议》九卷、嘉靖《江阴县志》[案：与（明）张衮同修]	在修文院龙冈书院北建阳明祠三间，仍题"龙冈书院"，商请阳明私淑弟子罗洪先撰《龙场阳明祠记》以志其事。《龙场阳明祠记》、《移置阳明先生石刻记》（案：两文今存，载录于《罗洪先集》卷四《记》）
赖嘉谟（生卒年不详）	江西万安	李渭	进士，四川左参政		受学于李渭，好学不倦，与同门终日切劘研磨心性之学。
徐云从（字时际，生卒年不详）	江西	李渭		—	尝从罗洪先、唐顺之游，闻李渭讲学思南，负笈远从，时吐危论，得师学真传

续表

姓名	籍贯	师承	科名宦历	著述	活动事迹与相关文献
温纯（字希文，别号一斋，1539—1607）	陕西三原	孙应鳌	进士，山东寿光县令，户、兵科给事中，湖广参政、大理寺卿、兵部右侍郎兼右佥都御史、浙江巡抚、户部右侍郎、南京户部尚书、工部尚书、左都御史、赠少保，追谥恭毅	《温恭毅公文集》三十卷、《二园诗集》、《二园学集》、《学一堂全集》、《督抚奏议》、《雅约》、《四书评点》、《齐民要书》、《杜律一得》、《唐诗选粹》、《古文选粹》	淮海提学秦中，一斋从其学，受知最深。因清廉奉公，倡建三原古龙桥，勤政爱民，乡民为其建报公祠，门人文凤祥撰碑记。 （明）王世贞《弇坤州山人续稿》卷二十九《送督抚少司马一斋公入领左司徒序》 （明）茅坤《茅鹿门先生文集》卷十七《赠督府一斋温公擢户部侍郎序》 （明）叶向高《苍霞续草》卷十四《亦斋温公神道碑》 （明）汤宾尹《睡庵文稿》卷七《都御史温公考绩序》 （明）萧彦《掖垣人鉴》卷十五《温纯本传》 （清）张廷玉《明史》卷二百二《温纯传》 （清）徐乾学：《明史列传》卷七十六《温纯传》
朱光霁（字克明，别号方茅，1492—1570）	云南蒙化府	王阳明	举人，重庆府通判、绵州知县、西安府同知		与兄光弼受学于阳明门下，学成归滇时，阳明特撰《赠朱克明南归言》赠之。（案：文载录于《蒙化朱氏家谱・方茅翁朱老先生宗支谱序》） 编纂《蒙化府志》 朱光霁赋题《秋凉晚眺》（案：载录于《蒙化朱氏家谱・方茅翁朱老先生宗支谱序》） 〇《与夏德润、朱克明手札》[案：详见钱明《〈王阳明全集〉未刊佚文汇编考释》（《阳明学新探》，中国美术学院出版社，2002年版，第320页。）] 《云南通志》卷一有传 （明）焦竑《国朝献征录》卷九十四《朱公墓志铭》

续表

姓名	籍贯	师承	科名宦历	著述	活动事迹与相关文献
罗汝芳（字惟德，别号近溪，1515—1586）	江西南城	颜钧、胡宗正	进士，太湖知县、刑部主事、宁国知府、山东东昌知府、云南屯田副使、巡察副使、省右参政	《罗近溪先生集》十二卷、《诗》二卷、《近溪子明道录》八卷、《近溪子大学答问集》一卷、《近溪子中庸答问集》二卷、《近溪子孟子答问集》一卷、《近溪语要》二卷、《孝仁训》一卷、《孝经宗旨》一卷、《识仁篇》二卷、《四书答问》不分卷、《问求正牍》二卷、《从姑山集》、《续集》不分卷（案：由孙罗怀智编）、《近溪集语》十二卷、《雅歌》二卷、《问求正读》二卷、《乡约》一卷、《盱坛直诠》二卷（案：门人曹胤儒编）、《八九病榻心要》二卷、《会语续录》二卷、《一贯编》四卷、《五经一贯》不分卷、《近溪子附集》、《近溪子外集》一卷、《近溪子文集》五卷（案：由曾孙罗万先编录）、《近溪子续集》二卷、《明通宝义》及《广明通宝义》各一卷、《癸酉日记》一卷、《庭训记言行遗录》附《临别赠言》二卷、《粹仁编》（案：由门人陈履祥编刻）、《严子信言》（案：由门人黄洙辑录）	明万历五年丁丑（1577），近溪升任云南布政司左参政，是年携子至龙场阳明洞朝圣，并题"阳明别洞"四大字碑刻。
郭子章（字相奎，别号青螺，1542—1618）	江西泰和	胡直	进士，福建建宁府推官、摄延平府事、南京工部虞衡清吏司主事、广东潮州府知府、四川提学副使、浙江参政、山西按察使、湖广右布政、福建左布政、右副都御史、兵部尚书、右都御史、加太子少保	《郡县释名》二十六卷、《明州阿育王山志》十卷、《续志》六卷、《纲鉴要选》十卷、《官释》十卷、《豫章诗话》六卷、《注豫章古今记》一卷、《豫章杂记》八卷、《广豫章灾祥记》六卷、《潮中杂记》十二卷、《古今郡国名类》三卷、《蠙衣生易解》十五卷、《枝千释》五卷、《黔类》十八卷、《黔记》六十卷、《校定天玉经七注》	撰《黔记》六十卷，详录了黔中王门弟子如李渭、马廷锡、孙应鳌等人之行履事迹及著作，建孙文恭祠及李渭祠，追访黔中王门诸子之遗迹遗墨，为其立碑题匾、龙场阳明洞题词碑刻。《黔记》六十卷⑬（明）吴子玉《大鄣山人集》卷十九《主事郭公视榷燕关德政碑》

续表

姓名	籍贯	师承	科名宦历	著述	活动事迹与相关文献
				七卷、《黔小志》一卷、《圣门人物志》十二卷、《老解》二卷、《名世文宗》二十卷、《外集》四卷、《新刊举业利用六子拔奇》六卷、《名马》二卷、《诗传书例》四卷、《黔中止権记》一卷、《西南三征记》一卷、《黔中平播始末》三卷、《六语》三卷、《自学编》六十六卷、《蜕衣生传草》二十二卷、《首》一卷、《剑记》、《管蔡记》、《格物斋记》、《疾慧编》及《郭青螺先生遗书》三十五卷、《易解》。	(明)李光缙《景璧集》卷一《贺中丞青螺公平播奏凯序》 (明)黄辉《黄太史怡春堂逸稿》卷一《贺大中丞郭两峰先生暨青螺公祖晋秩序》、《贺郭青螺序》 (明)利瓦伊桢《大泌山房集》卷二十八《司马郭公寿序》、卷四十四《赠御史大夫郭公序》 (明)郭孔延编《郭青螺年谱》。
邹元标 （字尔瞻，别号南皋，1551—1624）	江西吉水	胡直	进士，吏科给事中、南京兵部主事、吏部主事、刑部郎中、大理卿、刑部右侍郎、左都御史、太子太保、吏部尚书	《易毂通》一卷、《邹子学庸商求》二卷、《仁文讲义》、《筮仕要诀》一卷、《朱赓行状》、《邹忠介公奏疏》、《仁文书院集验方》七卷、《新镌全像岳武穆精忠传》六卷、《南皋仁文会语》四卷、《日新编》二卷、《南皋邹先生会语合编》二卷、《南皋邹先生讲义合稿》二卷、《邹子愿学集》八卷、《邹子存真集》十二卷、《方外集》一卷、《礼记正义》六卷、《孝经说》、《水田讲义》一卷、《大学就新编》一卷、《四书讲义》二卷、《宋儒语略》六卷、《识仁编》二卷、《工书选要》十一卷、《太平山房疏稿》四卷、《都匀龙山志》二卷、《太平山房续集》、《太平山房诗集选》五卷、《邹元标集》一卷、《邹忠介公全集》十六卷、《奏疏补遗》、《云中存稿》、《戍记删后诗》	在都匀鹤楼书院主讲阳明心学，阐发良知之旨，黔儒陈尚象、余显凤、吴铤、艾氏三兄弟（艾友芝、艾友兰、艾友芸）及陆氏兄弟（陆从龙、陆云龙）等皆执贽为弟子，成为都匀地区王学之中流砥柱。

① 此文《王文成公全书》阙载，今载录于嘉靖《贵州通志》卷三十七及胡传淮主编《明代蜀中望族：蓬溪席家》第六章《诗文辑存》，中国文史出版社，2013年版，第66页。

② 此序载录于嘉靖《贵州通志》卷十一。

③ 此书载录于《王文成公全书》卷二十一《外集三》，第955—956页。

④此书载录于嘉靖《贵州通志》卷十一。

⑤此文载录于《王文成公全书》卷二十五《外集七·祭文》，第1106—1108页。

⑥此书载录于《王文成公全书》卷五《文录二·书二》，第218—219页。

⑦此书载录于《王文成公全书》卷二十一《外集三·书》，第976—977页。另现存与席书研究之相关文献尚有：（明）黄绾《石龙集》卷二十七《莫元山先生文》（明嘉靖年间原刻二十八卷本）、（明）湛若水《泉翁大全集》卷二十三《三仲图诗序》[明嘉靖十九年庚子（1540）岭南朱明书院刊刻八十五卷本]、（明）邵宝《泉斋勿药集》卷三《送山东布政使元山席君序》（明正德年间刻刊十四卷本）、（明）刘春《东川刘文简公文集》卷七《送郏城令席君文同考绩还任序》[明嘉靖三十二年癸丑（1554）宁国刻刊二十四卷本]、（明）胡缵宗《鸟鼠山人小集》卷十一《席子春秋论序》（明嘉靖年间刻刊十六卷本）、（明）赵廷松《赵廷松集》卷九《席文襄公元山先生去思碑》（线装书局2009年版）、（明）王世贞《皇明异典述》卷七《致仕加级》（明世经堂刻本）、光绪《新修潼川县志》卷二十八《杂志·席文襄荐贤》（清光绪年间刊本）、民国《遂宁县志》卷二《茔墓·席文襄伯仲传跋》（民国年间印本）。

⑧此记载录于《蒋道林文粹》卷四《记类》，岳麓书社，2009年版，第122—125页。

⑨此墓表载录于《蒋道林文粹》卷四《志铭表》。

⑩三文俱载录于《蒋道林文粹》卷六《文类》。

⑪此序载录于《蒋道林文粹》卷三《序类》。

⑫此文载录于（明）焦竑《国朝献征录》卷一一三（明万历年间刻本）。

⑬王杏，字少坛，明浙江奉化人。嘉靖十三年甲午（1534）巡按黔省，"闻里巷歌声，蔼蔼如越隐，又见士民岁时走龙场致奠，亦有遥拜而祀于家者，始知师教入于人之深若此。"（见《王文成公全书》卷三十五《附录四·年谱附录一》"五月，巡按贵州监察御史王杏建王公祠于贵阳"条）阳明弟子汤㬊、叶梧、陈文学时恳请建祠以慰士民之怀，王氏乃于白云庵旧址构筑王公祠，并置膳田以供祀事，嘉靖二十五年丙午（1546），贵州巡抚王学益改建于宣慰司学右。

⑭《新建阳明书院记》之内容可详参《王文成公全书》卷三十五《附录四·年谱附录一》"五月，巡按贵州监察御史王杏建王公祠于贵阳"条。

⑮有关胡尧时研究之现存文献可详参（明）欧阳德《欧阳南野文集》卷十七《送胡子南迁》[明嘉靖三十七年戊午（1558）梁汝㰍刻本]。

⑯刘秉监（生卒年不详），字遵教，别号印山，明江西安福三舍人。父宣，工部尚书。印山登正德三年戊辰（1508）进士，授河南宁津令，有平寇功，升刑部主事，署员外郎，出为河南佥事。毁境内淫祠无数，一时翕然向化，迁大名兵备副使。嘉靖初年，以忤阉宦，逮系诏狱，未几，转韶州通判，移潮州同知，越二年，调知临安府，赴任卒于英德。印山为政廉明，事亲至孝，笃志古学，初从学湛若水于新泉，尤笃志于阳明，闻其讲学于龙场，往师事之，殁时年近五十，为江右王门大儒。有关刘氏宦履经历，可详参（明）李绍文《皇明世说新语》卷一《安福刘秉监》[案：（清）张怡《玉光剑气集》卷十三《理学·安福刘秉监》与《皇明世说新语》所载相同]、（清）黄宗羲《明儒学案》卷十九《江右王门学案·御史刘三五先生阳》附刘印山、王柳川、万历《吉安府志》卷二十《列传·刘秉监》、乾隆《潮州府志》卷三十三《宦迹·刘秉监本传》、同治《广东通志》卷五十《名宦·刘秉监本传》、光绪《江西通志》卷一四八《列传·吉安府·刘秉监》。另有关刘秉监研究之现存文献可详参（明）吕柟《泾野先生文集》卷五《送刘潮州序》[明嘉靖三十四年乙卯（1555）刻刊]。

⑰据黔籍学者黄万机考证，黔省及各府州县先后编纂之志书近八十部，而留存至今者仅九部，包括：弘治《贵州图经新志》十七卷，沈庠、赵瓒等纂修；嘉靖《贵州通志》十二卷，谢东山、张道等纂修；万历《贵州通志》二十四卷，沈思充、陈尚象、许一德等纂修；万历《贵州名胜志》八卷，曹学佺撰；万历《黔记》六十卷，郭子章撰；万历《黔志》，王士性撰；嘉靖《普安州志》十卷，高廷愉等纂修；嘉靖《思南府志》八卷，洪价、钟添初等纂修；万历《铜仁府志》十二卷，陈以跃等纂修。而嘉靖《贵州通志》原刻本在贵州一度佚失，康熙及乾隆的几部《贵州通志》均未采及，直至近代才在范氏天一阁中发现一部，抄回黔中，民国《贵州通志》采录颇多（参阅黄万机《客籍文人与贵州文化·史志篇》，贵州人民出版社，1992年版，第234—235页）。嘉靖《贵州通志》在黔省地方史志文献中之价值和重要性，由上述黄氏所言可以想见。查嘉靖《贵州通志》流传极为广泛。明儒杨慎对该志推崇备至，并为之撰序。其书体例，由卷一"地图"至卷十二"艺文志"，凡十二卷，四十一类，谢氏简书笔削而成篇，可称"浃洽而罔遗，精炼而无秕"。现存版本有明嘉靖三十四年乙卯（1555）原刻十二卷本，骆兆平《天一阁藏明代地方志考录·贵州省》著录为十二卷，骆氏称该

志天一阁原藏两部，今仅存其一："1956年云南图书馆传抄，另一部散出后曾为吴兴蒋氏传书堂所藏，1931年又归前上海东方图书馆，1932年毁于一·二八事变。"（参骆兆平《天一阁藏明代地方志考录》，书目文献出版社，1983年版，第163页）骆氏所记可与黄氏所述互为印证。黄裳《天一阁被劫书目》著录为十二本，未著卷数，陈光贻《稀见地方志提要》卷十五著录为十二卷，上海图书馆入藏，《中国历代诗文别集联合书目》著录，不分卷，明刻本，[日]山根幸夫《日本现存明代地方志》著录为十卷，明嘉靖三十四年刊本，武汉大学图书馆特藏部亦藏有该本，今收入《四库全书存目丛书》史部第193册。

⑲可参前注 "《黔记》为郭子章任贵州右副都御使时所纂……"。

表二 黔籍王门弟子暨后学寓黔活动事迹考查表

陈文学（字宗鲁，别号五栗山人，生卒年不详）	王阳明	贵州宣慰司	举人，耀州知州	《耀州存稿》、《余生续稿》、《娴篆录》、《陈耀州诗稿》二卷（亦名《五栗山人集》）、《阳明集诗》、《何陋轩歌》、《中峰书院记》（案：中峰书院位于程番府，明弘治年间知府汪藻建。至嘉靖时知府陈则清重修，作为黔省王学传播基地，并延请陈文学为之撰记。）	明正德初年，于龙场龙冈书院向阳明问，并执贽为弟子，阳明赠五言诗一首以勖勉之①，致仕归里后，杜门不预世事。
汤㫤（名伯元，生卒年不详）	王阳明	贵州宣慰司	举人、进士，南京户部员外郎、潮州府知府、巩昌府知府	《逸老闲录》《续录》《表贤祠记》	阳明讲学于文明书院为诸生阐明知行合一之说，汤氏往观听，后大受感悟，乃师事之。晚年以讲学及诗文自遣。
钱凤翔（生卒年不详）	王阳明	贵州施秉	指挥（世袭）、洞庭守备、福建都司、广西浔梧参将、都督		明正德年间，从学于阳明，在兵学思想方面，造诣尤深。
叶梧（字子苍）	王阳明	贵州宣慰司	举人，镇安知县	《凯歌集》	师从阳明于龙场，阳明谢世后，与同门陈文学、汤㫤等敦请贵州监察御史王杏建阳明祠以慰黔士民之怀。又与陈文学及贵州都司赵昌龄校刊《阳明先生文录续编》②
马廷锡（字朝宠，别号心庵）	蒋信	贵州宣慰司	举人，四川什邡县教谕、四川内江县知县	《渔矶集》《渔矶集别》《警愚录》《自警辞》《动静解》	蒋信讲学于文明、正学两书院，马氏往师从之。隆庆五年辛未（1571）应邀主讲贵阳城东之阳明书院。后蒋信讲学于桃冈精舍，心庵奔赴桃冈，日夕论学不辍，尽得师门正脉。六年后回到贵阳，在城东南河渔矶湾上筑栖云亭，与贵阳士子讲论其中，以印证师学。《学孔精舍诗抄·怀马心庵》《学孔精舍诗抄·闻马心庵欲来同隐》（明）郭子章《黔纪》卷四十五《乡贤传·马廷锡》（清）莫友芝《黔诗纪略》卷四《内江马心庵先生廷锡传》

续表

蒋世魁 （字道陵， 别号见岳）	蒋信	贵州清平	同州训导	《蒋见岳初志稿》	受学于蒋信，始知"万物一体"之旨。
陈尚象 （字心易， 别号见羲）	邹元标	都匀卫	举人、进士，刑部给事中、赠光禄寺少卿	《疏草》四卷、《诗文集》	受学于邹元标。（案：邹元标为其著作《疏草》撰序及殁后代撰《刑科右给事中见羲陈君墓志铭》） ○编纂万历《贵州通志》
胡学礼	李渭	贵州务川	廪生		精邵子象数之学，曾持业师李渭之书问学于邹元标，获元标赠诗褒扬其志向高洁，且受李渭器重。
冉宗孔	李渭	贵州安化	贡生，略阳令		操守廉洁，归里，阐扬师学，为思南王学代表人物。
田惟安	李渭	贵州思南	郡庠生，应袭世官		执贽李渭门下，笃志于学。
余显凤 （字德蓁）	邹元标	独山州	诸生、举人，教谕、河南巩县知县		师事邹元标最久，独山州人知心性之学，自余显凤始。
吴铤 （字金廷）	邹元标	都匀卫			吴铤悟性最强，尝以师道自任，邹元标称之为"黔第一士"，殁后为其撰《墓志铭》。
艾友芝 （字野史）	邹元标	麻哈州	举人，溆县知县、广西横州知县		受业于邹元标谪黔期间。
艾友兰 （字幽谷）	邹元标	麻哈州	郧阳府竹山知县		受业于邹元标谪黔期间。
艾友芸 （桂阁）	邹元标	麻哈州	云南府云南县知县		受业于邹元标谪黔期间。
陆从龙	邹元标	都匀卫	举人，湖广新化知县		天启年间，陆氏兄弟皆死于督征讨叛逆安邦彦之战役中，邹元标许以道器以作承传。
陆德龙 （字钟阳）	邹元标	都匀卫	举人，湖广新化知县、赠光禄寺卿		
萧重望 （字剑斗）	李渭	贵州思南	进士，河南阌乡县知府、云南道监察御史、都察院佥都御史		为官端方严正，设安化县，印江县学。 ○《同野先生祠下作》③
李廷谦 （字仲吉）	李渭	思南	举人，真定县教谕、国子监助教、副使		李氏为李渭之子，承传家学，尤精于《易》理。

续表

邵元善 （字台山）	孙应鳌	普安州	举人，嵋峨知县、通州州守、涿知知县、辰州府通判、四川按察金事	《贤奕稿》《碧云洞赋》（文载《黔诗纪略》卷九）	○《学孔精舍诗钞·邵台山寄碧云洞赋到辄兴远怀》
孙世祯	孙应鳌	清平卫			
王炯 （字幼明，别号暗斋）	孙应鳌	清平卫			
詹惠 （字良臣，别号潊西）	王阳明	贵州贵阳	云南永昌训导		潊西为阳明同科好友詹恩之弟，从阳明受学于龙冈书院。正德三年戊辰（1508），潊西之母病故，敦请阳明为其母撰《明封孺人詹母越氏墓志铭》
李良臣		贵州贵阳	山东省临清县主管教授		为阳明在龙场所收的最早期弟子，与阳明妹婿徐爱交往甚密。
李渭 （字湜之，别号同野，1524—1588）④	蒋信、耿定向	贵州思南府	举人，四川华阳知县、安徽和州知州、广东高州府同知、云南左参政、南京应天府中南户部	《大儒治规》三卷、《先行录》十卷、《先行录问答》三卷、《三泉志》四卷、《毋意篇》一卷、《简记》三卷、《杂记》一卷、《同野诗文集》三卷、《家乘》十二卷	嘉靖十八年己亥（1539）从学于楚中王门大儒蒋信，四十五年丙寅（1566）任广东韶州知府，修葺阳明祠宇，隆庆五年辛未（1571）讲学于石鼓书院，归里后聚徒讲学于为仁堂及点易洞。 （明）胡松《胡文肃公文集》卷四《和州李守去思碑记》 （明）湛若水《甘泉先生续编大全》卷三《思南李氏家乘序》 （明）耿定向《耿天台先生文集》卷十二《祭李同野》
孙应鳌 （字山甫，别号淮海，道吾，1527—1584）⑤	徐樾、蒋信	贵州清平	进士、庶吉士，户部给事中、江西按察金事、陕西提学副使、四川右参政、大理寺卿、礼部经筵讲官、户部右侍郎、礼部右侍郎、国子监祭酒、刑部右侍郎、南京工部尚书、赠太子太保	《淮海易谈》⑥四卷、《四书近语》⑦六卷、《庄义要删》十卷⑧、《春秋节要》、《左粹题平》二十卷、《左粹类纂》⑨、《孙山甫督学文集》四卷⑩、《督学诗集》四卷⑪、《蒋道林粹言》一卷、《学孔精舍诗钞》二卷⑫、《学孔精舍汇稿》十六卷⑬、《学孔精舍续稿》、《学孔堂稿》（案：日本前田育德会庋藏明刻本）《学孔精舍论学汇编》八卷、《雍谕》、《幽心瑶草》一卷、《教秦总录》二卷 [案：此书（明）张学诗编，日本公文书馆庋藏明隆庆二年戊辰（1568）序刊本]、《教秦语录》一卷、《归来漫兴》、《寄学书院诸友琐言》一卷、《补辑杂文》一卷、《附录》一卷、《律吕分解发明》四卷、《学孔堂稿》、《论学汇编》四卷、《孙文恭公遗书六种》⑭十二种、《孙应鳌文集》⑮	与罗洪先、胡直、王宗沐、王畿、邹守益、耿定向、李渭、马廷锡等王门学者过从论学不辍。在任陕西提学副使时，建正学书院，撰《论陕西官师诸生檄》十六条，阐明一己之教学宗旨与为学抡才之道，今有楷存于西安碑林。 辞官归里后建学孔书院、学孔精舍积极在黔东南苗族地区推动王学的发展，并以拔萃黔省人才为职志。考淮海于隆庆二年戊辰（1568）和万历元年癸酉（1573）两度任郧阳巡抚，至清咸丰年间，当地人民感其恩德，乃建孙大人庙以作纪念。 （明）温纯《温恭毅公文集》卷七《教秦总录序》、卷十六《祭大司空淮海孙文恭先师文》 （明）胡直《衡庐精舍藏稿·答山甫中丞》《衡庐精舍藏稿·孙山甫督学文集序》 （明）蔡汝楠《自知堂集·为孙参知淮海题白鹿图歌》

①诗篇名为《赠陈宗鲁》，五言律，诗云："学文须学古，脱俗去陈言。譬若千丈木，勿为藤蔓缠。又如昆仑派，一泻成大川。人言古今异，此语皆虚传。吾苟得其意，今古何异焉？子才良可进，望汝师圣贤。学文乃余书，聊云子所偏。"（载录于《王文成公全书》卷二十九《续编四》，第1239页）

②《阳明先生文录续编》为研究阳明在黔省重要著述文献，首刻于黔省，可详参钱明《儒学正脉：王守仁传》第八章《分域分布》（浙江人民出版社，2006年版，第228－229页）及［日］永富青地《上海图书馆藏〈新刊阳明先生文录续编〉について》（载《东阳の思想と宗教》第3号，2006年版）。

③见（清）莫友芝《黔诗纪略》卷十二。

④李渭（1513—1588），字湜之，别号同野，明贵州思南人。先祖原籍陕西，为京兆人，元朝时随军征战至思南，官授功显校尉。武洪年间，改授蛮夷司副长官，始定居思南。同野自幼聪慧，勤奋好学。嘉靖十三年甲午（1534）乡试中举，历任四川华阳县（即今成都）知县、安徽和州知州、广东高州府同知。隆庆年间，调任云南省左参政。万历元年癸酉（1573）擢应天府（即今南京）中南户部郎。翌年，转广东韶州（今广东曲江县）知府，所至有惠政。万历十六年戊子（1588）致仕归里，专注讲学于府城之中和山普济亭（后更名中和书院）、小崖门点易洞、为仁堂、斗坤书院等处，从学者慕名云集思南。同年辞世，享寿七十六岁，墓葬思南府城河东三里之万胜山麓。十七年己丑（1589）奉祀乡贤祠，并祀于省。二十二年甲午（1594）地方官民为其请建专祠于思南府城（案：今专祠及墓均毁，只有墓之遗址尚存）。同野初问学于蒋信（字卿实，号道林，1483—1559），及官南都，师事耿定向（字在伦，号天台，1524—1596），复与罗汝芳相得，生平无日不以讲学为事。其学以毋意为功，求仁为法，提揭"万物一体"为主而归于自然，治学则以躬行实践为圭臬，强调进德求仁，与孙应鳌同为黔中学派之核心人物。今思南有多处摩崖石刻，如中和山之"中和"石刻、点易洞（案：据道光《思南府志》记载："点易洞在城西小岩门左，郡人李渭讲易其中。"）之"点易洞""云深外"石刻、朝阳洞之"不舍画夜"及万胜山之"卧月眠云"石刻等。所著有《先行录问答》十卷（案：简称《先行录》，《明史艺文志》卷九十八《艺文三》著录）、《大儒治规》三卷、《毋意篇》一卷（案：《大儒治规》与《毋意篇》均著录于《思南府志》）、《简记》三卷、《杂著》一卷、《三泉志》［案：此志至今未见传本，恐已亡佚。（清）徐乾学《传是楼书目·别志》著录为一本］、《同野诗文集》三卷（案：见《乾隆通志·艺文》）、《家乘》十二卷［案：（清）莫友芝《黔诗纪略》著录］、《易问》（案：见《乾隆通志·艺文》）。此外，保存下来的诗文尚有《思南府学射圃记》《修思南府学碑记》《修观音阁碑记》《务川县迁学记》《世侯安绍南荣受封典序》《圣岭春耕》《中和山》《白泉渔乐》《桐崖鸣凤》《三台丛桂》《真源涧月》《德江晚渡》及《稣公泉》等篇，均见录于民国《思南府续志》卷十《艺文门》内。有关李渭宦履行历可详参（明）郭子章《黔纪·理学·参政李同野传》、（明）罗国贤编《同野先生年谱》、（明）焦竑《国朝献征录》卷一百二《李公传》；（清）彭定求《明贤蒙正录》卷下《参政李渭》、（清）莫友芝《黔诗纪略》卷三《参政李同野先生渭传》；康熙《云南府志》卷十一《宦迹·李渭》及光绪《贵州通志·人物志·李渭》。

⑤孙应鳌（1527—1584），字山甫，别号淮海，明贵州清平（即今凯里炉山镇）人［案：原籍江苏如皋，洪武十五年壬戌（1382），先祖先华来贵州龙里卫总旗，擢副千户，注守清平，建在清平落籍］。淮海幼颖异，日诵千言。嘉靖二十五年丙午（1546）乡试第一，三十二年癸丑（1553）登进士第，选庶吉士，授户科给事中。历官江西按察司金事、陕西提学副使、四川右参政。隆庆元年丁卯（1567），以金都御史巡抚郧阳，被谗罢仕归。万历初年癸酉（1573），起复原官，寻升大理寺卿。又历任户部右侍郎、礼部经筵讲官、国子监祭酒、刑部右侍郎，至南京工部尚书。淮海早年受学于徐樾传阳明、王艮之学，为阳明之再传弟子。入仕后，常往返于桃冈向蒋信问学，反复问难，大为折服，遂执弟子礼。同时，与罗汝芳、胡直、赵贞吉、耿定向、耿定理兄弟等往返书札，论学谈道不辍，时人称"心学四大名士"。其后罢官归里，闲居十三年，日夕与李渭、马廷锡等反复切劘，结为性命之交，学问日益精进，尤精于易理。又于清平卫城西筑学孔精舍，讲授良知之学。其后又建山甫书院、学孔书院，宣讲王学，终身不辍。淮海宦游二十余年，享誉儒林，清儒莫友芝盛赞其"以儒术经世，为贵州开省以来人物冠"，评价恰如其分。万历十二年甲申（1584）病逝家中，终年五十八岁。御赐祭葬，谥"文恭"，赠太子太保，立祠于清平城内（案：孙文恭祠位于老北门，祠前原有山门牌楼一座，六柱五间三层檐歇山顶，楣上镶嵌石刻一方，上楷书阴刻"孙文恭公祠"五大字，今已不存。《贵州通志》卷十《贵阳府》对孙氏祠堂曾有简略记载："孙文恭祠，在清平县。祀明尚书孙应鳌，雍正十三年毁。"今所见者为重建之孙文恭祠，祠为两进两天井的四合院建筑，分大殿和后殿，各殿之间两侧建有厢楼，祠内壁柱有龙凤浮雕多处，中间为天井，现列为凯里市清平镇文物保护单位）。墓在凯里市城西北37公里炉山区清平镇西南2公里处［案：原墓建于明万历十三年乙酉（1585），已毁］，墓呈圆形，墓前立墓碑一方，碑面阴刻楷书"明工部尚书诰谥文恭孙淮海之墓"，碑后阴刻其生平事迹，此碑乃淮

海 26 世孙孙洪涛等于 1946 年重立。贵州省人民政府于 1985 年公布为省级文物保护单位。（案：有关淮海墓之历史文献记录，嘉庆《如皋县志》卷十六载称"墓在清平县凤凰山下"，而光绪《重刊清平县志》则谓"工部尚书孙应鳌墓在城南 3 里，享堂今圮，华表存"，可作参考）。应鳌学识渊博，著作宏富，当时刊行于世且评价极高者不在少数。所著有《淮海易谈》四卷、《四书近语》六卷、《庄义要删》十卷、《春秋节要》、《左粹题平》二十卷、《左粹类纂》、《孙山甫督学文集》四卷、《督学诗集》四卷、《蒋道林粹言》一卷、《学孔精舍诗钞》二卷、《学孔精舍汇稿》十六卷、《学孔精舍续稿》、《学孔精舍论学汇编》八卷［案：此书（清）徐乾学：《传是楼书目·子部》著录为四卷，一本，《明史·艺文志》卷九十八著录为八卷，题名"论学汇编"]、《雍谕》、《幽心瑶草》一卷、《教秦总录》［案：此书（清）徐乾学《传是楼书目·子部》著录为四卷，二本]、《归来漫兴》、《寄学孔书院诸会友琐言》一卷［案：此书亦称《教秦绪言》或《教秦语录》，乃淮海于陕西重建正学书院，颁布规条以训勉诸生"务实效，不务虚名"而作，书中所言较能集中阐发阳明之心学思想，使后世学者不仅进一步认识阳明思想之大义旨归，甚至淮海与王门诸子之师承关系，亦昭然可见。并勒石立碑，今碑存西安碑林，文则详载于清宣统二年庚戌（1910）刊印之《孙文恭遗书》内]、《补辑杂文》一卷、《附录》一卷、《律吕分解发明》四卷［案：此书《明史艺文志》卷九十六著录为四卷、（清）沈初《浙江采集遗书总录》著录为四卷，称："《分解》二卷，以蔡氏律吕新书为纲，杂引先儒之说，系以按语分节讲解；《发明》二卷，分'律本''律法''律声''律章'四门，采辑经传多本蔡氏、邱氏之说，合而成编。"另民国学者单毓元所编之《民国泰县志稿》对此书颇有微词谓："《律吕分解》二卷，《律吕发明》二卷，考辨多臆断。"（参民国《泰县志稿》卷二十八，江苏古籍出版社影印民国年间手稿本)]、《学孔堂稿》、《论学汇编》四卷等。有关孙应鳌之宦履行历可详参（明）郭子章《黔纪·理学传·工部尚书孙应鳌》、（明）丘禾实《循阶园集·孙文恭先生传》、张弘道、凝道合编《皇明三元考》卷十一《贵州孙应鳌》、（明）郭良翰《明谥纪汇编》卷十五《孙应鳌》、（明）葛昕《集玉山房稿》卷二《南京工部尚书孙公应鳌》、（明）萧彦《掖垣人鉴》卷十四《孙应鳌传》、（清）万斯同《明史·孙应鳌传》、（清）莫友芝《黔诗纪略》卷三《孙文恭公小传》、（清）田雯《黔书·文恭孙应鳌传》、（清）曹溶《明人小传·孙应鳌》、（清）冒广生《小三吾亭文甲集》卷一《拟明孙应鳌传》、（清）彭定求《明贤蒙正录》卷下《侍郎孙文恭公应鳌》《清平孙文恭公祠族谱》、万历《贵州通志》卷二十三《艺文·南京工部尚书孙应鳌墓志铭》［（明）陈尚象撰]、嘉庆《如皋县志》卷十六《孙应鳌本传》、民国《贵州通志》卷三十八《文艺·尚书文恭孙公应鳌传》、李独清编《孙应鳌年谱》（贵州师范大学编辑部，自印本，1990 年版）。

⑥《淮海易谈》与《律吕分解发明》《论学会编》《庄学要删》《学孔精舍汇稿》凡五种，均著录于《明史·艺文志》。另（明）徐勃《徐氏红雨楼书目·经部》著录为八卷、（清）阮元《文选楼书记》卷二著录为四卷（称"是书通论易理详于人事"）、（清）黄虞稷《千顷堂书目》卷一《易类》著录为四卷、《四库存目总目提要》卷七著录（称："（《易谈》）虽以离数谈理为非，又以程子不取卦变为未合，而实则借《易》以讲学，纵横曼衍，于《易》义若离若合，务主于自畅其说而止，非若诸儒之传，惟主于释《经》者也。"）、《中国善本书目·经部》著录为四卷。今苏州图书馆、如皋市图书馆、青岛市图书馆（案：该馆所藏为缺本，仅存卷 1—3，框高 18.8 厘米，宽 13.5 厘米，版式每半页 10 行，行 20 字，白口，四周双边，收入《山东省珍贵古籍名录》第 1 批）、日本公文书馆、日本东洋文库、日本东京大学人文科学研究所分别庋藏明隆庆二年（1568）刊刻四卷本及《黔南丛书》本，齐齐哈尔市图书馆及吉林省图书馆分别庋藏清刻二卷本。《四库全书存目丛书》经部第 7 册亦有收入。

⑦《四书近语》六卷，为淮海晚年居家时所撰。今有明刻本、铅印本及清刻本，分别庋藏于中国国家图书馆及内蒙古大学图书馆。

⑧《庄义要删》十卷，今存。《明史艺文志》卷九十八《艺文三》著录为十卷、（清）徐乾学《传是楼书目·子部》著录为十卷十本、严灵峰《老列庄三子知见书目》著录为十卷，称："此书乃孙应鳌删取褚伯秀《南华义海纂微》及庄子古今批注而存其要。由王篆藏经、周光镐、方扬、方沆三人厘音义，正句误，剔诸家芜谬。并益以苏子瞻《广成解》《张居正评庄》《张四维补注》、朱得之《通义》而成。"今北京图书馆、河南省图书馆分别庋藏明万历八年己卯（1579）陶幼学等刊刻二南宫十卷本。《四库未收书辑刊》子部第 3 辑第 27 册亦有收录。

⑨《左粹类纂》不分卷，明刻本，今存。此书由（明）施仁编集，孙应鳌批点，可与《左粹题评》互为参正比观。中国国家图书馆庋藏明刻本及日本蓬左文库庋藏明万历十一年癸未（1583）河东任养心刻十二卷本。

⑩《孙山甫督学文集》简称《督学文集》，今存。上海书店藏有黎庶昌所刻之《督学文集》，白纸初印（案：见《上海书店补遗书目》），于 1994 年刊印出版，数量不多，题名《孙山甫督学文集》，附《补辑杂文》，后收入《丛书集成续编》内。《督学文集》现存版本有下列种：明刻本［日本静嘉堂文库庋藏两部，其一含（明）任瀚评语]、清光绪十九年

癸巳（1893）川东巡署刻本及《黔南丛书》第六集本（案：此书于民国年间由任可澄等编，交通书局出版发行）。《督学文集》共收文章九十二篇，内容依次为"序跋"二十六篇、"赠序"十七篇、"祝辞"十篇、"传状"一篇、"杂记"九篇、"论说"十六篇、"书牍"二篇、"箴铭"一篇、"碑志"五篇、"哀祭"五篇。

⑪《孙山甫督学诗集》四卷，为淮海门人首刻于关中正学书院，今存，台北故宫博物院及北京图书馆分别庋藏明刻四卷本。内有乔因羽序。另日本国会图书馆、东京大学图书馆、京都大学人文研究所分别庋藏嘉靖四十四年刻本胶卷。

⑫《学孔精舍诗钞》，今存：《上海书店补遗书目》著录为六卷，附《杂文》，为莫友芝刻本；崔建英《明别集版本志》著录为二卷，今上海图书馆庋藏清咸丰三年癸丑（1853）艾述芝手稿二卷本，内有莫友芝校并跋，版式10行20字，无格。

⑬《学孔精舍汇稿》十六卷，首刻于明万历六年戊寅（1578），乃淮海于学孔书院授徒讲学之语录讲义。（明）徐勃《徐氏红雨楼书目》卷七著录为十六卷、《明史艺文志》卷九十九《艺文四》著录为十六卷、（清）徐干学《传是楼书目·别集》著录为十六卷（八本）、（清）翁方纲《翁方纲纂四库提要稿·集部》著录为十二卷〔三册，卷前有万历七年己卯（1579）楚人刘伯燮所撰序〕。考刘氏对淮海之学术人品甚为景仰，并遍寻其遗稿，类经转折，始得汇集成帙，故撰序以详述成书始末，此集之具体内容，大致为"首奏疏、经筵讲义、次序、传、碑、铭诸文，次古风绝律诸诗。"（参阅嘉庆《如皋县志》卷二十一《艺文三》，第12—13页）

⑭淮海谢世后，兵燹几更，其著作大都散佚。至清道光、咸丰年间，贵州独山人莫友芝从《学孔精舍诗钞》中900余首诗体诗选录458首载入《黔诗纪略》内。清儒朱彝诗另选其《华山诗》8首编进《明诗综》。有鉴于淮海著作散佚严重，莫氏四处访寻其遗稿，仅得《淮海易谈》《四书近语》《学孔精舍诗稿》《左粹题评》《教秦绪言》《幽心瑶草》六种，约900余篇。迄至清光绪四年戊寅（1878），友芝胞弟祥芝将其兄搜集之孙氏文稿，补上《杂文》及《附录》各一卷，刊印成《孙文恭公遗书六种》二十卷，凡八种，分装四册〔案：有关《孙文恭公遗书》之征集过程刻刊情况，可详参张明《黔中王门弟子孙应黔学行及著述考略》（载《王学研究》书3期，2015年版，第55—59页）〕，流传至今。北京师范大学图书馆庋藏清抄本，内缺《孙山甫督学文集》，为莫友芝手校本。日本京都大学人文科学研究所庋藏宣统二年庚戌（1910）南洋官书局排印本。光绪十五年己丑（1889），遵义学者黎庶昌出任日本公使，偶于日本友人中村正直家中发现淮海在陕西任学副使时所撰的《督学文集》四卷，取文与杂文相较，多八十余篇，首尾完备，于是连同胡直所撰写的《孙山甫督学文集序》一并付梓，收入《黎氏家集》内。宣统元年（1909），后人回澜，以莫刻《遗书》及黎刻《督学文集》互校，删去补辑杂文之重复篇目，交付南洋书官铅印出版，凡四册，即今通行之《孙文恭公遗书》本。民国九年（1920），贵州省续修通志局编《黔南丛书》第一集，三十年（1941）贵州省文献征辑馆续编《黔南丛书》第六集，据黎氏原刻重印《督学文集》四卷，载录各类文章八十七篇，附补辑杂文一卷（合共四篇），《清平县志》所收遗文一篇，合共九十二篇。今《孙文恭公遗书》载录于《四库全书存目丛书》集部第129册内。

⑮贵州师范大学的刘宗碧教授以莫氏《孙文恭公遗书》为底本，与南洋官书局对照参校，进行重编《孙应鳌文集》的工作，该集于1966年由贵州教育出版社出版发行。主要内容由淮海的四部重要著作组合而成，即《淮海易谈》四卷，附（明）郭子章撰《尚书文恭孙应鳌传》；（清）莫友芝撰《孙文恭公小传》及自序；《四书近语》六卷，附（清）王檗撰《四书近语序》；（清）戴嗣方撰《重刻〈四书近语〉序》、《四书近语自序》；《教秦绪言》一卷、《幽心瑶草》一卷。

考黔中王门弟子的人数虽历来无准确的统计，但远远超过上表所列之数则毋庸置疑。如友人诸焕灿先生于1989年沿王阳明生前遗迹考察，在贵坤州修文县偶获一纸《镇远旅邸与友人书》墨迹，是阳明离开贵州东归，行赴江西庐陵知县途中（镇远）候船时，写给龙场贵阳书学之信札，信中记述了二十三人姓名，其中二人有姓无名。除汤冔、陈文学与叶梧三人外，还有高鸣凤、何廷远、陈寿宁、范希夷、汪原铭、向子佩、越文实、邹近仁、郝升之、李惟善、陈良臣、易辅之、詹良臣、王世臣、袁邦彦、李良臣、朱氏兄弟（朱光霁、朱克相）、阎真士、张时裕①。另李渭于思南晚年讲学达二十年之久，开边地苗夷一方学风。如

①　参阅诸焕灿《王阳明贵州教育活动与西部开发》，《宁波党校学报》2006年第2期。

其三子（李廷谦、李廷言、李廷鼎）、思南三罗（罗国贤、罗廷贤、罗明贤）、冉宗孔、胡学礼、萧重望、田惟安、熊时宪、安岱、李元尧等，均能继李渭而起，传道一方①。黔省作为阳明悟道之地，独得心学风气之先，而黔省王门诸儒，学有依归，遵师训而行，首传师学正脉，随着书院讲舍之广建，几及全省，文教大兴。加之与王门各派核心人物多有学术交流，书信往来不绝，使黔中王门得以确立②，与王门诸派并立竞爽，对黔中、思南等地区产生了极大影响。故清儒刘廷献在总结有明一代黔省人物名流之卓越成就时，有以下一番公允的表述："黔之人物，尹珍已上无论已。明以理学、文章、气节、行谊著者，如孙应鳌、李渭、陈尚象以及王训、詹英、黄绂、秦禺、蒋宗鲁、徐节、田秋、徐卿伯、熊文灿、易楚诚、张梦弼、许奇、申佑、吴淮、邱禾实、潘润民、王祚远、蒋劝善，而文恭为之最；黔之名宦，庄跹、唐蒙以前无论已。明之清操惠政武功赫奕者，如郭子章、朱燮元、江东之、应朝卿、王重光，以及尤安礼、吴讷、萧象烈、成务、胡宥、刘大直、王象乾、吴国伦、冯晋卿、陈士奇、王三善、李云、刘锡玄、郭成、胡从仪，皆今日所尸祝俎豆之者也。"③ 在众多黔中王门弟子之中，刘氏首推孙应鳌为第一，此语并非无源之水，笔者认为主要原因在于淮海在黔省从事讲学长达十二年之久，对阳明心学之传授与推广可说是不遗余力；且私下与其他省份之王门过从甚密，书札讲学不辍，其思想深受王门诸子之学说熏陶自不待言，而最重要的是，此举不仅提升了黔中诸子的学术地位，且对黔中王学之声势从偏远的贵州地方大大扩散到浙江、江西、南京、泰州等王学重镇有着举足轻重的作用。黔中王门一脉，气象非凡，淮海推动传承王学之苦心孤诣，开引后学之心力灌注，当记首功。

六、遗存与遗墨

在上述论及阳明谪官黔省的艰苦历程中，对其足迹所到之处，均留下了颇多的遗迹遗墨，成为贵州保阳明遗存最多的省份。今依次作一考探（案：在前一单元于正文或批注中曾述及的遗迹景观如修文阳明洞、三人坟、南庵、太子桥、文明书院等，为免重复，兹不赘述）：

（一）贵阳扶风山阳明祠

阳明祠又名"王阳明先生祠"，位于贵州省贵阳市扶风山麓，云岩区东山路 13 号，与尹道真祠④、扶风寺并列，是三组古建筑的总称。祠始建于清嘉庆十九年甲戌（1814），至二十四年己卯（1819）贵州提学使张辅、贵山书院院长王晓亭等进行扩建，祠堂规模渐次扩

①　参阅张明《王阳明与黔中王门的书院讲学运动》（《贵阳学院学报》2014 年第 2 期）。相关论文亦可参阅李迎喜《黔中王门系统考》（收入《王学之魂》，贵州教育出版社，2005 年版）及刘宗碧《贵州的王门后学》（收入《王阳明国际学术讨论会论文集》，贵州教育出版社，1997 年版）。

②　有关黔中王门诸子与王门各派的学术交流与影响，可详参王晓昕教授《黔中王门与江右王门之思想互动》及《黔中王门与泰州学案之思想互动》两文（《王学研究》2015 年第 2、3 期）。另《孙应鳌与黔籍王门后学：兼述〈教秦绪言〉》（《王学研究》2012 年第 2 期）可与前述两文互参比较。

③　参阅（清）刘献廷《广阳杂记》卷一"黔之人物"（中华书局，1957 年版，第 44 页）。

④　尹道真祠，又名尹公祠，位于贵阳扶风山寺毗邻，与阳明祠隔寺相望，是为纪念东汉儒学学者尹道真（名珍，字道真，牂牁郡毋敛县人）而建。祠建于民国五年（1916），由享堂、游廊、厢室、戏楼形成整体的四合院。享堂内设尹道真牌位，正中悬挂贵州学政洪亮吉于乾隆五十八年（1793）所题"德兼教养"横匾，入口处上嵌石刻"尹道真先生祠"六字，乃清儒康有为所书。

大，并将《阳明祠》文勒石祠中，旁配伊道珍木主及阳明大小二画像［案：大像为阳明身穿新建侯朝服像，小像为坐像。该二画像原为阳明裔孙王兰陔所藏，道光年间携之入黔，并存放于贵州按察使唐鉴处。未几，唐氏调官他处，乃将二画像转交贵州巡按贺长龄（字耦耕，别号耐庵，1785—1848）保管。至道光二十四年甲辰（1844）始将画像奉祀于阳明祠中。咸丰年间，清儒郑珍（字子尹，晚号柴翁，1806—1864）相约挚友莫友芝（字子偲，别号邵亭，1811—1871）拜谒阳明祠，并亲撰《阳明遗像册跋》以志其来历原委，又赋《偕邵亭、子寿游芙峰山观王阳明先生大小二画像》，而莫氏亦题《过扶风山拜阳明画像》诗以相唱和。民国年间，贵州文通书局辑为《阳明遗像册》，以石印发行，册内附阳明弟子王畿、邹守益、钱德洪及其侄正思等人像赞以及清儒袁枚、秦瀛、郑珍之诗作与跋。至今成为纪念对黔省文化建设有重大贡献之文化名人王阳明、尹道真而建的祠堂。阳明祠是一座四合院，依山就势而建，坐东朝西。祠内殿廊相接，曲径回廊，林木葱茏，风景怡人。祠内有正殿五间，主体建筑为享堂大殿，堂前有"正气亭""桂芘厅"与两侧游廊相接。享堂大殿设有王阳明学术展及生平展，展示阳明著作、生平事迹及世界各地的阳明画像。享堂正中，塑有阳明先生汉白玉雕坐像，两侧为阳明手书"壮思风飞冲情云上，和光春霭爽气秋高"木刻对联。殿外回廊碑刻甚多，内嵌有阳明所书家书文稿、燕版画像及《矫亭记》[①]手迹石刻。此外，左右两壁还嵌有阳明之"训士四条"和"论语四条"木刻，清代大儒莫友芝、何绍基、袁枚、郑珍等人游览阳明祠所题之诗文碑刻。

（二）天生桥

天生桥位于修文县城西的谷堡乡哨上布依山村内，即距离三人坟北约三里处。现为古驿道残存。天生桥为横跨两山间的一座隆起的山脊，形以石桥状，故名天生桥。桥高20余米，长30米，桥洞高10余米，宽约7米，深约14米[②]。有水从桥洞奔出，形成如白练悬空的白瀑，倾泻而下注入龙王潭，十分壮观，北十里左右，形成如石窗状的岩溶地貌特征，是贵州岩溶地区特有的天然景观。阳明游踪至此，为其秀丽景色所吸引，欣然题写下《过天生桥》七言诗，诗云："水光如练落长松，云际天桥隐白虹。辽鹤不来华表烂，仙人一去石桥空。徒闻鹊驾横秋夕，谩说秦鞭到海东。移放长江还济险，可怜虚却万山中。"[③]阳明在贵州所题写的游览诗作虽不算多，但却能反映出他对贵州山水人文之热爱之情。"水光如练落长松，云际天桥隐白虹。"两句具体地描绘出天山桥壮阔奇丽之自然景观，"鹊驾横秋夕""秦鞭到海东"表达出阳明对世间美好生活的渴求和面对现实生活的深思与不满。诗意深远，在人而

---

① 《矫亭记》又名《矫亭说》，载录于《王文成公全书》卷七《文录四》，此文真迹今藏于上海博物馆［案：此文为纸本，26.1厘米×11.1厘米］。计文渊先生所编《王阳明法书集》著录，称："王阳明《矫亭说》手迹，书于正德乙亥十年（1515）。矫亭者俟昆山方少卿之亭名，后将矫亭两字名号，意谓自适超然，不为富贵所乐，盖矫而不失其正。此说是王阳明代其父所作，并为之书。原迹系大幅，清雍正年间割裱成册页。前后有钱大昕、陆世仪、归庄等名家题跋。"（见计文渊《王阳明法书集·法书考释》十八"矫亭说"，西泠书社，1997年版）另束景南教授《阳明佚文辑考编年》所收之《矫亭说》原稿，与《全书》原文经过参校对比，发现两文差异甚大，认为其书所收者为原稿，而《全书》所录为后来门人之改定稿，并非完璧。书中更指出《矫亭说》乃阳明父王华所作，阳明只是代为书写而已。毅然否定计氏所称"王阳明代其家父所作"之说（参阅束景南《阳明佚文辑考编年》上册，古籍出版社，2012年版，第375—376页）。笔者亦颇然同意束教授之说。查王华乃明成化十七年（1481）辛丑科状元，道德、文章、学养俱佳，哪有嘱儿子代撰文章之理？

② 参阅余怀彦主编《王阳明与贵州文化》第六章《王阳明与贵州名胜古迹》（贵州教育出版社，1996年版，第181页）。

③ 诗载《王文成公全书》卷十九《外集一·过天生桥》，第846页。

不在景，想象奇特，可称游览诗之佳作。

（三）木阁山

木阁山，即木阁箐，又名鹁鸪箐山，即明代新贵县乃至后来并入的贵筑县与贵州宣慰司所管辖的水外六目分界山脉，为古驿道必经之地[①]。今位于贵阳市修文县西北 25 公里之龙塘沟。（明）郭子章《黔记·山水志》载谓："城西北五十里有木阁箐山，延袤百余里，林木蓊郁，道通水西毕节。"道光《贵阳府志》亦载称："城北之山，曰木阁箐，营册名鹁鸪箐，在城西北四十里，为真武山右支，顶有潭，深不可测，朱官堡在其麓。"[②] 如今古驿虽废，却铭刻着历史的沧桑。阳明在浏览黔省山水胜景时，曾涉足此地，并留下诗作两首，其一为《木阁道中雪》，诗云：

瘦马支离缘绝壁，连峰宵窕入层云。
山村树暝惊鸦阵，洞道雪深逢鹿群。
冻合衡茅炊火断，望迷孤戍暮笳闻。
正思讲习诸贤在，绛蜡清醅坐夜分。[③]

其二为《元夕木阁山火》诗[④]，诗云：

荒村灯夕偶逢晴，野烧峰头处处明。
内苑但知鳌作岭，九门空说火为城。
天应为我开奇观，地有兹山不世情。
却恐炎威被松柏，休教玉石遂同赪。

前一首诗先勾勒在大雪漫漫中的景物，如在绝壁边缘徘徊的瘦马；在山林内惊叫的群鸦及在洞道雪深中彳亍的鹿群，拼凑成一幅雪夜山景图。幸好在这凄清孤独的环境中，给诸生雪夜围炉讲道之融洽气氛所沉浸，阳明借酒释怀，"绛蜡清醅坐夜分"，并以此生命经验点化同志。此时室内之融和嬉偃气氛，恰与在雪道中所见之孤凄寂寥景象，形成一强烈对比。

考古驿所经沟谷箐深林密，漫山野草丛生，苗彝族人有冬季放火烧山，以使春季牧放牛羊之习俗。第二首诗就是描绘木阁山上野火烧山的"野烧奇景"。诗中阳明以内苑辉煌的灯饰与九门立仗燃躅的壮观场面来凸显火势的猛烈。"却恐炎威被松柏，休教玉石遂同赪"，内心却担心野烧毁林而波及百姓家园，阳明惜物忧民之思想洋溢于诗中。

（四）陆广河

陆广河即六广河，为乌江过境河谷，位于贵阳市修文县西北二十五公里的鸭池河畔。古为六广驿，是龙场驿去水西（毕节）的必经通道。陆广河风景优美，山光水色，烟波浩渺。

---

① 木阁箐古驿虽险峻难涉，然自奢香开辟以来，贯通了古水西与外界的隔阂，故木阁箐古驿道遂成为水西毕节地区的经济贸易输纽。自洪武十七年甲子（1384）开辟古道至民国二十七年（1938）改道废驿，五百五十多年来，古驿道发挥着重要的历史文化与经济作用，实功不可没。
② 有关木阁箐山的历史记载，尚有弘治《贵州图经新志》、《明实录·天启实录》、（明）慎蒙《贵阳山泉志》、（清）顾祖禹《读史方舆纪要》及民国《修文县志》等，可供参考。
③ 诗载《王文成公全书》卷十九《外集一·木阁道中雪》，第 849 页。
④ 同前引书《外集一·元夕木阁山火》，第 850 页。

其间峰峡陡峭，古树苍翠，白鹭翔集。白马峡、猴愁峡、海马峡、飞龙峡、赤壁峡、象鼻峡、剑劈峡等景区，融山水、洞瀑为一体，各显风姿，兼有长江三峡之雄奇，漓江山水之秀丽。阳明谪居龙场期间，经陆广渡河至水西，惊叹陆广河之雄奇秀丽，景色不亚于安徽九华山，遂题《陆广晓发》诗以抒发游兴，诗云：

> 初日曈曈似晓霞，两痕新霁渡头沙。
> 溪深几曲云藏峡，树老千年雪作花。
> 白鸟去边回驿路，青崖缺处见人家。
> 遍行奇胜才经此，江上无劳羡九华。[①]

诗中透过对陆广河晨曦景致之描写，畅发对陆广河之初日晓霞、千年老树、白鸟青崖之美景作出赞叹。陆广河山水之奇秀，隐含在末句"遍行奇胜才经此，江上无劳羡九华"中，写景与抒情融贯在诗中，表达出高洁的生活情调。今在阳明当年之六广晓发处建置渡口，渡口上立巨型阳明石像一座以资纪念，并作为省内陆广河著名景点之一。

（五）贵州古州龙岗书院

修文县之龙冈书院上文已述及，今贵州古州（今属榕江）亦有龙岗书院。古州为江南八百州之一，隶属黔东南苗族侗族自治州，自古有"黔省东南锁钥，苗疆第一要区"之称。清光绪三年丁丑（1877）兵备道易佩绅、同知余泽春建龙冈书院于卧龙冈，内置讲堂房舍十六间，又建四贤祠奉祀诸葛亮、尹道真、王阳明、何腾蛟四人。并延山长课士。宣统二年庚戌（1910），同知罗仰怀将其与义学合并，改称开明学堂。1912年改为高、初两等学堂。1916年改为高、初两等学堂。一九三五年迁入南门新校舍，改名为龙冈小学（即旧址为榕江二小）[②]。

（六）安顺凤仪书院

凤仪书院位于贵州安顺城西莲社街（即今中华西路北侧）[③]，为清嘉庆年间知府朱德璲所建，乃为科举时代安顺学书讲习之所。道光二十二年壬寅（1842）副榜杨春发购置民房扩建堂室房舍五十八间。仓圣殿内崇祀仓圣、尹道真、王守仁等木主。二十六年丙午（1846）知府多龄、朱德璲厘定章程。二十八年戊申（1848）知府胡林翼添二门两厢斋房十四间，仓二间，膏火以学田供给。同治五年丙寅（1866）酌增堂课膏火。至光绪初年，巡抚岑毓英倡捐银四千两以供经费。十二年癸酉（1873）知府蒲阴枚等买田地以实经费，又定规条严加管理，三十二年丙午（1906），实行变法，停科举、改书院、兴学堂，安顺知府瞿鸿锡将凤仪书院改为"安顺府立两等小学堂"，开安顺近现代教育先河。民国十七年（1928）改为"安顺县立第一初高两级小学校"。始后，曾冠以"一男小""凤仪小学"及"城西小学"诸名。新中国成立后，定名为"安顺第二小学"至今。

（七）贵州黔西九龙山象祠

象祠，即水西安氏祠堂（又称安氏宗庙、安氏神房、神阁），位于贵州黔西县东素朴镇

---

① 诗载《王文成公全书》卷十九《外集一·陆广晓发》，第847页。
② 参阅季啸风编：《中国书院辞典·书院·贵州省·龙冈书院》，第320页。
③ 见前引书《贵州省·凤仪书院》，第299页。

（即牛场乡）九龙村之麟角山（即灵博山）主峰上，处于六广驿与谷里驿之间，是黔西北通往贵阳的要道，今属九龙山象祠景区①。据《黔西县志》记载，象祠首建于隋代，是为崇奉古虞舜的同父异母兄弟象②而立，每年苗彝族人上山朝拜，香火不绝，故长久以来成为苗彝族人禋祀之祠。唐代曾有过一次毁象事件，唐代文豪柳宗元亲撰《道州毁鼻亭神记》叙述千年象祠被毁始末。明正德初年，水西土司安贵荣重兴盛事，将祠庙修葺翻新。时值阳明谪官龙场，贵荣赠以金鞍帛马，俱辞不受，待象祠竣工，安氏受夷人之托，特邀阳明撰《象祠记》以志当时重修祠庙之盛事。全文见载于《王文成公全书》卷二十三《外集五》③，今迻录于后：

> 灵博之山有象祠焉，其下诸苗夷之居者，咸神而祠之。宣慰安君因诸苗夷之请，新其祠屋，而请记于予。予曰：毁之乎？其新之也？曰：新之。新之也，何居乎？曰：斯祠之肇也，盖莫知其原。然吾诸蛮夷之居是者，自吾父吾祖溯曾高而上，皆尊奉而禋祀焉，举之而不敢废也。予曰：胡然乎？有鼻之祠，唐之人盖尝毁之。象之道，以为子则不孝，以为弟则傲。斥于唐而犹存于今，毁于有鼻而犹盛于兹土也，胡然乎？我知之矣，君子之爱若人也，推及于其屋之乌，而况于圣人之弟乎哉？然则祀者为舜，非为象也。意象之死，其在干羽既格之后乎？不然，古之骜桀者岂少哉？而象之祠独延于世。吾于是益有以见舜德之至，入人之深，而流泽之远且久也。象之不仁，盖其始焉尔，又乌知其终之见化于舜也？《书》不云乎：克谐以孝，烝烝义，不格奸。瞽瞍亦允若，则已化而为慈父。象犹不弟，不可以为谐。进治于善，则不至于恶；不抵于奸，则必入于善。信乎，象盖已化于舜矣。孟子曰：天子使吏治其国，象不得以有为也。斯盖舜爱象之深而虑之详，所以扶持辅导之者之周也。不然，周公之圣，而管、蔡不免焉。斯可以见象之既化于舜，故能任贤使能而安于其位，泽加于其民，既死而人怀之也。诸侯之卿命于天子，盖《周官》之制，其殆仿于舜之封象欤？吾于是益有以信人性之善，天下无不可化之人也。然则唐人之毁之也，据象之始也；今之诸夷之奉之也，承象之终也，斯义也，吾将以表于世，使知人之不善，虽若象焉，犹可以改；而君子之修德，及其至也，虽若象之不仁，而犹可以化之也。

在传统观念中，象在其母之怂恿下，屡次谋害舜，皆不得逞，是一个不折不扣的反面人物，故在唐代，道州刺史就曾毁掉当地的象祠。不过，阳明在《象祠记》篇中持不同看法，他认为象受舜之仁德所感化，则"进治于善，则不至于恶；不抵于奸，则必入于善。"这无疑是孟子"性善论"之滥觞。阳明亦曾引用孟子之言以加强"性之本体"的内在意涵："夫

---

① 隋代建象祠于灵山，至清初始改为九龙山。九龙山山峰耸立，峭壁峥嵘，既有奇特之洞穴，亦有石笋挺拔上山形，一峰翘首，众山相从，宛若九龙腾飞，故称九龙山。

② 象为舜同父异母之弟，为人狂傲骄纵，恶行闻于闾里，曾数次谋害舜，舜不以为仇，始终以善意相待，更封象于有鼻（即今湖南道县）（案：《史记·五帝本纪》有舜"爱弟弥谨"及"封帝象为诸侯"的历史纪实可为佐证），其后象经舜以仁德感化而改过从善，成为当地被泽生民之贤者，苗彝族人缅怀其恩德，遂建祠庙世代奉祀，此为象祠之历史渊源。

③ 有关《象祠记》内容之专题研究，可详参王晓昕教授《祭象的意义世界》（《王学研究》2010年第2期）、史宏拯《〈象祠记〉及王阳明民族主义思想在黔西的影响》（载《开发中的崛起：纪念贵州建省590周年学术讨论会论文集》，2004年版）、赵平略教授《因俗化民，圣人苦心：读王阳明〈象祠记〉》（《贵阳学院学报》2010年第3期）

心主于身，性具于心，善原于性，孟子之言性善是也。善即吾之性，无形体可指，无方所可定，夫岂自为一物，可从何处得来者乎？"[1] 性统于心而畅发为善，故性即善，善即性，两者浃洽无间，故须于日用伦常中扣求启发，此为"明善"之功。故象由恶转善，以至修德化民，被尊为贤者，此乃"君子之修德，及其至也"之具体落实与说明，从而得出"以信人性之善，天下无不可化之人"之道理[2]。本文在文化内涵而言，意义重大，其主旨在于以象受感化而转恶为善的具体事实以彰显舜之宽容与伟大，从而说明君子修德之重要性，加强社会风俗的教化功能，大有裨益于世道人心。在文学技巧上而言，阳明通过细微曲折而富想象之笔触，将水西苗夷族人重修象祠奉祀的用意在坚持儒家道德原则的基础上进行从定，使修葺与供奉象祠的举措合情合理，用心可谓良苦，而阳明博学多识之学术造诣于篇幅中表露无遗。《象祠记》[3] 因与《教条示龙场诸生》及《瘗旅文》[4] 两篇同收录于《古文观止》而名扬海内外。

象祠曾在唐代一度遭毁废，在上文已有述及。而第二度蒙难则在清康熙四年乙巳（1665），吴三桂剿水西，象祠被毁。翌年，水西城改置黔西府治。二十三年甲子（1684），降府为州治，黔西地方政府倡导修建寺庙，在象祠遗址新修庙宇，取名"玉皇阁"，将麟角山改名"九龙山"[5]。其后屡经战火洗礼及"文革"浩劫。今仅存凋零残破偏殿以及断碣残碑以供游人凭吊。可幸者，阳明传世草书的《象祠记》本幅尚存（案：此本幅为阳明三十七岁谪官贵州龙场时所书），今庋藏于台北故宫博物院，纸本草书 30.9 厘米×700 厘米，凡 94 行，530 字，此手书真迹为罗家伦（字志希，1897—1969）原藏。宣统二年庚戌（1910）傲徕岷跋云："王文成公大楷笔力坚卓，天骨开张。大草则又转折自如，风神浏利，忆次兄处存行楷及章草，冬尽其妙，亦可谓能者天所不能矣。"内有罗家伦钤印四、"阳明山人"印、"弘治己未会试第二人"印、"王守仁"印及赵尔莘等印。学者计文渊先生对阳明本幅书法精品评价甚高："此件作品是王阳明传世草书中风格特殊的代表作，与《何陋轩记》一样，具有张旭之狂颠，怀素之奔放。字与字之间连缀不断，或断而意连；笔墨高扬，沉着而劲爽，酣畅淋漓，一挥而下，写的何等风流儒雅，意态豪迈，令人叫绝。"[6]

七、阳明驿丞署尾砚

阳明谪官龙场时，偶获"东坡题纱亭诗断碑"一片，存十二字，凡四行，每行三字，为"镫池他年""忆贺监""时须伏"及"孙萃老"。高广各三寸，长四寸。阳明以此"断碑"片

---

① 参阅《王文成公全书》卷四《文录一·与王纯甫》第二书（癸酉），第 190 页。
② 学者王晓昕教授试从道德认知层面及宗教信仰层面两大视角剖析《象祠记》之祭象意义，颇具新意，值得深思玩味，如其说："关于道德认知的层面。在这一层面，人性问题是讨论的焦点，人性的善与恶以及相互转化问题的讨论借助祭象的形式加以展开；另一是关于宗教信仰的层面。在这方面，人的生命的意义，精神价值的实现，也可以借助于祭象的形式而得以证实。"（详见《祭象的意义世界》，《王学研究》2010 年第 2 期，第 19－23 页）
③ 《象祠记》除《王文成公全书》及《古文观止》有收录外，乾隆《贵州通志》卷四十及（清）薛熙《明文在》卷五十六亦有载录。
④ 《瘗旅文》除《王文成公全书》有收录外，乾隆《贵州通志》卷四十三亦有收录。
⑤ 事见余怀彦主编《王阳明与贵州文化》第六章《王阳明与贵州名胜古迹》。
⑥ 参阅计文渊编《王阳明法书集·法书考释》六《象祠记》（西泠印社，1996 年版）。

作墨砚用。左侧刻上"守仁"二楷字、右刻篆书"阳明山人"，侧分书"驿丞署尾砚"字样。至乾隆时，该砚为裘文达所有。据海内传闻，断碑砚有二，一归阳明，另一块为黄道周所藏①。清儒蒋君培亲撰《王文成驿丞署尾砚赋》概括此砚之来历原委：

> 昔王文成公之谪贵州也。尘氛末吏，史策旧曹。诗书久阔，簪笔长韬。买地贻讥，夺舍临江，犹忆观涛。头衔寂寞，心事牢骚。万山丛薄之中，居然羁旅。千骑往来之会，谁识贤豪。驿馆风清，墨妙亭残碑可访，龙场地僻，文笔山迭嶂偏高。是碑也，石质坚凝，苔痕疏爽，不镌墨竹千竿，还比新书二丈。模糊十二字，留学士之旧题，埋没数百年，是长公之余响。②

此赋篇幅颇长，蒋氏以"高广各三寸长四寸"为韵，饶有兴味，可惜今已不传。

八、贵州省博物馆藏《明封孺人詹母越氏墓志铭》碑刻拓片

《明封孺人詹母越氏墓志铭》大概为阳明初抵贵阳时所作。墓志铭中之越氏乃阳明弘治十二年己未（1499）同科进士詹恩之母亲。当阳明到抵龙场时，詹恩③已归葬于贵阳西原一年。适逢詹恩亦仙逝，其弟詹惠、儿子詹云章敦请阳明为詹母越氏撰写墓志铭（案：墓志铭是记载墓主的家世源流及生平事迹、事功学术等之应用文体，其主要的撰写对象大致分为官员、商贾及妇女三个群体，期以通过铭文传信于后世，既可告慰死者在天之灵，亦可安抚孝子贤孙之心），以表孝思。全文迻录如下：

赐进士出身余姚王守仁撰。予年友詹莒臣既卒于明年，予以言事谪贵阳，哭莒臣之墓有宿草矣。登其堂，母夫人之殡在，重以为莒臣。见莒臣之弟惠及其子云章，则如见莒臣焉。惠将举葬事，因以乞铭于予。予不及为莒臣铭，铭其母之墓又何辞乎？案状：孺人姓越氏，高祖为元平章，曾祖镇江路总管，入国初来居贵阳。父存仁翁，生孺人爱之，必为得佳婿。时莒臣之祖止庵，亦方为莒臣父封大理评事公求配，皆未有当意者。一日，止庵携评事过存仁饮，见孺人焉，两父遂相心许之，故孺人妇于评事。评事公好奇有文事，累立军功，倜傥善游，尝自滇南入蜀，逾湘历吴、楚、齐、鲁、燕、赵之区，动逾年岁，孺人闺处，厘内外之务，延师教子，家政斩然。评事公出则资马仆从，入则供具饮食，以交四方之贤，若不有其家者。孺人夙夜承之，无怠容。恩亦随进士，历官大理寺正公。孺人卒，受恩封焉。呜呼！孺人相夫为闻人，训其子以显于时，可谓贤也已。丙寅恩先卒，惠方为邑庠生，女一，适举人张宇；孙三，云表、云章、云行。云章以评事公军功，百户优给，人谓孺人之泽未艾也。墓从评事公兆于城西原。铭曰：母也惟慈，妻也惟顺。呜呼孺人，顺慈以训。生也惟

　　① 参阅（民国）邓文如《骨董琐记》卷五《阳明驿丞署尾砚》（《明斋著书》本）。
　　② 参阅（清）蒋君培《述梅草堂遗集遗钞》（清刻本）。
　　③ 詹恩，字莒臣，与阳明同为明弘治十二年己未（1499）进士，历官大理寺正公。正德元年丙寅（1506）卒于服阙还贵途中，翌年归葬贵阳西原。有关詹恩生平行历及生卒年，史传多付阙如，今所存零星资料可参阅《明封孺人詹母越氏墓志铭》《贵州明代历科进士表》及钱明《〈王阳明全集〉未刊佚文汇编考释》（载《阳明学刊》第二辑，巴蜀书社，2010年版）。

从，死也惟同。城西之祔，归于其宫。①

碑刻原石于 1955 年在贵阳城出土，颇切合文中所言"詹恩墓从评事公兆于城西原"之记载。拓片长 53.4 厘米，宽 55.1 厘米，盖石书"明封孺人詹母越氏墓志铭"，志文格式依次为"赐进士出身余姚王守仁撰""赐进士出身通奉大夫都察院右副都御史郡人徐节篆""乡进士奉直大夫云南北胜州知州嘉禾汪汉书"。王文 17 行，行 30 字，500 余字。

九、阳明桥

阳明桥位于修文县城东阳明洞后，即龙冈山下及路家河上。相距县城约 1.5 公里，相传为阳明与当地老百姓其同修建之石桥。原有桥梁早在明代已被洪水冲毁。清道光二年壬午（1822）重建，至二十九年己酉（1849）重新修葺，并立碑于桥头，今仅存碑文。在 2001 年修文县政府修建阳明大道时，将阳明桥拆毁，另建一座崭新的阳明大桥，今原桥遗址尚在②。

十、四先生祠

四先生祠据（清）鄂尔泰《贵州通志》载称："在府城北，明万历间建，祀新建伯王守仁、巡抚郭子章、江东之巡按应相卿，后火毁，即其地建忠烈祠，今并于东岳庙。"（详见《贵州通志》卷十《贵阳府·四先生祠》）。今已不传。

十一、扶风山阳明祠"壮思和光八言对联"拓片

清光绪二十九年癸卯（1903）状元曹鸿勋（字仲铭，别号兰生，1846—1910）任贵州布政使，代理巡抚。使袁闻弟钩摹阳明榜书大草"壮思风飞冲情云上，和光春霭爽气秋高"十六大字，落款为"阳明山人"。拓片上下联皆题跋。上联跋："旧藏阳明先生草书楹联，属袁杏村方伯双钩一通，刊县扶风山先生祠中以示学子，光绪甲辰八月潍县曹鸿勋谨。"；下联跋："联用黔产谷皮纸，是先生谪龙场时书，变化雄奇，别具作用，顾谓书法为小道耶？玉田袁闻弟敬摹并题。"此联虽未署年月，但在跋文中得知乃阳明谪官龙场时之作品，后由门人刻于广西县城南鹅山下，上刻王羲之所书"鹅"字，此联刻于碑旁，故称"王阳明题靖西鹅泉"。考阳明书法，深具二王风韵，尤其是《圣教序》和《十七帖》，对他的影响最大。同时亦受明初书法家宋克、张弼及李东阳等人书法造诣之沾溉，更趋向于自由挥洒，犹如风卷云舒，毫无滞涩之处。诚如清儒杨恩寿引《绍兴志》所言："以公行书出自圣教序，得右军

① 原文从贵州省博物馆所编《贵州省墓志选集》移录（贵州省博物馆，1986 年版）。
② 参阅王晓昕、赵平略教授合编《王阳明与阳明文化》第八讲《阳明文化与贵州旅游》，中华书局，2011 年版，第 163-164 页。

骨，第波竖微，不脱张南安、李文正法耳。"① 当为确论。阳明传世楹联书迹甚稀，此联尤为珍贵。[案：贵阳之甲秀楼亦珍藏阳明联语书法乙帧，手迹摹刻则藏于台湾故宫博物院，上联："绿树倚青天五峰秀色"，下联："苍松驾白石万壑烟云"，署款"阳明山人"，书法清劲峻游，取势凌厉，外放而内敛，气势俊逸而蕴藉。而联语寓意深远，别具一番韵味，堪称书法上品。吴兰《王阳明教育思想之研究》（台湾中华书局 1987 年版）书前附图。另日本早稻田大学津田文库庋藏阳明书法集一册，名为《王阳明先生书》，日本明治三年（1870）刊本，书内有清宁草庐图书印记，高桥昌长珍藏，津田左右吉旧藏等字样。]

十二、《镇远旅邸书札》墨迹

正德五年庚午（1510）春，阳明因刘瑾被戮而获赦归，结束了三年的贬谪生涯。此书札正是阳明离开贵州龙场赴任江西庐陵知县途中过镇远府②时给旧友门生的书札，原文逐录于后：

别时不胜凄惘，梦寐中尚在西麓，醒来却在数百里外也。相见未期，努力进修，以俟后会。即日已达镇远，须臾放舟行矣。相去益远，言之惨然。书院中诸友不能一一道谢，更俟后便，相见望出此间致千万意。守仁顿首。

张时裕、向子佩、越文实、陈良臣、汤伯元、陈宗鲁、叶子苍、易辅之、詹良臣、王世臣、袁邦彦、李良臣列位秋元贤友，不能尽列，幸意亮之！

高鸣凤、何廷远、陈寿宁劳远饯，别为致谢，千万千万！行时闻范希夷有恙，不及一问，诸友皆不及相别。出城时遇二三人于道傍，亦匆匆不暇详细，皆可为致情也。所买锡可令王祥打大碗四个，每个重二斤，须要厚实大朴些方可，其余以为蔬楪。粗瓷碗买十余，水银摆锡箸买一二把，观上内房门亦须为之寄去盐四斤半，用为酱料。朱氏昆季亦为道意。阎真士甚怜其客方卧病，今遣马去迎他，可勉强来此调理。梨木板可收拾，勿令散失，区区欲刻一小书故也，千万千万！

文实、近仁、良臣、伯元诸友，均此见意，不尽别寄也。仁白。惟善秋元贤友，汪原铭合枳术丸乃可，千万千万！

祥儿在宅上打搅，早晚可戒告，使勿胡行为好。写去事可一一为之。诸友至此，多

---

① 参阅（清）杨恩寿《眼福篇·明王文成公留别诗墨迹卷跋》[清光绪十一年乙酉（1885）长沙杨氏刊《坦园全集》本]。有关王阳明之书法造诣，可参阅拙文《王阳明的书艺及其遗墨》，《中国国学》1991 年第 19 期，第 161－169 页。

② 镇远位于贵州省东部之舞阳河畔，四周皆山，河水蜿蜒。北岸为旧府，南岸为旧卫城，两城池皆为明代所建，今尚存部分城墙及城门，为黔东南苗族侗族自治州辖县。据《明史》记载："镇远，故为竖眼大田溪洞。元初，置镇远沿边溪洞招讨使，后改为镇远府。洪武五年改为州，隶湖广。永乐十一年仍改府，属贵州。"（详见《明史》卷三一六《贵州土司》中华书局，1974 年版，第 8179—8180 页）。正统三年戊午（1438）置镇远县，隶属镇远府。万历二十九年辛丑（1601）革镇远州，改称镇远卫。清康熙二十二年癸亥（1683）将卫并入县，宣统元年己酉（1909）省though，以其地为府直辖，至民国年间始恢复置县。新中国成立后，建黔东南苗族侗族自治州，镇远为其首府，一九五八年州府迁往凯里，改镇远为县。一九八六年被国务院列为国家历史文化名城。镇远自古为由湘楚入夜郎舍舟登陆要冲，亦是京城与西南边陲以及越南、缅甸、印度等国信使往还的快捷方式和必经之地，有"南方丝绸之路"之美称。

简慢，见时皆可致意。徐老先生处，可特为一行拜意。朱克相兄弟，亦为一问，致勉励之怀。余谅能心照，不一一耳。守仁拜。惟善秋元贤契。

往承书惠，随造拜，前驱已发矣。嘉定之政佳甚，足为乡邑之光，尚未由一面为快耳。葛上舍归省，便草率布问，余惟心亮。守仁顿首。陈明府大人以先、文侍葛盖，家君同年之子，故及上。余空。①

从书札内容可知阳明离黔以后，先在镇远旅邸小店稍作停留，然后始放舟入湘。文中所提及的弟子姓名，其中陈文学、汤冔、叶悟三人有传外②，其余弟子生平行履事迹皆付阙如，可作为阳明黔籍弟子的缩影与补充。阳明在龙场讲学期间，由于循循善诱，对诸生的起居生活甚为关切，师生之间建立起深厚的情谊③，文中开首"别时不胜凄惘，梦寐中尚在西麓"句已道尽依依不舍之情。加之阳明对诸生千叮万嘱，鼓励"努力进修，以俟后会"，更觉情真语切。其中言及怜友问病，嘱托碗筷酱料之事，虽稍嫌琐碎，唯见阳明心思细腻，深情厚意之表达，可谓力透纸背，今日读之，亦不胜唏嘘！阳明曾两度途经镇远，且行色匆匆，尽管没有更多的文献记载有关阳明在镇远的诗文创作，但仍不失为阳明文化旅游的重要景点。

除上述阳明谪黔遗迹遗墨外，尚有贵州修文县阳明洞藏《客座私祝》镌刻木屏四块④、

---

① 《镇远旅邸书札》全文据杨德俊《浅议王阳明贵州几封书札及相关人物》一文移录（《王学研究》2013年第3期，第26—29页）。值得注意的是，从文中得悉杨氏从镇远县文化局长胡朝栋所编的《贵州省文物志》中所录的《镇远旅邸书札》内文发现该文之收藏者在刻印订册时混淆了先后顺序，致使内文产生文理不通的错误，几经核实，梳理出《镇远旅邸书札》原是阳明写给门人的两封书札，其一给龙冈书院弟子张时裕、向子佩、越文实等人；另一封写给李惟善，交代相关事宜。全文应分为三个单元：即"寄龙冈书院诸友""与惟善书（一）""与惟善书（二）"。（案：《与惟善手札》著录于《王阳明法书集》，据计文渊先生称："该手札曾收入《明清名人尺牍墨宝》第1集第4册，内有清儒张维屏、孔广陶、朱昌如等题跋及'岳雪楼''佩裳''叶梦龙'等收藏印及'伯安'钤印，手札真迹与倪元璐合装一卷。"）书札亦分别载录于高野侯编《古今尺牍墨迹大观》第七册（石印本）、计文渊编《王阳明法书集》（西泠印社，1996年版。）、蓬景轩编《姚江集纂》（载《阳明学报》第161号）。有关《镇远旅邸书札》研究之相关论文可详举冯楠《王阳明〈镇远旅邸书札〉及其有关问题》（《贵州文史丛刊》2002年第2期）、诸焕灿《新发现的王守仁〈镇远旅邸与友人书〉》（《文献》1990年第1辑）、杨德俊《浅议王阳明贵州几封书札及相关人物》（《王学研究》2013年第3期）、陈训明《浅谈王阳明的书艺及其在贵州的遗墨》（《贵阳市志资料研究》1984年第4期）

② 民国《修文县志·人物志》皆有立传。

③ 阳明在远离龙场之际，与诸弟子依依难舍之情，有《将归与诸生别于城南蔡氏楼》以及《诸门人送至龙里道中》两诗可为佐证。

④ 明嘉靖六年丁亥（1527）八月，阳明奉命兼任都察院左都御史总督两广、江西及湖广四省军务，征剿思、田两州叛乱。在临行之际，嘱咐钱德洪和王畿两大弟子暂理绍兴阳明书院日常事务，并撰写《客座私祝》帖［案：（清）吴引孙《扬州吴氏书目·子部》著录为一卷，署题"王文成客座私祝"，木板］悬挂于客堂，用以告诫诸生要注意德业向善，勤攻书卷，切勿荒怠学业。考阳明手书《客座私祝》的墨迹，原藏于浙江绍兴阳明书院，至明末为阳明后学刘宗周所得，并题跋语，藏于家中。其后墨迹流入福州陈氏之手，陈氏敦请文徵明之孙子文元发（别号湘南，1529—1605）题写跋语。陈氏以后，此墨迹展转为清儒瑛棨（别号兰坡居士，？—1878）所藏，瑛氏为学私淑阳明且擅长丹青，曾将《客座私祝》借给曾国藩幕僚任信成，重新刻石于河北保定，并为碑刻题写了跋语，坐落在市政府前街的浙绍会馆内。1965年，该碑移入莲池书院至今。《客座私祝》帖于坊间流传有多种仿本及临本。像保定莲池书院之碑刻、贵州修文县阳明洞藏《客座私祝》镌刻木屏（四块）（案：刻木文字与余姚梨州文献馆所藏《客座私祝》真迹略有不同，此刻本为紫杉雕屏，墨迹从清光绪年间传入黔省）以及张飞庙内的木屏等，皆为清中晚期及民国初年文人所仿书，与阳明书法真迹迥然有别，且所书文字谬误多处，非阳明真迹毋疑。今藏于浙江余姚梨州文献馆的版本为阳明于嘉靖六年丁亥（1527）八月在绍兴所书，高28厘米，长420厘米。每行3字，凡59行，合共177字，乃洪佐尧先生于1954年所捐赠，卷首有清初大儒孙奇逢所撰《客座私祝跋》，《王阳明法书集》著录，载录于《夏峰先生集》卷九（中华书局，2004年版，第326页）。该跋《王阳明全集》卷四十一亦有收录。另阳明后学张元忭称《客座私祝》为阳明之绝笔辞，并谓此帖成于军务倥偬之际，阳明犹"濒行书与以诫子弟，告士友，唯谆谆于德业之相劝，过失之相规，则其平时所以修于身，教于家者何如也"（见《不二斋文选》卷六《跋客座私祝》，《正谊堂全书》本）。民国年间，大众书局印制《客座私祝》碑帖，收入《古文碑帖集成》第56册内。另日本早稻田大学及贵州省博物馆分别庋藏《客座私祝》拓本和木刻。

阳明分别为毛科及王文济（字汝楫，别号古润）所建之远俗亭和卧马冢①撰记。此外，流传于海外之博物馆、图书馆或私人珍藏有关王阳明的书迹遗墨，估计为数不少，有待日后增益添补。

附录：王阳明谪黔前后之诗文创作综览表：一

诗文题名	创作时间	载录之文献出处
《答汪抑之三首》（诗作）	明正德二年丁卯（1507）二月赴谪贵阳龙场前	《王文成公全书》卷十九《诗》、（明）陈田《明诗纪事》卷十三选录了后二首、（明）施邦曜《阳明先生集要·文章编》卷四《赴谪诗》。（案：孙氏选录其二）
《阳明子之南也，其友湛元明歌九章以赠，崔子钟和之以五言诗，于是阳明子作八咏以答上之》（诗作）	同上	《王文成公全书》卷十九《诗》、（明）施邦《阳明先生集要·文章编》卷四《赴谪诗》
《别三子序》（丁卯）（序文）	同上	《王文成公全书》卷七《文录四·序》、（明）施邦曜《阳明先生集要·文章编》卷一《序》
《南游三首》（诗作）	同上	《王文成公全书》卷十九《诗》
《忆昔答乔白岩因寄储柴墟三首》（诗作）	同上	《王文成公全书》卷十九《诗》
《一日怀抑之也，抑之之赠既尝答以三诗，意若有歉焉，是以赋也》（诗作）	同上	《王文成公全书》卷十九《诗》、（明）华淑《明诗选最》卷一《五言古诗》，署题"怀汪抑之"、（明）施邦曜《阳明先生集要·文章编》卷四《赴谪诗》
《因雨和杜韵》（诗作）	同上	《王文成公全书》卷十九《诗》、（明）施邦曜《阳明先生集要·文章编》卷四《赴谪诗》
《赴谪次北新关喜见诸弟》（诗作）	同上	《王文成公全书》卷十九《诗》、（明）施邦曜《阳明先生集要·文章编》卷四《赴谪诗》
《南屏》（诗作）	同上	《王文成公全书》卷十九《诗》
《卧病静慈写怀》（诗作）	同上	《王文成公全书》卷十九《诗》
《移居胜果寺二首》（诗作）	同上	《王文成公全书》卷十九《诗》、（明）陈田《明诗纪事》卷十三选录前一首
《忆别》（诗作）	同上	《王文成公全书》卷十九《诗》
《告终辞》（辞）	同上	（明）杨仪《高坡异纂》卷下、（明）冯梦龙《皇明大儒王阳明先生出身靖乱录》卷上。该辞篇幅过长不录，《全书》缺载
《绝命诗二首》	同上	（明）冯梦龙：《皇明大儒王阳明先生出身靖乱录》卷上

---

① 远俗亭和卧马冢之旧址已无从稽考，幸文犹存于《王文成公全书》卷二十三《外集五》内。

续表

诗文题名	创作时间	载录之文献出处
《泛海》（诗作）	同上	《王文成公全书》卷十九《诗》、（明）叶廷秀《诗谭》卷六《王文成避难遗诗》、（明）陈田《明诗纪事》卷十三、（明）冯梦龙《皇明大儒王阳明先生出身靖乱录》卷上、（明）施邦曜《阳明先生集要·文章编》卷一《赴谪诗》；（清）方起英《古今诗尘》、（清）陶文藻《全浙诗话》卷三十二、《杭州府志》卷九十四
《武夷次壁间韵》（诗作）	同上	《王文成公全书》卷十九《诗》、（明）徐表然《武夷志略》
《舍利寺》（诗作）	同上	《龙游县志》卷九《艺文》。［案：此诗《全书》缺载，诗云："经行舍利寺，登眺几徘徊。峡转滩声急，雨晴江雾开。颠危知往事，飘泊长诗才。一段沧洲兴，沙鸥莫浪猜。"（成文出版社，影印明刻本）］
《大中祥符寺》（诗作）	同上	《西安县志》卷四十四《寺观》。［案：此诗《全书》缺载，诗云："飘泊新从海上至，偶经江寺聊一游。老僧见客频问姓，行子避人还掉头。山水于吾成痼疾，险夷过眼真蜉蝣。为报同年张郡伯，烟江此去理渔舟。"（成文出版社，影印清刻本）］
《恭吊忠毅夫人》（诗作）	同上	《江山县志》卷十一《艺文·诗赋》。［案：此诗《全书》缺载，诗云："夫人兴废岂知几，堪欢山河已莫支。夜明星精归北斗，秋风横佩落西池。仲连蹈海心偏壮，德曜投山隐未迟。千古有谁长不死，可怜羞杀宋南儿。"（成文出版社，影印清刻本）］
《草萍驿次林见素韵奉寄》（诗作）	同上	《王文成公全书》卷十九《诗》
《赠芳上人归三塔》（诗作）	同上	崇祯《嘉兴县志》卷十九《艺文·诗》
《溆浦江》（诗作）	同上	《溆浦县志·艺文志》
《玉山东岳庙遇旧识严星士》（诗作）	同上	《王文成公全书》卷十九《诗》［案：东岳庙在府城内东北（见《贵州通志》卷十）］
《广信元夕蒋太守舟中夜话》（诗作）	同上	《王文成公全书》卷十九《诗》、同治《广信府志》卷十一《艺文·文征》、（明）施邦曜《阳明先生集要·文章编》卷一《赴谪诗》
《夜泊石亭寺用韵呈陈娄诸公因寄储柴墟都宪及乔白岩太常诸友》（诗作）	同上	《王文成公全书》卷十九《诗》、（明）施邦曜《阳明先生集要·文章编》卷一《赴谪诗》
《过分宜望钤冈庙》（诗作）	同上	《王文成公全书》卷十九《诗》、民国《分宜县志》卷六《艺文》，署题"望钤冈庙"
《杂诗三首》（诗作）	同上	《王文成公全书》卷十九《诗》、（明）施邦曜《阳明先生集要·文章编》卷一《赴谪诗》

续表

诗文题名	创作时间	载录之文献出处
《袁州府宜春台四绝》（诗作）	同上	《王文成公全书》卷十九《诗》
《夜宿宣风馆》（诗作）	同上	《王文成公全书》卷十九《诗》、（明）施邦曜《阳明先生集要·文章编》卷一《赴谪诗》。（《集要》署题"夜泊宣风馆"）
《萍乡道中谒濂溪祠》（诗作）	同上	《王文成公全书》卷十九《诗》、（明）李桢纂辑《濂溪志》卷八《艺文》，署题"过萍乡谒濂溪祠"（案：另一首为《咏濂溪关学二首》）、
《宿萍乡武云观》（诗作）	同上	《王文成公全书》卷十九《诗》、《江西通志》卷一五五《艺文九》
《醴陵道中风雨夜宿泗州寺次韵》（诗作）	同上	《王文成公全书》卷十九《诗》
《长沙答周生》（诗作）	同上	《王文成公全书》卷十九《诗》
《涉湘于迈岳麓是尊仰上先哲因怀友生丽泽兴感伐木寄言二首》（诗作）	同上	《王文成公全书》卷十九《诗》
《游岳麓书事》（诗作）	同上	《王文成公全书》卷十九《诗》
《登岳麓》（诗作）	同上	《长沙府岳麓志》卷六、（清）欧阳厚均《岳麓诗文钞》（案：此诗《全书》缺载）。
《望赫曦台》（诗作）	同上	《长沙府岳麓志》卷六、（清）欧阳厚均《岳麓诗文钞》（案：此诗《全书》缺载）。
《朱张祠书怀示同游二首》	同上	《长沙府岳麓志》卷六、（清）欧阳厚均《岳麓诗文钞》（案：此诗《全书》缺载）。
《次韵答赵太守王推官》（诗作）	同上	《王文成公全书》卷十九《诗》
《天心湖阻泊既济书事》（诗作）	同上	《王文成公全书》卷十九《诗》、嘉靖《常德府志》卷十六，署题"天心湖即事"
《桃源洞》（诗作）	同上	嘉靖《常德府志》卷十五、《湖南通志》卷二十三《地理》，署题"桃花源"（案：此诗《全书》缺载，诗云："桃源在何许，云深不知处。不用问渔郎，沿溪踏花去。"）。
《辰溪大酉洞》	同上	道光《辰溪县志》卷三十四《艺文志》。（案：此诗《全书》缺载）
《吊屈平赋》（赋）	同上	《王文成公全书》卷十九《外集一·赋》、（明）徐珊《居夷集》卷一，署题："吊屈原平赋"

续表

诗文题名	创作时间	载录之文献出处
《迎仙笙鹤》（诗作）	同上	光绪《平越直隶州志》卷三十九〔案：此诗《全书》缺载，诗云："山谷风回尽好音，何须玉管引玄禽。仙骖日日闲来住，我去迎之不寻□。"（清光绪三十三年丁未（1907）刻本。）〕
《去妇叹五首》（诗作）	明正德三年戊辰（1508）三月至贵阳龙场	《王文成公全书》卷十九《诗》、（明）施邦曜《阳明先生集要·文章编》卷四《居夷诗》
《罗旧驿》（诗作）	同上	《王文成公全书》卷十九《诗》、（明）陈田《明诗纪事》卷十三、（明）施邦曜《阳明先生集要·文章编》卷四《居夷诗》
《山中示诸生》（诗作）	同上	（清）朱彝尊《明诗综》卷二十七下、（明）陈田《明诗纪事》卷十三
《沅水驿》（诗作）	同上	《王文成公全书》卷十九《诗》
《钟鼓洞》（诗作）	同上	《王文成公全书》卷十九《诗》
《平溪馆次王文济韵》（诗作）	同上	《王文成公全书》卷十九《诗》
《清平卫即事》（诗作）	同上	《王文成公全书》卷十九《诗》
《兴隆卫书壁》（诗作）	同上	《王文成公全书》卷十九《外集一》、（明）施邦曜《阳明先生集要·文章编》卷四《居夷诗》、光绪《平越直隶州志》卷三十九，署题"题兴隆卫壁"、（清）朱彝尊《明诗综》卷二十七下、（清）鄂尔泰《贵州通志》卷四十四《艺文》，署题"题兴隆卫壁"
《七盘》（诗作）	同上	《王文成公全书》卷十九《外集一·诗》、光绪《平越直隶州志》卷三十九，署题"过七盘岭"、（清）鄂尔泰《贵州通志》卷四十五《艺文》，署题"过七盘岭"
《初至龙场无所止结草庵居之》（诗作）	同上	《王文成公全书》卷十九《外集一·诗》、（清）鄂尔泰《贵州通志》卷四十四《艺文》，署题"谪居龙场结草庵居"
《始得东洞遂改为阳明小洞天三首》（诗作）	同上	《王文成公全书》卷十九《外集一·诗》、（明）韩柱、徐册等校订《居夷集》卷二、（清）鄂尔泰《贵州通志》卷四十四《艺文》选录第一首，署题"阳明小洞天"
《谪居绝粮请学于农将田南山永言寄怀》（诗作）	同上	《王文成公全书》卷十九《外集一·诗》
《重刊文章轨范序》（序文）	同上	《王文成公全书》卷二十二〔案：明正德三年戊辰（1508）王文济出任贵州巡按御史，与贵州郭绅重刊（宋）谢枋得上《文章轨范》作为贵州士子之举业指南〕、（明）施邦曜《阳明先生集要·文章编》卷一《序》
《观稼》（诗作）	同上	《王文成公全书》卷十九《诗》

续表

诗文题名	创作时间	载录之文献出处
《采蕨》（诗作）	同上	《王文成公全书》卷十九《诗》
《猗猗》（诗作）	同上	《王文成公全书》卷十九《诗》
《南溟》（诗作）	同上	《王文成公全书》卷十九《诗》、（明）施邦曜《阳明先生集要·文章编》卷四《居夷诗》
《溪水》（诗作）	同上	《王文成公全书》卷十九《诗》
《龙冈新构》（诗作）	同上	《王文成公全书》卷十九《诗》、（明）陈田《明诗纪事》卷十三
《诸生来》（诗作）	同上	《王文成公全书》卷十九《诗》
《水滨洞》（诗作）	同上	《王文成公全书》卷十九《诗》、（清）鄂尔泰《贵州通志》卷四十四《艺文》
《山石》（诗作）	同上	《王文成公全书》卷十九《诗》、（清）朱彝尊《明诗综》卷二十七下
《无寐二首》（诗作）	同上	《王文成公全书》卷十九《诗》
《诸生夜坐》（诗作）	同上	《王文成公全书》卷十九《诗》
《艾草次胡少参韵》（诗作）	同上	《王文成公全书》卷十九《诗》、施邦曜《阳明先生集要·文章编》卷四《居夷诗》
《凤雏次韵答胡少参》（诗作）	同上	《王文成公全书》卷十九《诗》、施邦曜《阳明先生集要·文章编》卷四《居夷诗》
《鹦鹉和胡韵》（诗作）	同上	《王文成公全书》卷十九《诗》、施邦曜《阳明先生集要·文章编》卷四《居夷诗》
《诸生》（诗作）	同上	《王文成公全书》卷十九《外集一·诗》、（清）朱彝尊《明诗综》卷二十七下
《阳明先生龙场书》一卷五册（著述）	同上	（明）李贽录，明万历三十七年己酉（1609）刻本
《游来仙洞早发道中》（诗作）	同上	《王文成公全书》卷十九《外集一·诗》
《别友》（诗作）	同上	《王文成公全书》卷十九《诗》
《赠黄太守澍》（诗作）	同上	《王文成公全书》卷十九《诗》
《寄友用韵》（诗作）	同上	《王文成公全书》卷十九《诗》
《秋夜》（诗作）	同上	《王文成公全书》卷十九《诗》、施邦曜《阳明先生集要·文章编》卷四《居夷诗》
《采薪二首》（诗作）	同上	《王文成公全书》卷十九《诗》
《龙冈漫兴五首》（诗作）	同上	《王文成公全书》卷十九《诗》、施邦曜《阳明先生集要·文章编》卷四《居夷诗》（案：施氏只录四首）

续表

诗文题名	创作时间	载录之文献出处
《答毛拙庵见招书院》（诗作）	同上	《王文成公全书》卷十九《外集一·诗》
《老桧》（诗作）	同上	《王文成公全书》卷十九《诗》
《却巫》（诗作）	同上	《王文成公全书》卷十九《诗》
《过天生桥》（诗作）	同上	《王文成公全书》卷十九《外集一·诗》、（明）陈田《明诗纪事》卷十三
《南霁云祠》（诗作）	同上	《王文成公全书》卷十九《诗》
《春晴》（诗作）	同上	《王文成公全书》卷十九《诗》
《陆广晓发》（诗作）	同上	《王文成公全书》卷十九《外集一·诗》、（明）施邦曜《阳明先生集要·文章编》卷四《居夷诗》、（清）鄂尔泰《贵州通志》卷四十四《艺文》署题"六广晓发"、（明）陈田《明诗纪事》卷十三。
《雪夜》（诗作）	同上	《王文成公全书》卷十九《诗》
《元夕二首》（诗作）	同上	《王文成公全书》卷十九《外集一·诗》、（明）施邦曜《阳明先生集要·文章编》卷四《居夷诗》、（清）鄂尔泰《贵州通志》卷四十四《艺文》选录第一首、（清）朱彝尊《明诗综》卷二十七下选录第二首。
《家僮作纸灯》（诗作）	同上	《王文成公全书》卷十九《诗》
《白云堂》（诗作）	同上	《王文成公全书》卷十九《诗》
《太子桥》	同上	《王文成公全书》卷十九《续编四》
《送客过二桥》（诗作）	同上	《王文成公全书》卷十九《续编四》
《来仙洞》（诗作）	同上	《王文成公全书》卷十九《诗》、（明）孟津《良知同然录》上册
《夏日登易氏万卷楼用唐韵》	同上	《王文成公全书》卷十九《续编四》
《木阁道中雪》（诗作）	同上	《王文成公全书》卷十九《诗》
《元夕雪用苏韵二首》（诗作）	同上	《王文成公全书》卷十九《诗》
《晓霁用前韵书怀二首》（诗作）	同上	《王文成公全书》卷十九《诗》
《次韵陆金宪元日喜晴》（诗作）	同上	《王文成公全书》卷十九《诗》
《元夕木阁山火》（诗作）	同上	《王文成公全书》卷十九《诗》
《夜宿汪氏园》（诗作）	同上	《王文成公全书》卷十九《诗》
《春行》（诗作）	同上	《王文成公全书》卷十九《诗》
《村南》（诗作）	同上	《王文成公全书》卷十九《诗》
《山途二首》（诗作）	同上	《王文成公全书》卷十九《诗》

续表

诗文题名	创作时间	载录之文献出处
《白云》（诗作）	同上	《王文成公全书》卷十九《诗》
《答刘美之见寄次韵》（诗作）	同上	《王文成公全书》卷十九《诗》
《寄徐掌教》（诗作）	同上	《王文成公全书》卷十九《诗》
《书庭蕉》（诗作）	同上	《王文成公全书》卷十九《诗》
《送张宪长左迁滇南大参次韵》（诗作）	同上	《王文成公全书》卷十九《诗》
《南庵次韵二首》（诗作）	同上	《王文成公全书》卷十九《外集一・诗》、（明）陈田《明诗纪事》卷十三、（明）施邦曜《阳明先生集要・文章编》卷四《居夷诗》
《观傀儡次韵》（诗作）	同上	《王文成公全书》卷十九《外集一・诗》、（清）张怡：《玉光剑气集》卷三十二《诗话》，此处首句与《全书》略异，作"到处逢人是戏场"（中华书局，2006年版第711页）、（明）孟津辑《良知同然录》上册
《徐都宪同游南庵次韵》（诗作）	同上	《王文成公全书》卷十九《诗》
《即席次王文济少参韵二首》（诗作）	同上	《王文成公全书》卷十九《诗》
《赠刘侍卿二首》（诗作）	同上	《王文成公全书》卷十九《诗》、（明）施邦曜《阳明先生集要・文章编》卷四《居夷诗》（案：施氏选其一）
《夜寒》（诗作）	同上	《王文成公全书》卷十九《诗》
《冬至》（诗作）	同上	《王文成公全书》卷十九《诗》
《春日花开偶集示门生》（诗作）	同上	《王文成公全书》卷十九《诗》
《次韵送陆文顺金宪》（诗作）	同上	《王文成公全书》卷十九《诗》
《次韵陆金宪病起见寄》（诗作）	同上	《王文成公全书》卷十九《诗》
《次韵胡少参见过》（诗作）	同上	《王文成公全书》卷十九《诗》
《雪中桃次韵》（诗作）	同上	《王文成公全书》卷十九《诗》
《舟中除夕二首》（诗作）	同上	《王文成公全书》卷十九《诗》
《淑浦山夜泊》（诗作）	同上	《王文成公全书》卷十九《诗》
《过江门涯》（诗作）	同上	《王文成公全书》卷十九《诗》
《武陵潮音阁怀元明》（诗作）	同上	《王文成公全书》卷十九《诗》、《武陵县志》卷二十二。[案：潮音阁又称寓贤阁。据（清）鄂尔泰《贵州通志》卷十《平越府》记载："潮音阁在府城南外。"于明天启六年丙寅（1626）及崇祯十四年辛巳（1641）两度重修。]
《阁中坐雨》（诗作）	同上	《王文成公全书》卷十九《诗》
《霁夜》（诗作）	同上	《王文成公全书》卷十九《诗》

续表

诗文题名	创作时间	载录之文献出处
《僧斋》（诗作）	同上	《王文成公全书》卷十九《诗》
《德山寺次壁间韵》（诗作）	同上	《王文成公全书》卷十九《诗》
《沅江晚泊二首》（诗作）	同上	《王文成公全书》卷十九《外集一·诗》、嘉靖《常德府志》卷十九选录第一首
《夜泊江思湖忆元明》（诗作）	同上	《王文成公全书》卷十九《诗》
《睡起写怀》（诗作）	同上	《王文成公全书》卷十九《诗》
《三山晚眺》（诗作）	同上	《王文成公全书》卷十九《诗》
《鹅羊山》（诗作）	同上	《王文成公全书》卷十九《诗》
《泗洲寺》（诗作）	同上	《王文成公全书》卷十九《诗》
《再经武云观书林玉玑道士壁》（诗作）	同上	《王文成公全书》卷十九《诗》
《再过濂溪祠用前韵》（诗作）	同上	《王文成公全书》卷十九《诗》
《观音山》（诗作）	同上	（清）陈楷礼辑《常德文征》卷八（案：此诗《全书缺载》）
《西园》（诗作）	同上	（清）鄂尔泰《贵州通志》卷四十四《艺文》（案：此诗《全书》缺载）
《木阁箐》（诗作）	同上	（清）鄂尔泰《贵州通志》卷四十四《艺文》。（案：此诗《全书》缺载）
《武侯祠二首》（诗作）	同上	（清）鄂尔泰《贵州通志》卷四十四《艺文》。〔案：武侯祠在民国时期为贵阳八景之一，《贵州通志》载称："武侯祠在府城外东南隅，明万历时建，祀诸葛武侯。明末兵燹祠毁，后迁于涵碧潭东北。国朝二十八年巡抚田雯增修，建亭于后，名又一草庐，常课士其中。雍正七年复建于城南旧址，曰丞相祠堂。"（见《贵州通志》卷十《贵阳府·武侯祠》）阳明曾游此题诗二首，其一云："隔水樵渔亦几家，缘冈石径入溪斜。松林晚映千峰雨，枫叶秋连万树霞。渐觉形骸忘物外，未妨游乐在天涯。频来不用劳僧榻，已借汀鸥一席沙。"其二云："落日江波动客衣，水南绿竹见岩扉。渔人收网舟初集，野老忘机夜未归。渐觉林间栖翼乱，想看天北暮云飞。年年岁晚常为客，闲杀西湖旧钓矶。"此诗《全书》缺载。〕
《龙泉石径》（诗作）	同上	（清）鄂尔泰《贵州通志》卷四十四《艺文》。（案：此诗《全书》缺载，诗云："水花如练落长松，雪际天桥隐白虹。辽鹤不来华表灿，仙人一去石楼空。徒闻鹊驾横秋夕，漫说秦鞭到海东。移放长江还济险，可怜虚却万山中。"）
《南将军庙》（诗作）	同上	（清）鄂尔泰《贵州通志》卷四十四《艺文》。（案：此诗《全书》缺载，诗云："死矣中丞莫漫疑，孤城援绝久知危。贺兰未灭空遗恨，南八如生定有为。风雨长廊嘶铁马，松杉阴雾卷龙旗。英魂千载如何处，岁岁边翁赛旅祠。"）

续表

诗文题名	创作时间	载录之文献出处
《瘗旅文》（文钞）	同上	《王文成公全书》卷二十五《祭文》、鄂尔泰《贵州通志》卷四十三、（清）吴楚材、吴调侯《古文观止》、（明）施邦曜《阳明先生集·文章编》卷三《文》
《何陋轩记》（文钞）	同上	《王文成公全书》卷二十三《记》、（明）徐珊《居夷集》卷一、（明）施邦曜《阳明先生集·文章编》卷三《记》、（清）薛熙《明文在》卷六十二、（清）鄂尔泰《贵州通志》卷四十
《君子亭记》（文钞）	同上	《王文成公全书》卷二十三《记》、（明）徐珊《居夷集》卷一、（明）施邦曜《阳明先生集·文章编》卷三《记》、（清）薛熙《明文在》卷六十二
《玩易窝》（文钞）	同上	《王文成公全书》卷二十三《记》、（明）施邦曜《阳明先生集·文章编》卷三《记》
《象祠记》（文钞）	同上	《王文成公全书》卷二十三《记》、（明）徐珊《居夷集》卷一，署题"象庙记"、（明）施邦曜《阳明先生集·文章编》卷三《记》、（清）薛熙《明文在》卷五十六、（清）鄂尔泰《贵州通志》卷四十、（清）吴楚材、吴调侯《古文观止》
《远俗亭记》（文钞）	同上	《王文成公全书》卷二十三《记》、（明）徐珊《居夷集》卷一、（明）施邦曜《阳明先生集·文章编》卷三《记》
《宾阳堂记》（文钞）	同上	《王文成公全书》卷二十三《记》、（明）徐珊《居夷集》卷一、（明）施邦曜《阳明先生集·文章编》卷三《记》
《卧马冢记》（文钞）	同上	《王文成公全书》卷二十三《记》、（明）徐珊《居夷集》卷一、（明）施邦曜《阳明先生集·文章编》卷三《记》
《重修月潭寺公馆记》（文钞）	同上	《王文成公全书》卷二十三《记》、（明）徐珊《居夷集》卷一、（明）施邦曜《阳明先生集·文章编》卷三《记》，署题"重修月潭寺建公馆记"。（案：据《贵州通志》卷十《平越府》记载："月潭寺在黄平州城东三十里飞云岩侧，明正统二年指挥常智建。"）
《龙场诸生问答》（戊辰）（文钞）	同上	《王文成公全书》卷二十三《说》、（明）施邦曜《阳明先生集·文章编》卷三《书卷》
《五经臆记序》（序文）	同上	《王文成公全书》卷二十二《外集四·序》
《送毛宪副致仕归桐仁书院序》（戊辰）（序文）	同上	《王文成公全书》卷二十二《外集四·序》、（明）徐珊《居夷集》卷一
《答毛宪副》（戊辰）（书札）	同上	《王文成公全书》卷二十一《外集三·书》、（明）施邦曜《阳明先生集要·文章编》卷一署题"答毛宪副书"、（清）朱克敬《瞑庵二识》"阳明先生集有《答毛宪副书》"条
《与安宣慰论减驿加御书》《与安宣慰讨贼书》（书札）	同上	（明）陈子龙、徐孚远选辑《皇明经世文编·王文成集》卷三《书》（明平露堂刻刊《皇明经世文编》本）〔案：此即《全书》卷二十一《外集三·与安宣慰》第二、三书（戊辰）〕。
《又与贵荣书》（书札）	同上	（清）鄂尔泰《贵州通志》卷三十七

续表

诗文题名	创作时间	载录之文献出处
《贻安贵荣书》（书札）		（清）鄂尔泰《贵州通志》卷三十七
《谢安宣慰书》（书札）	同上	（清）鄂尔泰《贵州通志》卷二十七
《与安宣慰三书》（戊辰）（书札）	同上	《王文成公全书》卷二十一《外集三·书》、（明）施邦曜《阳明先生集要·文章编》卷一《书》
《答人问神仙》（书札）	同上	《王文成公全书》卷二十一《外集三·书》
《寄席元山》（癸未）（书札）	同上	《王文成公全书》卷二十一《外集三·书》
《教条示龙场诸生》（文钞）	同上	《王文成公全书》卷二十六《续编一》
《五经臆说十三条》（文钞）	同上	《王文成公全书》卷二十六《续编一》
	明正德五年庚午（1510）十一月赦归离黔	
《与席元山》（辛巳）（书札）	同上	《王文成公全书》卷五《文录二·书二》、（明）施邦曜《阳明先生集要·理学编》卷四
《与毛古庵宪副》（丁亥）（书札）	同上	《王文成公全书》卷六《文录二·书三》、（明）施邦曜《阳明先生集要·理学编》卷四
《寄席元山》（癸未）（书札）	同上	《王文成公全书》卷二十一《外集三·书》
《祭元山席尚书文》（丁亥）（祭文）	同上	《王文成公全书》卷二十五《外集七·祭文》
《祭席文襄文》（祭文）	同上	民国《遂宁府志》卷二
《桃源东禅寺》（诗作）	同上	《桃源县志》卷十六、嘉靖《常德府志》卷十九署题"东禅寺"、《钦定古今图书集成》卷一六二《方舆汇编·山川典》。（案：此诗《全书》缺载，诗云："绝岸深泥冒雨攀，天于佳境亦多悭。自怜客久频移棹，颇羡僧高独闭关。江草远连云梦泽，楚云长断九疑山。年来出处浑无定，惭愧沙鸥尽日闲。"）
《辰州虎溪龙兴寺闻杨名父将到留韵壁间》（诗作）	同上	《王文成公全书》卷十九《诗》
《墨池遗迹》（诗作）	同上	（清）陈楷礼辑《常德文征》卷八。（案：此诗《全书缺载》，诗云："千载招提半亩塘，张颠遗迹已荒凉。当时自号书中圣，异日谁知酒后狂。骤雨颠风随变化，秋蛇春蚓久潜藏。惟余一脉涓涓水，流出烟云不断香。"）

政协余姚市委员会、文史资料研究委员会合编之《王阳明诗集》收录赴谪诗五十五首以及龙场诗一百一十首，题为《余姚文史资料》第六辑，于 1989 年内部发行，应为自新中国成立后之阳明诗作之首部结集。

（作者单位：香港国际学术文化信息出版公司）

民间文献中的王阳明事迹与意图

——以大余县杨梅村《王氏族谱》为例

王剑波

内容提要：随着"阳明热"的升温，各地有关王阳明的民间文献纷纷涌现面世。大余杨梅村《王氏族谱》明确记载了王阳明在当地的关联事迹，其事迹尚难考证。同时这种现象却说明当地既迎合了时代潮流，又体现了其内在的利益诉求，代表了广大民间群体的普遍心理特征。

关键词：杨梅村；王氏族谱；王阳明

一、引言

王阳明（1472—1528），名守仁，字伯安，别号阳明，是有明一代心学集大成者。其天资聪颖，少年立志，于百死千回中成就了不朽事功，开创了内省型思维方式，对后世产生了深远影响。明清时期，政府和民间对王阳明评价不一，毁誉参半①。近年来，整个社会对王阳明的个人价值和定位重新给予了肯定，相关的文献资料不断被挖掘和整理出来②，对王阳明及阳明学的研究起到了重要的支撑作用。赣南作为王阳明事功与思想成就的重要地区，正从政府到民间对于王阳明文献资料的搜集报以极大的兴趣，也取得了丰富的成果。笔者在梳理这些材料时发现目前学界较少对民间文献中有关王阳明的史料进行专文讨论。基于这一学

---

① 明嘉靖时期对阳明学采取了打压的态度，但是民间对其依然抱有很高的兴趣和评价。到明末清初时，官方对阳明学的传播有所放松，但依然有不少士人，诸如顾炎武这样的大儒也认为明亡于王阳明。（《日知录》卷七《夫子之言性与天道》载："亭林既愤慨当时学风，以为明亡实由于此，推原祸始，自然责备到阳明。"）

② 这方面工作较多，比较有代表性的就是这些年多次修《王阳明全集》，其中新增的部分更多是从相关文献资料摘录和民间遗存、族谱等搜集而来。另外值得一提的是连笔者萍乡同学刘宏萍，其家藏有的《刘氏族谱》上就有关于王阳明与当地关联的记载，说明了民间文献中还是有着丰富的有关王阳明的材料。

术薄弱领域，笔者认为具有深入探讨的必要。同时笔者正好搜集有大余县杨梅村全套四修《王氏族谱》电子版，里面就有王阳明的相关记载。笔者通过梳理这些族谱，结合相关政书材料和地方志，考证了族谱中王阳明事迹的真实情况，总结出当地既迎合了时代潮流，又体现了其内在的利益诉求，代表了广大民间群体的普遍心理特征。

二、《王氏族谱》有关王阳明事迹记载

大余县杨梅村地处赣州西境，正好位于明朝中期王阳明在赣南平乱的中心地带，因而有了其与王阳明的相关关联。同时在当地，有关王阳明事迹的记载则集中于王氏宗族的族谱里面，也是目前待查的唯一文献记录。

1.《王氏族谱》概况

大余县杨梅村是一个以王姓宗族为主的古村落，也是本次族谱的编纂和记录的群体。据当地王姓村民相传，他们的始迁主必泰公在明朝中期自吉安南下游玩时，看见此地水草茂盛，风水甚佳，遂决定定居此地。必泰公育有二子，后因二子不和遂分家，逐渐衍生为两个堂——一本堂和墩本堂。两堂子孙分别居住，分开祭祀，分开修谱①，并分别建有四个祠堂。在乾隆年间，两堂王姓决定合并修谱，这也是目前能见到的最早《王氏族谱》。随后在光绪年间，源于年代久远，两堂子孙序支出现了混乱，遂再次修谱，这也是二修《王氏族谱》。民国年间，杨梅王姓子孙繁衍昌盛，人才辈出，又修了一次谱，也就是三修《王氏族谱》。在1997年，当地王姓在地方政府的支持下，由王姓杰出族民牵头又修了一次族谱，这就是四修《王氏族谱》。到目前为止，可以查询到杨梅村总计四套《王氏族谱》。

对比这四套《王氏族谱》可以发现，后修族谱继承了前谱的基本记录，同时根据当时的发展变化，融入了一些即时性的元素。总之，这四套《王氏族谱》是研究民间宗族与地方发展非常好的范本，值得深入探讨。

2.《王氏族谱》中有关王阳明事迹的记载

大余县杨梅村目前对于王阳明在当地的事迹传说，可谓人人皆知，人人必谈。除村民们茶余饭后的谈论外，还有不少学者更是绘声绘色、细致入微地描写了王阳明在杨梅村的实时场景，进一步渲染了王阳明在杨梅的神秘色彩。笔者在梳理相关史料的基础上，总结出目前杨梅村历修《王氏族谱》有关王阳明的记载主要有三点：一是明万历进士、吏部文选司员外郎周顺昌在《一本堂祖祠记》载："一本堂经始于先代贤哲，落成于嘉靖甲子。""杨梅城为阳明夫子抚绥过化，族人士请题捐筑，在建祠之明年乙丑也。"② 这两处文字记文表明了一本堂、杨梅城的建筑秩序，嘉靖甲子年，即嘉靖四十三年（1564）一本堂落成（敦本堂建于后），次年乙丑年，即嘉靖四十四年（1565）。一是广东韶关名人胡定所撰《杨梅城池记》载："庾邑杨梅，王氏聚族而居，衣冠礼教之乡也。明阳明王公治赣南时奏允建城，王氏爱砌石甃砖，坚为雉堞，外有绕水，籍以为池，壮哉！"③ 胡定是雍正十一年进士，其在这篇

---

① 据当地村前支书王志君介绍，这些分开修谱的族谱现在只是口头传说，已无法找到相关纸质文本。
② 光绪《王氏族谱》，第7页。
③ 1997版《王氏族谱》，第1页。

文章里说明了杨梅城的建立经过，源于王阳明在治理赣南时奏准朝廷而兴建。二是王佐唐在《杨梅城池考》载："我杨梅城，昔明武宗正德十三年岁次戊寅，王文成公治赣时，调度边兵，奏允建城，载于史鉴，悉有稽考。"① 王佐唐是民国时杨梅村王氏族人，其所考证的文章说明了王阳明在赣南用兵时，因军事需要才奏准建立了杨梅城。这两处文字是《王氏族谱》有关王阳明在杨梅村的详细记录，族谱中虽多处提及王阳明，但均为援引这两则记录而展开，在此不一一评述。

三、《王氏族谱》有关王阳明事迹考证

杨梅村《王氏族谱》有关王阳明事迹的记载是否属实，引发了学界的热烈讨论，也促使很多知名学者亲自前往杨梅村考察②。笔者虽学识浅薄，尚未位数门墙，但也在导师的引领下多次前往杨梅村开展史学考察。经过较为系统的搜集杨梅村当地文献，同时结合相关政书材料和地方志，笔者可推断出杨梅村与王阳明并无实际意义上的关联。

1. 从杨梅古城的建设时间看

杨梅王氏光绪谱中有载杨梅城的建立时间为嘉靖四十四年，不过这毕竟是一家之言，无法作为准确史实援引称信。笔者查阅南赣方志时发现，最早有关杨梅村的文字记载见于万历《南安府志》，其载："杨梅城，在凤凰城西十里杨梅村。嘉靖四十四年，乡民建，计周围二百五十丈，高一丈七尺，东西南皆民池塘，北近官溪。"③ 这里说的杨梅城建立的时间为嘉靖四十四年（1565），而王阳明离开南赣的时间为正德十四年（1519），中间相差了46年。这么长的时间差实难让人坚信杨梅城的建立是源于王阳明的奏准，同时可以对比王阳明一生所主导建立的三座县城④，其前后建立的时间也不过十年。还可以对比广西隆安县城的建立，这座县城的建立是由王阳明于嘉靖六年向朝廷上奏建设，但源于种种原因耽搁，隆安县城最终建立完成一直到了嘉靖十二年，这期间时间差也就六年多。王阳明主导或建议的官方县城从奏准到建成的时间尚且不长，何况这种民间古城用时如此之长，实难足信。

2. 从杨梅古城的建设缘由看

从杨梅王氏1997年修的《王氏族谱》上看，已有广东韶关名人胡定和杨梅内部名人王佐唐分别撰文叙述杨梅城的建设缘由是王阳明用兵于此、奏准建立的。笔者在读到这些资料时，本能性地就是想到通过翻阅《王阳明全集》看是否有对应的文字资料作为印证。王阳明于正德十二年正月十五抵达赣州，二月，擒斩漳南贼首詹师富。六月二十日，督师进剿上犹、南康等地贼巢，擒贼首陈曰能，余贼逃往横水、桶冈。七月，进兵大余。十月初七，指挥三省官兵围剿横水、左溪，此次《王阳明全集》有关联记载：

① 1997版《王氏族谱》，第2页。
② 目前已有诸多知名学者亲自前往杨梅村考察，如钱明、张新明及吾师李晓方。这些前沿学者的密集探访，很大程度上是为了弄清楚杨梅城的建立是否与王阳明有所关联。
③ 万历《南安府志》卷12《建志制》，第26页。
④ 通常意义上讲王阳明主导建立的三座县城为：福建平和县、江西崇义县、广东和平县。

　　仰赣州府知府邢珣，统领后开官兵，自上犹石坑进，由上稍、石溪入磨刀坑，过白封龙，一面分兵搜茶潭、窝突井、杞州坑，正兵经过朱坑、早坑入杨梅村，攻白蓝、横水，与都司许清，指挥谢昶、姚玺，知县王天与等兵会合，共结为一大营；及各选精锐，用乡导兵引，赍干粮三日，四搜附近各山寨，如茶潭、窝井、杞州坑、寨下等；多方爪探，务期尽绝，互相援应，毋致疏虞。左溪诸贼既尽，然后分哨起营过背乌坑、穿牛角窟，逾梅伏坑，过长流坑，涉果木口，搜芒背，上思顺，过乌地，入上新地、中新地、下新地，攻桶冈峒诸贼，与知府唐淳，指挥余恩、谢昶等兵合势夹击，贼既败散，遂会各营连络犄角，为一大营。[①]

　　这段文字中出现的地名杨梅村是笔者重点考察的对象，也是目前所能发现的关键点。前文已经探讨过，杨梅古城的建设时间为嘉靖四十四年（1565），这个毋庸置疑。至于杨梅古城建设前该地的名称已经无从考证[②]。那么上述文字中的杨梅村究竟是否特指后来杨梅古城呢？笔者查询过大余以及周边崇义、南康、上犹等地的县志，均没有出现杨梅村的记载。同时笔者根据上述文字中出现的地名，如茶潭、窝突井、杞州坑、朱坑、早坑等，结合地方志一一查询，更是无法确定其现在的准确位置。鉴于笔者目前所掌握的技术手段的限制，现无法确定这里的杨梅村就是指杨梅古城。不过可以做一设想，如果文字中的杨梅村就是此地，则说明了王阳明曾经用兵于此，但是无法确定其本人是否亲自来此，也无从说明王阳明上奏朝廷建设杨梅古城。如果不是，则更无法从《王阳明全集》中找出些许文字来对应《王氏族谱》有关杨梅古城建城缘由的记载。鉴于这正反两方面的假设，可以初步推断王阳明并不是建设杨梅古城的推动者。

四、《王氏族谱》记载王阳明事迹这一现象后的意图

　　杨梅村历修《王氏族谱》虽然多处记载了有关王阳明的一些事迹，然则实难考证是否属实，只能从一些只言片语中窥见一二。同时笔者在本次行文的过程中更多是希望把杨梅村记载王阳明事迹的案例，作为一个现象去考察，从这种现象背后能够得出一些潜在的意图与诉求。

1. 迎合时代潮流

　　王阳明在明嘉靖年间有较低的评价，然则在民间却有长久的生命力。清朝前期，政府采取严厉打压思想的措施，阳明学的发展与传播处于较艰难的处境。在清后期，随着政府组织逐渐松散，政治高压开始弱化，阳明学慢慢地被人们所认可。杨梅村乾隆版《王氏族谱》没有记载王阳明的相关事迹，然则在其光绪版族谱里面则出现了王阳明在杨梅的落脚与行化，恰好暗合了当时阳明学"升温"的大环境。在最近这些年，曾经一度岑寂的阳明学又开始备受各政府组织和学界人员推崇和青睐，进而催生了民间对王阳明的关注与攀附。仅在赣州地

---

　　① 参见王阳明著，董平、吴光编撰《王阳明全集》，上海古籍出版社，2014年版，第96页。
　　② 笔者曾经就杨梅古城建设之前的村名咨询过当地村民，有的称为下双里，有的称为杨梅，总之无法统一，更无法确定。

区，除杨梅村涌现了有关王阳明的族谱外，还有大量待考证有关王阳明的民间史料①。这些民间史料的集中涌现，一定程度上是民间迎合了上层所推动的时代潮流，具有典型的攀附性质。

2. 表达了其内在诉求

大余县杨梅村《王氏族谱》初次记载有关王阳明的事迹，除了显示出其迎合时代潮流的表现特征外，也晦涩地表达了其内在的利益诉求。这些利益诉求有其多重含义：一是凸显了保护杨梅古城的用意，杨梅古城本身就是一座考察明代中期民间建筑与地方记忆的真实存在，也是杨梅王氏祖祖辈辈赖以生存的家园。通过讲述好阳明故事，能够引起国内外学者关注，提升杨梅古城的知名度，进而更好地保护杨梅古城②。二是希望发展旅游产业，带动经济发展。笔者在杨梅村考察时，该村前党支部书记王志君多次谈起希望我们尽最大可能挖掘杨梅城的文物资源，特别是考证王阳明在杨梅村的历史事迹，进而引发社会关注，带动当地的旅游发展。

五、结语

大余县杨梅村王氏自其始祖必泰公迁入此地，便开始繁衍生息。随着子孙众多，产业兴旺，也有了修谱的意愿与实践。杨梅《王氏族谱》流传到现在总计有四套，记载着王氏宗族的演变与发展，也突出地强调了王阳明与杨梅的关联。近年来，随着王阳明被社会的重新肯定和认知，广大民间集中性地涌现了一批有关王阳明的文献资料。杨梅《王氏族谱》更是作为记载有关王阳明事迹民间文献的代表，突出性地走入客人们的视野。笔者多次随着导师深入杨梅古城进行历史学专业考察，搜集和整理了较为完整的当地史料。在阅读和梳理这些文献后，笔者结合相关政书材料和地方志，认证出无论从杨梅城的建设时间与建设缘由，均未见有基础史实支撑王阳明与杨梅村的关系。在考证过后，笔者陷入了深思：杨梅古城的瞬时吸睛的目的和意图有哪些呢？通过回忆与梳理一些材料，笔者总结出之所以出现了杨梅古城与王阳明关联事迹的讨论，更多是体现了当地村民希望通过打造王阳明过化地来实现其保护杨梅古城与发展经济的愿景。

当然源于笔者学识浅薄，专业技术受限，很多问题还来不及解决。希望各位方家能持续关注杨梅古城与王阳明的疑似关联，整理出更为完整的文献资料，以还原生动详细的历史场景。

（作者单位：赣南师范大学历史文化与旅游学院）

---

① 赣州市南康区谭邦古城就有与王阳明的关联传说，其《谭氏族谱》上更是明确记载有关王阳明的事迹。
② 大余县杨梅村通过讲好阳明故事，一定程度上提升了该村的知名度，先后被评为江西省传统古村落、县级文物保护单位等。这些荣誉的获得，切实为杨梅古城的修复和保护带来一定可持续的资金保障，满足了杨梅村的这一需求。

民初剪辫风潮与民众的多种面相的反应①

黄　静

内容提要：作为民国初年的 1912—1916 年，处于新旧剧变之际，社会风气变化巨大，在剪辫、放脚等风气变化上，体现尤为明显。民初倡导移风易俗，实行剪辫，剪辫因此就被赋予上了一种政治的意图。对于当时的剪辫风气，时人则表现出了不同的反应，这些不同面相展现出不同的社会心态。推究其造就原因，乃是历史合力的一种表现。综合研究不同民众对于剪辫的矛盾心理，则更容易了解当时人们的社会心态和所处的社会环境。

关键词：剪辫；社会风俗；民国初年

中国史是一部中外相互交流、学习的历史。在古代，外国向中国学习稍多，到了近代则是中国不断向外国学习，中国近代开风气之先的胡适、康有为、梁启超等，乃至袁世凯等人，都是如此。而研究袁世凯当政期间（1912—1916 年）的风俗变迁，也是进一步研究中国近代史的必然内容。在清民易代之际，移风易俗在社会上产生了巨大的反响，而一个社会的风气变化和移风易俗对于民族荣衰、国家建设、社会发展都发挥着非常重要的作用。

因此，学界对这一时代的移风易俗进行了诸多的研究，不仅有论文期刊还有众多书籍，其研究已经达到了较高的水平。而在社会风气变迁过程中，人们发式的变化最为突出，辫子作为清朝子民的一种象征，随着清朝的结束，民国的建立，政府的剪辫政令的实施，使得剪辫就被赋予了政治的意味，而对于清末民初移风易俗的研究（尤其是剪辫风气的研究），国内外研究者众多，比如说李孝悌、李长莉、严昌洪、张世瑛、陈生玺、李喜所、梁景和、程为坤、吉泽诚一郎、Henrietta Harrison 等，清末民初是开风气的时代，学界对于清末民初剪辫风气的研究很多，比如说胡绳武、程为坤的《民初社会风尚的演变》②，陈生玺的《清

① 课题来源：四川省哲学社会科学重点研究基地儒学研究中心 2018 年度重点项目《尹昌衡年谱长编》（项目号：RX18Z01）。

② 胡绳武、程为坤：《民初社会风尚的演变》，《近代史研究》1986 年第 4 期。

末民初的剪辫子运动（下）》①等文章，其研究往往与辛亥革命有关，并且认为辛亥革命促成了剪辫，辛亥革命之后，大部分人们听从革命者的号召，掀起了民初的"剪辫热"，并且学界还将民初的剪辫风气的产生与政治联系起来。还有一些学者将清末民初剪辫的现象归结为近代观念的变迁与人民社会心态的转变以及上层革命派精英对于剪辫的诉求和变革社会风气的诉求，比如说张世瑛的《清末民初的剪辫风潮及其所反映的社会心态》②、梁景和的《资产阶级上层集团与民初社会习俗的改造》③、方毓宁的《辛亥前后苏沪剪辫风潮》④等。

总之，虽然学界对于清末民初的剪辫风气的研究较多，并且成果丰富，但是也有一些不足之处，学界对于 1912－1916 年间的剪辫政令的实施程度以及不同民众对于剪辫的接受程度的研究较少。本文将从剪辫政令的研究入手，从而研究对于剪辫，当时民众所反映的社会心态，从而比较全面地论述剪辫，而为何会造成这些现象，则是由多种因素造成的，正是这些因素导致民众对于剪辫的不同的接受程度，这就有利于人们更加全面地认识民初社会的习俗变迁。

一、清末至民初剪辫运动的历史演变

中国自古以来，人们认为："身体发肤，受之父母，不敢毁伤，孝之始也"⑤，从中足见身体、头发之重要性，因此，人们不会损伤自己的身体和头发，在中国两千多年的历史中，历朝历代的发辫是不一样的，在清朝之前，都是以蓄发为主，到了清朝便发生了大的转变，改为剃发，而到了清末，国家内忧外困，当时的开化人士纷纷想要救亡图存，改变现状，改变当时的落后风气，因此，人们便倡导剪辫，从清末发展到民初，剪辫兴起的浪潮逐渐变大，而这一浪潮的兴起，则大多与当时的政治有着密切的联系。

（一）清末剪辫运动的启蒙

1. 洋务运动期间的剪辫启蒙

清朝统治末年，统治者们面临着内忧外患，洋务派为拯救清朝的落后局面，而做出了重大贡献。洋务派认识到，学习西方对于当时来说非常重要，因而，清朝的统治者让中国学生出国留学，并向西方学习先进的技术。"1872 年派至美国的留美幼童一到新大陆，美国人就用异样的眼光看他们的辫子，美国小孩子常常跟在幼童的后面呼叫'中国女孩子'，有的甚至辱称他们为'猪尾巴'，这使留美幼童大伤脑筋"⑥。这些留学生出国留学，往往会因为发辫、服饰等生活习气的原因而受外国人的耻笑、讥笑。因此，一些胆子大的留学生便把辫子给剪掉了，可以说这些留学生是最先开始剪辫的人群，但是当时还处于清朝，人们都还不赞成剪辫，当时规定"前清时代留学外洋学生回国后，因无发辫即不能见诸当道及考试等事，

①　陈生玺：《清末民初的剪辫子运动（下）》，《沧州师范学院学报》1995 年第 4 期。
②　张世瑛：《清末民初的剪辫风潮及其所反映的社会心态》，台湾《国史馆馆刊》，2009 年。
③　梁景和：《资产阶级上层集团与民初社会习俗的改造》，《史学月刊》1993 年第 1 期。
④　方毓宁：《辛亥前后苏沪剪辫风潮》，《档案与建设》2012 年第 9 期。
⑤　陈才俊：《孝经全集·开宗明义》，海潮出版社，2011 年版，第 4 页。
⑥　李喜所：《"辫子问题"与辛亥革命》，《社会科学研究》2001 年第 6 期。

故该生等皆购一假辫发带于头上，以便应试引见之用"①。这些留学生为了能够有考试的机会或者看见清朝的长官时，则会将假辫戴在头上，在后来，剪掉辫子的人，比如说谭耀勋等人，都被开除出留学生的群体。

洋务运动时期的人们开始向西方学习，西方人们的各种习气也开始传入中国，虽然当时还不赞成学习西方的一些习惯，但是当时开风气的人们还是在清政府的高压之下，仍然学习西方的习气，从开始留学，人们从全然听从顺从清政府逐渐发生着转变，人们开始有着自己的思想和想法，他们有了一种叛逆的追求真知的思想在里面。这对于启蒙人们开始"剪辫"具有重要作用，自洋务运动的逐渐开展，当时人们的社会生活的习气也在开始改变。

2. 清末维新派的剪辫倡导

洋务运动在逐渐兴起并展开，西方人们的社会生活方式渐渐地传入，"剪辫"虽然在一开始受到人们的排斥，但是到了维新变法时期，随着列强入侵的加重，清政府越来越沧桑落后，当时的有识之士不断反思，逐渐向西方学习，不断引进先进文明的社会风气进入中国，而在甲午中日战争之后，晚清的维新人士对于剪辫的言论更加倡导起来，尤其是谭嗣同、康有为等先进人士。

康有为先生在戊戌变法时，向光绪皇帝系统全面地提出了《断发易服改元折》，康有为认为："今则万国交通，一切趋于尚同，而吾以一国之衣服独异，则情意不亲，邦交不结矣。且今物质修明，尤尚机器，辫发长垂，行动摇舞，误缠机器，可以立死……且垂辫既易污衣，而蓄发尤增多垢，衣污则观瞻不美，浴难则卫生非宜，梳刮则费时甚多，若在外国，为外人指笑、儿童牵弄。"②康有为先生向光绪皇帝奏请变革的时候，论述了留着长辫子的不利之处，康有为认为各国的发式都相似，唯独中国，所以留辫不利于邦交，并且随着机器的广泛使用，蓄辫不利于工人工作，蓄辫还容易沾污衣服，使得人们看起来邋遢不堪，这些都是留辫的不利之处，因此，康有为希望光绪皇帝能下令剪去辫子，改变这种蓄辫的风气，以图方便。

（二）民初极力推动下的剪辫（1912—1916）

剪辫的浪潮在逐渐发展，洋务运动、维新变法都为"剪辫运动"做着铺垫作用，随着辛亥革命的开展，清王朝的灭亡，"剪辫运动"的开展越来越强烈，辛亥革命基本上结束了清王朝的统治，以孙中山为首的革命人士建立了民国，命令宣布剪辫，而在袁世凯当政时期，也明令规定人们剪辫，从此开始掀起了一股"剪辫热"。

1. 民初孙中山等的剪辫倡导

辫子从清朝末年到民初，都具有一个共同的特点，即辫子带有政治化的含义。在社会习俗方面，新政权与旧政权存在着显著的区别。辛亥革命使得清王朝的统治灭亡，而孙中山先生也颁发了意味着变革和革命的剪辫政令："满虏窃国，易于冠裳，强行编发之制，悉从腥膻之俗……易萃霉菌，足滋疾疠之媒，殊为伤生之具。今者满廷已覆，民国成功，凡我同胞，允宜涤旧染之污，作新国之民……仰内务部通行各省都督，凡未去辫者，于令到之日，

---

① 《假辫居奇》，1913 年 3 月 5 日《顺天时报》。
② 康有为：《断发易服改元折》，载汤志钧：《康有为政论集（上）》，中华书局，1998 年版，第 368 页。

限二十日一律剪除净尽，有不遵者，违反论。"① 孙中山先生在政令中明确说出满廷辫子之流弊，认为新国之民则需要剪去发辫，而内务府下令各都督，要求各个地方剪去象征清政府的"辫子"。在此政令中，我们也可意会到，孙中山先生对于剪辫的决心，以及力图完全颠覆清朝统治的迫切希望，在推翻清王朝的统治之后，孙中山先生仍然在为改变社会风气而采取了许多措施，正是以孙中山先生为首的革命人士极力倡导剪辫，从而在民初，由于政令的实施，掀起了一股"剪辫热"。

2. 袁世凯政府剪辫政令的推动

辛亥革命后，不仅孙中山下令剪辫，之后当政的袁世凯也是十分赞同剪辫的。袁世凯其人，也算是中国近代史上开风气之先的一个人物，在清末新政时期，袁世凯编练新军，但是由于新兵需要改军服和军帽，士兵头上长长的辫子，便成了障碍，因此袁世凯上书朝廷，希望剪辫，但是并没有得到允许，士兵只好把辫子盘在军帽中。

对于民初剪辫，袁世凯当局还是比较赞成的，在 1912 年 2 月 26 日，袁世凯颁布剪发令："昨袁总统颁布命令于各部首领，饬即督饬全部人员一律剪除发辫以新耳目。"② 袁世凯宣布剪发令，则展示出袁世凯对于剪辫的决心，以及拥护共和之心。之后，各个地区都在通令剪辫。在上海，上海民政总长李君出示劝告剪辫："结发为辫本胡虏之旧俗，为我中国满清入关两百六十余年独留之污点，民国光复亟应上下……凡未去辫者于令到后一律剪除等。"③ 在山东地区，1912 年 6 月 20 日，山东都督下令称："通令各州县，凡人民不剪发者，一律停止其选举权、被选举权及诉讼权。"④ 1912 年 10 月 28 日，参议院提议《剪发议案》，规定："……发辫之有无，关系国体……故拟实行'剪发辫法'三条如左：第一条，凡为中华民国之民，须一律剪发辫；第二条，凡未剪发辫者，停止公权；第三条，本条例自公布日施行，但于蒙古、西藏、青海得以教令展缓施行之期。"⑤ 而在浙江地区，于 1912 年时，《民政司通令众议院省议会选举未剪辫者不准投票文中》指出："案照浙江省光复先行剪辫除满清之陋俗，表民国之新义，凡不剪辫者剥夺其公权……令该县知事查照办理……"⑥ 1912 年 11 月 4 日，《申报》中也曾刊登过这样一则新闻："近日，参议院议员提出实行剪辫法案三条，主张未剪发辫者不得有公民权……参议员而有意于扫除恶习惯乎……以剥夺公民权，为强迫剪辫之唯一后盾。"⑦ 民初剪辫的政令在许多地方推行，各地都在制令剪除发辫，各地方的长官也为此做了许多的努力，足见政府人员对于剪辫的重视程度。

到了 1913 年，《司法公报》上也曾发表过剪辫的制令，当时规定，入监者一律需要剪辫发，规定："总长面论监狱为执行自由刑之地，首宜遵从纪律，注意卫生而辫发于此……后入监人犯一律须剪辫发……"⑧ 1913 年 8 月 5 日，《顺天时报》上发表了这样一篇政令："前

---

① 中国第二历史档案馆编：《中华民国史档案资料汇编》，江苏人民出版社，1981 年版，第 32 页。
② 《袁总统之剪辫令》，1912 年 2 月 26 日《大公报》第 3433 号。
③ 《劝告乡人剪辫》，1912 年 5 月 10 日《申报》第 14086 号。
④ 《鲁人视发辫与选举权并重》，1912 年 10 月 30 日《申报》。
⑤ 《特别路透电：北京电》，1912 年 10 月 30 日《申报》。
⑥ 《民政司通令众议院省议会选举未剪辫者不准投票文》，1912 年 9 月 27 日《浙江公报》。
⑦ 《选举权可与辫发习惯相决战乎》，1912 年 11 月 4 日《申报》。
⑧ 《致各处长司后入监者一律须剪发辫函》，1913 年 8 月 7 日《司法公报》。

省议会于闭会时，特议决限定各界人民于廿日内剪尽，已经都督出示布告，兹已届期闻警厅已议设剪辫，游行街市，逢人便剪，以乞早日剪尽云。"① 之后，在 1913 年 10 月 19 日，有这样一篇政令强调道："民国成立二载而北省之戴清粹发辫者，触目皆是，而政府不即施以强迫之令，缘以大局未定，故无暇及此，现闻政府以正式总统已经就任，而各国亦皆承认，民国人民不应仍拖戴前清发辫，致于国体不合，观瞻不雅，故推特颁命令劝诫人民一律剪除清粹，如有抗违者，当行施以强迫云。"② 这些政令都是政府强制下令，要求人们剪辫。

　　1914 年 6 月 17 日，北京国民政府内务部颁发了《劝诫剪发条规》，并且规定职业不同的，处置的办法也有些不同，比如：各官厅的从职人员，没有剪辫的人员，将会停止他们的职务；如果车马和夫役没有剪发，那么就会停止他们营业。北京政府内务部也要求剪辫，认为剪辫是"专为形式上观瞻起见"③，而淞沪警察厅在此期间也公布了一些制令，他们认为："剪辫"可以让当时的风气变得整齐，有助于社会风貌的文明，从而希望人们剪辫。在 1915 年间，也有剪辫的政令："故于日昨经外右二区署长饬令巡官长警在该管境内遇有拖带发辫或蓄留短发者，当时即用强迫手段将其短发辫一律剃成光头云。"④ 剪辫的政令从未停止，到了 1916 年，仍然还有剪辫的政令，在 1916 年刊登于《申报》上的《百忙之中的剪辫令》中也命令要求民众厉行剪辫。

　　正如上文中，我们所提到的在 1912 至 1916 年间的剪辫政令，从中可以看出，无论是中央政府，还是各级地方政府，对于剪辫，对于移风易俗基本都持有积极响应的态度，这也致使剪辫运动在民初时期达到高潮。当时政府纷纷要求人们剪辫，移风易俗，其中虽然有政治的意味在里面，但是袁世凯推行这些政令时，并没有如清朝剃发般残忍，袁世凯政府时期的剪辫风气在逐渐流行，从而促使当时的留辫人员越来越少，剪辫的风气发展逐渐达到顶峰，众多人们进入剪辫的队伍中，剪辫的风气便在这样的情况下逐渐流行起来。

二、民初剪辫与不同民众对剪辫的反应

　　经过清末至民初的发展，1912 到 1916 年间，剪辫风气盛行于世，虽然当时盛行剪辫，但是当时的人们对此做出了不同的反应，这也显示出民众对于剪辫的不同心态。在此期间，一些民众主动剪辫，一些民众被动剪辫，对于剪辫，抱着一种无所谓的心态，还有一些民众反动剪辫，不愿剪辫。

---

① 《发辫末运》，1913 年 8 月 5 日《顺天时报》。
② 《发辫难保》，1913 年 10 月 19 日《顺天时报》第 3561 号。
③ 《内务部提倡剪辫发之文告》，1914 年 7 月 20 日《申报》。
④ 《二区搜查发辫》，1915 年 5 月 13 日《顺天时报》第 4108 号。

（一）主动剪辫的社会群体

1. 政府主导者主动剪辫

自从民国成立，便倡导移风易俗，要求人们剪辫以示赞成并拥护民国，而政府主导者也纷纷剪辫，以示表率以及自己的决心。清帝于 1912 年 2 月 12 日下诏退位，在此以后，袁世凯就在外交部的大楼里立即剪掉了自己的辫子，"在家的时候，袁自己不断哈哈大笑，谈话中显示出异乎寻常的高兴……'袁宫保剪辫子'这件事，很快就轰动了整个北京城的军政上层，不少人也剪了辫子"[①]，正是由于袁世凯的率先剪辫，从而更加肯定了剪辫的做法，许多下级军官及各省督抚等都纷纷开始跟随袁剪辫。政府及各省督抚等政府的主导者下令要求人们纷纷剪辫，内务部和警察厅互相配合，而当时的军人成了急先锋，政府先从军人着手，开始剪辫，各省军人和政府人员纷纷开始剪辫。政府的主导者们要求，"凡各官署及其他官公立机关服务人员，未剪发者，由该管民长官诫令剪除，不听者停止其职务"[②]。之后，军人、政府当值人员纷纷自动剪辫。当时的军人也在街上或者城楼边敦促人们剪辫，或者是直接用剪刀剪去行人们的发辫，这也表现出政府人员对于剪辫的决心，以及希望移风易俗，变换风气。

2. 革命党人的推动

以孙中山为首的革命党人，在清末的时候就剪去了发辫，而之后的革命党人积极倡导剪辫，而剪辫也被赋予了一种政治上的色彩，剪辫意味着倡导民主共和，拥护革命，而在 1912 至 1916 年间，他们主动推动人们剪辫，倡导剪辫。革命党人认为："辫发之制，始自满奴，豚尾之讥，著于万国，嗟我汉民，以衣冠文明之胄，从彼夷狄之俗……今幸天不亡汉，民国成立，驱彼异族，还我河山，拯同胞于水火，造共和之幸福。凡我汉族，自应一律剪去辫发，以雪前此之耻辱面表，示我民国独立之精神。"[③] 从材料中我们可以看出，辫子是满族的象征，只有剪辫，才能以雪其辱，拯救人民于水火之中，革命党人意识到这些，从而自我剪辫，并且主动推动，促成人们剪辫。

凡是加入革命派的人们，都主动剪辫，革命者们作为开风气的人物群体，他们拥护共和，拥护民初的统治。革命党人不仅自己剪辫，还不断促成人们剪辫，他们对于剪辫则持有一种积极响应并大力支持的态度。

3. 知识分子的表率

在这场移风易俗的剪辫风气中，知识分子对于剪辫则持着积极赞同的态度，比如说当时的留洋学者，他们在这场剪辫热潮中积极响应剪辫的潮流，比如，当时的鲁迅、李大钊等一代学人，纷纷做出表率，主动剪辫。李大钊作为留洋知识分子，他在辛亥革命之后便剪去了辫子，并且李大钊先生在日本还发动了一次剪辫革命，"1915 年，他与留日学生司徒复兴等一起发动了一个剪辫子风潮，把拖着辫子的留学生当作保皇派，强行剪去"[④]。李大钊先生深受外来文明思想的开化，因此积极倡导剪辫，希望人们剪辫。而像李大钊这样的留洋学生

① 唐在礼：《辛亥革命前后我所亲历的大事》，《辛亥革命回忆录（第六辑）》，中华书局，1963 年版，第 339 页。
② 《县知事劝诫剪辫》，1914 年 7 月 12 日《申报》第 14878 号。
③ 《光复实行剪辫团宣言》，1912 年 1 月 1 日《申报》。
④ 彭涛：《晚清到"五四"一代学人的辫子与政治》，《湖北社会科学》2005 年第 12 期。

以及学者还有很多，他们受到西方先进思想的洗礼，从而思想进步，希望民主与自由。而鲁迅对于剪辫，也是积极主动的，鲁迅从 1911 年开始创作小说，大多小说都与"辫子"有着莫大的联系，比如，1913 年鲁迅先生写的《怀旧》，这篇小说刊登在《小说月报》上，该小说则主要讲与"辫子"有关的一些事情，鲁迅先生在辛亥革命之前便剪去辫子，之后也更是倡导剪辫，鲁迅先生认为，"我的爱护中华民国，焦唇敝舌，恐其衰微，大半正为了使我们得有剪辫的自由，假使当初为了保存古迹，留辫不剪，我大约是决不会这样爱它的"①。鲁迅先生认为要爱国，则要主动剪辫，要有剪辫的自由，鲁迅先生主动剪辫，并倡导民众剪辫，直到 1917 年张勋复辟，鲁迅先生也一直用辫子影射并讽刺复辟帝制。

像李大钊先生、鲁迅先生等留洋学者还有很多，他们在剪辫运动的浪潮中，率先剪辫，主动剪辫，起到表率作用，并且积极倡导剪辫，极大促进了"剪辫热"的发展。

（二）被动剪辫的社会群体

对于剪辫，民初社会存在着这样一种群体，他们不关心国家未来的发展前景，只关心自己当下的生活，并且这样的群体大量地存在。这一群体对于"剪辫"保持中立的态度，要求留辫则留辫，要求剪辫则剪辫。当时被动剪辫的主要有以下两类群体。

其一是城镇民众普遍跟风剪辫。对于剪辫，当时的上层城镇居民普遍开始剪辫，跟风剪辫。人们对于剪辫的风气的反应比较淡薄，当军人强行拉住居民去剪辫时，他们也不会反抗，除了自己会有一些不习惯之外，并没有太大的影响，他们只为保住自己的性命和现存的生活。也有一些城镇居民不愿被一些人们讥笑为"豚尾奴""满奴"，从而跟从剪辫风气，剪去自己的发辫。

其二是乡村民众被动剪辫。许多下层的乡村人民，面对一些高压的政策，虽然自己不愿剪去跟随自己几十年的发辫，但是也不敢公然反对，因此索性阳奉阴违，见机行事。他们既不拥戴清朝政府，也不提倡民初的政体。在这些人看来，"截发容易留发难，万一大清复辟，视无辫者为革命党，必有杀身之祸……居然想出了绝妙好计，一倡百和，大家从箱底翻出了儒巾，将辫发盘在头顶，戴上儒巾，脑后无垂辫，掩藏完密，扬长过市"②。这些民众为了自身的安全，便存在着这样的剪辫心理：一面害怕清朝复辟，没了辫子，惹来杀身之祸，一面又要迎合民初政府，剪去象征清政府的辫子，因此，他们便处于被动的局面。

（三）反动剪辫的社会群体

对于当时的剪辫风气，不仅有主动剪辫、被动剪辫的人类群体，还有反对剪辫的一类人，比如说清朝遗老、保守士绅、偏远乡村的人们，他们所处的环境和地位虽然不同，但是他们的想法是一致的，他们反对剪辫，不愿剪去自己脑后的辫子。

1. 清朝遗老反对剪辫

清朝遗老主要是指清朝结束之后所留下的臣民等，他们仍然固守旧朝的一些习俗和传统，不愿归附民国。虽然当时的剪辫风气盛行，但是清朝的一些官员仍然留着长长的辫子，固守清朝的礼仪习俗，比如，当时的陕甘总督升允，他的儿子在天津剪去发辫之后，"对其

① 鲁迅：《且介亭杂文末编·因太炎先生而想起的二三事》，万卷出版公司，2014 年版，第 60 页。
② 陈逸芗：《故乡兴化见闻》，《辛亥革命回忆录》，文史资料出版社，1982 年版，第 111 页。

父亲说，'我已投身民党'，升允听后大怒，命手下将其子杀害"①。充分拥护清朝政府的陕甘总督得知自己的儿子剪辫，投身民党，便杀死自己的儿子，以示对清朝的拥护。而当时的严复等人也是固守传统的清朝习俗，郑孝胥也作为一名清朝遗老，他在日记中这样描述陈三立（伯严）："陈伯严来谈。陈犹辫发……有革党欲强剪之，伯严叱曰……闻朱古微亦留辫，往来苏沪。"② 当时的皇室各处的官员和差役等，这些人"前对于剪辫一事反对剪去者极多，其原因盖内廷重要人物尚皆保存发辫，故该官役等亦俱徘徊观望"③。这些清朝遗老对于剪辫都持有反对的意见。

在 1912 至 1916 年间，清朝遗老圈的人数众多，比如，郑孝胥、王仁东、陈三立等，这些清朝遗老都反对剪辫，他们坚守着清朝的传统，不愿真正赞同民初政局，一心拥护清朝的统治。

2. 保守士绅反对剪辫

在反对剪辫的群体之中，还有保守士绅反对剪辫，他们留着长长的辫子，往来于人群之中。在这些保守士绅中，最为出名的就是辜鸿铭和王国维，这两位国学大师，他们知识丰富，学识渊博，但是对于中国的传统文化尤为固守，在民初的剪辫风气中，他们不愿剪辫。辜鸿铭先生可算是学贯中西，他在留洋期间，剪去自己的辫子，在辛亥革命之时，他的辫子还没完全长全，之后民初，政府倡导剪辫，辜鸿铭先生便主动留辫，反对剪辫，梳着长长的辫子出入学校，教授学生们知识。而另外一名学者便是王国维先生，他一辈子都留着辫子，不赞同剪辫。除了这些保守士绅之外，还有一些守旧的地方乡绅也抗拒剪辫，比如有一保守士绅，他忠于清王朝，并扬言想要把剪辫之人杀害，足见这些士绅对于剪辫持有一种抵制的心态，反对剪去自己的辫子。

3. 偏远乡村人们反对剪辫

清朝遗老、保守士绅都抵制剪辫，他们都算是博学之人，了解时局，但反对剪辫的还有这样一类人，他们不懂时局，不懂知识，只知道当下的生活，这样一类人就是偏远乡村的人们。虽然当时剪辫风气盛行，但是由于中国地域宽广，因此，在一些偏远的乡村地区的人们，他们对于当时盛行的剪辫风气，并不热衷。

"然而大清国倾覆后，不改正朔，不弃发辫，不变衣冠，公开一清遗民自居甚至直认'民国乃敌国也'者，比比皆是。"④ 当时偏远乡村的人们不知有国，只知有乡，他们故步自封，不愿移风易俗，反对剪辫。在许多偏远乡村的人们，都有着同样的心理，他们都反对剪辫，比如，1912 年，胡适的家信告诉他："吾乡一带……其僻处山派，剪发者只有半数。间有蓄发梳髻，似明以前之装饰者，然绝少，盖千人中不过四五人耳。"⑤ 可见偏远山区的人们大多数都没有完全剪辫，他们不愿剪辫，反对剪辫。

---

① 《北京专电》，1912 年 5 月 5 日《时报》。
② 郑孝胥著，劳祖德整理：《郑孝胥日记》，中华书局，1993 年版，第 1417 页。
③ 《发辫终难保存》，1916 年 11 月 6 日《民国日报》第 284 号。
④ 杨奎松：《鬼子来了》，广西师范大学出版社，2016 年版，第 74 页。
⑤ 《胡绍之致胡适的信》，《辛亥革命史丛刊（第一辑）》，中华书局，1980 年版，第 223 页。

三、剪与不剪的影响因素

1912 至 1916 年间，剪辫风气在逐渐形成，并广泛地传播，但是对于剪辫，如上文的论述可见，人们持有不同的看法，一些人赞同剪辫，一些人对剪辫持有无所谓的态度，还有一些人则反对剪辫。在民初，剪辫风气如此盛行，为什么人们的反应会有不同呢？是什么造成了这样的不同？主要可以从以下四个维度来分析。

（一）从政府政治力量的辐射范围的观察

1912 年到 1916 年间，政府相继实行了许多推动剪辫的政治措施，受到政府政治力量辐射的地区，则会主动剪辫，而未受到辐射的地区，人们对于剪辫则持有无所谓的态度，或者是完全地反对剪辫。

民初剪辫风气很大程度上是在政府及政治力量的推动下进行的，当时政府颁布了一系列的剪辫政令，进行移风易俗，希望民众剪辫，以达到拥护民党的决心，政府认为辫子"不惟有碍观瞻，实恐贻笑邻邦，有伤国体"[1]。辫子是清朝的国粹，那么辫子就是清朝的代表，不利于现在民初的国体。对于辫子，当时的民初政府则认为"留辫"不美观、不卫生并且容易沾污衣服，对国民的形象不好，不能与民初的文明开化的风气相符，因此政府颁布了很多政令，希望国民剪去发辫。在政府措施的推动下，许多城镇地区以及距离政府比较近的地区的人们则受到良好的教化，这些人们愿意接受并且乐于接受这种文明的气息，所以他们对于政府的剪辫措施，则会认真地执行，乐于剪去自己的发辫，因此，他们主动剪辫。

但是，政府政治措施的辐射范围还是非常有限的，从而有反对剪辫的人们。在一些偏远的地区，交通不便，政令不通，因此政府的许多剪辫措施都不能波及这些地区，政令就鞭长莫及。当时有一乡人，"有傅保珍与王二同在下绅家内作木工，日昨傅某用剪子欲给王二剪发，王二将剪子夺去，当将傅某之左腿扎伤三处……"[2] 可见偏远乡村的人们，正因为没有文化，文化习俗落后，近代许多的先进思想、民主思想并未传到这些地方，故步自封，坚守着自己的习惯，当自己的辫子被剪去，这些人们就会感觉别人侵犯了自己，侮辱了自己，就会有反抗的心理在里面，他们都反对剪辫，并且还有许多乡人仍然过着男耕女织的小农生活，不与外界相接触。

因此，由于政府政治权威的波及范围有限，这就产生了主动剪辫的人们和反对剪辫的人们。

（二）对于经济上的商业便利的影响

在民初，人们对于经济、商业有了初步的认识，从经济方面来说，剪辫可以带来一些经济利益。民初，人们饱受战争的折磨，这些人们唯一的念想就是自己能有生命，能生活得更好，因此，他们为谋求生计，就会谋求求生之道。在《海外奇谈》上登载过这样一则新闻："法报载中国人剪辫者，日多一日，兹有某财政家，预算华人全数剪辫之利益，设如有一万

---

① 《参政辫发去留之问题》，1914 年 6 月 28 日《顺天时报》。
② 《为发辫如此蛮横》，1913 年 11 月 26 日《顺天时报》第 3598 号。

万有辫子之人，均不用梳篦，每年可省九十万万元……总之华人如盖剪发，每年可增利益共有四百万万元。"① 由此可见，剪辫能给人们带来很大的利益，也会节约很大一部分钱财，这对于当时的政府的收入，也是非常有利的。

随着经济的发展和机器的引入，留辫就更加不合时宜了，在《自由月报》上曾刊登了这样一则滑稽的文章："各省剪刀剃刀……辫子畏罪匿迹乡间今已逮捕，不日定可解到，查辫子本满洲旧族……其最大之罪恶，在将工人拽入机器中碾成肉糜，似此诱杀人民已屡次不一次……"② 对于工人来说，留辫容易带来生命危险，并且不便于生产。从经济上的商业便利来说，在当时的机器工业生产物品的社会，留辫可能会造成生命的危险，对于工作则非常的不方便。并且生于乱世的人们只想要安定的、能挣钱糊口的工作，因此，相对于一份工作来说，辫子对于这些工人来说就没有那么重要了，这些人们便会主动剪去辫子。

（三）思想的开放、保守之别

1912 到 1916 年间，外来开化文明的思想在传入中国，但是对于这些思想的传入，一些开明的、乐于接受新思想、新文化的人们则会欣然地接受移风易俗，自愿剪去自己的辫子，但是一些思想守旧的人们则不愿意进行移风易俗，因此，反对剪辫。

1. 时尚开放思想的影响

民初的主导者大多都是留洋的先进革命志士，他们是资产阶级的代表并且他们认为西方的文化更加民主文明，西方的资产阶级启蒙思想能促进广大民众思想的解放，但是他们认为"留辫"是一种陋习，因此需要改变，需要除去，这些仁人志士们开展各种移风易俗团体和"剪辫易服"团体，并且通过报社等宣传剪辫，在这些措施的推动下，人们开始主动剪辫，开始具有崇洋倾向与开放时尚的观念。随着世界整体化趋势的加强，西方的流行元素和时尚观念的传入，使得当时的人们纷纷效仿，尤其是在各大城市中，城市中的人们大多有崇洋的倾向，他们剪发，追求时髦。并且当时的人们如若不剪辫，就会被人们讥笑为"豚尾奴"，许多留学生或者崇洋者都减去这一象征满族奴隶的标志，从而迈向新时代。

这些人们在西方开化思想的影响下，追求西方的时尚，开始主动剪辫，主动地移风易俗，追求各种时尚文明的风气。

2. 个人守旧思想的影响

民初，虽然存在多数思想开放的民众，但也存在一些守旧的民众。民初固守传统文化的人群也有相当一部分，比如辜鸿铭先生、王国维先生等。民国成立以来，思想保守者还有很多，虽然当时"不容发辫者久矣，虽防护周全，终难免军人之眼目，于是有盘结头顶者，有乘坐肩与者，有垂辫胸前者，有藏辫头领内者，种种方法终难保全，一经揭露，快剪立下，被剪者垂头丧气，不敢伸张，甚至涕泪交流，放声大哭，余深为怜之，因为若辈思一计，苟欲保全发辫，须装病人状，将辫结起，头戴风帽，面涂黄栀水，身着长袍，曲背躬行，呻吟不绝，剪辫遂睹此情状，必不忍加以诘问"③。这些民众思想保守，对于辫子充满着浓浓的感情，他们想出各种方法来保护自己的辫子，如若剪去辫子，他们就会非常伤心。还比如

① 《剪辫之利益》，《自由杂志》，1913 年。
② 《滑稽魂：剪刀宣布辫子罪状电文》，《自由月报》，1912 年。
③ 《报辫新法》，1912 年 6 月 14 日《申报》第 14120 号。

"郭家店地方居有王海春，性格顽固，自共和告成人多劝剪发，而彼百般反对，泥守身体发肤，受之父母，不敢毁伤之义，至今未曾剪除"①。

从上面这些材料，我们可以从侧面反映出部分人们在思维里面已经认定了辫子的重要性，这也反映出传统思想在人们的脑海中根深蒂固，早已把辫子看作自己的一部分，不敢舍弃。正是由于保守思想的影响，一些人们就不愿意剪辫。他们之中，有的是对清朝的忠诚而不愿剪辫，有的是对于传统文化的遵循，而反对剪辫。

（四）生活习惯的影响

我们的生活习气一旦养成，则很难转变，也很难形成新的生活习气。1912 年到 1916 年间，虽然大多数人都剪去辫发，但是仍然有一小部分人不愿剪辫，而且在剪辫的人群中，大多都是年轻人，年轻人在逐渐受到先进文明思想的影响，从而其生活习惯、社会习气都具有西化的表现，因此，对于辫子还没有太大的感情，但是老年人就不一样了，他们就反对剪辫。比如："王壬秋先生发辫犹存，出席时仍盘髻于顶，是则独异于众，有人询其何以不剪，答谓余已衰老，何必偏学时髦云。"② 王先生已经把辫子当成自己生活的一部分，所以他不愿去赶时髦，不愿变换这种习惯。

从生活习惯来说，他们钟爱于跟随了他们几十年的辫子，他们的生活习惯早已养成，他们已经把辫子看作身体的一部分，不愿有损身体。在一定程度上，也说明了，对于民初的剪辫风气，人民有着自己的想法，而自己一直养成的习气也在很大程度上都在影响着人民的社会心态。因此在旧有习惯以及习俗的约束下，大多数年迈的人们都不愿剪去拖在自己脑后几十年的辫子。

总之，正是由于政治力量波及范围的不同、经济上的一些影响、人们思想的开化与守旧以及人们在生活上的习气的不同，从而造成了面对剪辫这一风气，人们持有不同的看法。

民初剪辫的风潮，在社会群体中引发了不同面相的反应，存在变与不变的心态。想要改变的一类人，他们存在着一些想要变通的思想，想要去改变现在的风气，移风易俗，促进社会的变迁，但是当时社会也存在不要变通的群体，他们只想固守自己长期以来的生活习气，对于传统文化持有一种崇尚敬畏之情，他们认为自古以来的社会习气是最好的，对于外来的思想文化，他们认为是糟粕，因此他们有着不变的生活态度。对于剪辫，对于移风易俗，人们的社会认同是不同的，由于每个人的认知和思维的不同，人们对于剪辫的态度也不同，并且人们对于移风易俗还存在一种矛盾的心态，大部分的人们都很赞同剪辫，赞同改变社会的风气，但是仍然存在小部分人反对剪辫，反对移风易俗，也正是存在这种矛盾的心理，从而才有助于后世的人们全面地了解并把握民初的社会变迁也并不是一帆风顺的，民初的移风易俗以及社会风气的转变是循序渐进的，正是在这种矛盾的心理之下，以及在各方面各阶层的共同努力之下，才使得民主文明的思想开始走向每个人的心里，人们的思想才开始逐渐转变，从而改变清朝的诸多习惯，开始走向更加文明雅观的生活方式。

---

① 《垂辫大害》，1916 年 11 月 8 日《民国日报》第 286 号。
② 《王参政辫发犹存》，1914 年 7 月 1 日《顺天时报》第 3803 号。

　　总之，探讨人们对于剪辫风气的不同反应，更加有利于人们全面地了解当时各阶层的社会状况以及让人们了解到当时社会的风气变迁。由于不同民众对于剪辫的态度不同，也可以看出当时个体的人所处的环境不同，因此才会有对于"剪辫"不同的态度和反应，才会让人们全面地了解到各个阶层所处的社会状况，而人们的对于剪辫的主动、被动和反对的这种矛盾的心态，也印证了"社会习俗在剧烈的冲突中实现了转变"①。正是在近代社会的转变中，人们开始摒弃陋俗，逐渐形成文明的社会习气。

（作者单位：四川师范大学历史文化与旅游学院）

---

　　① 邱巍：《辛亥革命后的"剪辫易服"潮》，《史林》2000 年第 2 期。

台湾池王爷的来历及其信仰的演变

谢贵文

内容提要：王爷是台湾民间信仰的重要神明，大多会冠以姓氏，其中以池王爷最多。清代文献记载池王爷乃来人间行瘟的"天行使者"，又是王醮所欲驱逐的对象，显示其最初被视为"解瘟之神"。后来为增加正统性与神圣性，乃为其披上"代天巡狩"的外衣，甚至与历史名人相附会；而其职能也不再局限于解瘟，且能与他姓王爷相结合，组成三府或五府王爷，相互分工来护佑地方。

关键词：池王爷；民间信仰；代天巡狩；王船；解瘟之神

一、前言

王爷又称千岁、大王、王公、大人、老爷、代天巡狩、将军、元帅等，为台湾最普遍的民间信仰[1]。王爷大多冠以姓氏，称为"某府王爷"，据调查有上百个姓，但以池、李、朱、温、苏、吴等姓较常出现，其中尤以池姓最多，被视为王爷之代表[2]。

池王爷虽是台湾最常见的王爷，但其来历却是个谜团，信仰的形成也有各种不同的说法，莫衷一是；而经历清代、日据与光复后等不同时期，该神的性质与职能已有所变化，奉祀形式也从单独奉祀，扩展成与他姓王爷组成三府、五府之同祀，成为台湾民间信仰的独特现象。有关研究台湾王爷信仰的论著虽然不少，但专门针对池王爷者却甚少，本文将透过文献史料及庙宇资料之分析，探讨池王爷的来历、性质及其信仰的形成、发展与演变，期能对此重要信仰有更完整的掌握。

---

[1] 　根据日治时期以来的寺庙调查数据显示，王爷庙在全台的寺庙数量排名，皆是数一数二。参见余光弘：《台湾地区民间宗教的发展——寺庙调查资料之分析》，《"中研院"民族学研究所集刊》53 期（1982 年），第 81 页。

[2] 　刘枝万：《台湾之瘟神信仰》，《台湾民间信仰论集》，台北：联经出版公司，1990 年版，第 227 页。

二、台湾池王爷的来历与性质

历来学者对台湾王爷信仰的起源与类型，有各种不同的说法，综合各家之说，大致可将王爷分为瘟神与功烈神灵两大系统，如清末《安平县杂记》所载："台地所谓王爷者，俗传前朝有三百六十多名进士，同日而死，上帝怜之，命血食四方，故民间有'代天巡狩'之称。其实不然，如萧王爷者，碑记谓汉之萧何，大约古人正直为神，其名有不可考，概称之曰'王爷'。"① 前者三百六十多名进士可归属为"解瘟之神"，后者萧王爷则是功烈神灵。

功烈神灵的范围较清楚，如李丰楙指出东港温王爷为"生前有功绩、死后有显灵的正神"，即属于功烈神灵②。而在三尾裕子的分类中，有一类是由一族祖先转化而成王爷，他原来只受一族子孙供奉，因生前功劳、升化后显灵等传说广泛传播，使其供奉者扩及一般人；另一类是为保卫、发展国家或地方做出杰出贡献的历史人物，或被确信为历史上确实存在的人物而转化为王爷③。这些王爷也都属功烈神灵，康豹（Paul R. Katz）称之为"英灵王爷"④，连横、蔡相辉所言郑成功祖孙系统⑤，亦应归为此一类型。不过，功烈神灵仍不免有与瘟神混淆者，如台南地方有"生有嘉行或饶勇之士，死而被祟王爷，遂成瘟神者""瘟神被牵强附会于古人者"⑥ 等皆是。

"解瘟之神"系统的王爷则较为复杂，刘枝万以瘟神传说类型区分为两大类，一是"三百六十进士死于非命"的"王爷"系统，二是"五进士投井收毒"的五帝系统⑦。不过，也有学者认为王爷与瘟神是不同的神明，如康豹指出瘟神是在天庭的瘟部里掌管瘟疫、惩罚恶人的神明，他奉上天之命来到人间行瘟，是民间所要驱逐送走的对象，如五瘟使者（五福大帝）、十二瘟王等；王爷则是死于非命的厉鬼，其中有些是为阻挡行瘟而死者，因有崇高功德而成神，靖疫法力特别高强，如温王爷、池王爷等⑧。蔡相辉则从文献比对福州的瘟神五帝信仰及台湾的王爷信仰，认为台湾的五帝庙才是瘟神信仰，王爷则与五帝、五通、五瘟神绝然不同⑨。

虽然各家对王爷的定义与分类有所不同，但从清代的文献史料来看，王爷确实与"解瘟之神"有密切的关系，甚至民间常将二者视为同一神明。例如清初黄叔璥《台海使槎录》有载：

　　　三年王船备物建醮，志言之矣。及问所祀何王？相传唐时三十六进士为张天师用法

---

① 不著撰人：《安平县杂记》，台北：台湾银行经济研究室，1958 年版，第 21 页。
② 李丰楙：《东港迎王：东港东隆宫丁丑正科平安祭典》，台北：台湾学生书局，1998 年版，第 37—43 页。
③ ［日］三尾裕子：《王爷信仰的发展：台湾与中国大陆之历史和实况的比较》，徐正光、林美容编《人类学在台湾的发展：经验研究篇》，台北："中央研究院"民族学研究所，1999 年版，第 35—36 页。
④ 康豹：《台湾的王爷信仰》，台北：商鼎文化出版社，1997 年版，第 182 页。
⑤ 连横：《台湾通史》，台北：台湾银行经济研究室，1962 年版，第 572 页。蔡相辉：《台湾的王爷与妈祖》，台北：台原出版社，1989 年版，第 13—18 页。
⑥ 刘枝万，《台湾之瘟神信仰》，《台湾民间信仰论集》，台北：联经出版公司，1990 年版，第 227 页。
⑦ 同上。
⑧ 康豹：《台湾的王爷信仰》，台北：商鼎文化出版社，1997 年版，第 18—40 页。
⑨ 蔡相辉：《台湾的王爷与妈祖》，台北：台原出版社，1989 年版，第 47—51 页。

冤死，上帝敕令五人巡游天下，三年一更，即五瘟神；饮馔器具悉为五分。外悬池府大王灯一盏，云伪郑陈永华临危前数日，有人持柬借宅，永华盛筵以待，称为池大人，池呼陈为角宿大人，揖让酬对如大宾；永华亡，土人以为神，故并祀焉。①

有关文中所提到池大人的来历，在高拱乾《台湾府志》中记载："辛酉年，疫。先是，有神曰'天行使者'来居陈永华宅，永华与相酬接。自是，郑之主臣、眷属，凋丧殆尽。"②显见此神乃奉上天之命来人间行瘟的"天行使者"，造成郑氏王朝上下多人疫死，其似认为池王爷具温馨性质。

再者，文中提到"王船备物建醮"乃祀五王，显见王船或王醮皆因"解瘟之神"而设。台湾有不少知名的王爷庙，香火缘起多为王船漂流而来，显示其所祀王爷亦皆属"解瘟之神"。另在乾隆十七年（1752）王必昌《重修台湾县志》有载：

> 兹查各坊里社庙，以王公、大人称者甚伙……，庙宇大小不一，概号曰代天府。神像俱雄而毅；或黝、或赭、或白而皙；诘其姓名，莫有知者。所传王诞之辰，必推头家数人，沿门酿资演戏展祭。每三年即大敛财，延道流、设王醮二三昼夜，谓之送瘟。③

这也说明清初奉祀王公、大人的"代天府"王爷庙，虽然其神明的称号不一，神像的造型也各有不同，但都有固定举办王醮的习俗，显见这些王爷庙所祀多为瘟神，即使有主祀英灵王爷者，亦与"解瘟之神"信仰存有密切关系。

由此可知，池王爷的原型乃一"解瘟之神"，虽然民间为躲避官府对淫祀的弹压，而为其披上"代天巡狩"的外衣，或赋予其"唐朝进士"的身份；但从王醮仪式及来历传说中，仍可看见其"解瘟之神"的性质。清乾隆年间的《重修凤山县志》即有载："最慎重者曰王醮。先造一船曰王船，设王三位（或曰一温姓、一朱姓、一池姓）……送至水滨，任其飘去（纸船则送至水滨焚之）。夫傩以逐疫，圣人不妨从众。"④ 可见池王爷乃逐疫仪式所欲驱逐的对象。而台南麻豆代天府的沿革，也记载三百六十进士中，有李、池、吴、朱、范五人结拜为兄弟，在人间护国佑民。某日，池王见一疫神降下人间，得知其奉命带药丹来散播瘟疫，为免万民受苦，池乃借口取得药丹，服下而亡，故其神像乃须发直竖、两眼突出。这则传说显将"三百六十进士死于非命"与"五进士投井收毒"相结合，又强调池王乃中疫毒而死，可见其"解瘟之神"形象特别明显。

三、台湾池王爷信仰的发展与演变

根据清代文献的记载，台湾最早的池王爷庙出现在乾隆初年，如《重修凤山县志》所载："池王爷庙，在县治南蛇山麓。相传神为唐进士池姓者。乾隆初年建。"⑤ 所谓"相传神

---

① （清）黄叔璥：《台海使槎录》，台北：台湾银行经济研究室，1957年版，第45页。
② （清）高拱乾：《台湾府志》，台北：台湾银行经济研究室，1960年版，第217页。
③ （清）王必昌：《重修台湾县志》，台北：台湾银行经济研究室，1961年版，第182页。
④ （清）王瑛曾编纂：《重修凤山县志》，台北：台湾银行经济研究室，1961年版，第59页。
⑤ 同上，第268页。

为唐进士池姓者"，即上述黄叔璥"三十六（后衍生为三百六十）进士死于非命"传说，其中便以池王爷为代表。而该庙为何会建在"县治南蛇山麓"，这显然也与瘟神信仰有关，台湾早期的王爷庙都集中在西南沿海地区，因其奉祀的王爷多从内地王船送瘟而来；而凤山县治所在的兴隆庄，地处近海，尤其蛇山之外即是万丹港，极有可能是因王船载着王爷漂来，而就近择地建庙奉祀之。此外，倪赞元所编《云林县采访册》亦载："池王爷庙，号代天宫，在县城南，前后两楹。乾隆年间公建，咸丰十一年重修。"[①] 显见乾隆年间的云林地区，亦已出现池王爷庙，并以"代天宫"为庙名。

　　迨至清末，池王爷的信仰更形普遍，光绪二十年（1894）卢德嘉纂辑的《凤山县采访册》，即记载境内奉祀该神的庙宇多达十六间，如下所列：

　　　　一在漯仔底庄（兴隆），县西十二里，屋四间（内祀池王），光绪十六年隆益号修。

　　　　一在内围庄（兴隆），县西十四里，屋八间（内祀池王），乾隆五十四年吴世芳募建，光绪十二年陈华董修。庙租二十元。

　　　　一在滥埔庄（赤山），县东北八里，屋三间（内祀池王），光绪六年沈芸募建。

　　　　一在中埔庄（观音），县北二十里，屋五间（内祀池王），嘉庆五年王允、王雄募建。

　　　　一在下漯底庄（仁寿）县西北三十四里，屋五间（内祀池王），同治二年庄民建。

　　　　一在螺潭庄（仁寿），县西北三十六里，屋六间（内祀池王），光绪九年廖鸿飞董修。

　　　　一在后协庄（仁寿），县西北四十里，屋一间（内祀池王），嘉庆十四年张厚董建。庙租十石。

　　　　一在弥陀港庄（仁寿），县西北四十里，屋一间（内祀池王），光绪元年张邦和、林年三董修。

　　　　一在仙草寮庄（嘉祥），县北四十五里，屋四间（祀温、吴、朱、李、池五王），光绪五年李赛募建。

　　　　一在大乌山腰（嘉祥），县北五十里，屋三间（额"昆山寺"，内祀池王），光绪十年李赛募建。

　　　　一在乌树林庄（维新），县西北五十五里，屋三间（额"保宁官"，内祀池王），光绪六年苏瑞居募建。

　　　　一在新园庄（长治），县西北五十六里，屋八间（额"福善官"，内祀池王），乾隆二十九年张志凝建，四十九年谢君泽修，嘉庆十七年谢出坎继修，道光三年杨总芳续修，咸丰十年黄余庆重修，同治三年黄应清再修。

　　　　一在大湖街（长治），县西北六十里，屋二间（额"碧湖官"，祀朱、李、池三王），嘉庆三年林昆义募建。

　　　　一在拔仔林庄（文贤），县西北六十三里，屋八间（额"福寿官"，内祀池王），同治二年郑合募建。

①　（清）倪赞元编纂：《云林县采访册》，台北：台湾银行经济研究室，1959年版，第16页。

　　　　一在大人宫庄（凤山），县东南十二里，屋八间（额"凤仪宫"，祀温、朱、池三王），乾隆十二年吴和尚建，光绪九年吴觉修。庙租三十六石。

　　　　又一座亦在大林蒲庄，屋八间（额"凤岫宫"，内祀池王），光绪十七年陈知董修。①

　　由此来看，清末池王爷庙不仅已遍布凤山县各地，且有些为当地的信仰中心，拥有不少的庙产，甚至还有以庙作为地名者，如"（池）大人宫"庄。而在庙名上，也不再只称"代天宫"，而出现各种与地方有关的庙名，显示池王爷由"代天巡狩"之神，逐渐转变为一地的守护神。更值得注意的是，除单独供奉池王爷外，也出现池王爷与他姓王爷合祀，而成为三府或五府王爷。

　　五府王爷最常见的组合是"李、池、吴、朱、范"五姓，大多是由台南市北门区鲲江村的南鲲鯓代天府所分香或分灵而来。该庙被誉为台湾王爷信仰之总庙②，清代中叶已开始有分香庙宇出现，也形成台湾府城迎鲲鯓王的风俗，成为与北港朝天宫齐名的南北两大进香绕境活动③。现今其分灵庙宇遍及海内外，总数超过两万座，每年农历四月至九月的进香期，更涌进来自各地一万七千余团的进香团④，成为全台一大宗教盛事，而被指定为"重要民俗"的文化资产。

　　有关"李、池、吴、朱、范"五姓王爷的生平背景，有各种不同的说法，较常见者称二王池府王爷本名池梦彪，为隋唐年间陈留人，与其他四姓好友义结金兰，随唐高祖平定天下、征讨边疆，战功彪炳，死后被封为代天巡狩，代表玉帝巡视人间，保国佑民⑤。随着五府王爷信仰的普遍流传，每位王爷也各有所长，民间乃有"大王好日子，二王好流水，三王好地理，四王好签诗，五王好脉理"之俗谚，其中二王池府王爷擅长处理与水有关之"海事"。

　　三府王爷较常见的组合，亦由五府"李、池、吴、朱、范"中的三姓所组成，以"朱、池、李"三姓居多，如台南地区的东门大人庙、归仁保西代天府、永康莴松三老爷宫、仁德三甲三爷宫等皆奉祀之。不过，各庙对于"朱、池、李"三府王爷的来历有所分歧，主要有三种说法，一是郑氏王朝的三代祖孙，郑成功、郑经与郑克塽。二是三人为漳州府人，义结金兰，为皇帝所误杀，玉帝悯其无辜丧命，而封为神。三是唐朝开漳圣王陈元光的部将，朱参、池文魁、李伯瑶三人。

　　第二种说法显出于"三百六十进士死于非命"；第三种说法虽与台湾先民多由漳州移民的历史事实较为相近，但开漳圣王信仰自有一套系统，并无转化为三府王爷之必要。较值得讨论的是第一种说法，最初来自连横的《台湾通史》，其指出在台湾被普遍奉祀的王爷即是郑成功：

---

　　①　（清）卢德嘉：《凤山县采访册》，台北：台湾银行经济研究室，1960年版，第179—181页。
　　②　刘枝万：《台湾之瘟神庙》，《台湾民间信仰论集》，台北：联经出版公司，1990年版，第269页。
　　③　林玉茹：《乌湖、历史记忆与王爷崇拜——以清代鲲鯓王信仰的扩散为例》，《台大历史学报》43期（2009年），第61—62、65—66页。
　　④　黄文博：《南鲲鯓代天府王爷进香期》，台南：台南市政府文化局，2013年版，第15页、164页。
　　⑤　吴明勋、洪莹发：《台南王爷信仰与仪式》，台南：台南市政府文化局，2013年版，第96—97页。

唯台湾所祀之王爷,自都邑以至郊鄙,山陬海澨,庙宇巍峨,水旱必告,岁时必祷,尊为一方之神。田夫牧竖,靡敢渎谩。而其庙或曰"王公",或曰"大人",或曰"千岁",神像俱雄而毅。其出游也,则曰"代天巡狩"。而诘其姓名,莫有知者。乌乎!是果何神,而令台人之崇祀至于此极耶?顾吾闻之故老,延平郡王入台后,辟土田,与教养,存明朔,抗满人,精忠大义,震曜古今。及亡,民间建庙以祀,而时已归清,语多避忌,故闪烁其词,而以"王爷"称。①

虽然这种说法未必正确②,但却如实反映郑氏在台湾民间的尊崇地位与被神化的形象。光复后,学者石万寿调查苗松三老爷宫时,亦认为主神朱王爷是国姓爷郑成功,其他王爷则是明郑各地屯驻军将领的姓氏或代号③。蔡相辉则进一步认为"朱、池、李"三尊王爷,脸色深褐的池王爷为郑成功,因"池"之泉州腔发音即为"郑",且其一生均在海上从事复国运动,长期受海风及烈日蒸烤,故肤色黝黑。脸色赤红的朱王爷则是郑经,因其复国大业皆委由手下部将执行,不必在烈日下奔波,故脸色红润,且"朱"为明朝国姓,亦可与其反清复明之志业相合。白皙无须的李府王爷为郑克壓,因其本姓为李,为郑经所收养,且长于深宫,十八岁即亡,故肤色白皙④。

现今归仁保西代天府持第三种说法,而其分灵子庙永康苗松三老爷宫,则接受石万寿的考证,采第一种说法,庙内外处处可见郑成功故事石雕,也加入"全台奉祀开台圣王郑成功庙宇联谊会"。不过,原属苗松三老爷宫祭祀圈的乌鬼桥与竹林前聚落,因不满该庙采石万寿的郑王说法,而分香另建"乌竹三千宫",支持保西代天府的说法。由此可知,三府王爷的身份来历更是众说纷纭,甚至造成同祀庙宇间的纷争。

台湾主祀单一池王爷的庙宇也相当多,对于该神的来历一是采上述五府王爷的"池梦彪"之说;二是采福建同安马巷元威殿的"池然"之说,称池王爷本名池然,为明代的武进士,在赴任漳州府道台途中,于马巷附近遇奉御旨要往漳州行瘟的使者,乃设计取得瘟药,并亲自服下,牺牲自己而救万民。玉帝感其义行,乃敕封为"代天巡狩",派任马巷元威殿为神,后晋升为"代天巡狩总制总巡王"。此一传说与上述麻豆代天府的二王池王爷相近,都强调其具有瘟神的性格。除此之外,台南地区尚有"四联境普济殿:陈文魁""安平弘济宫:池飞龙""北门蚵寮保安宫:深山尉池王""关庙埤头巡天宫:戴玉"等说法。但不管采何种说法,池王爷的神像大多为黑脸、长须、秃眼之造型,显与其服食瘟药、中毒而亡的传说有关⑤。

台湾现存最具历史的池王爷庙,当属台南府城内的普济殿。文献中虽无记载其确切兴建年代,但庙内所保存嘉庆二十四年(1819)的重兴碑记中,提到乾隆丙寅年(1746)曾经重修,显见其兴建年代当在此之前,最可能是在康熙年间,当可视为全台最早的池王爷庙。该

---

① (民国)连横:《台湾通史》,台北:台湾银行经济研究室,1962年版,第572页。
② 学界对于王爷信仰的起源与特色各有种不同的说法,除连横的郑国姓说外,尚有瘟神说、厉鬼说、功烈英灵说、演变说、角头说、庄头说等。详见林美容《高雄县王爷庙分析——兼论王爷信仰的姓氏说》,《祭祀圈与地方社会》,台北:博扬文化事业公司,2008年版,第283—286页。
③ 石万寿:《洲仔尾郑墓遗址勘考报告》,《南瀛文献》24卷(1979年6月),第5—35页。
④ 蔡相辉:《台湾的王爷与妈祖》,台北:台原出版社,1989年版,第102页。
⑤ 吴明勋、洪莹发:《台南王爷信仰与仪式》,台南:台南市政府文化局,2013年版,第118—119页。

庙在日据时期亦甚兴盛，《台湾日日新报》曾载："台南市西关外普济殿街奉祀池王爷，阴历六月十八日生辰，该地分七角头，例年拈阄顺序敬奉牲礼粿品、办席演戏，颇为盛况。"[①]另亦报道该庙于 1924 年重修完成，启建祈安清醮之普度盛况，及其与新营太子宫、北港妈祖往来情形，都显见其不仅是府城当地的重要庙宇，对外也有广大的交际网络。

　　全台各地的池王爷庙，或多或少都流传有神迹传说，兹举二例说明之。一是台南永康大湾圣巡代天府，碑文记载台湾光复之后，当地李建兴之父染重疾，四处求医，全无起色，适逢池府千岁南巡，降驾指示须往南鲲鯓奉请三弟吴府千岁医治，终由五府千岁合力医治痊愈，而后又大显神威，陆续行医救世，受益信徒日增，乃建庙奉祀之。二是台南盐水广济宫，谓其主神池王爷香火来自南鲲鯓庙，早年盐水镇民与义竹庄民争斗，王爷显化助战得胜，又大展神威攘除流行灾厄，民众感其恩泽，故建庙祀之。由这两则传说可看出池王爷仍保有"解瘟之神"之原型，具有治病解瘟之职能，又维持"代天巡狩"之身份，故能随其到处巡视、展现神迹，而将香火向外扩展。此外，他也因应地方的需要，展现各种新的职能，如在地方械斗中显灵助战，这也是其能从四处游移的"解瘟之神"，逐渐转化为地方守护神的原因所在。

四、结语

　　不同于妈祖、保生大帝、广泽尊王、清水祖师、关圣帝君、开漳圣王等由单一历史人物所转化而成的神明，王爷却是一个神明的集合体，不论是历史人物成神者、对地方有贡献而成神者、无祀孤魂显灵成神者，或是能行瘟或解瘟的神明，都可纳入此一集合体中，也造成其来历众说纷纭、莫衷一是的情形。不过，如从本文的讨论来看，清代文献记载池王爷乃奉上天之命来人间行瘟的"天行使者"，造成郑氏王朝上下多人疫死，又是王醮逐疫仪式所欲驱逐的对象，则其最初当被视为"解瘟之神"无疑。

　　然而，王爷信仰毕竟是不为官方认可的"淫祀"，民间为增加其正统性与神圣性，乃为池王爷披上"代天巡狩"的外衣，或赋予"唐朝进士"的身份，甚至后人称其为郑成功，或是开漳圣王陈元光的部将，都是出于此心理的作用。不过，随着池王爷信仰的发展，其职能不再局限于解瘟，而是能因应地方各种需要，展现出多元的职能；而"代天巡狩"的身份，也使其香火能随其巡行范围而外扩张。尤其王爷乃一集合体的特质，使池王爷能轻易与他姓王爷相结合，组成三府或五府王爷，相互分工来护佑地方，这也是其能拥有众多庙宇及广大信徒的原因所在。

（作者单位：高雄科技大学文化创意产业系）

---

①　不著撰人：《祀王盛况》，1911 年 8 月 21 日《台湾日日新报》3 版。

从文献到文本：地方文庙研究的新路径

——以重新书写甘肃武威文庙历史为例

刘　涛

内容提要：围绕地方文庙的代表甘肃武威文庙，从以往未有涉及的《明实录》入手，在文献分析的基础上，进行文本分析，重新书写武威文庙历史。通过还原明正统年间重建武威文庙的历史情景，发现武威文庙是明代卫所军户的文化符号，具有重大历史意义，分析明英宗决定重建的原因。进而就武威文庙文化如何超越朝代更迭、族群之分、西方文明影响，思考其传承与发展的原因，揭示武威文庙立匾群体的特征，从而为新时期地方文庙研究提供新的研究路径。

关键词：武威文庙；《明实录》；文本分析；重写历史；研究路径

目前，关于武威文庙研究，已取得一定研究成果，为后学研究奠定了一些基础。以程枭翀、吴葱为代表，在《河西巧构：武威文庙建筑的独特地方做法》一文中发现武威文庙建筑的独特之处，对后学研究多有启示；而在《武威文庙文昌宫与孔庙并置格局的原因探析》一文中又揭示了武威文庙文昌宫何以出现与孔庙并置的建筑格局，同样发人深省。但是，其文也存在一些问题，同以往研究一样，就建筑论建筑，采用文献与碑铭相结合的研究方法，却未围绕文献、碑铭何以有此记载，还原其文本书写的过程，揭示其产生的原因与历史影响；所引史料范围局限于地方志、碑铭、文集，未发现武威文庙既然为皇帝下旨重建，就应从王朝视角入手；针对明代正统年间重建凉州卫儒学仅仅视为武威文庙历史的一个节点，未从凉州卫儒学出发，充分认识到凉州卫军户应有的地位；在诠释何以有此建筑，为何到此匾额，只是停留在文献记载层面、碑铭显示层面、建筑风格表面，未能揭示其本相；未发现武威文庙立匾群体曾出现文昌会组织，未对武威文庙立匾群体进行研究；思考武威文庙何以最初产生断层，为何最终不受朝代更迭影响，长盛不衰？

为此，本文将广泛搜集《明实录》、正史、地方志、文集、碑铭等史料，在文献分析的基础上，进行文本分析。从武威文庙重要历史节点的明正统元年（1436）明英宗下令重建凉州卫儒学出发，还原其历史情境，揭示其发挥的历史作用，围绕为何重建、其目的何在和武威边防重地，着眼于卫所军户、王朝、归化少数民族三方面视角，探索其内部原因与外部原因。进而思考武威文庙文化如何传承与发展，揭示其何以挂匾，在揭示武威文庙文化的重要组成部分文昌会的基础上，探索何以出现文昌会等社会组织，还原地方社会产生共识的过程与原因，重新审视历史问题，重新书写历史进程，为新时期地方文庙研究提供新的路径。

一、明正统元年重建武威文庙的重大意义

杨荣《凉州儒学记》记载：

> 圣朝统一寰宇，自国都达于郡邑，皆建学立师，教育俊秀，仁义礼乐之化，旁洽海隅，徼塞人才之众，风俗之美，度越汉唐而比隆虞周，猗欤盛哉！凉在西陲，即古雍州之域，在汉为武威郡，地利物产视河西诸郡为美。国朝洪武中设卫置戍，而戍者多南士谪至，子弟相承读书习礼。而训导张子受命教育之，儒风为之勃然。岁满还京，而未有继者。今皇帝嗣位，特命行在兵部右侍郎徐君晞镇其地，睹将校子弟多明秀好学，而未设学舍，以为讲肄之所，遂以请于朝，得命乃于农隙，令军士取材陶甓而经营之。既毕，工走书京师，告予曰：凉州河西胜地，初尝有学，然废已久矣！晞至相地鸠工，中为明伦堂，左右为存诚、进德二斋，外建重门，后为教官之居，续创大成殿于堂之东，殿以崇计二丈有九尺，深几倍于崇，广则几倍于深。东西为两庑，前为灵星门，中为泮池，池之东为文昌祠，祠之东、池之西俱为门，外又为崇教门，俾往来出入皆由焉。其捐资命工塑先圣以下及文昌神像并绘两庑者，则镇守甘肃太监王公贵、少监李公贵、总兵宁远伯任公礼、定西伯蒋公贵、会川伯赵公安，暨都察院佥都御史曹君翼、巡按监察御史马君昂、陕西参政郭君坚、按察副史于君奎、署都指挥使事任君启，与凡士庶共成之。其置圣贤以下牌位者，则兵部侍郎柴君车。始终督视缮作，且有所营助者，则佥都御史罗君亨信。劝劳群工俾乐于趋事者，则监军、行在兵部尚书王公骥。自丁巳夏经始，至落成几二载，壮伟闳耀为陇右学官之冠。众咸谓宜记于石，庶后之人有所考，见敬以请夫学校政化之本，贤才之所自出也。学校立，则礼义兴，风俗美。孟轲氏曰：三代之学皆所以明人伦也。人伦明于上，小民亲于下。非政化之本欤？今徐君乃与诸君子同心协诚，建学官于边陲之地，严严翼翼，巍然焕然，使凉之学者升降俯仰于其中。诵圣贤之训言，而仰其道德之光。涵养熏陶，底于成材，居而孝于亲，仕而忠于君，则是官之作其功，岂浅浅哉？若徒由此以徼利达而于臣子之行，无所砥砺，则不惟负国家教养之意，而亦为君子之所共羞。呜呼！学于斯者，可不知所务哉？用是以复徐君之请，俾勒诸石，庶以为学者劝云。①

"凉州儒学"，全称凉州卫儒学，即武威文庙，以往论者就文献论文献，认为上文已说明

---

① （明）杨荣撰：《杨文敏集》卷10《记》，《钦定四库全书》（集部六·别集类五·明），清乾隆四十三年（1778）刊本，第8页b—10页a。

武威文庙的兴建始末，实则不然，对此将援引《明实录》翔实考辨。

（一）南北地域文化交流的媒介

杨荣记文所载"戍者多南士谪至"，未云具体方位，历来对此也未深究。

《明英宗实录》记载：

> 正统丙辰，召还，实授侍郎，复命往守庄浪、凉州。晞奏言其地戍士多衣冠故族，请建学立师，以作养之。①

徐晞在正统丙辰（1436）到任凉州，正统丁巳（1437）就破土动工，发动凉州卫军户在屯田的闲暇之余兴建凉州卫儒学。徐晞是常州府江阴县人，来自江南，对凉州卫有深入了解。凉州卫军户中的"南士"大多来自衣冠旧族。名门望族此前以读书为继，学而优则仕，非常重视教育，参加文庙祭祀也习以为常。原本书生，打仗并非所长，只能通过读书获得翻身的机会。

《明建文二年进士题名碑录（庚辰科）》记载："杨子荣（更名荣），福建建安县人。"②即福建建宁府建安县人。朱熹曾居建宁府崇安县五夫里，长期在武夷山讲学，朱熹以"建人"自居，视建宁府为第二故乡。其在建阳县考亭书院讲学，朱子学派由此又称"考亭学派"。朱熹是孔子之后集大成者，明代科举考试又以朱熹著作作为教材。朱子文化在建宁影响深远，成为建宁地方文化的组成部分，杨荣就深受熏陶。

杨荣记文所云南来士子其"子弟相承读书习礼"，认为南来戍卒带来知书达礼的风气。反映了凉州卫此前文风不振，凉州卫原有的军户群体并不向学。因此，就不会在凉州卫儒学一位张姓先生回到京城后，后继无人，凉州卫儒学由此荒废，并中断了很长一段时间。

宋晟是"定远人。父朝用，兄国兴，并从渡江，皆积功至元帅。攻集庆，国兴战殁，晟嗣其职。既而朝用请老，晟方从邓愈克徽州，召还，袭父官。累进都指挥同知，历镇江西、大同、陕西。洪武十二年，坐法降凉州卫指挥使。"③ 以淮西子弟追随明太祖屡立军功。最终"四镇凉州，前后二十余年，威信著绝域。"④ 凉州卫军户又有来自淮西的谪戍将领，深受明太祖重视。

另据《明太祖实录》记载："（洪武四年春正月己亥）以建宁卫正千户宋晟为建宁都卫指挥同知。"⑤ 宋晟在"（洪武四年十一月）甲戌"，以"建宁都卫都指挥同知"调任江西都卫都指挥使⑥。宋晟曾任福建建宁卫正千户、都指挥同知，也受到朱子文化的影响。同样来自建宁的杨荣，对此有一定了解。

（二）民族融合的纽带

凉州卫为何会出现因人废事的现象呢？应从凉州卫原来的军户群体进行探讨。关于凉州

---

① 《明英宗实录》卷139，"正统十一年三月辛亥"条，台北："中央研究院"历史语言研究所校勘：《明实录》第5册，1962年版，第2757页。（本文所引《明英宗实录》如未特殊说明，均为此版本。）

② 《明清历科进士题名录》，台北：华文书局，1969年版，第1册，第69页。

③ （清）张廷玉等纂修：《明史》卷155《列传第四十三·宋晟》，《钦定四库全书》（史部），第1页b。

④ 同上，第2页b—3页a。

⑤ 《明太祖实录》卷60，"洪武四年春正月己亥"条，台北："中央研究院"历史语言研究所校勘：《明实录》第1册，1962年版，第1177页。（本文所引《明太祖实录》如未特殊说明，均为此版本。）

⑥ 《明太祖实录》卷69，"洪武四年十一月甲戌"条，第1291页。

卫军户结构，地方志对此语焉不详，然而查阅《明实录》却有丰富的记载。

《明太祖实录》记载：

> （洪武七年九月）甲辰，置凉州卫指挥使司，以故元知院脱林为凉州卫指挥佥事。①

洪武七年（1374），明廷设置凉州卫指挥使司，任命原来担任元朝的知院脱林作为凉州卫首任指挥佥事。从脱林姓名来看，显然并非汉人。

又云：

> （洪武十一年二月）己未，凉州卫奏：所获故元官二十五人、甘肃降人一千九百六十口。上曰：人性皆可与为善，用夏变夷，古之道也。今所获故元官并降人，宜内徙。使之服我中国圣人之教，渐摩礼义，以革其故俗，于是徙其众于平凉府给粮赡之。②

洪武十一年（1378），凉州卫上报俘虏元朝官员以及投降百姓，明太祖下旨就近安排在凉州府，接受王化。明太祖视凉州为推动王化之地，其时仅述及配给口粮，通过饮食文化进行涵化。

> （洪武十七年五月）丙寅，命凉州卫指挥使宋晟等率师讨西番叛酋。兵至亦集乃路，擒故元海道千户也先帖木儿、国公吴伯都剌赤、平章阿来等及其部属一万八千七百余人，收其壮士九百八十人，余悉放还。③

洪武十七年（1384），明太祖下令凉州卫指挥使宋晟率部征讨元朝残部，俘虏元朝海道千户、国公、平章等多名高官及其部属一万多人，从中征兵九百八十人编入凉州卫军户。

> （永乐四年春正月己酉）鞑靼满束儿灰等率众来朝，命为都指挥、指挥等职，赐冠带、诰敕及袭衣、钞币有差。俾居凉州、庄浪、宁夏三卫，仍各赐姓名。都指挥同知满束儿灰曰柴志诚，都指挥佥事阿儿剌台曰杨汝诚；凉州卫指挥同知猛奇曰安汝敬，佥事脱脱曰杨必敬，只兰曰吴克议，朵列干曰吴存敬；庄浪卫指挥佥事火失谷曰韩以谦，祖住不花曰柴永谦；宁夏卫指挥使伯帖木儿曰柴志敬；余千户、卫镇抚、百户等十一人皆赐之。④

永乐四年（1406），有蒙古鞑靼部首领满束儿灰率部归明，明成祖任命其为卫所武官，选定凉州等三地安置，分别赐予汉人姓名，如满束儿灰被赐名柴志诚。其首领应居住在为首的凉州，即凉州土卫。凉州卫军户由此出现柴、杨、安、吴等姓。

> （永乐五年冬十月戊戌）都指挥柴志诚等遣子因帖水儿，及凉州卫土官百户众神保等进马，赐钞币有差。⑤

---

① 《明太祖实录》卷93，"洪武七年九月甲辰"条，第1627页。
② 《明太祖实录》卷117，"洪武十一年二月己未"，第1912—1913页。
③ 《明太祖实录》卷162，"洪武十七年五月丙寅"条，第2514页。
④ 《明太宗实录》卷50，"永乐四年春正月己酉"条，台北："中央研究院"历史语言研究所校勘：《明实录》第2册，1962年版，第754—755页。（本文所引《明太宗实录》如未特殊说明，均为此版本。）
⑤ 《明太宗实录》卷72，"永乐五年冬十月戊戌"条，第1007—1008页。

第二年，柴志诚就安排其子与凉州卫土官一道到京城进献马匹。

柴志诚归明后，蒙古鞑靼部纷纷归明，先后被安置在凉州卫。

（永乐五年夏四月庚子）鞑靼头目把罕等二十五人来归，命为凉州卫指挥、千百户，赐之钞币。[①]

永乐五年（1407），又有蒙古鞑靼部首领把罕率部归明，获任凉州卫指挥、千户、百户等职。

（永乐五年九月丁丑）鞑靼卜颜秃及苦木来归，赐金彩币，命为凉州卫百户镇抚。[②]

同年九月，又有蒙古鞑靼部卜颜秃及苦木归明，获任凉州卫百户、镇抚。

（永乐五年十二月）辛巳，净修三藏国师耳亦赤净戒，三藏国师八儿思，并鞑官指挥梁顺礼等，凉州卫副都纲失昝十等，各遣人贡马，赐钞币有差。[③]

从凉州卫武官名字来看，其本是蒙古人，再次前来进贡马匹。

虽然凉州卫有汉人武官，又有蒙古土官，却杂居在一起。

（永乐六年春正月）己巳，敕甘肃总兵官左都督何福曰：尔奏甘州五卫番汉官军杂居，难于防制，俟春暖分定地方，使各相聚处，已准行所奏。凉州卫带管土兵五百余人，关赏赐不支，月粮虽有，军名未得实用，欲收入正伍，更酌量之。可行即行。[④]

永乐六年（1408），其时凉州卫就是番汉军户杂居，既有日常操练的接触，又有相互通婚。

然而，族群交融，并非一蹴而就。

（永乐八年三月辛未）陕西凉州卫鞑官千户虎保张孛罗台、鞑军伍马儿沙等，及永昌卫鞑千户亦令真巴土、鞑军老的罕等叛，杀虏人口、掠夺马畜，屯据驿路。陕西行都司都指挥李智率军捕之，贼盗猖獗，欲攻永昌、凉州城。事闻，皇太子命后军都督佥事费瓛往讨之，又命刑部尚书刘观赞其军事。盖虎保等归顺已久，安于其地，至是有诈言朝廷欲移置别卫者，虎保等惧，遂叛，而新附鞑官伯颜帖木儿等诸部落皆叛，胁都督吴允诚所部与俱。时允诚扈从北征，其子管者不从贼既去，管者谋于其母，率所部逐之，至红岸山获五马儿沙米剌、伯颜帖木儿等三十人。都指挥李智及凉州卫指挥李旺等亦获哈剌张等五十四人，悉下凉州狱。及智等战炭山口，不利。贼欲攻凉州，劫取其党，遂即狱中，皆斩之。[⑤]

永乐八年（1410）发生归顺明朝的蒙古鞑靼部土官的叛乱，虽然涵化已久，却因谣言一触即发。饮食结构调整、取汉姓汉名、杂居一起，却发现难以融合。

---

① 《明太宗实录》卷66，"永乐五年夏四月庚子"条，第930页。
② 《明太宗实录》卷71，"永乐五年九月丁丑"条，第998页。
③ 《明太宗实录》卷74，"永乐五年十二月辛巳"条，第1023页。
④ 《明太宗实录》卷75，"永乐六年春正月己巳"条，第1032页。
⑤ 《明太宗实录》卷102，"永乐八年三月辛未"条，第1324—1325页。

但是，明成祖仍然重用凉州卫蒙古土官，论功行赏。

（永乐八年八月甲寅）以都督同知吴允诚子伯克，从征沙漠，擒虏有功，升凉州卫指挥佥事。①

升任此前支持明成祖的土官之子吴伯克。

（永乐十年正月壬子）升凉州卫都指挥、指挥、千百户、镇抚、保住二十四员各一级，赏赉有差，以捕杀叛虏阔脱赤等功也。②

凉州卫蒙古土官继续进京贡马，获得赏赐。

（永乐九年十二月）辛亥，凉州卫指挥远丹等遣子哈剌那海等贡马，赐之钞币。③

（永乐九年闰十二月）甲申，居凉州卫故都督伯帖木儿妻子弟侄各贡驼、马，赐赉厚甚。④

（永乐十年夏四月乙丑）凉州卫都督同柴别力哥等七十七人来朝贡驼、马，赐钞币有差。⑤

（永乐十年夏四月）甲戌，凉州卫指挥佥事哈剌你孰男阿鲁卜里，都指挥佥事扯扯不花等，及辽东自在、安乐二州指挥佥事贾你等来朝贡马，悉赐钞币、袭衣。⑥

（永乐二十二年春二月癸丑）广西思明府土官知府黄纲、贵州石阡长官司副长官杨光清、陕西凉州卫哈密回回失阿蛮等贡羊、马，各赐钞币。⑦

凉州卫蒙古土官甚至申请留在京城，以示忠心。

（永乐十七年夏四月戊戌）居凉州卫指挥吴管者，自陈愿在京随侍，且举都指挥、保住等七十四人，从之，敕甘肃总兵官都督费瓛遣送其家属赴北京。⑧

凉州卫土官进献马匹，明成祖命令退还一部分，留下的一部分按价支付。

（永乐十七年冬十月壬午）立凉州卫都指挥、保住等以召至京献马三十四。上谕之曰：朝廷召汝期效力尔，马者，汝之所资，今留十四，领尔之诚意，余悉还汝，仍命行在礼部给所留马价。⑨

新皇帝登基，凉州卫土官经地方官员举荐，获得升迁。

（宣德元年冬十月辛未），升陕西行都司都指挥佥事印铎为都指挥同知，凉州卫指挥使包胜、指挥佥事安敬，甘州左卫指挥佥事严肃、镇番卫指挥佥事彭铉，俱为陕西行都

① 《明太宗实录》卷107，"永乐八年八月甲寅"条，第1385页。
② 《明太宗实录》卷124，"永乐十年正月壬子"条，第1562页。
③ 《明太宗实录》卷122，"永乐九年十二月辛亥"条，第1539—1540页。
④ 《明太宗实录》卷123，"永乐九年闰十二月甲申"条，第1553页。
⑤ 《明太宗实录》卷127，"永乐十年夏四月乙丑"条，第1585页。
⑥ 《明太宗实录》卷127，"永乐十年夏四月甲戌"条，第1587页。
⑦ 《明太宗实录》卷268，"永乐二十二年春二月癸丑"条，第2430页。
⑧ 《明太宗实录》卷211，"永乐十七年夏四月戊戌"条，第2134页。
⑨ 《明太宗实录》卷217，"永乐十七年冬十月壬午"条，第2161页。

司都指挥佥事。宁羌卫指挥同知赵恭河州卫指挥佥事刘永俱为陕西都司都指挥佥事。从崇信伯费瓛举也。①

（宣德二年二月癸酉）甘肃总兵官崇信伯费瓛奏："凉州、肃州皆临边重地，必得其人，乃堪委任。切见陕西行都司都指挥佥事包胜、严肃，备边年久，历事老成，若令胜掌凉州卫，肃掌肃州卫，控制备御庶几得宜。"上从之，谓尚书张本等曰："总帅岂能事事亲之，惟在付授得人耳。"②

其时，明宣宗继续采取安抚政策，知人善用。

又如：

（宣德四年六月）乙酉，左军都督府都督佥事吴守义卒。守义初名把敦，杭海山人。初自凉州归附，赐今姓名，升凉州卫指挥同知。从驾北征有功，升指挥使，降虏阔脱赤，复叛，追至暖泉，歼贼众，获其部属驼、马，升都指挥佥事，十二年从征至撒里怯儿，擒杀有功，令居定州，复从征至鬼里列儿及拾敦之地，皆有功。洪熙元年，升左军都督佥事，至是卒。遣官赐祭，赙赠甚厚，追封西和伯，谥僖顺。③

吴守义虽然早已移居定州，明宣宗仍对其在凉州归明、从凉州起家一事记忆犹新。

凉州卫土官继续进京贡马。

（宣德二年夏四月）乙亥，广西安平州土官知州李华遣族人李胜养，利州故土官知州赵武高子文安，陕西凉州卫僧完卜耳禄等来朝贡马。④

明宣宗继续给予赏赐。

（宣德二年夏四月丙戌）赐广西安平州土官族人李胜养、利州故土官舍人赵文安、陕西凉州卫僧完卜耳禄、云南沾益州把事李英、辽东东宁卫鞑官指挥同知乞冬哥、指挥佥事察哈等，钞彩币表里有差。⑤

（三）见证丝绸之路商贸往来

《明太祖实录》记载：

（洪武二十九年二月）戊戌，陕西行都指挥使司都指挥佥事张豫言：肃州卫军粮每月于凉州卫关给，往复二千余里，甚为劳费，请以甘州见收盐粮支给便。又凉州、肃州马驿及递运所见役恩军，多系曾经籍没之人，所以衣食不给，往往逃故继。今请于弛刑编军之徒，免没家财，其见役者再乞人给月粮三斗。上皆从之，仍命给以冬衣。⑥

凉州卫军户早在洪武二十九年（1396），就常因吃穿问题，被迫不断逃逸。

---

① 《明宣宗实录》卷22，"宣德元年冬十月辛未"条，台北："中央研究院"历史语言研究所校勘：《明实录》第4册，1962年版，第578页。（本文所引《明宣宗实录》如未特殊说明，均为此版本。）
② 《明宣宗实录》卷25，"宣德二年二月癸酉"条，第657—658页。
③ 《明宣宗实录》卷55，"宣德四年六月乙酉"条，第1312—1313页。
④ 《明宣宗实录》卷27，"宣德二年夏四月乙亥"条，第717页。
⑤ 《明宣宗实录》卷27，"宣德二年夏四月丙戌"条，第723页。
⑥ 《明太祖实录》卷244，"洪武二十九年春正月戊戌"条，第3546页。

明太祖曾在洪武二十二年（1389）提及"凉州卫商人"①，非常重视凉州的商贸地位，凉州本是丝绸之路要道，凉州逃亡军户也受到商贸风气的影响。

（四）重建武威文庙的历史情境

杨荣记文所谓凉州卫将校子弟热爱学习之事，然而，根据《明太宗实录》记载，事实并非如此：

> （洪武三十五年冬十月丙子）甘州中卫左所军张真上言：臣闻人君继统之初，天下治乱之所始也。书曰：与治同道，罔不兴；与乱同事，罔不亡。钦惟皇帝陛下嗣登宝位，天下士民欢忻鼓舞，莫不延颈仰望太平。伏愿陛下以古圣王为法，日与侍从大臣讲求至治之道。深谋远虑，以保宗社；宽恩霈泽，以固人心；揽权纲、谨号令，使上下齐一；内外清宁、取忠言纳直谏，使下情得达；杜侥幸、塞谗佞，使奸邪不行；别白是非，审定好恶，求逸民征有道；取有用，黜无益；广公田，厚俸禄，省刑罚，薄税敛；择将练兵，慑服邻敌。如此则圣德日新，皇风日远，蛮夷输款，绝域来归，太平之道指日可待矣！又言：驭夷狄之道在于任将，御贤将之术以信，御才将之术以智，人君当观其才之大小而任使。昔太祖高皇帝，选任智谋之将，以制四夷，是以边境宁谧，宇内晏然。建文间，杂以袭职幼官，膏粱子弟不遵约束，数犯刑宪。今凉州卫幼官，尤多素昧武略，而骄奢日纵，嗜酒贪淫，游猎为务，其于边事略不究心，况本境夷虏杂处，一失制驭，为患不小伏望。陛下慎选良将，任以边寄，凡袭职幼官悉改调内地，此圣朝久安之术也。上览毕，顾礼部侍郎宋礼曰：虽尧舜禹之圣，亦皆乐取人言以为治。朕即位以来，首下诏求言，而言者无几，此戌卒能上言，虽不皆可采，然为国之意则善，宜加赉之，其赐衣一袭、钞千贯。又顾礼曰：居其位无其言，君子耻之，卿等亦毋嘿嘿守位而已。②

"洪武三十五年"即建文四年（1402）。其时，凉州卫"幼官"即凉州卫武官子弟，尚武嗜酒，骄奢淫逸，无心戍守。从中可知杨荣记文所说凉州卫儒学何以遭到忽视，长期荒废，文化遭到断层。凉州卫多民族密切交往，长此以往，如何巩固边疆？引起有识之士的关注。

《明英宗实录》记载：

> （正统元年六月乙卯）命建凉州、九溪、永定、四海、太仓等卫儒学，从兵部右侍郎徐晞言也。③

正统元年（1436），明英宗采纳徐晞的建议，下令兴建凉州卫儒学。

徐晞是文官起家的兵部右侍郎，更能以他者的视野，洞察卫所军户存在的问题。徐晞希望通过重建凉州卫儒学，提倡知书达礼，鼓励参加科举考试，形塑文昌帝君，形成雅俗共赏，均可接受，既可突破南北方之分，又可跳出民族之别，还能与百姓打成一片，在东西方文明交流中坚守中华传统文化。就军户子弟自身而言，由于明代军籍出身的社会地位较低，

---

① 《明太祖实录》第195，"洪武二十二年春正月丁亥"条，第2926页。
② 《明太宗实录》卷13，"洪武三十五年冬十月丙子"条，第244—246页。
③ 《明英宗实录》卷18，"正统元年六月戊戌"条，第362页。

又可提高社会地位。有利于促进卫所军户内部的交流，巩固边防，激励卫所军户子弟成材，为国多做贡献。

凉州儒学在正统己未（1439）落成。在此期间，曾出现一段小插曲。

> （正统三年三月乙未）镇守凉州等处行在兵部右侍郎徐晞奏：洪武中，庄浪城南创建真武庙，岁久倾圮，灾疾荐臻。永乐间，复建佑圣殿，祀祷辄应，近年百谷用成，今官军叶谋又建三清殿及城内旧有老君、真武等庙，乞赐观名。上以晞不务安养军民，惟欲徼福于鬼神姑与之，后不为例。①

正统三年（1438），徐晞为凉州地方官所建供奉三清、太上老君、真武大帝的宫庙请赐庙额，由此遭到明英宗的批评。徐晞应从中深刻认识到边疆兴建文庙与道教宫庙的区别，坚定其重建凉州卫儒学的信心，加快凉州卫儒学的重建工程进度。从南方多淫祀来看，凉州卫儒学形塑的文昌帝君，反映了南来军户原来的民间信仰。徐晞充分认识到除了祭祀孔子之外，还应入乡随俗，祭祀南来军户喜闻乐见的文昌帝君。武威文庙由此应运而生，形塑的文昌帝君神像也作为配套设施成为武威文庙的组成部分。

徐晞选择杨荣撰写记文，从《明英宗实录》记载：

> （正统元年八月）丁卯，释奠先师孔子，命少傅、工部尚书兼谨身殿大学士杨荣行礼。②

> （正统二年八月）丁卯，释奠先师孔子，遣少傅、工部尚书兼谨身殿大学士杨荣行礼。③

> （正统三年八月）丁巳，释奠先师孔子，遣少傅、工部尚书兼谨身殿大学士杨荣行礼。④

> （正统四年二月）丁巳，释奠先师孔子，遣少傅、工部尚书兼谨身殿大学士杨荣行礼。⑤

从正统元年（1436）到四年（1439），明廷祭祀孔子，明英宗均安排杨荣代为行礼。杨荣对祭祀孔子的仪式非常了解，且深得皇帝信任，由其撰写碑铭可提高凉州卫儒学的权威性。

《明英宗实录》又云：

> （正统元年二月甲子）行在礼部尚书胡濙奏：三月初一日殿试贡士，合请执事官，上命少傅、兵部尚书兼华盖殿大学士杨士奇，少傅、工部尚书兼谨身殿大学士杨荣，少保、行在工部尚书吴中行在吏部尚书郭琎，礼部尚书兼翰林院学士杨溥，行在兵部尚书王骥，行在刑部尚书魏源，行在都察院右都御史顾佐，行在户部右侍郎吴玺，詹事府少詹事兼翰林院侍读学士王英，行在大理寺右少卿程富，行在翰林院侍读学士李时勉、钱

① 《明英宗实录》卷40，"正统三年三月乙未"条，第774—775页。
② 《明英宗实录》卷21，"正统元年八月丁卯"条，第405页。
③ 《明英宗实录》卷33，"正统二年八月丁卯"条，第641页。
④ 《明英宗实录》卷45，"正统三年八月丁巳"条，第868页。
⑤ 《明英宗实录》卷51，"正统四年二月丁巳"条，第976页。

习礼为读卷官，余执事如例。①

（正统四年闰二月戊申）行在礼部尚书胡濙奏：三月初二日殿试贡士，合请执事官。上命少师、工部尚书兼谨身殿大学士杨荣，少保、礼部尚书兼武英殿大学士杨溥，少保、工部尚书吴中，行在吏部尚书郭琎，行在户部尚书刘中敷，行在兵部尚书兼大理寺卿王骥，行在刑部尚书魏源，行在都察院右都御史陈智，行在礼部左侍郎兼翰林院侍讲学士王英，行在大理寺左少卿程富，行在翰林院学士钱习礼，行在通政使司左参议虞祥为读卷官，余执事如例。②

杨荣在正统元年（1436）、正统四年（1439）两次成为会试考官，从排名第二位上升到第一名的主考官。

徐晞除了认为杨荣是进士出身的时任工部尚书，凉州卫儒学是皇帝下令兴建的工程，属于其分管事务外，还与杨荣多次奉命祭祀孔子、负责会试取士有关。

二、武威文庙文化得以传承与发展的原因

武威文庙是明代卫所军户所建卫学，明清鼎革后，并未因为明朝的覆灭，清初撤销卫所建置而中断，仍然生机勃勃。目前所见匾额正是从清康熙年间开始。何以会出现这一现象？到了清末，武威文庙并未随着科举制度的废除而产生文化断层，仍然欣欣向荣，其原因又何在呢？

（一）来自明代卫所军户后裔的努力

武威文庙匾额作者研究，历来就题匾者论题匾者，既未对参与立匾者进行研究，又未从凉州卫学是明代卫所军户所建出发，探索武威文庙立匾群体与明代卫所军户之间的关系。

《明太祖实录》记载：

（洪武九年冬十月戊寅），置凉州卫，遣指挥佥事赵祥、马昇、孙麟、庄德等守之。③

洪武九年（1376）设置凉州卫，安排四名指挥佥事驻守。

从武威文庙保存的匾额来看，立匾群体中大量出现赵、马、孙等姓，由此可见，武威文庙立匾群体中有来自原来的明代卫所军户后裔。

《武威耆宿传》记载："孝子姓张氏，名罴，武威人，雍正间松江总兵张公君烈之子，生而聪强，读书过目辄不忘，总兵深爱之"④，"总兵素亦知文"⑤。又云："介璜张先生，先籍安徽凤阳。明初，有张奇鸾者，从蓝玉平宁夏有功，世袭指挥同知，居武威，为武威人。明亡，荫替。雍正间，君烈以军功官松江总兵。世宗称有督抚才，年未五十卒。世宗惜之，荫

---

① 《明英宗实录》卷14，"正统元年二月甲子"条，第272—273页。
② 《明英宗实录》卷52，"正统四年闰二月戊申"条，第1006—1007页。
③ 《明太祖实录》卷110，"洪武九年冬十月戊寅"，第1823页。
④ （清）潘挹奎撰：《武威耆宿传》卷2《张孝子传》，清刻本，天津图书馆藏，第12页a。（本文所引《武威耆宿传》如未特殊说明，均为此版本。）
⑤ 同上，第12页b。

其子堂通判。先生，君烈嫡长孙也。通判豪放声色狗马，恣所嗜好，不十年，家资以落，而禁约子弟，独严先生，先亦不羁，惟奉父教谨，且从刘丕承明经学，遂有成，为名诸生。"① 张家先祖来自淮西，追随蓝玉征战西北，世袭卫所指挥同知。张君烈在雍正时以军功官至松江总兵。其子张墅好读书，深得张君烈喜爱。张君烈长子张堂承父荫担任通判，不好学，放荡不羁，败家后，严加管教子弟。其长子张介璜，原来也是纨绔子弟，从此励志向学，成为著名生员。张介璜是《武威耆宿传》作者潘挹奎的姨夫，两人关系密切，《武威耆宿传》的这一记载是可信的。正是因为凉州卫所军户后裔入清后经历了血的教训，发现唯有读书才能家运昌盛。武威文庙立匾群体有多名张姓，很大一部分是明代卫所军户后裔，张家的经历对凉州卫军户后裔产生积极的影响。

《武威耆宿传》作者潘挹奎自述："潘氏先世为齐人，前明迁河西，讳惟诚者，官镇番游击，死土寇之难。执干戈为社稷，邑人哀之，立祠祀焉。后裔卜居武威，遂为武威人。弟惟相，入国朝，由贡生，官直隶广平知县，是为广平公。"②"广平公于挹奎为远族，仅明经润苞其裔也。吾之族与吾高祖齿而官学博者，则秦州公，公讳林，字蔚之，乾隆初贡生，仕秦州为训导，易直子谅，官秦州，凡二十年，历摄秦安、清水、礼徽各县儒学。篆士爱之，如父兄，而公亦谆谆教不倦也。始公从张观察珩美学。"③ 潘挹奎提及其直系祖先："秦州公先由镇番迁武威，为武威人。而吾自九代祖讳一凤以降，凡七传，皆籍镇番。为文学六代祖教谕公，讳云起，因诸父讳治世者，摄凉州总兵，篆偕至武威，家焉。然已为武威人，而应试仍籍镇番，其在武威应试，盖自吾父始也。"④ 潘挹奎"领乡荐"⑤，考取举人。其祖先是来自山东的镇番卫军户，有一支官至镇番卫游击，迁居武威，考取明末秀才，入清后以贡生出仕，世代书香传家，其中有贡生潘林是乾隆《武威县志》的作者张珩美的门生。潘挹奎其父随时任凉州总兵的长辈迁居武威，开始在武威应试。武威文庙立匾群体既有凉州卫所军户后裔，又有来自周边的明朝卫所军户后裔，受到了武威文庙的影响。

《明太宗实录》记载：永乐八年（1410）三月辛未有"凉州卫指挥李旺"⑥，《武威耆宿传》又云："少保李姓，名栖凤，字瑞梧，武威人，四川总兵官、太保李维新长子"⑦，"国初，召用前明大臣子弟，栖凤至京。睿忠亲王奇其貌，呼之为'闯王'，人以是称栖凤'李闯王'。官至漕运总督，能于其职，加太子太保。"⑧ 其弟、其子纷纷出仕文武官员，"衣冠之盛，甲于河右"⑨。李栖凤是明末四川总兵官、太保李维新的长子，也是明代卫所军户的后裔，清初以前朝大臣子弟的身份归顺清朝，深得睿亲王多尔衮的赏识，其家族由此称雄河西。武威文庙的立匾名单中有多名李姓成员，反映了明代卫所军户除了迎接新王朝外，还积极通过武威文庙争取话语权。

---

① （清）潘挹奎撰：《武威耆宿传》卷3《张介璜先生传》，第22页a。
② （清）潘挹奎撰：《武威耆宿传》卷4《家四学博合传》，第20页a。
③ 同上，第20页b。
④ 同上，第21页b。
⑤ （清）潘挹奎撰：《武威耆宿传》卷3《张介璜先生传》，第22页b。
⑥ 《明太宗实录》卷102，"永乐八年三月辛未"条，第1325页。
⑦ （清）潘挹奎撰：《武威耆宿传》卷1《李少保传》，第1页a。
⑧ 同上，第3页a。
⑨ 同上，第3页b。

（二）获得少数民族及其后裔的支持

从《明实录》来看，《明太祖实录》记载：

> （洪武九年冬十月戊寅），置凉州卫，遣指挥佥事赵祥、马异、孙麟、庄德等守之。①

凉州卫马姓武官，本是回族人，编入凉州卫军户，接受涵化。武威文庙匾额立匾人有马姓，应与之有关。

《明太宗实录》也有相关记载：

> （永乐四年春正月己酉）鞑靼满束儿灰等率众来朝，命为都指挥、指挥等职，赐冠带、诰敕及袭衣、钞币有差，俾居凉州、庄浪、宁夏三卫，仍各赐姓名。都指挥同知满束儿灰曰柴志诚，都指挥佥事阿儿刺台曰杨汝诚；凉州卫指挥同知猛奇曰安汝敬，佥事脱脱曰杨必敬，只兰曰吴克议，朵列干曰吴存敬。②

归顺明朝的蒙古鞑靼部编入凉州卫军户，其土官有柴、吴、杨等姓。在武威文庙匾额参与立匾的名单中也发现相应姓氏，应与之相关。

乾隆《武威县志》记载："顺治五年，逆回丁国栋乱。"③

从清代到民国，武威文庙匾额的立匾群体中均有丁姓人物参与其中，原先也是回民。

武威文庙匾额的立匾群体既有汉人，又有蒙古、回民后裔。各民族成员及其后裔正是因文庙凝聚在一起，文庙成为民族间交流的纽带，也是民族交融的舞台。

（三）在受到西方文明的影响中坚守中华传统文化阵地

据《明孝宗实录》记载：

> （弘治四年八月戊午）两广镇守总兵官、安远侯柳景，既为都御史秦纮所劾，又为科道官所劾，下狱刑部。拟其罪斩景，屡奏称冤，命法司复勘。报至，从公辩，问给事中屈伸等。还勘景侵欺枉法强索银万八千四百五十余两、苏木三百担、铜钱万三千四百文，及沮坏盐法，交通土官，撒栖番货，杖杀军职诸事。谓纮所奏亦有一事不实，及不避私嫌，于任所款留亲旧，皆不得无罪。刑部覆如所拟，景不输服，刑部请谓官廷鞠之，命锦衣卫逮纮至京对簿，比至府部等官具实以闻。诏以景贪残不法侵索赃物数多，又挟私杖死二人原情，拟罪宜ever重典。但念其祖有劳王家，姑宥死令，带头巾闲住，赃物系赦前者免追，赦后者查数以闻。秦纮令致仕。其为景通贿者百户陈谦等二人降小旗，吴兴福等二人及为景通买番货，二人俱发陕西凉州卫充军家属随住。④

弘治四年（1491）为明朝"海禁"时期，广东卫所军户吴兴福等二人就因"番货"问题遭谪戍凉州卫。来自地处世界大航海时代前沿的东南沿海军户，在促进岭南文化传播的同

---

① 《明太祖实录》卷110，"洪武九年冬十月戊寅"，第1823页。
② 《明太宗实录》卷，"永乐四年春正月己酉"条，第754页。
③ （清）张珆美纂：乾隆《武威县志》卷1《地里志·星野》，《武威县志》编纂委员会据乾隆十四年（1749）刻本影印，中国国家图书馆藏，第10—11页。
④ 《明孝宗实录》卷54，"弘治四年八月戊午"条，台北："中央研究院"历史语言研究所校勘：《明实录》第7册，1962年版，第1058—1059页。

时，对穷则思变的凉州卫军户的思想上产生了积极影响。

另据《武威耆宿传》记载：

> 李孝廉洞，字酌雅，武威人。自其先世习耶苏教，父某以战功官广东游击，宦即显矣！犹习其教不改。始洞亦习之。比游击卒于广东，洞将扶榇归葬，而其人溺于耶苏者，则曰尸可弃也。万里外将一陈死人去，胡为乎？盖耶苏教于人死谓骸骨为臭腐，薄敛之。不立主，岁时亦不祭，其教然也。洞闻之，怆然曰：耶苏教之敝，一至此哉！乌脯而獭祭吾岂不禽兽若乎，于是逾海沿漠，跋涉经年，敬奉父丧以归，归而葬祭，尽哀礼。乡邻大悦，而诸李习耶苏教者哗然，斥洞为叛其教，将刃于洞，洞不恤也。洞自是奋于学。嘉庆丁卯中式乡试，丁丑会试殁于州旅次。人咸惜未尽其用，而洞之子弟无复习耶苏教者矣！①

清代举人李洞的祖先信仰基督教，其父以军功官至广东游击，仍然习教。李洞在其父去世后，改基督教仪轨，按照中华传统文化习俗扶柩安葬，祭祀。乡邻拍手称快。然而却遭到李洞信教族人的斥责，欲刺杀他。李洞不以为然，刻苦攻读，嘉庆丁卯（1807）考取举人，嘉庆丁丑（1817）在参加会试途中病逝，从此其族人不再信基督教。

武威文庙匾额有多名李姓成员参加，早在近代之前李姓就有信仰基督教者，武威成为东西方文明交流之地。李洞在广东大彻大悟，丢教向学，为乡民所喜，武威深受凉州卫学影响所及，以文风称道。

秀才参与祭祀文庙，也信奉文昌帝君，但是武威文庙则另有信众组织。在武威文庙匾额中，有雍正九年（1731）题匾"德盛化神"，落款"文昌会众姓信士弟子"，其成员多达45人。文昌会，顾名思义，以供奉文昌帝君的组织。二月是文昌帝君的生日，称之为"圣寿"。与之相关有多方题匾。另有落款"圣寿前一日"，提前为文昌帝君祝寿。文昌会以文昌帝君信仰为纽带，超越科举世家、同科秀才"同年"关系。最初源为为文昌帝君组织而起，由秀才扩大到捐纳功名，超越秀才、贡生的功名之分。文昌会成员不再局限于是否是明代凉州卫军户子弟，其信众范围扩大到明代卫所军户以外的其他群体，包含士农工商，只要是当地人，不论祖先籍贯，就可参与其中。是武威文庙立匾群体中，除地方官员、地方名士以外的主要力量。

从民国四年（1915）题匾"神有鉴衡"落款"经理斋"、民国六年（1917）题匾"文明以正"落款"武邑学款管理所"、民国二十一年（1932）题匾"为斯文宰"落款"武威学款保管委员会"、民国二十八年（1939）题匾"文教开宗"落款"教育经费保管委员会"来看，虽然从民国初年开始先后出现不同名字的组织，均与武威县教育有关。可见随着清末废除科举考试，文昌会又被新的组织所取代，但万变不离其宗，只是与时俱进更改了组织名字而已。

---

① （清）潘挹奎撰：《武威耆宿传》卷4《王孝廉述典、李孝廉洞合传》，第14页b—15页a。

三、结语

综上所述，可得以下三点结论。

第一，武威文庙既是明代卫所军户的教育场所，又是其重要的文化符号，历经明、清、民国时期的不断建构与重构。明正统年间重建武威文庙并非始于传统上认为的正统二年（1437），而是在正统元年（1436）经明英宗下旨重建，到正统二年丁巳（1437）破土动工，正统四年己未（1439）落成，与之兴建的还有南北方四座文庙。武威文庙为明英宗下旨重建，落成后应有赐匾，只是未能保存下来，应从现存匾额中溯源于此深入研究。正统年间重建武威文庙既是明代卫所军户继承者群体建设的需要，又是王朝推动王化的需要，与少数民族向心力的体现密切相关。

第二，武威文庙与明代凉州卫军户密切相关，明代凉州卫军户并非仅有传统认识的汉人以及南方谪戍之士，而是包含了归顺明朝的色目人、蒙古鞑靼部人等族群，是在饮食、赐汉姓汉名、生活上杂居的基础上采取的文化策略，有利于超越南北方地域文化之分，又突破族群之别，在东西方文明交流中既有在地长期以来的丝绸之路的影响，又与来自世界大航海时代前沿广东接触，近代史之前武威就有信教世家。然而，正是因为武威文庙产生的积极影响，获得了明代凉州卫以及镇番卫等周边卫所军户后裔的大力支持，纷纷为之立匾传后，通过文昌会组织，超越族内科举世家，族外的"同年""同案"关系，整合更多的力量投身到文脉传承中来。民国初年，与时俱进，未因科举制度的废除出现文化断层。明正统年间的武威文庙重建是历史发展的必然结果，与王朝意志密切相关，是重要的文化策略。武威文庙文化的重要组成部分还包括文昌会，明代卫所军户及其后裔是其信众的核心，既要深入研究题匾人，又要研究参与立匾者，尤其是从群体角度出发重新审视立匾群体。武威文庙研究不能忽视其内部的需要，凉州卫军户来自南方的名门望族为何远在西北边陲仍励志向学？其用意何在？并非仅是单纯的崇儒重教，肯定与其群体的现实问题密切相关。武威文庙是明清时期及至民国时期区域社会的共识，此共识经历风雨，不能避而不谈。武威文庙是明代边疆卫所军户重塑形象、明代卫所军户后裔入清后转化社会身份的平台，凝聚南北方地域文化的纽带，坚守中华传统文化的阵地。

第三，武威文庙研究历来就建筑论建筑，就匾额论匾额，局限于文献分析，却未围绕文本深入分析。武威文庙研究既不能局限于就文献论文献，也不能停留在就建筑论建筑，就匾额论匾额层面，文献分析固然重要，辅以建筑研究也是一个很好的研究方法，但是面对层出不穷的问题，这只是研究的基础，应在这一基础上不断深化，对其文本分析是未来的研究方向。其历史文献、建筑、匾额均可视为文本，应在文献分析的基础上进行文本分析。在史料范围上，以往武威文庙史料研究停留在地方志、碑铭、文集等方面，未从《明实录》旁征博引，还原凉州卫学重建的历史情境，探索重建的原因，尤其是文本记载背后的原因，透过史志与碑铭聆听历史的心声，根据区域社会历史文化变迁与族群互动历史，揭示其应有的历史作用以及积极影响。不能局限于武威地处西北边陲，与世界大航海时代无关，与海洋文明关系不大的传统认识范畴。此情形同样也出现在其他地方文庙研究，亟需跳出传统认识层面，重新审视，既要再考历史问题，又要发现新问题，重新书写其历史进程。新时期地方文庙研究应积极从王朝层面出发，在文献分析的基础上，重点进行文本分析，在揭示区域社会历史文化变迁的基础上，置身王朝史与世界史视阈，围绕文庙，跳出文庙，深入研究，最终达到为文庙研究服务的目的。

（作者单位：龙岩学院闽台客家研究院）

非物质文化遗产研究

生生不息的文化自信
生机盎然传承八代人
——川北王皮影传承掠影

王扶民

内容提要：第六届中国成都国际非物质文化遗产节于 2017 年 6 月 10 日至 18 日在成都举办，阆中阆州醋、张飞牛肉、川北王皮影等 3 个非遗项目参展。川北王皮影艺术团精心准备了《张飞审瓜》《张飞之死》《斩蔡阳》《七十二变》等节目，开馆当天做了 8 场表演，观众大呼过瘾。媒体对王皮影在传承中创新倍感兴趣，《四川日报》《四川新闻网》《四川工人日报》《广东卫视》等十余家媒体轮番采访。

关键词：生生不息；文化自信；生机盎然；传承八代；川北王皮影

1988 年，奥地利维也纳国家歌舞院金色大厅，一位来自中国阆中的农民艺术家以一双"魔手"，将张张皮影表演得惟妙惟肖，令欧洲人大开眼界，成功的演出使他在当地受到了最高礼遇——在维也纳金色大厅"白幕墙"上签名留下手印。当地媒体评价称：他的表演是"真正的东方艺术"。他被誉为打开维也纳金色大厅的"中国第一人"，他的名字叫——王文坤。

2009 年，王文坤之孙王彪、王访被国家公派率团赴美国参加华人春节团拜会"四海同春"联欢演出取得圆满成功，轰动美国。用兄弟二人的话说："20 年前，我爷爷赴奥地利演出；20 年后，我们又赴美国公派演出。这并非历史的巧合，而是川北皮影艺术生生不息地发展，艺术生命力盎然传承的结果。"

2012 年 6 月，川北王皮影 3.85 米巨型皮影亮相于二十一届国际木联大赛暨国际木偶艺术节并拿到几项国际大赛，倾倒无数国际友人……

2019 年 8 月，应邀赴台湾进行海峡两岸文化艺术交流，翌年，应邀出访法国……

一切人间奇迹已经发生，一切人间奇迹正在发展。

清代，乾隆盛世，"湖广填四川"运动仍在延续。

祖籍湖北麻城孝感的王世儒，告别耕读传家的故土，挑着全部家当，扶老携幼，来到了四川阆中宝台乡醴泉寺村插签为业，继续走上了耕读传家之路。

王世儒上过私塾，读过儒书。他对仕途毫无兴趣，对琴棋书画却情有独钟。来到川北，由于当地对外来迁移出台了一些优惠政策，加之他善于安排计划，小家庭很快就富裕起来。闲暇之余，他被当地的川北"土皮影"艺术所吸引，便拜当地"土皮影"班子名师学艺，后来也领班从事皮影雕刻和表演，在附近乡村巡回演出。

第二代传人王世儒之子王大盛，成年后挑起了家庭耕种的担子，农忙生产，农闲跟着父亲的皮影班子从艺。王大盛之子王家禄，生于清道光五年（1820），为王氏灯影三代传人，系名噪川北的清代画匠。他集塑像、木刻、绘画、剪纸艺术于一身，既能登大雅之堂（庙宇、祠堂）的装饰彩绘，又为民间所珍爱（剪纸图案）。其灯影制作和表演享誉阆中、苍溪、仪陇、南部和通江、南江、巴中一带，是个家喻户晓的人物。殁于清道光五年（1882），其墓碑有"擅翰墨丹青……"等语。

第四代传人王仁和，生于清咸丰十年（1860），系王家禄次子。善书法，艺术上不仅承接其曾祖父、祖父、父亲三代之所长，还精于风水阴阳之术。现仍保全完好的堂屋中两幅木刻壁画，就是他曾祖父与祖父各自传世的作品。仁和有3子，长子能顺、次子遂顺、三子元顺。王仁和因其参加过紫霞坛和当过保正，于1933年7月，红军来水观时被镇压，王氏灯影班被迫解散。

第五代传人王元顺，生于清光绪十四年（1889），又名王洁全，元顺系仁和三中的佼佼者。他除继承了上辈传承皮影的制作和表演外，还会吹、打、拉、唱，经常参与川剧座唱，又兼做民间风水先生。1935年夏，王元顺恢复王氏灯影班，再次到各乡、村巡回演出。1936年秋，王元顺病故，王氏灯影班再次解散。

第六代传人王文坤，于1922年2月12日诞生在王仁和次子王遂顺之家，为双胞胎，文坤为长，文尧次之。文坤出生第二年（1923），父亲王遂顺病故，王文坤被过继大伯能顺为子。

王文坤8岁时，被送到醴泉寺私塾上学。放学回到家里，他最喜欢看父亲雕刻皮影和剪纸，12岁时就经常将父亲的剪纸拿到学校偷偷地仿画。暑假期间跟班学戏文、学吹打，常将大板凳一头立于地上，朝天的另一端挂大锣。由于天赋，他3个晚上把箫学吹会了，一出戏本读3遍就记熟了台本。但这并未影响王文坤的课业，8年读书，除了1年排名第二，7年都列名同级榜首。胞弟文尧名列第二。到了13岁，幺爹王元顺见文坤在皮影表演方面很有灵性，便正式选定他为自己的传人，将他收进自己灯影班子。从此，王文坤走上了艺术生涯。幺爹王元顺病故后，灯影班解散。翌年8月，王文坤到射洪庙胡举贤处学巫师术士，很快掌握了端公跳坛、唱傩戏、看风水的本领。1939年3月，为躲壮丁，他逃往南部，拜皮影艺人李云亭为师学唱陕西渭南皮影（俗称"广皮影"）。

1941年9月，王文坤购买南部东滩坝冯朝清全套旧皮影箱子，自己领班巡回演出。其脚迹遍布川北城乡和合川、重庆等地。1947年3月以后，王文坤掌握了皮影的雕刻艺术后，将"土皮影"与"广皮影"有机地结合起来，形成自己独特风格的"王灯影"，得到观众的青睐。

1950 年，王文坤巡回演出回到家乡，当时土改工作团要他当乡农会主席。只干了 3 个月，他便应邀加入川北区南充市文艺宣传队灯影组，制作和表演皮影。1954 年 8 月回到家乡，正值农村合作化运动高潮，被推选为本社社长。从此，他只能逢年过节唱唱皮影戏。用他自己的话说，就是在自家周围团热闹一下。

1958 年春，经大垭乡泥塑艺人罗泽然的推荐，王文坤到县文化馆搞剪纸、皮影创作，有 30 多件作品被选送省群艺馆。是年秋，省群众艺术馆借调他进行剪纸创作，一借就是 3 年。这 3 年里，王文坤创作了大量皮影、剪纸作品。省群艺馆在成都盐道街展览的 500 多件的剪纸作品中，王文坤的作品就达 290 幅；1959 年夏，又在成都望江公园展出了他的作品 50 多幅。是年秋，其雕刻《团花》等 7 件作品在《四川画报》发表。尔后，又先后在《四川画报》《四川日报》《四川妇女》《草地》等报刊发表剪纸、皮影作品 30 余件。其中有 300 余件作品被中国民间美术馆、北京美术馆、四川美术馆、四川大学美术馆等收藏。

1961 年底，王文坤又回到家乡，一头扎进这片红土地，耕耘自己的命运。民间逢年过节、红白喜事他去热闹热闹，便有了微薄的收入，生产队里一些社员便眼红起来，个别"积极"分子和大队、生产队干部便揭发他出外演皮影是在搞"单干风"，他被列为"四清"对象。正当此时，省艺术美术研究所派罗思华、何长林来阆中调王文坤去该所工作，被公社领导以他搞"资本主义"而被拒绝。省上去不成，就安排他到当地夹渠沟水库工地办墙报、写简报、写标语，开山打石头。王文坤很乐观，边打石头边背戏文；休息时他找个冷清角落，用手指或树枝在地上画花鸟虫鱼……

1966 年，"文化大革命"在中国大地上爆发了！大山沟里也不能幸免。"破四旧"号角震山河，王文坤预感将有灭顶之灾发生，将上乘皮影作品用麻袋装好，上面装上干酸菜吊在房檐梁上，而将一般皮影作品放在木箱内，等待"破四旧"造反派的到来。不出所料，造反派抄了他的家，木箱被砸烂，箱内皮影被付之一炬。造反派将皮影艺术视为"封、资、修"毒草，王文坤遭造反派打入另册，唱皮影的收入被没收归公。厄运进一步向王文坤逼来，1970 年 10 月，"一打三反"运动中他被列为"打击"和"专政"的对象，被押送阆中县人民法院公判审理。法院鉴于表演皮影系民间传统艺术，将他判决"交群众批判教育"。尽管在如此险恶的环境里，王文坤一直未能泯灭自己的艺术追求。生产队派他看山，他看到山花就写生；看到大山，就喊山练嗓子。

1978 年，党的十一届三中全会召开，给王文坤的艺术注入了新的生命和活力。当年 9 月，王文坤被县文化馆聘请参与彩画张飞庙；翌年秋，组建家庭皮影班在民间巡回演出灯影。1980 年春，将孙子王彪、王访收为王灯影传承人精心培养。1981 年 5 月，省群众艺术馆再一次邀请他赴省上搞残缺皮影的修补、剪纸创作，还给他带徒的任务。在省城，王文坤待了 5 年半时间，这是他艺术最辉煌的时期。他的 16 幅剪纸作品在省内巡回展出。1984 年 8 月 16 日，剪纸作品《二龙戏珠》《凤穿牡丹》《四蝠寿》《回蝶寿》入选北京民间美术作品展出。1985 年 3 月，剪纸《连年有余》入选全国剪纸作品展。11 月，加入中国剪纸研究会，剪纸《古树盘根》获全国剪纸赛二等奖；有 18 件作品参加全国民间美展后被中国美术馆收藏。

1987 年 7 月 27 日，奥地利中国友好协会正副秘书长卡明斯博士和燕珊女士率团来成都访友，在省群众艺馆见到了当时正在馆里进行皮影制作的王文坤。二人是东方艺术研究专家，他们是从河南、陕西、山西了解皮影艺术情况辗转来到四川的。看了王文坤皮影艺术表演和雕刻的皮影人物造型，又看了他的即兴创作剪纸作品《喜鹊登梅》《香草金鱼》时，连声叫绝。王文坤当即将这两幅作品送给了燕珊，燕珊也送给王文坤一枚有奥地利女王头像的银币。其皮影作品《孙悟空》被卡明斯基用 500 美元高价购买。卡明斯基回国不久，奥中友协即向四川省发出正式邀请，请王文坤及其家庭皮影艺术队于翌年在维也纳国家艺术节期间到奥地利友好访问。事隔不久，经四川省外事领导小组批准，以四川省对外友协秘书长熊庆娟为团长，阆中县常务副县长吴自成为副团长，王文坤和他的两个侄儿王明生、王明权以及孙女王晓玲为团员的"四川省皮影艺术友好访问团"正式组成。

1988 年 6 月 7 日，四川省皮影艺术友好访问团一行 6 人赴维也纳参加一年一度的国家艺术节，由北京机场乘罗马尼亚航班飞向欧洲。许多国家的艺术团体都以能来这里一展风采为荣耀。四川省皮影艺术友好访问团是唯一被邀请的中国艺术友好访问团体。他们从 6 月 10 日起先后在维也纳、林茨市、梅尔克市等城市进行了 12 场次演出，场场爆满。演出的一个星期里，奥地利前总统基希施莱辛格和夫人看了演出，王文坤演技达到了最佳状态。演出《杨戬救母》时，当孙悟空与杨戬各自变化飞禽走兽，互相斗智斗勇时，观众报以热烈掌声达 7 次之多。演出结束时，前总统及夫人、王子一道与王文坤合影留念。一位美国女郎对王文坤说，她小时候在中国看过皮影，这次是专程从美国到维也纳观看演出的。

王文坤在奥地利演出期间，还参加了奥州电视台举办的"斗智会"。王文坤皮影艺术为"斗智会"进行音乐伴奏："斗智会"讲坛用王文坤精心创作的剪纸《二龙抢宝》作为背景，为"斗智会"增色不少。在维也纳皇宫大厅还举办了中国王文坤皮影作品展。访问演出结束的欢送宴会上，奥中友协秘书长卡明斯基用中文说："王师傅的皮影艺术团出国访问演出，绝不会就是这一次。"

临别维也纳，奥地利文化部特地邀请王文坤在维也纳国家歌舞院金色大厅的"白幕墙上"留下了手印，并签名留念。"白幕墙"实际上是剧院外面的一堵墙，因外墙涂着白色的涂料而得名。"白幕墙"上留下手印签名的都是来自世界各地的艺术名人。中国演员登上维也纳金色大厅演出的，相继有著名歌唱家宋祖英、谭晶等，而在"白幕墙"上留下手印并签名的，目前尚只有王文坤。

在奥地利取得圆满成功之后，王文坤又在追求新的艺术高峰。回到家乡，于是年 8 月，在七里镇开办川北王皮影培训班，招收青少年学员 32 名。年底，应时任重庆市委书记肖秧之邀赴重庆文化交流演出，在枇杷山公园连演两场，观众爆满。翌年 10 月 5 日，又率皮影班赴重庆参加中国长江民间艺术节，演出受到观众热烈欢迎。1990 年 10 月，中央电视台在北京亚运会开幕式后黄金时段播出《皮影大师王文坤》专题艺术片。1998 年 9 月 29 日，一代皮影大师因病离世，享年 76 岁。阆中市委、市人民政府分管文化工作领导以及市文联、文化局、文化馆等领导及其生前好友前往宝台醴泉寺村悼念。2000 年 11 月，《阆中王文坤皮影班》简介载入《四川省志·文学艺术志》（第二编戏剧：第五章木偶·皮影；第二节皮影），全文 378 字。王文坤有 4 子，明清、明润、明阳、明友，皆因生活在"三年困难时期"

和十年"文化大革命"中因父亲的皮影艺术被视为"封、资、修"大毒草而不敢沾边，故儿子辈无传承人。

第七代传人王彪、王访。二人乃王文坤之孙，三子王明阳之子，王文坤之嫡孙。说起王彪、王访的艺术生涯，还有一段刻骨铭心的经历。王文坤应邀出访奥地利，按奥方的要求，王文坤皮影剧团由 5 人组成，其中演员 4 名，领队 1 名。王文坤皮影班子成员多系家人，因此他在物色出国人员时，排上了孙子王彪（王访还在读书）。王彪自幼伴着爷爷皮影长大，8 岁时爷爷就教他皮影表演基础功。初中毕业后，王彪跟着王文坤表演皮影好些年，因农村电影、电视的逐渐普及，皮影演出市场便渐渐萎缩，1987 年他不得已才带着妻子李永菊外出打工以维持生计。接到爷爷要他随团出国演出的信时，王彪正在江苏无锡一家工厂打工，此时距信从家乡发出已整整 20 天。工厂方面十分支持王彪出国表演，当下给他订了飞机票，让他速返家乡。不料，回家后王彪才得知，因为办理出国护照需要提前确定人员并提供身份证，加之组团人员名单要提前 3 个月交予奥方。因此，在等待不及的情况下，王文坤只好将王彪换下。王彪一听，失声痛哭……

1989 年 9 月，王彪随爷爷来到成都，在成都群众艺术馆进行演出。当时，有五六个国家的客人前来观看。演出结束时，一位德国客人上台与王文坤拥抱，并用中国话说："王老先生，你真了不起！"随即，又指着王彪说："真正的传人！"但是，由于王文坤已届耄耋之年，外出行动不便，以及王皮影表演市场的逐日萧条，王彪不得不再次远走他乡以打工谋生。1998 年 9 月 29 日，王文坤因病离世后，他留下的上千件皮影被收藏者得知，纷至沓来，意欲以巨款收购。正当生意谈妥，收藏方正在付款之际，在外打工的王彪、王访兄弟二人凑巧回到家里，兄弟二人一听对方是收购爷爷皮影的，他们当即将钱拿出往桌上一搁："爷爷的皮影不能卖给别人，要卖，只能卖给孙子，我们按原价买！"

2002 年，王彪、王访兄弟商议，爷爷的皮影艺术不能断裂在他们这一代人手里，要将其发扬光大。于是兄弟二人将外出打工积攒的 20 多万元合资重组阆中皮影班，在成都人民公园安营扎寨，从事皮影艺术演出，走上了传承爷爷的艺术之路。是年秋，一对年轻的香港夫妇在成都人民公园观看了王彪的演出，临别时询问其是否有演出证，当时他们并不在意。不料，两个月后这对夫妇从香港打来电话，说明他们是香港演艺界的，邀请他们到香港演出。他们得知此事大喜，遂打电话询问阆中文化局，办理演出证相关事宜，给阆中市文化局一个惊喜：苦苦寻找的"王皮影"传人"得来全不费功夫"！

2004 年春，阆中市文化局负责人在成都找到王彪、王访兄弟，对他们说："阆中王皮影土生土长在阆中，她是阆中人民的，更应该在阆中继续成长、壮大！你们兄弟二人应回阆中发展，我们当地党委、政府和文化行政主管部门会尽力支持你们。"就这样，兄弟二人义无反顾地回到阆中，在古城华光楼附近租房苦心经营。第七代传人还有李永菊、张晓芬，他们系王彪、王访妻子；两对夫妇精诚团结，精心耕耘，很快"王皮影"艺术团便成为阆中旅游文化产业一张名牌，深受海内外来阆旅游观光者的青睐。为了让"王皮影"艺术发扬光大，2006 年 1 月，组建"王文坤皮影培训班"，招收学员 12 人，进行皮影制作和表演艺术培训。2008 年 2 月，成立"川北王皮影文化传媒有限公司"。是年 3 月，王彪、王访雕刻的皮影作品参加首届四川百家民间工艺比赛并荣获"十佳传承奖"称号。同年 6 月 7 日，"四川阆中

王皮影第七代传人王彪（前）、王访（中）表演皮影戏（王扶民摄影）

皮影"被公布为第一批全国非物质文化遗产扩展项目名录，当年，被南充市人民政府授予"文化产业示范基地"；阆中市委、市人民政府授予"阆中市民俗文化产业龙头企业"。2009年1月，赴美国参加华人春节团拜会"四海同春"演出，取得圆满成功。用兄弟两人的话说："20年前，我爷爷赴奥地利演出；20年后，我们又赴美国公派演出。这并非历史的巧合，而是川北皮影艺术生生不息地发展，艺术生命力益然传承的结果。"当年4月，其皮影雕刻造型获巴渝两省、市"民间工艺大赛一等奖"；同年11月，获"中国西部国际'三品'博览会"一等奖。

2010年5月，代表国家应邀赴上海世博会为联合国教科文组织总干事依琳娜·博科娃作专场演出，获得高度赞扬。同年5月，获"中国首届农民艺术节表演（皮影）"一等奖，获奖者一同与回良玉副总理合影留念。6月，参加中国首届"全国先进剧团优秀剧目展演"并获得最佳表演奖；7月，参加联合国教科文组织举办的国际木偶皮影"金狮杯"大赛，荣获团体"传承与发展贡献奖"、个人表演"金狮杯"奖。8月，参加上海世博会四川活动周等。2012年6月，率团参加二十一届国际木联大会暨国际木偶艺术节，获皮影表演传承奖，皮影剧《斩蔡阳》获传统剧目奖等，受到国际友人的欢迎与高度赞赏。

川北王皮影第八代传人王小彬（王彪子），大专毕业后子承父业，还动员其妻张雪梅与他一道专习皮影制作和表演艺术。出自对皮影艺术的钟情和酷爱，在一年内时间里，王小彬掌握了皮影表演技巧，乐队的司鼓、其妻张雪梅不但能走影子，而且在乐队担任司琴、吹唢呐。2011年8月，"川北王皮影文化传媒有限公司"又从近两年具有大专学历的待业青年中招收学员王小彬、张雪梅、王龙、王佳佳、李海洋等，管吃管住管零用钱，并高薪聘来名艺人进行培训，给他们传授戏剧基础知识，训练声腔击乐；再由王彪、王访手把手教皮影的制作和表演技巧，取得很好的效果，得到各级领导和业内人士的好评。

王皮影艺术团现有祖传皮影1000余件，剪纸作品3000余幅，木偶近1000件，刺绣200余件，木雕300余件。最新特制大皮影10件（3.85米，目前正在申报吉尼斯世界纪录），1.85米中皮影20件，演出王文坤皮影戏自创和传统保留剧目有《阴阳扇》《破桃山》

《棱罗镜》《收金龙》《罗成招亲》《斩蔡阳》《杨戬救母》《收三怪》《鹬蚌相争》《水漫金山寺》《松竹梅》《打阎罗》《盗令出山》《火焰山》《收妖龙》等 20 多个；道具 600 余件、皮影收藏品 3000 余件。家传剧本 40 余册，口传身授的音相带、光碟 60 盘（盒），皮影剪纸各种画稿 1000 余幅。最新创作剧目有《张飞之死》《张飞断案》《张飞禁酒》《神仙游阆苑》《皮影迪斯科》等深受观众的喜爱节目 15 个。

近年来，国家、省、市对川北王皮影艺术团给予高度关怀和扶持，先后向该团下拨非物质文化遗产保护经费近 100 万元。为了使川北王皮影这一民间艺术瑰宝在传承中更上一层楼，绽放出更加绚丽的奇光异彩，2010 年 10 月 30 日，由川北王皮影艺术团出资在阆中古城购地 6.2 亩（大东街 91 号地块）作为川北王皮影民俗文化园的项目建设。园区将建成展览、演出、皮影制作、皮影销售、创研等厅、室和传习所（培训基地）的仿古建筑群。该项目建设总投资 4000 余万元，现已投资 1450 万元。阆中市委、市人大、市人民政府、市政协领导对川北王皮影这一旅游文化产业品牌曾给予多方关注与扶持。这次项目建设用地，市上出台政策优惠达 100 余万元。

不积跬步，无以至千里；不积小流，无以成江海。

川北王皮影艺术团能有今日的辉煌，不得不提到王彪、王访两个家庭的精诚团结。这个兄弟家庭组合的团队，两家上有父母，下有儿孙，家庭成员 13 人，加上聘请的演职人员 20 余人，每天开饭两席还坐不下（完）。每天的日杂和生活开支、房租、水、电、气费就要 800 元，一月开支上两万余元。巨额负担没有将他们击倒，兄弟俩认为只要两个家庭同了心，哪有迈不过的坎呢？王彪主外，联系外务和业务有关事宜；王访为内务总管，总理财务及一切后勤服务。一切事务都是通过商量再办，从不个人说了算。李永菊、张晓芬俩妯娌亲如姐妹，从不计较个人得失，从不计较生活中所发生的不快；大家都具有一颗包容之心，大事化小，小事化了，一心用在王皮影的振兴上。还是王访说得好："兄弟之间有啥可争的哩？王皮影振兴了，我们啥都拥有了；王皮影衰败了，我们啥都没有了，都成了穷光蛋！"

这，就是王皮影传人的胸襟；这，就是民间艺术家的情怀。

从川北王皮影的传承和发展中，我们可以清晰地领悟到一个道理：传统，能给一块土地带来如此生生不息的文化自信，传统不也就是当下的文化力量吗？

（作者单位：阆中市名城文化研究会）

on

扎根大山深处　徐家坚守灯艺

侯开良

内容提要：老观古镇距中国历史文化名城阆中 45 公里，素有川东北门户之称。她集中国历史文化名镇、国家新型城镇化综合试点镇、中国民间文化艺术之乡、巴蜀最具保护价值古城镇、四川省百强镇等光环于一身，历史悠久，文化灿烂。2018年央视春晚，一个带有浓郁乡土气息、有着鲜明地域特色的民俗舞蹈节目《亮花鞋》，以惊艳、震撼和唯美，受到了全国观众欢迎。此外，老观古镇的灯戏文化也源远流长，川北著名"灯戏篓子"陶醉在灯戏艺术中飘然离世，第四代灯戏传人打造乡村灯戏基地，倾心传承非遗文化。

关键词：扎根；大山深处；徐家班；坚守；灯艺

2006 年，阆中市老观灯戏被南充市政府公布为市级第一批非物质文化遗产名录；2009年，老观灯戏被四川省政府公布为省级非物质文化遗产扩展项目名录；2015 年，徐家班第四代传承人徐思贵、李文华（曾用名徐小林）被阆中市文旅局命名为"老观灯戏非物质文化遗产项目代表性传承人"。

老观古镇灯戏文化源远流长

1962 年 2 月，徐思贵生于阆中县峰占公社红瓦店大队七队徐家湾，排行第三，1980 年跟父亲徐廷星学灯戏；1964 年 9 月，李文华出生，排行老幺，徐家子女多，生活困难，经姨娘介绍，抱给苍溪县龙山公社金光大队李秀忠作养子，取名李文华。1981 年跟父亲学灯戏，改名徐小林。他们是老观灯戏非物质文化遗产项目徐家灯班第四代传承人。

灯戏，在阆中民间的演唱历史悠久，山区农民非常喜欢这种短小精干的歌舞、说唱节目。老观古镇灯戏尤以峰占徐家班最具特色：题材广泛，多为民间故事；不拘场地，道具简单；幽默粗犷，富有乡土气息；贴近生活实际，贯穿忠孝节义；人们在哑然失笑、会心一笑、开怀大笑、破涕成笑中感知道义力量、反思人生百态。俗话说"无灯不成戏"。油灯点在地上，在堂屋、院坝、阶沿演龙灯、狮灯、车灯、牛灯、竹马、采莲船、羊灯等室内戏；汽灯高挂桅杆，在广场、晒坝、坡坎、田间演出富有故事情节的正戏、苦戏、笑戏、闹戏等。

徐家住在峰占观拐坎下。早年听徐家爷爷说："峰占观"本是"丰占观"。《阆中古迹》载：明代道学大师张三丰在此占卜，建观曰"丰占观"，后人讹传为"峰占"。海拔 888 米，距城区 88 公里。山高沟深，道教文化厚重，农民文娱生活贫瘠，徐家班利用了这种时空优势。

傩，即跳傩、傩舞、傩戏。巫师戴上狰狞可畏的面具扮演驱除瘟疫的傩神，反复用程式化的舞蹈动作演绎巫术。傩是古老而神秘的原始祭祀活动，起源于巴人祖先——巫师鼻祖华胥、伏羲时代。傩与徐家灯戏有密切关系。《阆中民间传统文化集成·民间艺术·傩戏》载：清初，阆中石滩乡党家沟出了一位名噪川北的大巫师党发林（1662—1746）。他是二龙、老观、千佛及近邻苍溪、仪陇一带著名巫师，人称"道法灵"。他身怀绝技，无论正坛、耍坛，演艺超群。通（江）、南（江）、巴（中）、仪（陇）、南（部）等，多地信徒拜其为师。碑载党发林善变"鬼脸壳"（用数张布画面具叠于头部，随唱随换），非常精彩。俗话说："党发林的脸，说变就变。"专家考证：川剧变脸的绝技源于傩戏，由此可证。清末民初，峰占徐玉山、解元屈彩云、老观李仕伦等，是党发林的第五、六代传人，他们继承了庆坛从"请水"到"天上三十二戏""地下三十二戏"等端公戏。"天上戏"是在房檐下点天灯演；"地下戏"是在阶沿上燃地灯演。所以"天上走木脑壳（木偶），地下戴脸嘴壳"。无论是源于峰占淳朴的民风熏染，还是师承清初党发林的端公戏，抑或承继明代道教醮坛踏罡步斗的遗风，峰占徐家能世代传承和坚守灯戏艺术，数百年不改初心，这种敬业精神难能可贵。

傩戏面具（王扶民供稿）

陶醉在灯戏艺术中飘然离世

家族文化得以连续传承的另一例证是"徐氏字谱"：登国必应朝，文廷思太本，开元安荣长，兴怀绍仕德，光崇永呈祥。

而今有文字记载的徐家灯戏始于祖父徐朝珍，艺名"玉山"。朝字辈是清初字谱第五辈，这与"党发林第五代传人"不谋而合。说明最早的灯戏创始人，可能是徐家的"登"字辈先祖。

玉山生于清同治二年（1863）二月十八日，卒于民国三十七年（1948）十二月初三，享年85岁。少时家贫，无书可读。13岁跟端公学傩戏：杠神。他天资聪慧，戏旨一点即通。他勤于收集民间故事、山歌小调，自学川戏生、旦、净、丑等角色，熟悉软硬场面，尤以花旦著称。18岁时，玉山学会制作皮影、木偶。在跳傩、唱川戏、耍龙灯、演灯儿戏的过程中，大胆将皮影、木偶动作融入川剧、灯戏中，独具特色。主创并演唱《打满》《打更》《双打擂》《赶隍会》等灯戏；组建"玉山灯班"，常年在阆、苍、巴、仪等山区轮演。1933年红军解放峰占，他组建"阆苍县鹤峰新剧团"，招募演员，演唱《打倒刘湘》等新戏，宣传反封建、反军阀。红军走后，他重组灯戏班，培养了徐南阶、徐廷星、杨天尧、戴玉翠、韩松亭、李全玉等徒弟。他敢于创新，形成了"以木偶为爹，皮影当妈，猴戏为姊妹，庆坛为干爸"的灯戏特色，颇具徐家灯班个性。

玉山之子徐文庆，艺名"南阶"。他继承了徐家灯戏传统，善于广泛切磋灯戏技艺、弘扬灯戏文化。1922—1949年间，他和屈彩云、吴玉亭、吴怀绪、赵鼎臣等，先后组建了解元灯班、老观灯班、石滩灯班、苍溪龙山灯班等，为灯戏文化发展做出了积极贡献。

第三代传人徐廷星是川北有名的"灯戏篓子"，生于1923年10月。从小跟随祖父徐玉山、父亲徐南阶学灯戏，演艺娴熟，擅长小生，吹、拉、打、唱俱会。祖父逝世后，他和父亲领班到阆中、苍溪、广元、巴中、仪陇一带农村演出，颇受欢迎。廷星在灯戏《打满》中表演出色，人称"满娃子"。1952年，徐廷星重组徐家灯班，农闲时在阆、苍、巴等山区轮演；1956年、1957年曾两次应邀参加南充地区"灯戏座谈交流会"；1959年，徐家灯班代表阆中出席南充地区及全省的灯戏汇演，他与纪菊芳主演《纺棉花》《插红旗》等获得好评；1966年，南充地区灯戏队聘请他整理灯戏资料；1980年3月，徐廷星再次组建徐家灯班兼任司鼓，排演传统灯戏和现代剧，一直活跃在周边县区山村。1982年12月，徐家灯班的《竹篮记》参加阆中县首届灯戏调演获一等奖；1983年4月，他们的《巧还租》《假报喜》参加水观区举办的阆中县第二届灯戏调演获二等奖；同年12月，在南充地区首届业余灯戏调演中，《亲家母上轿》获一等奖、《三张借条》获二等奖；1984年10月，他和南充地区灯戏同仁在灯戏《赶隍会》《亲家母上轿》《三张借条》中植入音乐、舞美元素，参加全省第二届川剧汇演，获专家高度评价。为弘扬灯戏艺术，徐廷星献出了《赶隍会》《亲家母上轿》等腹本；精心培养徐思贵、徐思定、李文华、向林华、徐爱琼等大批灯戏人才。

峰占灯戏代表作《竹篮记》剧照（李文华供稿）

1987 年农历十月，北风呼啸，雾霾阴沉。徐廷星被查出了食道癌晚期后，7 天未进汤水。第八天早饭后，徐思贵想给他喂点糖开水，他却牙口不开。儿子在他耳边不停地呼唤，终于从弥留中唤醒。"爸，您有啥心事尽管说，我们会尽力去办。"父亲缓慢睁开眼睛，吃力地指了指床沿："给、给我、我唱、唱灯、灯戏……"

父亲弥留之际念念不忘灯戏，徐思贵和幺弟李文华、堂兄徐思定、侄女徐爱琼、侄婿母正奎、弟媳文小丽等迅速穿好戏服、支起锣鼓，先唱《打满》，再唱《竹篮记》……徐家灯班第三代掌门人徐廷星，陶醉在灯戏艺术中合上了双眼，飘然离开人世。

打造乡村灯戏基地传承非遗文化

徐家灯班根植于峰占山区，花开在阆、苍、巴、仪，得益于六个字：天时、地利、人和。徐玉山一炮走红，他利用了峰占"地利"；徐南阶拓展空间、徐廷星深度融合创新，他们体现了"人和"。国家重视非物质文化遗产传承、峰占乡政府免费提供文化广场作为灯戏训练基地，徐家第四代灯戏传人正好赶上了"天时"。

自改革开放后，全国兴起了打工潮，彩电、音响悄然进入寻常百姓家，昔日红火的灯戏被日渐冷落。李文华作为父亲最疼爱的幺儿，他深知老爸弥留之际的心思：分存多家的道具能否全部收回；分散在各地的爱徒能否聚齐；倾注了徐家三代人心血的灯戏是否有人承继……一场送终灯戏让老人安心地走了。

徐家灯戏采用"口传心授"方式传承，包括成名戏《竹篮记》《打满》等，只有腹本，没固定台词。要求演员灵活机智：见事说事、见物说物、见人说人……恶媳妇甩给年迈老人一个竹篮，赶他去讨口；孙女捡回竹篮搁起，说"等你老了时，我好送给你"。一语惊醒梦中人，儿媳幡然醒悟，一家重归于好。2012 年 3 月 16 日，《四川日报》记述了《久违的

"灯戏"》：天上扯张篷布，台面挂个帘子，没有灯光布景，灯戏乐器亲切……儿媳声色俱厉的呵斥，老人声泪俱下的哭诉，儿子怒不敢言的无赖，孙女处心积虑的劝导……寒风中，父老乡亲站得密密匝匝；台下观众看得泪眼婆娑，百味杂陈。

徐家灯戏《打亲家》在南充市汇演的剧照（李文华摄）

　　小时候家穷，徐家老大、老二相继参军，走出了大山。李文华和三哥从小耳濡目染，熟悉灯戏吹、拉、打、唱。1980 年，父亲重组灯班，兄弟先后登台，从容不迫，赢得满场喝彩。凭一家之力维持灯班日常开销，谈何容易。他母亲东家借米、西家借盐，砍光了自留坡上柴，勉强维持师徒不挨饿。添置道具、戏服等借款 5000 多元，大家勒紧腰带三年，才还清借款。父亲一生倡导"以仁义安天下""戏即人生"，无论生活多么艰辛，都必须坚守"忠""孝""节""义"，这是徐廷星留给徐家灯班最珍贵的精神财富。

徐家班参加南充市灯戏汇演合影（李文华供稿）

现在徐家灯班有国家鼓励、政府支持，又列入了四川省非物质文化遗产名录；徐家灯戏百姓喜欢、社会认同，享誉川北数百年。他们决心珍惜灯戏文化发展机遇，保护和传承好祖宗的草根文化。2015年春夏，灯班自筹经费30万元添置道具、乐器，装修了舞台；招收徐亦明、蒲艳妮、汪富举、李永银、李永俊等学员十余名，利用峰占乡文化广场作培训基地，精心排练《山伯访友》《腊八饭》《接妹》等现代灯戏。徐家灯班在"阆中市非物质保护协会"成立大会出演《竹篮记》，引发观众强烈反响；在南充市第三届嘉陵江灯戏暨地方戏剧艺术节出演《打亲家》等获奖杯……为促进徐家灯班公司化发展，2016年4月，他们注册了"南充市文华灯戏戏曲发展有限公司"；为保护和传承百年徐家灯戏，公司自2017年开始，将徐家四代灯戏的优秀剧目、主创人员、演出风格及地域特色等，陆续制作成视频保存；为给传统灯戏注入新鲜血液，他们自2018年开始，将过去单纯打、拉、吹伴奏逐步更新为"背景式全音乐"，以回应时代需求；为突出地方特色，他们重新确定灯戏创作思想：针对现实问题、紧扣孝道法治、吸纳方言土语、引领移风易俗；为提升徐家灯戏的品牌价值，他们集思广益，全新打造了一批现代灯戏节目，将以峰占为基点，辐射川北各县区，力争将部分优秀灯戏节目推送到全省乃至全国。

2016年11月徐家灯戏《打亲家》在南充市汇演的剧照

（作者单位：政协阆中市委文史研究会）

少数民族濒危语言的保护与传承研究：
以壮语为例

林超琴　黄民理

内容提要：在全球化、经济化和技术化等多重因素的影响下，使用少数民族语言的人数逐年变少，甚至有的语种已陷入消亡的边缘。目前，国家已把少数民族濒危语言纳入了非物质文化遗产的范畴。它既是表征独特性的民族语言，又记载着多样性文化的生成。重视和加强各民族之间的文化互鉴，保护并建构少数民族濒危语言的重要举措，从而彰显少数民族濒危语言的独特性特征，这将有利于提高全民族的文化认同感。

关键词：濒危语言；少数民族；保护；传承

我国历史源远流长，地域广阔，是一个多民族的文明古国。各个民族文化各有千秋，语言和文字博大精深，语种繁多，有80多种。"少数民族语言是文化的重要载体。语言作为特殊社会现象，随着文化的产生而出现、发展以及消亡。"① 在全球化、经济化和技术化等多重因素的影响下，少数民族濒危语言已陷入消亡的边缘。因此，要保护好少数民族濒危语言，搭建好少数民族文化互鉴的桥梁，实现中华民族文明的传承与延续。

一、少数民族语言蕴含着深厚的民族文化底蕴

在人类文明的演变进程中，语言和文化是不可或缺、相辅相成的有机统一体，两者紧密相连。因此，要发掘民族文化的内在精神离不开对各个民族语言的钻研。首先，语言是一种记录符号，是对特定社会历史条件下文化现象的综合反映。其次，语言的差异性和独特性展

---

① 吴坤湖：《文化的传承与少数民族濒危语言的保护研究》，《贵州民族研究》2016 年第 10 期，第 198—201 页。

现了民族文化的多样性特征。每个民族都有它独具风格的语言，是民族的重要标志，用以传承文明，繁衍后代。再者，语言是人类社会意识形态的外在表现工具，完整地展现了他们在特定时期的政治、经济、文化等方面状况，包括本民族的历史渊源、风土人情、文化品格以及精神面貌。基于语言学的角度，从语法、语音、词汇来考察少数民族语言的演变过程，都离不开对本民族的文化探究。以广西壮族自治区的壮语为例，该自治区作为典型的少数民族聚居区，壮语不仅代表着壮族人民对少数民族文化发展的延续，而且世世代代表对美好生活的强烈愿望，并为之孜孜不倦地奋斗。以语言学的谱系分类，壮语归入壮傣语支，是有文字的少数民族语言。壮语中的谚语别具一格，简短而形象，结构非常灵活，通俗易懂，生动活泼，朗朗上口。"它用简单通俗的话语反映出深刻的道理，是语言使用者智慧的结晶和经验的总结，是语言的精华。"[①] 例如，对气候变化的观察：

"poŋ^{213} pi^{213} nem^{45} tam^{45} phon^{45} te^{33} loŋ^{31}"（蜻蜓低飞，雨就要下了）；劳动带给人们愉悦与乐趣："tho^{31} the^{31} ɵa^{55} mai^{33}，kjau^{45} ʐut^{55} tot^{55} pəm^{213}"（伐木的割据声音非常清脆悦耳）；在人际交往和品德之道中的品行："khjo^{45} van^{31} khjo^{45}，kam^{33} van^{31} kam^{33}"（有借有还，再借不难）；重视对子女的教育培养："au^{45} mi^{31} mei^{31} men^{213} do^{55} ɵa：m^{45} ta：i^{31}"（没有教养穷三代）；对美好生活的向往和追求："nam^{33} lai^{45} to^{31} loŋ^{31}，kən^{31} phjai^{55} to^{31} khən^{55}"（水往低处流，人往高处走）；孕育着丰富的审美内容与文化价值："nok^{33} dai^{45} dai^{55} khon^{45}，kən^{31} dai^{45} dai^{45} naŋ^{45}"（人靠衣装，美靠靓装）。

壮族中大量的谚语集中反映了人民在生活、社会、交往中得出的劳动经验、为人处世、价值取向和审美观念。从它广泛而丰富的内容可知，通过语言来歌颂，蕴含了壮族人们的社会发展、历史进程和文化意蕴，印证了壮族人民朴实淳厚、自强不息和积极乐观的民族精神。

二、少数民族濒危语言具有重要的二维价值

少数民族濒危语言是人们在进行社会活动中不可或缺的工具，运用于日常生活、生产和交流。作为文化的载体，承担着重要的文化功能，传承着民族的物质和文明精神。一是少数民族濒危语言具有历史价值，它的表现形式记载了一个民族的历史形态和历史状况，它的演变进程蕴含着人类社会丰富的知识和文化。在各个历史时期，少数民族语言发挥它作为工具的作用，呈现出重要的价值。二是少数民族濒危语言具有文化价值，主要体现在各时代文学上所取得的成就。目前，具有民族语言的相关成果广为流传，产生了巨大的影响。以壮族语言为例，《歌仙刘三姐》《印象・刘三姐》家喻户晓，壮族人民用壮语和山歌将刘三姐的故事一代又一代地传承下去。有基于壮族传说创作的作品，如创世史诗《布洛陀与姆六甲》；源于家庭生活的传统戏曲，如彩调《百鸟衣》。它们呈现出深厚的少数民族文化价值。在某种意义上，少数民族濒危语言象征着民族精神文化，每一个民族的语言、文字都呈现出本民族别具一格的文化底蕴，众多少数民族语言与文化的互相融合，汇聚了博大精深的中国传统文化。因

---

① 寇福明：《论谚语的语义特征》，《内蒙古民族大学学报（社会科学版）》2009 年第 1 期，第 63—66 页。

此，保护少数民族濒危语言就是保护中华传统文化，这是一项亟需行动的重大工程。

三、少数民族濒危语言面临的多重危机

在全球化、经济化和技术化的多重因素影响下，少数民族濒危语言正面临着消亡的边缘，这一危机在全世界已普遍存在。在我国，以少数民族人口中所占比例最大的壮族为例，它主要分布于中国西南地区，大部分集中聚集在广西一带。壮族是一个有语言、有文字的民族，其语言属于汉藏语系——壮侗语族的壮傣语。其文字兴于唐宋，盛于明清时期，民间用来记载和书写的工具。在 20 世纪 60 年代以前，壮族语言保存相对来说较好，而随着社会和科技的发展，近四五十年的变迁，出现了不同程度的濒危状况，甚至在有的地区面临着消亡的困境。在其他少数民族地区此类现象也是非常普遍的，这种趋势愈演愈烈。因此，少数民族濒危语言面临着十分严峻的形势。

（一）语言熟练等级的少数民族人口比例存在代际差异

在各种现代技术和生活观念的冲击下，少数民族语言的熟练程度受到了很大的影响。通过实地走访和调查，以广西壮族自治区南宁市隆安县西安村潭养屯为例，这是一个壮族聚居的自然村，有完全语言能力的 198 人，约占全村总人口的 94%，现在只有年纪较长的老人之间用壮语日常交流，少数青年不经常性使用壮语交谈，12 岁以下的儿童使用壮语进行交谈的比例约占 20%。结果显示：老人、青年和儿童掌握并运用本民族语言的人口比例明显不同，存在代际差异，而这种代际差异主要体现在年龄之间的变化。

（二）语言转用的少数民族人口所占百分比逐年增加

近些年来，语言转用这种现象日趋大众化。这种现象主要是指越来越多的人放弃本族语，改用本地区的强势语或国家通用语，是伴随文化同化发生的语言功能的转移①。伴随着社会的进步，各民族之间的文化交流，国家普通话的普及等种种原因，在各民族区域这种现象较为普遍，转向的语言很大程度上选择了较普及的汉语，也存在着他族语言。例如，在广西桂西一带，由于地域环境、外出务工潮流的影响，使用壮族语言的少数民族很大比例上转用粤语或闽南语。因而，语言转用的现象并不少见，并且人口百分比逐年不断地上升。

（三）新媒体背景下，发达网络对少数民族濒危语言的冲击

新媒体背景下，发达网络对少数民族濒危语言的冲击是显而易见的。从某种程度上，较严重的影响更多地表现在只有语言而未形成文字的濒危语言上。在我国，有的民族没有自己特有的文字，这些少数民族人口数量占有一定比重。他们的语言延续的唯一途径只能依靠口耳流传。随着新媒体时代的发展，各种高科技产品扑面涌来。在互联网和信息媒介方面，语言种类也受到了巨大影响，使用本民族语言的频率就更加少了。新媒体背景下，这种发达的互联网在一定程度上严重影响了人们在交流过程中的方式，进而使得越来越少的人使用自己的语言。

---

① 冯红梅、张晓传：《我国少数民族语言转用及对策研究》，《贵州民族研究》2018 第 2 期，第 211-214 页。

四、少数民族濒危语言的策略探究

（一）依托新媒体技术，组建少数民族语言的有声和影像数据库

新媒体时代下现代技术的不断完善，使得高科技技术和产品成为可能。"旨在用现代信息技术、遵循统一的工作规范和技术规范，将中国各县域的语言实态记录下来，归档建库，永久保存。"① 语言数据库的建立既是全球化背景下经济快速发展的需要，也是保护和传承少数民族濒危语言的可靠途径。依托新技术和信息网络，通过深入不同民族区域进行实地调查和采访，捕捉少数民族地区的原生态生活，实现了对少数民族濒危语言的记载，完整地保存了少数民族濒危语言的原生态性和真实性。依托新媒体技术，扭转少数民族濒危语言的现实状况。

（二）提高主体认知，开展双语教育的良性模式

每个人都肩负着传承中华民族文化的历史使命，少数民族文化是人类文明的构成部分。因此，在少数民族地区开展双语教育起到关键的作用。建构双语教育传授的良性模式，主要在少数民族地区的幼儿和小学、初中阶段。一是利用人的主观能动性这一特点，提供人的文化认知能力，高度重视本民族语言的运用和传播。二是利用新媒体与传统模式相结合的教学手段，主次分明，丰富课堂双语传授。三是结合教师在教育中的主导作用，提升和加强自身双语教学能力，并利用好互联网、微博和微信等社交工具，促进少数民族语言和文字在该地区的普及。四是学生在接受教育和学习知识阶段，要树立强烈的民族文化认同感，全方位多渠道地实现同教师的语言与文化的良性互动，掌握本族语言并有效地传播。

（三）完善民族制度体系，制定合理的民族语言政策

少数民族地区作为中国的重要组成部分，每个民族的传承性、独特性代表着本民族与众不同的特征，55个少数民族语言共同组成了中华优秀传统文化。而每一种民族语言传承着重要的文化价值，挖掘少数民族语言的文化价值，需要从中央深入到地区、族群、村落，夯实民族区域的政策地位。目前，国家对少数民族语言保护出台了相关政策，但落实到族群和村落中已丧失了它原本的功能。因此，在少数民族濒临语言的传承和保护过程中，国家出台完善民族体制制度，因地制宜、因族而异，打造有特色的民族语言政策。

（四）打造语言和旅游产业，建立文化旅游示范区

从经济学的角度考察语言，它同样具有经济上的特点，如语言价值所带来的收益。语言和其他商品一样，是价值与使用价值的统一体。近年来，人们对精神生活的不断追求，外出旅游已成为人们生活中的经常性活动，从而满足不一样的自我需求。少数民族地区的独特性，也吸引了越来越多的外来旅行者。紧握新时代机遇，充分利用好语言的特殊属性，推动语言产业和旅游产业相融合，带动本区域的全方位发展。通过与旅游产业的有机结合，建立文化旅游示范园，展现少数民族地区的山水人文价值和历史文化价值，将有利于建设该地区和谐语言生活，促使该民族地区文化软实力有所增强和提高。

---

① 李宇明：《论中国语言资源有声数据库建设》，《中国语文》2010年第4期，第356-363页。

（五）创办民族研究与语言服务协同创新中心，加强民族之间的文化互鉴

重视少数民族地区的文化教育，特别是重视具有民族特色的综合类院校的搭建。在这类高校中开展少数民族语言和文字的研究，创办民族研究与语言服务协同创新中心，不仅能满足培养少数民族地区高能力骨干人才的需要，而且更有利于传播民族文化的大众化。通过整合各个高校少数民族教育研究的资源，建立少数民族研究网络平台，以促进各民族之间语言研究的方便、快捷、高效的交流。

五、结语

语言具有独特的文化蕴涵，保护少数民族濒危语言是一项急迫的长期工程。依托新媒体技术，组建少数民族濒危语言的有声和影像数据库；提高主体认知，开展双语教授的良性模式；完善民族制度体系，制定合理的民族语言政策；打造语言和旅游产业，建立文化旅游示范区；创办民族研究与语言服务协同创新中心，加强各民族之间的文化互鉴。每一个公民都有责任和义务保护和传承中华民族传统文化，在保护和传承少数民族濒危语言的道路上集思广益，走一条适合中国民族特色的可行之道。

（作者单位：中南财经政法大学马克思主义学院；河北大学管理学院）

论云南富源丧葬歌谣的文化内涵

刘　蓉

内容提要：作为云南富源地方文化不可或缺的重要组成部分，富源丧葬歌谣以其悠久的历史和丰富的内涵流传至今，是我们了解富源地方文化的重要途径。了解富源丧葬歌谣中的宗教信仰、行为规范、文学艺术色彩等文化内涵，有助于人们在新时代采取正确态度加以传承其优秀传统。

关键词：云南富源；丧葬歌谣；文化内涵

生死问题一直以来都是人们关注的焦点，我们每个人从来到这世界上的那一刻起，就在一步一步走向死亡。我们为新生欢呼，也为死亡叹惋。死亡问题始终如同一把达摩克里斯神剑，悬挂在我们每一个人的头顶，令人时刻生畏。人死以后，最为重要的便是举行葬礼而后入土安葬。我国的丧葬礼仪有着极为悠久的历史，据考古发现，早在旧石器时期，我国就已经出现了较为成熟的丧葬礼俗，此后，丧葬礼俗便一直流传下来并不断发展完善。中国历来幅员辽阔，地大物博，这块广袤的土地孕育了数千年的文明。因其地域的广阔性，不同的地方对丧葬问题有着不同的习俗，要想真正了解一个地方，那么对地方风俗进行全面的了解就显得尤为重要。云南富源丧葬歌谣作为富源地方丧葬礼仪必不可少的一个重要组成部分，以其独特的形式和丰富的内涵流传至今，散发着它的独特魅力，是我们了解富源地方文化的一个重要途径。

一、富源丧葬歌谣的内容

丧葬作为最为重要的仪礼活动之一，从古至今都受到人们的高度重视："丧葬的产生，是人类文明的一大进步，是人类认知思维发展过程中的一次巨变。"[①] 丧葬习俗从古代流传

---

① 赵泽洪：《魂归人间——普洱地区少数民族丧葬文化研究》，云南大学出版社，2008年版，第3页。

至今，有其完整的程序，包含为死者送终、移床、更衣点长明灯、停尸、哭丧、指路、入土等等步骤，哭丧作为丧葬礼俗的重要组成部分早已有之。传统的哭丧仪式是边哭边唱的，是表达心中的痛苦，对亡者深切的思念等凄楚情感的一种宣泄①。与我们现在所见到的丧葬歌谣有所不同的是，古人一般将这类歌曲统称为挽歌。汉乐府中的《薤露》和《蒿里》就极具代表性，我国东晋著名诗人陶渊明也曾写下《拟挽歌辞》，此外《红楼梦》中宝玉听闻晴雯去世悲痛之下也曾提笔写下《芙蓉女儿诔》一文等，可见丧葬歌谣在丧礼上有着极其重要的地位。

富源县隶属曲靖市，位于云南省东部，是一个多民族融合的地方。在富源辖区内居住着彝族、水族、回族等少数民族，各民族在生产生活中相互影响，其文化也相互浸润。富源丧葬歌谣是民众智慧的结晶，是劳动人们集体创作的重要成果。在长期的历史过程中，人们充分发挥想象力与创造力，并积极吸收各少数民族文化，使得富源丧葬歌谣呈现出极强的包容性和创新性。

富源丧葬歌谣内容丰富，源远流长。与我国大部分地区相似，富源丧葬歌谣从形式上可以分为三类："一是'散哭'；二是'套头'；三为'经'."②"散哭"没有固定内容，想到什么哭什么，主要讲述死者生前功绩，表达自己哀思，实际上很多时候哭者是在借他人杯中之酒浇自我心中之块垒；"套头"则是有固定内容的；"经"是结合丧葬礼仪中的具体步骤演唱的。现存的富源丧葬歌谣主要有《哭娘经》《指路经》、孝歌等几大类型，每一类都有其独特风格。

二、富源丧葬歌谣中的宗教信仰

丧葬习俗的产生源于灵魂不灭的认识论，也就是说丧葬与鬼神思想密切相关，而宗教作为人们的一种信仰选择，其产生同样与灵魂观密不可分，人们相信宗教是沟通鬼神与现实世界的重要途径，于是宗教信仰与丧葬文化找到了结合点。宗教信仰体现在丧葬的每一个仪式中，丧葬歌谣也不例外。

（一）富源丧葬歌谣中的佛教信仰

作为在我国流传最为广泛的宗教之一，佛教思想影响着人们生活的方方面面，富源丧葬歌谣中也有诸多体现。在《哭娘经》中，人们相信世上存在着能够救苦救难的观音菩萨和佛祖，当人们遭受苦难之时便寄希望于菩萨从而"口叫救苦观音娘"，祈祷菩萨能帮助他们脱离苦海。同样，人们认为"生老病死佛当下"，一个人的一生要经历些什么是出生之时就由佛祖制定好的，宛如一个剧本，我们只要按照剧本表演即可。当走到生命的尽头，人们就会看见佛祖，在得到佛祖帮助之后，方可"鬼门关上无阻挡"，从而"一直走去见十王"。基于此，《哭娘经》劝诫世人要常怀慈悲之心，乐于帮助有需要的人以积福报，将"十恶八邪丢一旁"，不可造积诸多罪孽，令"父母阴司受罪殃"。此外，《哭娘经》提到人去世之后需得

① 和少英：《逝者的庆典：云南民族丧葬》，云南教育出版社，2000年版，第155－156页。
② 姚永辉：《中国的丧礼》，南京大学出版社，2014年版，第119－121页。

请人来"做道场"以超度亡灵。相传"我国著名文学家苏轼就为其亡妻王氏设过水陆道场以示追悼，祈求超度，并撰有《水陆法赞》16篇，号称'眉山水陆'。"① 如果说《哭娘经》体现了一定的佛教文化，那么《指路经》则是佛教文化的精粹。人们在《指路经》中将想象力发挥到了极致，构想出一个完完全全的世界，在那个世界，逝者的生活一如在世之时。在《指路经》中，人们相信万事万物都有灵魂，人在去世之后灵魂仍然存在，故而生者要为逝者的灵魂指路。生者明确指示逝者不能往东、南、北、中等四个方向行走，须得往西方大路行走，因为西方"极乐世界亮堂堂"，逝者可以"清闲之时游仙岛，苦闷之时有青香"。只有按照指引，逝者的灵魂方能成功到达佛教信仰中的西方极乐世界。《指路经》中"你那到了十殿门，大王面前要超生"一句明确指出逝者到了另一个世界会经历"超生"这一环节并指导逝者"给你牛皮你莫理，给你羊皮你莫披，给你人皮你披着"，这样才能成功"超生"成人。在"超生"之后，"如果超的是男身"，要立志"左手拿书登金榜，右手提笔做贵人"，求得功名光宗耀祖；"如果超的是女身"，要学着"左手拿起绣花线，右手拿起绣花针"，以求精于女红，这些正是佛教轮回观念的具体体现。或许在那些科学技术不发达的年代，人们唯有将希望寄托在虚无缥缈的宗教信仰之上以求得些许安慰。

（二）富源丧葬歌谣中的道教信仰

富源丧葬歌谣除了受佛教文化的影响，还深受我国土生土长的道教文化影响，在歌谣中不难找到道教文化的影子。在《哭娘经》中，人们明确在人离世之后，须得"请些道士来安葬"，这些道士是丧葬仪式的司仪，也是沟通阴阳两界的信徒和使者，哪怕他们"五荤不戒做道场"，哪怕他们"酒肉鱼羊方歇口，糊糊涂涂诵经章"，也能够"超度亡灵"、告慰逝者。此外，人们还认为在一个人去世之后，若"三天不吃阳间饭"，那么这个人"四天就要上望乡"，在望乡台上逝者有机会看见在世的儿女。这里的"望乡台"就是道教文化的一个典型象征物，道家认为人死以后难免心有牵挂，为了却亡灵的心愿，望乡台是亡灵看见现实世界、与亲人朋友相见的最后一个地方，在望乡台望见所思所想之后，逝者便可安心去往另一个世界。从某种程度上说，望乡台与奈河桥是相似的两个地方。在望乡台上，逝者了却心愿之后可以去往别处；而在奈河桥上，逝者喝孟婆汤其目的也是为了忘却凡尘，了无牵挂之后遁入轮回。

可以说，人们信奉道教的目的与信奉佛教的目的基本上是一致的，人们相信人死之后灵魂不灭，不论是佛教还是道教，都是为了帮助逝者过上幸福康宁的生活。丧葬仪式不仅仅寄托着人们对逝者深切的哀思与怀念，也寄寓着生者对逝者的美好祝愿。

三、富源丧葬歌谣中的行为规范

"丧葬活动不是一个单纯的事象，而是集多种社会功能为一体的综合性活动。"② 在富源丧葬习俗中，哪一家死了人，邻居和亲朋好友就会放下手边的事到丧家帮忙，哪怕平时有过

---

① 《图文中国：丧俗》，中国旅游出版社，2004年版，第71—73页。
② 陈艳萍：《永恒的歌唱——云南民族民间歌谣与民族死亡观的研究》，云南大学出版社，2010年版，第15页。

节，人们也不会计较，于是丧礼成为一种社会性活动。在这一活动中，富源丧葬歌谣也以其独特方式承载着社会行为规范。

（一）富源丧葬歌谣中的伦理孝道

我国历来重视孝道，不论是《二十四孝图》，还是"举孝廉"的察举制，无不体现孝文化在社会生活中的重要地位。丧葬习俗与我国的孝文化密不可分，中国素来有生儿养老送终的观念，伦理孝道自然渗透其间，丧葬歌谣也因此深受孝文化的影响。在富源丧葬歌谣中，宣扬孝道的孝歌占有很大的比例，如《哭娘经》全文细致叙述母亲一生生儿育女、辛苦度日的苦楚，其目的就是为了"劝人多要承良心，积些功果报娘恩"。为人子女不仅要遵从伦理道德，还应"效法昔日目连样"，学习目连感天动地的大孝精神，传承孝道。相对于《哭娘经》的循循善诱，《二十四孝孝歌》更是极力宣扬孝文化。《二十四孝孝歌》共二十四小节，每节八句，一节讲述一个行孝故事，前六句多讲述行孝过程之艰辛，后两句交代人物结局。全书罗列王祥、董永、黄香、郭子仪等二十四位历史上以孝闻名的历史人物，用简短的话语概括整个故事，形式一致，朗朗上口。人们费尽心力编成《二十四孝孝歌》，为的就是宣扬孝文化，号召人们向历史榜样学习，积极行孝。

富源丧葬歌谣中伦理孝道文化还体现在对晚辈及家人的示训、教诲上。《哭娘经》明确指出"男女应把五常守，女子有德是正行"，教导人们要讲究三纲五常，遵从仁义礼智信，女子要遵守妇道、恪尽职守才是正确方式。此外，还应将"十恶八邪丢一旁"，心怀善念，乐善好施。要讲究"九思三畏"，传承古人留下来的优秀文化，学习做一个睿智笃行的人。富源丧葬歌谣是人们在历史长河中积淀下来的智慧结晶，其中蕴含的伦理孝道文化体现了人们自觉的思想文化追求和人们尊亲向善的价值追求，在传承历史文化、维持社会秩序、增强社会凝聚力、塑造国民性格等方面发挥着巨大作用。

（二）富源丧葬歌谣中的社会礼仪

中国人历来重视生死，人们庆祝新生，故而在面对新生时人们会举行盛大的庆祝仪式；同样，面对死亡时，人们又充分发挥积极乐观的精神，由此创造出相对于新生这种红喜事的"白喜事"文化。受轮回观念的影响，人们认为死亡也是人生的一种"喜"。从某种程度上说，死亡正是新生的开始，逝者因为离世而得以"超生"，因"超生"而得以再次新生，所以人们认为死亡也不失为人生之"喜"。为了体现对这一"喜"的重视，人们往往需要举行盛大的丧葬仪式。作为一种社会性活动，丧葬仪式不可能单靠某一个人或某几个人来完成，需得借助社会集体的力量，故而富源丧葬歌谣中又蕴藏着诸多社会礼仪。如《哭娘经》中，人在去世之后须得"停柩中堂"让亲戚朋友"杀猪宰羊灵前祭"以表哀思；待"停柩三天"后"选择良辰要发丧"；要"请些道士来安葬"并"做道场"以慰亡灵；要"红绿裱起人纸马"供逝者在另一个世界享用；在灵堂中要在"灵前摆起肴果供"；逝者的亲朋好友要围绕灵柩闹丧等等。

为冲淡丧家失去亲人的凄凉感，人们又聚在一起唱孝歌，在这个过程中，谁先唱歌、怎么唱又极有讲究，所以人们编出了《开场孝歌》。开过场之后人们便争相唱《二十四孝孝歌》《盘问孝歌》等，直至把逝者入土安葬。"在人们的观念中，唱孝歌并非单纯的娱乐，人们相信热闹的气氛可以让死者的灵魂高高兴兴地离开，快快乐乐地上路，过好阳间的最后时光。"① 同样，这种欢快愉悦的氛围也可以缓解丧家的悲伤，给丧家以情感上的宽慰。在这些习俗中，亲朋好友之间互相往来，互帮互助，亦呈现出一种亲和友善的社会交际民风。

四、富源丧葬歌谣中的文学艺术色彩

民间习俗是我国文学艺术的重要发端之一，是文学作品取之不尽用之不竭的艺术源泉，民间习俗有着丰富的文学艺术色彩，富源丧葬歌谣也不例外。富源丧葬歌谣是民众智慧的结晶，亦是历史文化的传承载体，富源丧葬歌谣中除了蕴涵丰富的宗教信仰和行为规范，还以其生动的语言讲述了诸多历史故事，塑造了大批人物形象。

在《二十四孝孝歌》中，几乎每一段讲的都是一个历史故事，从目连救母、王祥卧冰求鲤到黄香扇枕温衾、孟宗哭竹生笋，这些故事在后来的流传过程中就变成了人们耳熟能详的历史典故，时至今日，人们仍然在传诵这些经典。《盘问孝歌》中，既有"稳坐钓鱼台"的姜太公，又有"把住三关口"的杨六郎；既有"炼石补过天"的女娲，又有"开天地"的"盘古老王"，历史故事层层罗列，极富知识性和趣味性。在《开场孝歌》中，更是从杨家将、穆桂英罗列至洪武王、崇祯帝，可谓热闹非凡。可以说，富源丧葬歌谣不仅反映了人们的价值追求和美好愿望，而且还极大程度保留了历史故事与民间传说，为丰富我国的文学艺术宝库增添了浓墨重彩的一笔，是不可多得的艺术珍宝。我国的文学艺术如同灿烂的星河，但真正能将古老的历史鲜活地传承下来的，恐怕很难再有其他的形式能比得上这延续百年的民间丧葬歌谣了。

任何艺术作品都离不开鲜活的人物形象，不仅因为人物形象可以让作品生动灵气，还因为出彩的人物形象更能让作品流传久远。富源丧葬歌谣宛如一个宽阔的大舞台，为我们展现了一个丰富多彩的人物群像，这些形象既有现实存在的，也有人们凭借丰富的想象力加以虚构的。如：《指路经》中，有前来引路的"五方童子"，有在各个殿门把守的"判官小鬼"，有断案如神的包爷，还有执掌超生轮回的阎王大老爷；《开场孝歌》中有兵败乌江的楚霸王，有能征善战的薛仁贵，有善制衣裳的轩辕帝，还有一统江山的秦始皇；《盘问孝歌》中有至贤之人孔子，有至善之人佛祖，有至忠之人岳飞，还有至邪之人秦桧等等。每一组孝歌中都有着各色各样的人物，每一种人物都刻画得栩栩如生，正是在这样的代代传唱中，那些在历史上大放光彩的人即便在知识文化程度普遍不高的地区也得以广泛流传。从这一方面说来，富源丧葬歌谣正是传承历史的一个极为有效的途径。

一般说来，丧葬歌谣的主要内容应与逝者有关，但在富源丧葬歌谣中，出现了大量的历史故事和历史人物，那么，这是不是有违常规或者说不合礼仪呢？笔者查阅了大量资料发现，不仅富源丧葬歌谣存在这样的现象，其他地区或其他民族的丧葬歌谣也存在这一状况。如："在出殡之前，侗族要吟诵《侗族祖先哪里来》或《祖源歌》《忆祖宗歌》。苗族要吟诵《苗族古歌》。阿昌族要唱《遮帕麻和遮米麻》。这些古歌或神话史诗的内容都是开天辟地的

① 陈淑君、陈华文：《民间丧葬习俗》，中国社会出版社，2008年版，第8—9页。

经过和本族祖先创业迁徙的经历，叫作'阿公阿祖的历史''老辈人走过的路'。彝族吟诵的《送魂经》，傣族的《哀悼词》，哈尼族的《送魂经》，傈僳族的《挽歌》，拉祜族的《送魂哀调》，也有一部分具有同样的内容。"① 笔者认为富源丧葬歌谣受彝族、回族等的影响，同时又在结合自身情况的基础上以全新的面貌流传。在富源丧葬歌谣中出现的大量历史人物和典故，与少数民族吟诵"老辈人走过的路"一样，其目的是为了教育后辈人铭记汉族先祖开创伟业的艰辛与不易，同时要学习历史上的伟人事迹，忠君爱国，孝亲敬长，将中华传统美德不断延续并发扬光大。之所以在丧礼这样的仪式中以丧葬歌谣的形式来对后人进行教育，是因为丧礼本身就是一种极为庄严肃穆的活动，在这样的场合下进行这种崇高伟大的教育，既符合丧礼严谨的氛围，也更让受教育者印象深刻。

结　语

随着社会主义现代化的不断推进，改革深入到我们日常生活中的方方面面，丧葬礼仪也面临着重大改革。在这样的社会大背景下，富源丧葬歌谣同样走到了历史选择的交叉路口。作为富源地方文化几千年的积淀和历史发展的重要见证，富源丧葬歌谣在新时期该如何选择是我们急需考虑的重大问题。我们不否认富源丧葬歌谣中有诸多与宗教信仰、鬼神迷信等思想有着密切联系的东西，或许在经济欠发达的年代，它确实承载了人们对生活的美好祝愿与希望，在社会主义的今天，那些宣扬封建迷信的部分显然是不符合社会主义核心价值观和社会主义现代化建设要求的，对于这部分内容，我们毫无疑问是要坚决剔除的，但我们也不能将富源丧葬歌谣中诸如铭记祖先历史、弘扬爱国主义的部分抹杀。我们的民族文化要如何随时代一同进步，如何同时代保持同步，尤其是最为老百姓看重且极具历史传统性的丧葬文化如何适应时代，是我们必须加以考虑的问题。丧葬礼仪作为一个庞大复杂的整体，单独对其任何一个环节做出改动都会牵一发而动全身，故而在殡葬改革过程中，个人、社会、政府需得联合起来。对于富源丧葬歌谣中的优秀传统，需进行抢救性保留并加以弘扬，使其在新时代继续传承；而对于其糟粕、落后部分，则需我们加以筛选、鉴别，以便于让传统文化真正适应时代潮流。

（作者单位：西南大学文学院）

---

① 张庆芬：《浅谈彝文古籍指路经》，《云南民族学院学报》1989 年第 3 期。

研究综述与述评

《周易》君子品格及其
实现途径的研究综述

蔡里蒙

内容提要：君子品格历来是学者争相研究的话题，《周易》君子则处于君子文化的源文化时期。本文拟就管窥当代学者的部分研究论文，对《周易》君子的研究成果进行初步梳理归纳，主要从《周易》中"君子"含义的界定、君子品格的内涵特质、君子品格的实现途径和君子品格的当代价值等四个方面进行探究，最后归纳梳理过程中的反思，并对该论题的研究价值表达展望。

关键词：《周易》；君子品格；实现途径；当代价值

君子之风在中国大地上盛行不衰，先秦甚至更早的时代便有论述。诸子百家对"君子"及其德行的探究与论述层出不穷，作为至圣先师，孔子更是竭力推行君子品格。在孔子及其后代弟子的推动影响下，君子品格的观念可谓贯穿于中华民族的历史长河。到了 21 世纪，人们的生活日新月异，物质条件跨越式发展，精神匮乏是当今社会存在的普遍问题。治标不如治本，中华文明是我们的精神源泉和不竭动力，中华民族崇尚君子，以"君子之德"教化育人，方能弥补精神空缺，涵养心灵获得慰藉。

笔者在对相关资料的查阅梳理中发现当前学术界对《周易》著作中渗透的思想观念的解读比较多，而对《周易》君子人格蕴含的内涵及其当代价值的研究只在一些书籍的部分章节中有所涉及，但对此部分进行深入分析，同样能从其中挖掘到儒家关于君子人格的主题探讨。张涛编著的《易学·经学·史学》[①] 中谈到了《周易》推崇"太和"观念，强调了人与自然、社会的和谐以及人的全面和谐发展，体现了《周易》君子的"和谐"人生理念。郑万

---

① 张涛：《易学·经学·史学》，北京师范大学出版社，2011 年版，第 78—87 页。

耕、赵建功合著的《周易与现代文化》① 高度概括了仁义理念，提出"仁"是内在亲和力，"义"是外在社会秩序，二者相交相映，方能使得社会和谐发展，体现了《周易》君子仁义理念。吕绍刚《〈周易〉的哲学精神——吕绍刚易学文选》② 则鲜明提出"仁者"是君子，"仁知"俱是圣人，点明君子的核心内涵，并要求君子做到与天地自然达到统一，言行思虑与客观世界的规律契合无间，堪任世间典范。而在对《周易》当今价值研究中，《习近平谈治国理政》③ 则明确表示："自强不息、厚德载物的思想，支撑着中华民族生生不息、薪火相传，今天依然是我们推进改革开放和社会主义现代化建设的强大精神力量。"为此，本文明确挖掘涉及《周易》君子人格及其当代价值的期刊文章，对其进行集中梳理归纳。

一、《周易》中"君子"含义的探究

《周易》中提到"君子"一词总计一百二十五处。侯婉如《〈周易〉中"君子"之特质初探》④（下文简称侯婉如《初探》）指出，"君子"一词在卦、爻辞中有二十处；在六十四卦中有五十四卦的象辞提到君子的象征，其出现的频率极高，体现了君子在《周易》中占有极其重要的地位。

中华传统君子文化的形成和发展演变经历了一个漫长的过程，其深刻含义在最初的孕育萌发状态的阶段到今天的传承发展状态的阶段，是不断变化创新的。周玉清和王少安《中华传统君子文化的历史发展及其当代价值》⑤（下文简称周玉清《价值》）提到了《周易》君子观念形成于奴隶时期，这是君子观念的初萌阶段，这时的君子观念尚未形成系统的理论，但为孔子等思想家开辟了君子观念的道路，属于"源文化"范畴，是中华优秀传统文化的宝贵源泉。其次，他们还指出"官君子"这一概念，即在奴隶社会的官位世袭制度下的特权阶级。官君子文化始终处于核心地位。

黄雨田、汪凤炎《〈周易〉论君子的人格素养及其形成途径》⑥（下文简称黄雨田《途径》）指出"君子"意指贵族或士族时，在文中出现十次；意指高尚节操之人，在文中出现至少一百次。侯婉如《初探》中也同样提到了"君子"一词也有类似的不同含义，分别解释为"圣人"和"大人"。黎红雷《"位"与"德"之间——从〈周易·解卦〉看孔子"君子小人"说的纠结》⑦ 也同样认为，"君子"是指统治阶层，"小人"指平民阶层。《周易》六五爻："君子维有解，吉；有孚于小人。"周振甫先生译为贵族把他（指"战俘"）捆绑了又解开，吉。俘虏成为奴隶⑧。由此可见，周先生也有同样的观念，即从社会地位的角度将君子、小人二者区别开来。

---

① 郑万耕、赵建功：《周易与现代文化》，中国广播电视出版社，2007年版，第182页。
② 吕绍刚：《〈周易〉的哲学精神——吕绍刚易学文选》，上海古籍出版社，2005年版，第74页。
③ 《习近平谈治国理政》，外文出版社，2014年版，第158页。
④ 侯婉如：《〈周易〉中"君子"之特质初探》，《周易研究》1998年第4期。
⑤ 周玉清：《中华传统君子文化的历史发展及其当代价值》，《光明日报》2016年4月22日。
⑥ 黄雨田、汪凤炎：《〈周易〉论君子的人格素养及其形成途径》，《心理学探新》2013年第2期。
⑦ 黎红雷：《"位"与"德"之间——从〈周易·解卦〉看孔子"君子小人"说的纠结》，《孔子研究》2012年第1期。
⑧ 周振甫：《周易译注》，中华书局，1991年版。

古往今来，对君子含义的研究素有争论，主要有以下两种观念。一是强调社会地位的超然。在叶岗《君子观：〈论语〉与〈周易〉之比较（上）》① （下文简称叶岗《比较》）中指出，《周易》卦爻辞中的君子，既指当权者又指普通百姓，但主要指的是后者。二是强调道德品格的高尚。祁志祥《从"神道设教"走向"人文"之道——〈周易〉的思想史意义研究》② 认为在《周易》中，"小人不耻不仁，不畏不义，不见利不劝，不威不惩"。"君子"则与"小人"相对，讲仁义，重义轻利，是儒家赞颂的道德楷模。

二、君子品格的内涵特质

纵观君子品格的内涵特质研究历史，无论是古代诸子百家或是当代学者，对君子品格的看法众说纷纭。黄雨田《途径》中指出，在《周易》中，君子的人格素养主要有十项：仁爱、正义、知礼、知几、自强、谨慎、谦虚、诚信、持之以恒、勇敢。但是从所拜读的论文中了解到，当代学者对君子品格的内涵表述不一，一般认为包含了以下四大内涵特质。

（一）自强不息

《周易·乾》中说道："天行健，君子以自强不息。"意思是说天道运动不止，这便是乾卦的意象。君子因此要自觉奋勉，永无止息③。

陈煜《〈周易〉文化精神与大学生的价值观的构建》④ （下文简称陈煜《构建》）认为自强不息是立身之本，须树立三种意识，分别为开拓创新、终身学习以及生命在于运动。他将"自强不息"精神进一步深度解剖，分析更加具体，是非常具有突破性和代表性的研究成果。骆骁骅《〈周易〉塑造了自强不息的民族精神》⑤ （下文简称骆骁骅《精神》）则从另一层面解读"自强不息"，理解为忍耐意识、忧患意识和自悔意识。这是对"自强不息"品格理解的新创举。

学者们对大学生的培养方面，同样以《周易》为宝典。陈小虎《论〈周易〉人生哲理对大学生的启示》⑥ （下文简称陈小虎《启示》）将"自强不息"运用于大学生学习态度当中，保持积极进取。李春林的《浅谈〈周易〉中乾卦对当代大学生人生发展的启示》⑦ （下文简称李春林《启示》）不仅立足大学生的学习，更将《周易》"自强不息"的品格与时代结合，大学生需要一种不屈的精神，为自己争夺在社会中的一席之地。

（二）厚德载物

"地势坤，君子以厚德载物"出自《周易·坤》，意思是说大地宁定静处，这便是坤卦的意象。君子因此宽厚美德，容载万物⑧。

① 叶岗：《君子观：〈论语〉与〈周易〉之比较（上）》，《绍兴文理学院学报（哲学社会科学版）》1998年第2期。
② 祁志祥：《从"神道设教"走向"人文"之道——〈周易〉的思想史意义研究》，《理论月刊》2018年第5期。
③ 周振甫：《周易译注》，中华书局，1991年版，第93页。
④ 陈煜：《〈周易〉文化精神与大学生的价值观的构建》，《文化学刊》2012年第6期。
⑤ 骆骁骅：《〈周易〉塑造了自强不息的民族精神》，《南方日报》2014年5月6日。
⑥ 陈小虎：《论〈周易〉人生哲理对大学生的启示》，《才智》2010年第34期。
⑦ 李春林：《浅谈〈周易〉中乾卦对当代大学生人生发展的启示》，《聊城大学学报（社会科学版）》2009年第2期。
⑧ 陈鼓应：《周易今注今译》，商务印书馆，2016年版，第112页。

吴默闻《〈周易〉中的"君子之德"思想及其现代意义》①（下文简称吴默闻《意义》）将厚德载物与其他君子品格进行比较，强调自强不息与厚德载物品格的重要地位。他所认为的"厚德载物"不仅指君子具有丰富而宽厚的良好质量，也应胸怀广阔，具有容人之量，处变不惊。同样，侯婉如《初探》也强调了自强不息与厚德载物品格在君子德行中占据重要地位。她指出，《周易》观天地变化，循人生规律，并据此寻找君子安身立命的行为准则，引申出君子应该刚健自强不息，努力使自己的道德格外崇高；并且还要以柔顺宽厚，来安人治民。

其他学者也在其文章中指出对"厚德载物"的解读。陈煜《构建》认为厚德载物是成事之道，一个人首先要做厚德之人，其次要厚德待人，最后要有承受苦难的心理准备，这是陈煜对该品格具体内涵的具体阐述。陈小虎《启示》中同样认为，成事必以德为先，做到厚德载物即是要有一颗包容的心，终能达成君子典范。

（三）谦虚待人

周公曾说："夫《易》有一道焉，大足以治天下，中足以安国家，近足以守其身，谦之谓也。"主张君子循乾而进，守谦而退，可以善始善终。谦卦主吉，君子德谦则诸事顺遂。

蒋文汇的学位论文《〈周易〉谦德思想研究》②指出了君子"谦"的内涵是由卑己修己到敬崇再到柔让的内在逻辑，详述了《周易》君子的谦德内涵。叶岗《比较》将谦卦与象传联系比较，谦卦辞曰："谦：亨，君子有终。"谦卦主亨通畅达，君子行谦必得吉。而象传进一步解释"天道亏盈而益谦……人道恶盈而好谦"，因此将谦德奉行终身，便会无往而不利。李笑野《〈周易〉的伦理道德观——君子品格论》③（下文简称李笑野《品格》）从刚与柔对应的视角，提出君子除了要继承乾卦之德，还应继续坤卦谨慎柔和、谦虚内收之德，要知道锋芒毕露，过刚易折，刚柔相济才能成君子修德之功。

（四）与时偕行

"周易"之"易"有"改变""变换"之意。审时度势、顺应时势是根本原则。系辞上传说："八卦成列，象在其中矣。因而重之，爻在其中矣。刚柔相退，变在其中矣。"由此说明事物的发展是一个循序渐进、变化发展的过程。

吴默闻《意义》提出君子首先要以"与时偕行"，面对不同形势，因时而行，积极应对。其次，"君子以慎辨物居方"，即保持清醒的判断，审察细致，同时要落实到行动上，注重实践效用，进而推广为"穷则独善其身，达则兼善天下"的理念，其思维具有发散性。王玉平《论〈周易〉的人生社会价值观及其实现途径》④（下文简称王玉萍《途径》）则从社会变化发展的角度，告诫我们要顺应变化并且主动变化，说明变通的重要性。

（五）君子品格的衍生观念

君子品格的内涵历来备受争议，在所拜读的著作中，上文四点被大多数《周易》君子品格的研究者认可，尚有一些学者有其独到观念，在此列举一二。

---

① 吴默闻：《〈周易〉中的"君子之德"思想及其现代意义》，《新乡学院学报（社会科学版）》2010年第24期。
② 蒋文汇：《〈周易〉谦德思想研究》，湖北大学硕士论文，2018年。
③ 李笑野：《〈周易〉的伦理道德观——君子品格论》，《通化师院学报》1995年第1期。
④ 王玉平：《论〈周易〉的人生社会价值观及其实现途径》，《中小企业管理与科技（上旬刊）》2015年第4期。

李春林《启示》从《周易》的"群龙无首，吉"中得到启示，认为君子应对事物的发展历程有大局观。侯婉如《初探》中还提出君子的广业特质、应变原则。所谓广业特质，一是审理司法应公正，二是对待别人应宽恕，三是广业仍须视时务；应变原则提出不易之守贞原则以及防患于未然的观念。吴默闻《意义》提出成德为行，即在实践中磨砺德行。李笑野《品格》认为君子还应具有和而不苟的独立人格，诚实守信，勤勉敬业，锲而不舍的品格。王玉萍《途径》认为和谐、贵中趋时以及真诚也是当代君子应树立的社会价值观。高恒天《先秦儒家君子人格的理论建构及其现代价值》[①]（下文简称高恒天《价值》）特别强调了君子要具有正义感，君子当处中纯正，知机识变方能修养身心、性命双全。

三、君子品格的实现途径

"君子以成德为行，日可见之行也。"《周易》君子品格的实现途径落实到人们的日常生活中，体现在行为规范的方方面面，在实践过程中达到"修己"的目的。君子修身立德，造福社会，君子品格的形成过程实际上体现着君子强烈的社会责任感。

乾卦是《周易》的首卦，共六爻，君子品格的研究者多从此出发，深入辨析进行论述。吴虹羽的硕士论文《〈乾〉卦君子观探析》[②]和骆骁华《精神》中都提及《周易》中多用"龙"来比喻君子，以"龙"在不同的环境下改变自己的生存状态来说明君子要在人生的每个阶段有不同的作为。

李春林的《启示》将《周易》六爻辞与大学各个阶段的经历结合，具有启迪意义，概括为求学阶段积蓄力量，走向社会展现自我，在底层工作中砥砺前行，羽翼渐丰阶段大胆尝试，事业极盛阶段建功立业，登峰造极阶段居安思危，这对大学生乃至许多人的人生规划都有启示警醒作用。郭晟豪、阚萍和潘菲《从周易乾卦视角看大学生生活规划》[③]（下文简称郭晟豪《规划》）则从更细致的视角分析《周易》与大学生生活规划的联系，强调大学生需合理规划自己的生活，增强大学生活的目的性。

范爱理《忧患人生的指路明灯——乾卦的人生哲理解读》[④]同样推崇《周易》指导作用，指出在人生充满变化的路途中做到心中有数便会处之泰然。代文《周易中的生命底蕴——乾卦和坤卦对人生的启示》[⑤]从乾卦"元亨利贞"四种美德角度出发，悟出心态决定人生命运的真谛。

刘慧晏《〈周易〉乾卦人生哲理发微》[⑥]则是将六爻辞和人生经历相呼应，将人生分为四个关口，并提出把握住这四大关口，审势而动，即使不取得显赫的功业，也会以宁静的心态品味出人生的乐趣。而何素平《从"潜龙勿用"到"大人"境界——试析〈柳毅传〉中古

① 高恒天，杨杰：《先秦儒家君子人格的理论建构及其现代价值》，《船山学刊》2018 年第 3 期。
② 吴虹羽：《〈乾〉卦君子观探析》，内蒙古大学硕士论文，2018 年。
③ 郭晟豪、阚萍、潘菲：《从周易乾卦视角看大学生生活规划》，《现代商贸工业》2012 年第 24 期。
④ 范爱理：《忧患人生的指路明灯——乾卦的人生哲理解读》，《传承》2008 年第 8 期。
⑤ 代文：《周易中的生命底蕴——乾卦和坤卦对人生的启示》，《计算机迷》2018 年第 7 期。
⑥ 刘慧晏：《〈周易〉乾卦人生哲理发微》，《东方论坛》1997 年第 3 期。

代士子的人格修养》① 则从一个比较新颖的角度，与《柳毅传》神话故事相结合，以主人公柳毅的人生经历为线索，梳理《周易》与人生阶段的密切联系，以柳毅遵循六爻辞而获得美满人生为例，揭示出《周易》的人生智慧。

不少学者也从《周易》其他篇目出发，分析君子人格的实现途径，同样具有启迪意义。

邵友伟《〈周易〉乾卦"龙"德与君子修身》② 将《周易》与《礼记·学记》《论语·宪问》等名篇中涉及的君子修身内容相结合，把君子修身的途径归纳为三个方面，一是君子待时而动，二是君子当位而作，三是君子表里如一。

陈小虎《启示》从《周易》各篇目名句中得出结论，"慎行""反身修德""朋友讲习"以提高自我修炼"内功"。侯婉如《初探》在论述"崇德"品格时也提到了修己的途径。王玉平《途径》根植《周易》精神，从中提炼出四种君子人格的实现途径，概括为观察事物的两面性，考虑事物的变幻无常，变革创新，树立忧患意识。

四、君子品格的当代价值

《周易》所涉及的君子品格是中华优秀传统文化的瑰宝，自党的十八大以来，习近平总书记多次发表关于发扬中华优秀传统文化、树立文化自信的讲话。继承并发扬《周易》君子品格，有利于增强民族文化自信和文化自觉，具有一定的学术价值和现实意义。

吴默闻《意义》指出，如君子一样，以天下为己任，在服务国家、社会和人民的过程中实现自我的人生价值，注重个人的全面发展，这便是《周易》君子人格的当代价值。

在教育方面，周玉清《价值》探讨了君子教育文化的开创性，利用教育平台开展教学互动全面阐述和传播君子思想，具有较好的示范作用。乔镜如《试析〈周易〉管理及教育思想在高校思想政治教育管理中的运用》③ 一文则将《周易》的"君子"思想运用于高校思想教育管理，对高校思想教育具有指导意义。黄雨田《途径》将《周易》君子品格与当代中国积极人格教育相联系，注重人的自觉意识的培养。

高恒天《价值》立足于民族心理与民族性格，详细论述了君子品格的当代价值，有利于塑造新时代社会主义理想人格，深度培育和全面践行社会主义核心价值观。

五、君子品格研究的反思与展望

笔者从对《周易》君子品格研究进行梳理的过程中，可以发现的特点是君子品格的主要内涵众说纷纭，但研究学者普遍认可的观点是"自强不息"与"厚德载物"，体现其在《周易》著作中的重要地位。在研究梳理过程中也发现了一些问题：首先是对君子品格内涵的研究分析还浮于表面，分析得不够透彻深入。从数量上来说，在中国知网上对"周易"和"君

---

① 何素平：《从"潜龙勿用"到"大人"境界——试析〈柳毅传〉中古代士子的人格修养》，《甘肃高师学报》2017年第22期。

② 邵友伟：《〈周易〉乾卦"龙"德与君子修身》，《濮阳职业技术学院学报》2018年第31期。

③ 乔镜如：《试析〈周易〉管理及教育思想在高校思想政治教育管理中的运用》，安徽农业大学硕士论文，2014年。

子"进行检索，可得到大约 605 篇论文，其中博士论文大约有 70 篇，其余多为硕士论文和期刊文章。从研究内容来说，中国知网上涉及的论文主要内容大多是从《乾卦》和《坤卦》篇目为着眼点，涉及《周易》其他篇目的研究比较少，如范爱里《忧患人生的指路明灯——乾卦的人生哲理解读》、代文《周易中的生命底蕴——乾卦和坤卦对人生的启示》、刘慧晏《〈周易〉乾卦人生哲理发微》等都是局部研究《周易》经典，由此可见，《周易》其他篇目对君子品格的内容研究有待开掘。其次是对《周易》君子品格研究大都停留在理论层面，将理论落在学校以及社会实践方面的研究案例普遍缺乏。再次是研究观念陈旧，缺乏新颖性。在中国知网上对"周易"和"君子"进行检索，得到的论文内容大多从君子品格内涵、君子品格实现途径及其当代价值这三方面进行论述，新的研究视角所占比例较小。

结　语

面对高速发展的信息时代，人们的生活日新月异，但我国的社会主义社会还处于初级阶段，改革开放促进了物质文明建设的迅速发展，我们接收程度与时俱进，人们在为物质欢呼，为娱乐疯狂过后时常会感觉到精神空虚，因此榜样的力量从来都不可忽视。《周易》君子观对现代道德建设可以提供丰厚滋养，是提升当今道德建设的重要思想宝库，在提高人们的道德修养、锤炼人们的思想意识的同时，也为社会主义现代化建设辟道路、谋福祉。将深入民族血液的《周易》君子品格发扬光大，能够合理规划人生，实现人生价值，使得人尽其才，社会情绪平定稳健，最终达到兴国安邦的理想势态。

（作者单位：西华大学文学与新闻传播学院）

日本近代以来的扬雄研究回顾与思考[①]

苏　德

内容提要：本文以时间为线索，分明治—大正、昭和、平成三个时期对日本近代以来的扬雄研究文献和研究状况做一个简单的梳理和归纳，并对日本一百五十余年来的扬雄研究做一个简要的历史回顾，分期阐述在不同历史时期，近代日本学者对于扬雄的研究方法和具体的研究侧重点有所不同这一研究现象。最后，分析和总结日本近代学者的研究方法和扬雄研究的特征，讨论中日两国学者在扬雄研究及其他国际学术交流方面存在的不足和解决办法。

关键词：日本；近代以来；扬雄研究；文献综述

从镰仓时期开始，中日僧侣们分别以各种方式将大量的中国宋代的儒学典籍携至日本，使中国儒学的新发展——宋学在日本开始焕发新的生机。到了镰仓时代（1185—1333）中期，扬子学说也随着宋学（尤其是朱子学说）传播到日本。彼时，五山僧侣之一的虎关师炼甚爱钻研扬雄的著作和思想，"某（师炼）智薄识剪，每见程扬之说，不能尽解，老师（一山）宏才博学，赖以愚所疑。"[②] 所谓的程扬之说，即扬雄拟易之《太玄》与"二程"注解周易之《易传》，师炼曾就太玄与易之异同，向其师一山一宁提出疑义。由此可见，虎关师炼不仅是日本五山僧侣中最早有志于宋学之禅僧，也是最早关注扬子《太玄》学说的僧人。但是此后的数百年间，日本对于扬雄的研究基本上没有大的进展。

明治维新拉开了日本近代化的序幕，在文化上政府提倡"文明开化"，大力发展教育，学习西方的思想和科技，社会生活欧洲化。明治时期的扬雄研究主要是对《文章轨范校本》《文章轨范评林》《增评文章轨范》等书中扬雄的《解嘲》进行注解、评点。大正时期（1912—1927），日本的扬雄研究出现了新的转变，学者们开始把扬雄放在中国哲学史、伦理

---

①　本文为 2021 年度四川省社会科学重点研究基地"扬雄研究中心"一般项目"日本近代以来的扬雄及其语言学研究"（YX202103）阶段性研究成果。
②　［日］木宫泰彦著，陈捷译：《中日交通史（节选）》，贵州大学出版社，2014 年版，第 172 页。

学史和儒学史的视角去认知、考察。1936 年，日本著名汉学家铃木虎雄的《赋史大要》（东京富山房，1936）第一次系统地介绍了扬雄在辞赋方面的贡献，真正意义上开启了在日本的扬雄辞赋研究，但是遗憾的是，该书的中文翻译版直到 1966 年才由殷石臞在台北译介。同时，扬雄的教育学思想、道学和天文学思想也开始进入学者们的视野，学者们的研究方法也逐渐呈现出多样化的特点。昭和、平成以来，研究扬雄的学者和论著层出不穷，蔚为大观，出现了诸多像佐藤进、远藤光晓、松江崇、清宫刚、福井佳夫、嘉濑达男、谷口洋等一批专门研究扬雄或者赋体的学者。若从明治时期蓝田东龟年、大竹政正、若林寅四郎等人对扬雄的《解嘲》进行注解和评点算起，日本的扬雄研究已经走过了一百五十多年的历程。

　　一百五十多年以来，从文章评点到通识史，再到扬雄的思想研究，日本学界在扬雄的儒学、文学、道学、教育学、天文学及其辞赋和比较研究方面取得了前所未有的丰硕成果。就笔者网罗搜集到的扬雄研究的相关论著来看，专著有 110 部，期刊和会议论文有 94 篇，硕博士论文有 2 篇，足见研究文献之繁杂。故开篇先就日本近代以来的扬雄研究成果进行统计归纳：

研究领域 文献类型	文学	教育学	儒学	哲学	伦理学	天文学	语言学	比较研究	文体文论	文献整理	其他
专著	55	5	3	15	5	1	13	0	0	11	2
期刊、会议论文	31	0	6	14	1	0	14	12	13	3	0
硕博士论文	2	0	0	0	0	0	0	0	0	0	0

　　可以看出，日本学界对于扬雄的研究最为集中在文学、哲学和语言学方面，占据 69% 以上，而对于有关扬雄教育学、伦理学和天文学方面的研究文献资料较少，应多加关注。由于篇幅有限，本文主要从文献学的角度，分明治—大正（1868—1927）、昭和（1927—1989）、平成（1989—2019）三个时期对一百五十余年来日本的扬雄研究历程作一个简要的回顾。

一、明治—大正（1868—1927）

　　早在 1870 年，蓝田东龟年编注的《文章轨范评林注释》就收录并注解了扬雄的《解嘲》一文。同年，片山兼山训点、筑水先生校阅的萧统《文选》由宝文堂刊行，命名为《文选正文》。1872 年，伊藤蓝田的《文章轨范评林》续篇在鹿儿岛县发行。1877 年，海保元备注、岛田重礼校阅的《文章轨范校本补注》由万青堂刊行。1879 年，宍户逸郎、近藤圭造编纂的《文章轨范评林・续》由内田正荣堂刊行。1880 年，大竹政正编纂的《增评文章轨范校正》由名山阁刊行。1880 年，藤井东兵卫编纂的《文章轨范评林：字义批注续》由金港堂刊行。1881 年，原田由己编纂、水野庆治郎校阅的《标笺文章轨范》也刊行。1881 年，五十川左武郎编纂的《评注文章轨范》刊行。同年，冈岛真七编纂出版的《文选正文》收录扬雄《长杨赋并序》《羽猎赋并序》《赵充国颂》《剧秦美新》等篇。1882 年，原田由己、水野幸校阅的《文选正文：标注》对《文选正文》进行了全面的标点注解。1884 年，关德（遂轩）编纂的《增评文章轨范评林：明治新刻续》由前川善兵卫刊行。1886 年，久保田梁山编纂的《文章轨范：鳌头译语片假名付》将《文章轨范评林》全文进行了日语片假名标注。1886 年，福井掬编纂的《文章轨范评林注释》由磊落堂刊行。1886 年，渡井量蔵编纂的《文章轨范：鳌头增注》续 1—2 由东崖堂出版。同年，久保田梁山编纂的《文章轨范：鳌头译语片假名付》（续上）由金松堂刊行。1893 年，羽田安政等编纂的《汉文轨范：中等教育》由修文馆刊行。1897 年，井上樱塘编纂的《标注文章轨范读本》刊行。1904 年，田冈岭云、大町桂月合著的《支那文学史大纲》卷十一《人物篇》不仅分《扬雄上》《扬雄下》两章介绍扬雄生平与作品，还在《武帝时期的文学篇》中粗陈了扬雄的辞赋。1905 年，兴文社编辑所编纂的《汉文难句读本：短期补习》收录扬雄的辞赋。1900 年，池田四郎次郎编纂的古文选评集《正续文章轨范纂语字类》内容丰富，附有插图。1911 年，中村德五郎编纂的《续文章轨范新注》对《续文章轨范》作了新注新解。同年，早稻田大学编辑部编纂的《汉籍国字解全书：先哲遗著》第十七卷存录了浅见絅斋《楚辞师说》，其中有扬雄《反离骚》一篇。大正时期（1912—1927），在中国哲学史、伦理学史和儒学史等通识史领域扬雄开始进入日本学者的研究视野。高瀬武次郎的《支那伦理珠尘：问题解答》，首次将扬雄纳入伦理学的领域。1920—1923 年，日本国民文库刊行会刊行了一系列《国译汉文大成》。其中《国译汉文大成·文学部》四册的第一卷就译介了扬雄《反离骚》一文。同年，宇野哲人在他的《儒学史》中进一步介绍了扬雄在文学方面的贡献。值得一提的是，彼时日本流行一种普及性的演讲话本（日本称之为"講話"，音"こうわ"），宇野哲人的《支那哲学史讲话》简单介绍了扬雄的哲学思想，加藤咄堂所著的《靖献遗言》就有《扬雄失节》一章。此后，扬雄的生平与作品逐渐为人们所熟知。

综上所述，明治时期的扬雄研究主要是以我国宋代谢枋得的《文章轨范评林》为基础，对新增的扬雄《解嘲》进行训点、注解与释义，出现了不少《标笺文章轨范》续，以及《续文章轨范评林大成》《增评文章轨范评林》《文章轨范评林注释》《标注文章轨范读本》《续文章轨范新注》这一类的书。但是收录并注解扬雄文章最多的是《文选正文》，注解扬雄《甘泉赋并序》《羽猎赋并序》《长杨赋并序》《解嘲并序》《赵充国颂》《剧秦美新》六篇文章。后期的教育读本，如《汉文轨范：中等教育》《标注文章轨范读本》《汉文难句读本：短期补习》中也有少量的扬雄文章或短句。大正时期，在中国哲学史、伦理学史和儒学史等通识史领域扬雄开始进入日本学者的研究视野，但仍处在初级阶段。虽然大正后期的扬雄研究逐渐呈现出多元化的倾向，但是研究的学者和论著仍然较少。为便于梳览，兹将明治—大正时期的论述（种类、数量）列图如下：

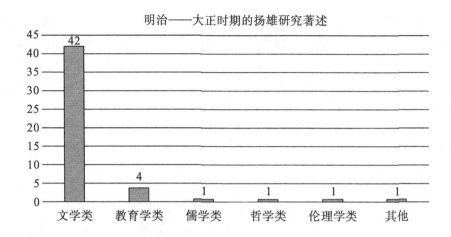

明治——大正时期的扬雄研究著述

二、昭和时期（1927—1989）

　　昭和前期（1927—1945），扬雄的教育、教学思想和天文思想逐渐为学者们所了解。1927 年，四宫宪章的《天地の公道：教學正宗》由皇明会刊行；1942 年，田内高次的《支那教育学史》由富山房刊行，其中有专门一章介绍扬雄的"人性观""行思结合"的教育学思想。1943 年，能田忠亮的《东洋天文学史论丛》由恒星社刊行，以扬雄的《太玄》为中心，对当时的历法和月历进行了简单的介绍，初步得出了扬雄"无神论"的天命观。与此同时，传统的关于扬雄的伦理学、文学和哲学的研究依然兴盛。1929 年，松田友吉的《东洋伦理史要：文检参考·四书并述》由大同馆书店刊行。同年，芦洲池田四郎次郎编纂的《诸子要目》中粗略介绍了扬雄的《法言》和《太玄经》。1936 年，山口察常的《东洋伦理学史概说》由贤文馆刊行。松田氏和山口氏都从伦理学的角度进一步介绍了扬雄的伦理学思想。1933 年，共立社编纂的《汉文学讲座》（《支那文学史·扬雄》）也设专门章节讲述扬雄在中国文学史上的地位。1935—1936 年，三枝博音、井上哲次郎等人编修的《日本哲学全书》在第九卷分别介绍了扬雄的《太玄经》及汉以后的占筮。1937 年，后藤俊瑞的《朱子の实践哲学》哲学编，论述了扬雄哲学思想对朱熹实践哲学的影响。1941 年，宇野哲人的《支那哲学史讲话》增订版与宫濑睦夫的《東洋哲学の根本思想》相继刊行，此二书均设专章（分别为《扬雄》以及《扬雄的哲学》）讲述扬雄的哲学思想，为昭和后期御手洗胜、铃木由次郎、吉川幸次郎等人研究扬雄的哲学思想奠定了基础。前文提到，著名汉学家铃木虎雄于 1936 年著成的《赋史大要》，第一次系统地介绍了扬雄在辞赋方面的贡献，笔者认为这是昭和前期日本扬雄辞赋研究的最突出的著作，铃木氏真正意义上开启了在日本的扬雄辞赋研究。

　　1945 年，日本战败，第二次世界大战结束，日本开始致力于国内经济、文化、教育的修整与恢复。1945—1955 年，日本的扬雄研究出现了短暂的十年停滞，其间几乎没有刊布显著的研究成果，直到 1957 年，御手洗胜的《扬雄と太玄》（《支那学研究》第十八卷），打破了扬雄研究十年沉闷的僵局。经过修整与恢复，扬雄研究不久便又呈现出欣欣向荣的局面，学者们逐渐认识到扬雄的道家思想和他对语言学的贡献，不仅出现了如铃木由太郎《太玄の研究》、吉川幸次郎《揚雄》等研究扬雄的专门著述，而且还出现了如今浜通隆《慎言と妄言と——揚雄と王充との「言語」観についての一考察》，泷本正史《揚雄の〈酒箴〉と蘇軾》、边士名朝邦《揚雄・桓譚・王充——三者における思想的継承の問題》等一系列的比较研究。这一时期较有代表性的著述主要有：1957 年，御手洗胜的《揚雄と『太玄』》（《支那学研究》第十八卷）较为系统地介绍了扬雄与其《太玄》。1960 年，鹤冈操在《東洋学派に依つて唱へられた道性說の大要》一书中较为概略地提到扬雄的"道性说"。同年，本田济的《易学：成立と展開》一书全面介绍了汉代的易学发展并论述了《太玄》的巨大影响。1961 年，藤原尚在《賦における三字句の意義》一文中讲赋的三字句意义，提到扬雄的辞赋。1963 年、1964 年，铃木由次郎先后编著了《汉易研究》《太玄の研究》，以专书的形式深刻研究了扬雄《太玄》的易理。1965 年 3 月，宇野精一的书评《鈴木由次郎著〈太玄易の研究〉》，从《扬雄其人》《太玄的构造》《太玄思想》《太玄的筮法》及《太玄的传承与译注》几个方面介绍和评价了铃木先生的《太玄易の研究》一书。1968 年，由筑摩书房刊行的《吉川幸次郎全集》第六卷有《揚雄》一章，较为全面地介绍了扬雄的儒学、易学、文学、天文学、语言学等思想。1969 年，至文堂刊行的《現代のエスプリ》（21），在探讨现代人类的智慧和精神时，勾勒了古代中国汉易的源流与发展，认为易学仍值得我们去探索和研究。1972 年，铃木由次郎编著的《太玄経》由明德出版社出版，更为详细地介绍了扬雄的易学思想。1973 年，清宫刚的《賢人矢志の賦と道家思想》认为汉代贤才文士越发在矢志之时，其辞赋中表现出来的道家思想就越发浓厚，并且会催发道家思想的发展。1974 年，冈村繁在《揚雄の文学・儒学とその立場》一文中，总结了前人对扬雄的褒贬，他认为扬雄赞评王莽并无过失。又分析了进入宫廷文坛前后的辞赋风格变化及其由辞赋转向学问的原因，认为扬雄是期望自己能够不求声名于当世，而以文章不朽于后世。其论述收录在《冈村繁全集》第一卷《周汉文学史考》中，中文版于 2009 年 5 月由上海古籍出版社刊行。今浜通隆 1976 年发表在《中国古典研究》上的《慎言と妄言と——揚雄と王充との「言語」観についての一考察》从扬雄与王充的言语观来考察，认为扬雄喜静思，提倡的慎言慎行，王充好辩论，言辞激烈，二人都对谶纬迷信、神仙鬼怪的存在进行了激烈的批判。1978 年，川原秀城的《『太玄』の構造的把握》认为扬雄的《太玄》虽然模仿《周易》，但在结构形式上较《周易》有精进之处。1979 年，清宫刚先生继前文《賢人矢志の賦と道家思想》，又发表了《揚雄と道家思想》，进一步论述扬雄矢志时的道家思想。同年九月，福井佳夫的《六朝文体論：誄について》首次讨论了"誄"这种文体。边士名朝邦 1987 年发表在《西南学院大学国际文化论集》上的《揚雄・桓譚・王充——三者における思想的継承の問題》一文探讨了扬雄、桓谭与王充的思想继承关系，认为王充直接继承了扬雄的唯物主义思想，开创了中国哲学史上朴素唯物主义的新阶段。1987 年，泷本正史的《揚雄の『酒箴』と蘇軾》在《集刊东洋学》上发表。今浜通隆的《慎言と妄言と——揚雄と王充との「言語」観についての一考察》、边士名朝邦的《揚雄・桓譚・王充——三者における思想的継承の問題》和泷本正史的《揚雄の『酒箴』と蘇軾》均是这一时期扬雄比较研究的代表。此外，这一时期还出现了对新材料（如上野本《汉书·扬雄传》）的训点研究，1987 年，小助川贞次的

《上野本漢書揚雄伝訓点の性格：中国側注釈書との関係》从训点学的角度对上野本《汉书·揚雄传》的训点与传统的中国训点、注释的关系做了对比梳理与研究。扬雄《法言》的儒学和文学价值也为学者们所重视，1988 年，田中麻纱巳的《法言：もうひとつの「論語」》由讲谈社出版，认为扬子《法言》虽是仿论语而作，但其精要可与孔子之《论语》相媲美。而且彼时的扬雄语言学（《方言》）研究也初露头角，由藤原与一、小林芳規等人执笔发表在《国語への道：土井先生頌壽紀念論文集》中的《方言学志向》《漢書揚雄傳天暦二年における一音節字音の長音化について》等文章，虽为基础性的探索与研究，而且研究的点很是狭小，却也给后来的扬雄语言学研究另辟了一条门径。

可以看出，这一时期，学者们的研究视野和研究方法完全呈现出了多元化的特点，研究领域逐渐宽泛，研究内容也逐渐细化。而且，扬雄研究的学者和论著数目较之前都有所增加，其中关于扬雄的哲学类、文学类研究著述最多，这为后来平成时期扬雄研究的全面繁荣起到了至关重要的作用，笔者认为昭和后期是日本扬雄研究的全面兴起期。为便于梳览，兹将笔者搜集到的昭和时期的扬雄研究相关论述（种类、数量）列图如下：

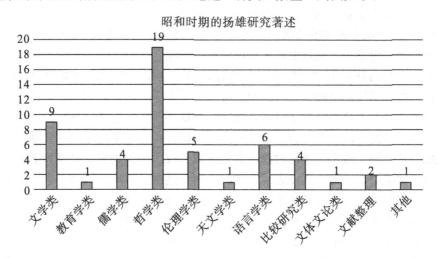

昭和时期的扬雄研究著述

三、平成时期（1989—2019）

平成的时间虽然只有短短的三十年，但是可以说是日本扬雄研究的全面繁荣时代。这一时期几乎每一年都有新的著述刊布，学者数量之多，著述种类之繁，研究方法之新，都是前所未有的。二十世纪后期以来不仅产生了多部关于扬雄的译介和研究著作，也刊布了一大批关于扬雄具体学问的学术论文。1989 年，边士名朝邦继此前关于扬雄、桓谭、王充三人的思想继承问题，又在《西南学院大学国際文化論集》上发表了《揚雄·桓譚·王充——三者における聖賢論と本性論の展開》，简谈他们的"圣贤论"与"本性论"。同年，伊藤直哉的《五柳先生傳試論——高士形象，そして揚雄の影》，以五柳先生传为例，谈扬雄对后世高士形象的影响。1992 年 6 月，志村治、福田忍编著的《法言索引》为学者们进一步研究扬雄的《法言》提供了详尽的资料。同年 10 月，谷口洋的《揚雄の「解嘲」をめぐって：「設

始成立》以汉初

「論」の文学ジャンルとしての成熟と変質》，以扬雄的《解嘲》为中心，论述了"设论"文学流派的成熟与质变。1993年3月，上田武的《「貧窮問答歌」における中国文学の影響について》，较早地论及中国古典文学中扬雄的《逐贫赋》对奈良时期诗人、汉学家山上忆良《贫穷问答歌》（此诗收录在《万叶集》）的影响。1993年12月，弥和顺先生发表了《关于扬雄法言的人物评论》（《中国古典研究》第38号，早稻田大学中国古典研究会，1993年），就扬雄的《法言》中关于人物的评论提出了独到的见解，指出《法言》人物评论的两个特点。第一个特点是：《法言》的人物评论是从儒家的观点来作的，不过其中也存在着道家思想的不少影响，对汉代隐士给予了很高的评价。第二个特点是：有很多借用《论语》文章体裁的篇章。1994年9月，多田伊织的《扬雄论》以四十多页的篇幅更为系统、全面地介绍了扬雄的生平、著述与思想。同年9月，明治书院刊行的《新译汉文大系》（80）中译介了扬雄《甘泉赋》《羽猎赋并序》《长杨赋并序》。同年10月，谷口洋的《後漢における「設論」の変質と解体》紧接前文，进一步论述后汉时期"设论"体的变质与解体。1995年，谷口洋的《「淮南子」の文辞について——漢初における諸学の統合と漢賦の成立》以汉初诸学的综合与汉赋的成立为例论述《淮南子》的文辞。1995年12月，本田千惠子《揚雄小考——「反离骚」》从考证学的角度对扬雄的《反离骚》进行了考辨。1996年1月，高桥章则《遠古文辞學と揚雄——熊阪臺州・大田南畝を端緒として》一文谈论了中国古代文辞学及其扬雄对江户蜀山狂号为"寝惚先生"的狂歌师、剧作家大田南畝文学创作的影响。同年，木下铁矢的《揚雄》由创文社《清朝「考証学」とその時代》刊布，向日本学者介绍了清朝时期中国学者关于扬雄的考证研究，进一步推动了日本扬雄考证研究的进程。1998年3月，本田千惠子《揚雄の生涯における「解嘲」の位置》论述了扬雄的《解嘲》创作前后是其思想观念的转变期。认为扬雄面对西汉末期外戚专权、小人用事、世风日下的局面，不愿趋附权贵而自甘淡泊，便写此文以表明自己的态度。通过《解嘲》抒情言志描写了汉代封建制度的部分弊端和当时社会的某些实情，表达了作者反对压抑人才、主张重用贤能的进步思想。与此同时，嘉濑达男在《学林》上发表的《『漢書』揚雄傳所收「揚雄自序」をめぐって》对《汉书·扬雄传》中《扬雄自序》进行了深刻的解读与研究。也是在这一年，谷口洋先生的博士论文《春秋戦國期における語りの場の展開の漢代辞賦文學に対する影響》就春秋战国时期语场展开对汉代辞赋文学的影响进行了全面细致的考察。1999年，本田千惠子先后发表了《『法言』にみえる「変」について》与《『法言』にみえる「禮」について》两篇文章，从"变"与"礼"的角度来看《法言》中扬雄的补救统治思想危机之心。2000年，古川末喜的《賦をめぐる漢代の文學論》细致、具体地谈论了赋在汉代文学中的伟大地位，肯定了扬雄等人对赋体的卓越贡献。同年，川合康三的《古文家与扬雄》（该文于2018年被李祥译介，发表在《华中学术》2018年01期），谈论了韩愈推崇扬雄的原因及其道统传承系谱的接纳史。

值得注意的是，2000年前后出现了大量关于扬雄《方言》的论述，最具代表性的学者当属佐藤进、远藤光晓、松江崇等人。佐藤进的《扬雄『方言』研究导沦》《宋刊方言四种影印集成》《戴震〈方言疏证〉引〈文选〉考》《扬雄方言研究论文集》等系列著述重新构筑了扬雄《方言》的研究基础。其《宋刊方言四种影印集成》由傅增湘刊珂罗版与宋抄本（静嘉堂文库所藏）等版本抄本影印而成，是我们重新认识周祖漠《方言校笺》及其底本四部丛刊本的重要资料。此外佐藤进还编纂了《扬雄〈方言〉研究文献目录（稿）》等书。关于《方言》的编纂，因为书的末尾部分仅列出了条目，所以像《四库提要》所记述的那样，自古便有该书是未完之作的说法。而远藤光晓在《从编集史的角度剖析扬雄〈方言〉》（该书于1998年由北京语言文化大学出版社出版）一文中通过分析：①所谓"通语"表示在先还是表示在后的分布；②"谓之"与"曰"的分布；③地名的出现分布等三种分布状况，指出其卷次分布倾向，从而提出了这种倾向是推测成书过程的着眼点的观点。远藤用的是在圣经学中达到高水准的编集史研究，也就是在文献自身之中寻求、考察可以推测其成书过程的痕迹的方法。这种自觉方法论的研究方法对于古文献研究的重要性自是不言而喻。松江崇《扬雄『方言』逐条地图集》《漢代方言における言語境界線——揚雄『方言』による方言區畫の再檢討》则是逐条将《方言》的记述地图化的作品。这与以往的以《方言》为基础来勾勒研究者自己认为的汉代方言分区地图的做法有着本质的区别，而为《方言》的每一词汇描绘出使用地域图，其生动有趣之处是相当突出的。另外，以《逐条地图集》为基础绘制的《汉代方言中的言语境界线》以图显示出方言区域间的亲疏关系，从中不难看出，与南北对立对比，东西对立更为明显①。除此之外，大岛正二的《方言書の誕生——『方言』》认为扬雄的《方言》的完成，标志着中国方言书的诞生。西田龙雄的《揚雄の『方言』，紀元前1世紀の言語分佈》考察和分析了纪元前1世纪的语言（方言）分布。立石广男的《〈尔雅〉注中的方言》则将扬雄的《方言》与《尔雅》注中的方言进行对比，以此考察郭璞记述的方言。以上种种著作，都是这短短五六年中《方言》研究的成果。

　　进入21世纪后，中日间文化交往愈加频繁，同时也推动了两国学术的发展。这一时期的学者主要有福井佳夫、嘉濑达男、谷口洋等人。首先，立命馆大学的嘉濑达男先生在《古代文论研究的回顾与前瞻：复旦大学2000年国际学术会议论文集》上发表了《关于〈法言〉的人物批评》一文，继1993年弥和顺先生提出"法言的人物批评"，进一步从对比研究的角度对《法言》的人物批评进行研究，认为《法言》中不但有很多人物的批评，而且其批评的方式也多种多样。如果将《法言》的人物批评与《论语》、《史记》太史公赞、《汉书》赞、许劭的月旦评、《人物志》加以比较，形成人物批评史的话，则可与文学批评史、美术批评史等多种批评史互相参照，综合地研究中国古代文艺。2000年，辛贤的《『太玄』の「首」と「賛」について》分析了《太玄》中"首符""赞辞"与易的联系。2001年，福井佳夫先后发表了《揚雄の〈逐貧賦〉について——遊戯文学論》《賦のジャンルについて——〔チョ〕斌杰『中国古代文体概論』より》两篇文章，前者论述扬雄《逐贫赋》的游戏文学性质，后者就褚斌杰《中国古代文体概论》（1990年）论述了赋体的流派。2002年6月，弥和顺先生《揚雄『法言』における摸倣と創造》，认为《法言》虽是模仿《论语》之作，却又不拘泥于《论语》的范式，其思想内容较《论语》有很大的进步性。2002年12月，辛贤的《漢易術數論研究：馬王堆から『太玄』まで》把马王堆出土帛书与传世文献相结合对汉代易学进行研究，认为扬雄《太玄》是汉代易学的伟大成就。2003年3月，嘉濑达男先生的

---

　①　朱庆之编：《中古汉语研究》（二），商务印书馆，2005年版，第113页。

《『法言』の表現——經書の援用と模倣》从《法言》对经学书籍的引用与模仿来看扬雄的《法言》中的儒家思想。2003 年 5 月，田中淡、外村中、福田美穂编著的《中国古代造园史料集成：增补哲匠录叠山篇·秦汉——六朝》增订版，从扬雄的《羽猎赋》来看汉代园林史料。2004 年，佐藤进《全译汉辞海》由三省出版。2004 年 2 月，吾妻重二的书评《術数理論と中国のパラダイム——辛贤『漢易術数論研究——馬王堆から『太玄』まで』》简要介绍了辛贤的汉易研究，论述了术数理论在中国发展、传播模式。2002—2005 年期间最为出色的当属佐藤达郎关于《汉代古官箴》的研究。佐藤达郎的《漢代の古官箴》分译注（《漢代の古官箴译　注篇上》《漢代の古官箴　译注篇中》《漢代の古官箴　译注篇下》）、考论（《漢代の古官箴　論考篇》）两部分，细致全面地对汉代官箴的内容、体式、主题、表现形式等做了译注和考论。2005 年 5 月，桂五十郎的《汉籍解题》复刻版，题录了扬雄《法言》《太玄经》两文。2007 年，林田慎之助的《酒の詩人陶淵明》一文，有《陶渊明与扬雄》一章，将陶渊明与扬雄对比，认为陶渊明《饮酒》其五“问君何能尔”之“君”字有可能是对汉代之新圣扬雄的尊称，全诗乃是借扬雄以自况。同年，嘉濑达男先生的《蜀における楊雄の處世と学問》讨论了扬雄居蜀时的处世学问与出蜀后有较大的不同。《『方言』——古代汉语学史极重要的意义》一文论述了扬雄《方言》在中国古代汉语学史上的重要地位。除此之外，嘉濑达男先生不但译注了扬雄《答刘歆书》，还研究了扬雄在小学方面的贡献。2008 年 3 月，嘉濑达男先生的《楊雄「元后誄」の背景と文體》考究了扬雄《元后诔》的创作背景与该文体的发展脉络。2010 年 9 月，渡辺志津夫在《中国中世文学研究》发表了《韓愈の古文：虚構と創作意識》一文，认为韩愈的《送穷文》在虚构和创作意识上受到扬雄《逐贫赋》的启发。同年 10 月，谷口洋先生在《东方学》上发表了《賦に自序をつけること——両漢の交における「作者」のめざめ》一文，从赋的自序中考察两汉之际的作家的觉醒，认为扬雄的自觉意识较为突出。2011 年，嘉濑达男先生的《楊雄「反離騒」を読む》以读书笔记的形式谈论了读《反离骚》的心得；《楊雄の詩經学：『法言』を中心として》考究了扬雄《法言》中的诗经学思想，认为《法言》传承了《诗经》的精神气质、文化气脉。写到这里大家会发现，嘉濑达男先生的文章中凡是涉及“扬雄”的字眼，一律用“杨雄”，而非“扬雄”，嘉濑先生似乎赞同扬雄本姓“杨”的观点。嘉濑达男先生不但译注过余嘉锡先生的《目录学发微》《古书通例》等书，其《余嘉锡〈目录学发微：古书通例〉的版本与成书过程》一文对其版本与成书过程作详细的介绍。2013 年 3 月，渡边义浩《揚雄の「劇秦美新」と賦の正統化》认为《剧秦美新》作为赞美国家正统性的“文学”，赋予其权威，另一方面也反映出儒教也被“文学”吸收。2013 年 12 月，山内良太的《慰めの自己戲畫化と誇りの自己戲畫化—揚雄〈逐貧賦〉と韓愈〈送窮文〉の比較を通して》一文，通过对扬雄《逐贫赋》与韩愈的《送穷文》的比较研究，认为前者是扬雄的自我安慰，委婉地表明自己坚定的儒家操守；后者是韩愈为求留名，在牢骚中又捎带自豪地夸耀自己的文人成就。与此同时，嘉濑达男先生的《楊雄「蜀都賦」と都邑賦》指出扬雄的《蜀都赋》对都市的描写，从谋篇布局，到内容材料、音韵辞藻，积累了多方面的经验，为后世诗词文等文体的都市题材创作，提供了典范。2014 年，田村有见惠的《朱熹对扬雄性善恶混说批判——以程颢、程颐和司马光“性”和“善恶”的讨论为中心》（中文版由汪楠、廖娟翻译）在《朱熹陈淳研究》

发表，该文围绕性善恶混说展开讨论，认为朱熹、程颢、程颐从道统的立场出发，理所当然地对扬雄的性善恶混说进行了批判。2015 年，由林田慎之助著，曹旭译的《两汉魏晋辞赋论中流行的文学思想——左思、挚虞的观点》认为，扬雄等致力于辞赋的作家们倾注自己心血，驱使所有的修辞形式，构建出绚烂的形式美的世界。他们更是以语言特质的视觉、听觉功能与主题紧密的对应中，一面恰到好处地活用，一面竞相比试以音乐和绘画的虚构美创造文学世界的才能。同年，嘉濑达男的《〈汉书〉艺文志·试赋略与前汉辞赋》一文论述了《汉书·艺文志》中诗赋与前汉时期辞赋的关系。2016 年 2 月，金成俸的《山上忆良〈贫穷问答歌〉论》一文认为山上忆良的代表作《贫穷问答歌》的表达形式和思想都深受扬雄《逐贫赋》的影响。同年，荻野友范《揚雄の文学観》一文全面、深刻地论述了扬雄的文学观，认为扬雄一方面宗经征圣，一方面崇尚自然，力求在"文""质"动态转化中求其统一。2017 年，李祥的《林希逸における「離騒」と「揚雄」評》在《九州中国学会报》上刊载，认为创作前作家的心理状态对作品影响的重要性。同年，田村有见惠的《揚雄『太玄』の思》认为《太玄》是对易的继承与发展，其宇宙论、本体论、价值论对后世易学产生了巨大影响。2018 年 9 月，姜诗韵译介的《楊雄「羽猟賦」における叙事、描写および修辞について：漢賦における様式と機能についてのエッセイ》一文从叙事、描写和修辞角度重新解读了扬雄的《羽猎赋》。2019 年 9 月，姜诗韵的《洛水の女神の原像とその性格：『楚辞』「天問」から揚雄「羽猟賦」まで》一文考辨了洛水女神形象演变及其性格特征。

可以看出，这一时期的学者，特别重视研究方法的创新，许多学者还多次到国内进行学术交流，他们的著作也多次在国内学术期刊上发表，促进了扬雄研究的国际化。其中关于扬雄的文学、方言研究最为突出，文体/文论研究和文献整理工作也小有成就。为便于梳览，兹将笔者所搜集到的平成时期扬雄研究相关论述（种类、数量）列图如下：

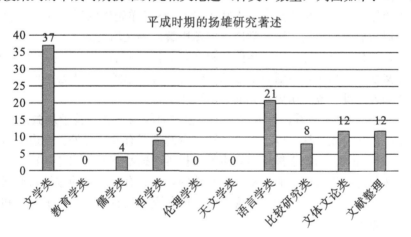

平成时期的扬雄研究著述

四、日本的扬雄研究特征及相关思考

自明治（1868）以来，日本的扬雄研究已经走过一百五十余年的历程，在这个漫长的过程中，其研究理念、研究方法几经演绎、几多变化，而以近五十年（昭和后期—平成时期）

变化最巨。从域外视角来看日本的扬雄研究历程，这个演绎过程和呈现的相关特征不仅在日本的古典汉学研究史上具有相当的典型性和系统性，也为我们审视自身的研究观念和研究手段提供了反省之鉴。归纳起来，主要有以下五个特征：

1. 扬子著作和学说较早传入日本，但其研究初期主要以注释与训点为主。这是因为，早期的日本作家和学者，可以使用自己的符号体系（万叶假名）直接接触中文原著。使用一种传统又特殊，即"认字不认音"的"训读"方式来训点、注释扬雄的文章。这种借汉字表记发音的日本语，大致分为两个系统：音假名和训假名。音假名，即原封不动地利用汉字读音；而训假名使用的则是作为汉字训读被纳入日语的音节。其最大的优点就是用"训读"法阅读中国典籍或写汉诗，发音虽不同，但却没有阅读上的障碍。即使公元 9 世纪左右日本人创造了自己的文字——"平假名和片假名"，不再需要借助"万叶假名"来识读汉文，但是"训读"这种阅读方式却被保存了下来，专门用来阅读中国典籍。明治时期，蓝田东龟年、大竹政正、若林寅四郎等人训点、注解、评笺谢枋得的《文章轨范》基本上用的就是这个方法。

2. 扬雄研究在 1945 年前后出现过一段时间的停滞期。主要是因为近代以来，日本的汉学经历了一个由主流文化到"亚文化"的发展过程。甲午战争中国战败之后，日本开始蔑视中国，摒弃了此前孔孟之学即儒学奠定的日本政治思想史，主张欧美教育，学习西方的文化、科技，甚至在明治后期，日本学校已经不再教授汉诗文写作，学者也开始不以写不好汉诗文而羞耻①。而二战结束初期，日本国内经济、政治、文化百废俱兴，亟待修整与恢复，扬雄研究遂再衰三竭。

3. 二十世纪后期的扬雄研究虽有研究学者众多、研究手段新颖、研究成果丰硕的特点，但是其基础方法仍为传统的"实证法"。实证的方法特别重视文献资料的发掘、整理和文本的解读。弥和顺先生《关于扬雄法言的人物评论》，谷口洋先生的博士论文《春秋戦国期における語りの場の展開の漢代辞賦文学に対する影響》等文均是如此。日本学者这种强调细读、精读原著，结合原典批评，以充足的材料考证，倒是和我国目前的研究现状较为贴切。其研究还关注文学作品与作家生活时期政治、经济、哲学思潮和文人心态的关联，又和我们经常用到的"知人论世"或"历史研究的方法"相契合。

4. 从研究方法和取向来看，日本学者在选题方面较为细密，善于从微观的角度进行观察和研究，论说往往由浅入深、以小见大，这与台湾学者有共通之处。渡边义浩的《揚雄の「劇秦美新」と賦の正統化》，嘉瀬达男先生的《楊雄「蜀都賦」と都邑賦》等论题，均与文学现象和社会文化传统相关联，通过从一个具体的，且具有代表性的作品来通观扬雄在文学史上的地位及其贡献和影响，这种"管窥全貌"的研究若没有丰厚的学识素养和广博精深的专业训练是很难做出来的。

5. 平成以来，开始关注扬雄的传播研究与比较研究。在传播研究方面，学者们善于从中国和日本后世文人对扬雄作品、思想的接受心理、接受态度、接受方式、接受效果、先后传承等角度进行考察和研究，比如上田武的《〈貧窮問答歌〉における中国文学の影響につ

---

① 陈福康：《日本汉文学史》下册，上海外语教育出版社，2011 年版，第 280 页。

いて》，田村有见惠的《朱熹对扬雄性善恶混说批判——以程颢、程颐和司马光"性"和"善恶"的讨论为中心》等文。在运用比较研究的方法方面，学者们更多的是将扬雄与中国其他时期文人及其作品进行比较研究，如林田慎之助的《酒の詩人陶淵明》，山内良太的《慰めの自己戯畫化と誇りの自己戯畫化—揚雄〈逐貧賦〉と韓愈〈送窮文〉の比較を通して》等文。这种传播接收中的影响和比较研究不仅促进了中日两国扬雄研究的交流，某种程度来说也促成了两国学者互通有无、互相探讨、共同提高的学术格局。

　　说到中日学术交流，尽管改革开放以来大陆和日本学者之间的学术交流与日俱增，沟通与交流的渠道也不断增多，但不得不承认的是，目前大陆学者对日本的前沿学术了解还不够迅捷，中日间的学术交流仍有待扩展。冈村繁先生在 1974 年就发表了《扬雄的文学、儒学及其立场》，但是国内直到 2009 年 5 月才有其中文版，收录在《冈村繁全集》第一卷《周汉文学史考》中，由上海古籍出版社正式刊行。此外，笔者在搜寻、整理日本近代以来的扬雄相关研究时发现，山内良太于 2013 年 12 月发表在《大东文化大学中国学论集》中的《自慰者与自炫者的戏划——扬雄〈逐贫赋〉与韩愈〈送穷文〉之比较》（题目为笔者自译，原题为《慰めの自己戯畫化と誇りの自己戯畫化—揚雄〈逐貧賦〉と韓愈〈送窮文〉の比較を通して》），与 2006 年第 03 期《辽宁行政学院学报》上发表的一篇文章相似度极高（原作标题为《孤寂者的自慰与牢骚者自炫——扬雄〈逐贫赋〉与韩愈〈送穷文〉比较》）。现在研究中国古典文学的日本学者一般都懂汉语，基本上没有阅读障碍，他们可以订阅各种中文刊物。而且他们通过付费就能在日本便捷地阅读、下载中国期刊论文。相对而言，大陆的学者想要查阅日本的研究论文、了解日本的研究现状就比较难了。首先是大陆很少有既懂日语又有着丰厚的古典文学知识的学者，所以即使有了前沿的研究成果也不能及时、准确地译介。其次是日本学者的文章大多散见于日本各种杂志，很少集中出现在专门的而研究期刊，大陆多无法直接订阅，而且日本杂志多数没有上网，大陆学者也很难直接查阅，学者们往往需要请人代查或者通过其他手段来获取相关信息。总之，国内学者在了解日本的研究成果方面，面临着重重的困难。所以，笔者以为今后中日间的学术交流还有待进一步深入，比如加速前沿学术研究的译介、拓宽学术交流和传播的渠道（包括官方的和民间的）等等，这对两国学者互相交流、促进学术进步来说是十分必要的。

　　以上，就是我对一百五十余年来日本扬雄研究简要回顾的全部内容。日本的扬雄研究是古典汉学研究的重要组成部分，日本的学者为日本古典汉学的研究做出了很大贡献，他们一百五十余年的研究成果和研究方法将为我们国内学者及其以后的扬雄研究提供宝贵经验。限于水平，我的整理和梳理肯定还存在着较多的问题。比如文献收集还不全面、文献解读还不到位、整理和撰写较为粗糙，等等。种种不足之处，希望各位师友批评指正。

　　（本论文在撰写过程中，承蒙日本冈山大学名誉教授下定雅弘先生在资料方面的支持，谨此表示感谢。）

附录：日本近代以来扬雄研究相关著述

1. 明治—大正时期（1868—1926）

[1] 萧统撰，片山兼山点校：《文选正文》，宝文堂，1870 年。

[2] 蓝田东龟年编：《文章轨范评林注释》，群玉堂，1870 年。

[3] 谢枋得撰，李廷机评，东龟年补：《文章轨范评林注释》，河内屋茂兵卫，1870 年。

[4] 伊东蓝田（龟年）编：《文章轨范评林》续，鹿儿岛县，1872 年。

[5] 海保元备注，岛田重礼校：《文章轨范校本：补注》续，万青堂，1877—1879 年。

[6] 伊东蓝田编：《文章轨范评林》，冈田茂兵卫等，1878 年。

[7] 三宅秀一编：《文选字解：四声音训熟字批注》，文金堂，1878 年。

[8] 宍戸逸郎，近藤圭造编：《文章轨范评林》续，内田正荣堂，1879 年。

[9] 大竹政正编：《增评文章轨范：校正》续，名山阁，1880 年。

[10] 藤井东兵卫编：《文章轨范评林：字义批注》续，金港堂，1880 年。

[11] 原田由己编：《标笺文章轨范》续，水野庆治郎，1881 年。

[12] 谢枋得撰，李廷机评，东龟年补：《文章轨范评林注释》续，冈田茂兵卫，1881 年。

[13] 萧统撰，片山兼山点：《文选正文》，冈岛真七，1881 年。

[14] 新井新编：《正续文章轨范字类大全：冠注插画》，山中喜太郎，1881 年。

[15] 谢枋得撰，五十川左武郎编：《评注文章轨范》续，此村庄助，1881—1882 年。

[16] 萧统撰，近藤元粹音释训点：《文选正文 12 卷》，梅原龟七，1882 年。

[17] 萧统撰，原田由己校：《文选正文：标注》，水野幸，1882 年。

[18] 木山鸿吉编：《评注文章轨范》增订，内藤右卫门，1883 年。

[19] 冈三庆述，邹守益撰：《续文章轨范评林大成：祛陈补新》，积玉圃，1884 年。

[20] 关德（遂轩）编：《增评文章轨范评林：明治新刻》续，前川善兵卫等，1884 年。

[21] 三尾复位（史峰）编：《正续文章轨范字类大全：文法助字》，共进书屋，1885 年。

[22] 竹添进一郎编：《历代古文钞：评注》，奎文堂，1884—1885 年。

[23] 邹守益撰，李廷机评，福井掬编：《文章轨范评林注释》续，磊落堂，1886 年。

[24] 谢枋得、邹守益撰，渡井量藏编：《文章轨范：鳌头增注》续，东崖堂，1886 年。

[25] 天野强斋编：《续文章轨范：新撰评注》，平次兵卫等，1887 年。

[26] 萧统撰，兼山先生训点，筑水先生校阅：《文选正文》，象牙屋治郎兵卫，明治前期，

[27] 石川鸿斋编：《续文章轨范字类》，出版社不详，明治时期。

[28] 谢枋得撰，久保田梁山编：《文章轨范：鳌头译语片仮名付》续，金松堂，1886 年。

[29] 谢枋得撰，五十川左武郎编：《评注文章轨范》续，中川勘助，1886 年。

[30] 池田四郎次郎编：《续文章轨范纂语字类：4 卷》，冈本仙助，1891 年。

[31] 下森来治述：《续文章轨范讲义》，《少年丛书・汉文学讲义》第 3 编，兴文社，

1891 年。

　　［32］草山猎士：《猎之友》，敬业社，1893 年。

　　［33］近藤瓶城编：《文章轨范纂评》，成美堂，1893 年。

　　［34］若林寅四郎编：《文章轨范评林：纂注》，吉田锦次郎，1893 年。

　　［35］羽田安政等编：《汉文轨范：中等教育》，修文馆，1893—1894 年。

　　［36］井上樱塘编：《标注文章轨范读本》，水野庆次郎，1897 年。

　　［37］佐藤迷羊著：《解嘲（『讀書餘録』につきて）》，《早稻田文学》第 1 次第 3 期，第一书房，1898 年。

　　［38］池田四郎次郎编：《正续文章轨范纂语字类》，冈本仙助等，1900 年。

　　［39］中村德五郎编：《续文章轨范新注》，文阳堂，1911 年。

　　［40］田冈岭云、大町桂月合著：《支那文学大纲》卷十一，大日本图书，1904 年。

　　［41］兴文社编辑所编：《汉文难句读本：短期补习》，兴文社，1905 年。

　　［42］高濑武次郎著：《支那伦理珠尘：问题解答》，参天阁，1908 年。

　　［43］久保天随著：《支那文学史》，《早稻田大学四十三年度文学科讲义录》，早稻田大学出版部，1910 年。

　　［44］早稻田大学编辑部编：《汉籍国字觧全书：先哲遗著》第十七卷，早稻田大学出版部，1911 年。

　　［45］中村德五郎编：《续文章轨范新注》，文阳堂，1911 年。

　　［46］加藤咄堂著：《靖献遗言讲话》（《扬雄の失節》），东亚堂书房，1914 年。

　　［47］宇野哲人著：《支那哲学史讲话》，大同馆，1914 年。

　　［48］国民文库刊行会编：《国译汉文大成•文学部》4 册，国民文库刊行会，1920—1923 年。

　　［49］宇野哲人著：《儒学史》上卷，宝文馆，1924 年。

　　［50］国民文库刊行会编：《国译汉文大成》第一卷，国民文库刊行会，1924 年。

　　2. 昭和时期（1926—1989）

　　［1］四宫宪章著：《天地の公道：教學正宗》，皇明会，1927 年。

　　［2］松田友吉著：《东洋伦理史要：文检参考•四书并述》，大同馆书店，1929 年。

　　［3］芦洲池田四郎次郎编：《诸子要目》，松云堂书店，1929 年。

　　［4］三枝博音编纂，井上哲次郎等监修：《日本哲学全书》第 9 卷，第一书房，1935—1936 年。

　　［5］山口察常著：《东洋伦理学史概说》，贤文馆，1936 年。

　　［6］铃木虎雄著：《赋史大要》，东京富山房，1936 年（中文版由殷石臞 1966 年于台北翻译）

　　［7］后藤俊瑞著：《朱子の实践哲学》哲学编，目黑书店，1937 年。

　　［8］宫濑睦夫著：《東洋哲學の根本思想》，目黑书店，1941 年。

　　［9］宇野哲人著：《支那哲学史讲话》增订版，大同馆书店，1941 年。

[10] 田内高次著：《支那教育学史》，富山房，1942年。

[11] 能田忠亮著：《东洋天文学史论丛》，恒星社，1943年。

[12] 盐谷温著：《支那文学概论》，弘道馆，1946年。

[13] 神田喜一郎编：《敦煌秘籍留真新编》，台湾大学，1947年。

[14] 共立社编：《支那文学史》，《汉文学讲座》，东京共立社，1952年。

[15] 铃木由次郎著：《东洋哲学思想史》，小峰书店，1955年。

[16] 御手洗胜著：《揚雄と『太玄』》，《支那学研究》第十八卷，广岛支那学会，1957年。

[17] 铃木由次郎著：《世界伦理思想史丛书》第四卷，学艺书房，1959年。

[18] 鹤冈操著：《東洋学派に依つて唱へられた道性說の大要》，世界和平指导和哲学研究机关，1960年。

[19] 本田济著：《易学：成立と展開》（サーラ叢書：第13），平乐寺书店，1960年。

[20] 藤原尚：《賦における三字句の意義》，广岛大学文学部中国中世文学研究会，1961年。

[21] 铃木由次郎著：《汉易研究》，明德出版社，1963年。

[22] 铃木由次郎编：《中国の倫理思想史》，《東洋思想の遍歷》，学艺书房，1963年。

[23] 东京大学中国哲学研究室编：《中国の思想家：宇野哲人博士米壽紀念論集》上卷，劲草书房，1963年。

[24] 波多野太郎编：《中国方志所录方言汇编》，《横浜市立大学紀要》，1963—1972年。

[25] 铃木由次郎著：《『太玄』の研究》，明德出版社，1964年。

[26] 宇野精一：《鈴木由次郎著「太玄易の研究」》（书评），《斯文》（11），斯文会，1965年。

[27] 下斗米晟：《仁の研究》，《大東文化大学東洋研究叢書》2，大东文化大学东洋研究所，1966年。

[28] 吉川幸次郎：《揚雄》，《吉川幸次郎全集》第六卷，筑摩书房，1968年。

[29] 藤原尚：《「三都賦」の表現の特長について》，《中国中世文学研究》（7），广岛大学文学部中国中世文学研究会，1968年。

[30] 至文堂刊行：《現代のエスプリ》（21），至文堂，1969年。

[31] 立石广男：《郭璞の音注について》，1971—1975年。

[32] 大浜皓：《中国的思惟の伝統——対立と統一の論理》，《集刊東洋学》（25），中国文史哲研究会，1971年。

[33] 扬雄著，铃木喜一编著：《中国古典新书·法言》，明德出版社，1972年。

[34] 扬雄著，铃木由次郎编著：《中国古典新书·太玄经》，明德出版社，1972年。

[35] 清宫刚：《賢人失志の賦と道家思想》，《集刊東洋学》（30），中国文史哲研究会，1973年。

[37] 冈村繁：《揚雄の文学·儒学とその立場》，《中国文学论集》（4），九州大学中国

文学会，1974 年。

［38］今浜通隆：《慎言と妄言と——揚雄と王充との「言語」観についての一考察》，《中国古典研究》（21），中国古典学会，1976 年。

［39］CHARLES，VERNON：《「京都賦」の対話部分について》，《中国中世文学研究》（12），广岛大学文学部中国中世文学研究会，1977 年。

［40］町田三郎：《太玄経について》，《哲学年報》（37），九州大学大学院人文科学研究院，1978 年。

［41］川原秀城：《『太玄』の構造的把握》，《日本中国学会報》（30），日本中国学会，1978 年。

［42］清宮剛：《揚雄と道家思想》，《櫻美林大学中国文学论丛》（7），櫻美林大学文学部中文学科，1979 年。

［43］福井佳夫：《六朝文体論：誄について》，《中国中世文学研究》（14），广岛大学文学部中国中世文学研究会，1979 年。

［44］吉田诚夫编著：《中国文学研究文献要览：1945—1977（战后编）》，《世纪文献要览大系》（9），《外国文学研究文献要覽》（2），日外アソシエイーツ，1979 年。

［45］长泽规矩也编：《和刻本辞书字典集成》第一卷，汲古书院，1980 年。

［46］石田秀实：《揚雄と桓譚——兩漢の際における儒家の生き方》，《文化》（44），1981 年。

［47］藤原与一：《方言学志向》，《国語への道：土井先生頌壽紀念論文集》，三省堂，1981 年。

［48］小林芳规：《漢書揚雄傳天暦二年における——音節字音の長音化について》，《国語への道：土井先生頌壽紀念論文集》，三省堂，1981 年。

［49］室山敏昭：《中国地方における性向語彙の地域性：〈誇大家〉の意味分野について》，《国語への道：土井先生頌壽紀念論文集》，三省堂，1981 年。

［50］小助川贞次：《上野本漢書楊雄伝訓点の性格：中国側注释書との関系》，《築島裕博士退官記念〈特輯〉》，《訓点語と訓点資料》（77），训点语学会，1987 年。

［51］泷本正史：《揚雄の「酒箴」と蘇軾》，《集刊東洋学》（57），中国文史哲研究会，1987 年。

［52］边士名朝邦：《揚雄・桓譚・王充——三者における思想的継承の問題》，《西南学院大学国际文化论集 2》（2），西南学院大学出版社，1987 年。

［53］田中麻纱巳著：《法言：もうひとつの「論語」》，讲谈社，1988 年。

3. 平成时期（1989—2019）

［1］边士名朝邦：《揚雄・桓譚・王充——三者における聖賢論と本性論の展開》，《西南学院大学国际文化论集 3》（2），西南学院大学出版社，1989 年。

［2］伊藤直哉：《五柳先生傳試論——高士形象，そして揚雄の影》，《斯文》（98），斯文会，1989 年。

　　［3］志村治、福田忍编：《法言索引》，《〈中国哲学〉数据专刊》（7），东豊书店，1992 年。

　　［4］谷口洋：《揚雄の「解嘲」をめぐって：「設論」の文学ジャンルとしての成熟と変質》，《中国文学報》（45），京都大学文学部中国語学中国文学研究室，1992 年。

　　［5］植村美佐子编译：《Maruzen 科学年表：知の 5000 年史》，丸善，1993 年。

　　［6］上田武：《「貧窮問答歌」における中国文学の影響について》，《学校法人佐藤荣学园埼玉短期大学紀要》（2），学校法人佐藤荣学园埼玉短期大学，1993 年。

　　［7］弥和顺：《揚雄『法言』における人物評論》（秦漢思想特集），《中国古典研究》（38），中国古典学会，1993 年。

　　［8］富永一登：《『文選』李善注に見られる修辞用語について》，《中国中世文学研究》（25），广岛大学文学部中国中世文学研究会，1994 年。

　　［9］明治书院编：《新释汉文大系》，明治书院，1994 年。

　　［10］多田伊织：《扬雄论》，《日本研究》（11），国立日本文化研究中心，1994 年。

　　［11］谷口洋：《後漢における「設論」の変質と解体》，《中国文学報》（49），京都大学文学部中国語学中国文学研究室，1994 年。

　　［12］谷口洋：《『淮南子』の文辞について——漢初における諸学の統合と漢賦の成立》，《日本中国学会報》（47），日本中国学会，1995 年。

　　［13］本田千恵子：《扬雄小考——〈反离骚〉》，《国学院中国学会报》（41），国学院大学中国学会，1995 年。

　　［14］高桥章则：《遠古文辞学と扬雄——熊阪臺州・大田南畝を端緒として》，《文芸研究：文芸・言语・思想》（141），日本文芸研究会，1996 年。

　　［15］赖惟勤著，水谷诚编：《方言》，《中国古典を読むために、中国語学史講義》，大修馆书店，1996 年。

　　［16］版内千里：《『方言』——中国古典の辞書》，《しにか》，大修馆书店，1996 年。

　　［17］木下铁矢：《扬雄》，《清朝「考証学」とその時代》，创文社，1996 年。

　　［18］大岛正二：《『方言』——著をめぐる謎》，《辞书の發明》，三省堂，1997 年。

　　［19］清宫刚著：《中国古代文化研究・君臣观、道家思想与文学》，九州岛图书出版社，1997 年。

　　［20］清宫刚：《扬雄与道家思想》，《河北大学学报》第 4 期，1997 年。

　　［21］小林茂：《扬雄の「太玄教」について》，《中国文人论集》，明治书院，1997 年。

　　［22］远藤光晓：《中国における言語地理と人文・自然地理》，青山学院大学，1997—1999 年。

　　［23］嘉瀬达男：《『史記』子貢遊説説話の成立について》，《学林》（通号 27），1997 年。

　　［24］远藤光晓：《从编集史的角度剖析扬雄〈方言〉》，《语苑撷英——庆祝唐作藩教授七十寿辰学术论文集》，北京语言文化大学出版社，1998 年。

　　［25］佐藤进：《扬雄『方言』の宋刊本影印・抄寫・翻刻》，平成 9—11 年度科学研究

费荃盘（A）研究成果报告书——第 2 册（研究代表者：远藤光晓），1998 年。

　　［26］大岛正二：《方言書の誕生——『方言』》，《中国言語学史》増补版，汲古书院，1998 年。

　　［27］本田千惠子：《揚雄の生涯における「解嘲」の位置》，《国学院大学大学院纪要》(29)，文学研究科国学院大学大学院，1998 年。

　　［28］佐藤进：《揚雄『方言』研究導論》，《現代中国語学への視座——新シノロジー言語编》，《神奈川大学中国语学科创设十周年纪念论集》，神奈川大学中国语学科编，东方书店，1998 年。

　　［29］佐藤进：《宋刊〈方言〉四种影印集成》，平成 9—11 年度科学研究费荃盘（A）研究成果报告书——第 2 册（研究代表者：远藤光晓），1998 年。

　　［30］佐藤进、小方伴子：《戴震〈方言疏证〉引〈文选〉考》，《人文学报》（东京都立大学），1998 年。

　　［31］嘉濑达男：《『漢書』揚雄傳所收「揚雄自序」をめぐって》，《学林》（通号 28）1998 年。

　　［32］谷口洋：《春秋戦国期における語りの場の展開の漢代辞賦文学に対する影響》，博士论文〈UT51−98−G21〉，1998 年。

　　［33］本田千惠子：《『法言』にみえる「変」について》，《东洋文化》(82)，东京大学东洋文化研究所，1999 年。

　　［34］本田千惠子：《『法言』にみえる「禮」の考察》，《国学院中国学会报》(45)，1999 年。

　　［35］松江崇：《揚雄〈方言〉逐条地图集》，平成 9—11 年度科学研究费荃盘（A）研究成果报告书——第 4 册（研究代表者：远藤光晓），1999 年。

　　［36］辛贤：《『太玄』の「首」と「賛」について》，《日本中国学会报》(52)，日本中国学会，2000 年。

　　［37］古川末喜：《賦をめぐる漢代の文学論》，广岛大学文学部中国中世文学研究会(37)，2000 年。

　　［38］佐藤进：《四库提要〈方言〉译注》，《东京都立大学人文学报》(30)，2000 年 3 月。后收入《扬雄方言研究论文集》，第 1—88 页，平成 9—11 年度科学研究荃盘（A）研究成果报告书——第 6 分册（研究代表者：远藤光晓），2000 年。

　　［39］佐藤进主编：《戴震〈方言疏证〉卷一译注》，平成 9—11 年度科学研究荃盘（A）研究成果报告书——第 6 分册（研究代表者：远藤光晓），2000 年。

　　［40］佐藤进、远藤光晓、大和加寿子、松江崇等合编：《扬雄〈方言〉研究文献目录》（稿），载《扬雄方言研究论集》，平成 9—11 年度科学研究荃盘（A）研究成果报告书——第 6 分册（研究代表者：远藤光晓），2000 年。

　　［41］松江崇：《漢代方言における言語境界線——揚雄『方言』による方言の区画再檢討》，《言語類型論シンポジウム論文集》，平成 9—11 年度科学研究荃盘（A）研究成果报告书——第 7 分册（研究代表者：远藤光晓），2000 年。

［42］嘉瀬达男：《秦漢期の序と著作のあり方》，《文化研究：樟蔭女子短期大学纪要》（13），樟蔭女子短期大学学会，1999 年。

［43］嘉瀬达男：《序からみた秦漢期の著作》，《学林》（通号 31），1999 年。

［44］谷口洋：《早期辞賦における狩猟—古代的象徴世界からの逃走》，《興膳宏教授退官纪念中国文学论集》，興膳宏教授退官纪念中国文学论编辑委员会，汲古书院，2000 年。

［45］西田龍雄：《揚雄の『方言』：紀元前 1 世紀の言語分佈》，《東諸言語の研究》（1），东都大学学术出版会，2000 年。

［46］川合康三：《古文家と揚雄》，《日本中国学会报》（52），日本中国学会，2000 年。

［47］福井佳夫：《揚雄の『逐貧賦』について——遊戲文学論》，《中京大学文学部纪要 35》（3），中京大学文学部，2001 年。

［48］福井佳夫：《賦のジャンルについて——〔チョ〕斌杰『中国古代文体概論』より》，《中京大学文学部纪要 36》（1），中京大学文学部，2001 年。

［49］佐藤进：《各种复刻影印宋刊〈方言〉之异同与卢文昭所据宋本之检讨》，《庆谷寿信教授纪念中国语学论集》，好文出版社，2002 年。

［50］弼和顺：《揚雄『法言』における摸倣と創造》，《中国研究集刊》（30），大阪大学中国学会，2002 年。

［51］嘉瀬达男：《关于『法言』的人物批评》，《古代文论研究的回顾与前瞻：复旦大学 2000 年国际学术会议论文集》，复旦大学中国语言文学研究所主编，2002 年。

［52］清宫刚：《玄言詩と道家思想》，《山形县立米泽女子短期大学纪要》（37），山形县立米泽女子短期大学出版社，2002 年。

［53］辛贤著：《漢易術數論研究：馬王堆から『太玄』まで》，汲古书院，2002 年。

［54］福井佳夫：《漢末魏初の遊戲文学——遊戲文学論》（6），《中京大学文学部纪要 38》（1），中京大学文学部，2003 年。

［55］吾妻重二：《術数理論と中国のパラダイム——辛贤著：『漢易術数論研究——馬王堆から『太玄』まで』》，《东方》（276），2004 年。

［56］嘉瀬达男：《『法言』の表現——經書の援用と模倣》，《学林》（36·37），2003 年。

［57］佐藤达郎：《漢代の古官箴　译注篇》（上），《大阪樟蔭女子大学（学芸学部）论集》（39），大阪樟蔭女子大学学艺学部学术研究委员会，2002 年。

［58］佐藤达郎：《漢代の古官箴　译注篇》（中），《大阪樟蔭女子大学（学芸学部）論集》（40），大阪樟蔭女子大学学艺学部学术研究委员会，2003 年。

［59］佐藤达郎：《漢代の古官箴　译注篇》（下），《大阪樟蔭女子大学（学芸学部）論集》（41），大阪樟蔭女子大学学艺学部学术研究委员会，2004 年。

［60］佐藤达郎：《漢代の古官箴　論考篇》，《大阪樟蔭女子大学（学芸学部）論集》（42），大阪樟蔭女子大学学艺学部学术研究委员会，2005 年。

［61］田中淡、外村中、福田美穂编：《中国古代造园史料集成：增补哲匠录叠山篇秦汉—六朝》，中央公论美术出版社，2003 年。

[62] 佐藤进主编：《全译汉辞海》，三省社，2004 年。

[63] 福井佳夫：《あそびとしての押韻技法：遊戯文学論》，《中世文学研究》(13)，广岛大学文学部中国中世文学研究会，2005 年。

[64] 桂五十郎著：《汉籍解题》复刻版，明治书院，2005 年。

[65] 嘉瀬达男：《諸子としての『史記』——『漢書』成立までの『史記』評価と撰続状況の検討》，《立命館文学》(590)，立命馆大学人文学会，2005 年。

[66] 嘉瀬达男：《田中麻纱巳著〈後漢思想の探究〉》，《学林》(43)，2006 年。

[67] 谷口洋：《国際辞賦学学術研討會について——あわせて辞賦研究の動向にふれて》，《中国文学報》(72)，京都大学文学部中国语学中国文学研究室，2006 年。

[68] 林田慎之助：《酒の詩人陶淵明》(陶淵明と揚雄)，《創文》(501)，創文社，2007

[69] 嘉瀬达男：《〈方言〉——古代汉语学史极重要的意义》，《佐藤教授还历纪念・中国语学论集》，好文出版社，2007 年。

[70] 嘉瀬达男：《蜀における楊雄の處世と学問》，《立命館文学》(598)，立命馆大学人文学会，2007 年。

[71] 嘉瀬达男：《杨雄〈答刘歆书〉译注》，《立命馆白川静纪念东洋文字文化研究所纪要》(1)，立命馆大学人文学会，2007 年。

[72] 清宫刚：《快楽主義と道家思想——漢初から晋末にかけて》，《山形县立米泽女子短期大学纪要》(43)，山形县立米泽女子短期大学出版社，2008 年。

[73] 嘉瀬达男：《楊雄「元后誄」の背景と文体》，《学林》(46・47)，2008 年。

[74] 嘉瀬达男：《楊雄「答劉歆書」とその小学》，《立命馆白川静纪念东洋文字文化研究所紀要》(2)，立命馆大学人文学会，2008 年。

[75] 余嘉锡著，古胜隆一、嘉瀬达男、内山直树译注：《古书通例：中国文献学入门》，平凡社，2008 年。

[76] 川合康三监修，日外アソシエーツ株式會社编：《中国文学研究文献要览：古典文学 1978—2007》，日外アソシエーツ，2008 年。

[77] 谷口洋：《賦に自序をつけること——兩漢の交における「作者」のめざめ》，《东方学》，东方学会，2010 年。

[78] 谷口洋：《漢末魏晋における賦序の盛行——文学テクストの整備と「文学の自立」》，《六朝学术学会报》(11)，六朝学术学会，2010 年。

[79] 嘉瀬达男：《楊雄「蜀都賦」訳注》，《学林》(51)，2010 年。

[80] 渡辺志津夫：《韓愈の古文：虚構と創作意識》，《中国中世文学研究》(58)，广岛大学文学部中国中世文学研究会，2010 年。

[81] 嘉瀬达男：《楊雄「反離騒」を読む》，《言語センター広報》(19)，小樽商科大学语言中心，2011 年。

[82] 嘉瀬达男：《楊雄の詩經学：『法言』を中心として》，《松本幸男先生、島一先生追悼纪念论集》，《学林》(53・54)，2011 年。

[83] 嘉瀬达男：《余嘉錫『古書通例』『目録学発微』の版本と成立過程》，《小樽商科

大学人文研究》（124），小樽商科大学人文科学研究室，2012 年。

　　［84］渡边义浩：《揚雄の「劇秦美新」と賦の正統化》，《大东文化大学汉学会志》
（52），大东文化大学出版社，2013 年。

　　［85］明治书院编：《新释汉文大系》别卷，明治书院，2013 年。

　　［86］余嘉锡著，古胜隆一、嘉濑达男、内山直树译注：《目录学发微：中国文献分类方
法》，平凡社，2013 年。

　　［87］高桥智：《中国文献学に親しむ：余嘉錫著、古勝隆一・嘉瀬達男・内山直樹訳
「目録学発微・古書通例」》，《东方学》（393），东方学会，2013 年。

　　［88］山内良太：《慰めの自己戯畫化と誇りの自己戯畫化—揚雄「逐貧賦」と韓愈「送
窮文」の比較を通して》，《大东文化大学中国学论集》（31），大东文化大学出版社，
2013 年。

　　［89］嘉濑达男：《楊雄「蜀都賦」と都邑賦》，《小樽商科大学人文研究》（126），小樽
商科大学人文科学研究室，2013 年。

　　［90］福井佳夫：《六朝の文学用語に関する一考察：「縁情」を中心に》，《中国中世文
学研究》（63・64），广岛大学文学部中世文学研究会，2014 年。

　　［91］田村有见惠著，汪楠、廖娟翻译：《朱熹对扬雄性善恶混说批判——以程颢、程颐
和司马光 "性" 和 "善恶" 的讨论为中心》，陈支平，叶明义主编《朱熹陈淳研究》，厦门大
学出版社，2014 年。

　　［92］渡边义浩著：《「古典中国」における文学と儒教》，汲古书院，2015 年。

　　［93］嘉濑达男：《「漢書」藝文志・詩賦略と前漢の辞賦》，《日本中国学会报》（67），
日本中国学会，2015 年。

　　［94］嘉濑达男：《近现代における漢詩和译について：詩人、詞人、歌人と学者》，《小
樽商科大学人文研究》（130），小樽商科大学人文科学研究室，2015 年。

　　［95］金成俸：《山上忆良〈贫穷问答歌〉论》，《日本语文学》，前卫出版社，2016 年。

　　［96］荻野友范：《揚雄の文学觀》，《芸文研究》（110），庆应义塾大学艺文学会，
2016 年。

　　［97］伊藤泰雄、本乡均著，加国尚志译：《メルロポンテイ哲学者事典》第 1 卷，白水
社，2017 年。

　　［98］李祥：《林希逸における「離騒」と「揚雄」評》，《九州中国学会报》（7），日本
中国学会，2017 年。

　　［99］田村有见惠：《揚雄『太玄』の思》，早稻田大学大学院文学研究科，2017 年。

　　［100］姜诗韵译：《楊雄「羽猟賦」における叙事、描写および修辞について：漢賦に
おける様式と機能についてのエッセイ》，《饕餮》（26），日本中国人文学会，2018 年。

　　［101］姜诗韵：《洛水の女神の原像とその性格：『楚辞』「天問」から揚雄「羽猟賦」
まで》，《饕餮》（27），日本中国人文学会，2019 年。

（作者单位：四川师范大学文学院）

21世纪杜甫诗歌语言研究综述

蔡 玥

内容提要：杜诗一直是文学研究关注的焦点，杜诗有"语不惊人死不休"之势，杜甫以其诗歌语言平中见奇，精工又非刻意雕琢见长。本文基于对21世纪杜诗语言研究的回顾、梳理，得出结论：从语言学的角度看，21世纪杜甫诗歌语言的研究一直在蓬勃发展，杜诗语言研究视角多样，其中主要有名词、动词、副词、句式、音韵以及个别具体字词的研究。从之前专注于对具体字词的考释、辨析，到如今更加偏向分类、系统研究，研究视角从精微走向系统，研究方法也呈现出多元发展趋势。尽管如此，其中还是有一些问题较少甚至没有涉及，例如杜诗中修辞运用尽管前人有一些观点，但是21世纪较少对此归纳研究。通过对杜诗语言的研究对现代汉语追根溯源，从而作用于现代汉语的建设。杜诗的语言研究对于促进现代汉语的发展、壮大具有重要意义。

关键词：杜诗；语言；综述

引 言

语言是人类最重要的交际工具，也是人们进行沟通的主要表达方式，是保存和传递文明的凭借。语言学的发展也日益壮大，而对我国古代文明中的语言研究是语言研究的重要部分，也是无法避开的内容，这当中又离不开对古代重要作家作品的语言研究。无论古今，杜甫能够赢得如此高的文学地位，一半在他诗歌中对国家坚贞不渝的信念，始终怀着对百姓怜悯之心的爱国内涵，另一半不得不归功于其诗歌语言的勇于创新变革。杜甫诗歌中的感情是博大的，但是他这样的情感算不得他的独有，历来诗人无不怀揣着这样的忧国忧民的情怀，更何况是深受儒学思想影响的杜甫。是宋人率先察觉到杜甫诗歌价值在于语言技巧的更新，杜甫对诗歌尤其是近体律绝的句法、字法、篇法、声律都苦心琢磨，近体诗日益受到定型句法与节奏的束缚，他便刻意用省略、倒装、虚词、离析句等反常的句法去扭曲它。他自己也说"老来渐觉诗律细"，这对语言精心雕琢的"细"就是他坚持"新诗改罢自长吟""语不惊人死不休"的结果。

从语言学的角度而非艺术审美的角度分析杜甫语言，能对杜甫语言有更加深入的认识，大到词类、句式，小到个别特殊的字词，都是学界研究的范围，但是对于杜甫语言研究仍然有不够充分之处。例如，杜甫语言研究较多都集中在词类研究，像对偶对仗等修辞手法的研究较少，不够充分。同时，关于杜甫语言的比较更多是艺术风格的比较研究，就语言本身的比较较少。今就 21 世纪杜甫语言研究做一回顾，以期获得反思。

一、名词

对于杜甫名词的研究是杜甫语言研究中的一个大类，一个杰出的诗人，离不开对各种意象驾驭自如的掌控力，对静、动态物像都要有超强控制力，使各种意象在诗歌中陈列自然。杜甫语言名词研究下面又有不同类别：根据名词词组结构划分有"偏正式结构""名词铺排""缩略名词""缀合"等结构的研究；根据名词的含义划分有地理名词，物像名词、时间名词的研究；根据音韵划分有叠音名词、单音名词的研究；另外还有名词的海外翻译研究。近二十年对杜甫名词研究是一个逐渐细化的趋势，是对杜甫名词分类的细化，在大类下又划分为不同的小类。例如，根据音韵可以分为单音、叠音名词，具体细分又有单音物像名词、叠音物像名词。所以，对于杜甫诗歌中名词的研究是比较精细的。

首先是杜甫名词词组的研究。代表论文有马德富的《杜诗名词缩略语研究》[①]，他指出，缩略形式多出现在对字数有严格限制的五律，七言可用的字更多，所以缩略形式也更少。名次缩略语有置于句子前、句子后，也有前后都是缩略形式的。这样的表达形式，既是出于字数限制的被动选择，也是追求审美的主动追求。"由此便增加了诗句的新颖性和生动性，使其诗显出丰美、精炼、含蓄、深致等多种艺术效果"，呈现出有别于他人的独特的艺术风格。韩晓光、郑昕蒂的《杜甫诗歌中的特殊名词词组及其表达功能》[②]，他们将名词的偏正式结构进行分类，并指出杜甫诗歌尤其是他所擅长的律诗中常常出现一些较为特殊的名词词组。这类名词词组一般是偏正式结构。这类名词词组在诗中往往具有一般名词词组所不具备的表达功能，它是形成"诗家语"审美特征的重要方式之一，这样的特殊名词结构有助于增加诗歌审美。

其次是名词根据意义分类研究。如，耿锐《杜甫七律中地理名词的运用艺术》[③]，主要是针对杜诗中的地名进行分类研究。论文指出地名存在于题目和正文中有不同的存在形式，如，对偶对仗式、流水对式，有不同类型：官方行政区域、山川湖泊、富于人文气息或带典故的地点或古建筑。这样不同的对地理名词的运用产生了不同的艺术效果：地名所蕴含的文化内涵、历史根源，甚至其作为词语的声律和色调都成为杜甫艺术创造的依据，为杜诗增添了独特的艺术风调，成为一种重要的文学和文化现象。根据名词的内容将名词分类，是对杜

---

① 马德富：《杜诗名词缩略语研究》，《四川大学学报（哲学社会科学版）》2000 年第 4 期。
② 韩晓光、郑昕蒂：《杜甫诗歌中的特殊名词词组及其表达功能》，《杜甫研究学刊》2006 年第 4 期。
③ 耿锐：《杜甫七律中地理名词的运用艺术》，《韶关学院学报》2013 年第 34 期。

甫诗歌意象的类型化研究，从而发掘杜诗中的独特意象，获得杜诗不同于其他诗歌的意象审美。同时，通过诗句中的时间、地理等名词的研究，还能获得对诗人生活轨迹的把握，是全面了解诗人生活行踪的重要途径。

再次，是名词音韵研究。杜甫擅长律诗，律诗关键是音韵，所以，杜甫语言研究必然无法避开语言的音韵。代表论文有马德富《杜甫单音物像名词的缀合艺术》①、于逢春《情到真时声气通——论杜诗叠音时间名词之妙用》②。二人对杜甫名词的研究相比于其他人更加细化，尤其是马德富对单音物像名词的缀合名词的研究，更为微观。马德富探讨了这种缀合的结构类型、特征和艺术效应，认为两个单音物象名词的并置、叠加是杜诗意象建构的一种最简约的形式，这种形式使诗歌呈现出简约丰美、朦胧、浑厚等多种艺术效果。

二、动词

动词用于表示事物和人的变化，如果动词运用巧妙得当，能使诗句显得圆融流转、风采纷呈，产生独特的审美效应。这一点在杜甫诗歌中表现得十分突出。清代者名诗论家沈德潜曾说过杜诗的用字能"平字见奇，常字见险，陈字见新，朴字见色"③。所以，对杜甫诗歌动词的研究，根据是否雕琢可以划分为：一是杜甫那些自然平常却带来奇险艺术效果的动词研究；二是那些别出心裁，自造新词、超常动词的研究；也有按照不同性质分类动词的研究，如谓语动词的研究。对于杜甫动词的研究，无论是哪种切入点，最终都是为了论证杜甫动词的选择所带来的艺术效果。

讨论杜甫动词的论文，有马德富《杜诗动词的力度》④、胡绍文《略论杜诗寻常动词的艺术化》⑤。马德富认为杜甫常常使用平凡粗重的动词，又常大胆突破语法常规，从而取得过人的力量，取得了力道遒劲的审美特征。胡绍文则针对杜诗那些平中见奇的动词的巧妙运用进行了讨论。

相比于对杜甫名词探讨的多样性，关于杜甫诗歌的动词运用的讨论相对较少，也较为单一。主要就是通过对不同诗句动词的不同选择，或者动词的动静结合、虚实相生、化俗为巧的不同艺术运用，来探析杜甫诗歌中动词的艺术特征，以及杜甫在动词选择时的审美追求。也许动词也可以如同名词那样进行分类研究，例如可以分为表示外部动作的词、表示心理特征的词、名词或形容词做动词的词，通过分类，可以更加精微地体察杜诗动词的妙用。

三、副词

杜诗的副词研究其中一个比较突出的现象是根据对杜诗的副词尤其是新兴副词的研究来

---

① 马德富：《杜甫单音物像名词的缀合艺术》，《杜甫研究学刊》2011 年第 1 期。
② 于逢春：《情到真时声气通——论杜诗叠音时间名词之妙用》，《杜甫研究学刊》2011 年第 1 期。
③ 沈德潜：《说诗晬语》，中华书局，1963 年版。
④ 马德富：《杜诗动词的力度》，《天府新论》2004 年第 5 期。
⑤ 胡绍文：《略论杜诗寻常动词的艺术化》，《杜甫研究学刊》2009 年第 1 期。

判断语言发展的阶段问题，即更多是从语言发展史的宏观角度研究杜诗的副词。

　　首先是主要围绕杜诗副词艺术性讨论的。例如，于年湖《浅谈杜诗中副词的运用艺术》①，分为时间副词、频数副词、程度副词、范围副词、情态副词，分别对艺术特色进行了讨论。其次是张振羽《杜诗副词同义聚合体的发展演变考察》② 和《杜甫诗中的附加式副词及相关问题略论》③。张振羽在《杜诗副词同义聚合体的发展演变考察》④ 中对杜诗副词同义聚合体的发展演变进行了初步的历时考察，"认为杜诗副词同义聚合体的发展演变规律主要表现为：单纯副词的分化促使合成副词的大量产生；副词的累积与排挤的相互作用，保持了副词的严密系统性；旧有副词的衰落与新兴副词的兴起相联系"⑤。他在《杜甫诗中的附加式副词及相关问题略论》⑥ 对副词的然、复、自等词尾进行了讨论。再次是从语言发展史的角度探析杜甫副词。张振羽、徐之明《杜诗否定副词研究》⑦，通过对比研究杜诗中新兴副词和否定副词的出现与消失，得出结论："杜甫生活的初、中唐时期是中古和近代汉语之间一个不可忽视的过渡时期，具有承前启后的作用；近代汉语的上限可以提前到唐初。"⑧他们从语言史的角度通过分析杜甫的副词状况来为语言发展阶段划分的依据，从一个更宏观的视角研究杜甫，为弄清语言学史发展阶段提供了参考文献。

四、其他研究

（一）句式

　　代表论文有马德富《句式规范的超越——杜诗铸句艺术之一》⑨、陈有斌《从"双半句式"看杜诗的传承》⑩、韩晓光《杜甫绝句中几种常用句式浅析》⑪。马德富就句式结构与音乐节奏不同步的现象，探讨杜诗异于常规的句式构建艺术，分析了杜诗中超越常规的句式，从这个方面透视了杜甫在语言艺术上的个性和创造精神。并且马德富认为杜甫之所以有这样的超越是由于一种挣脱了强大的、惯性的、制约的、对常规的离异和高度的语言自觉，并且指出了这些句式的创新可能与抒情言志的需要和平仄格律有关。马德富主要是对杜诗句式的创造性方面进行了讨论。陈有斌将一句诗歌里面有两个半字的句式叫"双半句式"，指出了杜甫在近体诗里面创造的"双半句式"对后世的影响。"在后世许多诗人的诗歌里面发现了对杜甫这种'双半句式'的传承，这种传承有一种柔婉的倾向"⑫。韩晓光则将范围缩小在了绝句，针对绝句的几种常用句式分析，相比于其他人更为小范围一点的研究。

---

① 于年湖：《浅谈杜诗中副词的运用艺术》，《语文学刊》2002 年第 4 期。
② 张振羽：《杜诗副词同义聚合体的发展演变考察》，《广西社会科学》2005 年第 2 期。
③ 张振羽：《杜甫诗中的附加式副词及相关问题论略》，《怀化学院学报（社会科学）》2006 年第 9 期。
④ 张振羽：《杜诗副词同义聚合体的发展演变考察》，《广西社会科学》2005 年第 2 期。
⑤ 同上。
⑥ 张振羽：《杜甫诗中的附加式副词及相关问题论略》，《怀化学院学报（社会科学）》2006 年第 9 期。
⑦ 张振羽：《杜诗否定副词研究》，《遵义师范学院学报》2005 年第 5 期。
⑧ 同上。
⑨ 马德富：《句式规范的超越——杜诗铸句艺术之一》，《社会科学研究》2002 年第 4 期。
⑩ 陈有斌：《从"双半句式"看杜诗的传承》，《淮北职业技术学院学报》2008 年第 2 期。
⑪ 韩晓光：《杜甫绝句中几种常用句式浅析》，《景德镇高专学报》2011 年第 26 期。
⑫ 陈有斌：《从"双半句式"看杜诗的传承》，《淮北职业技术学院学报》2008 年第 2 期。

（二）音韵

杜甫长于律诗，律诗无法离开音韵，所以对杜诗音韵研究也是一个重要方面。杜诗声韵研究有广韵、切韵、双声叠韵以及四声韵等，还有将杜诗韵律与方言相结合的研究。例如，马德富《杜诗双声叠韵艺术》① 就是讨论了杜诗中双声叠韵的运用。

（三）字词考释

杜诗在文学史上有着至高的地位，历来对其作注，企图更加准确理解其诗歌含义者数不胜数，例如仇兆鳌《杜诗详注》。近二十年随着杜诗研究的深入，人们对其中的一些字句也有了更丰富的讨论。例如，许菊芳《杜诗"转益"义辨》② 对"转""益"二字的发展源流以及在杜诗中的释义进行了辨析。杜诗的考释研究更多在通过对字词的古今含义变化与在杜诗中不同使用方法的研究来对字词的含义考释。

（四）虚词

马德富《杜甫以虚词为诗眼的艺术》③ 指出杜诗以虚词为眼，在数量和质量上均超过同时代诗人，这从一个侧面表现出诗人极具个性的艺术特征和创新精神。

（五）修辞

郭露《论杜诗修辞中的藏词艺术》④，从杜诗修辞中的藏词艺术着手，一改前人对其修辞手法的批判，提出藏词的正面艺术效果，以杜诗为例，说明藏词的艺术特色和存在价值。

结　语

综上所述，对杜诗的语言研究取得了丰富的研究成果，学界一直努力挖掘杜诗的价值。21世纪的杜诗语言研究相比于前人更加系统化，前人喜好对具体字词进行钻研，近人则主要致力于将杜诗语言类别化，从不同类别入手研究杜诗语言精工的艺术魅力。21世纪，关于杜甫语言的研究可以说涉及面较广，名词、动词、副词以及句式、修辞等，但是相比之下，名词、动词、副词的研究就更为充分，对于修辞以及无实义的虚词的研究就稍显不足。相比于对杜甫诗歌的审美研究及艺术风格研究，从语言学的角度分析文学，对杜甫等唐代诗人的语言研究、对唐代口语化较高的文学研究有利于汉语史的阶段性划分，尤其是新兴语素的研究，更加应该值得重视。比如关于近代汉语分期中的上限问题，则需要我们更多关注唐诗中最为通俗易懂的书面语，但是对于杜甫等诗人的与现代汉语最为接近的通俗语言的研究却是不够的。

语言事业是我国目前的重要发展内容，学术的发展要作用于现代社会才会在新的时代绽放光芒，也许对于诗歌的语言研究将会更多地向着从现代汉语出发的追根溯源研究，厘清现代汉语的发展渊源，使语言横跨历史的长河为我国文化的发展提供更强有力的历史证明，弄清语言的源来，将对语言将来的发展有更好的把握，也将使我国语言的发展更加磅礴与现代化。

（作者单位：西华大学文学与新闻传播学院）

---

① 马德富：《杜诗双声叠韵的艺术》，《四川大学学报（哲学社会科学版）》2004 年第 6 期。
② 许菊芳：《杜诗"转益"义辨》，《辞书研究》2010 年第 4 期。
③ 马德富：《杜甫以虚词为诗眼的艺术》，《西南师范大学学报（人文社会科学版）》2004 年第 2 期。
④ 郭露：《论杜诗修辞中的藏词艺术》，《内蒙古农业大学学报（社会科学版）》2012 年第 14 期。

新中国成立 70 年来北方 "社火" 民俗研究综述

汪晓琴

内容提要：社火作为一种古老的民间习俗，历经变迁传承至今，它有着丰富多彩的形式变化、古朴的音律以及宏大、震撼的舞蹈场面，目前国内对社火的研究除了涉及它的文化宗教性、价值功能、传承保护等问题，更多的是从艺术视角对它进行的艺术形式审美的研究。从美学与民俗学等学科的交叉处着手，探究社火外层绚烂多彩的艺术形式背后蕴含的深层审美意蕴，揭示它古朴神秘的外衣下，承载的人类美好的祈望、人类对生命的思考与追寻，以此来对社火艺术进行审美新探索，将是未来研究的生长点。

关键词：社火；民俗；审美；综述

"社火"，俗称闹社火、扮社火、耍社火，是一种民间喜庆杂耍活动，多在春节期间举行，主要盛行在北方汉族和部分少数民族地区。社火类型可分为白社火和黑社火。白社火是在白天行进表演，色彩丰富，更注重造型性；黑社火就是在夜晚进行表演，灯火闪烁、锣鼓喧天、人声鼎沸，气氛更为热闹。不管是黑社火还是白社火，表演形式多样，内容多包括歌舞为主的舞狮、舞龙、旱船、秧歌、高跷等，但因地域的不同，社火具体表演有所差异。同时，"社火"这一称谓也早在宋代就出现。而对于社火的缘起，学界较为认同的观点是，社火缘起于对古老土地与火的崇拜，认为社火是依托于人类发展史中的农耕文化。农耕生活是中华民族数千年的生存模式，这种沉淀至今的生存模式深刻影响着中国文化。社火作为中国传统文化中重要一部分，以其独特的动态、活性方式反映着这种传统的生存模式与人类的发展要求。基于这种农耕信仰，社火不仅是一种民间娱乐形式，更体现的是中华民族以及全人类对生命、生存，繁衍生息的美好追求。随着近些年国家对非遗项目的重视，社火作为一种传承千年的古老民俗，几次被列入国家级非物质文化遗产保护名录、保护扩展项目名录，由此国内社会、学者对社火的关注日益增多，各类型社火相关研究也走向成熟，其中艺术形式审美类研究成果尤为丰富。但社火作为中国传统民俗活动的重要组成部分和民间艺术的活化石，对它的审美研究应不止限于简单的艺术审美研究，还应该挖掘社火这一民俗深层次的审美意蕴。

目前，国外对社火的研究基本没有，成果大多为国内的研究。国内学术界在社火研究方面已相对成熟，不管是专著方面，还是学位、期刊论文方面都有丰富的研究成果。

一、新中国成立以来社火研究总体趋势与概貌

由于学界对社火的研究涉及面广，历时性长，成果颇为丰硕，下文将借助一些图表做整体上的梳理分析。本文统计的数据包括笔者掌握的纸版文献及网络学术平台搜索到的相关内容，网络学术资源的数据搜集均是从新中国成立以来最早有数据的年份开始，截至当前。

1. 社火—各类型学术研究发展趋势及方向

1978年改革开放后，学界对社火的关注研究逐渐增多，2018年恰逢改革开放40周年，这40年的社火研究可谓欣欣向荣、蓬勃生机。特别是随着2006年社火被列入第一批国家级非物质文化遗产名录及2008年部分地区社火的表演项目被列入第一批国家级非物质文化遗产扩展项目名录，社火真正意义上引起了社会和学界的广泛关注。

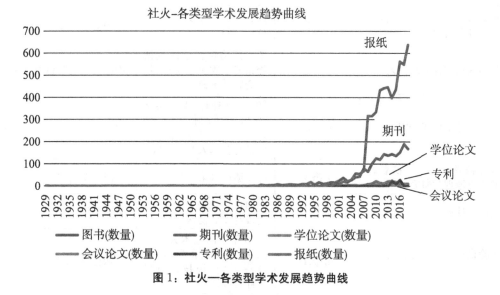

图1：社火—各类型学术发展趋势曲线

由图1可以明显地看出，20世纪80年代后各类型学术发展趋势均呈现上升趋势，从2008年开始，报纸对社火的关注相比其他几类研究上升趋势更明显，报纸帮助人们获取信息了解社会，报纸对社火的关注增长，表明普通人对社火的了解越来越多，一方面是由于国家经济、政治、文化传媒信息等各方面的发展，另一方面也是国家对像社火这样的非遗项目的重视，对其所做的大力宣传、保护等措施，才真正引起社会各界的关注。期刊类学术发展

增长趋势也较为明显，特别是近 10 年的增长尤为显著；会议论文虽然有部分下降趋势，但总体上是呈上升趋势，社火的会议论文学术发展之所以呈现这样规律性发展趋势跟规律性（每隔几年）召开学术会议相关。相比之下，学术论文与图书类研究增长趋势较为缓慢，但总体上呈上升趋势，这也跟学术类研究需要长期持续投入有关。

表 1：社火—学术会议论文统计

会议论文名称	会议论文作者	会议名称	会议类型	会议时间
宗族文化演进与村落体育发展：对一个家族社火队的考察	屈植斌	2015 第十届全国体育科学大会	中国会议	2015 年 11 月 5 日
关陇社火民俗的文化渊源	王岁孝	陇山文化发展论坛	中国会议	2015 年 8 月 28 日
巴里坤社火探微	牛顺莉	2015 年 2 月民俗非遗研讨会	中国会议	2015 年 2 月 1 日
个案探讨宝鸡社火的传承与发展瓶颈	曾臻 王春英	体育文化遗产论文集	中国会议	2014 年 12 月 1 日
招福会：蒙古人的"草原社火"	格尔乐图	2014 年 9 月民俗非遗研讨会	中国会议	2014 年 9 月 15 日
甘肃皋兰什川镇铁芯子社火文化调查研究	许文勤	西北语言与文化研究（第一辑）	中国会议	2013 年 3 月 1 日
浅析甘肃省庄浪县民间社火的特点及其价值	牛晓霞	西北语言与文化研究（第一辑）	中国会议	2013 年 3 月 1 日
六盘山区民间社火脸谱艺术	冯博 苏维童	中国博物馆协会民族博物馆专业委员会 2011 年年会暨学术研讨会	中国会议	2011 年 8 月 24 日
青海社火艺术仪式个案调查	晁元清	2010 年中国艺术人类学论坛暨国际学术会议——非物质文化遗产保护与艺术人类学研究	国际会议	2010 年 11 月 5 日
灯节与秧歌——关于秧歌起源的历史地理学研究	王杰文	民族遗产（第三辑）	中国会议	2010 年 11 月 1 日
略论原州社火	张军元	中国民间文化艺术之乡建设与发展初探	中国会议	2010 年 6 月 10 日
社火脸谱的绘制技艺与艺术分析	田荣军	2008 年中国艺术人类学论坛暨国际学术会议——"传统技艺与当代社会发展"	国际会议	2008 年 11 月 10 日
明清戏曲中的舞蹈与社火表演浅述	元鹏飞	山西长治赛社与乐户文化国际学术研讨会	国际会议	2006 年 8 月
从"扎社火"到三汇"彩亭"	何光表	山西长治赛社与乐户文化国际学术研讨会	国际会议	2006 年 8 月
从九曲黄河阵说开来——浅谈民间社火中的战阵文化	任光伟	98 亚洲民间戏剧民俗艺术观摩与学术研讨会	国际会议	1998 年 2 月

学术会议是该领域、行业发展的方向指南，会议的主要议题方向直接影响了后期各类型学术研究走向。从表 1 可以看出学界对社火关注、研究的几个方向：第一，以某个地区为例，考察当地社火的历史文化渊源、特点及其价值、功能等，或是思考社火的传承与创新发展问题。如王岁孝的《关陇社火民俗的文化渊源》、屈植斌的《宗族文化演进与村落体育发展：对一个家族社火队的考察》、许文勤的《甘肃皋兰什川镇铁芯子社火文化调查研究》以及牛晓霞的《浅析甘肃省庄浪县民间社火的特点及其价值》是对甘肃等不同地区社火文化、特点及其价值的考察研究。第二，就社火中脸谱或某个表演形式的艺术分析以及对少数民族地区社火的关注。格尔乐图的《招福会：蒙古人的"草原社火"》是对蒙古"草原社火"的研究；晁元清的《青海社火艺术仪式个案调查》以个案调查的形式展开对青海社火艺术仪式的研究；冯博与苏维童的《六盘山区民间社火脸谱艺术》及田荣军的《社火脸谱的绘制技艺与艺术分析》都是关于社火脸谱艺术的研究；元鹏飞的《明清戏曲中的舞蹈与社火表演浅述》浅述了社火表演与明清戏曲中舞蹈的密切联系。

2. 社火—研究主要地区统计及作者机构统计

社火主要流行于北方大部分汉族地区和部分少数民族聚居地区，如陕西、山西、甘肃、河南、内蒙古、宁夏、青海等地。对社火的研究也主要集中于北方地区，正如图 2 所显示的，甘肃、陕西、山西、宁夏、河南等地是社火研究主要地区。其次，可以从图 3 社火研究作者机构看出，研究社火的人员大都是西北高校的从教者，高校的学者是推动地方文化发展的重要力量。由此也印证了社火确实更多地流行于中国北方地区。

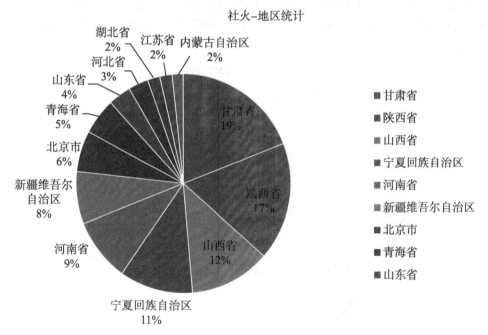

图 2：社火—研究主要地区统计图

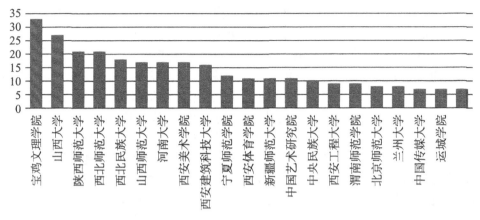

图 3：社火—作者机构统计

3. 社火研究各频道发文量统计

以社火为关键词在中文数据库的检索，可以发现大概有九百多篇有关社火研究的文章，包括与主题相关的近两百篇硕博士论文、七百多篇期刊论文，涉及对社火的知识概括性研究或是相关地区的社火历史渊源、文化宗教解读、艺术特色、价值功能以及传承创新发展保护等多个方面的研究，由于社火多变的表演形式，古朴的音律，宏大的舞蹈场面，热闹的氛围等，所以社火审美研究中更多的是对其艺术形式的分析研究。从图 4 中可以看出，除了报纸文章占比很重之外，对社火的研究比重依次为期刊文章、学位论文、图书及会议论文。下文将对相对而言更具学术价值的前三类——期刊类、专著类、学位论文类关于社火审美研究做一个较为详细的梳理。

社火–各频道发文量统计

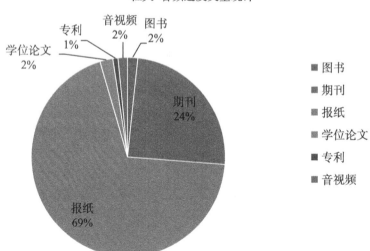

图 4：社火—各频道发文量统计

二、新中国成立以来社火研究期刊类、著作类、学位论文类代表性成果述评

1. 期刊类社火研究成果述评

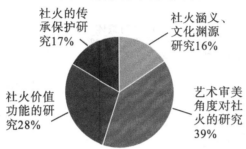

社火—期刊类学术研究方向

社火的传承保护研究17%

社火涵义、文化渊源研究16%

社火价值功能的研究28%

艺术审美角度对社火的研究39%

■社火涵义、文化渊源研究　　■艺术审美角度对社火的研究
■社火价值功能的研究　　■社火的传承保护研究

图 5：社火—期刊类学术研究方向

期刊类对社火的研究可以分为对社火含义、文化渊源研究，艺术审美角度的研究，价值、功能角度对社火的研究，社火的传承与保护研究四个方面。图 5 表明，艺术审美（美术/舞蹈/音乐）角度的研究成果远高于其他三方面，下文对艺术审美角度的研究成果做更为详细的分析。

社火中脸谱艺术的解读。中华文化源远流长，作为中华传统文化中重要一部分的脸谱艺术同样博大精深。社火中脸谱与戏剧脸谱同出一源，一张脸不仅显示个人身份、性格、品性，更重要在讲究"天庭、地阁、四方、五位等天地大象和空间观念"①，一张脸便是整个宇宙。同时，不管是戏剧脸谱还是社火人物脸谱，在形、色方面都深受中国传统文化影响。贺鹏、詹秦川的《马勺社火脸谱纹样的符号学意义》（《美与时代》（上半月），2010），李磊的《论陕西社火脸谱的艺术特色》（《郑州轻工业学院学报》，2007），徐红军的《浅谈"社火"脸谱》（《固原师专学报》，2003），还有朱函兵的《西秦社火脸谱的造型和色彩特征》（《大舞台》，2014）等都是对社火某一地区的脸谱或马勺社火脸谱的分析、解读，更深层发掘社火脸谱特色及价值。

社火中舞蹈研究。杨云的《晋南社火与民间舞蹈文化传承》（《北京舞蹈学院学报》，2005）分析晋南社火的表演形式及其受何种因素影响，最终形成其独特的艺术韵味。皮瑞的《经久不衰的社火艺术——论"划旱船"的民间舞蹈特色》（《剑南文学》，2012）探究社火艺术划旱船中这一民间舞蹈为何经久不衰。

社火中音乐研究。李宝杰《陕西民俗音乐文化的区域性比较与分析——以闹秧歌、闹社火为例》（《西安音乐学院学报》，2012）以闹秧歌、闹社火为例，选取其中称谓、表演形式

① 赵凡：《关陇民间社火传承考论》，《咸阳师范学院学报》2012 年第 5 期。

做比较，分析文化环境、民俗生态对民间艺术的影响。

以上成果，不管是社火脸谱研究还是舞蹈音乐角度的研究，对社火艺术形态分析提供了一定的参考意义，但社火作为一种民俗，它的审美不应仅限于这种形式的艺术分析。

2. 专著类社火研究成果述评

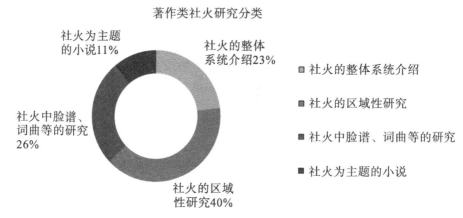

图6：社火—著作类研究分类图

图6显示，著作类社火的研究大致走向了四个方向，第一是社火的区域性研究；第二是对社火进行的较为系统的整体概述性研究，包括社火的由来、类型、表演内容等；第三，对社火中脸谱、词曲的研究；第四个方向就是通过小说的形式，再现社火这一历史文化题材背后的故事。社火专著类研究是社火研究的知识基础，特做如下具体分析：

第一，对社火的整体介绍与研究。马汉臣的《春节社火》（山西经济出版社2009年版），王杰文的《民间社火》（中国社会出版社2008年版），吕品田的《中国民间美术全集（14）游艺编·社火卷》（山东教育出版社1993年版）等著作，都从整体上系统介绍了社火文化。

第二，地方文化视野中的社火文化介绍。如何国宁的《肃州社火》（甘肃文化出版社2013年版），杨继国的《六盘山社火》（宁夏人民出版社2008年版），赵永胜的《晋中社火》（中国民族摄影艺术出版社2008年版）等著作，借助田野调查、图片介绍等方式，分别对酒泉（肃州）、六盘山、晋中等地社火起源发展、表演形式内容、传承发展等方面做了专门介绍。还有赵德利的《关陇社火艺术研究》（中国社会科学出版社2012年版）分为导论和上、中、下篇四个部分，导论部分是关陇文化研究新视域，主要包括关陇的历史地理概念、关陇文化研究背景及人文生态：关陇民俗文化研究三方面内容；上篇是关陇艺术总论，包括关陇社火的含义与组织、类型与调研、文化特点几方面；中篇是从各个视角出发，采用不同研究方法进行的14篇关陇社火审美文化研究论文；下篇除了对社火会和社火传承人等情况的介绍，还记录了一些关陇地区的社火曲子。

第三，对陕西社火脸谱的历史演绎和具体脸谱含义的研究。如李继友的《中国陕西社火脸谱》（上海人民美术出版社1989年版），王瑶安、刘宗昉的《陕西社火脸谱》（上海远东出版社2010年版），田荣军的《陕西社火脸谱》（陕西师范大学出版2014年版）等，主要聚焦陕西社火脸谱，揭示色彩图案、线条符号的组合规律；展示古老脸谱粉本，呈现"粉墨青红，纵横于面"的人面丹青之美。

　　第四，社火的专著还有小说类。吴双虎的长篇小说《社火》、王博艺的小说《社火》，介绍了社火的渊源、分类、表演形式和发生的故事。

　　以上各类专著都为进一步掌握社火文化奠定了基础，但随着时代的发展，社火这一具有民间艺术"活化石"之称的古老民俗，仅是整体概述性、区域性的研究或是某一艺术形式的分析，已经不能满足对其深层审美意含挖掘的需要。

3. 学位论文类社火研究成果述评

　　以社火为关键词在中文数据库的检索，与主题相关的硕博士论文有近两百篇，图 7 可以清晰地看出，对社火的研究硕士论文占更多的比重。从图 8 可以看出，艺术类的相关研究论文占比过半，研究成果丰富，下文将对学位论文类社火艺术形式研究进行详细的分析。

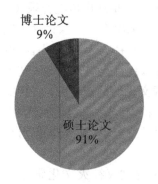

博士论文 9%
硕士论文 91%
■硕士论文 ■博士论文

图 7：社火—发表论文学位类型统计

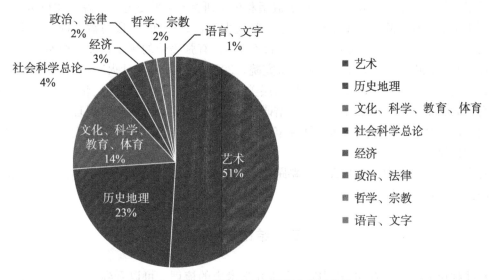

政治、法律 2%
哲学、宗教 2%
语言、文字 1%
经济 3%
社会科学总论 4%
文化、科学、教育、体育 14%
艺术 51%
历史地理 23%

■ 艺术
■ 历史地理
■ 文化、科学、教育、体育
■ 社会科学总论
■ 经济
■ 政治、法律
■ 哲学、宗教
■ 语言、文字

图 8：社火—学位论文主要研究学科分类

社火中的舞蹈研究。石辰瑞的硕士论文《晋中社火中的民间舞蹈研究》（山西大学，2013年），意在总结出晋中社火中舞蹈特色及地方区域文化特征，思考如何运用专业技巧如改编、再创造等把社火这种带有民间风俗的文艺表演，搬上更广阔意义上的艺术舞台。李念的硕士论文《河南沁阳民间社火舞蹈"高抬火轿"之探析》（陕西师范大学，2016年）从人文历史、地理文化几方面分析"高抬火轿"的特点。王伟的硕士论文《甘肃宁县社火"地故事"的舞蹈样态解读》（西北师范大学，2016年）借助田野调查的方法，对甘肃宁县社火"地故事"舞蹈样态进行文化及其他方面的解读。陈媛在其《汉族民间舞蹈的祭祀性》（陕西师范大学，2010年）一文中主要从原始舞蹈的起源与遗存引出民间舞蹈中社火和巫文化的产生与关系。

社火中的音乐研究。申易之在其硕士论文《祁县社火音乐文化调查与研究》（山西师范大学，2015年）中指出，祁县社火音乐呈现出传统音乐（祁太秧歌、锣鼓音乐和八音吹打）与现代音乐（管弦乐队、流行歌曲）的融合，并探讨这种现象背后的原因。冯帆在《邢台社火音乐研究——以辛留寨村"二月二"社火为例》（山西师范大学，硕士，2017年）中，以辛留寨村"二月二"社火为例探究邢台社火中音乐这一艺术。值得一提的还有赵雯的硕士论文《移民背景下玛纳斯县社火乐舞文化的调查研究》（新疆师范大学，2016年），在移民背景下研究玛纳斯县社火的乐舞文化特点。以上几篇对社火中歌乐舞的研究论文，主要是从艺术审美角度进行的研究，背后的美学意蕴较为缺乏，但对社火中歌乐舞研究有一定的借鉴参考意义。

社火脸谱研究。田荣军的博士论文《社火文化研究——以宝鸡县天王镇社火为个案》（西安美术学院，2008年）分为上下篇，借助田野考察的研究方法，视野着眼于多学科交叉研究社火文化，论文重点探讨了社火脸谱艺术。对后来者研究社火脸谱提供了重要借鉴意义。姚玉泉的硕士论文《陇州社火脸谱造型和色彩研究》（西安美术学院，2014年）、王丽丽的硕士论文《社火脸谱艺术探析》（辽宁师范大学，2010年）、段盈盈的硕士论文《社火脸谱装饰造型研究》（西安美术学院，2011年），还有张美荣的硕士论文《西秦社火脸谱艺术特征及其文化内涵初探》（中国艺术研究院，2012年）都是对社火脸谱艺术研究的论文，从社火脸谱的形、色出发，发掘其背后深层美学渊源，探究脸谱背后文化功能、文化价值。还有石露的硕士论文《西秦社火马勺脸谱研究》（渤海大学，2013年）以理论分析的方式展现出西秦社火马勺脸谱造型艺术特征和审美内涵。以上对社火脸谱的研究对社火妆容造型艺术研究的提供了一定的思路和借鉴。

总之，学位论文中，对社火中的舞蹈、音乐、脸谱研究得最多，从艺术形式的审美方面做了诸多探索，给人以启发。

三、结论与展望

通过对新中国成立70年来国内社火研究学术史的梳理，可以看到，社火作为北方常见的民俗节庆活动，在70年中得到了越来越多的关注和研究，尤其是2006年社火入选为国家级非物质文化遗产后，更是形成了第一个研究高峰。由此可见从国家到地方对非物质文化遗产以及地方文化的重视和保护。

不过，从上述对期刊论文、学位论文、专著类社火研究、社火审美研究的分析，可以看到专著类多是系统概括性或区域性、典型性艺术形式的研究，研究的深入程度有限。学术论文、期刊论文方面的研究虽较为丰富，但也存在着研究视角单一且缺乏理论高度等问题，对社火这一民俗审美研究仅单纯着眼于艺术审美（音乐、舞蹈、脸谱）的某一视角，缺乏更为宽泛的眼光。

当代的学术研究除了本专业的精与专，打通学科的壁垒进行跨学科协同研究，也是创新研究的重要途径。尤其民俗文化是多学科的母体，天生具有跨学科研究的优越性。随着社会、时代的发展，社火原有的宗教、伦理、政治等方面的实用功能减弱，而以前归属于实用功能的音乐、舞蹈、妆容等外在形式日渐丰满，日益丰富多彩，这种丰富多彩绚烂的形式一定程度上在人们心里引起某种情感共鸣，这便产生了美，使得社火成为独立的审美对象。社火这一民间艺术，"作为审美对象既是一定时代社会的产儿，又是这样一种人类心理结构的对应品"，对作为审美对象社火的研究，正是"对物态化了一定时代社会的心灵结构的研究，亦即对人类心理——情感本体的探究"。[1] 所以，作为对一种古老民间艺术社火的审美研究，不应该只是着眼物质载体即各种艺术形式的研究，更应该看作是一个"真实性的人类心理——情感本体的历史的建构。"[2] 对社火的审美研究，除了对其形式美的研究，还可以进行民俗学、美学、人类学等跨学科的交叉研究，如此，在社火民俗的审美探索上将有新的发现。

（作者单位：西南民族大学文学与新闻传播学院）

---

① 李泽厚：《华夏美学·美学四讲》，生活·读书·新知三联书店，2008 年版，第 363 页。
② 同上，第 359 页。

"城市地方学"研究的新成果

——评何一民、王苹教授主编《成都历史文化大辞典》

刘朋乐

内容提要：《成都历史文化大辞典》是一部系统介绍成都历史文化的工具书。该书收录先秦至民国这一时期内，有关成都的历史文化词条 4000 余则，涵盖行政区划、历史事件、历史人物、宗教民俗等十九个篇目。在编撰过程中，该书注重科学性与科普性的结合，所收录词条对弘扬成都优秀历史文化影响深远。该书的出版弥补了学界对成都历史文化整体把握的不足，对推动成都学、城市地方学的研究意义重大。

关键词：《成都历史文化大辞典》；成都学；城市地方学

成都作为四川省省会，是中国历史最悠久、文化最丰富的大城市之一。无论是城市名称还是范围，成都都有着其他城市不具备的延续性和稳定性。成都地处天府之国核心区域，有着"襟两江而屏三山，控西川而引巴渝"①的独特区位条件和深厚历史文化底蕴，使得成都在中国城市文明发展史上有着极为重要的地位。从晚清民国起，研究成都历史文化的专著就已出现。清人傅崇矩的《成都通览》，便可视为这一领域的大胆尝试。中华人民共和国成立后，先后有《成都通史》（七卷本）《成都简史》《四川百科全书》《成都大词典》等书的出版发行，获得学界的广泛赞誉，而该书是继这些著作之后的又一精品力作。

由四川大学何一民教授和成都市委党校王苹教授主编、社会科学文献出版社 2018 年 12 月出版的《成都历史文化大辞典》（以下简称《辞典》），是一部梳理成都文明发展的工具书，

---

① 何一民：《城市地方学研究的三大视野和三个层面——以成都学研究为例》，《成都大学学报（社会科学版）》，2017 年第 1 期。

也是四川乃至全国第一部系统地介绍成都历史文化的大辞典①。在有幸拜读《辞典》内容后，依笔者拙见，其学术创获至少体现在以下四方面：一是内容丰富、覆盖面广，有会通古今的学术研究视野。二是兼具科学性与科普性，能够满足不同文化群体需求。三是对推动城市地方学研究奠定坚实基础。四是具有极强的现实意义，对继承和弘扬优秀传统文化大有裨益。

一、会通古今的学术研究视野

作为一部专业的历史类辞书，《辞典》编撰首先遇到的困难是如何界定收录内容的标准和范围。本书的编者认为，《辞典》编写的目的在于"补史料之遗，匡史书之误，辅史学之证"，编撰要充分发挥存史、资政、团结、育人的功用，唯有如此，才能使《辞典》真正为广大读者查阅和学习成都优秀历史文化提供便利②。因此，该书在较为宏观的层面上理解成都文化的范畴，内容涵盖十分丰富，学术视野会通古今。

《辞典》全书共分为19个篇章，收录了成都地区从先秦到民国这一历史时期内词条4800余条，涵盖成都行政区划、政治沿革、历史事件、历史人物、宗教文化、文化遗产、方言民俗等各个方面，共约165万字。《辞典》将4500多年以来成都深厚而丰富的历史文化加以整合，是一部兼具完整性、系统性、资料性、科学性、典藏性和实用性的集成都历史文化大成的工具书。这样的研究视野本身就体现出编者对成都历史文化整体的把握能力。

《辞典》的编写十分注重学术的融会贯通。以往类似工具书的编撰，往往会呈现出一种"包罗万象"的态势，即编写过程中想尽量网罗乾坤，力求编写内容无所不至。由此导致的结果往往是工具书看似覆盖面广，实则内容之间关联甚微。而《辞典》的编撰在一开始便讲求内容之间的关联性。从篇章设计上看，《辞典》各部分大致可整合为政治、经济、文化三大类别，其中政治类别包括第一至第四篇（即行政区划、职官沿革、历史事件、历史人物）；经济包括第五至第九篇（即农工商金融、水利交通、城镇村落、历史街区、名胜古迹）；其余部分属于大的文化范畴。在每一篇章相对独立的情况下，每篇内容又按照历史的演进分类编排，其最大好处就是建构起了宏观的逻辑体系。

这些篇章相互之间并非独立存在的。例如，在第一篇"行政区划"与第二篇"职官沿革"的编排体例上，《辞典》便非常突出二者相互间的关联性，因为行政区划的变迁必定会从客观上影响官职的设置。于是在具体内容的撰写时，一、二两篇的内容就具有互补的特点，可使读者相互参照阅读。诸如此类相关联的篇章在书中还有许多，比如：第十三、十四、十五篇文学作品、书画音乐与宗教文化的编排相得益彰，能够使读者从不同角度了解成都文化的内涵；第十六、十七两篇分别介绍成都的物质文化遗产和非物质文化遗产，能够使读者对成都境内的文化遗产有全面体会；在第十八篇介绍了成都境内考古遗址后，第十九篇进一步列出了考古出土的精品文物，能够使读者对成都考古的新发现有更深入的认识。类似

---

① 在此之前，四川学界也整合力量出版过《成都大词典》等书，但因所涵盖的范围过大，对历史文化相关内容的介绍相对较少，并不是系统性的历史文化辞典。

② 何一民、王苹主编：《成都历史文化大辞典》，社会科学文献出版社，2018年版，第5、6页。

的编排颇能体现出编者对成都历史文化宏观的把控力度，其学术功力不言而喻。

《辞典》涉及的领域十分广泛，取材涵盖成都历史文化的各个方面。按《辞典》罗列的参考资料来看，基本古籍有102种，今人著作有330余种，期刊论文近500篇，资料来源的丰富多样，也颇能反映出《辞典》编写会通古今之意。如此庞大的参考资料系统，足以支撑起《辞典》整体的篇章和内容。并且，这些参考资料几乎都是有关成都历史文化的书目文献，为想要深入了解成都历史文化的读者提供了按图索骥的机会。各章的编写者们量体裁衣，将这些史料进行梳理归纳，编写出的文字颇具见识，对读者理解成都文化的精神内涵大有裨益，同时也加深了学界对成都历史文化研究的深度。

可以说，无论从篇章上宏观的逻辑建构，还是从具体章节的书写内容，抑或是每个部分的资料来源来看，《辞典》都能很好体现出会通古今的特点。有学者指出，"通史家风"是中国史学的一项优良传统，历史上的著名史家如司马迁、杜佑、郑樵、章学诚、梁启超等，均注重通史之作[①]。只有具有贯通古今的学术视野，才能真正做到对话历史，得到通达境界。从这个层面讲，《辞典》的研究视野值得肯定。

二、上进"象牙塔"与下接"地气"的尝试

这部《辞典》除了具备通达的学术研究视野外，内容的科学性和权威性能够反映出目前学界对成都文化认识的整体水准。同时，《辞典》的编写，能够考虑到普通大众的阅读需求，力求做到通俗易懂。既能上进"象牙塔"，不失学术的专业性，又能下接"地气"，真正做到文化知识的普及。

在编撰方式上，《辞典》采用了较为灵活的形式，以成都市社会科学院、成都市政协文史资料委员会、成都市历史学会、成都市委党校为主要牵头单位，整合成都市内各大高校、科研机构、学术团体共同编撰。如此安排的好处在于可以充分发挥资源优势，不同单位负责各自擅长的领域，使得撰写出的内容能够代表目前成都学界该领域的一流水平。

在具体每一章节的编撰安排上，《辞典》充分发挥各有所长的原则，由具体领域颇具影响力的学者把关，力求做到内容的权威。比如，民风民俗由四川师范大学王川教授把关；文献典籍由史学史领域刘开军教授统筹；考古遗存方面由成都文物考古研究院蒋成研究员负责……这些学者都是长期致力于相关领域的一流专家。如此配置，便可发挥编写者研究的长处，使《辞典》撰写内容更加科学合理，对加深成都文化的研究能够起到积极的作用。此外，《辞典》的科学性至少还可以体现在以下几个方面：

一是收录每篇章研究领域的最新成果。辞典工具书的编写，困难之处在于推陈出新。词条的编排不仅要能全面反映出编写主题，而且在必要之处要善于吸收新的研究成果，《辞典》在这方面做出的努力尤为明显。比如，在第三篇"历史事件"中，收录了"江口沉银"一则词条。据笔者了解，张献忠"江口沉银"的遗址位于四川省眉山市彭山区江口镇的岷江河道

---

① 刘开军：《再现民族间心灵沟通的历史长卷——评瞿林东教授主编〈历史文化认同与中国统一多民族国家〉》，《史学理论与史学史学刊》，社会科学文献出版社，2015年版。

内，是 2017 年才由考古研究人员正式启动发掘的，其考古研究成果至少到了 2018 年前后才大规模进入公众视线，是四川考古研究领域最新成果。在编纂过程中，专家学者们善于将类似最新的研究成果收录《辞典》中，使得《辞典》的内容新见迭出、时效性强。

二是对部分讹误或不全面的词条进行进一步优化。在不同的历史时期，站在不同的角度看待同一历史事件，得出的结论往往不尽相同。随着历史研究的发展，人们对以往一些观点结论有了不同的理解，《辞典》在编纂过程中就注意到对这些词条的勘误和优化。比如，在编写李冰修建都江堰内容时，《辞典》编写用了"李冰修堰治水"作为标题，因为越来越多的研究者认识到李冰治水是在古蜀人治水的基础上加以改进的，都江堰工程的修建似乎不能归功于李冰一人。于是在具体内容叙述中，《辞典》以"秦昭王时，李冰任蜀郡守，为解决岷江水患，在总结前人治水经验基础上，开始修建都江堰"①，描写李冰治水的活动，更加符合历史客观性。将一些陈旧的观点进行勘误与优化，让《辞典》真正能够体现出史学研究的权威性，对读者更好地认识成都历史文化意义重大。

三是对词条解释更加精准，遣词造句考究精练。从整体词条的编撰上看，《辞典》每个条目字数十分精练，多数在 300 字至 500 字之间。字数相对收缩使得词条编写难度加大，不仅要在有限的字数内讲清楚词条的含义，还要有所创见，能够解释出词条背后的微言大义，这就对编写者文字功底要求甚高。具体而言，在词条的结构上，每个词条遵循总、分、总的编写格式，第一句多为总体性叙述，然后分写词条的具体内容，最后再加以总结归纳。这样的格式既利于读者阅读，能一目了然地将词条内容展现在读者面前，又能全面地概括每个词条的核心内容，减少赘言，使词条的内容更加精练。

《辞典》的编写除了内容具有科学性、权威性以外，方便普通大众阅读则是该辞典编写的又一重要特点。这样的考虑首先可以体现在目录、附录、索引的设计上。一般而言，以往辞典类工具书的目录以拼音首字母和事件类别两种编排最为常见，如《四川百科全书》以拼音编排目录，《成都大词典》以事件类别编排目录。但两种编排方式均有利有弊：拼音编排便于检索但辞条之间的关联性较弱；类别编排重视词条相互间的逻辑关系，但不便查找。为了充分方便读者的阅读，《辞典》在目录设计上使用了逻辑性更强的事件类别型目录，并在附录上增加了按拼音首字母排列的目录索引，使读者能更加方便地检索到想要的内容，十分便捷。

此外，《辞典》的科普性在一些具体章节内容的安排上也能很好体现出来。比如《辞典》第十九篇"考古出土文物精品"，就将近几十年来，成都及其周边考古出土的精品文物逐一进行介绍，文字简洁、描写生动，文物的样貌跃然纸上。再比如，《辞典》附录二中，还将成都地区常用的方言进行归纳，收录了诸如"毛焦火辣""巴心巴肝""扯把子""摆龙门阵"等常用成都方言，妙趣横生，将成都独特的地域文化展现得淋漓尽致。不仅如此，在每个方言下面还有例句，使读者能一目了然地理解方言的语境和意义。这些编撰的内容都是大众喜闻乐见的，如此安排才能真正使得《辞典》既符合学术研究的专业性、权威性，又能让普通群众看得懂、喜欢看，从而满足不同文化群体的需求。

① 何一民、王苹主编：《成都历史文化大辞典》，社会科学文献出版社，2018 年版，第 44 页。

三、城市地方学研究的新成果

城市地方学是随着城市经济社会发展而产生的一门新兴学科。通过一个城市的历史，去透视整个人类文明发展的进程、值得趋避的经验与教训，是城市学研究的根本目的[①]。当今世界，以某一大城市作为研究的对象，探索城市发展历史，总结其发展演变规律，进而为未来城市发展提供借鉴的城市学研究已得到学界的重视。成都学作为城市地方学研究重要组成部分，其研究在 21 世纪兴起后迅速得到学界关注。

据 CNKI（中国知网）数据库的统计，截至 2019 年 5 月 24 日，以"成都"为主题词，文史哲领域相关的论文数量就达 170221 篇，其具体学科分类如下表：

文化、科学、教育、体育	政治法律	文学	历史、地理	语言、文字	社会科学总论	哲学、宗教	综合性文献	总计
86730	29723	15498	14758	10316	7731	4940	525	170221

应该说，以主题词检索得出的数据并不完全都是与主题相关的论文，但数据足以说明，目前学界对于成都研究关注度相当高，以成都为主要研究对象的综合性研究得到较大重视。据笔者了解，本书主编之一的何一民教授近年来一直致力于城市地方学、成都学的理论研究。比如 2010 年编写的《成都学概论》、2012 年编写的《中国城市史》、2018 年编写的《成都简史》等，均是近年来这一领域的重要成果。《辞典》的发行正可作为这一研究领域的新成果，并为推动该领域研究的纵深发展奠定基础。

一方面，《辞典》为成都学研究奠定了坚实的史料基础。城市地方学的研究，不仅要重视对城市历史文化的探索，还应重视应用型研究，以达经世致用的功效，才能为城市经济文化发展服务。在此之前，学界虽已有多部成都学、成都历史文化等领域的著作，但《辞典》的内容和旨趣均不同于上述著作。《辞典》作为集大成的工具书，更多是发挥提纲挈领的作用，并不拘泥于具体词条的内容，而是力求在史料收集上尽量网罗详尽。如上所述，《辞典》在编写过程中参考的基本古籍有 102 种，今人著作有 330 余种，期刊论文近 500 篇，这些资料都是研究成都学必不可少的基本资料。《辞典》的编撰客观上促进了这些史料的整合，从而为成都学的研究奠定了史料基础。

另一方面，《辞典》所涉及的成都范围发生了变化。随着经济社会的发展，城市的功能辐射范围日益扩大，城市已经不再是一个孤立的点，而是具有整体性的区域范围。因此，成都学研究的范围已扩大为"大成都"的概念。本书的编者认为，"大成都实际上是以成都中心城区为核心，以市域内的多个副中心城镇为支撑，以市域部分大中城市为次中心"[②] 所构建的城市群。因此，《辞典》在编撰过程中并没有局限于狭义成都的概念，而是以"大成都"为基本单元，这是研究视角上的一种突破。

此外，《辞典》所涉及的学科突破了原有范畴。城市地方学的研究并不等同于对这个城

---

① 邓经武：《关于建立"成都学"的思考》，《西华大学学报（哲学社会科学版）》2008 年第 1 期。
② 何一民主编：《成都学概论》，巴蜀书社，2010 年版，第 17 页。

市历史文化、民俗文化的研究，也与单纯的经济社会研究有所区别。成都学是一个整体的概念，其研究的重点不在于对成都政治、经济、文化等某一方面做具体的研究，而在于从宏观上把握整个城市不同发展阶段的演变特征。这就要求成都学的研究必然是跨学科甚至是多学科的。《辞典》的编写某种程度上可以说是多学科研究的大胆尝试，编写人员队伍庞大，包含了历史学、地理学、考古学、文献学、哲学、新闻传播学、旅游文化等不同专业的近百名研究人员。他们分工协作、共同撰写，使得《辞典》内容打破了固定的学科分类，成为一部系统性、整体性的著作。

四、对传承与弘扬优秀历史文化大有裨益

2016 年 4 月，国家发展改革委印发《成渝城市群发展规划》，将成都确立为国家级中心城市[①]。这是对改革开放以来，成都在政治、经济、文化、生态文明等各方面取得成绩的充分肯定。读史明志、博古通今是每一位历史研究者坚守的标准。只有了解一个地方的历史，才能更好地锐意进取、开拓创新，创造出更加辉煌的成绩。正是在这样的思想指导下，《辞典》的编撰被提上了日程。

《辞典》从思路的提出到最后出版发行历时近四年时间，在此期间获得成都市相关部门的大力支持和关心。2015 年底，四川大学何一民教授向成都市委党校王苹教授（时任成都市社会科学院副院长）提出建议，希望组织相关力量编写一部能够反映成都历史文化的工具书，以满足成都社会发展的现状与各界人士对成都历史文化认识的需求。经过充分论证和系统商讨，编写《辞典》的提案获得通过，并被成都市政协列为 2016 年度重点提案。2018年，成都市还将编撰出版《辞典》作为成都该年文创计划之一。这些支持和关心，使得《辞典》的编撰得以顺利启动和迅速推进。

成都是中国最古老、最有影响力的大城市之一，从秦汉以来便有着"天府之国"的美誉，在不同的历史时期有着"列备五都""扬一益二""天下名城之冠"等称谓。从地理条件上看，成都是"中国古代北方丝绸之路、南方丝绸之路和长江经济带三大交通线和经济带的交汇点"[②]。尽管处于四川盆地的核心地带，对外交通相对不便，但在不同的历史时期，成都与外界在经济、文化上有着密切的联系。成都盛产的丝绸、蜀锦、漆器、竹器等手工业制品，成了连接外界其他经济区的重要媒介。

在成都范围内，最早的织布机器产生于此、世界上第一张纸币"交子"在此流通、最早发现并使用天然气、最早发明了雕版印刷……这些重要的历史文化成就是成都城市标志性的亮点，可见成都在中国城市发展进程中具有重要地位。因此，《辞典》编写的专家学者们一致认为，成都未来的发展离不开对过去历史的总结和对优秀历史文化的传承，只有传承和发展优秀的传统文化，我们才能更加客观地了解成都在人类文明发展中的地位和作用[③]。

在《辞典》内容中，对天府成都的优秀历史文化做了极为详细的书写。无论是历史人物

① 国家发展改革委、住房城乡建设部：《关于印发成渝城市群发展规划的通知》，2016 年第 910 号。
② 何一民：《成都在"一带一路"建设中应成为中国内陆对内对外开放的枢纽》，《开发研究》2015 年第 6 期。
③ 何一民、王苹主编：《成都历史文化大辞典》，社会科学文献出版社，2018 年版，第 2 页。

如古蜀国五代蜀王、李冰、王褒、司马相如、李白、杜甫、杨慎等，还是历史事件如文翁兴学、张陵创教、王建治蜀、理学入蜀、四川建省等，再如名胜古迹如青城山、浣花溪、望江楼、青羊宫、人民公园等，更或者水利交通如各种各样的堰坝、桥梁、渡口、街道等，只要是与成都优秀历史文化相关的人物、事件、遗迹、文本、风俗等，在《辞典》中均有细致介绍。

正如编者在前言中指出："读史以明志，博古以鉴今。回顾过往、研究历史、总结经验，才能更好地开拓未来、创新发展。"[1]天府成都作为华夏文明重要的发源地之一，其自然人文环境孕育出天府文化"创新创造、优雅时尚、乐观包容、友善公益"独特的文化特质，"天府文化"更是中华优秀传统文化不可或缺的重要组成部分。《辞典》编写组整合组织成都社科界的研究力量，经过近四年的努力，完成了《辞典》的编撰和出版，具有强烈的现实意义与长远的学术价值，为推动优秀传统文化的创新性发展与创造性转化、发展天府文化、弘扬中华文明做出了巨大贡献。

当然，这部一百六十余万字的大辞典在内容上也不是没有任何缺憾的。书中个别章节在内容编写的详略上还可适当调整，校勘方面也有进一步优化的空间。另外，整本《辞典》仅在封面上有一幅望江楼的历史照片，其余部分均为纯文字，如能在适当的部分增加些许历史照片，那么将会给读者更加直观的感受，也更能激起读者的阅读兴趣。

总之，上述不足之处仅仅是白璧微瑕，丝毫不能影响《辞典》为传播和普及成都优秀历史文化做出的贡献。作为一部系统性、全面性介绍成都历史文化的工具书，《辞典》所取得的成就是值得充分肯定的。从内容上看，《辞典》能将大多数成都优秀的历史文化以词条的形式收录进来，对人们了解和学习成都的历史知识颇有帮助；从体例上看，《辞典》的编写既注重专业性与科学性，又处处考虑到普通大众的阅读需求，对弘扬和传承成都优秀历史文化意义甚大；从结构上看，《辞典》的编排推陈出新，善于克服工具书编写时的一些困难，使得读者能从宏观上把握编写者的意图，便于查找检索。诸如此类的优点，都是《辞典》读者乐意见到的。从这个层面讲，《辞典》作为集成都历史文化大成的著作，理应得到学界重视。

一段历史会对现实生活产生借鉴，一部好书会给人思维上的启迪。《辞典》的编撰是一项有益当代、惠及后世的重大精品文化工程，它的出版发行对人们了解成都历史文化意义非凡，其筚路蓝缕的开创之功，将为学界在天府文化、成都历史文化、城市地方学等领域的研究奠定基础。目前学界在挖掘成都丰富多彩历史文化资源方面的研究还有较大提升空间，相信《辞典》的出版，能为学界进一步关注和研究起到推动作用，从而为深入挖掘成都地域文化魅力，实现把成都建设成为独具人文魅力的世界文化名城的目标做出应有努力。

（作者单位：四川师范大学中华传统文化学院）

---

[1]　何一民、王苹主编：《成都历史文化大辞典》，社会科学文献出版社，2018年版，第2页。

别样的"文军西征"与"边疆再造"

——评汪洪亮《抗战建国与边疆学术：华西坝教会五大学的边疆研究》

封 磊①

1986 年 1 月 28 日，全国人大常委会原委员长彭真视察浙江大学，赞誉浙江大学在抗战期间跨越浙、赣、湘、粤、桂、黔六省的西迁是"一支文军的长征"。2008 年，中央电视台《见证》栏目组通过对历史文献、沿线遗迹以及亲历者口述等史料的挖掘，与浙江大学联合摄制十集大型电视纪录片，记述抗战期间浙江大学西迁办学的光荣历程，片名即为《文军西征》。"文军西征"同样适用于抗战时期中国文化教育界整体的西迁样态，以及这一壮举所蕴含的现实意义与文化价值，最为人们熟知并享有盛誉的西南联大即是明例。

学界对抗战时期的"文军西征"史实及意义的研究指向，多在三个层面：就西迁主体构成而言，多指向国立大学（科研机构），间或有少量私立大学；就西迁方向性或目的性空间来说，均指向国土内部的边缘空间；就办学成就而论，多指向当时及后来在办学规模、人才培养及科学研究等方面有着较高教育产出、留下历史遗产、具有社会盛誉的高校（机构）。这意味着，私立大学往往被学界有意识或无意识地"盲视"，特别是在中国近代高等教育史上无论如何都不可缺席的教会大学，它们在西迁学术版图中的存在样态及相关学者的学术作为与生命历程，就成为学术讨论中相对容易被人遗忘的存在。

抗战时期内迁高校的目的地，在时人眼中大多被视为"边疆"。在中国历代政府对边缘性疆域采取特殊的政策治理的历程中，"核心—边缘"的"边疆"观念已持续近两千多年②。但在近代，从某种程度上来说，"边疆"是被重新发现并建构而成的，其动力来自近代民族

---

① 作者简介：封磊（1986—），男，咸阳人，历史学博士，讲师，主攻近代中国边疆学术史、社会文化史；联系方式：fengl10@lzu.edu.cn

基金项目：本文为延安大学博士科研启动项目（YDBK2019-39）的阶段性成果；本文为延安市科技专项资金资助项目的阶段性成果。

② 王江成：《论中国的边疆观与边疆治理的互动关系》，《青海民族大学学报》2017 年第 2 期，第 72-81 页。

主权国家的出现，进而在国与国之间产生了明确的边界，而边疆即国境内邻近边界的区域。从既有的资料和研究来看，即便到抗战时期，国人对处于核心区之外而特殊存在的"边疆"的认知还相当模糊。凝聚了全民意志并倾注了全民力量的抗战，客观上加速了学界对包括边缘空间及其人群的疆土的重新认知与建构，从国家整体的角度去调查研究边疆，并将边疆建设与国家重建关联与共，以适应构建一个现代中华民族为一体的主权国家的需要。大批学者履足边疆，将各种文化资源、学科知识、理论方法带入边疆，并将所学广泛、深入地运用到边疆研究中。这种在现代社会科学理论与方法指导下的科学化、学科化、专业化的研究，以学术论文发表或专著出版的成果呈现形式，与此前的舆地沿革考索、方志学或游记杂录的学术传统已经大相径庭。从这个意义上讲，抗战时期西迁高校的边疆研究，无论是在研究对象的广泛性、研究空间的整体性，还是研究成果的深刻性以及研究成果的实际性，都无异于是对边疆的"再造"①。

在对这一"文军西征"与"边疆再造"的学术史的回顾和研究上，学界多措意于对由北京大学、清华大学、南开大学迁至昆明的西南联大与"魁阁学派"学术遗产的挖掘、阐发与研究，而对其他则较为零星；多投注于南京、北京、上海、重庆等地知名高校或机构，较少注意对同期西迁至成都、西安、兰州等西部城市高校。对民国时期边疆学术史的研究成果，多瞩目于少数知名学者，鲜少从高校史角度切入；以教会大学的边疆服务与民族研究为主旨的，则更是稀有。这种有意或无意的遮蔽或回避，对于学术史研究本身来说，是一个显见的缺憾。新近出版的汪洪亮著《抗战建国与边疆学术：华西坝教会五大学的边疆研究》（中华书局2019年12月，以下简称《抗战建国与边疆学术》），即是弥补这一学术现状的精心之作。该著以抗战军兴后分别从南京、济南、北平等地迁至成都华西坝的金陵大学、金陵女子大学、齐鲁大学、燕京大学，与东道主华西协合大学等联合办学，及其主要以藏羌彝走廊区域（藏边社会）为研究特色的边疆学术为主体内容，并对这一历程中鲜为人知的边疆学术理念及实践以及他们在边疆学科构建中的努力与成效，做了较为深入细致的探索。该著在以下几个方面颇有特色：

一、宏观性的结构透视

尽管以教会大学为研究内容并非首创，但作者立足于现代高等教育史与边疆研究学术史视域，注重对华西坝边疆学人与学术、学人与时局的交互考察与深切关怀，使其在以下几个方面达到了宏观勾勒与微观细描的统一：

（一）华西坝教会五大学的边疆研究的渊源与发展脉络

外地四所教会大学陆续集结到成都华西坝，在教学科研资源各方面都得到东道主华西大学大力支持，组成了一个和而不同的办学联合体。这个联合体在教学行政管理上采联席会议制，秉持平等协商、主客一体的办学原则，确保五大学教育教学活动的高效联动；在人才培

---

① 封磊：《20世纪三四十年代的中国边疆：知识分子爱国情怀与学术研究的共同场域》，《江苏师范大学学报》2013年第1期，第81—86页。

养上采取师资互聘、课程整合、自由选课、学分互认等举措,确保师资、学生、专业、课程等的优势互补;在学术研究上联合举办学术讲座、创办研究机构、合作实验研究,完成了现代学术团队的组建与学术资源的联动共享。一个最为明显的例证,即是五大学联合编辑、出版学术性刊物,共同发起、组织和参与社会活动。因此,作者认为华西坝教会五大学的办学模式,堪为"西南联合教会大学"(第3页)。

华西坝教会五大学的边疆研究,也因西迁成都,殊途同归,开始出现新的面相,实现了以外国学者为主导到以中国籍学者为主体的华西坝边疆研究新格局,并在理论方法上实现本土化,最终形成华西坝边疆学术共同体。如燕京大学,从以往注重对古代疆域沿革史研究向注重研究当时危局中的边疆问题转变,金陵大学经历了从传统史地学到民族学社会学的边疆研究的学术转向;齐鲁大学、金陵女子大学并无边疆学术传统,但在华西坝同样汇入了边疆研究的大合唱,且表现相当突出。这种转变,不可谓不明显,也更显教会大学的学术选择及关怀与战时国家需要的共振(33—67页)。

(二)华西坝五教会大学的边疆研究的学术幽怀与特征

《抗战建国与边疆学术》的鲜明特色,即是对华西坝教会五大学的边疆研究的渊源与学术特征做了广泛的理论与实践相结合的实证性研究。正如作者所指出的,该书更关注华西教会五大学学者的学术选择及其学术论著,从中管窥学人的时局观念、学术情怀及他们对改良边政与整合国族的洞见(第13页)。他们的时局观念,反映在其学术研究的取径与方法中,鲜明的例证即是以顾颉刚为代表的史地学者,意识到抗战建国与国家政治民族的同构关系,力图从整体性上阐发具有抗日情感一体化的政治民族,呼吁构建现代国族以因应时局;再如民族学家马长寿从历史与内政的角度来区别近代已降的"边疆"和"民族"问题,徐益棠从边官、边民与边政的互动来阐释当时边疆工作之困境与出路,无不体现了华西坝学人群的爱国情怀与学术担当。

此外,华西坝教会五大学另一鲜明的学术特征,即是以边疆研究来服务于"边疆服务"。李安宅提出的研究、服务、训练连为一体的主张,实现了边疆学者与边疆工作者在边疆社会建设中的密切互动,五大学师生以其专业性的学科知识与现代化学科理念与组织形式,经常赴藏羌彝走廊区域(藏边社会)进行实地服务与田野调查,以文化教育、医疗卫生和生计改良等具体举措,在为民服务和增进民族融合方面都有实在而具体的收获。汪洪亮利用教会大学的档案、学人日记、报刊资料等,完整、清晰地揭示了边疆社会服务的详细情况,较好地揭示了华西边疆研究的应用性特征。

(三)近代西学中国化潮流下华西坝边疆研究的学科化

晚清以降,中国传统学术走向现代的一个重要标志是出现了学术分科。20世纪初以来在西方学术纷来之际,中国现代学术的学术分科趋势与潮流更加明显[①]。以分科为基准来认识和研究中国学问,为学人所遵循的主流取向,而以分科为基准强调学术的学科化大约是20世纪中国学术与前不同的主要特征之一[②]。但近年来在有关近代边疆学产生及发展的研讨

---

① 罗志田:《西学冲击下近代中国学术分科的演变》,《社会科学研究》2003年第1期,第107页。
② 罗志田:《走向国学与史学的"赛先生"》,《近代史研究》2000年第3期,第59—94页。

中，学者们多认为是民国时期有着西学背景的学人积极参与将西方学术体系"中国化"的自身学科构建的尝试，却较少关切到 20 世纪初以来在西学东涌之际，中国现代学术自身的分科化、科学化的整体趋势。若将边疆学术研究置于这一潮流来审视，从边疆研究热潮的迭次出现到学者们呼吁建立边政学这一学术脉络似也应当包含在内。抗战前夕即有学者指出："我们研究科学往往分门别类，这种习惯本是为了便利工作而养成的。但就科学界近日一般趋势看来，似乎有过分着重科学门类的区别而忽略它们共同性的危险……边疆科学的发展特别困难是常常要遇及的。好比有时需要两种训练和习惯都不同的专家共同合作研究异同问题，进行的困难又非普通一般人所预料能及的。"正是中国学术自身也处于愈益强烈的分科治学之流中并以此来因应学科细化之后的学术格局，才有学者明确提出应将边疆作为一门学科，科学地加以研究，在独立中与其他学科携进研究，以及大学设立边疆学的五点建议①。这一洞见与呼吁，其实早在抗战前即已被阐发。

社会学、人类学、民族学等学科，均系西方贩卖而来。中国学者知识体系与学术实践不可避免地参与了西方学科体系在跨文化空间中的传播与建构。这一学术路径的渊源，促使中国人类学者在具体的学术实践中，多以对汉人等核心区或特定社区、偏远地区或少数族群作为研究对象。这一点，费先生晚年也曾指出，英国的功能学派（社会人类学）与美国的芝加哥学派（文化人类学）的相互靠近与互鉴，促成了中国人类学与社会学在 1935 年的合流；而这两个学派的共通之处便是在此前列强各自的殖民地的边缘环境下的土著族群，而非本土的或本民族人群②。有学者指出，20 世纪 30—40 年代早期中国功能主义人类学者从事的本土化研究成果与其说关注的是中国，倒不如说是以西方视角观察中国与解决西方问题③。然而抗日战争导致的中国学术版图发生的自东向西的巨变，中断了西学在核心区域的研究与应用研究。正如林耀华所言，日本侵华"中断了中国社会学、民族学、人类学的正常进程，从而断送了这些学科在那个时代取得应有成果的现实可能。我本人研究方向的改变就是一个例子。正是这场战争把我从一个研究汉人社会的社会人类学者变成了主要研究少数民族的民族学者。"④ 抗战后文教界西迁大军集结于西部地区，边缘地域及其人群顺势进入了社会科学家们的视野，众学人不约而同地从事边疆民族研究，实现了从中原到边疆、从西北到西南、从官员到学者、从汉人到少数族群的时空性、学术性转型。而此时学者们的学术生活甚至学术事业或可概括为"学术与边疆共进，足迹与边疆同步，文字与国族同书，学理与国族同构"。

很显然，作者汪洪亮洞悉并抓住了这一学术转型的核心特质⑤（第 53 页），继续在近代中国边疆研究学术转型的课题研究中深耕宽拓，并延展至以高校、学人、学社等为中心的广袤领域。瞩目于华西坝教会五大学这个特定群体，有利于填补过去边疆学术史书写中一直缺失的一环，让很多相关学人与论著重新进入学界视野。难能可贵的是，从史料发掘与使用情

---

① 徐仁铣：《科学的边疆》，《教育杂志》1936 年第 2 期，第 79—81 页。
② 费孝通：《人类学在中国》，《费孝通全集》（第 14 卷），内蒙古人民出版社，2009 年版，第 261—262 页。
③ 孟航：《中国民族学人类学社会学史（1900—1949）》，人民出版社，2011 年版，第 363 页。
④ 林耀华：《林耀华学述》，浙江人民出版社，1999 年版，第 57 页。
⑤ 参见汪洪亮：《中国边疆研究的近代转型：20 世纪 30—40 年代边政学的兴起》，《四川师范大学学报》2010 年第 5 期，第 137—144 页。

况来看，作者还利用校史、校刊、档案、报纸、杂志、论著、学人日记、书信等多种史料，对战时教会五大学的学术选择、因应之举与边疆心曲均给予了细致、深入的发掘和述论，让这一段鲜为人知的学术群体及其事功在尘封已久的史料中清晰、鲜活起来。

二、微观性的聚焦考察

目前边疆学界对学者、团体和关涉刊物等个体的人生历程、学术思想与实践的研究相对滞后，需要对学人集体群像、学术机制、学术生活乃至生命样态进行细致挖掘与呈现。在《抗战建国与边疆学术》中，汪洪亮特别注意考察华西坝边疆学人的"朋友圈"和"生活圈"。这一视角的转向与努力，使该著在宏观性的"骨架"良好搭建的基础上，更显"血肉丰满"。

以专家、学会、团体、研究室等机构的组织化研究向着更加学术化和学科化的路径。具体到边疆学术研究时，则体现在研究人员的专业化、研究水平的科学化、研究过程的规范化、研究领域的专门化、研究范式的学术化。一些高校设立与边疆相关的专业，构建边疆学术的学科体系，并培养边疆研究的专门人才。华西坝教会五大学为我们提供了明晰而完整的例证。

大学是现代学术体制中的重要构成。华西坝教会五大学成立了专事边疆研究的机构与团体。诸如华西大学设立的边疆研究学会、边疆研究所、社会学系、中国文化研究所，金陵大学设立的社会学系边疆研究室、中国文化研究所，齐鲁大学下设的国学研究所、中华基督教会全国总会边疆服务部，燕京大学的社会学系等。学者群体也因之而集结。诸如华西大学之葛维汉、郑德坤、李安宅、闻宥、任乃强、于式玉、蒋旨昂等，齐鲁大学之顾颉刚、张伯怀、侯宝璋、张维华等，金陵大学之徐益棠、柯象峰、马长寿、卫惠林等，金陵女子大学之刘恩兰，燕京大学之林耀华、李有义等学者。这批学人多有留学欧美经历，见长于民族学、社会学、人类学等学科，多在民国学术界声名鹊起或崭露头角，有的后来成为新中国学术界的中坚和翘楚。

适逢国家处于危亡之秋，华西坝边疆学者大多具有学术救国的积极性与社会责任感，有志于实地调查寻求解决社会问题。他们在藏羌彝社会开创性的学术实践及留下的众多著述，至今仍然是相关专业领域中难以绕过的经典之作。如任乃强对藏学的研究、李安宅、于式玉夫妇对甘南藏族的研究，徐益棠、林耀华对凉山彝族的研究等等。

这些学者不仅仅是身处华西，身后往往关联着学缘、地缘因素，与各地学界保持了持续且紧密的联系。正是在华西坝时期，这批学人群完成了在边疆民族学术研究史上的集体亮相；正是在战时的华西坝的齐集汇合，编制和演绎了一幅国家艰危时局下的民族生存史、群体生活史、学人生命史所交织共有的历史画卷。

难能可贵的是，汪洪亮并不满足于对学人互动的考察与呈现，还努力尝试挖掘与揭示学术互动背后的细节（即作者所称的"生活圈"）。他利用档案详细考察了由华西大学文学院院长罗忠恕发起成立东西文化学社，为筹集经费而频繁奔走于中央、地方的军政大员与学人团体之间的经过；利用《顾颉刚日记》爬梳了顾先生筹备成立中国边疆学会的经过及心境，还对顾先生在华西坝期间在学、政、商界"朋友圈"的穿梭给予呈现。这种呈现不是宏观勾勒，而是具体到了聚谈、开会、宴请、互访、讲座、出游、看戏等日常性活动。作为以边疆学术研究为志业的学人，日常性的活动几乎无不围绕学术展开，甚至可以说，这些日常已经成为学人们学术生活不能超脱的部分。而这在以往的边疆学术史研究视域中则多被忽视。该著可谓眼界独到、笔触细腻、考证翔实，以生活史视域，将战时华西坝学人的生活样态给予描述，使华西坝学人的日常形象与生活心曲得以灵动起来。

呈现教会五大学边疆研究成果——刊物。近代已降，以学会、报刊/杂志为代表的团体、媒介全面参与了学术的发展过程，并充当了学人、学术与政治、社会之间互动的桥梁。形式多样和数量众多的报刊杂志，成为学者宣达其社会关怀与学术思考的有力载体。而相对稳定的边疆研究群体的形成与汇聚，以及研究社团和内容的相对一致，也促进了学术事业的发展，而专业性的刊物则为学者们提供了呈现其研究成果的动态机制。

近代边疆研究成果的呈现，自然与刊物的创办与维持密不可分。华西大学华西边疆研究学会创办的英文刊物《华西边疆研究学会杂志》，成为一份国际性刊物；金陵大学卫惠林主持的《边疆研究通讯》和徐益棠负责的《边疆研究论丛》，成为华西坝学人的学术田园；齐鲁大学顾颉刚编辑《齐鲁学报》《国学季刊》《责善半月刊》等多种刊物。此外如《边政公论》等刊物也成为华西坝学人学术成果汇集之刊物。这些边疆刊物主要以边疆史地、民族文化、社会问题等内容为主，既注重学科学理的介绍与阐发，也注重在实地调查基础上的实证、基础研究，其刊发的成果涉及历史学、民族学、人类学、社会学、政治学、语言学、地理学等多个领域。这些刊物具有同人刊物的特征：有共同的学术志趣和治学风格、有基本固定的编辑群与作者群。这些刊物所构成的人脉网络，也构成了当时边疆和边政认知与研究的重要组成部分。正如汪洪亮在著中所论：华西坝边疆刊物"承载了研究时与校内外其他机构、刊物、人员之工作联系的功能"，"成为抗战时期边疆研究的重要学术平台"；这些刊物刊发的学术成果，"展示了五大学边疆研究者的知识视野和思想境界，也体现了民族学和人类学等西学的本土化实践以及多种学科在边疆研究中的运用情况"（第115页）。

综上可见，华西坝教会五大学的边疆研究，呈现明显的专门化、研究化趋势，是华西坝学人及其机构自身建设、发展的日益成长壮大的体现。这反映了在蓉华西坝五所教会大学在国家民族危难之际，以其学术事业承担对国家民族的重新构建，为战后现代中国国家、民族、社会、学术的重构提供了别样的学术支撑（典型代表即是1950年以李安宅为首的华西大学边疆研究所同仁参加十八军进藏）。

三、可能存在的些许不足

诚如作者所论，学术史研究不仅要关注学术思潮、学术机构与刊物，还要研究学者及其作品，关注其思想和行为（第15页）。但可能是缘于该著侧重于对华西坝教会五大学的边疆研究的整体性研究，对学术机构（某种程度上来说，五教会大学本身即是学术机构）的发展脉络、对学者个人的学术作品和学术思想的研究浓墨重笔，如对李安宅、顾颉刚等人的学术著作与思想的研究颇为厚实；而对学术机构本身的运作机制、经费使用、师资调配等情况，对展示学人的研究论著及学术水准的刊物的描述，则细致不足。如《华西边疆研究学会杂志》，如能以此为媒介，对其刊文情况、文章结构、学者群体及其地域分布等给予量化，可更鲜明凸显其学术特色。

要体会民国学人致力于民族复兴和国族构建的学术努力（第13页），"五大学的边疆研究反映了政、学两界构建中华国族的努力和民族文化多元的事实"（第14页）；但通览该著后，该著在揭示华西坝边疆学者运用人类学、民族学、社会学来研究边地民族的学术自觉上用力颇深；但关于这批学人与政治，尤其是与战时国民政府的互动，包括国民政府对这批学人的学术作为的回应，则是颇为薄弱甚至几乎毫无揭橥的领域。作者在文末也指出这一明显存在的问题。此外，还同样缺乏对"教会大学学者与非教会大学学者，外籍学者与中国籍学者如何看待中国的时局与边政"的比较研究，而使这一既定的研究目标似乎颇为稀薄。这一明显的不足，正如作者在文末指出的，如若"华西学派"确如人类学的南北学两派一般自成一派的话，那么，华西学派在人类学与边疆民族研究中到底在何种维度、何种程度及何种高度上能实现对自我的支撑与对他者的超越。这恐怕也是一个必须回答、佐证和论证的问题。当然，作者也指出这是一个已经大胆假设，但还需要小心求证的一个问题。

尽管作者立足社会史视角，尽力避免学术史研究中"人的隐去"的弊端，但相对来说，对华西坝边疆学人的"学术圈"和"朋友圈"的描述，仍然显得薄弱。若能再深入挖掘和解释战时华西坝学人的学术、政治、生活之间的多元交织及其选择心曲，则该著不仅堪称完整的边疆学术史，还是一部融学术性、可读性、趣味性于一体的力作。这或许是笔者的苛责，但也确实寄托了边疆学术史研究者对于这段时局、政治、边疆、学术、学人交织激荡的学术场域进行全面深入研究的热切期待。

对战时边疆研究学人群体、思潮、著作的研究，真正引起学人的关注并取得成果进展还是近十余年的事情。可以说，在相当长的时间里，我们对这批学人和著作的回顾与思想的研究是欠缺的。虽将其作为研究对象、抑或目为重要文献资料，但对其进行细致、量化、客观的学理研究仍显薄弱。而战时华西边疆研究作为民国时期边疆学术史中的一个特殊的存在，尤显珍贵。而该著作者汪洪亮十数年来深耕于边疆民族学术史，在该领域笔耕不辍，成果丰硕，多数成果已成学界多被引文献，足见其用功之勤、用力之深。相信该著的出版，可与其另一部专著——《民国时期的边政与边政学（1931-1948）》（人民出版社，2014年），构成一个完整的边疆研究姊妹篇系列。

（作者单位：延安大学历史系）

依文献而发微，研唐诗以传承

——读沈文凡先生《唐诗接受史论稿》

袁　茹

内容提要：《唐诗接受史论稿》是沈文凡先生近十年来有关唐诗接受史研究之学术成果精选，以唐诗为立足点，把先唐和当代的时间段引入唐诗接受史研究，研究唐诗对先唐创作的接受、唐诗在唐代及唐至当代各个时期的被接受。《唐诗接受史论稿》以辑录宏富翔实的文献为基础，侧重于唐诗的创作接受史和域外汉学本土特色研究，致力于唐诗创作接受史之精细研究，注重唐诗接受史研究方向的多样化。这些研究成果显示出沈文凡先生对经典研究的重视，同时以传播传统文化为己任，对当代传统文化传播具有一定的指导意义。

关键词：唐诗；《唐诗接受史论稿》；沈文凡；域外汉学

中国韵文接受史研究是一个新鲜生动的话题，它的研究过程是后代对前人创作及其传播的动态现场还原，尤其是经典作品的接受研究，让人更近距离了解到经典形成的动态过程。尽管目前学界对于中国韵文接受史有诸多研究成果，但从总体上还需进一步推进，尤其在新颖角度的选择、第一手资料的收集、研究领域的拓展与深入等方面，自然更需要更多更高研究水平的专家积极参与。中国韵文接受史也是吉林大学中文系教授沈文凡先生多年来持续关注并非常感兴趣的话题。沈文凡教授主要研究方向是唐宋文学、东亚古典汉诗、中国韵文接受史等，在唐诗接受史研究方面倾注精力最多，《唐诗接受史论稿》（现代出版社，2014 年 7 月出版）就是这一方面的研究成果。该书为沈文凡先生近十年来发表的相关学术论文之精选，可窥其相关研究成果之一斑。

从《唐诗接受史论稿》目录即发现该书在结构安排上的特色，体现出作者学术研究的系统性，学术研究方向选择上的独具慧眼。《唐诗接受史论稿》是沈文凡先生多年来唐诗接受研究论文选集。学者在多年科研过程中，每个阶段会有自己相对感兴趣的话题，撰写的每一篇论文都有其相对的独立性，所以一般结集出版的论文集相对会比较松散，缺少一定的系统性。《唐诗接受史论稿》的结构安排却见沈文凡先生从关注唐诗接受史研究伊始，就已经力求系统化，体现出执着专注的治学精神。该书收录的所有文章，发表的时间从 2001 年到 2013 年（有四篇尚未公开发表除外），显示出沈文凡先生对于学术研究方向的坚持不懈与选择上的独具慧眼。该书收集的论文主要集中在 2009—2013 年，反映出作者在此之前对于本课题所有的辛勤付出，可见作者前期的选题研究在此五年间的厚积薄发。《唐诗接受史论稿》凡 28 万字，把 26 篇已发表的论文分为三个部分。一是"思想艺术篇：影响传承研究"；二是"实证缉考篇：效仿模拟研究"；三是"域外亚洲篇：日韩越汉诗接受研究"。这三个方面的研究成果，归类明确，显示出作者在研究方向的倾向性，重在创新。不管是在研究角度，还是在研究领域，都凸显作者重在创新的眼界。本文谨就笔者学力之所及，略谈几点浅见。

一、辑录宏富翔实的文献

翻阅《唐诗接受史论稿》，突出的感觉是金玉满眼，因为该书向读者捧出了丰富的第一手文献。读者要想了解某位著名诗人的接受史文献，该其是域外接受史文献，本书中俯拾皆是。若读者信手拈来，发挥开来，就会成为极富创新性的值得研究的选题，写成一篇有学术价值的文章，且必定会令人耳目一新。这些文献，是沈文凡先生慧眼识珠挖掘来的新材料，很多是第一次呈现在读者面前，对苦于无域外文献支撑的唐诗研究者来说，无疑是一个丰富的材料宝库。这些材料中很多是日韩文献，对我国学界进一步研究唐诗的传播与接受具有重要价值。由此可见沈文凡先生令人钦敬的奉献精神，具有泽被学人的重要意义。如有关李白的《日本江户以来题李白图像、咏李白瀑布诗文献缉考》，其中题李白图像诗文献就有 34 条，都是从创作的角度来接受李白，若以这些文献做深入考论，便是一篇日本江户以来对李白诗歌接受史的文章，其研究角度的新颖不言自明，学术价值一定也很高。在《唐诗名篇名句日本江户以来汉诗受容文献缉考》一文中，只要随意抽取其中一位日本汉诗作者的创作，就可以研究出这位学者在当时对于唐诗的总体接受的特征，并且通过比较其诗作与原诗之差别，了解唐诗在日本汉诗作者群中的接受情况，及其对日本汉诗创作的影响。如大洼诗佛（1767—1837）以"赋得"为题的诗歌达 23 首，说明这位诗人热衷摘取唐诗人成句为题来作诗，这些"赋得"诗分别摘句于李世民、陈子昂、宋之问、王昌龄、李白、杜甫、韩愈、韦应物、严维、皇甫冉、崔湜等人的诗作，覆盖唐代初、盛、中、晚四个时期的著名诗人，以杜甫为最。若再以沈文凡先生在本文中所缉录的所有以"赋得"为题的文献为研究对象，统计出这些日本诗人摘句时主要以哪位唐诗人为最，总结日本汉诗与原唐诗风格的不同，就可以研究出日本江户以来对唐诗接受的具体情况。再如《日韩遣唐使、留学生、学问僧在唐代的诗歌创作》，读者从题目本身可以受到启发，拟定三个新的选题：《日韩遣唐使与唐诗人互动研究》《日韩留学生与唐诗人互动研究》《日韩学问僧与唐诗人互动研究》。因为本文已经为读者提供了大量的日本遣唐使、留学生、学问僧的姓名与作品，并点明出处。沈文凡先生提供的大量第一手文献，为读者提供了更加广泛深入的研究空间，其奉献精神已深深蕴含在本书的字里行间。

　　细读《唐诗接受史论稿》，更发现文献资料宏富翔实是作者治学的特点，是本书所有论文的共同特点，作者的治学之路径是从最原始的资料出发得出可信而新颖的观点。该书近半数的文章都是以文献缉考为主要内容，如《唐代诗韵之明人接受文献初缉》《杜甫五律、五排诗韵之明代接受文献初缉》《日本江户以来的排律创作文献缉考》等12篇，其他14篇都是以丰富的文献作为论证的依据。如此之多关于唐诗接受史的文章的发表，说明沈文凡先生严谨的治学态度和立足一手文献进行论证的方法取得了丰硕的成果。这些成果不仅证明这一态度和方法的正确性与可行性，而且对扎根文献研究却不能尽快出成果的后学是一个鼓励。

二、侧重于唐诗的创作接受史和域外汉学本土特色研究

　　学界关于唐诗接受史研究主要包括两个方面：以诗评家为主体的阐释史研究与以诗人创作者为主体的影响史研究。学界主要集中在前者，后者主要是侧重研究作为创作者的接受影响和模仿借用的现象，以创作而不是批评的方式来接受唐诗，以此来研究接受者所在时代的诗坛状态，从而逆推出唐代诗歌的相关问题研究，而此类研究偏少。《唐诗接受史论稿》更多的是专门的唐诗创作接受史论稿，通过缉录后人在接受唐诗影响的过程中所创作的作品，来研究唐诗的影响力以及接受者所处时代与地域的诗坛创作特征。如《唐诗接受过程中的化用现象初探》对唐诗化用现象进行梳理分类，探析化用现象的效果评价和意义。《白居易与"长庆体"明代诗歌接受文献缉考》的研究目标，是排律体式在明代的广泛运用与白居易"长庆体"的关系；在该文中，作者缉考明代的百韵排律创作对元白诗的接受等诗学文献，考察明代诗人大量效拟"白傅体""长庆体""香山体""白体""白体诗"的创作，研究明代诗歌接受白居易诗歌所形成的一些规范，由此反过来再对唐诗形式上的一些特征进行分析。

　　凡是有一定数量汉文学创作的国家，必然会涉及唐诗接受史。本书把研究的视阈拓展到域外是另外一大特色，如该书第三部分是"域外亚洲篇：日韩越汉诗接受研究"，就是研究这些国家的唐诗创作接受史。本章以日本江户以来的时间段为主，注重日本对李白、杜甫等诗人及唐诗名篇名句的接受，多从唐诗的艺术方面作为研究的切入点；另外，本章还以韩国南羲采《龟磵诗话》为切入点，结合黄巢《自题像》、唐代牡丹文化等来研究韩国对唐诗的创作接受现象。

　　21世纪以来，域外汉学研究是学界的热点之一，研究者甚多，像沈文凡先生如此细致地研究唐诗接受的成果却不够丰富。域外诗歌研究一般多侧重汉诗对域外诗歌的影响，以唐诗为主，域外诗歌为次，更强调唐代文学对域外的巨大影响。而本书则多从域外创作入手，更倾向于域外汉学在受到唐诗影响之后极力凸显自己的本土特色，即强调域外汉学自身的特征，将域外汉学和唐诗放在同等平面上进行研究，如《日本俳句与中国唐诗艺术表现之异同》《日韩遣唐使、留学生、学问僧在唐代的诗歌创作》，明确这些日韩诗人虽不能与唐代大诗人比肩，但其艺术质量却不逊于唐代诸多本土诗人，这是对域外汉诗作者相对客观的定位。《越南十世纪到二十世纪对唐代绝句的移植和发展》则探讨绝句在越南的创作、发展、传播与创新。以上这些研究，对更客观审视中国文化与域外亚洲民族文化间的互动与交融有一定的价值，并能由此滋生当代意义。

三、致力于唐诗创作接受史之精细研究

唐诗接受史研究领域中，如《唐诗接受史论稿》这样侧重唐诗创作接受过程的艺术接受研究的成果较少，显示出该书对于唐诗接受史研究的极力精细化。这种细致入微，主要体现在侧重研究唐诗接受过程中的格律、声韵、语法、修辞等，并因此得出学理性很强的结论。如果没有对旧体诗特征有透彻深入的了解，是很难对诗歌艺术的接受有如此细微的阐述；如果没有对唐诗接受史的宏观把握，也不能由细微处见真知灼见，因小及大。本书中众多关于排律的研究，都关系到音韵学领域的知识，如明代对杜甫诗歌的五律、五排诗韵的接受；明人对唐代诗韵的接受；长律、排律名称的文献缉考等。又有《越南十世纪到二十世纪对唐代绝句的移植和发展》研究越南汉诗的语法；《唐诗接受过程中的化用现象初探》一文从象征、比喻、用典、句律等艺术手法的角度探析唐诗的化用现象，无不体现出作者对诗歌声韵艺术等方面的熟悉程度。尤其是《明代近体律诗题标"平水韵"缉考》一文，按照平水韵的上下平各五十韵的顺序，对整个明代诗歌用平水韵情况进行历史考察，特别是对近体律诗题下标"平水韵"的创作情况进行缉考，研究的意义不仅在于把握了明代近体律诗的创作生态及诗体繁盛景象，也对唐诗声韵格律的研究起了至关重要的作用，也可看出后人心目中的"唐诗繁荣"印象，不仅是唐代自身的原因，明代"促使唐诗繁荣"的因素也不可忽视。

《唐诗接受史论稿》对于唐诗的创作接受不局限于诗歌这一文体，在研究唐诗的跨文体的创作接受史过程中，亦注重从诗歌艺术的角度来进行细致研究。学界对于明清章回小说与诗歌关系的研究成果众多，但忽视了小说对诗歌的特殊形式——百韵律诗的接受。作者以《镜花缘》为例，研究章回小说对唐诗百韵长律的接受，因在小说中独立进行百韵诗歌创作是在《镜花缘》中实现的。

这种"精细化"的特点不仅是沈文凡先生论证之特点，也是该书收集的文献资料本身体现出来的特点。我国对于唐诗的创作接受博而精，但是从精细度上来看，一些域外汉学作者对唐诗的创作接受也不亚于中国。从《唐诗接受史论稿》一书所引用的域外文献中，可见域外汉诗作者对于唐诗创作接受史研究的特点——精细，主要表现在陈冠明先生所说的"夷考学界的中国古代文学作品接受史研究"三种模式中的第三种：微观个体文学接受史研究。《唐诗接受史论稿》第三部分"域外亚洲篇：日韩越汉诗接受研究"中涉及的诸多域外接受史文献，可以看出日本以创作的方式来接受唐诗方面的精细之处，如《杜甫名篇名句日本江户以来汉诗受容文献初缉》，从本文提供的文献中可以了解到日本汉诗作者的杜诗观和具体接受方式，他们有用杜韵、次杜韵、和杜韵、依杜韵、效杜、仿杜、赋得杜诗、以杜诗为韵等多种方式，从创作的角度来接受杜甫诗歌。《唐诗名篇名句日本江户以来汉诗受容文献缉考》主要以"为韵""赋得"为范围，所缉考出的日本江户以来汉诗作者摘取唐人诗句作为诗题内容，并以此为韵进行再创作的诗篇，优秀之作众多，可见日本学界汉诗作者对于唐诗创作接受的细致入微。当前日韩等唐诗研究学者研究现状也多精细化，粗看似乎不能体现出宏大的气魄，学力不若我国学者之深厚，但很明显，这种精细化是传统踏实的研究方向与特点，对于我国年轻学者是一种启发与鉴戒，避免在初入学界时有好高骛远之弊病。

四、注重唐诗接受史研究方向的多样化

关于唐诗接受史的研究，从纵向的角度来看，一般是研究唐诗创作之后从唐到清的研究方向，是单向性的历时方向。《唐诗接受史论稿》则是以唐诗为立足点，把先唐和当代的时间段引入唐诗接受史研究，研究唐诗对先唐创作的接受、唐诗在唐代及唐至当代各个时期的被接受，跨度最大。该书不只研究艺术接受，也论述精神上的继承与实践。如《〈论语〉铸就了"诗圣"杜甫》，强调的是杜甫之所以成为"诗圣"是因为其对《论语》的精神要义身体力行的实践；《韦应物诗歌对陶诗的接受》则注重研究韦应物在人格修养方面受陶渊明的影响很大。除此之外，《唐诗接受史论稿》还注重唐诗接受的当代意义，如《唐诗宋词的当代价值实现与传播途径》研究唐诗接受的当代价值，《越南十世纪到二十世纪对唐代绝句的移植和发展》引发读者客观审视当下中越文化间的互动与交融。

从横向的角度看，《唐诗接受史论稿》把唐诗放在唐代的大背景下进行研究，如《〈黄鹤楼〉诗的接受——以崔李竞诗为中心》，这种接受有一定的历时性，但是放在整个的先秦到当代的历史长河中，有一定的共时性。针对李白因崔颢赋诗《黄鹤楼》而搁笔这一文学史上著名的公案，作者多方面展开视角，纵横捭阖，将这一公案演说详尽。《唐诗接受史论稿》在立足唐代这一空间进行研究时，不仅强调唐人之间的研究，也注重唐人与域外汉学家的互动研究，如《日韩遣唐使、留学生、学问僧在唐代的诗歌创作》就是研究唐人与日本韩国等国家遣唐使、留学生、学问僧等对唐诗的接受。如此多样化的方向将唐诗接受史推向更广泛更深入的研究领域。

五、倾注于经典研究，传播传统文化

《唐诗接受史论稿》有诸多创新之处，可见沈文凡先生对于新颖角度的追求。这种追求是一直建立在传统与经典的角度上进行，沈文凡先生将研究的热情倾注于传统与经典，传播传统文化。目前学界研究有求新和发掘新人的趋势，在一定程度上忽视了传统与经典。"文学研究工作者在主张回归传统的同时，也应当回归经典，在历史还原、文化还原与多元解读尤其是审美分析方面，经典重读具有广袤的可能性空间。"① 沈文凡先生的唐诗接受史研究，仍然是经典的作品，传统的话题，传统的方法，如在唐代诗人研究中，李白、杜甫、孟浩然、白居易、韩愈等著名诗人是研究的重点；作品研究也主要在后人对唐诗的名篇名句的接受。从诗歌研究的角度上看，也注重诗歌的体裁、声韵、修辞等，集中在传统的诗歌声律艺术研究。在研究唐以后诗人对唐诗的接受时，也多采取传统的先其人后其诗的接受顺序、先普遍后特殊的接受角度来对论文进行安排，如《孟浩然诗歌明代接受文献小缉》，是按照敬重孟浩然诗品的明代诗歌文献、孟浩然诗韵诗体的明代效拟与再创作、明代唐选本别集对孟

---

① 熊元义：《开掘古代文学资源　服务当代文化建设——文学史家刘跃进访谈》，（2014-11-16）http：//www.cssn.cn/wx/wx_skdh/201411/t20141126_1416811.shtml.

浩然排律选录的顺序，先是从明人敬重孟浩然人品诗品的角度来论述，然后从明代诗人创作学习孟浩然诗歌的诗韵诗体的角度，以上都是从普遍的角度来论述；最后从明代唐选本别集对孟浩然排律的选录这一特殊角度来研究孟浩然排律的价值与影响。

《唐诗接受史论稿》是坚持走传统和经典的研究之路并能出新成果的著作，对彷徨于是否坚持进行传统与经典文学研究的后学来说，是端正传统之路最有说服力的榜样，证明了学术研究只要力避空疏浮躁的学风，认真细致，宕开新路，传统与经典的研究之路也会越走越宽。

沈文凡先生撰写的一系列论文，实为承担传播中国优秀传统文化之责任的直接体现。翻阅本书中收集的一些日韩等唐诗接受的文献资料，再联系当前中、日、韩文化研究之盛况，让我国学者对传承中华传统文化有一定的紧迫感，有责任和义务自觉地以虔诚的态度接受好并丰富优秀的中华文化。唐诗宋词是中华文学经典中最闪亮的明珠，许多名句名诗家喻户晓，妇孺皆知，影响着我国一代又一代人生活的方方面面，而且传播与接受文学经典也是当前创作优秀作品的基础与前提，要繁荣当代文学，对唐诗宋词的接受必不可少。本书开篇论文即为《唐诗宋词的当代价值与传播途径》，是以一个唐诗研究专家的身份参与到传承传统文化的活动中来，如对于《将进酒》中"但愿长醉不愿醒"中"愿"之不同版本的解读；用《阳关三叠》对王维《送元二使安西》的演绎传唱来印证当代唐诗诵读活动中重读、叠读等形式的可取之处，这些都是用专业性的论证，反驳一些身处知识阶层却因不能熟知掌握唐诗甚至鉴赏能力不够的批评者对唐诗诵读非专业性的指导，有理有据，是对当下传播传统文化活动的有力支持。作为读者，也祈望更多的专家学者走出书斋，走出高雅的封闭的文学研究之象牙塔，走向社会，投入精神文明建设中，与沈文凡先生一样走进传播传统文化的事业中去。

《唐诗接受史论稿》为开展唐诗创作接受文献研究提供基础平台。它立足于第一手文献，追求资料翔实而完整，弥补唐诗创作史研究方面的空缺，揭示后代接受与唐诗的多种关联，拓宽了研究视野。沈文凡先生在此基础上的唐诗创作接受史研究自然会取得累累硕果，《唐诗接受史论稿》只是作者有关中国韵文接受史研究中期阶段性成果，《〈全唐诗〉创作接受史文献缉考》研究正在进行时，期盼沈文凡先生更多有关唐诗接受史的研究成果早日问世。

（作者单位：苏州科技大学学报编辑部）

口述历史

由随军北伐到共办《新民报》的经历

何　宁　整理　罗承烈　口述

内容提要：罗承烈（1899—1989），四川涪州（今重庆涪陵）人。1922年毕业于中国大学政治经济系。1928年在重庆创办《新社会日报》，任社长兼总编辑。后任川军刘文辉部军部秘书、重庆《新民报》总主笔、国民党四川省政府参议会参议员。新中国成立后，历任西南军政委员会文教委员会委员，四川省教育厅副厅长、四川省第三至五届政协副主席，民革中央常委、四川省委副主任委员。是第三、五、六届全国人大代表。

本文由罗承烈口述，讲述了他读书时期，接受新思想的经历；他参加国民党，进行革命，办报纸，宣传革命的思想。身处革命洪流中的罗承烈，对国民党政府的所作所为，对中国革命的前途，也曾苦闷、迷茫、彷徨，但最终选择站在中国共产党和人民的一边，走上了新中国的道路。

关键词：北伐；《新民报》；罗承烈

我是涪陵县人，1899年出生。小时候读私塾，学习"四书""五经"，因此思想上旧的东西多些。1915年进入省立第四中学（在涪陵），那时正值戊戌政变、辛亥革命之后，我的中学老师中有两人是同盟会会员，他们经常讲革命的故事，讲国民党、孙中山的革命事迹，以及反对袁世凯复辟帝制的情况。当时老师给我读了梁启超的一篇"关于国体问题"的文章，引起我读梁启超的《饮冰室全集》的兴趣。他的作品中有些民主主义的思想，对我影响较大；同时也读了些外国书籍，如卢梭的《民约论》，思想头脑中孕育着民主主义思想。中学毕业后到成都进入四川法政专科学校，后来转学到北京私立中国大学。在成都时正值五四运动发生，读过一些新文化运动的专刊。对我思想影响最大的是国文老师吴虞（吴又陵），他是当时被称为"只手打倒孔家店的老英雄"。他是从一些古书籍和历史事迹材料中进行反封建、反旧礼教的斗争，从而更有说服力，使我们思想也更开朗。在中国大学教政治经济学的教授陈豹隐是留日回来的，是马列主义经济学家河上肇的学生，参加过共产党。他在教学中向我们灌输一些社会主义的东西，对我有很大影响。可以说在学生时代，虽然我接受了一些民主主义思想，但当时思想相当混乱，什么无政府主义、共产主义、三民主义、国家主义等思想，都持之有故，言之成理，分辨不出哪些是正确的，哪些是错误的。

1922 年大学毕业后，先在北京的四川同乡蒲殿俊（曾任过教育部次长）办的《实话报》任编辑，后来返回四川。1923—1924 年在重庆联合中学教国文，任教务主任。1925 年在涪陵母校——省立四中任校长。那时期，四川是军阀混战，民不聊生，在北方也是争战不休，政局十分混乱，我对个人前途感到非常苦闷，不知所从。1926 年夏，四川省教育厅在成都召开各地教育局局长、校长会议，我参加了。那时正值广东革命政府兴师北伐，四川各军也纷纷易帜为国民革命军，这一新的事件使我觉得国家有了希望，认为只要国家统一，政局稳定，一切问题就好办了。新任命的二十四军军长刘文辉便乘机而起，组织政治部，并决定派他的旅长张致和为代表去武汉与国民政府接洽。经朋友介绍我去做秘书。我觉得这是一个走向光明的好机会，于是毅然辞去校长职务，决心随张致和去武汉。我当时是在孙中山先生的联俄、联共、扶助农工三大政策的思想影响下，想到革命地区接受革命洗礼的。

到了武汉，感到形势喜人。英租界收回了，工人纠察队气壮山河，汪精卫也大叫："革命的到左边来，不革命的滚开去。"我在武汉时听过汪精卫的讲话，知识分子味道很浓；也听过恽代英的讲话，通俗易懂，无论男女老幼、工农群众听后都深受感动。在武汉遇见原重庆联合中学的学生宋继武，他当时已经加入了中国共产党，是"二七"铁路工人子弟学校的校长。他来看我，向我做革命宣传，并请我到他学校去参观，对我的思想触动很大，决心留在武汉参加革命活动。张致和在武汉接洽的任务完成后要回四川，我就商量同他去找国民革命军总政治部主任邓演达同志，说明希望对政治部工作有一个学习的机会，邓演达说："第四军的政治工作做得很好。"就介绍我到张发奎的第四军政治部去，以少校服务员的名义参加了北伐革命，这是我一生受到革命洗礼的开始。第四军政治部主任廖乾吾是个老同志，北伐战争对我教育很大，革命军纪律严明，行军中喝老百姓一杯茶，士兵也自动给一个铜板，真正做到秋毫无犯，受到人民欢迎，老百姓称赞：这才叫真正的革命军。政治部每到一处都要组织群众，做调查，贴标语，宣传革命和北伐的意义，宣传军民关系等等。徒步行军时脚上都打起了血泡，工作是相当艰苦的，但乐之不倦。政治部以共产党员为主，主任、科长等负责干部都是共产党员，也有党外干部，但当时看不出有党内外的界线，为了共同的革命事业，相互间非常信任。记得北伐军到上蔡时包围了奉军一个团，这个团投降后，上面派我去做政治指导员，这一般是党员干的工作，但当时派我去，说明没有党内外界线。行军中，政治部要临时编写战报（油印）也交我负责。我是基于相信孙中山的三大政策去参加北伐革命的，在实践中也确实体现了国共合作的精神。我们这一路由豫东一直打到开封，把奉军赶过了黄河。临颍一战最为激烈，连黄琪翔军长的警卫连都上去了，死伤累累，政治部人员也在前线帮助抬担架，做战地救护工作。到开封后，得知蒋介石已公开叛变革命，汪精卫这个假革命也号召"清共"了。当时领导决定东征讨蒋，我们先头部队去九江，政治部廖乾吾主任即指派我同两个干部一起去武汉乘轮船到九江。到九江后我们住在剑湖的湖心亭（据说剑湖是三国时周瑜练水兵的地方）。当时我对许多情况不了解，只知道宁汉分裂了，究竟如何都不清楚。按过去习惯，政治部每到一处首先要做宣传组织工作，但这次却叫我们先休息休息。我还利用这个机会去庐山游览了一次。八一起义前夕，突然听说南汉铁路不通了，共产党"暴动"了。第四军军长黄琪翔召集部队讲话，宣布南昌"共产党叛变了"，说现在我们国民党应继续革命，如果是共产党的，限三天内离境。这对我是一个很大的考验，究竟到何处去？我不是共产党员，但认为国共分裂双方都无好处，国民党没有共产党做核心、做精神支柱，革命是谈不上的，政治工作全靠共产党。共产党与国民党分裂时军事力量有限，财政上也很困难，武汉政府就是在经济封锁的情况下垮台的（国库券买不到东西）。国共分裂的结果，必然是两败俱伤，我当时对革命前途感到悲观失望，于是决定不干了，既不去南昌，也不愿意留在第四军。政治部的人差不多走光了，还留下一点钱和几支驳壳枪，我们没去的几个人就把钱分了，各寻出路。记得每人分得六块大洋，我就拿去成衣铺买了件麻布衫，换装到武汉，8月初回到涪陵老家。

尽管对北伐革命失败感到痛心，但我还不甘心革命就这样算了。回川后我即与张致和联系，他电邀我去成都，他当时已加入地下党，部队住在邛崃，要我在他那里工作。他在邛崃办了个团务学校，张是邛崃人，想以此发展地方势力，聚集一点革命力量。张是团务学校之长，我以秘书的名义去负责。学校中有几位军事教官和政治教官是黄埔学生，大多是地下党同志，不久由洪仿予同志介绍我也加入了中共地下组织（洪是团务学校政治教官之一）。在团务学校和张的学兵队中我们发展组织，宣传革命，并搞军运工作，结识了一些下级军官和士兵，这为后来江津兵变打下了基础。1929年张致和的队伍开往重庆，我也随之而去。当时，刘湘力量不如刘文辉。在重庆，有一天张找我和罗静予两人谈话，说：省军委要办个报纸搞宣传工作，经费由我负责，组织上决定，承烈当社长兼总编辑，静予协助，另外还有一位同志叫刘瘦奇来帮助你们。报纸的宗旨是反帝反封建、反蒋介石。于是我们即开始筹办，取名《新社会日报》。不久刘瘦奇同志来了，任编辑。他很有才华，现才知道刘瘦奇就是苏幼农的化名，苏是新中国成立后第一任中央邮电部部长，当时他是川东特委书记，是派来掩护工作的。据说国民党中央曾打电报给刘湘，要他查封这个报纸。但刘湘有顾虑，因为他知道我们后面有张致和的枪杆子撑腰，不敢动。正在我们办得很起劲时，刘文辉突然来电，要我日夜兼程赴成都，说有要事相嘱。我怀疑是不是又为报社的事，因为听说蒋介石也曾给刘文辉打电报要他查封我报。这需要说一说当时的情况。蒋介石为了插手四川，特派曾扩情为代表来重庆做刘湘的工作。曾到渝后，住在南温泉，他知道《新社会日报》是反蒋的，便天天派人进城来买我们的报纸看。有些人为了拉拢曾扩情，送了不少绣花被面给他，刘瘦奇便撰文讽刺，称他为"绣花被面特派员"，同时还刊登了一些对南京政府不满的文章。我考虑到不管刘文辉是不是为报社的事，要我去，总得去看看。我到成都后，探询刘的意图，他说："汪精卫回国了，现在在组织改组派反蒋，我是要反蒋的，我知道你也是一贯反蒋的，你是不是可以代表我去汪处接洽反蒋。"我说："我不是改组派。"他说："这没关系，你是代表我去，不过这是个秘密使命，对外不声张就行了。"我说："我从九江回四川时正是革命处于低潮时期，因为感到要革命必须打倒蒋介石，所以在重庆办报。"我知道刘文辉是个野心家，也是为了反蒋，但"联汪反蒋"，值得考虑。因为武汉政府时，汪就是假革命，是个靠不住的人，尽管他与蒋有矛盾，但他是个政客，历史地看这个人是不可靠的。刘文辉说："那是另一回事，现在不把蒋打倒，许多事情是无法干的。"回来后大家分析的结果，认为革命最大的敌人还是蒋介石，他勾结帝国主义，代表官僚地主，"庆父不去，鲁难未已"，这个不打倒是不行的，商量结果我同意去。我先回重庆，后到江津（张致和那时已移防江津县，准备打赖心辉）。我把情况告诉了他，他说反蒋介石是当务之急，支持我去，至于报社的事可交给罗静予负责。

1929 年，我到上海与"改组派"接上了头，后又到香港去见汪，表达了刘文辉拥汪反蒋的意图，他很高兴。我在香港住了好几个月，见到了唐生智和山西阎锡山派去的代表。他们欢迎汪去北平，汪于是于 1930 年 7 月 23 日乘日本长城号抵天津，旋即去北平与阎锡山召开所谓"中国国民党中央党部"扩大会议，并组织新的政府。此时冯玉祥、阎锡山、汪精卫、李宗仁、唐生智等各方面反蒋力量汇合到一起，号称"中原大战"开始。这期间刘文辉还发表过"鱼电"反蒋。但蒋介石勾结奉军入关，拉拢张学良出兵干涉，阎、冯等的反蒋联合阵线很快就垮了，扩大会议也就此收场。我一直没有去，在北京住了一段时间后去天津。那时改组派还想威胁蒋介石，派飞机去炸南京，但未成功。汪精卫等被迫去太原，在天津办了个报反蒋，由彭学沛负责（报名，我忘记了）。我觉得这种反蒋是没有成功希望的，反革命武装对反革命武装，他们斗不过蒋介石的，军阀、政客的反蒋只是为了争权夺利，不会有结果，说明反蒋并不等于革命，当然革命必须反蒋。我随即离津去上海，据说蒋介石在南京软禁了胡汉民，在广东的国民党内老派陈济棠、孙科等在酝酿反蒋，汪精卫也去了。我明知不会有什么好结果，但为了好奇，还是决定去广州看看。在广州住了一段时间，了解到他们内部存在矛盾，蒋介石又派人搞分化瓦解，肯定反蒋又是昙花一现。不久我就返回上海，起程回川了。

1931 年由沪返川时，在重庆即遇到刘文辉在同刘湘商谈四川问题，出现刘文辉收买范绍增、蓝文彬的事，范绍增向刘湘告了密，蓝文彬被刘湘撤了旅长的职。这为二刘战争种下了因子。1932 年刘文辉与刘湘在成都进行"巷战"，1933 年刘文辉与刘湘正式决裂，结果失败，退守西康、雅安，刘湘统一了四川。在那种情况下，我又去了上海。当时国家形势一天天变坏，日本的侵略加紧，在南京的老朋友陈铭德、吴竹似、刘正华等创办了《新民报》，一再要我去参加。我想到知识分子嘛，不能请缨杀敌，也可舆论报国，遂于 1935 年去南京《新民报》当主笔，专门写社论，每天一篇。当时，由于蒋介石的不抵抗主义以及汪精卫的投降外交，日本帝国主义侵入华北，引起全国人民的坚决反对。《新民报》以民间报纸的立场，坚决主张团结抗日，反对投降妥协。报纸得到群众的支持，销路大增，声誉日起。我那时还将写的文章出过一本《新民报社论集》。在南京撤退前夕，我先到重庆筹备西迁。1938 年 8 月 1 日，《新民报》在重庆复刊了。从 1935 年起直到新中国成立，我都没有离开《新民报》的岗位，将近十六年。我在《新民报》中的主要经历，除了担任总主笔、写文章，后又兼总社的协理。抗战胜利后，总社迁回南京，我留川，指导成渝两社的业务。当时《新民报》决定报纸的言论编写方针是"中间偏左"。所谓"中间偏左"的含义是：左到不至于关门，右到不跟国民党一个鼻孔出气。即是既要适合广大读者，又要企图"苟且偷生"。因此我们反映了正确的一面，也有帮倒忙的一面。那时新闻检查严格，最初还可以开"天窗"，后来不允许了，须先准备好不重要的稿件，把挖掉的补上。事实教育我们在反动统治下是不会有真正的言论自由、新闻自由的。当时，共产党对我们很支持，周恩来副主席在重庆主持南方局、领导统战工作时，《新华日报》的同志与我们经常有接触。我们报社被轰炸，他们派人来安慰，送东西。"皖南事变"发生后，《新华日报》总编辑潘梓年、采访主任石西民亲自来大田湾编辑部，说明事变经过情况，希望得到我们支持，大家也非常激动。但反动当局规定第二天的报纸只准登《中央社》消息，不许其他任何消息发表，因此第二天只看到《新华日报》登载了周恩来悼唁新四军死难同志的诗："千古奇冤，江南一叶，同室操戈，相煎何急！"在反动政权控制下，我们不能伸张正义，反而说了一些违心的话，内心是很痛苦的，也是很惭愧的。有次，《新民报》邀请周副主席在陈铭德（报社总经理）家吃便饭，我表达了歉意，他还多所慰藉，并作了重要指示，共产党的统战政策是多么的伟大！《新民报》在抗战时期得到发展，拥有"五社八版"，即重庆、成都、南京三社既有日报又有晚报处，上海只出晚报，北京出日报。各报的发展情况不一样。抗战胜利后，南京报社被蒋介石手令查封，永远不许复刊。成都社被四川省省长王陵基查封劫收了，重庆的报被迫改组（由曾扩情当社长），我登报辞职离开了。重庆的《新民报》经受的灾难是不少的，特别是在八路军办事处和《新华日报》撤走后，压力愈来愈大。成渝两社被捕的总编辑、记者各六七人。至于围攻报馆、捣毁排字房、被迫强登拟好的赔礼道歉启事、殴打经理人员等事，就不胜枚举了。这一系列事实教育了我，即在反动政权统治下，无所谓公理是非，委屈也是不能"求全"的，根本谈不上什么言论出版自由。我意识到，作一个真正的革命者就不应该幻想还有什么中间道路可走。除了上述情况之外，我还做了近十年的四川省参议会参议员，通过实践，我又充分认识到了资产阶级民主政治的虚伪和罪恶。印象更深的是在新中国成立前夕，参议会提出的"四川民众自卫方案"，我坚决反对用"戡乱"二字（即四川民众戡乱自卫委员会），结果遭到党团分子的围攻和成都稽查处的传询。以上是我在新中国成立前的大体情况。

新中国成立后，我任西南军政委员会文化委员会委员、川东行署文教厅副厅长。1952年分省后任四川省教育厅副厅长，直到"文化大革命"。反右整风后，重点转入"民革"工作，1959年任"民革"副主任委员兼秘书长，1960提任"民革"中央委员。曾任重庆市第一次人民代表大会代表，四川省人大代表，省政协委员，省人民政府委员，第三届、第五届全国人大代表。现在是全国人大代表、第六届"民革"中央常委，省"民革"副主任委员，省政协副主席。

"文化大革命"期间被抄家，1969—1970年被下放米易县湾邱五七干校学习劳动，后因患心脏病回成都。在干校时也学会一些生产知识。学习和劳动对我帮助很大。我一直受到党的关怀和培养，现在老了（86岁），对党和国家无所贡献，深引为憾！

一九八五年采访
（作者单位：西华大学马克思主义学院）

《地方文化研究辑刊》稿约

《地方文化研究辑刊》系四川省社会科学重点研究基地、四川省教育厅人文社科重点研究基地"地方文化资源保护与开发研究中心"创办的学术刊物，由巴蜀书社出版，一年两辑。本刊长期面向海内外学者征集稿源。

一、征稿选题范围

有关地方文化资源保护与开发的理论与对策研究、岷江流域文化资源保护与开发研究、四川名人研究、四川文化史研究、巴蜀文化研究、非物质文化遗产研究、全国各地方文化资源保护与开发研究、地方文化与文化中国研究、口述历史研究等。

二、来稿投寄方式

电子投稿请以 word 文档的附件形式发至：xhdxdfwh2018@126. com 或 1214745829@qq. com。纸质投稿请寄：四川省成都市金牛区金周路 999 号西华大学地方文化资源保护与开发研究中心《地方文化研究辑刊》编辑部李文娴收。邮编：610039。

三、稿件要求及相关说明

1. 来稿要求遵守学术道德，文责自负。
2. 来稿应观点鲜明，符合本刊选题范围，能自圆其说。
3. 来稿要求具有一定的学术原创性，系未公开发表过的论文（内部刊物发表除外）。
4. 来稿需提供内容提要和关键词（不需英文翻译），可加课题项目名称，注释一律采用脚注。脚注用小五宋体，包括文献作者、文献题名、出版社及出版年或期刊的年（卷）、起止页码，用带圆圈的阿拉伯数字序号标注，每页单独编号。例：

①孙砚方：《都江堰水利词典》，科学出版社，2004年版，第54－55页。

②冯广宏：《创立一门新蜀学——都江堰学》，《西华大学学报》（哲学社会科学版）2005年第4期。

5. 来稿请在文章后注明作者姓名、出生年月、性别、工作单位、职务职称、主要研究方向、通信地址、邮政编码、电子邮箱、电话号码等。

6. 来稿字数原则上应在5000字以上，15000字以内，个别特稿不受此限制。

7. 编辑部有权对拟采用来稿进行删减修改等处理。如作者不同意，请在来稿中注明。

8. 来稿一经刊用出版，即赠送样刊2本，并付相应稿酬。

9. 来稿三个月未得到用稿通知，可自行处理。由于编辑人员有限，来稿一律不退，请作者自留底稿。

联系电话：028－87723062；15308190159

四川省社会科学重点研究基地

四川省教育厅人文社科重点研究基地

地方文化资源保护与开发研究中心

《地方文化研究辑刊》编辑部

著作权使用声明